HELSINKI
OSLO
STOCKHOLM
TALLINN
RIGA
KOPENHAGEN
VILNIUS
KÖNIGSBERG
DUBLIN
LONDON
AMSTERDAM
WARSCHAU
BRÜSSEL
BONN
PRAG
PRESSBURG
PARIS
WIEN
BUDAPEST
ROM
ATHEN
LÄNDER DER EUROPÄISCHEN UNION
LÄNDER DIE EFTA - VIER
ÖSTERREICH-FINNLAND-SCHWEDEN-NORWEGEN
LÄNDER DIE VISEGRAD-VIER
UNGARN-SLOWAKEI-POLEN- TSCHECHISCHE REPUBLIK
LÄNDER AM BALTISCHEN MEER
ESTLAND-LETTLAND-LITAUEN-GEBIET KÖNIGSBERG

VGB

HARRY HERBERT TOBIES

DAS BALTIKUM

Siebenhundert Jahre Geschehen an der Ostsee

VGB-Verlagsgesellschaft Berg mbH

Das farbige Titelbild:
Die Bischofsburg von Kokenhusen aus dem 14. Jahrhundert
Residenz der Bischöfe; von Polen, Schweden und Russen heiß
umkämpft - heute liegt die Ruine im Stausee.

Internationale Standard-Buchnummer
ISBN 3 86118 036 7

1. Auflage 1994

Bilder: Liselotte Török
Skizzen und Karten: Der Autor

Satz: VGB-Satz

Inhaltsverzeichnis

VORWORT

“Es war ein Land ...” so begann die Dichterin Agnes Miegel ihre Verse. Sie meinte damit ihre alte Heimat Ostpreußen, das altpreußische Land der “... dunklen Wälder und kristallnen Seen ...”, wie es im Ostpreußenlied heißt. Ein ähnliches Lied von ihrer schönen Heimat konnten die Balten singen, diejenigen, die dort blieben und auch diejenigen, die in alle Welt hinausgingen oder gehen mußten. Die Deutschbalten, Baltendeutschen oder auch nur Balten aus Estland und Lettland, die fern der alten Heimat leben, können sagen: “Es war ein Land ...”

Längst schon war das Land am Ostrand der Ostsee entdeckt. Die Schweden waren schon früh an verschiedenen Stellen gelandet. An der Newamündung landeten sie, die man Wikinger oder Waräger nannte, und die von den Slawen als Rus bezeichnet wurden. Sie machten Holmgard, das spätere Nowgorod, zu einem wichtigen Handelsmittelpunkt und zur Hauptstadt eines ersten Fürstentums unter dem Fürsten Oleg. Dieser Fürst machte danach Kiew zum Zentrum des Reiches der Rus, da es am Wege von den Warägern zu den Griechen lag und den Handel mit Byzanz begünstigte.

Unter ostslawischen Fürsten wuchs dieses Reich, Kiew wurde zu einem der reichsten Zentren Europas, auch zu einem ostkirchlichen Zentrum der byzantinischen Kirche. Nach jahrhundertelanger Entwicklung kam es im Jahre 1054 zum Zerfall des Reiches, dessen Grenze mitten durch das heutige Estland und Lettland verlief. Nowgorod überlebte mit seiner Beistadt Pleskau und wurde zur Mittlerin im Handel zwischen Rußland und den Ostseestädten. In der altrussischen Nestorchronik sind bereits Ortsnamen aus den baltischen Gebieten verzeichnet. Die spätere Kulturmetropole der Balten, Dorpat, hatte damals noch den Namen des russischen Fürsten Jurjew.

Es war das 12. Jahrhundert, als sich die estnische Bevölkerung unter ihren russischen Oberherren noch wohlfühlte. Als einige Jahrzehnte später von Riga her die deutschen Schwertbrüder an die Burg Jurjew oder wie die Esten sie nannten, an die Burg Tarbatu anrückten, verteidigten Russen und Esten in Waffenbrüderschaft diesen Stützpunkt dreizehn Jahre lang. Zu dieser Zeit befanden sich bereits livische Hilfstruppen im christlichen Heer, was heißt, daß hier zum ersten Male die späteren Esten und Letten gegeneinander standen.

Vor der Jahrhundertwende waren überall die Kaufleute aktiv. In Nowgorod hatten die Schweden und auch schon die Deutschen eine Handelsniederlassung. Der Dünafluß bot besondere Möglichkeiten für einen Handel mit dem Hinterland und früh schon waren die Dänen hier tätig. Dann aber wurde 1159 in Lübeck der Hansebund gegründet, der mit viel Kapital und wachsender Handelsflotte den ganzen Ostseeraum unter seine Kontrolle brachte. An Bord eines dieser Schiffe, die die Dünamündung anliefen waren die ersten Missionare.

Solange die Taufe einen Neuigkeitswert besaß, waren zahlreiche Einheimische bereit Christen zu werden. Als aber die strengen Sitten eingehalten werden sollten, war die Zustimmung geteilt. Die russischen Fürsten von Polozk hatten nur die Unterwerfung unter ihre Oberhoheit verlangt, die Deutschen verlangten auch eine Glaubensunterwerfung, deshalb lehnten die Einheimischen die deutschen Eindringlinge anfangs entschieden ab.

Das christliche Abendland verlangte danach, den blutigen heidnischen Opferriten ein Ende zu machen. Der Bremer Domherr Albert war dieser Aufgabe gewachsen, unter seiner Führung wurde Livland christianisiert. Dies geschah mit Gewalt und deshalb stehen heute an den heidnischen Opferplätzen keine Kreuze, wie in Dorpat-Tartu auf dem Domberg. Dort hat man den Dom abgetragen und im Schatten der Domruine liegt der Opferplatz. Angesichts des Opfersteines können hier noch nicht verblichene heidnische Wehmutsgefühle ausgelebt werden.

Während die lettischen Fürsten, die bereits unter dem Einfluß russischer Fürsten tributpflichtig waren, sich den Ritterbrüdern beugten und diese als neue Herren anerkannten, war dies bei den Esten nicht der Fall. Sie kämpften gegen die Deutschen, ob mit Hilfe der östlichen Fürsten oder allein. Nach mehr als hundert Jahren erhoben sie sich am St.Georgstag und kämpften allein und bis zum bitteren Ende.

Zu dieser Zeit gab es noch zwei neue Herren im Baltikum, nämlich in Livland die Deutschen und in Estland die Dänen. Sie waren schon 1219 in der Gegend von Tallinn, der Dänenstadt, gelandet. Sie waren den Deutschen zu Hilfe geeilt. Nun aber wollten sie nicht mehr streiten und verkauften deshalb ihre Rechte an den Schwertbrüderorden. Aus der Dänenstadt wurde Reval. Die Deutschen wählten als Stadtnamen die Bezeichnung des Umlandes. Doch Ii heutiger Zeit bekennen sich die Esten doch lieber zu den ersten dänischen Herren und darum heißt die estnische Hauptstadt heute Tallinn.

Der Schwertbrüderorden hätte nicht ohne dänische Hilfe überlebt. Dann schien er ein zweites Mal unterzugehen, so daß man ihn nur durch einen Zusammenschluß mit dem Deutschen Ritterorden in Preußen retten konnte. Etwa dreißig Jahre nach der ersten

Landung an der Düna und der Gründung Rigas hatte sich der Ritterorden im Kulmerland etabliert und über das ganze Prußenland ausgedehnt. Nach dem Zusammenschluß 1237 beherrschte der Deutsche Orden auch das Gebiet bis hinauf nach Narva und dem Peipussee. Nach der eingeborenen Bevölkerung nannte man das Land Livland und so erhielt auch der Ordenszweig den Namen "Livonischer Orden".

Selbstbewußt breitete er seine Herrschaft bis über Pleskau hinaus aus, bis im Gegenzug der Nowgoroder Fürst Alexander Newskij die Grenzen aufzeigte. Auf dem Eis des Peipussees kam es im Jahre 1242 zu einer denkwürdigen Schlacht. Die damals respektierte Grenze des Ordenslandes zu den russischen Fürstentümern stabilisierte sich bis auf den heutigen Tag. Während die Schweden nach der Niederlage das Nevagebiet räumten, konnte der Orden dem Baltikum die lateinische Kultur des Abendlandes sichern.

Mit einem großartigen Sieg über den russischen Großfürsten, durch den Landmeister Wolter von Plettenberg, krönte der Livonische Orden seine dreihundertjährige Herrschaft über Livland und Estland. Die Reformation ließ in Preußen und in Kurland weltliche Herzogtümer entstehen, deren Hochmeister und Landmeister zu Herzögen wurden. Die deutsche Konfession, die erstmals von allen begrüßt wurde, von den Herren bis hinunter zu den Untertanen, beendete auch die Ordens- und die Bischofsherrschaft und somit auch ihren immerwährenden Streit.

Es kamen neue Herren ins Baltikum. Die orthodoxen Russen, die protestantischen Schweden und die katholischen Polen. Sie waren alle zu Großmächten herangewachsen und trugen ihre politischen, kulturellen und religiösen Streitigkeiten auf dem Boden des ehemaligen Ordenslandes aus. Zuerst kamen die Russen, die zu einem mächtigen Großfürstentum aufgestiegen warenund nun die Gebiete einforderten, die der Orden ihnen solange vorenthalten hatte. Sie vernichteten alles was sich ihnen entgegenstellte, bis sie von Schweden und Polen vertrieben wurden.

Dann bemächtigte sich Polen des gesamten Livlands. Sie richteten die alte Kirche wieder auf, gründeten Städte, errichteten Jesuitenschulen und setzten das Werk der Deutschen fort. Doch sie wurden von den an der Ostsee übermächtig gewordenen Schweden aus ganz Livland vertrieben. Auf dem schwedischen Thron saßen damals Könige, die aus der bayerischen Pfalz stammten, es waren protestantische Wittelsbacher, Vettern der Kurfürsten in München.

Die Polen gingen, die Schweden kamen, die Deutschen aber blieben im Baltikum. Die ehemaligen Ordensleute hatten überlebt. Die neue Konfession ermöglichte ihnen eine wundersame

Vermehrung, wo sie in der alten Konfession in den Klöstern allmählich ausgestorben wären, wie es in den Aussterbeklöstern im Reich geschah. Mangels eigener Leute beließen die schwedischen Oberherren einfach die deutschen Herren auf ihren Plätzen, Esten und Letten blieben die Untertanen. Dies entsprach der schwedischen und deutschen Auffassung in der Zeit des Absolutismus.

Zuletzt siegten die Russen unter Peter dem Großen. Doch nun zogen die Schweden ab, die Deutschen blieben wiederum. In einer Zeit, in der Schweden und Russen auf deutschen Universitäten studierten, konnte es nicht stören, daß auch im Baltikum in deutscher Sprache gelehrt wurde, der Nationalismus war noch nicht einmal im Reich der Deutschen ausgebrochen. Auch nach der Zeit Napoleons gründeten die Russen in Dorpat die deutsche Universität wieder, die ehemals von den Schweden gegründet worden war und ursprünglich ein polnisches Jesuiten-Kollegium war.

Wollten die einheimischen Untertanen zu Schweden werden, verhinderten es die Deutschen. So wird die schwedische Zeit im Baltikum als die goldene bezeichnet, wo es als Provinz den Reichtum und Ruhm des schwedischen Mutterlandes zu mehren hatte. Wir können uns dies nur mit der Genugtuung erklären, weil die schwedischen Könige der bayerisch-wittelsbachischen Dynastie entstammten.

Wollten die einheimischen Untertanen Russen bleiben oder zu Russen werden, verhinderten es ebenfalls die Deutschen. Auch hatten die Deutschen nicht die Absicht, wie fälschlicherweise behauptet wird, das Baltikum als Sprungbrett zum Ritt nach dem Osten zu benutzen. Im Unterschied zu Preußen wurden keine Einwanderer angesiedelt und Christen waren die Russen damals bereits seit Jahrhunderten.

Warum die Deutschen in der Beliebtenskala ganz hinten liegen, ist auch nicht verständlich. Nur unter den Deutschen waren die Baltenlande nicht Provinz, alles blieb im Lande und auch die estnischen und lettischen Anfänge kamen von den Deutschen. Hier zeigt sich sehr deutlich die Unzulässigkeit einfach "die Deutschen" zu sagen, einmal, weil verschiedene deutsche Länder an dem Fortgang im Baltikum überhaupt nicht beteiligt waren, zum anderen, weil die schwedischen und russischen Oberherren aus den bestehenden Verhältnissen reichlich Nutzen zogen.

Es ist auch unverständlich, daß die estnische und lettische Volkskultur, sowie die beiden Nationen aus einem Haß gegen die Deutschen entstanden sein sollen. Einige hatten ja den militanten Nationalismus verschlafen. Die ersten Vertreter der Völker in Livland waren jedenfalls die Schweden nicht und nicht die Russen. Der Nationalismus ruft nach Gerechtigkeit, kennt aber selbst kein

Recht für andere Nationalitäten. Also gingen am Ende alle,denen nicht ein lettisches oder estnisches Herz in der Brust schlug.

Heute sind die Baltenstaaten frei von allen, nur nicht von den Minderheiten, die das größte Problem darstellen. Kleine Staaten müssen sich mit einer eingeschränkten Unabhängigkeit abfinden, wie auch Beispiele in Europa zeigen. Kleine Völker leben in Abhängigkeit von ihren Nachbarn, wie die deutschen Südtiroler im italienischen Nationalstaat, die deutschen Elsäßer in der französischen Nation, nur die Deutschen in Belgien haben ihre Nationalität beibehalten können. Alles ist bei diesen Völkern verschieden, teils verbindet sie die Konfession, doch alle verbindet die lateinische Kultur. Bei den Balten ist im Verhältnis zum östlichen Nachbarn alles anders. Es nützt auch nicht der Vergleich mit der Situation Finnlands, denn dort leben Finnen und Schweden. Die Deutschen können wieder nur mit einer Invasion helfend eingreifen - diesmal mit einer Touristeninvasion.

Wenn die Historiker recht haben, daß sich alles in der Geschichte wiederholt, nur etwas anders, wollen wir hoffen, daß das bosnische Beispiel nicht Schule macht. Im ehemaligen Jugoslawien helfen die Russen nur ihren serbischen Freunden - die orthodoxe Konfession und die kyrillische Schrift verbindet. In den Baltenstaaten verteidigen die Russen in den Minderheiten, die schon fast Mehrheiten sind, ihre eigenen Brüder, somit im Grunde sich selbst.

Wie sollen wir helfen, gemeinsame Gebete helfen nicht gleich. Der litauische Präsident rief in alle Welt hinaus: “Gott schütze Litauen ...”, in Estland sang man in der Nationalhymne: “Mein Vaterland, mein Glück und meine Freude, ...” Lettlands Nationalgesang bittet: “Gott, segne Lettland ...” und wir in Bayern stimmen an: “Gott mit dir, du Land der Bayern ...” - wir könnten alle zusammen singen!

München im Februar 1994
Harry Herbert Tobies

EINLEITUNG

Die Welt, in der wir leben, nennt sich human und unzählige Institutionen wachen über das, was die Würde des Menschen ausmacht. Trotzdem ließ diese unsere Welt zu, daß im letzten Jahr (1993 Anm. d. Verl.) in 60 Kriegen Abertausende Menschen zu Tode kamen. Dieser Widerspruch wurde zum Normalzustand und damit müssen wir leben. Die “Humanae Vitae” des Papstes dagegen, auf den Schutz des Lebens gerichtet, ist das am meisten kritisierte Dokument.

Kommen wir zurück zur Humanität. Der Gedanke der Menschlichkeit tritt erstmals bei Cicero und Seneca auf, um später insbesonders von Herder und Wilhelm von Humboldt zum Bildungsideal erhoben zu werden. Herder bezeichnete die Humanität als Synthese von Religiosität, Nationalität, Individualität und Geschichtlichkeit. Der Mensch sei immer national, individuell und historisch bestimmt. Herder hat diese unsere Welt wesentlich mitgeprägt. Sind wir aber, wie er sagt, national und historisch bestimmt, kann man heute damit Schwierigkeiten bekommen. Humboldt meinte, der Mensch solle versuchen “so viel Welt als möglich zu ergreifen und so eng, als er nur kann, mit sich zu verbinden.” So sahen es die großen Geister wie Lessing, Goethe und Schiller, die uns in der Schule bereits nahe gebracht wurden. Die politischen und kriegerischen Entartungen seit den zwei Weltkriegen haben einen geistigen Umbruch ausgelöst und diese Ideale in Frage gestellt.

Aus unserer heutigen Sicht beurteilen wir das Geschehen im Mittelalter als unmenschlich. Wir geben vor, human zu sein, dabei leben wir mit unseren Praktiken wie im tiefsten Mittelalter.

Eben erst haben wir eine der Entartungen durchlebt und überlebt - den Kommunismus. Der Fortschritt hatte die Menschen übermütig gemacht, sie verhöhnten den alten, schweigenden Gott und vertrauten lieber ihrem Verstand.

In der Zeit, als in Dorpat die Universität wiedergegründet wurde und mit ihr eine Sternwarte entstand, schaute man durch Linsen die aus München kamen den Himmel ab auf der Suche nach neuen Welten. Der humane Philosoph und Theologe Johann Gottfried Herder starb 1803, als Georg Wilhelm Friedrich Hegel in Jena lehrte. Wegen der Napoleonischen Kriege ging er in das sichere Bayern nach Bamberg, Nürnberg und Heidelberg. Im Jahre der Bauernbefreiung im Baltikum lehrte er: “Der Mensch soll den Staat wie ein irdisches Göttliches verehren.”

Der im bayerischen Landshut geborene Philosoph Ludwig Andreas Feuerbach studierte 1825 bei Hegel. Sein Vater schuf in Bayern das moderne Strafrecht - er stammte aus Jena -. Der Ausgangspunkt von Feuerbachs Gedanken ist ein anderer, das Ergebnis dagegen ist das gleiche wie bei Hegel. Feuerbach ist deutlicher wenn er behauptet, “Gott ist ein vom Menschen gemachtes Wesen, auf das der Mensch zum Zwecke der eigenen Glückseligkeit und Luststeigerung, seine menschlichen Ideale, seine Nöte und Wünsche projeziere.” So versuchte er zu beweisen, daß die Bibel der Wahrheit, der Vernunft und sich selbst widerspricht. Das Gebet sei nur ein Selbstgespräch des Menschen mit sich selbst. So war Feuerbach zumindest mit sich selbst zufrieden. Er verbrachte seine Schaffenszeit in Erlangen und seinen Lebensabend in der Nähe von Nürnberg. Im Jahre 1841 gab er dann sein Hauptwerk “Das Wesen des Christentums” heraus.

Hegel war bereits seit zehn Jahren tot, als im protestantischen fränkisch-bayerischen Raum ein weiterer Philosoph auftauchte: Max Stirner. Er stammte aus Bayreuth und schrieb das Buch “Der Einzige und sein Eigentum”. Darin vertrat er die Meinung, daß nur das eigene Ich wirklich existiert, alles andere sei unsicher und unbeweisbar. Die einzige Insel, auf die sich der Mensch flüchten kann, ist das Ich in absoluter Einsamkeit. Der Staat ist die Vernunft im nationalen Leben und bei dieser Aussage traf er sich auch mit Hegel.

So wie Hegel lehrte Stirner dies gleichfalls in Berlin. Er vertrat den sogenannten Linkshegelianismus, einen extremen Individualismus und damit einen Anarchismus.

Der preußische König Friedrich Wilhelm, noch benommen von vielen mystisch-christlichen Vorsätzen der Heiligen Allianz, sah ein gewaltiges atheistisches Potential in seiner Hauptstadt heranwachsen und suchte sich Verbündete gegen diese Unchristen ausgerechnet im katholischen Bayern. Er holte sich aus München den bedeutenden Philosophen Friedrich Wilhelm Joseph von Schelling, der einst mit Hegel in die Stiftsschule in Tübingen gegangen war. Er sollte die linken Hegelianer in Berlin eindämmen, was ihm aber nicht gelang. Zum Trost hatte der König sich wenigstens eine Prinzessin aus München als Gemahlin nach Berlin geholt.

Wo es eine linke Schule gab, mußte es auch eine rechte Hegelschule geben, dazu zählte der aus Wolmar in Livland stammende Philosophiehistoriker und Religionsphilosoph Johann Eduard Erdmann, der zur gleichen Zeit als Professor in Halle wirkte. Seine Vorbilder waren Leibniz und Spinoza.

Die linke Hegelschule erhielt auch von der Theologie her Unterstützung, von dem schwäbischen evangelischen Theologen David

Friedrich Strauß, der in Tübingen studierte. Zuerst sah Strauß Böhme und Schelling als seine Vorbilder an, dann aber schwenkte auch er auf die Lehre Hegels ein. Er behauptete, das Leben und Wirken Jesu sei nicht historisch-kritisch nachweisbar, die Bibel enthalte vor allem zeitbedingt Mythen über das Wesen Gottes. Und überhaupt meinte er in seiner Dogmenkritik, das philosophische Denken sei dem Glauben überlegen. Es war die Zeit danach Gott zu leugnen, doch auch hier hatte das Baltikum einen Mann parat, der das Gegenteil zu beweisen suchte.

Adolf von Harnack, der aus Dorpat stammende Theologe, kam fünfzig Jahre später nach Berlin, um mit seinem Kulturprotestantismus der Theologie innerhalb der Wissenschaften wieder zu Ansehen zu verhelfen. Er hielt Vorträge unter dem Titel "Das Wesen des Christentums", analog zu dem Werk Feuerbachs gleichen Titels. Harnack sprach zumindest von der "Herrschaft des heiligen Gottes in den einzelnen Herzen" und ging mit dem Glauben etwas vorsichtiger um. Adolf von Harnack gilt als der bedeutendste Theologe seiner Epoche. Er starb in dem zu dieser Zeit schon nicht mehr bayerischen Heidelberg im Jahre 1930.

Als der Münchner Steinheil zusammen mit dem Engländer Wheatston und dem Amerikaner Morse den elektrischen Telegraphen erfand, verloren die Menschen völlig das Gefühl von Zeit und Raum. Wo kann sich da noch das Göttliche verstecken? Auch aus den Molekülen und Zellen wurde es aus dem Dasein hinausgejagt. Und wie stand es mit der Seele? Braid blätterte in Paris durch seine Experimente in verborgenen Tiefen und hinterließ ein Bewußtsein des Nichts! Max Stirner sagte bereits: "ich habe mein Sach auf nichts gestellt! Die Historiker durchwühlten die fernsten Zeiten vor der christlichen Zeitordnung. Konnte da der Geist noch ruhen und wo die Religion?

Nur noch schöpferische Menschen, die Künstler kämpften dagegen an, daß die kalte Logik den Thronsitz Gottes nicht einnehmen konnte. In München erfand Justus Liebig Salze zur Düngung der Felder zum Zwecke steigender Produktion in der Landwirtschaft. Auch in der Industrie stieg die Produktion. Wer fand noch Antworten auf völlig neue Fragen. Einer der führenden Köpfe der Linkshegelianer damals im Jahre 1841 in Berlin war der zwanzigjährige Karl Marx, der auf alle Fragen Antworten zu geben verstand. Schon sieben Jahre später im Jahre 1848 veröffentlichte er das "Kommunistische Manifest."

Bisher gab es keine geistige Entwicklung ohne die Lehre des großen Philosophen Immanuel Kant in Königsberg. Auch dies war neu an dieser Gedankenwelt. Wirkung zeigten die Gedanken von Marx erst nach seinem Tode und der Höhepunkt kam erst mit der

Deutung Lenins, sowie dessen revolutionärer Anwendung. Lenin verfolgte im zähen Glauben an das Zukunftsziel einer klassenlosen, glücklichen Menschheit die Gedanken von Karl Marx. Langfristig strebte er die "Weltrevolution" an. Der Boden war bereitet, das Schicksal nahm seinen Lauf und diese Philosophie ging in eine Sackgasse. Dabei wußte die Welt was Augustinus schon vor eineinhalb Jahrtausende als den richtigen Weg bezeichnete: Singe und wandere, Gott steht am Ende der Straße."

Heute geben die Philosophen wieder die richtigen Antworten. Wenn wir richtig und logisch handeln, so geschieht dies angesichts der Geisteserfahrung von 2000 Jahren europäischer Kultur. Heidegger hat in unseren Tagen die Anliegen der denkenden Menschen, die Vergangenheit, neu entdeckt. Vor der tausendjährigen Lehre hat er die höchst gegenwärtige Problematik sehen gelernt. Die Bildungssätze der Vergangenheit wurden zum Sprechen gebracht. Denken als Tätigkeit, nicht nur vom Wissensdurst und Erkenntnisdrang getrieben, sondern aus Leidenschaft – leidenschaftliches Denken.

Martin Heidegger ist aus dem schwäbischen Stamm, seine Sprache war deutlich und er gab die Antwort auf unsere Frage nach "Sein und Zeit." Heidegger, der zuerst Theologie studierte, wurde dann doch zum Philosophen. Schon aufgrund seiner Arbeit über die Kategorien und Bedeutungslehre des Duns Scotus und den Studien von Aristoteles erhielt er 1922 den bedeutenden Lehrstuhl in Marburg. Seine geschichtliche Linie von Plato bis Kant verschiebt sich im Neuplatonismus bis zu Nicolaus von Kues, von dem wir bereits hörten und der zu Kant hinführte. Den Neukantianismus lehrte Heidegger mit einer Wendung zum Praktischen.

Die Gedanken von Karl Marx hatten die Welt verändert. Drei Ereignisse aus der jüngsten Zeit haben das Weltbild wieder zurechtgerückt. Kleine Ursachen schufen große Wirkungen, die wir hier aufzeigen wollen. Als erstes Ereignis das die Welt veränderte, kann man mit Fug und Recht den NATO-Doppelbeschluß im Dezember 1979 nennen.

Kanzler Adenauer hatte in seiner Politik Erfolge gehabt, wie auch Kanzler Brandt Erfolge zeitigen konnte, so z. B. die Aufweichung in der Ostpolitik. Beide aber konnten nicht verhindern, daß Rußland im Gebiet von Königsberg SS-20 Raketen stationierte und dabei war, immer neue Raketengenerationen zu produzieren. Brandts Friedenspolitik erlaubte nicht einmal einen Gedanken an ein irgendwie geartetes Wettrüsten. Nach dessen Sturz stand Kanzler Schmidt eben vor diesem Problem. Er hatte die Entspannungspolitik unterstützt, was Rußland brutal ausgenutzt hatte, um sich eine militärische Überlegenheit zu verschaffen.

Gegen seine bisherige Politik und gegen seine eigene Partei hat Kanzler Schmidt die Stationierung der amerikanischen Pershing Raketen durchgesetzt. Rußland gab das Wettrüsten auf. Es gab Verhandlungen über die Abrüstung, es gab Glasnost und Perestroika und letztendlich den Zusammenbruch des Sowjetsystems. Darüber stürzte allerdings auch Kanzler Schmidt - auch noch durch seine eigene Partei.

Heute nach den Motiven und den Überlegungen befragt, erläuterte der ehemalige Bundeskanzler das vielschichtige Fundament seiner Politik. Er sagte, er habe nach den Maximen des Philosophen Immanuel Kant gehandelt, der die Leidenschaft der Vernunft über Macht und Moral forderte. Das Grundrecht betrifft den Staat, der Grundwert die Religion, den Glauben! Das von Kant geforderte Gebot eines bestimmten Verhaltens, von Kant "Kategorischer Imperativ" bezeichnet, als logische Bezeichnung einer Befehlsform der Moral, daran habe er sich gehalten, erklärte Schmidt. Politik wie nach dem Lehrbuch, mit der schriftlichen Aufgliederung von der Lage der Dinge, Konzeption und Handeln, das hat bei Kanzler Helmut Schmidt mit kleiner Ursache, zu einer weltumspannenden Wirkung geführt.

Macht schmückt sich gerne mit Wahrheit, sagte einmal der Philosoph Karl Jaspers, der aufmerksam die deutsche Nachkriegspolitik begleitete, und weiter: "Philosophie und Politik sollten sich um der Freiheit willen treffen. Keine große Philosophie ist ohne politisches Denken. Von Plato bis Kant und bis Hegel und Kierkegaard und Nietsche geht die große Politik der Philosophie. Der Zusammenhang von Philosophie und Politik ist so wesentlich, daß man sagen kann: wenn das eine fehlt, ist auch das andere nicht da." Zwei Denker haben Jaspers Pate gestanden, Kant und Cusanus.

Schlägt man das Buch der Bücher bei Matthäus auf, so lesen wir: "Der Mensch lebt nicht vom Brot allein, sondern von einem jeden Wort, das aus dem Munde Gottes geht." Im Buche Mose erscheinen diese Worte bereits und Jesus verweist darauf mit den Worten: "Es steht geschrieben!"

Nach dem Tod Stalins gab es in Rußland das sogenannte Tauwetter, so benannt nach einem Roman von Ottepel von Erenburg. Ein Roman von Vladimir Dudicev, 1956 erschienen, gehörte zu dieser Tauwetterliteratur. Der russische Titel ist NE CHLEBOM EDINYM. Der deutsche Titel lautet: "Der Mensch lebt nicht vom Brot allein." Dudicev schrieb in seinem Vorwort zur deutschen Ausgabe, er wolle keine Resignation lehren, sondern den Glauben bekräftigen "an den unausweichlichen Sieg der Vernunft und der Gerechtigkeit."

Dieser Roman und diejenigen, die sich darauf beriefen, wie der Schriftsteller Solschenizyn wie Sacharow und viele andere, erschütterte die damalige Sowjetunion nachhaltig. Solschenizyn wanderte zuerst in die Verbannung, wurde im Westen weltbekannt und erhielt 1970 den Nobelpreis. Im Jahre 1976 durfte er aus der Sowjetunion ausreisen, das Eis war gebrochen. Die Welt wartete nur noch auf den Zeitpunkt der umfangreichen Veränderungen im kommunistischen Ostblock.

Im Zusammenwirken des politisch-militärischen Umstandes von aussen und des politisch-kulturellen von innen, kamen allmählich die Veränderungen, wobei die Sowjetunion noch den entsprechenden Handlungsbedarf steuern konnte. Der dritte Faktor aber, der den Ostblock konfrontierte lag im religiösen Bereich und diesem Gegner hatte die atheistische kommunistische Welt nichts entgegenzusetzen.

Für die katholische Welt war die Wahl des polnischen Papstes eine Sensation. War einst in der Geschichte der katholischen Kir che die Wahl eines nichtitalienischen Papstes, die Wahl eines spanischen, französischen oder deutschen Papstes, eine ungeheure Neuigkeit, einen slawischen Papst gab es in fast 2000 Jahren noch nie. Der im Jahre 1978 zum Papst gewählte Johannes-Paul ist der zweite mit einem Doppelnamen und nach nichtamtlicher Zählung das 306. Oberhaupt der alten römisch-katholischen Kirche.

Nach den blutigen Erhebungen in Ostberlin, Budapest und Posen gegen die kommunistische Gewaltherrschaft und dem letzten vergeblichen Versuch im Prager Frühling 1968, waren zehn Jahre vergangen. Nur zwei Jahre nach der Wahl des polnischen Papstes war 1980 in Polen die Solidarnosc entstanden. In der Tschechoslowakei versammelten sich, durch die Ereignisse ermutigt, 150 000 Katholiken zum Jahrestag des heiligen Method im Jahre 1985. In Ungarn harrte der standhafte Erzbischof Mindszenty seit 1956 in der Botschaft der Vereinigten Staaten aus, bis eine Aussöhnung mit dem kommunistischen Regime möglich wurde. Aus Ungarn kam dann auch 1987 die erste Fernsehübertragung einer Christmette aus der St. Matthias-Kathedrale in Budapest. Zwischen diesem Ereignis und der ersten Übertragung der Christmette aus der Kathedrale in Vilnius 1989, lagen die umwälzenden Ereignisse auch im Osten Deutschlands.

Wir Münchner konnten endlich wieder an den Kirchenfenstern der St. Matthiaskirche in Budapest das weiß-blaue Rautenwappen Bayerns sehen. Es ist der Ausdruck einer tausendjährigen Verbundenheit von Ungarn und Bayern. Nur 656 Jahre ist es her, daß in Litauen der erste Stützpunkt, die Bayernburg, errichtet worden war, die Urzelle eines von Kaiser Ludwig dem Bayern geplanten

Erzbistums Bayern in Litauen. Dies wurde nicht Wirklichkeit, da der Kaiser zehn Jahre später starb. Heute ist Litauen endlich ein freies christliches Land und der Heilige Geist ist zu Pfingsten 1990 auch auf uns gekommen, als wir in alter Solidarität mit den Litauern in der Heiliggeistkirche in München eine heilige Messe abhielten. Wie in Vilnius waren hier Litauer in ihrer Volkstracht in der Kirche. Sie erinnerten uns an längst vergangene Tage in Königsberg, wo es Litauer an den Markttagen in der Stadt am Pregel gab.

Nicht nur aus Budapest, Prag, Berlin und Vilnius gab es Neuigkeiten, auch aus Moskau konnten wir in klangvollen Tönen die Glocken der Basilius-Kathedrale hören - nach siebzig Jahren zum ersten Mal. Auch aus Riga kam ein Signal, wir konnten aus dem Dom von Riga eine Fernsehübertragung des evangelisch-lutherischen Gottesdienstes in Anwesenheit des Parlamentspräsidenten und lettischer Volkstrachtengruppen erleben. Pfingsten 1990, ein Gottesdienst in deutscher und lettischer Sprache, wo sich alle im Glaubensbekenntnis zur "heiligen allgemeinen apostolischen Kirche"bekannten. Nation und Kirche sind in Lettland eins, daher sprach der Erzbischof "Gott segne Lettland" und alle stimmten in die lettische Nationalhymne ein.

Wo blieb aber Estland, Estland war doch nicht aus der Welt. Kurz nach dem 2. Weltkrieg begegneten wir jungen Finnen in München. Wir gaben ihnen Quartier. Sie sprachen Deutsch und gaben sich entschieden als Europäer. Finnland wurde bekanntlich von Schweden aus mit der europäischen Kultur verbunden und christianisiert, dadurch haben die Finnen auch Sympathien für die Deutschen. Anders dort wo Deutsche dem Estenheer und dem verbündeten Heer Nowgorods unterlegen waren. Im Jahre 1343 riefen die Dänen den Orden gegen die Esten und seine Verbündeten zu Hilfe. Dies führte zur endgültigen Niederlage der Esten. Dieses Geschehen war nicht nur negativ für Estland und Livland, denn der Orden schuf eine wehrhafte Grenze zum Osten hin und seitdem gehörte das Baltikum zur westlichen Kultur. Als 1335 in Königsberg der Dom gebaut wurde, regierte in München Kaiser Ludwig der Bayer, und die Dome in München und Tallinn standen bereits. Der Dom von Tallinn war hundert Jahre alt.

Anfangs konnten wir zwischen Bayern und Estland keine Gemeinsamkeiten feststellen. Die beiden Hauptstädte sind auch zweitausend Kilometer voneinander entfernt. Doch man kann feststellen, daß Bayern sich zur gleichen Zeit von den Niedersachsen befreien konnte als die Esten und ganz Livland unter ihre Herrschaft kamen. Fast dreihundert Jahre war Bayern unter ihrer Herrschaft gewesen und mehr als dreihundert Jahre herrschten die Rittermönche und Bischöfe in den Baltenlanden, die zumindest anfangs aus den Sachsenlanden kamen. Bayern und Esten waren sozusagen Leidensgenossen. Beide Völker mußten sich nach Freunden umsehen. Die Dänen waren Feinde für die Esten, die Verbündeten im Osten hatten auch nichts eingebracht, im Gegenteil, der "Iwan" griff das Ordensland an.

Bei einem estnischen Autoren lesen wir: "Die Deutschen verloren allmählich an Macht, die Russen gewannen an Macht". Diese Darstellung bezieht sich nicht auf die Waffenbrüder des 13. Jahrhunderts, sondern schildert das Geschehen am Anfang des 20. Jahrhunderts. Im 13. Jahrhundert hatten die "sogenannten Deutschen" noch den Kaiser und den Papst als Verbündete, in der "goldenen Zeit" der Schweden aber hatten sie niemanden mehr. Schweden und danach die Russen brauchten wohl die Deutschen noch, doch dann gingen sie alle. Soweit die Deutschen nicht auf dem Friedhof ruhten gingen sie und viele lebten und leben heute noch in Bayern. Dies verbindet Estland wiederum mit Bayern.

Seitdem ist Estland zu einem eigenen Kulturvolk geworden. Möglich wurde dies nach Meinung eines estnischen Autors, durch "die Liebe zur Heimat und den Haß gegen die Deutschen". Die Deutschen sind seither in den Baltenstaaten verstummt, das letzte Wort sprach der Dekan der philosophischen Fakultät der Universität Königsberg Professor Baumgarten, aus dem von Russen eingeschlossenen Königsberg im März 1945: "...der Name Kant aber, und in Eins mit diesem Namen die innere Macht des Königsberger Doms, an dessen Seite er ruht, das Bild des Schlosses, von dem aus die gleiche Kraft des preußischen Ordens bis nach Riga, Narwa hinauf den Geist und die Gesittung Europas trug, würde ihr inbrünstiges Gedächtnis, ihr Gebet sein."

Nichts ist geblieben vom Geiste Kants in Königsberg, den Professor Baumgarten vom Lehrstuhl Kants aus beschwor. Europa hatte keine Gesittung mehr und kein Gewissen. Zumindest konnten die Baltenstaaten nach dem Ende des Kommunismus ihre Freiheit wieder gewinnen.

Der im Osten ungeliebte Gorbatschow gab zu, daß ohne den Papst der Umsturz im kommunistischen Lager nicht möglich gewesen wäre. Die erste Reise in den ehemaligen Ostblock, außer Polen, führte den Papst Johannes-Paul II. im April 1990 in die Tschechoslowakei. "Ich hoffe, daß Europa wieder geeint wird im siegreichen Zeichen des Kreuzes und der Auferstehung Christi", sagte der Papst im Wallfahrtsort Velehrad in Mähren. In der Goldenen Stadt wurde der Pontifex vom Schriftsteller, Freiheitshelden, Moralisten und Staatspräsidenten Vaclav Havel empfangen. Er bezeichnete den Papst als "unseren Lehrer und Mitstreiter für die Ideale der Menschenrechte."Noch vor einem halben Jahr war

Vaclav Havel im Gefängnis gesessen, es komme ihm wie ein "Wunder" vor, sagte er. Am Letna-Hügel in Prag nahmen viele an der Messe teil, es waren aber relativ wenige, nur 400 000 Menschen.

Im 13. Jahrhundert schickte der Papst seinen Legaten nach Estland, 600 Jahre später kam Johannes-Paul der Papst selber in die Länder am baltischen Meer, und am 10. September 1993 nach Estland. Im ersten deutschen Fernsehen, das von Hamburg aus nach Niedersachsen ausgestrahlt wird, kam keine Notiz. Im zweiten Fernsehen der deutschen Länder aus Mainz, kam eine kurze Meldung. Das Fernsehen aus dem katholischen Bayern brachte den Papstbesuch in Estland als Hauptsendethema - soweit Deutschland. In Estland waren vor genau fünf Jahren, am 11. September 1988, auf dem Sängerfeld in Tallinn noch 300 000 Menschen zusammengekommen. Nun ist Estland frei und die Esten dankten dem Papst in Tallinn durch einen zurückhaltenden Empfang - es waren nur einige tausend Menschen gekommen.

DAS BALTIKUM

Estland - Lettland - Litauen

Estland, estnisch Eesti, geschichtliche Landschaft im Baltikum, eine der russischen Ostsee-Provinzen - so steht es im Brockhaus in einer älteren Ausgabe. Bei Litauen lesen wir: einer der drei baltischen Staaten. Als den dritten Baltenstaat findet man sogleich Lettland, lettisch Latvija, der in der Mitte liegt. Bei den politischen Veränderungen im Osten Europas kann ein Nachschlagewerk in dieser Schnelligkeit nicht Schritt halten. So halten wir es mit Samuel Johnson, der etwas vom Lexikon verstand und sagte: "Lexika sind wie Uhren: das schlechteste ist besser als gar keins, und auch das beste kann nicht ganz korrekt sein."

Bis zum Ende des Ersten Weltkrieges hatten Letten und Esten kein nationales Staatswesen. Entsprechend der Sprachgrenze wurde eine Grenzziehung vorgenommen, die den Siedlungsgebieten der Esten und Letten entsprach. Es war eine nationale Grenze, keine historische. In der Vorgeschichte hatte es eine russische Grenze im Siedlungsgebiet der Esten und Letten gegeben, dann gab es eine dänisch-deutsche Grenze durch estnisches Gebiet, danach eine schwedisch-polnische Grenze, durch estnisches und lettisches Siedlungsgebiet. Als Provinz im Zarenreich hatte Estland nur das Gebiet des 1584 entstandenen "Fürstentums Esten in Livland" umfasst, den Norden des alten historischen Livlands. Genauso gab es in Lettland historische Grenzen dadurch, daß die Landesteile verschiedenen Mächten angehörten. Nur Litauen hatte eine ganz andere Geschichte. Doch nacheinander waren sie alle unter russische Herrschaft gekommen.

Karl Marx hatte gesagt: "Die Philosophen haben die Welt nur verschieden interpretiert. Es ist unsere Aufgabe sie zu verändern." Ausgerechnet Lenin, der die marxistische Lehre vertrat, war die nationale Selbständigkeit der Baltenstaaten zu verdanken. Er hatte die russische Februarrevolution 1917 ausgelöst, so daß sich ein Estnischer Nationalrat bereits im gleichen Jahr in Reval bilden konnte. So wurde das von deutschen Truppen besetzte Estland schon am 24.2.1918 als unabhängige Republik proklamiert. Im Frieden von Brest-Litowsk verzichtete am 3.3. 1918 Rußland auf seine Ostseeprovinzen, so daß auch Lettland seine Unabhängigkeit anstreben konnte.

Nicht nur das Zarenreich war zusammengebrochen, sondern auch das deutsche Kaiserreich und die österreichisch-ungarische Doppelmonarchie brachen im Herbst 1918 zusammen. Dies bewirkte politisch-militärische Unsicherheiten im Baltikum, in einer Art jeden gegen jeden. Doch im Jahre 1920 konnten alle drei Baltenstaaten mit dem bolschewistischen Rußland Frieden schließen und die staatliche Unabhängigkeit erreichen. So bewahrheitete sich die Forderung von Karl Marx nach Veränderung der Welt – Lenin hatte Wort gehalten. Wenn das kommunistische Rußland nach zwanzig Jahren dieses Zugeständnis widerrief und die Baltenstaaten zu Sowjetrepubliken machte, so widersprach es dem Willen Lenins. Zumindest kann man dies aus seinen Aufzeichnungen herauslesen, gleichwohl sind seine Denkmäler gefallen. Lenin war schon längst gestorben, als russische Truppen die Baltenländer besetzten.

Woher die Russen ihre Rechte auf Besitz des Baltikums ableiten, läßt sich nur aus ihren seltsamen irrealen Anschauungen erklären. Die Deutschen sind an allem Schuld! Eine gängige Formel, die

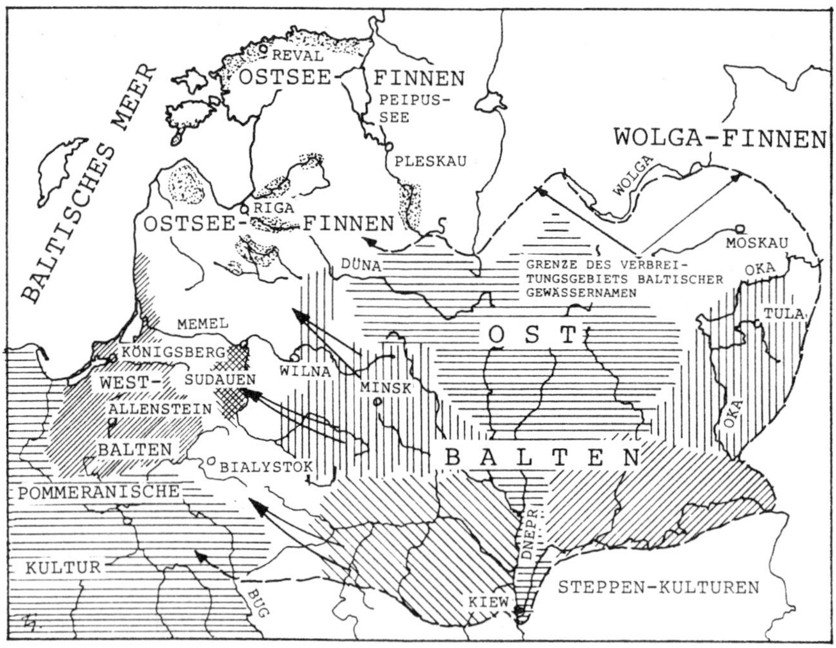

Völker und archäologische Kulturen um 300 vor Christus

schon für die Vorfahren der Deutschen, die Germanen, anwendbar scheint.

Überall sind die germanischen Stämme in Europa nachgewiesen, sie wanderten nach Frankreich, Spanien und Nordafrika, nach Italien, in den Balkan und ans Schwarze Meer. Warum sie ihre Urheimat an der Ostsee, im Raume Polens, den Karpaten und anderswo verließen, ist nicht geklärt. Wir wissen aber von einem seltsamen Vorgang bei den Langobarden im Raume der ungarischen Ebene. Als die ersten Einwanderer aus dem fernen Ural über die Karpaten in diese große Ebene schauten, sollen die Langobarden ihnen das Land regelrecht übergeben haben. Die Langobarden wanderten weiter nach Norditalien in die Lombardei und wurden so zu Nachbarn der Bayern.

In die freiwerdenden Räume rückten die Slawen nach, sie erreichten zum Ende des 6. Jahrhunderts den Balkan und Böhmen. Sie rückten in den folgenden Jahrhunderten bis zur Adriatischen Küste Sloweniens und Kroatiens, bis an die Donau in Österreich und Bayern und bis an die Elbe vor. Anders als die aus Asien kommenden Hunnen und Mongolen, die erobernd nach Westen zogen, sickerten die slawischen Stämme regelrecht ein. Sie vermehrten sich, bildeten Mehrheiten und ab dem 9. Jahrhundert unter kräftigen Fürsten bedeutende Herrschaften.

Ähnlich entwickelten sich die Urstammesgebiete der Balten, die sich von den Quellgebieten der Oka und Wolga bis zur Ostsee hinzogen, langsam vom Osten her zu slawischen Herrschaftsgebieten. Wir sprechen heute nur noch vom Baltikum und meinen die baltischen Länder Litauen, Lettland und Estland, wobei die Esten nicht einmal Balten sind. Es sind nurmehr die Restsiedlungsgebiete, die heute auch bereits zur Hälfte von Slawen bewohnt werden, was zumindest in Lettland und Estland zutrifft. Das Gebiet der baltischen Prußen, das deutsche Altpreußen, ist heute je zur Hälfte bei Rußland und Polen. Nachdem die Russen alle Altsiedelungsgebiete der Balten mehrheitlich beherrschen und sich daher auch als Erben der baltischen Restgebiete ansehen, zeigen sich nun auch in Polen Bestrebungen, als Verwandte der Balten zu gelten. Auf diese Art lassen sich im Krieg erbeutete deutsche Gebiete, zu sanft erworbene Erbschaften deklarieren.

Die Esten sind mit den Finnen verwandt, die nördlich des Wolga-Ursprungsgebietes, also nördlich der Balten siedelten. Als die ersten baltischen Stämme auf die Wanderschaft in Richtung Ostsee gingen, waren die finnischen Stämme bereits im gesamten Baltikum angesiedelt. Die Wanderschaft der südlichen Baltenstämme in das westbaltische Gebiet zwischen Weichsel und Memel, dem Gebiet von Altpreußen, wurde begleitet und unterstützt von den nachrückenden Slawen. Schon im 8. und 9. Jahrhundert nahmen die Slawen die ostbaltischen Gebiete im Bereich der Oka, Düna, Desna und Dnjepr, in ihren Oberläufen, in Besitz.

In diesen Jahrhunderten entstanden die slawischen Reiche der Böhmen, Mähren, Polen und das Kiewer Reich. Die Slawen waren bald so zahlreich, daß sie in die ostbaltischen Gebiete einwanderten. Die Besiedelung ging so vor sich: die Slawen sickerten zwischen die alteingesessenen Balten ein, breiteten sich zahlreich aus und nahmen das gesamte Gebiet in dauernden Besitz, sie wurden zum Zentrum der Russen. Gleichermaßen geschah es in den Gebieten der östlichen Wolgafinnen, die in der slawisch-russischen Kolonisation untergingen.

Überleben konnten die Ostbalten nur im Raum Litauen und Lettland. Nördlich der etwa elf Stämme der Westbalten, die wir unter dem Sammelnamen Prußen kennen, zogen die Ostbalten westwärts, gefolgt von den Slawen. Wir kennen sie als die Schamaiten oder Schmuden in Niederlitauen und die Aukstaiten im östlicheren Oberlitauen. Weiter nördlich dann die lettischen Semgaller und Lettgaller, zwischen denen noch die Selen ihr kleines Stammesgebiet einnahmen. Als Nachwirkung der Slawisierung der ostbaltischen Gebiete und durch die Bedrohung der weiter westlich sitzenden lettischen Stämme, wurde die Verdrängung der finnischen Esten im Gebiet Lettlands ausgelöst. Im 9. Jahrhundert hatten die Kuren an der Ostseeküste sitzend, ihre nördlicheren finnischen Liven an die Ostküste der Rigaer Bucht abgedrängt, dann gingen sie lettisiert, litauisiert und eingedeutscht langsam unter. Auch die Liven, als südlichster Zweig der Ostseefinnen, gingen in den Letten und Esten auf, so daß nur noch die historische Bezeichnung Livland, die die Deutschen prägten, an dieses Volk erinnert.

Als am Übergang vom 12. zum 13. Jahrhundert eifrige deutsche Kaufleute, Missionare und Kreuzritter dem Baltikum die westeuropäische lateinische Kultur brachten, saßen russische Fürsten im Lande oder übten Einfluß aus. Den Deutschen gelang es, die Grenzen zwischen Altrussen und Balten zu stabilisieren, sowie die Grenze zwischen Altrussen und finnischen Esten wieder weiter im Osten abzustecken und dauerhaft zu verteidigen. Heute sind auch die letzten Deutschen wieder abgewandert, aber die Russen sind im Lande. Alles wiederholt sich in der Geschichte. Wenn man also wissen will was die Zukunft bringt, müssen wir nur von vorne anfangen: die Slawen sickerten zwischen die alteingesessenen Balten ein ...

Heute trennt die nationale Grenze entlang der Sprachgrenze die mit den Finnen verwandten Esten von den Letten, die zusam-

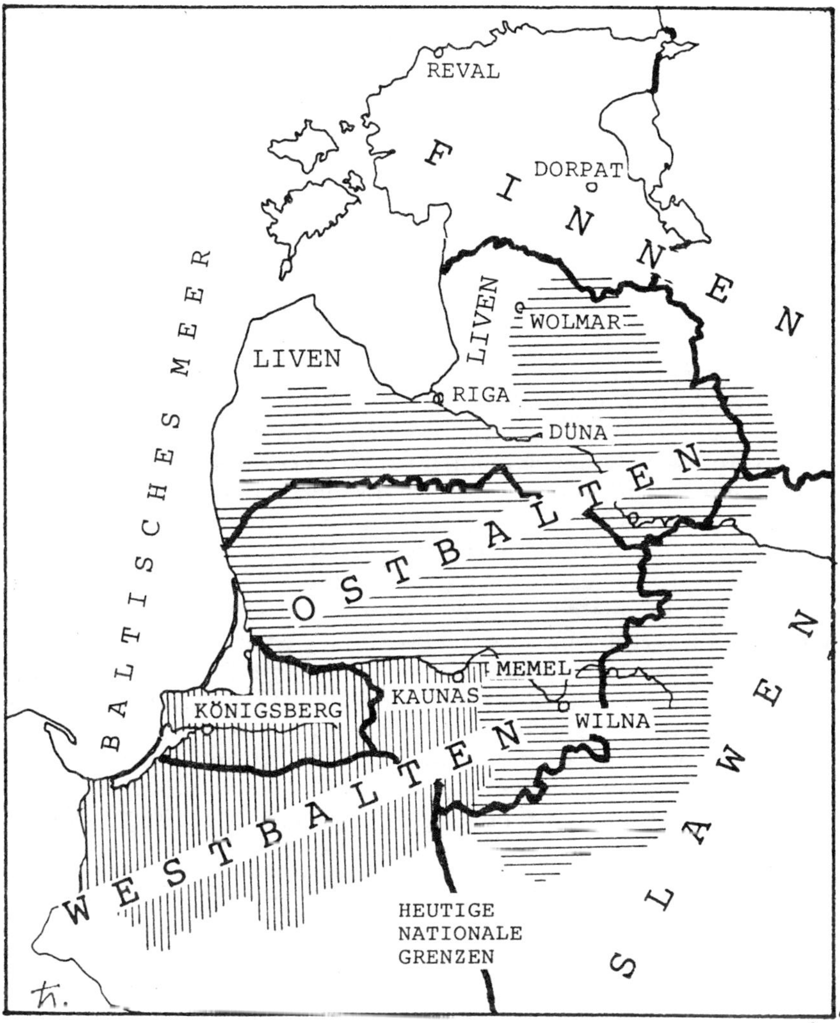

Stammgebiete der Balten vom 12. bis 13. Jhdt.

men mit den Litauern, die eigentlichen Balten sind. Überhaupt ist die Bezeichnung "die Balten" nicht historisch gewachsen, sondern der deutsche Sprachwissenschaftler Georg Friedrich Nesselmann hatte 1845 diese Bezeichnung vorgeschlagen, um eine gemeinsame Bezeichnung der Wissenschaft zu erlangen für die alten Völker der Preußen (Prußen, Pruzzen), der Sudauer (Jatwingen), Litauer, Letten und andere. Er leitete diesen Begriff vom alten lateinischen Namen der Ostsee - Mare Balticum - ab. Dieser stammte noch von Plinius dem Älteren der in seiner Historia naturalis, 4.95, den Namen "Baltia" für eine der Halbinseln in der Ostsee - Jütland, Skandinavien oder Sambien/Samland - verwendete.

Für die Deutschen ist es die östliche See, nachdem es dann noch die Nordsee und weiter westlich die ganz große atlantische See gab. Aus Sicht der Balten ist es die Westsee, doch dieses Wasser hat viele Namen. Schauen wir auf Europa, wie die Balten es tun, so finden wir in alten Karten weitere Bezeichnungen. Die älteste die sich finden ließ war von Nicolaus Cusanus vom Jahre 1491 aus dem bayerischen Eichstätt. Er bezeichnet die Ostsee als "Mare Svetie", das Schwedische Meer, was auf das damals mächtig werdende Schweden hinweist. 1543 fertigt Cornelius Anthonizoon in Antwerpen einen Holzschnitt von einer "Caerte van Oostlant", er sagt "D Oester Zee". Die erste Karte als Kupferstich ist 1507 in der Tabula moderna in Rom erschienen und dort bei den Italienern ist es natürlich das "Mare Germanicum". Bei Zell/Ortelius in Antwerpen taucht wieder das germanische Meer auf und noch 1595 bezeichnet man in Antwerpen die Ostsee als "Maris Germanici pars". Östlich von Danzig wird das große Wasser mit "Oost See" bezeichnet.

Die ganz große Zeit dieses Gewässers zog herauf mit der alles beherrschenden Handelsmacht der Hanse. Es begann mit der Versammlung der Städtevertreter 1356 in Lübeck, als ersten allgemeinen Hansetag und 1669 mit dem letzten. Man fertigte Karten, um das Netz der über hundert Mitgliedsstädte darzustellen. Hier ist die größte Insel der Ostsee Gotland dargestellt, mit dem Handelszentrum Visby, das vor der Hanse den Ostseehandel beherrschte. Auf dieser Karte ist es das "Mare Goticum", zur Erinnerung an die Goten, die an den südöstlichen Ufern lebten, schon vor den Balten und Slawen.

Die Litauer

Als am Anfang des 9. Jahrhunderts das Baltenvolk von den Slawen aus ihrem Siedlungsgebiet an der oberen Oka und oberen Wolga verdrängt wurde, siedelte es sich im Gebiet des heutigen Litauen an.

Die eigentliche "litauische" Geschichte beginnt um das Jahr 1000 nach Christus. Erstmals schriftlich erwähnt wurde der Name Litauen in den Quedlinburger Annalen. Nach der Teilung des Frankenreiches übernahmen die Sachsenfürsten die Herrschaft im östlichen Teil des Reiches, des späteren Römisch-Deutschen Reiches. Die Sachsen stellten den König im Reich, der erste war Heinrich. König Heinrich verlegte seine Pfalzen vom fränkischen Rhein nach den sächsischen Landen im Harz, so daß dort die ersten Aufzeichnungen über das Gebiet östlich der Elbe getätigt wurden, so erscheint dort im Jahre 1008 erstmals die Erwähnung Litauens, "Litua".

Nicht nur vom Westen her interessierte man sich damals für das Baltenland, das zwischen den baltischen Stämmen in Livland und den Baltenstämmen im südlichen Preußen lag. Die russische "Nestorchronik" zählt Litauen am Anfang des 12. Jahrhunderts zu den Tributpflichtigen des Kiewer Großfürstentums.

Die erste Staatsbildung erfolgte, zweieinhalb Jahrhunderte nach den polnischen Nachbarn, durch Mindaugas (Mindowe), der zwischen 1230 und 1240 die zahlreichen zersplitterten Klein-Fürstentümer vereinigte. Dazu zählten auch die baltischen Stämme der Kuren, Jadwinger und Samogitiern die allesamt zum Großfürstentum Litauen zusammenwuchsen. Dieser Zusammenschluss wurde noch beschleunigt durch das Vordringen des deutschen Ritterordens, vom nördlichen Riga her und im Süden von den polnischen Herzogtümern, die sich von den südlich der Litauer lebenden heidnischen Preußen bedrängt fühlten.

1253 war Mindaugas Christ geworden und erhielt als erster christlicher König der Litauer von Papst Innozenz IV. die Königskrone. Nach seiner Ermordung 1263 folgten wieder Aufsplitterungen und Rückfall ins Heidentum. Der eigentliche Reichsgründer wurde Gedimin, der von 1316 bis 1341 regierte und durch Eroberung und freiwilligen Anschluß ganz Weißrutheniens und Wollyniens ein mächtiges Reich schuf. Er schloß mit den polnischen Nachbarn ein Bündnis, die sich nach und nach der östlichen Gebiete bis nach Kiew bemächtigen und so vielfältig zu Litauens Nachbarn wurden.

Unter Gedimins Sohn Algirdas, der von 1345 bis 1377 regierte, dehnte sich das Großfürstentum Litauen bis an die obere Oka, der alten Heimat der Litauer, und bis an den unteren Dnjepr aus. Ihm folgte der Großfürst Jagiello im Jahre 1377, der im Jahre 1385 die Union von Krevo schloß.

In der weißrussischen Stadt Krevo wurde am 14.8.1385 die litauisch-polnische Personalunion geschlossen und zum zweiten Mal reagiert ein litauischer Fürst auf den Versuch der Christianisierung Litauens durch den Deutschen Orden mit einem taktischen Schachzug.

Im allerhöchsten Auftrag des Papstes in Rom und des Kaisers Friedrich von Hohenstaufen waren die Ritterorden in die Baltenstaaten gezogen, um den letzten Flecken von Heidentum im Abendland zu christianisieren. Von Riga her waren seit dem Jahre 1200 Kreuzritter an Land gegangen, mit 23 Schiffen waren sie gekommen und wurden wegen des Kreuzes auf ihrer Brust Kreuzritter genannt oder auch Schwertritterorden, Livonsker Orden, Livländischer Orden oder Orden der Schwertträger. Vom Gebiet der Prußen her, vom Südwesten Litauens, stießen Ritter des Deutschen Ordens, auch Teutonischer Orden genannt, nach Norden vor, um sich mit dem Schwertritterorden zu vereinigen. Die lettischen Stämme im Norden waren so uneins wie die prußischen Stämme im Süden, nur in Litauen war es dem Fürsten Mindaugas gelungen die litauischen Fürstentümer zu vereinigen.

In der Schlacht von Saule-Siaulai wurde im Herbst 1236 das Heer der Schwertbrüder vom litauischen Heer vernichtend geschlagen. Der Schwertbrüderorden war daraufhin genötigt, sich mit dem Deutschen Orden in Preußen zu verbünden. Großfürst Mindaugas hatte darauf mit der Annahme des katholischen Glaubens im Jahre 1251 geantwortet. Damit entzog er dem Orden den Vorwand einer Missionierung Litauens. Prompt reagierte die Kurie des Papstes und wie bei der Bekehrung der Ungarn, - Böhmen und Polen, wurde der litauische Großfürst 1253 zum König erklärt, und der Papst übersandte Mindaugas die litauische Königskrone. Auch wenn sich der Litauer 1261 wieder vom katholischen Glauben lossagte, so konnte der Deutsche Ritterorden in solchen Situationen nicht mehr mit der vollen Unterstützung des Papstes rechnen.

In dieselbe Situation geriet der Deutsche Orden im Jahre 1386, als Jagiello sich taufen ließ. Vorher hatte er 1382 seinen Bruder ermorden lassen um an die Macht zu kommen. Als Großfürst von Litauen bewarb sich Jagiello um die Hand der polnischen Königstochter Hedwig. Den Polen war der Deutsche Ritterorden lästig, da sie gedacht hatten, das eroberte Prußenland würde an das christliche Königreich Polen angegliedert. Doch der Orden berief sich auf die Urkunden des Papstes, des Kaisers und des polnischen Herzogs Konrad von Masowien. In den Urkunden wurde geregelt, daß ein Teil des eroberten Landes dem Bischof gehören sollte und der andere Teil dem Orden, woraus der Deutsche Ordensstaat entstand.

Die Königstochter Hedwig war eigentlich einem Habsburger versprochen und anverlobt worden. Doch dieser Schachzug brachte mehr ein, in der Hauptstadt Krakau wurde der litauische Großfürst getauft und daraufhin mit der Königin Hedwig verheiratet. Jagiello war nun polnischer König und Großfürst von Litauen, er

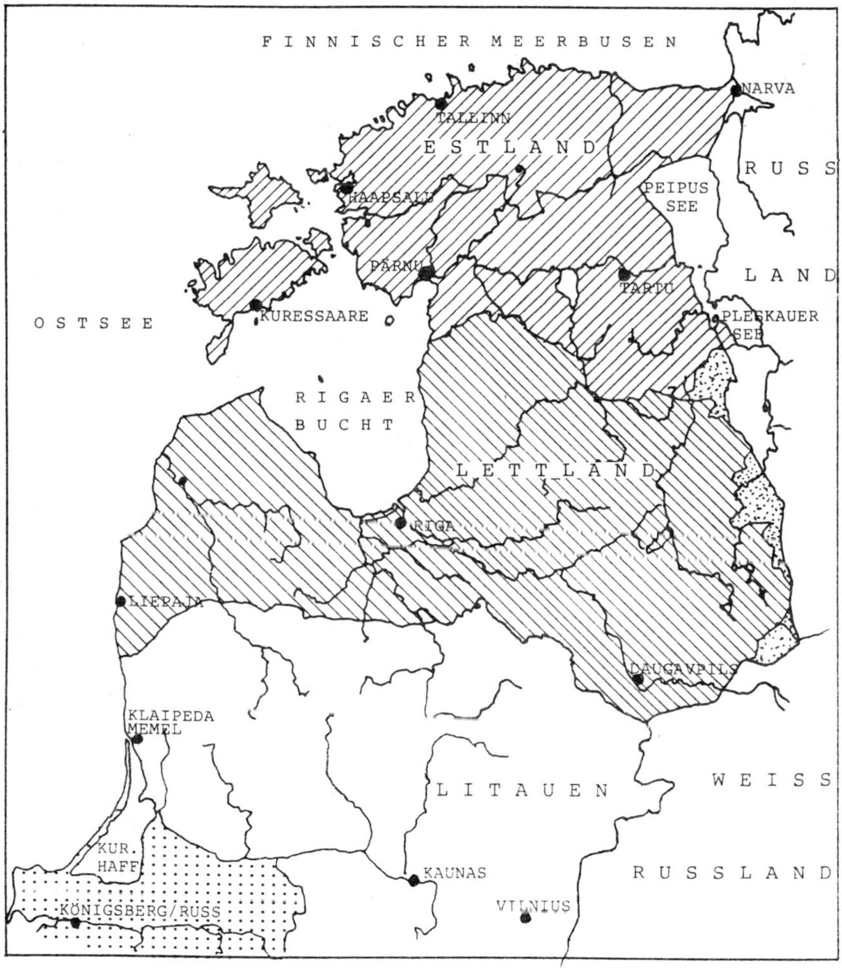

Das Baltikum heute

konnte das Großfürstentum zu einem der größten Staaten Europas machen, die Eroberungen reichten bis zum Schwarzen Meer und bis vor Moskau. 1409 vertrieb er den Deutschen Ritterorden aus Westlitauen, im Jahre 1410 kam es zur Schlacht bei Grunwald/Tannenberg, wo ein litauisch-, polnisch-, tatarisches und böhmisches Heer das Ordensheer vernichtete. Seitdem senkte sich der Stern des Deutschen Ordensstaates noch 115 Jahre lang, um dann völlig unterzugehen. Im Jahre 1525 wurde vom letzten Hochmeister Albrecht von Brandenburg der Deutsche Ritterorden in Preußen aufgelöst.

Jagiello förderte in Litauen durch die Gründung der Bistümer Wilna und Miedniki die Ausbreitung des lateinischen Christentums und erneuerte 1400 in Krakau die nach ihm benannte Universität. Die Krakauer Universität war neben der Prager- und der Wiener Universität die dritte große Bildungsstätte in Mitteleuropa, wodurch auch Litauen in die Kulturwelt des westlichen Europa eingebunden wurde. Dies war für die Identitätsfindung Litauens als römisch-katholisches Land mit lateinischer Schriftkultur ent-

Litauen um 1550

scheidend, obwohl der größte Teil der litauischen Besitzungen orthodoxer Konfession und die Kanzleisprache im litauischen Reich weißrussischer-slawischer Natur war.

Die litauisch-polnische Dynastie der Jagiellonen umfaßte einschließlich Jagiellos nur vier Generationen, regierte in Polen-Litauen von 1386 bis 1572, in Böhmen von 1471 bis 1526 und in Ungarn von 1490 bis 1526. Durch die Ehen der Enkelin Jagiellos, Sophie, mit Friedrich von Hohenzollern-Ansbach 1479, der Enkelin Hedwig mit dem Wittelsbacher Herzog Georg von Bayern-Landshut 1475, sowie der Urenkelin Anna mit Kaiser Ferdinand I. 1521, erscheinen die Jagiellonen in den Ahnen tafeln aller großer mitteleuropäischer Geschlechter.

Da nun die Entwicklung des Doppelreiches Litauen-Polen sich zunehmend auf das geschichtlich bedeutendere Polen verlagerte, ist es notwendig, um die Zusammenhänge der Entwicklung in den Baltenstaaten zu verstehen, die Entstehungsgeschichte Polens zu beleuchten.

Polen - der südliche Nachbar der Balten.

Die Balten sind die nördlichen Nachbarn der Slawen. So sehen es die Polen und nach Inbesitznahme eines weiteren Teiles der urbaltischen Siedlungsgebiete Masurens und des Ermlandes, sind die Polen versucht, sich in verwandtschaftliche Nähe der baltischen Prußen zu stellen. Daraus würde sich ein natürliches Recht Polens auf weite Gebiete aus der Konkursmasse des russischen Sowjetreiches ergeben.

Umfangreiche Forschungen deutscher und polnischer Experten ergaben jedoch ein eindeutiges Abstammungsbild der baltischen Völker. Litauer, Letten und Preußen waren demnach indogermanische Völker und kamen vom Westen her. Die Esten und Finnen gehören dagegen der finno ugrischen, der uralischen Sprachfamilie an und kamen vom Osten, vom nördlichen Uralgebiet. Dies soll im 3. Jahrtausend vor Christus gewesen sein, wo schon finnougrische Völker bis zur unteren Weichsel siedelten. Das Einflußgebiet dieser Völker war das gesamte heutige Nordrußland. Die Balten breiteten sich dagegen südlich davon im Gebiet von Mittelrußland aus und wurden nach und nach von den in Südrußland, im Gebiet der heutigen Ukraine siedelnden Slawen abgedrängt, so daßsich die Balten mit den weißrussischen Gebieten begnügen mußten. Ein Jahrtausend später gelangten die Balten dann an die Ostsee und drängten die finnischen Völker nach Norden ab.

Die Slawen rückten jeweils in die Freiräume nach. Dies war überhaupt immer das Wesen der Slawen war, über die ganzen zweitausend Jahre der Geschichte seit wir etwas von ihnen wissen. Die Weichsel war die Grenze, eine unüberwindliche Grenze. Es gab damals nur unsichere Fähren, aber keine Brücken. Als es dann aber Brücken gab, blieb die Weichsel dennoch Grenze. Die brandenburger Kurfürsten und preußischen Könige nahmen dennoch lieber den Weg über die Ostsee, von ihrer Krönungsstadt Königsberg zu der Hauptstadt Berlin.

Mit den Schiffen kamen laut den Nachforschungen auch die Goten. Viele Namen wie die Insel Gotland zeugen davon, wahrscheinlich stammen die Wandalen von drüberhalb des großen Wassers. Der schwedische Botschafter in Paris legte zur Napoleonzeit wert darauf, daß Schweden auch eine tausendjährige Geschichte habe und bis auf die Goten zurückgehe. Tatsache war, daß die Goten, Wandalen, Burgunder, Gepiden und kleinere germanische Völker, die in der Gegend des heutigen Polen einschließlich Schlesiens gesiedelt hatten, weiter nach Süden und Westen abwanderten. Sie hatten ihrerseits die Balten auf das heutige baltische Gebiet abgedrängt und auf ganzer Breite folgten in die freiwerdenden Gebiete die Slawen. Ohne größere Kämpfe kamen so die Slawen bis zur Elbe, nach Böhmen, nach Bayern an die Donau, nach Österreich an die Donau bei Linz und im Süden nach der Steiermark und Kärnten. Heute zeugen noch viele Namen in Kärnten und Krain von den slawischen Wenden oder wie sie genannt wurden die "Windischen." Die Goten, die inzwischen ihr Reich in Norditalien errichtet hatten und so die Nachbarn der Slawen waren, hatten ihnen den Namen Wenden gegeben, was in gotisch die "Weidenden" hieß.

Völker die so langsam in die Landschaften einsickerten, ohne direkten Krieg, mußte man nicht bekämpfen, sie stellten keine Bedrohung dar, im Gegenteil, sie waren lernfähig. Die Slawenfürsten verheirateten sich mit den westlichen und südlichen Herrscherhäusern und bildeten dann überall eigene Machtzentren, wie Polen und das Kiewer Reich. Daneben spielten bald auch die Böhmen und die Ungarn eine bedeutende Rolle.

Die ältesten Nachrichten von den Slawen stammen vom gotischen Historiker Jordanes anno 550. Die Goten regierten als Könige Italiens und ihr Oberherr war der byzantinische Kaiser in Konstantinopel. Die weltliche Macht der Römer war durch die Raubzüge der Wandalen, der Hunnen und der Goten gebrochen. In Rom weilte nur der machtlose Papst. So stand das Gebiet nördlich der Alpen unter der Herrschaft der Goten, dazu gehörte das Volk der Bayern. Die Goten hatten eine eigene Schrift, nach dem Vorbild der griechischen Unziale unter Einfügung weniger Runenzeichen, eine im 4. Jahrhundert geschaffene Schriftart, deren Hauptmerkmal der im 6. Jahrhundert, wahrscheinlich für den König Theoderich geschriebene Codex argentäus des Wulfila, war.

Gotisch war die älteste überlieferte germanische Schriftsprache und mit dem Codex argentäus, der Übersetzung der Bibel aus dem Griechischen, hatte Wulfila das wichtigste Denkmal der gotischen Schrift geschaffen. Aus dem 9. -10. Jahrhundert sind in der Salzburg-Wiener Alkuin- Handschrift zwei gotische Alphabete überliefert. Im Westgotenreich im südlichen Frankreich war die westgotische Schrift entstanden, die bei den Westgoten in Spanien noch bis ins ll.Jahrhundert weiterlebte. Die Schrift der Goten ist mit dem Volk der Goten untergegangen, nur bei den Krimgoten hat sie sich bis ins 16. Jahrhundert erhalten.

Die Goten waren unter ihrem Bischof Wulfila arianische Christen gewesen und die Nachfolger in der Herrschaft Italiens waren die germanischen Langobarden, die von den Ebenen Ungarns kommend, dort den Awaren Platz machten. Die Langobarden waren gleichfalls arianische Christen und mit den Bayern nördlich der Alpen dynastisch verwandt, was die Namen der Bayernherzöge, wie Odilo und Tassilo, bekunden. Die Langobarden übten keine Macht zum Norden hin aus, längst schon war ein anderer Machtfaktor im Norden entstanden, das Reich der Franken.

Die von der unteren Elbe zum Rhein gezogenen Franken hatten mit Kern in Nordfrankreich einen sich gewaltig ausdehnenden Staat gegründet. Dem Frankenreich gehörten germanische und romanische Völker an, und bald brachte es alle ehemals römischen Gebiete westlich des Rheins und südlich der Donau unter seine Herrschaft, dazu gehörte auch das bayerische Herzogtum. Früh schon nahm der Frankenkönig Chlodwig das katholische Christentum an, irische und angelsächsische Missionare christianisierten das ganze Land Westeuropas. Damit wurde Bayern schon sehr früh dem katholischen Glauben zugeführt, die ersten Heiligen hatte Bayern bereits von der Römerzeit her.

Gegenüber den Slawenvölkern im Osten kam den Bayern durch seine Lage ein besonderer Missionsauftrag zu. Die drei geistlichen Zentren im bayrischen Herzogtum Passau, Salzburg und Freising wirken mit ihrer christlichen Tradition nach Süden und Osten. Der vom Papst mit der Mission in Deutschland betraute angelsächsische Bischof Bonifatius errichtete in Passau, Salzburg und Freising Bistümer, aber auch in Regensburg, Eichstätt, Würzburg, Fulda und Mainz, wo Bonifatius seinen Sitz als Bischof nahm, bis zu dem Zeitpunkt, wo ihn die Friesen ermordeten.

So schlimm waren die Slawen nicht, sie nahmen willig das Christentum an. Bereits im Jahre ihrer Ankunft auf dem Zuge aus ihrer Urheimat der Ukraine, unterwarfen sich die Südslawen in Kärnten und Krain (Slowenien) den Bayernherzögen, dies war im Jahre 590. Im Jahre 496 hatte sich König Chlodwig in Reims taufen lassen und schon im Jahre 589 verheiratete der Bayernherzog seine Tochter Theodolinde mit dem Langobardenkönig Authari. Die Hochzeit in Verona ist für den bayrischen Herzog Garibald auch deshalb so wichtig, denn neben der Kontrolle der Alpenpässe und damit der Wege nach Rom, gilt es den Einfluss des östlichen Christentums, durch die im byzantinischen Auftrag regierenden Goten, zurückzudrängen. Dieser Auftrag ist nun dem Langobarden in Oberitalien zugedacht und diese treten auch erwartungsgemäß zum römisch-katholischen Glauben über.

Durch den Abzug der Langobarden aus der pannonischen Ebene war den Bayern durch das Heranrücken der Awaren ein existenzbedrohender Feind entstanden. Dieses heidnische wilde Reitervolk aus Asien zog durch die Lande und verwüstete alles, besonders die Südslawenvölker hatten zu leiden. Da griffen die Frankenkönige ein, König Karl der Große vernichtete das Awarenvolk. So konnte der Missionsauftrag Bayerns weiter fortgesetzt werden.

Inzwischen verstanden sich die Franken als europäische Ordnungsmacht in der Nachfolge der Römer. Der Papst wünschte diese weltliche Macht, so waren die Frankenkönige in Rom vom Papst gesalbt worden. Nun aber erhielt König Karl vom Papst die Kaiserkrone der Römer. Dies war aber nicht ganz unproblematisch, denn war Rom mit dem Papst das geistliche Zentrum, so war das zweite Rom, Byzanz, das Zentrum der geistlichen und weltlichen Macht zugleich.

Im ganzen fränkischen Reich, von den spanischen Marken und Italien bis hinauf zur Nordsee, war das Latein der Römer eingeführt worden. Dies galt für alle Länder, die sich den Franken unterworfen hatten, so auch für Böhmen und Mähren. Zwischen den bayrischen Missionaren aus Passau und den Böhmen war wenig Freundschaft entstanden, weshalb sich die Böhmen und Mähren 804 dem fränkischen Kaiser Karl dem Großen unterwarfen. Doch dann kamen zwei Mönche im Auftrag von Byzanz, Kyrillos aus dem griechischen Saloniki und sein geistlicher Bruder Methodios. Sie folgten einem Ruf des mährischen Fürsten Rostislaw, der ein großmährisches Reich errichtete und seine Eigenständigkeit gegenüber den Franken dadurch erreichen wollte, indem er sich an die Konkurrenz in Byzanz wendete. Anfangs übersetzte Kyrillos verschiedene griechisch-kirchliche Texte ins slawische, dann aber schuf er zur leichteren Missionierung der Slawen die Glagoliza, eine slawische Literatur- und Kirchensprache.

Nicht lange hatte dieses Mährische Reich bestanden, dann kamen über die Karpaten im Jahre 895 die Ungarn in die weite Ebene von Pannonien. Sie waren vom Uralgebiet ausgezogen, wo sie in der südlichen Nachbarschaft der finno-ugrischen Völker gelebt hatten. Bayern hatte anstelle der räuberischen Awaren nun ein Volk in seiner östlichen Nachbarschaft, welches noch gefährlicher und grausamer war, als alles was Europa kannte. Zuerst hatte dieses wilde Reitervolk für Bayern etwas gutes, denn sie vernichteten das Großmährische Reich. Der ewige Streit mit den Böhmen hatte ein Ende und das lateinische Christentum konnte in Böhmen einziehen, wenn auch nicht unter dem Einfluß der bayrischen Bistümer in Passau und Regensburg, sondern vom fränkischen Erzbistum Mainz. Bereits 976 wurde Prag Suffraganbistum von Mainz, das dadurch zum ersten slawischen Bistum wurde.

Das Werk von Kyrillos und Methodios war aber nicht umsonst, denn ihre Schüler gingen nach Bulgarien und entwickelten dort für die Slawenvölker eine eigene Literatur- und Kirchensprache als Grundstock für die heutigen Sprachen und die Kyrillische Schrift in Bulgarien, in Serbien und der Ukraine, sowie in ganz Rußland. Die beiden Kirchenlehrer wurden aber katholische Bischöfe und Kyrillos liegt in Rom begraben, wo die katholischen Slawen ihn besonders verehren. Zu den katholischen Slawenvölkern gehören neben den Böhmen und Mähren, auch die Slowenen, die unter der besonderen Obhut der Bayern und dann der Österreicher blieben. Auch Kroatien und die Slowakei gehören dieser Gruppe an, doch mit ihnen hatte es eine eigene Bewandtnis.

Noch waren die heidnischen ungarischen Reiterhorden in der großen Ebene zwischen Kroaten und Slowaken. Der Schrecken war nicht nur bei diesen Völkern, sondern überallhin brachten die Ungarn Feuer und Tod, auch nach Böhmen, und zu den Sachsen im Reich. In den Chroniken liest man heute noch von den Greueln an wehrlosen Menschen. Die fränkischen Nachkommen Kaiser Karls waren Schwächlinge und ein gewaltiges bayrisches Heer war vernichtend geschlagen worden. Erst als nach der Teilung des Frankenreichs die Sachsen als Kaiser im Reich regierten, konnte Otto I. mit einer Streitmacht, bestehend aus Franken, Sachsen, Schwaben, Böhmen und Bayern, die Ungarn bei Augsburg auf dem Lechfeld schlagen.

Nun setzte eine Entwicklung ein, in deren Verlauf aus diesen bösen räuberischen Ungarn friedliche Christen wurden. Das Band der Liebe hatte es möglich gemacht, denn wie bei den Langobarden im Süden, gab man den östlichen Nachbarn, dem Ungarnfürsten, eine bayrische Herzogtochter zur Frau. In Passau wurde der Ungar auf den christlichen Namen Stephan getauft, dem Namenspatron des Passauer Domes, sowie mit der bayrischen Gisela vermählt. Der Papst verlieh ihm daraufhin die noch heute so bewunderte Stephanskrone und Ungarn war fortan ein christliches Königreich. Der Papst erhob die ungarische Hauptstadt Gran zur Bistumsstadt und König Stephan holte bayrische Missionare ins Land. Ungarn hatte das dritte neuerrichtete Bistum, nach Prag und dem polnischen Bistum Gnesen, das im Jahre 999, ein Jahr vor dem Bistum Gran gegründet worden war. Prag war noch lange nur ein Suffraganbistum von Mainz, während Gran, die alte Königsstadt, die bereits des Hunnenkönigs Attila Hauptstadt gewesen war, wurde noch von König Stephan zum Erzbistum erhoben.

So entstanden noch viele Bistümer in Ungarn und viele bayrische Bischöfe festigten das Christentum in Ungarn. Die beiden Länder, wie Kroatien und die Slowakei, die fast tausend Jahre unter dem Einfluß der Ungarn standen, sind heute noch Bollwerke des Glaubens an der Grenze zu den orthodoxen Christenvölkern im Osten.

Polen - ein christliches Land

Der Sturm der Völkerwanderung ging zu Ende. Die Barbaren und Heiden werden zu Söhne der Kirche und zu Erben der Reiche. Benedikt von Nursia gründet das erste Kloster. Die zündende Idee des Mönchtums in allen großen Religionen dieser Welt - hat in und durch Benedikt für das christliche Abendland eine Gestalt angenommen, der von der Geschichte der letzten eineinhalbtausend Jahre der Rang überzeitlicher Gültigkeit zugesprochen wurde. Benedikt, genannt Vater des Abendlandes, der gottgesegnete Patriarch ungezählter Mönche in allen Erdteilen wurde wie Abraham zum "Vater der Völker."

"Ora et labora " war der Leitspruch von Benedikts Anhängern, denn er gab der Menschheit Regeln des gegenseitigen Zusammenlebens auf: Für Gebet, Arbeit, Betrachtung und Schlaf legte er bestimmte Stunden fest, für ein gottwohlgefälliges Leben.

50 Jahre nach dem Tode Benedikts 547 hatte sich der angelsächsische König Ethelbert taufen lassen. Irland war zur Insel der Heiligen geworden und manchmal läßt sich auch ein Wikingerkönig zum Christentum bekehren. Der Gotenkönig Totila in Italien war sehr angetan von den Tugenden des heiligen Benedikt, aber aus der Urheimat der Goten an der unteren Weichsel kommt erst

im Jahre 963 die erste schriftliche Kunde. Es war das erste Datum der polnischen Geschichte. Bei seinem Vordringen nach Nordwesten unterlag Mieszko I. an der unteren Oder dem Markgrafen Gero, von der Elbmark. Gero hatte die wendischen Stämme zwischen Elbe und Oder unterworfen, gewann die Hauptstadt der Heveller, Brandenburg, und legte damit den Grundstock für die Gründung der Bistümer Havelberg, Brandenburg 948 und Meißen 968.

Mieszko war der Fürst eines ersten Staatswesens dessen Kernraum an der mittleren Warthe bei Posen und Gnesen lag, sowie an der mittleren Weichsel, der östliche Nachbar des Markgrafen Gero also. Zum Unterschied zu diesem "Polonia Maior", dem sogenannten älteren Großpolen, war das "Polonia Minor", das jüngere Kleinpolen, um die Gegend an der oberen Weichsel bei Krakau und Wislica, schon im 9. Jahrhundert ein Staatswesen, aber unter böhmischer Herrschaft. Die polnischen Fürsten mußten zur Kenntnis nehmen, daß die ersten Regungen eines polnischen Staatswesens im böhmischen Bereich zu Stande kam. Böhmen hat den nordöstlichen Raum bis nach Litauen hinein nachhaltig beeinflußt. Eroberungen Polens konnten nur Anerkennung finden in der christlichen Weltordnung und Böhmen war bereits christlich und anerkannt.

Fürst Mieszko heiratete also die böhmische Prinzessin Dubravka, was ihn 966 dem Christentum und dem lateinischen Ritus zuführte. Unter dem Heerbanner eines christlichen Staatswesens konnte er dann auch seinen Herrschaftsbereich über Pommern 990 und 999 über Schlesien ausdehnen, das vorher böhmisch war.

966 war auch das Jahr der Krönung Kaiser Otto III. und in den Urkunden des Kaisers wird Mieszko trotz gelegentlicher Konflikte mit dem Kaiser, als "Freund" und "Getreuer" des Kaisers genannt. Es war auch nicht verwunderlich, denn zur zweiten Frau nahm sich Mieszko dann die sächsische Fürstentochter Oda. Otto war der vierte Sachsenkaiser und seit die Herrschaft im Reich von den fränkischen Herrschern auf den Stamm der Sachsen übergegangen war, wurde die Christianisierung des Ostens vorangetrieben. So widerstrebend war keiner der Stämme im Reich gegen das Christentum wie die Sachsen, Karl der Große mußte sie mit brachialer Gewalt zwingen, nun war ein Großteil selbst zu Missionaren geworden.

Herzog Mieszko stand mit seiner Frau Oda den Sachsen nicht nach. Mit der Einfügung des jungen Staatswesens in die abendländische Staatenwelt verband er auch zugleich die Übertragung seines Staates an den Heiligen Stuhl.

Kaiser Otto III. hatte seinen Freund und Lehrer Gerbert von Aurilac 999 zum Papst Silvester II. erhoben. Otto war von einer hohen Vorstellung vom römischen Kaisertum beseelt. Er wollte Rom zum Sitz des Reichs machen, das in gleicher Weise Germanen und Romanen umfassen sollte . Dies hatte es im Frankenreich bereits gegeben, bevor das Frankenreich in das West- und das Ostreich zerbrach. Was an der Idee des Kaisers neu war, es sollten auch die Slawen gleichberechtigt beteiligt sein und Polen spielte in diesem Plan eine besondere Rolle.

Die Idee war nicht neu, denn schon die Römer hatten Mühe, die vielen Völker und Rassen unter ein gemeinsames Dach zu bringen. Doch die Römer waren eine Besatzungsmacht und Herren. Nur der Nichtrömer, der römischer Bürger wurde, war durch das Bürgerrecht gleich mit den Herren. Dann gab es noch vier verschiedene römische Reiche und damit verschiedene Bürgerrechte. Dies änderte sich erst, als der Sohn des römischen Teilkaisers im rheinischen Trier, Konstantin, Sohn des Kaisers Constantinus und der dalmatinischen Mutter aus dem Volke, Helena, eine Verbindung unter allen Völkern schuf, den christlichen Glauben. Konstantin sollte das Erbe in Britanien und Gallien nicht antreten dürfen, so erkämpfte er sich das Recht, besiegte unter dem christlichen Symbol seine sämtlichen Gegner. Seine Mutter war Christin und Konstantins Geburtsstadt Naissus lag am Balkan auf dem Wege zu seiner Hauptstadt Konstantinopel, dem neuen Rom. Er stellte alle Christen im römischen Reich unter den staatlichen Schutz, was bis heute in allen christlichen Kulturstaaten noch beibehalten wurde.

Die Franken übernahmen das Bindeglied des christlichen Glaubens, standen über den Rassen und es galt als etwas besonderes "Frank und Frei" zu sein. Doch die romanischen Völker im Westen trennten sich von den germanischen Völkern im Osten des Reichs, und hier herrschten nun die sächsischen Kaiser. Es waren aber mit den germanischen Völkern, die romanischen Völker Italiens und Südslawen, sowie die nordslawischen Böhmen im Reich Ottos vereint und neue östliche Völker wollte Kaiser Otto gewinnen.

Inzwischen aber war eine Spaltung zwischen Rom und Konstantinopel, dem Byzanz im Mittelalter, immer deutlicher sichtbar geworden. Die Konkurrenz eines westlichen Frankenkaisers hatte man im Osten hingenommen und auch hatte man eine dynastische Verbindung durch die Vermählung der byzantinischen Kaisertochter Theophano mit Kaiser Otto II. geschaffen. Kaiser Otto III. stand der Abstammung nach mit einem Fuß im byzantinischen, mit dem anderen im weströmischen Kaiserhaus. Für das Scheitern dieser grandiosen Kaiseridee gab es viele Gründe, doch vorerst war die Förderung Polens, als weit nordöstlich vorgeschobener Vorposten oberstes Ziel.

Unter Mieszkos tatkräftigem Sohn Boleslaw I. Chrobry - der Tapfere -, der 992 in Polen die Nachfolge antrat, dehnte sich Polen weit nach Osten aus. Von Kaiser Otto III. und dem Papst wurde er mit der Heidenmission im Nordosten Europas betraut.

Böhmen und das frühe Bistum in Prag hatte eine starke integrierende Wirkung und entsprechenden Einfluß im Reich. Die Böhmen waren maßgeblich am Sieg 955 über die Ungarn auf dem Lechfeld beteiligt.

Ein Jahr nach dieser Schlacht war in Böhmen Adalbert geboren worden. Der Führer der riesigen Streitmacht, Kaiser Otto I., hatte das Kloster Magdeburg gegründet, dort ging Adalbert in die Klosterschule. 983 wurde er Bischof von Prag, aber er wollte in Länder zur Missionierung gehen. Er war bei der Krönung des jungen Kaisers Otto III in Rom anwesend, mit dem Kaiser verband ihn eine tiefe Freundschaft. Er hatte großen Einfluß auf das religiöse und politische Denken des jungen Kaisers, den er auch für seine Ostmissionspläne gewinnen konnte.

Bei seiner Mission in Ungarn hatte Bischof Adalbert den ungarischen König Stephan in Ungarns Hauptstadt Gran gefirmt, was nachfolgend das ganze ungarische Volk in ein christliches Zeitalter gehen ließ. In Prag hatte er die bedeutende Klosterabtei von Brevnov gegründet, jedoch verließ er Prag wieder wegen der blutigen Auseinandersetzungen der böhmischen Adelsgeschlechter. Er lenkte darum seine Schritte nach dem christlichen Polen und gründete dort das Kloster Mesevitz.

Der polnische Landesfürst Boleslaw Chrobry unterstützte danach seine Weiterreise und Missionsfahrt des Bischofs Adalbert nach Norden zu dem baltischen Prussenstamm, denen noch ohne Berührung mit der Kultur, Heidentum und wilde Sitten eigen waren. Im Winter 996/997 wirkte er bei ihnen. Die Christianisierung stieß aber auf Hindernisse, die sich im ganzen als unüberwindlich erwiesen. Schon bald wollte der Glaubensbote mit seinen Gefährten das Gebiet der Preußen verlassen und sich den noch heidnischen Liutizen zuwenden. Im Samland war es, bei Tenkitten, westlich des späteren Königsberg, da trafen ihn beim Weggehen die Lanzen der Heiden. Es war der 23. April 997, als Bischof Adalbert von Prag den Tod als Blutzeuge Christi erlitt.

Adalbert war der erste Märtyrer Preußens - nicht das Erreichte galt für ihn, sondern das Erstrebte, im Widerschein der Ewigkeit. Der polnische Herzog kaufte von den Mördern den Leichnam los und ließ ihn in seiner Hauptstadt Gnesen beisetzen. Schon 999 proklamierte Papst Silvester II. die Heiligsprechung und viele wallfahrteten zu dem wundertätigen Grab. Als Vornehmster kam Kaiser Otto III. im Jahre 1000 als sein Freund und Verehrer. Aus diesem Anlaß und im Hinblick auf dieses Heiligtum erhob der Kaiser Gnesen zum Erzbistum. Der Kaiser nahm eine Reliquie mit nach Aachen, in der späteren Krönungskirche der polnischen Könige in Krakau wird eine Reliquie vom heiligen Adalbert aufbewahrt, überall verehrte man diesen großen Glaubenskünder.

Der Papst und der Kaiser hatten auf Polen geschaut und auf den heiligen Ort in Gnesen, dies war eine ungeheure Erhöhung des Herzogs Boleslaw und bedeutete die Unabhängigkeit Polens von der Reichskirche. Es entstanden neue Bistümer und Boleslaw wäre seinem Beinamen "Chrobry", der Eroberer nicht gerecht geworden, wenn er sich nicht rundherum alle Länder einverleibt hätte. Kaiser Otto starb bereits 1002, die Regierung im Reich und die Krone erhielt Ottos Onkel, der bayerische Herzog Heinrich in Regensburg, dessen Schwester Gisela mit dem christlichen ungarischen König Stephan vermählt war. Der polnische Herzog stritt sechzehn Jahre lang mit dem Kaiser, eroberte Schlesien, Mähren und die Gebiete um Krakau und stieß in seinem Eroberungszug bis nach Kiew vor. In Kiew jedoch waren schon klare Verhältnisse geschaffen, dort hatte sich bereits das orthodoxe Christentum etabliert.

Bruno von Querfurt trat in die Magdeburger Domschule 986 ein, fünf Jahre nachdem Adalbert Magdeburg verlassen hatte. Er nahm auch den Weg über das Benediktinerkonvent St. Bonifatius und Alexius, wie Adalbert. Die Berichte über die apostolische Wirksamkeit dieses ersten slawischen Bischofs, der auch die Gedankenwelt Kaiser Otto III. mit bestimmt hatte, waren für die Entwicklung Brunos von entscheidender Bedeutung. Nach Abschluß seiner Studien wurde er Kanoniker am Magdeburger Mauritiusdom. Kaiser Otto III. nahm ihn in die Hofkapelle auf und als der Kaiser in Aachen durch Boten aus Polen die Nachricht vom Martyrium Adalberts erhielt, waren alle sehr beeindruckt, besonders Bruno. Als der Kaiser 999 in Rom weilte, trat Bruno in das Kloster auf dem Aventin ein, in dem Adalbert fünf Jahre geweilt hatte.

Während Kaiser Otto III. zu dem Grabe des heiligen Adalbert nach Gnesen pilgerte, schloß sich Bruno Abt Romuald an, mit dem er auf die Poinsel Pereum bei Ravenna zog. Dort trafen sie 1001 wieder auf Kaiser Otto, der eine Adalbertskirche einweihte. Auf Bitten des polnischen Herzog Boleslaw und den Wünschen des Kaisers, machten sich die Einsiedler Benedikt und Johannes auf den Weg nach Polen, um sich der Mission zu widmen. Bruno versprach ihnen bald nachzukommen.

Vom Papst Silvester II. in Rom erhielt er die Erlaubnis und der Papst ernannte ihn zum Erzbischof unter den Heiden, "archiepiscopus gentium." Im Winter des Jahres 1002 überschritt er die Alpen auf dem Wege zu König Heinrich in der bayerischen Hauptstadt, dem Nachfolger des plötzlich verstorbenen Otto III., um sich den Missionsauftrag bestätigen zu lassen und die Weihe zum Bischof zu empfangen.

In Regensburg in Bayern angekommen war Bruno der direkte Weg nach Polen versperrt, Heinrich und Boleslaw bekriegten sich. Boleslaw hatte die Heimat seiner Mutter, Böhmen, besetzt. So mußte Bruno zu des Königs Heinrich Verbündeten, zu König Stephan nach Ungarn. Auch König Stephan hatte noch große Probleme mit einem ungarischen Teilstamm, den Szeklern. Schon Adalbert hatte versucht diesen wilden heidnischen Stamm zu bekehren, die man die schwarzen Ungarn nannte. Es war mühselig und gefährlich und wir wissen, daß die ungarischen Könige über die Jahrhunderte Probleme mit den Szeklern hatten. Deshalb holte König Andreas später die Deutschen ins Land und den Deutschen Ritterorden. Doch das Volk der Szekler konnte kultiviert werden, geändert hat sich dieses finno-ugrisch-bulgarotürkische Volk bis heute nicht.

Die Jahre waren dahingegangen seit Bruno 1002 über die Alpen kam, erst 1004 erhielt er in Magdeburg die Bischofsweihe, 1005 war er in Ungarn und 1007 verließ er Ungarn wieder. Am Hofe König Stephans traf unser Bischof Bruno den Bruder des deutschen Königs Heinrich, Bruno, Bischof von Augsburg, der ihn vor unnötiger Gefährdung seines Lebens warnte. Doch Bruno wollte unbedingt seinen lange gehegten Plan der missionarischen Verkündigung in Polen verwirklichen. Er ging also nach Kiew, um im großen Bogen von Osten her Polen zu erreichen. In Kiew regierte der Großfürst Wladimir, den man später den Heiligen nannte. Wladimir von Kiew war der Sohn des Swjatoslaw Fürst von Nowgorod. Als sein Vater starb, erbte er das Fürstentum Nowgorod, mußte aber während der Thronwirren nach Skandinavien fliehen. Mit Hilfe eines Warägerheeres, den Normannen oder Nord-Mannen, gelang ihm das Kiewer Reich 980 wieder zu einen. Wladimir hatte das Kloster Magdeburg schon einmal gebeten Missionare zu senden, doch kam dann alles anders.

Der Kaiser Basileios II. aus Byzanz bat Kiew um Waffenhilfe und der nördliche Nachbar, Wladimir, sandte 987/988 Truppen zu Hilfe. Dafür erhielt Wladimir dessen Schwester Anna zur Frau. In diesem Zusammenhang nahm Wladimir 988 das Christentum an, das er auch nach byzantinischer Tradition, wie Kaiser Konstantin, zur Staatsreligion erhob. Man nannte Wladimir den neuen Konstantin, indem er das orthodoxe Christentum in seinem Land einführte, öffnete er es dem Einfluß der byzantinischen Kultur.

Konform mit den Auseinandersetzungen zwischen Rom und Byzanz, um Grundelemente des richtigen Glaubens, die zu der gegenseitigen Ablehnung führten, bildete sich eine östliche Kirche heraus. Bisher wurden alle Glaubensprobleme, die die ganze Christenheit erschütterten, gelöst. So der staatliche Schutz der Christen und das Problem des arianischen Glaubens, das Kaiser Konstantin noch beim Konzil von Nicäa gelöst hatte. Der große Kirchenlehrer Augustinus hatte damals in Mailand dazu unmißverständlich festgelegt, was die Menschen heute noch glauben: "Christus ist Gottes Sohn" und nicht wie die Arianer behaupteten, lediglich ein Prophet. Und Gott-Vater und Gott-Sohn und der Heilige Geist bilden den Dreieinigen Gott. Die Byzantiner waren auch dieser Meinung nur die germanischen Völker am Mittelmeer hatten ihre arianischen Probleme damit.

Genauso war für die Römische Kirche und die Byzantinische Kirche ganz klar umrissen die Bedeutung der Maria als die Gottesmutter, auch dies hatte Augustinus schon im 4. Jahrhundert formuliert, nur die Deutschen, das heißt die germanischen Völker im Norden hatten ihre Probleme damit. Drei Bücher schrieb Luther gegen die Juden, die in Christus nur einen Propheten sahen und zumindest ein Buch über die Gottesmutter Maria, sein streng gläubiger Fürst wünschte es. Als er aber prägende Elemente der Trennung brauchte, behauptete er genau das Gegenteil. Die lutherische Kirche ist daher heute eine spätlutherische Kirche. So wie der katholische Luther den Frieden predigte, das aber wollten die Fürsten garnicht, schrieb er später, daß nur ein evangelischer Krieger das Recht habe zu töten, ja er verübe ein göttlich Handwerk, denn im Evangelium sagt Christus selbst, er werde mit dem Schwert kommen. Beim Christsein kommt es immer auf die richtige Interpretation der Bibel an.

Es war überhaupt kein Zweifel bei den beiden katholischen Kirchen, der römischen wie der byzantinischen über das Evangelium, in das sich seit der Reformation viele Gläubige einigeln und zurückzogen, man hatte nur Zweifel an der Richtigkeit dessen, was darüber hinausgeht. Die Bilderverehrung der Römer war ein Streitobjekt, die Menschen im Orient lehnen die Bilder generell ab. Deswegen ging man auseinander, obwohl ein byzantinischer Kaiser die Bilderverehrung einführte und der andere diese wieder verwarf. Heute ist die Bilderverehrung in der Orthodoxie intensiver, die Verehrung der Maria mit dem Kinde ausgeprägter als in der katholischen Kirche. Man glaubte in Byzanz ohne Einschränkung an das Evangelium und an das Magnifikat im Evangelium. Die Welt plagt sich heute noch mit der Frage was zuerst war - die Henne oder das Ei. Damals war noch für alle klar - zuerst war Gott, und Gott erwählte Maria zur Mutter seines Sohnes und dann kam der Sohn Christus – der Heiland der Menschheit.

Die katholische Kirche glaubte dies alles, nannte sich eine "Katholische", allgemeine, allumfassende Kirche. Byzanz wollte mehr sein, so nannte sie sich die "Katholische-Orthodoxe Kirche", also nicht nur eine allgemein-umfassende, sondern unmißverständlich auch die richtige, die "rechte" Kirche. Dieses Selbstbewußtsein verbreitete sich dann vom Balkan her über das Kiewer Reich nach dem späteren Rußland hinein. Es gibt nur slawische Völker mit dem orthodoxen Glauben, und weil sich vom Westen gleichzeitig das Christentum ausbreitete, wurden die slawischen Völker in ihrer Konfession getrennt. Dies war für den Osten Europas und für Polen von besonderer Tragik, besonders auch in der neueren Geschichte. Für die Baltenstaaten nicht minder, doch sie sind noch nicht wie Polen geteilt worden.

Unser Bischof Bruno wurde von Großfürst Wladimir gebeten, er hatte auch, wie der ungarische König mit den heidnischen Szeklern, Probleme, er möge bei dem kriegerischen Nomadenstamm der Pecenegen missionieren. Wladimir brachte selbst Bruno und seine Begleiter zu dem Grenzwall. Fünf Monate hielten sie sich bei den Pecenegen auf; sie konnten etwa dreißig Heiden taufen und einen Friedenspakt zwischen ihnen und Wladimir vermitteln.

So ganz folgen wollten die Stämme der orthodoxen Christianisierung auch nicht, zumindest nicht alle Gläubigen, so gibt es in dieser Ecke Europas, bis hinüber nach Siebenbürgen, die Unierten. Diese Christen konnten sich nicht für den römischen Glauben entscheiden und auch nicht für den byzantinischen, doch unterstellen sie sich dem Papst in Rom. Unbemerkt von der Welt gab es einen Kirchenkampf der Orthodoxen gegen die Unierten in der Ukraine, ihnen wurden von den orthodoxen Kirchen alle Gotteshäuser genommen und die brüderliche Kirche will diese nicht mehr zurückgeben. Was hätte Gorbatschow wohl sonst beim Papst zu besprechen gehabt, als dieses Problem der Rückgabe. Gorbatschow bekannte sich damals als Kommunist, doch aber auch als Christ, das hätte damals die Welt aufhorchen lassen sollen, doch die Zeit war noch nicht reif.

Bischof Bruno erreichte endlich im Jahre 1008 Polen, es war Sommer und er ging in das Adalbertskloster von Meseritz unweit von Posen. Er überarbeitete dort seine Adalbertsbiographie. Außerdem verfaßte er die "Leidensgeschichte der fünf Brüder", die 1003 von beutegierigen Räubern erschlagen worden waren. Mit dieser Schrift setzte er den beiden italienischen, ihm nach Polen vorausgeeilten Mönchen Benedikt und Johannes, sowie den polnischen Einsiedlern Isaak, Matthäus und Christian ein bleibendes Denkmal.

Bruno schrieb aus Polen seinem König, er berichtete von seinen Missionserfolgen bei den Ungarn und Pecenegen, vom Eifer des Großfürsten Wladimir und Herzog Boleslaw für die Ausbreitung des Christentums. Er erwähnt in dem Brief auch, er habe von seinen nach Schweden entsandten Helfern Nachricht über Missionserfolge. Bruno war im Reich ein hoch geachteter Kirchenmann, er kannte die bedeutendsten Männer im Reich und er war wie der König Sachse. So konnte er den König dringend mahnen mit dem polnischen Herzog Frieden zu schließen, "denn zur Bekehrung jener harten Heidenherzen muß unsere Mühe sich jetzt gürten, da der Heilige Geist weht, unser ganzes Wirken und Streben muß sich unermüdlich verzehren, da Petrus kämpft."

Dann wurde es ernst, denn er mußte seiner eigentlichen Bestimmung als Erzbischof unter den Heiden gerecht werden, so wurde er Anfang 1009 von einem Beauftragten des Herzogs an die Südgrenze Preußens geleitet. Er predigte im Gebiet des heidnischen Fürsten Nethimar, der ihn wohlwollend aufnahm und mit seinen Untertanen getauft wurde; aber wie Thietmar von Merseburg in seiner Chronik bemerkte, "das rauhe Land mit seinen wuchernden Dornen konnte nicht leicht aufgelockert werden." Der Bruder des bekehrten Fürsten lehnte das Christentum ab; er nahm Erzbischof Bruno mit seinen achtzehn Gefährten gefangen und ließ sie am 14. Februar enthaupten. Ihre Leichen blieben unbeerdigt liegen und Herzog Boleslaw, vom Tode seines Freundes benachrichtigt, erwarb die Überreste der Märtyrer und sorgte für ihre Bestattung in Polen.

Bruno erfuhr weitverbreitete Verehrung. Hundert Jahre nach seinem Tode wurde zu seinen Ehren in seiner Geburtsstadt Querfurt ein Kloster gestiftet. Im siebzehnten Jahrhundert wuchs seine Verehrung unter den Katholiken des Ermlandes. Neben Adalbert wurde Bruno zum Landespatron Preußens erhoben. Auch Protestanten gedachten seiner, wie die Inschrift auf dem Brunokreuz tausend Jahre nach seinem Martyrium beweist: "Dem kühnen deutschen Missionar, der als erster Vorkämpfer in Masuren mit achtzehn Gefährten 1009 für Christus den Martertod erlitten hat. Dem edlen Bruno von Querfurt zum ehrenden Gedächtnis. Die evangelische Gemeinde Lötzen 1910."

Vorerst einmal muß Polen die heidnischen Preußen Heiden sein lassen. Doch Polen ist zum vorgeschobenen Bollwerk des römischen Christentums geworden. Nachdem Polen seine Existenz und seine Bedeutung dem Christentum verdankt, ist bis zum heutigen Tage auch die nationale polnische Identität eng verbunden mit dem katholischen Glauben. Polen hatte die nordslawischen Gebiete gesammelt, so wie Ungarn die südslawischen katholischen Gebiete sammelte. Für diese bedeutsame Aufgabe hatte Ungarn im Jahre 1000 die Königskrone erhalten, Herzog Bolislaw erhielt 1025 die Königskrone für Polen, doch er starb im gleichen Jahr und es folgte mit den Thronstreitigkeiten das Chaos.

Im Jahre 1038 rückten die Böhmen in Polen ein und raubten die Reliquien des heiligen Adalbert und der anderen Märtyrer, so daß Adalbert dadurch doch noch in sein Heimatbistum zur letzten Ruhe gelangte. Das christliche Missionswerk aber stockte, zwischen den Sachsen und den Polen lebten noch unzählige heidnische Stämme, genannt mit dem Sammelbegriff - die Wenden. Besonders der Stamm der Liutitzen hielt fanatisch am Heidentum fest und frönte grausame Sitten. Die Heiden hatten die Gebiete des Markgrafen Gero in dem bekannten Wendenaufstand im Jahre 983 überrannt und überall zwischen Elbe und Oder herrschte wieder das Heidentum. Im Kampf mit Polen und dem Reich wurden die Wenden im Laufe der Zeit völlig aufgerieben.

Im Reich hatte man in der Nachfolge Kaiser Heinrichs II., der zugleich bayerischer Herzog war, andere Sorgen. Die rheinischen Salier wurden zu Kaisern gewählt, sie hatten eine ungeheure Machtvollkommenheit und es kam zu Auseinandersetzungen zwischen Kaiser und Papst. Als dann aber mit Lothar von Supplinburg wieder ein Sachse zum Kaiser gewählt wurde, verlieh dieser dem Askanier Albrecht dem Bären die Altmark. Albrecht gewann Brandenburg wieder, die westliche Mittelmark und die Prignitz. Seit 1144 nannte er sich Albrecht, Markgraf von Brandenburg, und er verlegte seinen Sitz 1157 dorthin. Nun konnten die Zisterzienser ihre segensreiche Tätigkeit aufnehmen und die Klöster Zinna 1170, Lehnin 1180 und Chorin 1258-73 anlegen. Es entstanden die Städte Stendal 1160, Brandenburg um 1170, Spandau 1232, Cölln 1237, Berlin 1244 und Frankfurt an der Oder 1253.

DIE HEILIGEN SKANDINAVIENS

Zu der Zeit, als die christlichen Königreiche Ungarn, Polen und Böhmen entstanden, wo im Südosten und Osten sich das byzantinische Christentum ausbreitete, war die Ostsee oder wie es bei den Griechen bereits hieß, das Mare Balticum, noch ein heidnisches Meer.

Auch an der Nordsee lebten noch die heidnischen Friesen, dort war im Jahre 754 Bonifatius von den Heiden erschlagen worden. Er, den man den Apostel der Deutschen nannte, kam aus dem christlichen England und hatte im Auftrag der Franken von Süden her Bistümer gegründet. Zuerst ordnete er die bayrische Kirche und setzte in Salzburg, Freising, Regensburg, Passau, Eichstätt und Würzburg Bischöfe ein, dann ging er weiter nach Norden nach Erfurt, Mainz und Fulda, welches 744 gegründet, dem Papst direkt unterstellt war.

Köln war schon zu Zeiten des Römischen Kaisers Constantius I. Chlorus, seit dem Jahre 258 Sitz eines Bischofs. Nach dem Märtyrertod von Bonifatius mit seinen 52 Brüdern, richtete man vom Erzbistum Köln aus, 788 in Bremen ein Bistum ein. Bischof Willehad von Bremen wurde dann von Kaiser Karl dem Großen gebeten den Sachsenführer Widukind 785 zu taufen. Erst jetzt, nach der Bekehrung der Sachsen, war es möglich auch in Hamburg ein Bistum einzurichten. Seit 831 hatte dort der Missionsbischof Ansgar seine Bischofskirche inmitten einer befestigten Burg, der Hammaburg.

Auf Wunsch Kaiser Ludwig des Frommen war Ansgar bereits 826 zur Mission nach Dänemark gezogen und mußte nach zwei Jahren das Land wieder verlassen, auch in Schweden konnte Ansgar keinen Stützpunkt errichten, so hatte er also in Hamburg sein Bistum. Wegen der besonderen Bedeutung der Mission in Skandinavien wurde Ansgar 834 der Titel eines Erzbischofs verliehen und Hamburg wurde Erzbistum. Dies geschah lange bevor Magdeburg diese Würde verliehen bekommen hatte und lange vor Meißen, Gnesen, Prag und Gran.

845 jedoch wurde Hamburg von den Dänen zerstört, Ansgar, der zugleich Bischof von Bremen war, mußte sich dorthin zurückziehen. Die großen Hoffnungen von außen her den Norden Europas zum Christentum zu führen, hatten sich nicht erfüllt. Aber die Chronik berichtet von schwedischen Gesandten, die mit Aufträgen zum Kaiser kamen und meldeten, daß es in ihrem Volke viele gäbe, welche die christilche Religion anzunehmen wünschten. Mit kai-

serlichen Geschenken an den schwedischen Landeskönig und mit gut dreißig Büchern, einem kostbaren Schatz für die damalige Zeit und mit anderen Dingen versehen, schlossen sich damals der Missionsbischof und sein Gefährte einer Gesellschaft von Kaufleuten an, welche in Handelsgeschäften mit bewaffneter Hand – denn das war in diesen Gegenden notwendig – nach Schweden fuhren.

Die Reise war mit unsäglichen Beschwerden und Gefahren verbunden. Außer den Gefahren durch die Elemente wurden sie zweimal von Seeräubern angegriffen, die damals fast alle Gewässer unsicher machten. Das erstemal schlugen die Schiffer den Angriff siegreich zurück, das zweite Mal aber wurden sie besiegt, verloren ihre Schiffe und Ladungen und retteten sich mit dem wenigen, was sie in aller Eile tragen konnten aus dem Schiffe springend ans Ufer.

Ansgar verlor bei dieser Unternehmung die Geschenke für den König. Was aber noch mehr zu bedauern war. Er hatte seine Bücher verloren. Wir wissen, daß Ansgar auch so seine Reise mit fester Entschlossenheit fortsetzte. Er mußte in Erfahrung bringen, ob der freien Verkündigung des Evangeliums dort im Lande Hindernisse im Wege ständen. Tatsächlich gelangten die beiden Missionare zu Fuß über unwegsame Gebirge, Wälder und Wildnisse, von Räubern durchzogen, mit dem besonderen Schutz der göttlichen Vorsehung, nach Birka zu König Björn.

Wie weiter berichtet wurde, nahm der König die beiden gütig auf und gab ihnen die Erlaubnis zu bleiben und zu predigen. Sie verkündeten den Völkern dort das Wort des Heils mit großem Erfolg. Ansgar setzt sogar einen Bischof ein, den ersten Bischof mit rein skandinavischem Sprengel. Diese Mission aber und die Stadt selber gingen in der nachfolgenden Zeit unter, und Schweden wurde bedeutend später als Dänemark und Norwegen christianisiert.

Auch in Dänemark war der missionarische Erfolg des heiligen Bischofs Ansgar ziemlich gering, doch es war der Anfang. Als dann das Christentum sich in ganz Europa durchzusetzen begann, ließ sich der dänische König Harald Blatand bekehren und durch ihn wurde um 960 das Heidentum in Dänemark offiziell abgeschafft und das Christentum Reichsreligion. Jetzt wurden Bistümer errichtet und Kirchen gebaut, früher noch als in Ungarn und Polen, aber die eigentliche Christianisierung der Bevölkerung ging im folgenden Jahrhundert nur langsam voran. Die neue Religion war für das Volk wie für die Könige, die wohl Kirchen bauten, nur eine Nebensache.

In der Geschichte der Christianiserung der nordischen Länder nehmen die drei heiligen Könige Olav von Norwegen, Knud von

Dänemark und Erik von Schweden bedeutende Plätze ein. Dabei sind folgende zwei Eigentümlichkeiten im Norden zu beachten. Zunächst war charakteristisch, daß die nordischen Völker den christlichen Glauben größtenteils angenommen hatten, aber nur widerwillig die Konsequenzen für eine Wandlung ihres persönlichen und sozialen Lebens anzunehmen bereit waren. Der entscheidende Widerstand äußerte sich nicht beim Religions-, sondern beim Sittenwechsel, um den sich die heiligen drei nordischen Könige besonders bemühten. Durch diesen Konflikt aber erklärt sich, daß sie zu Märtyrern wurden. In Skandinavien sind die Märtyrer also keine Geistlichen gewesen.

Olaf war gerade auf einem der Wikingerzüge, da hatte er vor Gibraltar eine Vision, eine strahlende Gestalt sagte ihm: "Kehre zurück und werde König von Norwegen auf ewig". Er begab sich zu Herzog Richard II. der Normandie, wo er sich 1015 in Rouen taufen ließ. Dann kehrte er nach Norwegen zurück, einigte durch Kämpfe und Verhandlungen das Land und ließ sich zum König von ganz Norwegen ausrufen. Doch einige Stammeshäuptlinge verbündeten sich mit dem Dänenkönig Knut, der damals zugleich England beherrschte. So mußte Olaf vor einer Übermacht fliehen und ging zu Verwandten in Rußland. König Jaroslaw war mit seiner Schwester vermählt.

Norwegen war damals bereits im Spannungsfeld verschiedener Interessen. Zwischen der Festlandsmacht Dänemark mit seinen Besitzungen auf der Insel der Angeln und Sachsen - England -, sowie auf dem schwedischen Festland; im Osten das Großfürstentum Nowgorod. Jaroslaw war zu dieser Zeit gerade dabei von Nowgorod aus das Erbe seines Vaters, das Kiewer Reich, im Kampfe wieder zusammenzuführen. Er konnte Olaf keine Hilfe leisten, sonst wären byzantinische Einflüsse an der Ostsee eingedrungen. Doch sein Schwager Omund in Schweden unterstützte ihn und sammelte ihm ein Heer, damit er sein Königreich wieder erlangen könne, was aber nicht gelang. Olaf rückte auf Drontheim vor. Die Entscheidung fiel in der Schlacht bei Stiklestad am 29. Juli 1030. Snorre erzählt, der Feldruf sei gewesen: "Vorwärts Christmänner, Kreuzmänner, Königsmänner", was auch, falls dies eine unhistorische Legende sein sollte, den "konstantinischen" Geist Olafs richtig charakterisiert. Er verlor aber den Kampf um das Leben.

Bischof Grimkel ließ ihn in einem Schrein in eine Kirche nach Drontheim überführen. 150 Jahre später wurde der Bau der größten und schönsten nordischen Kathedrale, der St. Olavskirche, als Sitz der norwegischen Erzbischöfe begonnen, es war der größte Wallfahrtsort des Nordens im Mittelalter entstanden. In Norwegen, aber auch in Schweden und Dänemark, in England und in den Hansestädten wurden fortan viele St. Olavskirchen gebaut. Auch Reval-Tallinn hatte seine St. Olaikirche, die Olevistekirche an der Lai von heute. Mit Recht gilt daher der Wikingerkönig als der bedeutendste Volksheilige des Nordens. Als "Rex perpetuus Norwegiae" wurde er zum Symbol für die politische und christliche Einheit des Landes und 1170 nannte sich König Magnus Erlingson in seinem großen Privileg "Lehnsmann des heiligen Olav." Nach der Reformation wurde der goldene Olavs-Schrein nach Dänemark gebracht. Mit den Reliquien zerstörte man zugleich die katholische Kirche und die nationale Selbständigkeit Norwegens. Nur noch in den Herzen überlebte der Heilige, seine Kirche und auch sein Land Norwegen.

Fünfzig Jahre nach dem Tode des heiligen Königs Olav in Norwegen, kam in Dänemark der heilige König, Knud, in die Regierung. Knud war der erste König der Dänen, der die Wichtigkeit der kirchlichen Entwicklung bereits ernst nahm. Der Chronist der Hamburger Erzbischöfe, Adam von Bremen, schilderte Knud als einen aufgeschlossenen und kenntnisreichen König. Er legte die Diözesaneinteilung Dänemarks für die Zukunft fest und war vom Christentum ergriffen, nur die Ehemoral blieb heidnisch. Von seinen Söhnen von verschiedenen Frauen wurden nacheinander fünf Söhne Könige.

Auf seinen Seezügen hatte Knud, er war der vierte Träger des Namens, in der Ostsee die expansive dänische Kreuzzugspolitik gegen die heidnischen Stämme der Wenden und im Baltikum eingeleitet. In seiner nur sechsjährigen Regierungszeit veranlasste er, daß auch in Kurland, Samogitien und Litauen das Evangelium gepredigt wurde. Der sechste dänische König mit Namen Knud, Sohn Waldemars des Großen, besiegte im slawischen Wendenland den pommerschen Fürsten. Pommern wurde dänisch und Knud VI. nahm den Titel eines Königs der Wenden "rex slavorum" an, der seitdem im dänischen Königstitel beibehalten worden ist.

Am 10. Juli 1086 brach gegen den zweiten heiligen König des Nordens, Knud, ein Aufstand aus und ein Heer von Jüten und Fünen rückte auf Odense. Der König suchte in der Kirche des heiligen Alban Zuflucht, dessen Reliquien Knud selber aus England dahin verbracht hatte. Mit dem Vertrauen auf Schutz dieses der Heiligkeit geweihten Ortes glaubte er die Aufrührer mäßigen zu können. Der König lag mit ausgebreiteten Armen vor dem Altar und betete zu Gott, in dieser Stellung traf ihn ein Wurfspieß, der durchs Fenster geschleudert wurde, er starb noch auf der Altarstufe. Er war der erste Märtyrer Dänemarks und man erklärte Knud zum Schutzpatron des Landes, als "Protomartyr Danorum".

Mit den Schriften über sein Leben und seinen Tod, der sogenannten "Passio S. Canuti" um 1096 und mit den "Gesta" des englischen Benediktiners in Odense, Älnoth um 1124, fängt die geschriebene Literatur in Dänemark überhaupt erst an. Seine Gebeine ruhen in einem Schrein in der Krypta der heute evangelischen Sankt Knuds Kathedrale von Odense.

Der dritte heilige König im Norden war Erich von Schweden, er regierte genau siebzig Jahre nach dem Tode Knuds. Schon im Jahre 832 glaubte Sankt Ansgar das Christentum in Schweden eingepflanzt zu haben, doch es war einfach wieder untergegangen. Die Angelsachsen versuchten es dann, doch 1075 schilderte noch Adam von Bremen das große heidnische Reichsheiligtum in Uppsala mit seinen Götzenbildern im Tempel und seinen blutigen Menschen- und Tieropfern im heiligen Hain. Gleichzeitig waren aber mehrere schwedische Bistümer vom Bremer Erzbischof errichtet worden. Erst in der Zeit Königs Sverkers glaubte man Schweden für den christlichen Glauben gefestigt zu haben und man gründete das erste Kloster, doch dann wurde der König ermordet.

Zum Nachfolger wählte man Erik Jedvardson, Einzelheiten seiner Herkunft sind nicht bekannt, er hatte vielleicht englische Vorfahren.

Über die Wahl ist nichts genaueres bekannt, in einer im 13. Jahrhundert niedergeschriebenen Vita sind die Quellen zu seinem Leben spärlich. Diese bekannten Daten scheinen auch nicht angenehm zu sein und so wurden sie noch im 19. Jahrhundert von schwedischen Historikern als reine Erfindung abgetan, dann aber wieder die Ablehnung als übertrieben bezeichnet. Wir glauben der Vita, demnach regierte Erik vier Jahre bis zu seinem Tode 1160, hatte ein Zisterzienserkloster privilegiert, während seine Frau sich mit einem anderen Kloster auseinandersetzte. Sein Ruf der Heiligkeit ist erstmals in einem Kalender des Bistums Uppsala 1198 bezeugt. Erik bemühte sich um die Bildung eines Domkapitels in Uppsala, das wenig später 1164 Erzstift wurde. In der Saga seines Schwiegersohnes, des Königs von Norwegen, Sverre ist von einem Heiligenschrein zu vernehmen, auch von einer Papstbulle 1256 war zu hören, wie gesagt, eine Saga. Auch Erik fand einen blutigen Tod. Er hatte nicht nur Freunde, sondern auch starke Feinde die mit einem Dänenprinzen zusammen Erik überfielen als er am Himmelfahrtstag 1160 der heiligen Messe in Uppsala beiwohnte. Nach beendeter Messe empfahl er sich Gott, bezeichnete sich mit dem heiligen Kreuze, und um das Blut seiner getreuen Untertanen zu schonen, welche bereit waren, ihr Leben zu seiner Verteidigung zu riskieren, ritt er allein vor seiner Wache her den Verschwörern entgegen. Diese stürzten sich sogleich auf ihn, rissen ihn vom

Pferd herunter, mißhandelten ihn und schlugen ihm aus Haß gegen die christliche Religion den Kopf ab.

Noch lange übten sich die Schweden in dieser Disziplin der Schaffung endgültiger Tatsachen, selbst manche Chronik aus dem konfessionellen Dreißigjährigen Krieg ein halbes Jahrtausend später berichtet davon, daß Priester während der Messe von hinten ermordet, Klosterbrüder umgebracht, Geiseln genommen, und Heiligtümer zerstört und geschändet wurden. Dazu machte sich der Schwedenkönig eigens auf einen tausendfünfhundert Kilometer langen Weg bis ins katholische Bayern. Uppsala, vom heiligen schwedischen König Erik mit christlicher Demut errichtet, wurde so zur Räuberhöhle. Dort lagern heute noch die in Bayern geraubten Kostbarkeiten aus der Zeit, als Gustav Adolf den Bayern das Fürchten lehrte.

Das größte Ereignis in der Regierung König Eriks war aber der Kreuzzug nach Finnland. Mit seinem treuen Freund und Mitarbeiter, Bischof Hendrik von Uppsala, und einem Heer setzte Erik nach diesem bisher nur flüchtig vom Christentum berührten Land über. Es ging ihm gleichermaßen um die Stärkung des alten schwedischen Einflußes, wie um die Förderung der Mission. Die Finnen wehrten sich, wurden aber in einer Schlacht überwunden. König Erik soll über die toten Feinde geweint haben, weil sie ohne die Taufe sterben mußten.

Nach dem Sieg konnte die finnische Kirche entscheidend gestärkt werden. Als Erik nach Schweden zurückkehrte, ließ er Hendrik als ersten Bischof von Abo-Turku zurück. Auch Bischof Hendrik wurde umgebracht, weil er einen Mörder zur Buße zwingen wollte. Darum wurde er als Apostel und Nationalheiliger Finnlands verehrt.

Die letzten Heidenvölker im Baltikum

Von Byzanz über Kiew bis nach Nowgorod und von Rom bis nach Polen, und über Skandinavien nach Finnland schließt sich der Kreis im 12. Jahrhundert den die Christenvölker bilden, um einen weißen Fleck auf der Landkarte herum - den Baltenlanden.

Die ersten Entdecker waren die Kaufleute. Dort in Gallien bei den Massiliern wollte man mehr wissen über die Zinninseln, dem Land wo das Bernstein herkam. Sie schickten also Pytheas aus, der nordwärts bis Britannien segelte und dann ostwärts in die Ostsee und so landete Pytheas an jenen Küsten der Ostsee, an denen die Prussen siedelten. So berichtete er: “In dieser kalten Zone kennen die Menschen noch keine edlen Früchte; von zahmen Tierarten nur einige. Sie nähren sich von Hirse und anderen Kräutern, Wurzeln und Früchten. Diejenigen, bei denen Honig und Getreide gefunden wurde, bereiten daraus ein Getränk. Das Getreide aber dreschen sie, weil heiterer Sonnenschein selten ist, in großen Gebäuden, in welche die Ähren eingebracht werden. Tennen auf freiem Felde würden durch Regen und Mangel an Sonnenschein sehr bald verderben."

Auch den Namen dieses Volkes hat er genannt: "Dort wohnen die Guttonen, ein germanisches Volk, an einer durch das eindringliche Meer vielfach zerrissene und oftmals unterbrochenen Küste, Mentonomen genannt, die sich 6000 Stadien weit ausdehnt."

Das germanische Volk der Guttonen, das Pytheas in seinem Bericht erwähnte und Plinius nach diesem Bericht seines Vorgängers "Guttones Germaniae genti accoli" nannte, war neben dem Volk der Ostiaer als Mitbewohner dieses Gebietes der zweite bekannte Name. Mit Guttonen waren offenbar die Gottonen oder Goten gemeint, die später auch bei Ptolemäus, Plinius und Tacitus in diesen Wohnsitzen genannt worden sind. Es waren also Goten, die Pytheas an der Ostseeküste vorfand, sie wußten sich dort noch im 6. Jahrhundert nach Christus ebenso wie im 12. und 13. Jahrhundert in Teilstämmen zu behaupten.

Was die Ostiaer betrifft, so dürfte es sich bei ihnen um ein Volk gehandelt haben, das Tacitus einige hundert Jahre später als Aestier bezeichnet. Diese saßen zu Beginn des sechsten Jahrhunderts immer noch an der Ostseeküste. Sie überreichten nach Cassiodor dem "großen Gotenkönig ein kostbares Geschenk aus Bernstein."

Selbst der nordische Seefahrer und Forscher Wulfstan, der zu Ende des neunten Jahrhunderts diesen Küstenstrich besuchte, fand Menschen dieses Stammes dort vor.

Die Wahrscheinlichkeit ist groß, daß diese Ostiaer ein Teil des Volkes der Goten waren, die als östlicher Teilstamm an der Küste saßen, denn das germanische Wort Ostiaer bedeutet "die Östlichen."

Seit Pytheas 330 vor Christus die ersten Berichte gefertigt hatte, waren seine Auftraggeber in Marseille informiert und die Ostseeküste sank wieder in das Dunkel der Vorgeschichte zurück. Erst Diodor aus Sizilien hinterläßt um 20 vor Christus einen zweiten Bericht über eine Insel im Norden, die er Basileia nannte und an deren Küsten "die Meeresflut Bernstein in Menge anspült, der sonst nirgendwo in der Welt gefunden wird."

Mit dieser Insel kann Diodor nur das Samland gemeint haben, das Pytheas das Eiland Abalus nannte. Kaiser Nero setzte dann im Jahre 54 nach Christus seine Männer in Richtung Preußen in

Marsch, um den glanzvollen Bernsteinschmuck "in reichstem Maße aus seinem Mutterland zu holen und nach Rom zu bringen."

Zur gleichen Zeit sammelte Plinius der Ältere alle Berichte über das Land woher der Bernstein kam, den er und Tacitus "glasum, glaesum" nannten. Erst eine deutsche Urkunde aus dem Jahr 1323 nennt diesen Stein "bursteyn". Der Legende nach sollen es die Tränen Elektras gewesen sein, die Tochter des Agamemnon, der Heldin aus Sophokles Tragödie - "die Leuchtende."

Plinius schreibt über den Grenzfluß Guttalus, dem Pregel, bis zu dem die Goten gewohnt haben sollen. Jenseits dieses Grenzflusses lebten also dann die Aestier. Den Grenzstrom Preußens nach Westen nannte er Weichsel. Plinius' "nördlicher Ozean" umfaßte nicht nur die Nord- und Ostsee, sondern auch noch das heutige Eismeer.

Tacitus, der über das Volk der Aestyer des Samlandes schreibt und damit die Ostiaer des Plinius, das Nachbarvolk der Guttonen meint, sagt: "Über die Lygier hinaus werden die Gotonen von Königen beherrscht. Und zwar schon etwas strenger als die übrigen Völker der Germanen, doch noch nicht mit der Freiheit Verlust. Weiter fort am Ozean sitzen die Rugier und Lemovier. Das Eigentümliche aller dieser Völker sind runde Schilde, kurze Schwerter und ihr Gehorsam gegen Könige."

Tacitus weiß vom Götterdienst dieses Volkes zu berichten, daß sie die Mutter der Götter verehren. Die germanische Göttin Frigga, die auch von den Gotonen verehrt wurde, muß offenbar Gegenstand ihrer Verehrung gewesen sein.

Ptolemäus, der zwischen 170 und 180 nach Christus berichtete, teilt weitere Kunde aus dem Norden mit. Er berichtet über den zehnjährigen Markomannischen Krieg, einem Gemetzel in der Geschichte, in dem Völker zwischen Donau und Ostsee durcheinandergeworfen wurden. Die Veneder drängten aus ihren östlichen Wohnsitzen in das Gebiet der Gotonen, die freiwillig diese Gegend aufgaben und zur Donau nach dem Süden zogen oder mit Waffengewalt dazu gezwungen wurden. Ptolemäus nennt die Anwohner der Ostsee von der Mündung der Weichsel bis zum Samland und dem Kurischen Haff nur noch die Veneder. Die Gotonen, die er Gytonen nennt, blieben nach seinen Angaben nur noch als Teilgruppen entlang der Weichsel und Drewenz als Nachbarn der Veneder.

Ptolemäus nennt noch weitere Völker, so spricht er von den Burgundionen südlich Pommerns zur Netze und Warthe hin, der Urheimat der späteren Polen. Ostwärts der Weichsel aber im alten Preußen lebten neben den Venedern und Gotonen weitere Stämme, die Galinder, die Sudener und die Stavaner.

Von den Venedern wissen wir, daß sie sich bis nach Brandenburg ausdehnten, es waren die späteren Wenden. Die Herkunft der Galinder ist unbekannt, es könnte ein Zweig des Aestierstammes sein und diese, Zweige des Gotenstammes. Der Name "Galinder" wird auch nach der Ausdeutung dieses altpreußischen Namens als die "äußersten", die letzten verstanden, in dem Sinne, daß sie nach Osten hin die letzte Gruppe des Stammes der Gotonen waren. Gal ist gleich das Ende und Semgallen das Landesende, wie Kamstigal, das Ende der Kampasbucht usw..

So gab es das Volk im Osten, die Aestier und das Volk im Westen, die Galinder. Dann waren noch die Sudener oder Sudauer, sie kamen aus dem alten Sarmatien, sie waren iranische Sarmaten, die am Dnjestr saßen, bevor sie in Richtung Preußenlande wanderten. Es ist vielleicht einiges des oben angeführten Spekulation, doch Tatsache ist daß Tacitus die Aestier -Aestiorum gentes- erstmals erwähnte und die Ostsee als suebisches Meer -Suebicum Mare- in seiner Germania 45.

In der nächsten Entwicklungsetappe der prußischen Stämme kommen die Angaben des alexandrinischen Geographen Claudius Ptolemaeus in der Zeitspanne von 90 bis 168 nach Christus, der auf seine Landkarte zwei kleinere Stämme, der "Galindai" und "Soudinoi" eintrug.

Ptolemaeus nannte außer der Weichsel noch vier weitere Flüße, die in den "Sarmatischen Ozean" mündeten. Nördlich der Weichsel mündete der Chronos - heute Pregel genannt. Bei Plinius hieß der Pregel, Guttalus, der alte Name des Flusses war Pragello -der Verschlinger! Diese Bezeichnung kam aus dem Lettischen, nach alter lettischer Sage soll der Fluß das einzige Weib des Samo, Pergolla, verschlungen haben.

Nördlich des Chronos floß der Rhudon, die Memel. Noch weiter nach Norden der Turuntos, die Windau im Kurland, und schließlich der Chesinos oder die Düna, die bei Riga in die Ostsee mündet. Diese Nachrichten sind alles, was Ptolemaeus über den genannten Raum des späteren Preußens erwähnt. Von nun an gibt es keine weiteren Nachrichten mehr, was eine Folge der politischen und ökonomischen Krise im römischen Reich gewesen sein dürfte.

Jordanes, war ein Geschichtsschreiber des 6. Jahrhunderts, er rechnete sich selbst zu den Goten, deren Geschichte er 551 in Anlehnung an das nicht erhaltene Werk des Cassiodorus schrieb. Seine Angaben über kleinere Stämme im südlichen Schweden, in Norwegen und Dänemark sind die ältesten Quellen über diese Länder. Durch Jordanes hört man wieder etwas vom Baltischen Meer und den dort lebenden Menschen. Seine Berichte scheint er aber aus mündlichen Überlieferungen geschöpft zu haben.

Zu Kaiser Gallus' Zeit, etwa 253 nach Christus, kämpften im südlichen Ostseeraum Finnen und Sarmaten gegen den Cäsar Volusianus, Sohn des Gallus. Ihnen hatten sich Teile der Vandalen, der Galinder und Veneder angeschlossen, so daß sich Volusianus schließlich auch als deren Besieger feiern ließ. Volusianus ließ Goldmünzen schlagen, um diesen Sieg zu dokumentieren. Auf einer der Münzen ist folgende Inschrift zu lesen: "Imperatori Caesari Vandalico, Finnico, Galendico, Vendenico, Volusiano Augusto."

Gelegentlich gab es Schilderungen von Kämpfen der Sarmaten gegen die Römer und solche vom Ringen der Römer mit den Goten, Alanen und anderen Völkern. Römische Legionen schmückten sich mit Siegen gegen diese "Barbaren", doch fanden keine weltbewegenden Kämpfe statt, die des Erwähnens wert gewesen wären.

Die Ostgoten errichteten unter Theoderich dem Großen zu Ende des fünften Jahrhunderts in Norditalien ihr mächtiges Reich. Diese Kunde erreichte auch die Ostseeküste und die Oberen der Aestier beschlossen König Theoderich durch eine Gesandtschaft ein Ehrengeschenk zu überbringen; es handelte sich um Bernstein. Der Gotenkönig bedankt sich mit einem Schreiben seines Kanzlers Flavius, Magnus, Aurelius Cassiodor, und sandte im Gegenzug ein Goldgeschenk. Im Ermland in der Nähe von Braunsberg fand man denn auch Goldmünzen die dies belegen. Es muß im 6. Jahrhundert gewesen sein, denn Cassiodor, der als Römer besonders um die Aussöhnung zwischen den Völkern besorgt war, starb 583.

Daß auch Beziehungen zu Byzanz bestanden haben müssen, beweisen Funde von Goldmünzen (Solidi des Valentinianus III. und des Theodosius III.), sowie Silbermünzen und Funde in Bronze.

Das Baltikum im frühen Mittelalter

Der Beginn des frühen Mittelalters in der Geschichte der baltischen Stämme fällt mit einer deutlichen Zäsur in den archäologischen Quellen zusammen. Um die Wende vom 5. zum 6. Jahrhundert setzen Veränderungen in der Kultur und im Siedlungswesen ein, da eine neue Ordnung der sozio-ökonomischen Verhältnisse herangereift war. Gleichzeitig veränderte sich auch der Raum, den die Balten einnahmen.

Die samländische Halbinsel war intensiv und dicht besiedelt. Diese Besiedlung setzte sich entlang des Frischen Haffes bis an den Unterlauf der Weichsel fort. Diese Siedlungen bildeten den Kern des Stammesgebiets der Pogesanier und Pomesanier. Um das Seengebiet Masurens um Allenstein lag der Kern der prußischen Gaue der Sassen und Galinden.

Es ist kein Zufall, daß dann, als die Balten dieses Gebiet vollständig beherrschten, binnen kurzem am Drausen-See mit Truso ein prußisches Handelsimperium von internationaler Bedeutung entstand. Dann kam die slawische Expansion im Osten und ein dadurch verursachter Rückzug der Balten. Im 8. und 9. Jahrhundert nahmen die Slawen den ostbaltischen Teil des Stromgebiets des oberen Dnjepr und der Desna bis an die obere Oka und den Oberlauf der Düna ein.

Ganz im Norden zum Teil bereits im früheren finnisch-baltischen Grenzraum, kristallisieren sich die Stammgebiete der Krivicen und Slovenen, an der Desna die der Severjanen und westlich davon die der Dregovicen heraus.

Die Besiedlung des ostbaltischen Territoriums erfolgte durch slawische Infiltration: die Slawen schoben sich zwischen die Autochthonen, zwischen die Baltenvölker, ohne das deren Existenzgrundlagen angetastet wurden. Die Slawen siedelten sich inselförmig unter der einheimischen baltischen Bevölkerung an, sie waren zahlreich und damit den Balten überlegen, so überdeckten sie diese bald. Die Slawisierung hatte zur Folge, daß die ostbaltische Bevölkerung verschwand.

Die einzige Ausnahme ist das Goliad' aus einer altrussischen Chronik, das heißt die Ost-Galinder, ein noch im 12. Jahrhundert in einer Enklave an der Prozva bei Smolensk existierender Rest einer ostbaltischen Bevölkerung. Möglicherweise sind die Vorfahren der “Goliad' Männer”, wie sie in einer Kiewer Aufzeichnung 1147 genannt werden, Nachkommen des früher bei Jordanes als Golthascytha und Coldes erwähnten Volkes.

Die Verdrängung der finnischen Esten aus der Gegend um den Burtnieku-See durch die lettischen Semgaller gegen Ende des 1. Jahrtausends war eine Nachwirkung der Slawisierung des ostbaltischen Gebiets und der Bedrohung der weiter westlich sitzenden Stämme.

Unklar dagegen sind die Gründe der Expansion der Kuren nach Norden, die im Laufe des 9. Jahrhunderts die bisherigen Grenzflüsse Venta und Abava überschritten und die finnischen Liven an die für den Ackerbau wenig geeignete Ostküste der Rigaer Bucht abdrängten. Mit Ausnahme dieser Veränderungen finden keine größeren territorialen Änderungen mehr statt.

Zu Beginn des Frühmittelalters konsolidierten sich dann auch die prußischen, sudauischen und letto-litauischen Stämme als ethnische Einheiten. Nach schriftlichen Quellen gab es damals

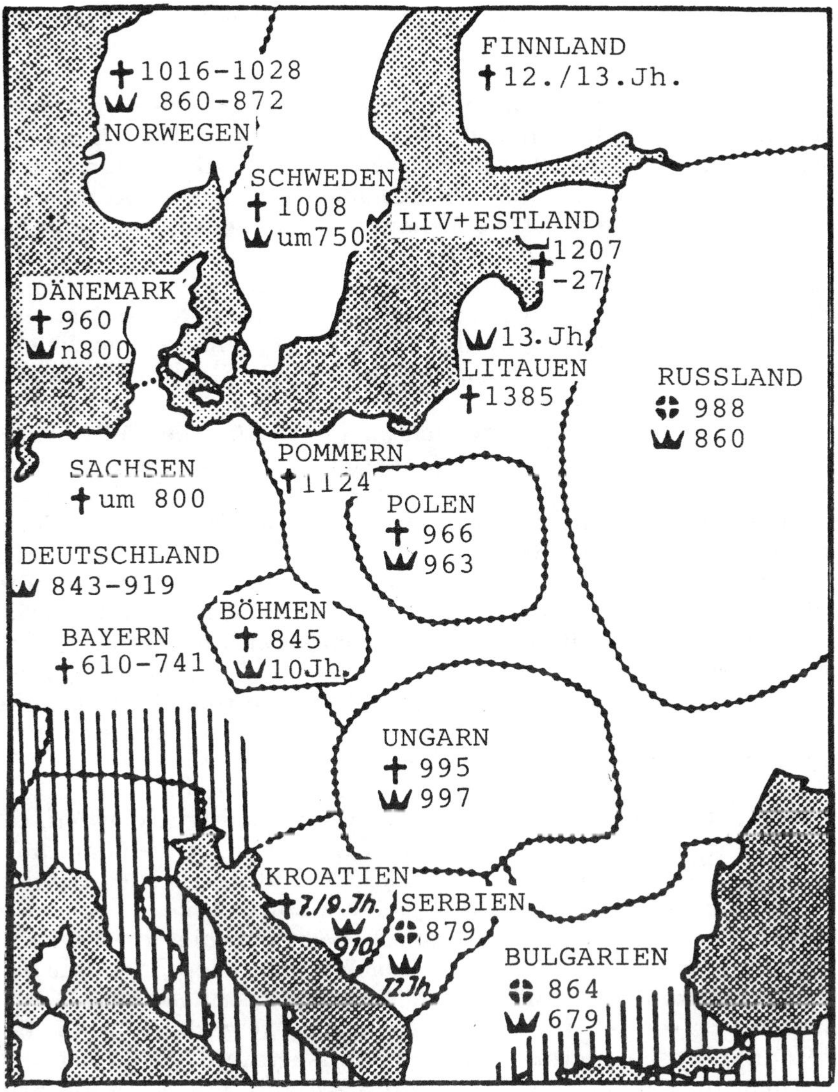

Christianisierung und staatliche Organisierung

etwa 20 baltische Stämme: die Pomesnier, Pogesanier, Warmier (Ermländer), Sassen, Galinden, Barten, Samben (Samländer), Natanger, Schalauer und Nadrauer. Die Hälfte waren Prußen.

Prußen als Sammelname für diese Stämme wurde zum ersten Mal Mitte des 9. Jahrhunderts gebraucht. Die Geschichte Litauens begann mit der ersten Nennung des Begriffes "Litua" in den Quedlinburger Annalen im Jahre 1008. Gleichfalls in einer Urkunde aus einem sächsischen Kloster erscheint zum erstenmal der Sammelname der südlichsten Baltenvölker "Bruzi". Dieser Name erscheint aber schon Mitte des 9. Jahrhunderts und zwar in der Chronik eines Geographen. Von diesem Manne weiß man keinen Namen, nichts hatte diesen Geographen so unverwechselbar gekennzeichnet, als daß er ein "Bayer" war. So ging er in die Geschichte als der bayerische Geograph ein.

Diese Bezeichnung prägte sich allgemein für alle südlich der Litauer siedelnden Stämme ein: die Deutschen sprachen von den Pruzin, Prußen; die Polen von Prusi, Prusowie; lateinisch schrieb man Pruzzi, Prutheni und in einem Bericht des Ibrahim ibn Jakub lesen wir in arabisch: Burus.

Weiter nördlich und nordöstlich schlossen sich die latto-litauischen Stämme an. Sie unterteilten sich in die Nieder- und Oberlitauer, das heißt in die westlichen Schamaiten und die östlichen Aukstaiten, sowie ähnlich im Norden in die lettischen Semgaller und Lettgaller. Die Lettgaller, deren Name mit der Zeit auf alle Letten angewandt wurde, grenzten im Osten an die Altrussen und im Norden an die finnischen Liven und Esten.

Eine Sonderstellung hatten nur die Kuren, die mit der Zeit lettisiert, dann litauisiert und teils auch eingedeutscht wurden, so daß es nur noch eine kleine Gruppe von ihnen gibt. Den Sammelbegriff für die Litauer "Litua" verwendete übrigens auch bereits der Missionsbischof Bruno 1009 bei den Sudauern.

Auch Estland fand in dem arabischen Geographen Idrisi seinen Meister. Der in Ceuta in Nordafrika geborene Geograph wirkte bis zu seinem Tode 1166 am Hofe des Normannenkönigs Roger II. auf Sizilien. Er schrieb für seinen König das "Rogerbuch" und die Beschreibung einer großen silbernen Erdkarte und dort finden wir erstmals für Estland die Bezeichnung: Astland. 1154 schreibt Idrisi: "Zu den Städten Astlands gehört auch Qualuwany. Das ist eine kleine, einer Festung ähnelnden Stadt". Er beschrieb hier zum ersten Male Estlands Hauptstadt.

Im 8. Jahrhundert trat in den Baltenländern eine wichtige Veränderung ein, der Übergang zum Pflügen, das heißt, es war der Beginn der Wechsel- und Brachwirtschaft im Ackerbau mit Zugtierverwendung. Es begannen sich Volksgemeinschaften abzuzeichnen und es gibt Schätzungen über den Bevölkerungsumfang. So schätzt man die prußisch-sudauische und die litauische Bevölkerung in den ersten Jahrhunderten des 2. Jahrtausends, also am Ende der Stammesperiode, jeweils etwa 170 000 und die lettische 140 000 Köpfe. Die estnische Bevölkerung dürfte noch etwas geringer bei ca. 100 000 gelegen haben. Die Gesamtbevölkerung der nichtslawischen Völker betrug demnach etliches mehr als eine halbe Million, also wesentlich weniger als die benachbarten slawischen Völker, die nach ähnlichen Schätzungen auf polnischem Boden auf ca. eine Million und in der Rus zwischen 5 und 7 Millionen zählten. Die Bevölkerungsdichte betrug im Durchschnitt 5 Personen pro Quadratkilometer, im Samland sogar 10 Personen, während im litauischen Gebiet 4 und bei den lettischen nicht ganz 3 Personen waren, Estland war noch dünner besiedelt.

In Masuren war die Viehzucht am weitesten verbreitet, dafür war bei den Prußen und Kuren der Handel am stärksten ausgeprägt, dies wegen der geographisch günstigeren Lage mit Zugang zur Ostsee. Die Galinder waren am weitesten entwickelt und erreichten damals einen ungewöhnlich hohen Wohlstand, Grabbeigaben belegen dies. War dies der Grund für die völlige Ausrottung dieses Volkes durch die Polen, nach den Kriegszügen des polnischen Herzogs Boleslaus Schiefmund waren ganze Landstriche im Süden des prußischen Gebietes entvölkert.

Das Samland und das Land am Frischen Haff unterhielten in der Folgezeit ihre traditionellen Handelsbeziehungen im Ostseeraum, namentlich mit Schweden und Dänemark, aber auch mit dem Schwarzmeergebiet im Süden. Eine Aktivität der östlichen Ostseeküste beweist auch das Interesse der Skandinavier ab dem 6. Jahrhundert. Dies betrifft besonders den Handel der Prußen mit Gotland und Mittelschweden. Eine interessante Informationsquelle bildet der angelsächsische Kaufmann Wulfstan, der zur Zeit Alfred des Großen zu Ende des 9. Jahrhunderts von Haithuba in Schleswig aus, die Ostsee bis Elbing befuhr und wichtige Angaben über Land und Leute machte. Die prußischen Handelskontakte gingen bis zu den Britischen Inseln.

Wulfstan berichtete seinem König alles was er in Erfahrung bringen konnte, wodurch er zur bis dahin wichtigsten Quelle wurde. Er fuhr von Haithuba in Schleswig, dem berühmten neueren Hedaby, in Richtung Norden, erreichte Bornholm, Oeland und Gotland, das den Schweden gehörte. Zu seiner rechten Seite lag das Wendenland bis hin zur Weichselmündung. Wulfstan meldet dieses inzwischen von den Slawen besiedelte Land der Wenden als dänischen Besitz.

Er nannte den Ort Ilfing, gleich Elbing am Frischen Haff; dies nennt er aber das "Estenmeer". Die Breite des Haffes, also des Estenmeeres gab er korrekt mit 15 englischen Meilen an. Er erwähnt den alten Handelsort "Truso am Gestade des Estenmeeres" als Ziel seiner Reise, das er nach sieben Tagen erreichte. Dieser Handelsort war ein alter Stapelplatz und ein Handelszentrum für fremde Seefahrer, der Ort, an dem später die erste Gründung der Stadt Elbing erfolgte. Von hier aus lief der Handel Preußens mit anderen Ländern, von hier bestanden auch Verbindungen zu dem großen schwedischen Stapelplatz Birka nahe dem heidnischen Tempel von Uppsala, wo sich die preußischen und samländischen Schiffe ebenso einfanden, wie die der Normannen, der Dänen und der Slawen. Dazu schreibt später der Chronist Adam von Bremen:

"Birka est Oppidum Gothorum, in medio Sveoniae positum, non longe ab eo templo, quod celeberrimum Sueones habent in culto Deorum Ubsola dicto."

Weitere Handelsverbindungen aus Preußen wurden mit dem slawischen Stapelplatz Julin erkannt, der ebenso reich war wie Birka. An der slawischen Küste gelegen ging von ihm aus die Handelsstraße nach Demmin an der Peene, von dort segelte man auch nach Preußen, vor allem an die Bernsteinküste des Samlands.

Über diese Handelsstraße fand ein reger Handelsaustausch zwischen Preußen und Hedaby bei Schleswig statt und dies war einer der Wege, auf denen das Bernstein nach Deutschland kam. Der Mönch Rembert, der das Leben des nordischen Apostels Anscharius beschrieb, fand in Hedaby Kaufleute aus Schweden, Russen und andere Slawen. "Der Hafen", so berichtet er, "war aufgefüllt mit Schiffen aller nordischen Völker. Besonders lebendig war der Handel mit England; das Pelzwerk, Bernstein, Fische und dergleichen dort holte und nach Frankreich und Spanien weiterleitete".

Wulfstan hatte über das Land, welches er Estland nannte, berichtet: "Das Land ist sehr groß. Es liegen dort viele Burgen, und in jeder von ihnen residiert ein König. Auch gibt es dort viel Honig und Fischerei, und der König und die reichsten Männer nehmen Stutenmilch zu sich. Die Unvermögenden und die Sklaven aber trinken Met. Es herrscht viel Streit unter ihnen. Bier wird bei den Esten nicht gebraut, da dort Met genug vorhanden ist." So haben wir genaue Kunde von dem großen Land, das sich so weit nach Osten hinzog.

Seeräuber der Nordmeere

Der alte skandinavische Held der Sage, Starkadder, Storwerks Sohn, der Enkel des ältesten Starkadder, auch als "Herkules des Nordens" bekannt, war am Hofe des dänischen Königs Harald aufgewachsen. Schon sehr bald war er wegen seiner titanenhaften Stärke berühmt.

Starkadder ging in der ersten Hälfte des fünften Jahrhunderts mehrfach auf Kriegsfahrt. Unter der Herrschaft von König Frode IV. wurde er ausgeschickt, um den Abfall der östlichen Völker, die den Dänen zinspflichtig waren, zu verhindern.

Er zog mit seinem Kriegshaufen zuerst nach Rußland. Danach verband er sich mit dem slawischen Fürsten Wino und zog mit diesem gegen die unwilligen Kurländer; dann gegen die Sembier oder Samländer, gegen Semgallen und auch andere Völker, die das dänische Joch abschütteln wollten.

Von König Frode IV. wird berichtet, daß er oft die "baltischen Gewässer unsicher gemacht habe. So heißt es in Snorre: Ynglinga Saga c. 31: "Rex Frotho mare Balticum piratica expeditione infestum redididit". In den Berichten über Starkadders Heldentaten erkennen wir, daß die Sage auf Tatsachen beruhen muß, und daß dies die ersten vorwikingischen Heldenfahrten waren, die von Skandinavien aus in die westlichen Länder Europas und auch in den Raum der baltischen See durchgeführt wurden.

Man nimmt an, daß der Norden zeitweise mehr Menschen hervorbrachte, als die Landesbeschaffenheit ernähren konnte, die daraus resultierende Hungersnot war daher keine Seltenheit. Raubfahrten entlang der Küsten der Ostsee lagen in der Natur des Lan des und der dänischen Frühgeschichte. Die Auswanderungs- und Raubzüge wurden meist unter Führung nachgeborener Königssöhne durchgeführt und brachten reiche Beute ein.

So wurde aus den Skandinaviern ein Volk von Seeräubern und es galt damals nicht als ehrenrührig, besonders nicht bei denen, die davon profitierten, und es gab viele von ihnen. Die Völkerschaften der Germanen hatten keine eigentlichen Herrscher, wie die antiken Könige der Griechen und Römer, sondern Könige wurden Volksführer und auch heidnische Priester durch Wahl. Der germanische König war Beauftragter zur Beschaffung von Raubgütern im Falle der nordischen Völkerschaften.

Es war die Geburtsstunde der Wikinger, die kein Volk für sich waren, sondern zu den vielen verschiedenen Völkern gehörten. Ihre Schar wurde, sobald sie zum Raubzug ausliefen, "Wiking-Flock" genannt. Diese "Flocks" waren größer und kühner, je berühmter ihr Anführer und je vornehmer das Geschlecht war, von dem der Anführer abstammte. Glaubt man dem altdänischen Geschichtsschreiber Saxo Grammaticus so waren es über tausend Königssöhne, die hier als Anführer fungierten.

Alle nachgeborenen Königssöhne, die auf See ihren Mut bewiesen und ihren Namen verewigt wissen wollten, konnten so durch Kampf, Seeraub und Heldentum zum Seekönig werden, sie wurden auch Sorkonger oder Sekonunge genannt. Die Kriegszüge dieser Seekönige dauerten Jahrhunderte an, bis der Druck der christlichen Königreiche vom Westen und Süden die Seeräuberei eindämmten und durch die Missionierung, besonders durch die Angelsachsen, die drei christlichen Königreiche entstanden waren.

Die Kriegszüge der Wikinger verheerten neben großen Teilen Europas oftmals auch die Küstenstriche der Ostsee und auch das Land weiter landeinwärts. Es waren zuerst die Baltenländer, die dem Ansturm standzuhalten hatten. Die Eystrasalt, wie die Ostsee in der nordischen Sprache genannt wurde, und das Austurland - Ostland, wie die Bezeichnung für Küste lautete, umfaßten seinerzeit Estland, Lettland, Kurland, Semgallen, Samaiten, das Samland und das übrige Preußen bis zur Weichselniederung. Einen großen Teil dieses Gebietes bezeichneten die Seeräuber aus Skandinavien, laut Snorre - Ynglinga Saga, als “Reithgotland”, wegen seiner nassen Riedstrecken, eine Bezeichnung die in Bayern heute noch für nasse Flächen gebräuchlich ist. Unter dem Namen Reithgotland sollen zur Anfangszeit die Länder von der Weichsel bis an den finnischen Meerbusen bekannt gewesen sein und dort sollte nach der Odinsaga der Gott Odin an der Düna sein neues Asgard gegründet haben.

Diese Länder standen den Angriffen der Seeräuber offen, gegen die Düna hin, nach Estland, Kurland und später nach Preußen wagten sich die Wikinger hinein. Einer der ersten, der einen Kriegszug dorthin unternahm, war Jamerik, König von Halland. Unter seiner Führung brachen Kriegshaufen in Preußen ein, bezwangen die Samländer und die Kurländer und dann weitere Völker dieses Großraumes.

Im sechsten und siebten Jahrhundert hören wir von fortwährenden Heimsuchungen durch die Wikinger und von wirkungslosen Rachezügen slawischer und preußischer Völker, die nur Kleinkönigtümer in Preußen bildeten. König Regnar Lodbrok übernahm zur Mitte des achten Jahrhunderts in Dänemark die Regierung und drang in mehreren Kriegszügen in das Reithgotländische ein. Im Jahre 777 wollte er das Volk Biarmiens im finnischen Norden unter seine Herrschaft zwingen. Nach Erfolgen zwang er die Kurländer zu Tribut. Durch diesen Erfolg und durch Freiwillige vermehrt, schaffte er die Biarmier zu unterwerfen und seinem Reich einzuverleiben.

Im Verlauf des achten Jahrhunderts siedelten sich manche Gruppen von Seeräubern in den erreichten Ostseeländern an. In der Mitte des 9. Jahrhunderts landete unter König Lothekont, dem Sohn von Erik Barn, ein Haufen Kämpfer, Knechte und auch Frauen an der südbaltischen Küste; die Wikinger marschierten durch Semgallen nach Karelien und ließen sich dort nieder. So und auf ähnliche Art und Weise haben sich die Dänen schon früher in den Landstrichen an der Weichsel und bis nach Mecklenburg angesiedelt und einzelne Niederlassungen errichtet.

Der dänische König Gorm der Alte war König von Jütland, er hatte bereits Anfang des 10. Jahrhunderts einen Teil des Wendenlandes an der späteren deutschen Ostseeküste erkämpft. Er wäre gerne noch weitergegangen, doch König Heinrich I., der erste sächsische König des ostfränkischen Reiches, hinderte ihn daran. Gorm nahm die Tyra Danebod zur Frau und ihr gemeinsamer Sohn war der dänische König Harald Blaatand - Blauzahn - der erste König, der Dänemark einte. Gorm hatte seiner Frau bei Jelling den kleinen Jellinge-Runenstein gesetzt, Harald setzte den großen Jellingestein für seine Eltern mit dem ältesten Christusbild des Nordens.

Der Jellingestein ist Symbol der Einigung Dänemarks und seiner Bekehrung zum Christentum im 10. Jahrhundert. Die Inschrift lautet: "König Harald hat dieses Denkmal zum Andenken an Gorm, seinen Vater und Tyre, seine Mutter, errichtet. Harald war es, der ganz Dänemark und Norwegen für sich gewann und alle Dänen zu Christen machte."

Auch er mußte sich mit den Sachsenkönigen auseinandersetzen die die Lehnshoheit über Dänemark innehatten. König Heinrich waren die Könige und Kaiser Otto I. und Otto II. gefolgt, und Harald versuchte die Gegensätze zum Reich dadurch abzubauen, indem er sich 968 taufen ließ. Als christlicher König mußte er wohl noch Otto II. huldigen, aber im Jahre 983 konnte er sich der deutschen Lehnshoheit entziehen.

Mit König Harald beginnt die fortlaufende Folge der christlichen dänischen Könige, die sich nach Haralds Tod in Sven Gabelbart und 1014 in König Knut dem Großen von Dänemark, Norwegen und England fortsetzte. Fünfzig Jahre nach Knut dem Großen regierte Knut der Heilige dieses nordische Land, das bald die zahlreichen Bistümer Schleswig, Viborg, Arhus, Ribe, Odense und Roskilde, sowie in Südschweden Lund nachweisen konnte. Gleichzeitig mit den drei christlichen Königreichen Ungarn, Böhmen und Polen, gewinnt Dänemark an Bedeutung. Vor allem aber geht die Zeit zu Ende, die Dänemarks Geschichte nur aus Überlieferung aus der Sagenwelt kennt. Dänemark taucht in die europäische Kultur ein, was König Haralds Sohn Haquin nicht daran hinderte mit durchaus heidnischen Methoden an der Ostsee die dänische Herrschaft auszudehnen.

Er landete mit einem großen Freiwilligenheer an der samländischen Küste, wo er schon von den Prußen erwartet wurde. Um seinen Kriegern eine Flucht auf die Schiffe unmöglich zu machen, ließ Haquin diese durch Feuer vernichten. So hieß es kämpfen oder sterben, und die Dänen überwältigten die Samländer, alle waffenfähigen Männer wurden erschlagen, ihre Frauen wurden gezwungen mit den Siegern die Ehe einzugehen. Solcherart ließen sich die Dänen in dem gewonnenen Land nieder und gründeten mitten im Samland eine eigene Kolonie.

Die überwundene Bevölkerung war fortan dienstpflichtig gegenüber dem aristokratischen Herrentum, welches sich mit der Zeit ausbildete. Noch zur Zeit des Ritterordens stieß man immer wieder auf einen edlen Herrenstand, dessen Glieder "Withinge" genannt wurden, Abkömmlinge der Widen oder der Goten waren.

Über die preußische und kurische Seefahrt weiß man noch wenig. Aus den späteren Kämpfen der Prußen mit dem Deutschen Orden ist bekannt, daß sie eine zuverlässige Flotte besaßen, und Adam von Bremen erwähnte eindeutig Handelsschiffe der Samländer im schwedischen Birka. Die Kuren waren im 11. und 12. Jahrhundert derart geschickte Seefahrer, daß sie häufig die skandinavische Küste überfielen und auch Erfolge im Kampf gegen den Deutschen Orden errangen. An einem dieser Piratenzüge nahmen nach der Chronik des Heinrich von Lettland um die Wende vom 12./13. Jahrhundert etwa 300 Boote teil. Infolgedessen besteht zurecht die Ansicht, daß baltische Schiffsbauer die seetüchtigen Boote bauten, deren Wracks man in Frauenburg und Umgebung auffand.

Da hatten es die Esten doch etwas einfacher, deren große Inseln weit in die See hineinreichten und an deren Küste die Handelsschiffe vorbei mußten. So beginnt die eigentliche Geschichte der größten Insel Ösel-Saaremaa mit der Entwicklung des Seehandels im 12. und 13. Jahrhundert. Die Inselbewohner, Bauern, Fischer und Seefahrer, vergriffen sich manches Mal an einer der reichbeladenen Fracht der hanseatischen Koggen. Die Bewohner von Saaremaa konnten sich am längsten den dänischen und deutschen Eroberer widersetzen. Die Lage der estnischen Insel Dagö-Hiiumaa ist ganz nahe des finnischen Meerbusens, wo die Schiffe in Richtung Nowgorod vorbei mußten. Der Boden Hiiumaas ist karg und unfruchtbar, der steinige Boden eignet sich nicht zum Ackerbau, so mußten sich die Bewohner eine andere Quelle für den Lebensunterhalt erschließen. Die Braven gingen entweder dem Fischfang oder dem Bootsbau nach. Eine andere Gruppe von Hiiumaanern wartete einfach auf die fetten Handelskoggen der Hanse, die sie um ihre Ladung erleichterten.

Die Seeräuber von Hiiumaa, wegen ihrer Schnelligkeit und ihres Kampfeifers berühmt und berüchtigt, veranlaßten dann auch die geschädigten Kaufleute, gegen das Räubernest bewaffnet vorzugehen. Später als auf dem Festland, dringen die christlichen Heere auf die Insel vor, unterwarfen die Bewohner und führten sie zum rechten Glauben. Da man die meisten dabei erschlagen hatte, siedelte man dort Schweden und Festlandesten an, die 1750 bei der Pest alle, bis auf 136 erwachsene Einwohner, starben.

Seeräuber hat es zu allen Zeiten gegeben, der bekannteste war Störtebecker, ein Seeräuber wie er im Buche stand. Die Hanse mußte alles aufwenden um den Seeräuber zu fangen. Im Jahre 1400 wurde Störtebecker in Hamburg hingerichtet, wobei die Hinrichtungsart der Zeit entsprechend grausam war.

Kaufleute und Missionare

"Credere non potest homo nisi volens", formulierte der heilige Augustinus das Glaubensgebot: "Der Mensch kann nicht glauben, ohne dies auch zu wollen." Man gelangt also nicht durch Zwang zum Glauben; Christ wird man nicht durch eine Zwangsbekehrung.

Papst Nikolaus I. hat in einer Antwort auf die Frage des Königs Boris von Bulgarien - 852 bis 889 - nachdrücklich bestätigt: "...können wir Euch nur schreiben, daß man sie (die Heiden) durch Ermahnungen, Ratschläge, Gründe und nicht durch Gewalt von der Nichtigkeit der Götzenbilder überzeugen muß." Und Nikolaus weiter: "Wenn sie Euch nicht hören wollen, brecht die Beziehungen zu ihnen ab, aber keine Gewalt darf ihnen angetan werden, um sie zum Glauben zu führen. Wir müssen handeln wie Gott der nur freiwillige Huldigung will: Hätte Gott Gewalt gebrauchen wollen, dann hätte wahrlich niemand seiner Allmacht widerstehen können."

Diese Worte gelten als herrschende Lehre bis ins 11. und 12. Jahrhundert. Thomas von Aquin faßt sie kurz zusammen: "Unter den Ungläubigen gibt es solche, wie die Juden und die Heiden, die den Glauben nie empfangen haben. Diese Ungläubigen dürfen nicht zum Glauben genötigt werden, weil Glaube eine Sache des Willens ist."

Allen frommen und einsichtigen Worten zum Trotz hat es im Mittelalter dennoch Zwangsbekehrungen gegeben. Das mit Abstand einschneidendste Unternehmen in dieser Richtung war die Unterwerfung der Sachsen durch Karl dem Großen. In furchtbaren Kriegen mußte Karl die Sachsen niederkämpfen. Als ihr Führer Widukind sich taufen ließ, fungierte Karl als Taufpate, er wollte sicher sein. Doch dann überfielen die Sachsen wieder das fränkische Heer, das noch dazu gegen die sächsischen Feinde auszog, aus dem Hinterhalt. Karl der Große verfügte rigoros die Todesstrafe für alle, die sich dem neuen Glauben nicht zuwenden wollten. "Von nun an wird jeder ungetaufte Sachse, der sich unter seinen Landsleuten zu verbergen sucht und die Taufe verweigert und Heide bleiben will, mit dem Tode bestraft."

Angesichts dieser Brutalität schaudert es selbst den Abt von St. Martin in Tours, Alkuin, jener angelsächsische Gelehrte aus York, den Karl der Große zu seinem Berater gemacht hat. Der Abt schreibt seinem Freund Arno von Salzburg 796: "Dieses unglückliche sächsische Volk hat das Sakrament der Taufe verloren, weil der Glaube nie in seinem Herzen grundgelegt wurde. Man muß sich bewußt sein, daß der Glaube, wie der heilige Augustinus bemerkt -Willenssache und nicht eine Sache der Nötigung ist. Wie könnte man den Menschen zwingen zu glauben, was er nicht glaubt? Man kann ihn zur Taufe treiben, doch nicht zum Glauben."

Die Sachsen hatten immer Probleme mit dem Glauben, nicht nur zu Wittenberg, der Zeit Luthers. Karl der Große hat in gewisser Weise einen Präzedenzfall geschaffen, denn Könige und Fürsten griffen bei Auseinandersetzungen mit den Heiden nur allzuoft und allzugern zu kriegerischen Mitteln...

Kirchenmänner versuchten es anfangs in einer Art sanften Mission. Adalbert von Prag machte den Anfang, der polnische Herzog Boleslaw Chrobry stellt ihm ein Schiff mit dreißig Soldaten zur Verfügung. Mit den zwei anderen Missionsgehilfen fährt Adalbert Anfang 997 weichselabwärts nach Danzig, wo er den dort ansässigen Heiden das Evangelium predigt, mit Erfolg, wie er glaubt. Dann fährt er weiter bis ins Frische Haff hinein zur samländischen Küste, wo die Prußen leben. Er verläßt mit seinen beiden Gefährten die sicheren Planken des Schiffes und hat nicht den geringsten Erfolg, er wurde von den Heiden im April 997 erschlagen.

Besser vorbereitet ging dann Bruno von Querfurt etwa 10 Jahre später mit achtzehn Mitstreitern auf den Weg ins Preußenland östlich des Samlandes, auch sie wurden allesamt umgebracht.

Zweihundert Jahre lang ruht die friedliche Preußenmission. Zwar holen sich die Polen zwischenzeitlich den Bischof Otto von Bamberg ins Land und nach ihm Heinrich von Mähren. Aber Otto wirkte nur in Pommern und hier auch nur in den Jahren 1124 und 1125, auch Heinrich hatte nie einen Fuß auf preußischen Boden gesetzt.

Inzwischen gehörte das Feld den Kaufleuten an der Ostsee. Die Insel Gotland lag am Schnittpunkt der Ostseeschiffahrt. Aus der Wikingerzeit stammen reiche Münzfunde, die die Handelsverbindungen mit Rußland und mit dem Orient bezeugen. In Nowgorod gründeten die Gotländer - die mit dem Reich, mit England und Norwegen in Beziehung standen - eine Handelsniederlassung, den Gotenhof. Im 12. Jahrhundert begann sich der Handel in Visby auf Gotland zu konzentrieren; besonders groß war der Anteil der deutschen Kaufleute. Visby und die Hanse wurden anstatt der Gotländer im späten Mittelalter die Mittler des west-östlichen Warenaustausches. 1227 und dann endgültig 1293, mußte Visby seine Vorrangstellung an Lübeck abgeben.

Hanse, gotisch/althochdeutsch "Kriegsschar", war ein genossenschaftlicher Zusammenschluß von Männern gleicher Zielsetzung und gewissen Vorrechten, etwa dem Recht des Waffentragens, auch Gilde genannt. In London gab es fünf Hansen. Als die Lübecker und Hamburger in London begannen Handel zu treiben, lehnten die Kölner deren Aufnahme ab, so daß sie eine eigene Hanse bildeten.

Alt-Lübeck hatte bereits eine Niederlassung deutscher Kaufleute. Durch die Neugründung Lübecks durch Herzog Heinrich dem Löwen 1159, kamen Gruppen von westfälischen und niedersächsischen Kaufleuten in die Stadt. Neben Lübeck, dem Ostseestützpunkt und Hamburg dem Lübecker Vorhafen, kamen Wismar und Rostock hinzu, dann nacheinander alle bedeutenden Städte an der Ostsee und im Landesinneren bis hin nach Krakau. Auffallend waren im litauisch-polnischen Raum nur Kaunas und Krakau, Mitglieder dieses Handelskartells. Von großer Bedeutung waren die livländischen Hansequartiere und zahlreich, dazu gehörten: Riga, Windau, Kokenhusen, Wenden, Fellin, Pernau, Dorpat und Reval.

Zuerst traten ihre Mitglieder als "mercatores Romani Imperii Gotlandium frequentantes" auf, später unter dem Namen "Hanse Alemanniens." Die großen Kontore befanden sich in Nowgorod (bis 1494 auch Peter- und Gotenhof), in Brügge, London und Bergen. Am Ende wurden als Mitglieder bis zu 170 Städten gezählt. An der ganzen Ostsee verständigte man sich in der niederdeutschen Lübecker Sprache.

Lübeck hatte nach der Zerstörung durch die heidnischen Slawen und der Neugründung durch den sächsisch-bayrischen Herzog Heinrich dem Löwen, der Lübeck mit umfangreichen Privilegien ausstattete, einen ungeahnten Aufschwung genommen. Die Stadt kam an den Stauferkaiser Friedrich Barbarossa, der die Städte im Norden nach den Heidenstürmen wieder aufrichtete. Unter Kaiser Friedrich Barbarossa hatte die Stadt des Hamburg-Bremer Erzbischofs, Bremen die Unabhängigkeit erlangt und Lübeck stand unter des Kaisers Schutz. Kaiser Friedrich folgte dem Aufruf zum Kreuzzug durch Bernhard von Clairvaux und kam dort im Orient 1190 zu Tode. Ganz Europa war in Aufregung versetzt worden durch die Predigten des Bernhard, und der Papst hatte aufgerufen zur Rückeroberung des Heiligen Landes und Jerusalems. Der Träger der deutschen Königskrone und der römischen Kaiserkrone, Friedrich I. von Hohenstaufen, genannt der Rotbart, konnte natürlich nicht zurückstehen.

Überall hatte er Unterstützung gefunden, in der bayerischen Hauptstadt Regensburg sammelten sich die Kreuzzugsteilnehmer, in Preßburg empfing der ungarische König das Kreuzzugsheer und geleitete den Heereszug durch Ungarn. Mit dem plötzlichen Tod des Kaisers waren die großen Hoffnungen Europas zunichte gemacht.

Die Kreuzzugsidee nahmen andere Fürsten auf, auch die Bremer und Lübecker Kaufleute wollten sich am Kreuzzug beteiligen. Sie bildeten einen Krankenpflegeorden, den Deutschen Orden. Dieser "Ordo domus sanctae Mariae Theutonicorum", ein Marienorden, ging ins Heilige Land zur Betreuung und Pflege kranker Kreuzritter. Bald stellte sich heraus, daß ein Orden, wie es ihn in den Kulturländern Europas zahlreich gab, dort in der Fremde allen Gefahren schutzlos ausgeliefert war und in Akkon im Heiligen Land wurde daher 1198 dieser Orden in einen geistlichen Ritterorden umgewandelt.

Der Deutsche Orden hatte auch Vorgänger, den Johanniterorden, der in Italien gegründet wurde und den Templerorden, der in Frankreich seinen Ausgang nahm. Kaiser Barbarossas Sohn Heinrich VI., der dem Kaiser Rotbart in der Regierung im Reich folgte, strebte natürlich einen Orden an, der aus Deutschland kam. Heinrich hatte die Erbtochter Konstanze des sizilianischen Königreichs geheiratet, deren Vater Roger II. den Geographen Idrisi beschäftigt hatte und der in seine Weltkarte das spätere Tallinn und Tartu im fernen Estland zum ersten Male vermerkte. Heinrich erbte das sizilianische Normannenreich und Heinrichs und Konstanzes Sohn war Friedrich II. von Hohenstaufen.

Friedrich, als Enkel des Kaisers Friedrich Barbarossa, wurde zum deutschen König und Kaiser gewählt, regierte das Reich von Süditalien aus. Auch er war von der Kreuzzugsidee beseelt, er ging ins Heilige Land und ließ sich dort zum König von Jerusalem krönen. Sein Freund und Berater war Hermann von Salza, der aus einem thüringischen Adel stammende, vierte Hochmeister des Deutschen Ordens seit dem Jahre 1209.

Hermann von Salza war ein treuer Begleiter des Kaisers bei den Kreuzzügen und in der Goldenen Bulle von Rimini erhielt er 1226 das Privileg und den Auftrag von Kaiser Friedrich II., das heidnische Prussenland zu christianisieren. Als Hochmeister des Deutschen Ordens bahnte Hermann von Salza die Eroberung, die Bekehrung und die Besiedelung an, dazu führte er Verhandlungen mit dem Herzog Konrad von Masowien und der Kurie in Rom, mit Dänemark und mit der Stadt Lübeck.

Kaiser Friedrich II. erhob im gleichen Jahr 1226 Lübeck zur Reichsstadt und 1226/27 gelang der endgültige Sieg über die Dänen. Damit wurde Lübeck zum Ausfallstor des westdeutschen Handels, die Ostsee wurde zum Deutschen Meer und Lübeck stieg zur Führerin der Hanse auf.

Das Land und seine Völker an den nordöstlichen Gestaden der Ostsee traten in das Blickfeld europäischer Geschichtsschreibung, als sie vom Westen her "aufgesegelt", gewissermaßen entdeckt wurden. Es waren deutsche Fernkaufleute aus Bremen die 1158 in diese Gewässer einfuhren und Kaufleute aus Lübeck, die nach Einrichtung eines Stützpunktes in Visby auf Gotland ihre Handelsbeziehungen auf die Völkerschaften an der Ostsee und bis in den russischen Raum auszudehnen und auszubauen begannen. Sie durchfuhren den Rigaischen Meerbusen und landeten zuerst an der Mündung der Düna.

Die Kaufleute wurden anfangs von den Liven angegriffen, da sie für brandschatzende dänische Seeräuber gehalten wurden. Nach längerem Kampf stellten sie fest, daß die Kauffahrer keine "Danos sibi tunc temporis inimicissimos" - also keine den Liven damals äußerst feindliche Dänen waren. Sie gelobten einander Frieden durch einen Schwur bei der heiligen Weide, und die Kaufleute konnten ungehindert ihren Geschäften nachgehen. Sehr rasch blühte der Handelsaustausch.

Kleine Geschenke erhielten die Freundschaft, in dem berühmten Gedicht aus Alnpeks Livländischer Reimchronik klang dies so: "Beide, mehte und win die Kauflüte schenketen do den Heiden und waren vro."

Diese Verbindung festigte sich sehr schnell und wurde noch erweitert, denn die Düna bot einen bequemen Handelsweg ins Landesinnere. Nach zwanzig Jahren guter Beziehungen hatten die Kaufleute als ersten Geistlichen den Augustinermönch Meinhard aus dem holsteinischen Kloster Sigeberg - Segeberg - mitgenommen, der als erster Glaubensmann seinen Fuß auf dieses Land setzte. Von dem Fürsten Wladimir von Polocz, an der mittleren Düna, hatte Meinhard die Erlaubnis in seinem Fürstentum zu predigen. Es gelang ihm auch eine große Gruppe Livländer zur Annahme der Taufe zu bewegen.

Auf einem Hügel oberhalb der Düna in Ykeskola - Üxküll - hatten die Kaufleute einen Stapelplatz errichtet, hier baute der offensichtlich milde und menschenfreundliche Missionar Meinhard, ein Mann von ehrwürdiger Weißhaarigkeit", so der Chronist Heinrich von Lettland, eine erste Kirche im Jahre 1184 und 1188 eine steinerne Burg. Darin konnte er sich mit seinen christianisierten Liven schützen. Es waren die ersten Steinbauten in Livland und Handwerker aus Gotland leiteten die Arbeiten.

Im nächsten Winter fielen Litauer, die noch keine Christen waren, und Russen nach Livland ein. Die Feinde konnten von Meinhard mit den Getauften zurückgeschlagen werden. Die Liven ließen sich anstandslos von Meinhard taufen, sprangen danach aber in den Fluß und hatten sich dann wieder die christliche Initiation abgewaschen. Meinhard reiste, begleitet von einem hochgestellten getauften Livländer mit Namen Kaupo, der auf der Burg von Kubbesele saß und Stammesältester der Liven war, nach Bremen. Von dort begab sich Meinhard, wie berichtet wird, nach Rom, um dem Papst Coelestin III. Bericht zu erstatten und wie seine beiden Märtyrer-Vorgänger in Preußen, Adalbert und Bruno, ließ der Papst ihn durch Erzbischof Hartwig von Bremen zum Bischof der neuen Livländischen Kirche weihen.

Als Meinhard in seiner neuen Würde als Bischof zu seinem Bischofssitz Üxküll zurückkam, war die Mehrzahl seiner Anhänger wieder in ihren alten heidnischen Glauben zurückgefallen. Sie wollten ihn vertreiben, nur wenige begrüßten ihn freudig. Bald gewann Meinhard das Vertrauen der von ihm getauften Liven zurück. Doch wenig später war plötzlich wieder die alte Unversöhnlichkeit aufgebrochen und Meinhard berief eine Versammlung nach Üxküll ein, doch keiner der geladenen Gäste kam. Im Gegenteil wurde Meinhard in seiner Burg eingeschlossen. Nur dem entschlossenen Ausbruchsversuch seines Gehilfen Dieterich gelang es, vom Papst Coelestin III. Hilfe zu erlangen. Noch bevor Hilfe eintreffen konnte, starb Meinhard 1196, zehn Jahre seit seiner Bischofsweihe hatte Livland einen guten Hirten gehabt; diejenigen, die ihm folgten, waren weniger sanftmütig.

Meinhard war noch ein weiterer Gottesmann gefolgt, ein Zisterziensermönch namens Theoderich. Ein vergleichsweise noch junger Mensch von etwa dreißig bis vierzig Jahren, ein furchtloser Missionar, begabt mit diplomatischem Geschick und immensem Fleiß, der mehrfach sein Leben aufs Spiel setzte. Wie zum

Beispiel 1188, als den Liven die Ernte verregnet worden war und sie den Theoderich von Treiden – so genannt nach einigen Äkkern, die er in Treiden gekauft hatte – den Göttern opfern wollten, weil Theoderichs Felder trotz aller Nässe bessere Ernte brachte. Ein Pferd wird als Orakel befragt. Das Tier rettet den Mönch aus höchster Lebensgefahr, weil es zweimal den richtigen Fuß vorsetzte.

Theoderich, der spätere Gründer des Schwertbrüderordens, konnte sich am Ende nur Hals über Kopf durch Flucht retten. Noch am Sterbelager hatte Meinhard die Ältesten unter den Liven versammelt und gefragt, ob sie sich einen Nachfolger für ihn wünschen, sie sagten treuherzig ja. Vielleicht haben die Liven ihren Missionar nicht geliebt; eine gewisse Achtung haben sie ihm entgegengebracht.

Nach dem Tode ihres Bischofs sandten die zu ihm haltenden bekehrten Liven eine Botschaft an den Erzbischof von Bremen und baten um die Entsendung eines Nachfolgers. Nur wenige Monate darauf traf Abt Berthold aus dem Zisterzienserkloster Lucca in Niedersachsen als Nachfolger Meinhards an dessen Stelle als Bischof von Livland ein. Als Berthold gerade seine Bekehrungsarbeit begonnen hatte, beschlossen die Vorkämpfer des alten heidnischen Glaubens seine Ermordung. Diese sollte am Tage der Weihe des Kirchhofs von Holm erfolgen. Die Frage war nur, ob man ihn in der Kirche verbrennen oder in der Düna ersäufen sollte.

Von einem Bekehrten gewarnt, eilte Bischof Berthold zu einem bereit liegenden Schiff und fuhr nach Gotland, von dort aus nach Bremen zurück. Berthold hält nur wenig von der Güte seines Vorgängers Meinhard und nachdem Papst Coelestin III. befahl, unter Verkündung des Sündenerlasses das Kreuz gegen die heidnischen Liven zu predigen, will Berthold nicht als Märtyrer nach Livland zurückgehen, sondern als Kreuzfahrer. Diese Heerfahrt nach Livland sollte ebensoviel gelten wie eine Pilgerfahrt zum Grabe Christi nach Jerusalem.

Von der Pilgerfahrt kehren nur wenige mit dem Sündenerlaß zurück, vielleicht ist der Zug nach Livland leichter zu überleben, so melden sich aufgrund der Predigten aus Sachsen, Westfalen, Friesland und anderen Gegenden Deutschlands große Scharen an Kämpfern gegen die Liven. Etwa tausend Mann kommen zusammen, in Lübeck trifft man sich, von hier aus segelt man ostwärts und erreicht im Frühsommer 1198 die Gestade der Düna. Die Schiffe fahren die Düna aufwärts bis zum Berge Righe, wo später die Stadt Riga errichtet werden sollte. Dort ließen sie die Schiffe unter Bewachung zurück, denn die mächtigen Koggen haben starken Tiefgang, zu starken, um bis zu der Insel inmitten des Flusses zu gelangen, wo die Burg Holm-Kirchholm in der Mitte der Düna stand.

Zuerst wurde mit Worten gefochten. Als schließlich aber mehrere Pilgerbrüder bei der Suche nach Futter für die Pferde erschlagen wurden, schickte Berthold den Livländern das Friedenszeichen zurück.

Tabula moderna Germaniae (Ausschnitt)

Am 24. Juli 1198 kommt es zum Kampf, die Schwerter fliegen aus der Scheide, es gibt kein Halten mehr und die berittenen Deutschen siegten. Doch da ging des Bischofs Schlachtroß durch, unversehens findet sich der Glaubensbote Berthold inmitten seiner Feinde wieder. Das war dann auch sein Ende, zwei Liven ergriffen ihn, während ein dritter ihm von hinten die Lanze in den Rücken stieß und die Christenheit war um einen Märtyrer reicher – um einen unfreiwilligen wahrscheinlich, obgleich der Chronist Arnold von Lübeck beobachtet haben will, wie der Würdenträger vor Sehnsucht nach dem Opfertod glühte.

Als die Kreuzritter auf Bertholds Leiche stießen, schwuren sie Rache, zündeten alle Hütten an und setzten selbst das reifende Getreide in Brand. Nun hatten die Liven genug und luden zu Friedensverhandlungen nach Holm ein. Fünfzig nahmen dort die Taufe und in Ykeskola folgten weitere hundert Liven ihren Edlen.

Die Liven hatten die Schlacht verloren. Gleichwohl galt der Kreuzzug als gescheitert, weil der Anführer der Christen dabei zu Tode gekommen war. Als die Kreuzbrüder dieses Land verließen, war es bald wieder vorbei mit der dortigen Ruhe. Die im Land lebenden Christen wurden gefangengenommen und mißhandelt, ihre Häuser geplündert, die Pferde und alles Vieh geraubt. Die Geistlichen flohen von Ykeskola in die Burg von Holm.

In der Fastenzeit 1199 beschlossen dann die Liven, sich vom Joch des fremden Glaubens endgültig zu befreien. Sie gaben den Geistlichen eine letzte Chance, bis Ostern das Land zu verlassen. Danach, so machten sie klar, seien sie alle des Todes.

Das einzige deutsche Handelsschiff, das den Winter über in Livland festgemacht hatte, nahm die Gottesmänner an Bord und sie flohen nach Deutschland. Die reichen Kaufleute mußten sich Leben und Weiterarbeit teuer erkaufen. Die wenigen Christen in Livland baten um Entsendung eines neuen Bischofs. So berichten die vielen Chronisten, die allesamt aus Deutschland kamen, wo man keine Glaubensprobleme hatte. Man stritt sich lediglich darum, wer die deutsche Krone tragen sollte. Es standen Schwaben gegen Welfen, der Staufer Philipp gegen den Welfen Otto. Die deutsche Krone und mit ihr die Berechtigung die Kaiserkrone der Römer zu tragen, war von den rheinischen Franken, über die Sachsen und die mittelrheinischen Salier an die süddeutschen Staufer gegangen. Die Welfen, die in Sachsen und Schwaben gleichsam zu Hause waren, noch dazu mit den Staufern verwandt, stritten sich um die Krone und um die Führung im Reich. Man war wieder rundherum mit sich selbst beschäftigt.

Wenn Aktivitäten geweckt werden sollen, den Liven das Christentum zu vermitteln, so können sie nur wieder vom Norden kommen, vom Erzbistum Bremen-Hamburg. Von hier aus war das Christentum bereits nach Skandinavien verpflanzt worden, und weiter bis nach Grönland.

Die einzige Möglichkeit von den Naturvölkern, wie den Liven, zu erfahren, was sie denken und wollen - sie müssen lesen und schreiben lernen. Die Mönche könnten ihnen dies vermitteln. Selbst deutsche Fürsten können nicht alle lesen und schreiben, die Mönche tun es für sie, die Schreibstuben sind voll von ihnen und die Berater und Kanzler des Reichs sind allesamt Äbte und Bischöfe.

Wie wollte man den Heiden dies vermitteln, wenn sie nicht von ihren grausamen Riten lassen wollten. Mit Heidentum verbanden sich damals schreckliche Vorstellungen und die norddeutschen Sachsen hatten aus ihrer direkten Nachbarschaft mit den östlich der Elbe lebenden slawischen Heiden schon genügend erlebt. Die heidnischen Balten waren umgeben von christlichen Völkern, im Süden den Polen, im Osten den Russen und die Skandinavier hatten schon Stützpunkte an der baltischen Küste, als sie noch Heiden waren.

Meinhard, der Mönch aus dem Augustinerkloster, hatte es mit brüderlicher Güte versucht und war gescheitert. Sein Nachfolger Berthold, ein Zisterziensermönch, versuchte es mit dem Schwert, die Heiden zur Vernunft zu bringen, er bezahlte dies mit dem Tode. Da war im Gefolge Meinhards ein Zisterziensermönch, Theoderich. Er hatte die Schmach seiner Flucht aus Livland nicht vergessen können.

Die Zisterzienser waren ein Erneuerungsorden der Benediktiner und nahmen ihren Ausgang zu Ende des 11. Jahrhunderts in Frankreich unter Robert von Molesme. Mit Bernhard von Clairvaux nahm der Orden in Frankreich, England und Deutschland einen kräftigen Aufschwung, besonders durch die Kreuzzugsidee. Anfangs des 14. Jahrhunderts gab es 400 Zisterzienserklöster und vor der Reformation sogar 900 Abteien. Die Zisterzienser stellten zwei Päpste, 44 Kardinäle und 580 Bischöfe.

Östlich der Elbe bis hin zu dem polnischen Königreich waren, besonders in Brandenburg, viele Zisterzienserklöster gegründet worden. Der pommersche Herzog gründete das berühmte Kloster Oliva bei Danzig, das er 1178 direkt vor die Nase der heidnischen Preußen setzte.

Einen wichtigen Grund gab es für die Ausbreitung von Zisterzienserklöster überall in den niederen Landen an der Ostsee. Während die Benediktiner ihre Klöster aus Gründen der Verteidigung auf Bergeshöhen bauten, gingen die Zisterzienser in die Niederungen. Die Ordensgründer verlangten Hygiene von ihren

Klosterbrüdern und so kam es, daß die Mönche ihre Klöster an fließenden Wässern errichteten. Dieses Wasser gab es auch in Livland zur Genüge, so gründete der obengenannte Zisterziensermönch Theoderich das erste Kloster an der Düna. Dies geschah um 1208 an der Dünamündung, das Kloster hieß daher Dünamünde und wurde dem heiligen Nikolaus geweiht.

Das Problem war nur die Sicherheit und da entstand ein streitbarer Orden - aus Kreuzbrüdern wurden Schwertbrüder und bei der Schaffung des Schwertbrüderordens war unser Theoderich beteiligt. Doch die Entwicklung nahm erst Gestalt an nach Ernennung eines neuen Bischofs für Livland. Im Jahre 1199 weihte der Erzbischof Hartwig von Bremen den Domherrn seines Stiftes, Albert von Apeldern, zum neuen Bischof von Livland. Albert gelang es für die Präsenz der Stärke in Livland, diesem "heidnischen" Lande, die Großen der Welt, Könige, Kaiser und Fürsten zu gewinnen. Albert schuf das Missionswerk in Livland, da er diplomatisches Geschick besaß, mit ausdauernder Gesundheit und Energie gesegnet war und zum Unterschied zu seinen Vorgängern noch dreißig Jahre lang wirken konnte.

DER SCHWERTBRÜDERORDEN

Bischof Albert und die Fratres militiae Christi

Als 1199 die gottlosen Heiden es wagten, sämtliche Priester aus dem Lande zu jagen, bestimmte der Bremer Erzbischof Hartwig den Domherrn Albert zum Bischof von Livland und beauftragte ihn, das Land in den Schoß Christi zurückzuholen.

Die Christianisierung des Gebietes der Balten, das letzte Stück von Heidentum, war inzwischen eine Sache des ganzen Christentums geworden. Bischof Albert fuhr mit dem Schiff nach der Insel Gotland, der Hauptbasis für die wirtschaftliche Erschließung der östlichen Ostsee, dort warteten bereits 500 Kämpfer, die er mit dem Kreuzritter-Emblem auszeichnete. Dann fuhr er zu Dänemarks König Kanut IV., erbat bei ihm, sowie bei Herzog Waldemar und dem skandinavischen Erzbischof Absalon von Lund, Hilfe für seine Unternehmungen. Dann machte er sich auf den Weg nach Magdeburg, dem Ausgangspunkt der Christianisierung des mitteleuropäischen Ostens. In Magdeburg hielt gerade der neugewählte deutsche König Philipp Hof. Es war wieder einmal ein Stauferkönig, der im Reich regierte und nicht mehr im fernen Sizilien.Der König sicherte Bischof Albert die Unversehrtheit sämtlicher Güter und allen Eigentums denen zu, die mit ihm an diesem Kreuzzug teilnahmen, es waren rauhe Zeiten und die Zurückgebliebenen würden sonst gleich über das Eigentum der für das Christentum kämpfenden herfallen. Außerdem sollte allen Beteiligten am Kreuzzug die Sünden vergeben sein, wie es bei einer Pilgerfahrt ins Heilige Land der Fall sein würde.

Inzwischen hatten sich in Bremen eine große Zahl Kreuzfahrer versammelt, zu denen Bischof Albert stieß. Unter ihnen war Graf Konrad von Dortmund, der als junger Ritter mit Albert ziehen wollte, er hatte einige Kriegsgenossen mitgebracht. Graf Konrad stammte aus einer Familie, die immer schon bei Kaiser und Erzbischof Ritterdienste getan hatte. Auch weitere hohe Herren waren bereit den Kampf aufzunehmen, wie der Ritter Herbert von Iburg von Osnabrück.

Auf 23 Schiffen brachen die Kreuzbrüder auf und erreichten ohne Verluste die Mündung der Düna. Von dort zogen sie nach einem großen Gottesdienst in Richtung Holm weiter und dann nach Üxküll. Sie wurden von den Liven angegriffen, doch die Ritter aus Friesland setzten sich mit Gewalt durch. Nun waren die Liven verhandlungsbereit und Bischof Albert ließ bei Righe zum

Gastmahl laden. Die Häuptlinge, die dorthin kamen, wurden in die Verliese geworfen. Der Bischof ließ 30 der bedeutendsten Männer als Geiseln festhalten, die den Frieden verbürgen sollten.

Noch im gleichen Jahr begab sich Bischof Albert nach diesem Erfolg nach Deutschland zurück, um ein neues Heer aus Kreuzbrüdern zu sammeln, um mit ihnen das Erreichte zu sichern und auch die Kurländer und die Litauer zum wahren Glauben zu bringen.

Mit dem Frühling des Jahres 1200 kehrte Bischof Albert mit einer Schar neuer Kreuzbrüder nach Livland zurück. An seiner Seite die Ritter Daniel Vannerow und Konrad von Meyendorf, die er mit den Burgen Lennewarden und Ykeskola belehnte. Als diese Verstärkung in Livland angekommen war, boten die Kurländer und Litauer freiwillig den dauernden Frieden an.

An der Stelle, wo die ersten Schiffe ankerten, wo der Rigabach in die Düna mündet, baut Bischof Albert den Ankerplatz zum Hafen aus und dort entsteht auch das Hauptquartier. Hierher verlegt er auch den Bischofssitz, der sich vorher in Üxküll befand. Riga war damit gegründet und man schrieb das Jahr 1201. Der Punkt, an dem Riga entstand, soll dort gewesen sein, wo heute der "Alberta laukums", der Albertsplatz, sich befindet.

Albert ging daran zwei Klöster zu gründen. Das eine war das Kloster Dünamünde, für welches er den alten Gottesmann aus dem Gefolge Meinhards, Theoderich von Treiden, zum ersten Abt und außerdem zu seinem Stellvertreter, bestellte. Ein Jahr später gründet der rührige Theoderich den Orden der Schwertbrüder, damit die noch folgenden christlichen Aktivitäten nicht des militärischen Schutzes entbehren müssen.

Bischof Albert hatte die Gründung des Ordens durch den Zisterziensermönch Theoderich begünstigt. Er hatte schon früher einen Plan für die Stiftung eines geistlichen Ritterordens gehabt. Die Stiftung geistlicher Ritterorden im Heiligen Land hatte ihn zu dieser Idee angeregt. Nach den Regeln dieser Orden wollte er seine Stiftung errichten. Der Papst hatte ihn schon bei seinem letzten Aufenthalt in Rom angeraten, die Regeln und Gesetze der Templer zu übernehmen.

Hierzu weiß Alnpeks Reim-Chronik in Versen zu berichten:
"Sint die lantsin also gestelt;
Stifte ein geistliches Leben.
Nach dem templi us gegeben,
Die gotes ritter heisen da."

Bischof Albert nannte den Orden "Brüder des Ritterdienstes Christi-Fratres Militiae Christi." Er unterstellte den Orden seiner

Oboedienz. Der Orden war benannt nach seiner Tracht, dem roten Schwert und dem Kreuz auf seinem Mantel, kurz genannt, der Schwertbrüderorden. Ihr Dienst sollte ein dauernder Dienst Christi zur Verbreitung und Erhaltung des Glaubens an den Gekreuzigten und dem Schutz und Verteidigung der Kirche gewidmet sein.

Albert weihte Vinno von Rohrbach, einen erfahrenen Ritter, zum ersten Meister. Zunächst noch gering an Mitgliedern, nahm ihre Gemeinschaft ab 1202 besonders zu, als sich Arnold von Meyendorf, Bernard von Seehausen, Dietrich von Apeldern, der Bruder des Bischofs, und eine Reihe weiterer hochangesehener Ritter in den Orden einschrieben; damit wurde dieser hoffähig.

Die Zahl der Ritter war 1205 bereits bedeutend gewachsen, als die Liven noch einmal versuchten, die Ritter aus Livland zu vertreiben. Sie hatten bisher Hilfe bekommen von den baltischen Kuren und Litauern, nun aber hatten sie einen Verbündeten aus dem Osten, den Fürsten von Polozk. Die Fürsten von Nowgorod und Polozk waren Herrscher von Teilen des ehemals mächtigen Kiewer Reiches, sie waren schon lange Christen. Hier sahen sie sich durch die Ostexpansion der Christianisierung in ihrem weiteren Machtbereich begrenzt. Dies war der Beginn einer Ost- West-Auseinandersetzung, bei der die Baltenstaaten in der Mitte wechselseitige Herrschaft dulden mußten.

Nach kriegerisch bewegten Jahren, in denen auch die Russen und Litauer gegen den Brückenkopf zu Felde zogen, unterwarfen sich die Liven endgültig und ließen sich taufen.

Bischof Albert I. von Buxhoeveden, aus dem bremischen Geschlecht der Bekeshovede, hatte es mit der den Friesen eigenen Beharrlichkeit geschafft, die Liven und Letten zu einem christlichen Volk zu machen. Noch um 1160 eine unsichere Handelsniederlassung der lübeckischen Kaufleute, war an der Dünamündung Dank der äußerst erfolgreichen missionarischen, das heißt auch kriegerischen Tätigkeit Alberts, Riga entstanden. Riga wuchs schnell zum Zentrum eines Ordensstaates, den der Orden erobernd schuf.

Den Gotteskriegern folgten auf dem Fuße die Kaufleute der Hanse, die Alberts Flotte aus naheliegenden Gründen finanziert hatten, und bauten Riga zum wichtigsten Handelsplatz in der östlichen Ostsee aus. Den unliebsamen Konkurrenten, den Handelshafen an der Semgaller Aa, schalten Klerus und Kaufleute gemeinsam aus, indem sie seine Sperrung mit Hilfe ihres Lobbyisten Dietrich von Treiden in Rom päpstlich absegnen lassen. Wer dennoch wagen sollte den Semgaller Hafen anzulaufen, dem drohen die Rigaer per Dekret Tod und Beschlagnahme der Waren an.

Der Handel mit dem litauischen und russischen Hinterland florierte und gipfelte 1282 im Beitritt Rigas zur Hanse. Handel und Verwaltung befinden sich fest in deutscher Hand und so soll es auch über Jahrhunderte hinweg bleiben. Die erfolgreichen Kaufleute verkörpern die weltliche Macht und formierten sich in der Großen und Kleinen Gilde.

Die göttliche Macht formierte sich im Bischof, im Domkapitel und im Schwertbrüderorden, dem auch die militärische Macht obliegt. Der Orden errichtet in den eroberten Gebieten die Burg Segebold und die Burg Wenden entlang des Gauja-Flusses nach Nordosten. Wenden erstmals 1206 urkundlich bekannt, war an der strategisch wichtigen Handelsstraße von Riga nach Dorpat gelegen und wurde vom Ordensmeister Vinno als Hauptsitz des Schwertbrüderordens bestimmt, was noch bis ins 16. Jahrhundert so blieb. 1209 wurde in Wenden die Burg errichtet, die Wohnsitz des Meisters Vinno wurde, der allerdings den Großteil seines Lebens in Riga verbrachte. Ordens-Komtur wurde Ritter Bertold in der Burg Wenden.

Bald kommt es zwischen den drei Machtzentren in Riga zu Konflikten, der Orden stellte 1207 die Forderung auf nach dem Besitz der Hälfte aller bisherigen und zukünftigen Eroberungen für den Orden, die sie dann auf die Forderung nach einem Drittel reduzierten. Nachdem Rechtstitel vom Kaiser und Papst vergeben wurden und es im Reich zu allem Unglück zwei deutsche Könige gab, die sich um die Macht stritten, übertrug sich dieser Streit auch nach Livland.

Vor seinem Zug nach Livland war Bischof Albert in Magdeburg gewesen, in der Stadt des großen Sachsenkaisers Otto, dessen besondere Bedeutung durch das Magdeburger Recht begründet war, das Magdeburg an alle im Osten christianisierten Städte übertragen hatte, bis hin über die Elbe nach Polen, Kiew und nach Rußland. So wie die Hansestädte an der Ostsee Lübeckisches Recht übernahmen und der Deutsche Orden später von Preußen aus das Kulmische Recht verbreitete, und jeder dabei seinen Einfluß ausübte. König Philipp hatte Albert bei seinem Zug nach Livland während des königlichen Hoftages in Magdeburg Hilfe zugesagt und diese Hilfe führte schließlich zum Erfolg.

Andererseits war dem schwäbisch-staufischen Philipp aus Süddeutschland in dem Gegenkönig Otto IV. als Gegner ein norddeutscher Welfe gegenüber gestanden. Von den drei Kurfürsten auf dem Erzbischofsstuhl in Mainz, Trier und Köln, war der letzte, zugleich der nördlichste für die Wahl Ottos, des Sohnes von Heinrich dem Löwen, einem bedeutenden Fürsten der Ostkolonisation und Gründer Lübecks. So wollte sich natürlich auch König Otto für den Bischof Albert in Livland verwenden und stellte ihm eine Urkunde aus, wonach dem Bischof das gesamte Land als rechtsmäßigen Besitz der Kirche übereignet wird, wie es die Könige vorher bereits in Teilrechten vergeben hatten.

Da Alberts Macht solchermaßen gefestigt war, war er nicht leicht zu Zugeständnissen bereit. Für die rasch steigende Zahl der Ordensritter mußte er den Unterhalt sicherstellen und da reichte das Land nicht mehr aus. Bischof Albert aber, an einer größtmöglichen Zahl von Rittern interessiert, stimmte dem Begehren der Ritter zu, ihnen ein Drittel des Landes zu überlassen. Doch nur des Landes, das der Kaiser ihm mit allen Hoheitsrechten zugesprochen hatte, nicht aber von dem Teil des Landes, das noch zu befrieden galt, das heißt, das noch zu erobern war. So stritt man jahrelang um Rechte des Bischofs und des Ordens. Liven und Esten nördlich von Wenden des christlichen Livlandes, wußten noch gar nichts von ihrem Glück und von der nur wegen des Streites aufgeschobenen Befreiung von ihrem Heidentum.

Die Sache ging also vor den Heiligen Stuhl in Rom und Papst Innozenz III. entschied, daß man nichts verteilen könne, was man noch nicht habe, nämlich Estland. Der Orden möge dem Vorschlag des Bischofs zustimmen. Aus diesen neuen Landesteilen aber soll der Orden ein Viertel des daraus erwirtschafteten Zehnten erhalten, "als Anerkenntnis für den Gehorsam, den der Orden dem Bischof leiste." Daß dieser Zehnte Teil noch nicht erhoben werden konnte, weil dazu noch kein Land erobert worden war, störte niemand.

Man war auch jahrelang mit dem Teilen Livlands beschäftigt, soweit es christlich war. Drei Teile sollten es sein, der Bischof erhielt das Gebiet von Thoreida, die Ordensbrüder wählten für sich den Raum um Saccalanien jenseits des Flusses den sie Goiwa nannten und das Drittel des Domkapitels fiel ebenfalls an den Bischof.

Ordensmeister Vinno wurde in dieser Phase der Auseinandersetzungen plötzlich umgebracht, und die zusammengetretenen Ritter kürten als neuen Meister den Ritter Volquin. Dieser war ein Mann der Redlichkeit und verfügte auch über die nötige Kriegserfahrung, dessen bedurfte auch der Orden. Im gesamten Bereich versuchten die Nichtchristen die Ritter zu vertreiben. Alle umwohnenden Völker verbanden sich untereinander in diesem einzigen Bemühen: Die restlichen Livländer mit den Esten, die Kuren mit den Litauern und die Semgallen mit den Russen. Einmal griffen sie Riga an, dann wieder andere Burgen des Ordens. Heinrich von Lettland, der Chronist, berichtet darüber in seinen Schriften 1209: "So sehr sich auch sonst diese Völker bekriegten, in dem Gedanken an die Vernichtung der deutschen Herrschaft waren sie alle eines Sinnes und Willens."

Der Streit zwischen dem Bischof und dem Orden um den Besitz dieses Landes wurde endlich 1210 in Rom entschieden, als sich diese dem Richterspruch des Papstes Innozenz III. stellten: "Die Brüder des Ritterdienstes Christi erhalten den dritten Teil Livlands und Lettlands vom Bischof zugeteilt und sind ihm dafür zu keinem anderen Dienst verpflichtet als jenem, der zur Verteidigung des Landes und der Kirche notwendig ist. Der jeweilige Ordensmeister bleibt dem Bischof von Riga zum Gehorsam verpflichtet. Die Ordensritter sind von der Leistung des Zehnten der Erstlinge, des Opfergeldes und der jährlichen Zeichen ihres Gehorsams freigestellt. Nur die Bauern des Ordensgebietes liefern von ihrem Einkommen den Zehnten an die Kirche ab. Der Orden erhält das Recht, dem Bischof von Riga zur Besetzung der Kirchenämter geeignete Personen vorzuschlagen, damit dieser sie zur Seelsorge einweist.

Von allen übrigen Landen, die der Orden außerhalb von Livland und Lettland in Zukunft erwirbt, ist er dem Bischof keine Rechenschaft schuldig. Dieser darf die Ordensritter, was dies betrifft, in keiner Weise belästigen. Nur mit den dort zu wählenden Bischöfen soll sich der Orden verständigen und sich daran halten, was der apostolische Stuhl darüber anordnet. An Form und Regeln des Templerordens sollen sich die Ordenbrüder nach wie vor halten. Sie sollen aber auf ihrem Ordenskleid ein anderes Zeichen tragen, um darzutun, daß sie dem Templerorden in keiner Weise unterworfen sind."

Dies war für die Ordensbrüder eine günstige Entscheidung, die aufzeigte, daß der Papst ihnen wohlgesonnen war. Der Papst beschäftigte sich zu dieser Zeit eingehend mit dem Problem der heidnischen Balten, besonders der Preußen. Die Heiden überfielen immer wieder ihre Nachbarn, 1201 begannen in starkem Maße die Raubzüge der Litauer. Bis 1236 zählte man vierzig Überfälle auf die Nachbarn und zwar viermal drangen sie in Polen ein, vierzehn Mal ins Land der Rus und zweiundzwanzig Mal überfielen sie die Stammesgebiete der mit ihnen verwandten Letten.

Als der Papst im Jahre 1210 den livländischen Streitparteien seine Entscheidung verkündete, war auch ein Mönch aus dem Zisterzienserkloster in Oliva bei Danzig, in Rom anwesend. Er hatte den Preußen das Evangelium gepredigt, nicht von Polen aus, dies war den Heiden verhaßt, sondern von Pommern aus warb der Gottesmann mit Erfolg bei den Preußen. Er hatte Erfolg, denn Christian, so hieß dieser Mönch, sprach nicht nur Deutsch und Lateinisch, sondern auch Polnisch und Prussisch. Wegen dieser

Erfolge in milder Manier den Heiden den Glauben an Jesus Christus deutlich zu machen, wurde Christian von Papst Innozenz III. zum Bischof erhoben. Christian hatte es geschafft, zwei prussische Fürsten, die sich taufen ließen, mit nach Rom mitzubringen.

Soviel Zartgefühl hatten die livländischen Ordensbrüder nicht, konnten sie auch nicht haben, bei den bisherigen schlechten Erfahrungen mit ihren livländischen Glaubensschäflein. Der Papst hatte bei der Schlichtung des Streites in Riga dem Schwertbrüderorden seine Sympathie offeriert, wie er es bei dem späteren Bischof Christian tat, so kam wieder Leben in den Orden. Der Bischof Albert erhielt als Trostpflaster die Genehmigung, weiter Kreuzpredigten zu halten, um den Strom der Kreuzfahrer nach Livland nicht abreißen zu lassen.

Der Papst gab Albert drei Bischöfe mit auf den Weg, Philipp von Ratzeburg, Yso von Verden und Bernhard von Paderborn. Einen Ritter Bernhard von der Lippe konnte Bischof Albert noch zum mitgehen bewegen, einen Heerführer des Herzogs Heinrich der Löwe, der sich in ein Zisterzienserkloster zurückgezogen hatte, ritt ebenfalls mit und Hemold von Plesse und eine Reihe von Ritter schlossen sich der Gruppe an. Die Bischöfe hatten die Aufgabe die Landesteilung zu kontrollieren und den Teil, der dem Orden zufiel, genau festzulegen. Dies geschah im Jahre 1211, daß damit der interne Streitpunkt geregelt war.

Im Reich war die Zeit nicht stehen geblieben, die Stauferzeit war eine Zeit der hohen Ideale und von rauher Gewalt. Als der erste Ordensmeister Vinno in Riga 1208 ermordet wurde, ereilte den Stauferkönig Philipp von Schwaben das gleiche Schicksal. Es geschah aus reiner Eifersucht, denn die bedeutendste Dynastie war die der Herzöge von Bayern, die Wittelsbacher, im Süden des Reichs und Pfalzgraf Otto von der Stammburg der Wittelsbacher, in der Nähe der schwäbisch-bayrischen Hauptstadt Augsburg, machte sich Hoffnungen auf die Tochter des Königs Philipp von Schwaben. Philipp zog es vor, dem böhmischen Herzog Wenzel seine Tochter zu geben, wodurch Böhmen zum Königtum erhöht wurde, dessen Sohn König Ottokar II. hatte auf dem Kreuzzug in Preußen die heidnischen Samländer unterworfen, eine späte Rache für die Ermordung des böhmischen heiligen Adalbert im Samland. Bei dieser Gelegenheit gründete Ottokar 1255 Königsberg in Preußen.

Der bayerische Pfalzgraf Otto sühnte die Erniedrigung mit rauher Gewalt und brachte König Philipp um, er mußte auch mit dem Tode büßen, doch er konnte nicht anders in dieser rauhen Zeit. Auch heute noch ist der Bayer offen und direkt, nur umgebracht wird heute niemand mehr. Als nächster Staufer folgte Friedrich II., doch er war erst vierzehn Jahre alt, hatte also noch vier Jahre Zeit bis zur Volljährigkeit und der Regierungsübernahme im Jahre 1212. Er versöhnte seine Stauferdynastie wieder mit den Bayern, indem sein Sohn, König Konrad, eine bayerische Herzogstochter heiratete.

Der Welfenkönig Otto IV. hatte so einige ungestörte Jahre zur Verfügung, um sich mit Urkunden und Taten in die Geschichte einzuschreiben. Die Bayern hinderten ihn nicht, mit den Welfen bestanden auch verwandschaftliche Bande, denn sein Vater Heinrich der Löwe war auch Herzog von Bayern gewesen und er hatte 1180 die bayerische Landeshauptstadt, München, gegründet.

König Otto IV., der 1209 die Kaiserkrone erlangen konnte, wurde nach dem Richterspruch des Papstes und der Regelung der Besitzstände zwischen dem Schwertbrüderorden und dem Rigaer Bischof Albert, aktiv und nahm den Orden unter seinen persönlichen Schutz. Wer nun den Orden bedrohte, mußte mit der kaiserlichen Intervention rechnen. Dies geschah im Jahre 1211 und im gleichen Jahr machten sich die Ordensritter auf den Weg nach Norden.

Es ist nicht gesichert, woher die Schwertbrüder wußten, daß geradewegs im Norden die Estenburg Viljandi lag. Der fleißige arabische Geograph Al-Idrisi am Hofe von Sizilien hatte unter anderen auch diesen Ort in seine Karte eingetragen. Dies war im Jahre 1154 und nun regierte als Erbe des sizilianischen Reiches in Palermo der junge Staufer Friedrich II., der 1212 zum deutschen König gekrönt wurde. Vielleicht sahen die Ritterbrüder die Burg einfach so am Wege stehen oder erhielten sie doch Informationen, da sie auch zielsicher auf die Burg Tarbatu im Nordosten hinzogen.

Die erfolgsgewohnten Ritter konnten die Estenburg nicht sogleich überrennen. Vier Jahre lang hielten sich die Esten in der Burg, dann erst gelang es 1215 die Burg zu erobern. Nachdem die Burg Viljandi wieder an die Esten verloren gegangen war, gelangte sie erst 1223 endgültig in die Hände der Christen und sie blieb es dann bis im 16. Jahrhundert die Russen kamen, die danach von den Polen und Schweden abgelöst wurden.

Zur gleichen Zeit, im Jahre 1211, erreichte das deutsche Ritterheer die Gegend von Dorpat. Dorpat sollte erst später durch den Orden gegründet werden, doch es befand sich an der Stelle eine Burg, "Tarbatu" genannt, und die gelang es den Ordensrittern anzuzünden, jedoch nicht einzunehmen. Außerdem ist bereits ein neuer Besitzer in diesem östlichen Estenland. Schon im Jahre 1030 taucht der Ort in die geschriebene Geschichte ein im Zusammenhang mit dem Kiewer Fürsten Jaroslaw dem Klugen, der hier siegreich focht. Dieser christliche Fürst in Nowgorod, war der Sohn des großen Wladimir in Kiew, der dem Kiewer Reich das Christentum brachte und daher der Heilige genannt wurde. Nach dem Tode seines Vaters konnte Jaroslaw das Fürstentum Nowgorod mit dem Kiewer Reich wieder vereinigen, weshalb er im Jahre 1036 nach Kiew zog und Estland hatte für einige Zeit Ruhe.

Doch die Gegend blieb im Einflußbereich des Reichs der Rus, und die Eroberer aus dem Osten hatten zur Absicherung ihres neuen Besitzes die Burg Jurjew errichtet. Jaroslaw, den man den Weisen nannte, ging es um den Einflußbereich, nicht darum, die Heiden unglücklich zu machen. Ein polnischer Schriftsteller schrieb dazu: Janus hatte zwei Gesichter. Swiatowid, der Gott der Slawen, vier. Und es gab Götzen, die noch vielgesichtiger waren. Was besagt, wie kompliziert die Lage der jeweiligen Gesellschaftsordnung, wie hier die der Esten, war.

Bei dem Heerzug 1213 gegen die Esten, von Bischof Philipp von Ratzeburg bereits 1213 angeführt, ging es daher um das eine Angesicht des Dreieinigen Gottes, um das Angesicht des lebendigen

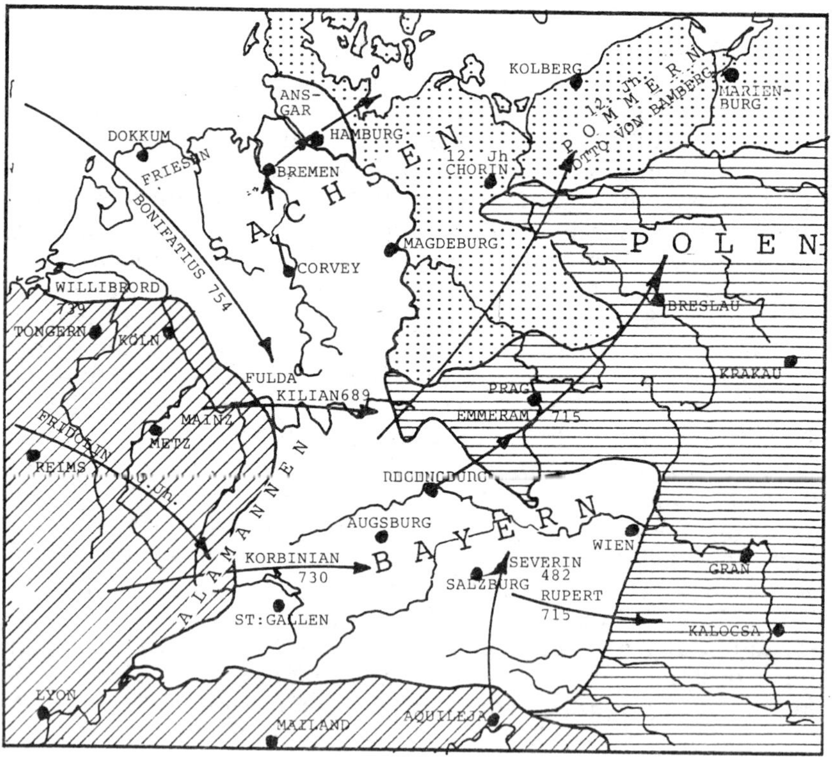

Die Christianisierung Deutschlands

Gottes Jesu Christ. Es fand sich gegen die fremden Eindringlinge das gesamte estnische Volk zum Kampf bereit. Jahrelang sprachen die Waffen ihren tödlichen Dialog, ein großer Teil des Landes wurde verheert, denn bei den beiden Gruppen ging es um Christus oder Tharapilla, dem obersten estnischen Gott. Diese Auseinandersetzung zwischen den russischen Verteidigern und ihren estnischen Verbündeten sowie dem angreifenden Orden mit den livischen Hilfstruppen, war das erste Zusammentreffen in dieser Kombination und daher ein bedeutendes geschichtliches Datum.

Nur vorübergehend konnten die Burgen der Esten in Fellin-Viljandi und Dorpat-Tartu erobert werden, doch die Esten waren zu stark. Erst als Adolf von Orlamünde 1216 mit einem Kreuzfahrerheer in Livland eintraf und mit dem Landmeister der Schwertbrüder von Livland, Volquin, gemeinsam die Esten in der blutigen Schlacht bei Fellin besiegte, konnte 1217 Frieden geschlossen werden. Die Esten gelobten ewigen Gehorsam und das Land schien befriedet, nicht an der Front im östlichen Dorpat.

Nach dem Abzug der Truppen des christlichen Heeres, verbanden sich die Esten mit Fürst Mstislaw von Nowgorod und einigen anderen kleinen Fürsten. Die Lage wurde bedenklich für den ganzen Schwertritterorden in Livland, denn die Verstärkungen aus dem Reich blieben aus. Wo war auch eine Motivierung für die Ritter im Reich, denn die Esten wollten partout nicht das Christentum, und alle Esten erschlagen, paßte das in das Bild eines christlichen Ritters? Es paßte, wie wir später erleben konnten und diejenigen die sich für bessere Christen hielten und dieses Vorgehen verdammten, wie der allerchristlichste König der Schweden, Gustav Adolf, evangelisch-lutherisch seines Zeichens, betete frühmorgens inbrünstig zu Jesus Christus, um dann Tod und Verderben durch ganz Deutschland zu bringen. Er kam bis in die bayrische Hauptstadt München und führte das Verbrechen der Geiselnahme ein, die heute noch wie ein Volkssport gehandhabt wird.

Vom Welfenkaiser konnte der Orden in Livland nichts erwarten, er hatte selbst Kriege zu bestehen und 1218 starb er. So lag der Kaiser im Braunschweiger Dom, neben seinem Vater Heinrich, dem Löwen, er hatte alles überstanden. Sein Nachfolger Kaiser Friedrich II. war noch jung und verwaltete seine Güter in dem normannisch-sizilianischen Italien. Auch waren die Bußen nicht mehr so streng gehandhabt, die Buße ins Heilige Land zu fahren oder nach Livland, und dort umzukommen. Es hätte im Reich bald keine Fürsten mehr gegeben, denn sie waren alle nur sündige Menschen, und es wurde schlimmer. Gerade in der Staufernachfolge wurden König Konrad und auch sein Sohn in Italien umgebracht, der Habsburger Kaiser brachte seinen Gegenspieler König

Ottokar von Böhmen um, sein Sohn Albrecht brachte den Gegenkönig Adolf von Nassau um und wurde dann selbst von seinem Neffen gemordet. Selbst der bayrische Herzog Ludwig, Vater Kaiser Ludwig dem Bayern, brachte aus Eifersucht seine Maria von Brabant um. Er mußte nicht durch die Hölle des Kreuzzuges sterben oder nach dem gefährlichen Livland, der Papst meinte, eine Klostergründung für die Zisterzienser in der Nähe Münchens, sei genug Bußfertigkeit. So entstand vor den Toren Münchens in Fürstenfeld das Zisterzienserkloster.

Hoffnungslos war es aber für die Zisterzienser und den Schwertbrüderorden in Livland. Bischof Albert besann sich in letzter Stunde auf die Dänen. Er hatte zu Anfang der Missionierung im Baltikum den dänischen König konsultiert. König Waldemar hatte den Bischof zu diesem riskanten Unternehmen in Livland ermutigt – nun muß er dem Bischof helfen.

Die Dänen

Es war 120 Jahre her, daß der heilige dänische König Knud als Märtyrer gestorben war. So ungemein christlich waren die Taten der nachfolgenden dänischen Könige nicht gewesen. Sie hatten die englische Insel unterworfen und wieder verloren. Sie hatten Norwegen und Schweden unterworfen und es ging dann wieder alles in den Thronstreitigkeiten unter, doch der dänische Erzbischof hatte seinen Sitz im südschwedischen Lund.

Schon Waldemar I. war ein harter Krieger der die dänische Reichseinheit wieder herstellte und ging gegen die wendischen Seeräuber vor. Als Heinrich der Löwe von Sachsen aus die Christianisierung und Kolonisierung bei den slawisch-heidnischen Fürsten zwischen Elbe und Oder vorantrieb, hatte sich der dänische König Waldemar beim Kaiser Friedrich Barbarossa Liebkind gemacht. So ging er gegen Heinrich den Löwen mit Zustimmung des Kaisers vor, obwohl Heinrich des Kaisers Vetter war. An der Südküste des Baltischen Meeres eroberte er 1169 die Insel Rügen und sein Sohn setzte diese Eroberungen fort.

Nacheinander eroberte Waldemar II. die wichtigsten Länder und Stützpunkte in Mecklenburg und Pommern, dann aber drang er nach Süden in Holstein, Wagringen und Lauenburg ein. Sein Appetit auf Ländereien hatte keine Grenzen und so marschierte er auch nach Lübeck und Hamburg in das Bistum ein, aus dem Bischof Albert von Livland und viele Schwertbrüder kamen. Wegen der immerwährenden Dänengefahr war der Sitz des Ham-

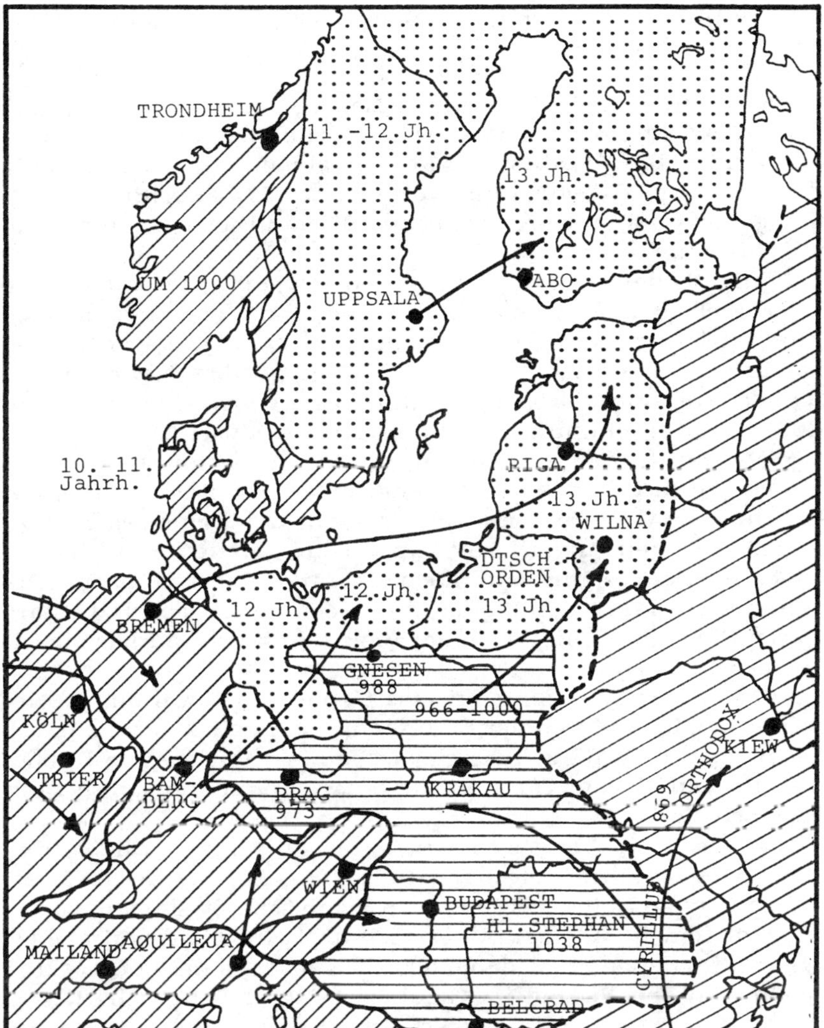

Die Christianisierung Europas

burger Erzbischofs bereits nach dem sicheren Bremen verlegt worden.

In der Not frißt bekanntlich der Teufel Fliegen, man mußte über die Schandtaten der Dänen hinwegsehen, wenn man sie braucht, für eine weitere Schandtat - der Eroberung Estlands. Bischof Albert sandte eine Abordnung zu König Waldemar II. von Dänemark, der Abt Bernhard von Dünamünde, der 1217 zum Bischof von Semgallen ernannt worden war und Bischof Dietrich von Estland angehörten.

König Waldemar versprach im nächsten Jahr mit einem starken Heer nach Estland zu kommen, "sowohl zur Ehre der heiligen Jungfrau Maria als auch der Vergebung der Sünden wegen", wie er beteuerte. Das er dabei mit einem Auge auf Landerwerbungen schielte, war selbstverständlich, ihm fehlten noch ein paar Länder und er war dann unumschränkter Herr der Küsten.

Während die Dänen rüsteten, mußte Ordensmeister Volquin mit seinen Rittern den Ansturm der Esten und Russen unter der Führung des Großfürsten von Nowgorod standhalten. Noch dazu hatten sich den Angreifern Truppen des Fürsten von Pleskow angeschlossen, es ging nun nur noch um das nackte Leben. 1218 konnten sie noch standhalten, die Nachrichten aus Dänemark waren günstig. König Waldemar hielt sein Wort und leistete die versprochene Hilfe.

Im Sommer 1219 fiel er in das Gebiet um Reval ein. In der Begleitung befand sich der Erzbischof von Lund, Andreas. In seiner Begleitung war auch der slawische Fürst Wizlaw und Bischof Dietrich von Estland. Die Flotte hatte sage und schreibe insgesamt 1500 Schiffe.

Die Esten flohen angesichts dieser gewaltigen dänischen Streitmacht auch aus ihrer befestigten Burg. Dann ließen sie sich taufen, so daß bei den Neuangekommenen keine Gefahr gesehen wurde. Dann griffen sie in einem Überraschungsschlag das dänische Lager an. Sie stießen bis zu dem Zelt des estnischen Bischofs vor und erschlugen den Bischof im Glauben, es sei der dänische König. Auch eine Anzahl dänischer Krieger wurden getötet, da sie von dem nächtlichen Handstreich völlig überrascht wurden.

Zuerst gelang es dem Fürsten Wizlaw mit seinen Männern, diesen Feindeinbruch abzuriegeln und die eingedrungenen Esten im Nahkampf niederzumachen. Waldemar war über diese Tücke sehr erbost, ließ nun alles gegen die wortbrüchigen Heiden aufbieten und die Esten wurden vernichtend geschlagen.

Der Kaplan des Königs wurde zum neuen Bischof in Estland erhoben und der neue Bischof Wesselin blieb mit einer starken dänischen Besatzung in Reval, während König Waldemar II. angesichts eines großen Sieges nach Dänemark zurückfuhr. Dänen, Deutsche und die zurückgebliebenen Kreuzritter hatten den Rest des Jahres 1219 genug zu tun den Überfällen der Heiden zu begegnen, die Überwältigten zum Glauben zu bekehren und zu taufen.

König Waldemar schickte wieder seinen Erzbischof von Lund, der behauptete Estland sei dänisch, die Bischöfe die den König gerufen hatten, hätten ihm ganz Estland geschenkt. So kam es natürlich zum Streit, denn Ordensmeister Volquin und der Bischof von Livland traten dem entschieden entgegen, sie erklärten die Schenkung als Fälschung und verwiesen darauf, daß seine Rigaische Kriegsmannschaft unter dem Panier der heiligen Junfrau, Estland unter den Glauben gebracht hätten. Außerdem hätten die Dänen neben Reval sowenig Land in Besitz, da kann man nicht von Estland sprechen.

So dümpelte das Verhältnis zwischen den christlichen Parteien, zwischen Streit und Frieden dahin, dann meldete noch einer Ansprüche an. König Johann von Schweden behauptete Rechte auf Estland zu haben. Er landete bei Rotalien, gewann einige Burgen, seine Geistlichen tauften und bauten Kirchen, doch durch einen einzigen Überfall wurde der Herzog von "Ostgotland", den der schwedische König als Statthalter zurückgelassen hatte, und der Bischof von Linköping aus dem Land gejagt.

Inzwischen kam eine neue Gefahr durch die Russen und Litauer, die 1221 in Livland einfielen und Bischof Albert fand kein Gehör im großen Europa, weder beim Kaiser Friedrich II., der nun erwachsen, seit einem Jahr die Kaiserkrone trug. Er hatte sein Land so großartig geordnet, durch Gesetze und königliche Stützpunkte, sogenannte Pfalzen, daß er dem Papst zu mächtig wurde. Beide stritten gegeneinander und waren so mit sich selbst beschäftigt, daß ein Hilfsgesuch des Bischofs Albert von Livland aus Riga nicht ankam.

Wieder mußte man Hader und Streit mit den Dänen vergessen und König Waldemar II. kam wieder zu Hilfe, landete 1221 mit einer bedeutenden Flotte auf der Insel Ösel und baute auch dort, wie in Reval, eine Burg. Die Bevölkerung wurde unterworfen. Man einigte sich in der Form, daß König Waldemar II. Livland zur Gänze dem Bischof Albert zusprach und in Estland die königlichen Rechte dem Orden zufallen sollten, die geistlichen aber dem Bischof verbleiben. Beide seien aber ihm, Waldemar und seinen Nachfolgern stets zu "getreuen Beistand gegen die Russen und die Ungläubigen verpflichtet."

So geschah es auch, damit war Waldemar der Beherrscher eines Großteils des nordischen Europas geworden. Doch bald wendete sich das Kriegsglück Waldemars II., mit dem Beinamen, der Sieger.

Viele Feinde bringt viel Ehre, sagten die Brandenburger später, doch was nützte Waldemar die Ehre, er war durch den Grafen Heinrich von Schwerin gefangengesetzt worden. 1227 dann war es mit seiner Macht zu Ende, da wurde er bei Bornhöved von seinen vielen Gegnern besiegt.

In Livland beschloß man sogleich sich des dänischen Joches zu entledigen und das von den Kreuzfahrern 1223 eroberte Estland wurde neu verteilt. Die Ordensritter erhielten die Landschaft Saccala. Bischof Hermann, der Bruder des großen Bischofs Albert von

DER SCHWERTBRÜDERORDEN
Bischof Albert und die fratres militiae Christi
Federzeichnung nach zeitgenössischem Holzschnitt, dessen Text lautet: "Eine kühne Mönchgemeinde zog über das Meer, um im Jahre 1208 an der Mündung der Düna ein Kloster zu gründen, das dem Hl. Nikolaus geweiht und Dünamünde genannt wurde".

Livland, hatte von den Dänen den Sprengel Estland bekommen, nun blieb ihm nur mehr das Gebiet von Ugannien, die Kirche von Riga wurde mit dem estländischen Strandwyck belohnt.

Noch im gleichen Jahr wurde die Burg von Dorpat erobert, dort hatte sich der russische Fürst Viesceka verteidigt und gehalten. Das Gebiet und die Bewohner übergaben sie dem Bischof von Livland. Die Fürsten von Nowgorod und Pleskau schickten Gesandtschaften nach Riga und baten um Frieden. Dieser Vorgang war doch überraschend gekommen, dessen Ursache weit weg in der Tiefe der russischen Teilgebiete zu suchen war, sonst wäre wahrscheinlich das Gebiet um Dorpat bis heute von Rußland dominiert worden und hätte im Laufe der Jahrhunderte russischen Charakter angenommen.

In Rußland ging eine Umformierung vor sich, nach Kiew, wurde zunehmend Wladimir Susdal zum Zentrum der russischen Fürstentümer. Dies führte dazu, daß der Sohn des Städtegründers Andrej Bogoljubskij Kiew niederbrannte und eine Neuorganisation vornahm, indem er nach dem Muster der Staufer in Deutschland, besonders des Kaisers Friedrich II., Pfalzen anlegte. Im Jahre 1223 aber wurde seine positive Entwicklung zur Stärke jäh unterbrochen. Die Russen und Polowzer unterlagen an der Kalka den Mongolen unter der Führung des Batu Khan, des Enkels Dschingis Khan. Die russischen Fürstentümer gerieten dadurch für Jahrhunderte in Abhängigkeit und waren geschwächt, zu einer dauernden Expansion in die Baltenstaaten nicht mehr fähig.

Für den Schwertritterorden war nach vierzehn Jahren immerwährender Kämpfe 1224 das erste Jahr, in dem keine kriegerischen Verwicklungen stattfanden, ein Jahr des Friedens.

In diesem Jahr erschien ein päpstlicher Legat, Wilhelm von Modena, in Livland. Der Papst hatte nun endlich etwas Zeit gefunden, neben den ewigen Streitereien mit dem Kaiser Friedrich. Der Legat fand hier fünf eingerichtete Bistümer vor: Riga unter dem alten Bischof Albert, dann Leal, der nordwestliche Teil Estlands, die Landschaft Läänemaa oder Wieck, später Ösel, weiter Südostestland mit Dorpat-Tartu mit Bischof Alberts Bruder Hermann als Bischof, das Bistum Semgallen und Reval, das dem Erzbischof von Lund unterstand. Reval war auch der eigentliche Erzbistumssitz, wenn auch der dänische Erzbischof nie dort saß.

Plötzlich konnte man wieder mit dem Kaiser rechnen, so gelang es den livländischen Ordensrittern 1226 vom Kaiser eine Urkunde zu erlangen, worin er dem Orden Schutz gewährt, alles von den Bischöfen überlassene Land sollte förmlich als Eigentum bestätigt sein und alle Hoheitsrechte wurden ihnen zugebilligt. Der Grund für diese plötzliche Aktivität lag nicht nur im Besuch des päpstlichen Legaten, die ernstzunehmende Konkurrenz, sondern lag begründet darin, daß des Kaisers Freund Hermann von Salza arbeitslos zu werden schien. Der Hochmeister des Deutschen Ordens mußte das Heilige Land verlassen und fand ein neues Betätigungsfeld bei den preußischen Baltenvölkern. Sie waren die letzten wahren Heiden in ganz Europa, und ganz Europa kam deswegen in helle Aufregung. Im ganzen Reich brach ein wahres Kreuzzugsfieber aus und die Litauer ahnten noch nicht, was auf sie zukam und wie die christlichen Kreuzfahrer immer näherkamen. Doch Litauen war niemals von fremden Heeren besetzt gewesen. Preußen ging unter, nicht aber Litauen. Ihre starken Fürsten führten das Land aus eigenem Antrieb zum Christentum, spät, dafür aber gründlich.

Ganz stimmte es nicht, daß es nur im preußisch-litauischen Raum noch Heiden gab und die Esten waren ebenso hartnäckig und stark wie die Litauer, doch die Esten hatten keine Lobby, wie die Litauer sie später in den Polen hatten. Auch mit Seeräuberei kam man damals nicht mehr weiter, besonders wenn es keine Christen waren, wie die Bewohner der estnischen Inseln Ösel und Dagö. Der päpstliche Legat forderte die Ritter auf, das heidnische Volk der Insel zu überwältigen. 1227 begann der Kampf. Die feste Burg Mone leistete starken Widerstand, doch sie wurde erobert. Alle Inselbewohner ergaben sich nach dem Fall dieser für uneinnehmbar gehaltenen Estenburg. Das Bild Tharapillas, der obersten Gottheit, das auf der Insel aufgestellt war, wurde in die Ostsee versenkt.

Bereits 1220 hatten die Dänen Leal-Lihula eingenommen, es war nicht einfach, dort stand bereits seit 1200 eine Estenburg. In Leal wurde von den Dänen der Bischofssitz eingerichtet. Als erster Bischof fungierte der Bruder Bischof Alberts von Riga, Hermann I. von Buxhoeveden. Er hatte dort seinen Bischofssitz, wie es heißt, in "einem festen Schlosse" zu Leal im Jahre 1226. Der Orden hatte sich über ihren Besitz der Insel Ösel zu früh gefreut, sie mußten diese Beute an Bischof Hermann, an das Bistum Saare-Lääne in Lihula, abgeben. 1265 wurde Hapsal-Haapsalu die Hauptstadt des Bischofs Hermann II. von Buxhoeveden, als Bischof des Bistums Saaramaa-Ösel/ Wiek. 1234 wurde auf der Insel Ösel die Arensburg, das Schloss Kuressaare für den Bischof errichtet.

Die Ordensritter, um den eigentlichen Erfolg ihrer Mission auf Ösel gebracht, wurden dann entschädigt. Die Dänen hatten den Papst schwer verärgert, sie hatten einen falschen päpstlichen Legaten nach Reval eingeschleust, der allerdings bald enttarnt wurde. Papst Gregor IX. forderte die Ordensritter auf, die Dänen aus dem Lande zu jagen. Dies ließ sich der Orden nicht zweimal sagen und noch im Jahre 1227 eroberten sie die Stadt Reval von den Dänen, die eigentlich Waffenbrüder gewesen waren, denn Bischof Albert hatte die Dänen zu Hilfe gerufen.

Noch zwei Jahre lebte Bischof Albert von dem bremischen Geschlecht der Buxhoeveden. Sein Lebenswerk war erreicht, Livland und Estland waren christlich geworden. Nicht immer war das Wort Gottes stark genug gewesen, um die Liven und Esten zu bekehren. Oftmals mußte das Schwert sprechen, es war eine blutige Sprache. Auch den Geistlichen und den Ritterbrüdern war diese Sprache bekannt, es gehörte bereits zur Tradition. Von ihren irischen und angelsächsischen christlichen Brüdern waren ihre friesischen und sächsischen Vorfahren christianisiert worden. Weil sie so widerspenstig wie die Völker im Baltikum gewesen waren, waren sie gleichfalls von ihrem fränkischen Brudervolk gewaltsam zu Christen gemacht worden.

Die Franken am Rhein, die Angelsachsen auf der Insel im Norden, die Goten in Italien, ihre Nachfolger die Langobarden und nördlich der Alpen die Bayern, alle gleichsam germanische Völker, hatten schon von den Römern das Christentum vermittelt bekommen. Friesen und Sachsen hatten aber immer schon die Römer abgelehnt, sie durch Hinterhalte bekämpft. Genauso verfuhren sie mit den Franken, auch mit denen, die ihnen zu Hilfe gekommen waren. Auch die Missionare mordeten sie, obwohl sie gewaltlos predigten. So hatte bei den Friesen und Sachsen anfangs das blanke Schwert sprechen müssen, dann aber teilten sie selber aus.

Genauso schmerzlich waren die Liven und Esten mit Gewalt zu Kinder Gottes geworden. Diejenigen, die dies vermittelten, waren Germanen, Friesen und Sachsen, Deutsche und die Römische Kirche. Sie alle werden eines Tages nimmer im Baltenlande sein, doch Bischof Albert hatte getan, was seine Zeit von ihm verlangte und die Entwicklung ging konform mit der Entwicklung der Sachsen an der oberen Elbe, sie waren auch erst Christen geworden und dann bauten sie die großen Dome in Magdeburg, Naumburg und Meißen.

Bischof Albert hatte Riga gegründet und hatte dort den Grundstein für den Dom, für das Haus Gottes gelegt. In Estland ernannte er nach der Eroberung Estlands seinen Bruder Hermann zum Bischof von Leal, später von Dorpat, dort legte dieser 1231 den Grundstein zum dortigen Dom. Eine Generation später ließ Hermann II., gleichfalls aus der bremischen Familie der Buxhoeveden, 1279 die Domkirche in Hapsal bauen. Er war auch der Gründer des Schlosses Arensburg auf Ösel.

Bischof Albert wußte, daß sein Lebenswerk fortgesetzt wurde. Alles war auf eine Bulle Papst Innozenz III. zurückgegangen, in welcher der Heilige Vater die Ritter Niedersachsens und Westfalens zur Christianisierung des Baltikums aufrief. Nun war es vollbracht, aber ein besonderer Erfolg krönte sein Werk, die Anerkennung seiner Verdienste auf Reichebene: Altlivland wurde von König Heinrich VII. als Mark des Deutschen Reiches anerkannt und Bischof Albert konnte als Vertreter an den Reichstagen teilnehmen, er war den anderen Reichsfürsten gleichgestellt.

Am 17.1.1229 starb Bischof Albert in Riga. Der Chronist Heinrich von Lettland, seit 1205 als deutscher Missionar in Livland und Lettland, beschrieb das Leben und Wirken des großen Bischofs in seinem "Chronicon Livoniae", welche 1224-27 entstand und die wichtigste Quelle der frühen baltischen Geschichte darstellt. In seiner Zeit und mit seiner Hilfe tauchten die Baltenstaaten in das geschriebene Bewußtsein der europäischen Geschichte und Kultur ein. Heinrich von Lettland, der erst 1259 starb, erlebte noch die Erhebung Rigas zum Erzbischofssitz im Jahre 1255.

Das Jahr 1255 war ein Schicksalsjahr im Reich und in ganz Europa, denn Kaiser Friedrich II. starb, den man "das Staunen der Welt" nannte. Sein Sohn und sein Enkel starben durch Gewalt in Italien, die Zeit der Staufer ging damit zu Ende. Einen Großteil des Erbes in Schwaben ging an den Oheim,des letzten Staufers Konradin, an den bayerischen Herzog Ludwig II., Vater Kaiser Ludwig des Bayern. Doch vorher stritten sich Engländer und Spanier, Hessen und Luxemburger um die Krone im Reich. Sie trugen nur kurze Zeit die deutsche Krone, die man erringen mußte, um Anwärter auf die römische Kaiserkrone zu werden. Doch einer hatte bereits eine Krone im Reich, der böhmische König Ottokar. Durch die Staufer vom Reichsfürstentum, wie unser guter Bischof Albert in seinem Reichsfürstentum Livland, waren die Böhmen erbliche Könige geworden, als einziger Stamm im Reich. Ottokar II. als König von Böhmen erhob daher auch Anspruch auf die Römische Krone.

In dieser besonderen Funktion fühlte sich König Ottokar II. verpflichtet zu der Führung eines Kreuzzuges gegen die preußischen Balten. Mit einem Heerbann von 60 000 Mann zog er ins Preußenland, warf im Samland in einer blutigen Schlacht die Prussen nieder, errichtete an der Stelle, wo sein heiliger Landsmann Bischof Adalbert von Heiden umgebracht wurde, eine Gedächtniskapelle und gründete am Flusse Pregel die Stadt Königsberg. So kam die Königskrone der Böhmen ins Königsberger Wappen. Doch in seinem Gefolge war ein niederer Graf aus der alemannischen Schweiz, der zu einem großen Teil des Staufererbes in Schwaben gelangte. Als Ottokar mit den deutschen Fürsten stritt, wurde dieser Graf Rudolf, aus dem Geschlecht der Habsburger zum König und Kaiser gewählt. Er besiegte Ottokar und seitdem spielen die Habsburger im Reich die große Rolle.

Nach einer bewegten Zeit, nach dem Aussterben der Staufer, kam dann mit den Habsburgern und zwischendrin mit den Luxemburgern im böhmischen Prag sowie den Wittelsbachern in München-Bayern das Reich und der europäische Osten wieder zur Ruhe.

In Livland wirken sich die Geschehnisse aus, die im fernen Rom, im Reich oder auch in Dänemark vor sich gingen. Noch gingen alle Wege nach Rom... und niemand hatte Not auch einmal an die armen heidnischen Seelen der Liven und Esten zu denken, die dem ganzen Geschehen zusahen. Niemand dachte daran, daß auch der Unglaube, irgendwessen heiligstes Gefühl sein könnte.

Sein oder Nichtsein, das ist hier die Frage?

Da saß beim dänischen Erzbischof Absalon in Lund der Saxo Drammaticus, ein dänischer Chronist, der die Historia Danica schrieb. Just zu Anfang des 13. Jahrhunderts schrieb er gerade am Stoff des Urhamlet, den dreihundert Jahre später Thomas Kyd wieder aufgreift und sodann den Engländer Shakespeare so erfaßt, daß er im Staate Dänemark diese bedeutende Frage nach dem Sein und Nichtsein stellt.

Da saßen die Dänen, als Saxo seinen Hamlet konzipierte, in Rom beim Papst Gregor IX. und bestürmten ihn, denn es ging bei der Schicksalsfrage nicht um die Dänen, sondern um den Orden und die Deutschen. Ihr König Waldemar könne nicht mehr der Böse sein, seit er von den Anrainern an der Ostsee geschlagen worden war, meinten sie. Der Papst möge ihnen die Burg Reval zurückgeben, welche die Dänen als steinerne Burg ausgebaut hatten, auch die anderen Gebiete Harrien-Harjumaa und Wierland-Virumaa, die der Orden den Dänen entrissen hatte, baten sie zurück.

Als die Abgesandten aus Livland und Ordensritter aus Deutschland beim Heiligen Stuhl eintrafen, war noch nichts entschieden, denn die Entscheidung fiel in Livland. Es kamen schlechte Nachrichten aus Livland und die Dänen konnten nur Stütze für den Schwertbrüderorden sein, der im Süden Existenzsorgen hatte.

Die Träume des Ordens mit dem in Riga erfolgreich erprobten Konzept, Reval als Hafen- und Handelszentrum auszubauen, die Kaufleute waren von der Hanse in Wisby gekommen und hatten schon begonnen, dieser Traum konnte vorerst begraben werden. Auf Befehl des Papstes mußten Reval und die ehemals dänischen

Gebiete vom Orden geräumt, 1238 den Dänen zurückgegeben werden.

Papst Gregor IX. hatte am 14. Mai 1237 eine Bulle erlassen, die an die Bischöfe von Riga, Dorpat und Ösel gerichtet war. Der Schwertbrüderorden war am Ende und in der Not hatte er letzte Hilfe beim Deutschen Orden gesucht, die beiden Orden wurden vereinigt. Der Papst hatte seine Erlaubnis dazu erteilt, sah sich aber genötigt zu erwähnen, daß ungeachtet des Befreiungsbriefes seines Vorgängers in Zukunft in Livland auch der Deutsche Orden unter der Gerichtsbarkeit der Bischöfe und Prälaten stünde.

Der Orden der Ritterbrüder von Livland, der 36 Jahre vorher zur Bekehrung der Heiden gegründet worden war, trug nicht die Verpflichtung zur Kranken- und Armenpflege, was aber beim Deutschen Orden zutraf, sie waren bei der Gründung in Bremen Kankenpfleger gewesen. Der Papst erläuterte den Ordensrittern, daß derjenige Ordensritter, der von den Bischöfen gebannt sei, würde solange der Rittergemeinschaft ausgeschlossen bleiben, bis seine Freisprechung durch den Bischof erfolgt sei. Dies war gut gemeint, doch wenn die Bischöfe angegriffen würden, galt doch wieder das Gesetz des Krieges und der Bischof konnte nicht in diesen gesetzlosen Gegenden mit der Macht von Gottes Wort die Menschen zur Raison bringen, wie es in zivilisierten Gegenden des Reichs mit Erfolg möglich war.

Aus diesem Grunde hatte der Papst seinen Legaten zu König Waldemar geschickt, wo auch Waldemars Sohn und Nachfolger Erich, sowie viele Große des dänischen Reiches sich mit Vertretern der Orden zusammenfanden. Am 9. Mai 1238 unterschrieben alle die Urkunde des Legaten Wilhelm von Modena, worin nicht nur Dänemark das nördliche Estland zurückerhielt und der Orden das Gebiet von Jerwen zugesprochen erhielt, sondern Dänemark sich zur Hilfeleistung für den Orden verpflichtete. König Waldemar gelobte feierlich, keine Besitzungen des Ordens “durch falschen Rat oder böse Tat” zu belästigen, dies tat er in der Vergangenheit, man baute vor. Der König erließ dafür dem Orden die Ersetzung des Schadens während der Besetzung durch den Orden, “zum Heil des Friedens”.

Wie nötig der Orden die Hilfe der Dänen hatte, zeigte sich sogleich, denn die Russen kamen. Unter Fürst Gerpold waren die Russen in das Gebiet von Dorpat eingedrungen und hatten einen weiteren Teil des Landes verwüstet. Nun konnte nur noch der Deutsche Orden helfen, der Hochmeister hatte Hermann Balk mit Rittern gesandt. Dann kam ein dänischer Truppenverband, geführt von den Söhnen des dänischen Königs, Abel und Kanut, mit einer starken Gruppe soeben eingetroffener Kreuzfahrer aus dem

Reich unter Graf Adolph von Holstein und Truppen des Dorpater Bischofs Hermann. Sie konnten in schnellem Vorstoß bis nach Rußland eindringen, die Festung Iseburg nehmen und im Sturmlauf bis nach Pleskow kommen. Fürst Gerpold verlor 600 Mann und bat um Frieden. Der Landmeister des Ordens akzeptierte, zog in Pleskow ein, nahm die Burg in Besitz, legte eine starke Besatzung hinein und eilte nach Livland zurück.

Die Dänen hatten 1238 Rakvere erobert und bauten dort zur Absicherung ihres Neulandes eine mächtige Festung. Seit dem Vertrag von Stenby waren sie wieder in Reval, die deutschen Ritter gingen, die deutschen Kaufleute blieben, Reval-Tallinn wurde zu einem aufstrebenden Handelsort und der Dänenkönig Erik Plogpennig verlieh Reval 1248 das lübische Stadtrecht. 1284 trat die Stadt dem nordeutschen Städtebund bei, hundert Jahre blieben die Dänen, verwalteten mehr oder weniger segensreich den nördlichen Landstreifen des Baltikums -Estland!

Dänemark hatte nach dem Tode König Waldemar II. 1241 keinen starken König mehr. Thronstreitigkeiten und Bürgerkriege in den dänischen Stammlanden, ließen in Estland auch keine militärische Aktivitäten zu. So war eine friedliche Entwicklung gesichert. Doch dann gefiel es den Esten nach hundertjährigem Frieden nicht mehr und weil sie sich rechtlos fühlten, vom politischen und wirtschaftlichen Leben ausgeschlossen, kam es zum berühmten St. Georgs-Aufstand.

Damit endete die Dänenherrschaft im estnischen Livland. Die Kreuzritter, die zum Schutze auch der Esten, fortlaufend Kriege gegen die Russen führen mußten, in Hilfeleistung für die Dänen mußten sie ihre Schützlinge, die Esten, niedermachen. Wie anders war die Welt im fernen Livland.

Im Reich regierte Kaiser Ludwig der Bayer, er stritt mit dem Papst, der in Avignon in einem schönen Palast lebte. Was kümmerte Europa dieses Land dort oben. Doch es ging eine neue Zeit an, die Zeit der Franziskaner. Sie saßen in München beim Kaiser Ludwig und in seinem Schutze. Sie predigten die Armut und halfen den armen Seelen. Ihr Ruf war aber nicht so stark, daß er bis nach Reval zu hören war.

SELBST TOTE SCHWEIGEN - BIS DIE ZEIT FÜR SIE ZU REDEN ANFÄNGT

Während die große Politik des Reichs in heillose Verwirrung gerät wurde im Streit mit dem Papst der Stauferkaiser Friedrich II. 1239 zum zweiten Male gebannt. Er dachte schon an seine Nachfolge, 1237 war er ins Heilige Römische Reich von Italien heraufgekommen und hatte in Wien seinen Sohn Konrad zum deutschen König erwählt. König Konrad hat seine Verlobte Elisabeth noch beim bayerischen Herzogvater in Landshut. Erst nach elfjähriger Wartezeit wurde geheiratet, eine große Ehre für das bayerische Herzogtum.

Bereits der Großvater von Elisabeth, Herzog Ludwig I, von Bayern, war vom Stauferkaiser zum Verweser des Reichs ernannt worden. Ludwig war in den Wirren von Verstrickungen zwischen Kaiser und Papst ermordet worden. Vorher war er mit der böhmischen Königstochter vermählt gewesen, nun betete die Witwe Ludmilla in dem von ihr gestifteten Kloster Seligenthal in Landshut für das Seelenheil ihres Ehegemahls. Nicht nur sie trägt das Leiden dieser unseligen Zeit, auch des Stauferkönig Konrads Elisabeth ist unglücklich, über den Streit der Großen dieser Welt. Eine dritte Frau, die Tochter des ungarischen Königs und Ehegemahlin des bayerischen Herzogs Heinrich in Landshut mußte auch traurig sein, denn in ihrer Heimat wüteten die Mongolen.

Im Osten herrschten die Mongolen mit Zentrum an der Wolgamündung, wegen ihres Reichtums wurden sie auch die "Goldene Horde" genannt. Batu Khan, der Enkel von Dschingis Khan hatte 1237 die russischen Fürstentümer unterworfen. Kaiser Friedrich II, hätte bei den Krönungsfeierlichkeiten 1237 in Wien die Unruhe aus dem Osten vernehmen können, denn 1237 erhielt Elisabeths Vater, der ungarische König Bela IV., einen Drohbrief der Mongolen. Den Brief brachte der Dominikanermönch Julian aus dem Osten mit, er war in die Urheimat der Ungarn, Finnen und Esten gezogen und wies die Existenz der Ungarn nach, die im entfernten Magna Hungaria verblieben waren, da hatte man ihm bei der Heimreise den Brief in die Hand gedrückt, in dem König Bela zur Unterwerfung aufgefordert wurde.

Wenige Jahre danach flutete das Heer des Batu Khan über den Vereckepaß in das Karpatenbecken nach Ungarn. Das Land fiel den Tataren als Beute anheim, so blieben sie den Ungarn unauslöschlich in Erinnerung. Ganz Ungarn war verwüstet, bis zum

Adriatischen Meer stießen die Horden vor. Dies war der erste große Angriff der Heiden auf Europa, den die Ungarn mit ihrem Leib aufgehalten haben. Die Ungarn, die vor zwei Jahrhunderten auch noch Heiden waren, wurden dann von den Bayern christianisiert. Dem ersten christlichen König Stephan hatte man die bayrische Herzogstochter Gisela zur Frau gegeben und somit in das Christentum gut investiert.

Man sah es auch daran, daß der ungarische König Bela seine vielen christlichen Kinder überallhin verheiratete, die Elisabeth nach Bayern, die Anna mit dem russischen Fürsten Rastislaw, Konstanze mit dem Fürsten von Halitsch Leo, die selige Jolanthe mit dem polnischen Herzog Boleslaw den Sanftmütigen und die jüngste, die eine Braut Christi wurde, da sie bei der Tatarenflucht ein Gelübde abgelegt hatte und ins Kloster ging.

Dies war es nicht allein, Ungarn ist ein wertvolles Glied im christlichen Abendland geworden, warum es die entfernten Verwandten im Baltenlande so schwer hatten, lag vielleicht an der Art der Missionare. Die Bayern sind heute noch bekannt für ihre Rauheit und für ihre Herzlichkeit, es waren keine Bayern unter den Missionaren in dem fernen Baltenlande.

Die Bayern trauten sich bis nach Schlesien. Von dort nahmen sie sich mit Vorliebe ihre Frauen, so Herzog Ludwig II. seine Anna von Glogau, Ludwig der Bayer seine Beatrix von Glogau, Otto III. seine Agnes von Glogau und Stephan I. seine Judith von Schweidnitz, alle wurden sie bayerisch-wittelsbachische Herzoginnen und lebten um die Zeit des 13./14. Jahrhunderts. Auch das angesehene bayerische Geschlecht der Andechser hatte sich dynastisch mit Polen, Böhmen und Ungarn verbunden- wie die regierenden Wittelsbacher in Bayern - um dort die christliche Kultur zu festigen.

Die Eltern des ungarischen Königs Bela waren König Andreas II. und Königin Gertrud von Andechs-Meranien. Ihre Tochter war die heilige Elisabeth von Thüringen, Gemahlin des thüringischen Markgrafen Ludwig. Die heilige Hedwig von Andechs war die Gemahlin von Herzog Heinrich von Schlesien. Beide großen Frauen konnten ihre fürstlichen Männer für ihr Anliegen gewinnen. Beide Fürstentümer spielten bei der Ostmission, besonders im Baltenland in der Preußenmission eine große Rolle. Heinrich traf ein schweres Los, sein Land wurde von den Mongolen verwüstet. Mit vollem Einsatz und mit einem gewaltigen Ritterheer stellte er sich bei Liegnitz den Mongolen entgegen. Es gelang ihm 1241 die Mongolen unter schwersten Verlusten abzuwehren und damit das Reich vor den wilden Horden zu schützen, doch er starb auf dem Schlachtfeld. So hatte im gleichen Jahr 1241 der ungarisch-christliche und der polnisch-deutsche Pfeiler der Christenheit im Norden die Kultur Europas gerettet.

In diesem Schutze konnte sich die nutzlose Auseinandersetzung zwischen dem Papst und den Herrschern der Hohenstaufen abspielen. Als Kaiser Friedrich II. starb, berichtete Manfred, der neue Statthalter der Staufermacht im Süden seinem Halbbruder, dem deutschen König Konrad IV., den Tod des gemeinsamen Vaters:

"Die Sonne der Welt mit ihrem hellen Glanze über den Völkern, die Sonne der Gerechtigkeit, der Hort des Friedens ist untergegangen..."

Der unerbittliche Gegner Friedrichs, Papst Innozenz IV., schrieb an den Erzbischof von Köln über den Tod des Kaisers:

"...die goldene Freiheit, die jener in Verbannung geschickt hatte, ist heimgekehrt."

Die Staufer hatten das Reich geprägt. Was wir Deutsche heute das Kostbarste im Staate nennen, den föderalistischen Aufbau des Staates, die Vielheit der einzelnen Stämme und Staaten in der Einheit und die Einheit nicht zentral, sondern in der Vielheit, dies prägten die Staufer. Nun wurden sie unerbittlich verfolgt, ganz besonders vom Papst und seinen Vasallen. König Konrad ging nach Italien und kam in der Schlacht um, so wie sein Bruder Manfred. Bruder Enzio starb in Gefangenschaft und der letzte der Staufer Konradin, in Wolfstein bei Landshut geboren, mit seiner Mutter an den Herzoghöfen in Landshut und München aufgewachsen, kam auch in Italien zu Tode. Konradin der letzte Staufer ließ seine geliebte Mutter bei den bayerischen Verwandten zurück.

Die Städte München und Landshut haben mit den Baltenlanden die bedeutende Jahreszahl 1255 gemeinsam. In diesem Jahre wurden beide Residenzstädte der bayerischen Herzöge. 1255 wurde Königsberg in Preußen gegründet, Riga wurde zur Stadt eines Erzbischofs erhöht und in Reval regierten friedlich die Dänen.

Im Kloster Seligenthal in Landshut starb 1240 die Tochter des Böhmenkönigs, dessen Nachfahre Königsberg gründete, und das Jahr 1240 war ein bedeutendes Jahr für das Geschehen am Peipussee in Estland, dem drittgrößten See Europas. Der größte See Bayerns ist der Chiemsee, vor den Chiemseer Alpen gelegen, wo der Hochstaufen 1771 Meter hoch in den Himmel ragt. Mit dem Peipussee hat der Chiemsee nicht viel gemeinsam, nur, daß in beiden Seen die gute bayrische Renke schwimmt als vorzügliches Fastenessen der Klosterbrüder bei Dorpat.

König Ferdinand III. von Kastilien hat das mohammedanische Cordoba eingenommen, das Kreuz des Abendlandes steht auf den Mauern Cordobas im äußersten Süden, wie auch auf den Wällen von Riga, Dünaburg und Reval im fernen Nordosten. Die Herren vom Deutschen Hause reiten über die Memel und nehmen Verbindung mit dem Orden der Schwertbrüder auf. Vom Peipussee bis zur Weichsel wächst ein neuer Christenstaat ans Herz des Westens.

Jenseits der Narva herrscht Großfürst Alexander Newskij über die Stadt Nowgorod, einen alten, reichen Handelsplatz der Waräger, den skandinavischen Normannen. Auch von hier und von Moskau aus wurde der wilde Osten kolonisiert. In Preußen wie in Rußland herrschten die gepanzerten Fäuste der Ritter; die unterworfenen Ureinwohner duckten sich machtlos unter dem Griff ihrer Herren.

Diese Herren aber stritten gegeneinander, obwohl gegen den Wall, den das Abendland vor seiner Grenze gebaut hatte, das Heer der Mongolen stürmte. Die gelben Dämonen hatten Rußland erobert, nur Nowgorod war noch selbständig, wenn auch den Mongolen tributpflichtig. Als geschickter Taktiker profilierte sich Alexander Newskij in einer Art Anpassungspolitik und an der Uneinigkeit der russischen Teilfürsten. Bei seinen schweren Kämpfen im Nordwesten hielt die Fürsten nur noch das Glaubensband zusammen.

Im Jahre 1240 gelang es dem Fürsten Alexander Newskij die Schweden an der Newa unter dem schwedischen Regenten Birger Jarl, mit einem städtischen Aufgebot zu schlagen. Die Schweden setzten dann die Eroberung Finnlands fort und dessen Christianisierung. Danach ging Alexander Newskij an die Aufgabe heran, den Marsch des Deutschen Ordens nach Nowgorod zu stoppen, 1242 gelang ihm der Sieg über die Ordensritter auf dem Eis des Peipussees, in der sogenannten "Eisschlacht". Dies geschah am 5.4.1242, kurz bevor das Eis des Sees zu schmelzen begann, wunderliche Geschehnisse allesamt, so wird er auch in der russisch-orthodoxen Kirche als Heiliger verehrt.

Alexander Newskij legte damals die Nordwestgrenze fest, bei der es dann geblieben war. Soweit man in Estland Alexander-Newskij Kirchen antrifft, wie in Haapsalu und in Tallinn, so gilt dies der Verehrung dieses Fürsten. Auch zu Ehren der Kaiserinnen Elisabeth und Katharina gibt es orthodoxe Kirchen wie in Pernu und Voru. Sie zeugen vom russischen Einfluß, den der Orden damals den Esten noch ersparte.

Der Aufruf des Kaisers zum Kreuzzug gegen den russischen Osten galt wahrlich nicht dem Fürsten Alexander Newskij, sondern den Mongolen, die ganz Rußland unterworfen hatten und in vier Angriffssäulen sich in Richtung Mitteleuropa bewegten. Sein Aufruf blieb ohne Wirkung, auch bei den deutschen Fürsten. Die Gemeinschaft der Christenheit versagte vor dieser Aufgabe, deren Größe und Bedeutung niemand erkannte. Als weltlicher Oberherr ging der Aufruf an die ganze Christenheit:

"Wenn das an den Waffen furchtbare Germanien, das an tüchtigen Soldaten reiche Frankreich, das kriegerische und kühne Spanien, das über viele Kriegsschiffe verfügende England, das mit ungestümen Kämpfern gesegnete Schwaben, das seebeherrschende Dänemark, das ungezähmte Italien, das des Friedens ungewohnte Burgund, das ruhelose Apulien und die Inseln des griechischen, adriatischen und tyrrhenischen Meeres, das kampffrohe Irland und das leichtbewegliche Walliserland, das sumpfige Schottland und das eisige Norwegen ihre auserlesenen Kämpfer zur Kreuzesfahne entsenden, so werden nicht nur Rebellen, sondern auch Dämonen zurückschrecken."

Von Polen bis zum adriatischen Meer vernichteten die Mongolen alles was unter ihre Hufe kam. Und Europas Untergang war vorprogrammiert, zur Rettung des Abendlandes bedurfte es eines Wunders und dieses trat tatsächlich ein.

Ein wühlendes Kaninchen das irgendwo auf tibetanischer Hochfläche seine Gänge gegraben hatte wurde zum Werkzeug der unfaßbaren Macht. Ugetai der Großkhan des Ostens, ritt zur Jagd, sein Pferd trat in sausendem Galopp in den Kaninchenbau und das Pferd überschlug sich. So war es mit ihm zu Ende gegangen. Als die Kunde auf hundert Rösserbeinen um den halben Erdball herum den Batu erreicht, wendet der Fürst mitten im Siegeslauf seine Banner zurück nach Osten. Er muß dabeisein, wenn der neue Großkhan gewählt wird.

Das Abendland atmete auf, erleichtert wegen der wundersamen Vorgänge, dankte man Gott in feierlichen Prozessionen und Messen.

DER DEUTSCHE RITTERORDEN

Ein Staat von Estland bis Pommern

Als Bischof Albert von Riga 1229 stirbt, hinterläßt er im Großen und Ganzen ein bedeutendes Staatswesen, auch wenn dieses nicht mehr als ein loser Staatenbund von geistlichen Fürstentümern und Ordensterritorien darstellt.

Der Bischof war ein streitbarerMann, darüber berichtet der zeitgenössische Chronist Heinrich von Lettland. An manchen Kriegszügen hat der Bischof selbst teilgenommen. Hochbetagt, zwei Jahre vor seinem Tode, zog er noch an der Spitze eines Heeres über das Eis der Ostsee gegen die Insel Ösel-Saaremaa, um so die Eroberung Estlands zu vollenden. Die Insulaner hatten die Wände ihrer Holzburgen im klirrenden Frost mit Wasser übergossen, um sie unbesteigbar zu machen. Heinrich schildert die Eroberung der Bauernburg Moon-Muhu wie folgt:

"Dennoch gelangen die Deutschen, etliche auf der Leiter, etliche am Strick sich haltend, ja, durch einen Engel des Herrn emporgetragen, hinauf und sind dem allseits fliehenden Feinde auf den Fersen... Eine Stimme des Frohlockens und des Heils bei den Christen! Ein Klagen und Heulen des Verzweifelns und Verderbens bei den Heiden..."

Später waren die Gebiete unter die Herrschaft der Bischöfe gekommen. Die Dänen richteten in ihrem nordestländischen Gebiet 1240 mit Sitz in Reval, ein Erzbistum ein, wenn es auch ihrem Erzbischof in Lund unterstellt war. Die Herrschaft eines Bischofs nannte man ein Fürstbistum, in Bayern gab es eine große Anzahl dieser geistlichen Herrschaften.

Die Menschen sagten, unter dem Krummstab ist gut leben. Es hatte viele Vorteile, denn der Bischof durfte weltliche Handlungen nur über einen weltlichen Vogt vornehmen, Urteile durfte er nicht vollstrecken, aber begnadigen. Vielleicht war er wie heute ein Präsident, doch jederzeit mit einer noch höheren Instanz über sich, den Papst in Rom.

Es müssen beliebte Regierungsformen gewesen sein, und hätte sie in Bayern die Napoleonische Zeit nicht alle abgeschafft, vielleicht gäbe es heute noch geistliche Fürstbistümer. Es gibt doch noch eine Menge von Königen, die auch aus dieser Zeit stammen. Die Münchner empfanden es als eine Wohltat, wenn sie nur nach Ismaning fahren mußten, um im Fürstbistum Freising zu sein. Im

18. Jahrhundert hatte der Kurfürst eine Menge Einschränkungen für die Bürger angeordnet, Zeitungen, die verboten waren in München zu lesen, im Freisinger Bischofland Ismaning war alles frei.

Wir erinnern uns noch an Erzählungen der Großeltern, die im Grenzgebiet des früheren Bistums Ermland in Ostpreußen lebten, auf der evangelischen Seite. Einige Ortschaften weiter war das Ermland, lag die Stadt Zinten. Besonders an den Wochenenden und am Abend strömten Mengen von Menschen zu den Katholiken nach Zinten, so viele, daß die Urkunden vermerkten, daß die Zintener Einwohner die Stadttore schließen mußten, um sich vor den evangelischen nachreformatorischen Königsbergern zu schützen.

In Livland mußte ein Drittel des Gebietes an den Schwertbrüderorden abgegeben, das heißt belassen werden, denn sie waren die Schwertträger und der Bischof war sonst ohne Schutz. Wenn diesen Schwertträgern etwas nicht paßte, so fielen sie einfach in bischöfliches Land ein. Sie konnten zum Beispiel nicht verwinden, daß die Ordensritter die Insel Ösel erobert hatten und sie dann zu ihrem Leidwesen an die Kirche abgeben mußten, die dort das Bistum Saare-Lääne einrichtete. Der Bischof baute sofort die festungsartige Burg von Kuressaare, die berühmte Arensburg, die dem Bischof als Sitz dient. Nicht zum Schutze vor den Aufständischen, sondern wie wir wissen, vor den Schwertrittern. Die ewigen Streitereien zwischen dem Bischof und dem Schwertritterorden greifen auch auf die Insel Ösel-Saaremaa über. Die Gotteskrieger fallen 1299 in Ösel ein und wüten fürchterlich.

In Riga saß seit 1255 ein Erzbischof, und dieser Erzbischof Friedrich wendet sich mit einem anklagenden Brief an den Papst in Rom. Dort befindet sich noch die höchste geistliche Autorität und die einzige, die dem selbstbewußten Ritterorden Einhalt gebieten kann.

“Nach Neros Art blutdürstig, morden sie die unschuldigen Menschen ohne alles Erbarmen, wovon der Beweis ihrer Tat in Ösel zeugt. Sie brachen mit einem starken Heere in das Bistum ein und erschlugen versteinerten Herzens dort tausende von Menschen ohne Unterschied des Geschlechts, Greise, Jünglinge, Kinder, als meinten sie, Gott damit einen Dienst zu tun”, so klagte der Erzbischof den Ritterorden an. Erst ein Machtwort des Papstes, der jede Seite verpflichtet, die eroberten Gebiete zurückzugeben, beendet 1324 den Streit, aber auch nur vorrübergehend.

Diese Vorfälle riefen deutlich in Erinnerung, daß Bethlehem auch nicht weit von Sodom und Gomorrha lag. Der livländische Schwertbrüderorden war früher nicht so aggressiv gewesen, doch dieser war in einem fürchterlichen Gemetzel durch die Heiden

1236 niedergemacht worden. Unter den Keulenschlägen wurde auch der Ordensmeister von Livland, Volquin, und seine 48 Begleiter niedergemacht. Volquin der noch aus der Zeit Bischof Alberts stammte, ein Mann der ersten Stunde, war nicht mehr. Auf den Hilferuf hin, hatte sich der Hochmeister des deutschen Ritterordens, Hermann von Salza, ein persönlicher Freund des Kaisers, erweichen lassen und einer Vereinigung zugestimmt. Nachdem der Papst auch seine Zustimmung gegeben hatte, schickte der Hochmeister des Deutschen Ritterordens Hermann von Balk nach Livland und nun ging ein anderer Wind über Livland hinweg.

Es war auch höchste Zeit, denn vom Osten war der Russe Alexander von Newskij erstarkt, wenn man ihn am Peipussee auch nicht besiegen konnte, ihn in die Schranken zu verweisen, gelang dem Orden, so daß die Ostgrenze zu dem Nowgoroder Reich lange Zeit stabil blieb.

Nicht stabil war die Grenze zu den Litauern, die in unablässiger Folge gegen das christliche Livland anrannten, sie wollten partout keine Christen sein. Bis in die Gegend von Pernau stießen die Litauer 1263 vor, wo die Ordensbrüder 1234 an der Pernumündung eine Ordensburg, eine Kirche und eine Siedlung gebaut hatten. Die Litauer machten Alt-Pernu völlig dem Erdboden gleich. Der Deutsche Ritterorden hatte nur die Kraft, die Litauer wieder zurückzudrängen.

In der Geschichte kommt nie ein Ereignis für sich allein. So hatte auch der Überfall der Stadt Pernu und der umliegenden Gebiete einen logischen Zusammenhang. So wie Alexander Newskij die Schweden 1240 angriff, als er durch den Tribut an die Mongolen den Rücken frei hatte - und diese 1240 östlich der Weichsel standen. 1241 ritten die Mongolen nach Süden, Krakau wurde zerstört und Ungarn verwüstet. Gleichzeitig starb 1241 der dänische König Waldemar der Sieger, der Beherrscher der Ostsee. Der Deutsche Ritterorden wählte 1241 einen neuen Hochmeister. Die Aktivitäten des Ordens führten 1241 zur Gründung von Pernu als Deutschordensstadt, zum Zusammentreffen des Ordens 1241 mit Alexander Newskij bei Koporje und im Nachgang 1242 auf dem Eis des Peipussees gegen die Ritterbrüder und estnisch-finnische Stämme.

Als sich Alexander nach Osten wendete, mit der Ostkolonisation beschäftigt war und sich 1262 die russische Großfürstenwürde verschaffte, hatten die Litauer den Rücken frei und rückten 1263 auf Pernau und zerstörten die Stadt. Alle sind mit sich und anderen beschäftigt, da befreien sich 1265 die Handwerker und Kaufleute, die in den mächtigen Gilden organisiert waren, von der Vormundschaft des königlich dänischen Gouverneurs und der Bischof von Leal zieht 1265 nach Haapsalu um.

Während im nördlichen Livland relative Ruhe herrschte, war im Süden Livlands und an der Südgrenze zu Litauen ein unablässiger Kampf jeder gegen jeden. Bei der Festlegung der Machtbefugnisse geraten sich der Bischof und der Orden der Schwertbrüder sprichwörtlich in die Haare. Der Orden entzog sich mehr und mehr der Kontrolle des Bischofs. Sie errichteten eigene Burgen, trieben Handel auf eigene Rechnung und gerieten so mit den Rigaer Kaufleuten und ihrem Bischof zusehends in Konflikt.

Mit kleineren Streitereien und Nadelstichen begann es und artete schnell in kriegerische Auseinandersetzung aus. Gegenseitig brannte man sich die Burgen nieder und setzte die Führer gefangen. So plünderte der Ordensmeister Bruno mit den Seinen die erzbischöfliche Residenz und entführte den Erzbischof Johannes II., weil unter dessen Leitung Rigaer Bürger die Ordensburg in Brand steckten und den Komtur an seinem Barte aufhängten.

Der Streit eskalierte derart, daß zwischen dem Ordensbesitz in Riga und der restlichen Stadt eine hohe Mauer gezogen wurde. Dann versuchten die einfallsreichen Ordensritter den Schiffsverkehr auf der Düna und damit den Seezugang nach Riga unter ihre Kontrolle zu bringen. Sie kauften den unterhalb von Riga gelegenen Ort Dünamünde. Der Bischof und die Gilden der Kaufleute versuchten sich dem Würgegriff zu entziehen. Wer hatte die stärkeren Waffen, der Bischof hatte Gottes Gerechtigkeit, die aber erst spät zur Wirkung kam, die Kaufleute hatten das Geld, da fehlten aber die Waffenträger, die man zum Kampf anwerben und bezahlen konnte, doch die Waffenträger waren ja die Ritter, die man gegen sich hatte.

Die Gotteskrieger konnten natürlich den Kampf für sich entscheiden, nach elfjähriger Belagerung muß Riga bedingungslos kapitulieren. Als Sühne mußten die Geschlagenen dem Orden mitten in der Stadt eine Burg errichten und alle Privilegien an den Orden abtreten. Die Herrschaft des Ordens, der vom Rigaer Schloß aus seinen eigenen Staat Livland aufbaute und verwaltete dauerte bis 1562, dem Ende der Ordensherrschaft.

Das schlimmste Geschehen war der Hilferuf des Bischofs und der Kaufleute in größter Not ausgerechnet an die heidnischen Litauer, dies war den Ordensrittern einfach zuviel gewesen. Gemeinsam mit den Kuren und Semgallen hatten die Litauer 1236 bei Saule, dem litauischen Siauliai, den Schwertbrüderorden vernichtend geschlagen.

Nach der totalen Niederlage des livländischen Brüderordens folgte die Vereinigung des Ordens mit dem Deutschen Ritterorden, der in der Preußenmission erfolgreich war. Der Ritterorden konnte entschiedener handeln, er hatte auch wechselseitig vom

Papst und vom Kaiser, beziehungsweise von den Fürsten Unterstützung erhalten. Der Deutsche Orden, dessen Zweig der in Preußen aktivierte Ritterorden, der sich nun auch in Livland aktiv betätigte, hatte im Reich einen großen Rückhalt, in fast allen großen Städten gab es Ordenshäuser.

Der Deutsche Ritterorden konnte sich wegen seines Rückhaltes im Reich überall durchsetzen, wie in Preußen, so auch im nördlichen Livland.

Das Jahr 1283 gilt allgemein als der Zeitpunkt des Abschlusses der Preußenmission, die preußischen Heiden waren zu Christen geworden, soweit sie nicht in den Auseinandersetzungen mit dem Deutschen Orden erschlagen wurden. In Livland herrschte schon länger Ruhe, nicht aber im dazwischen liegenden Litauen. Was die Sache mit den Litauern erleichterte, war, daß auf Seiten der Litauer große Fürsten als Verhandlungs- und überhaupt als Gesprächspartner vorhanden waren.

Da war einmal der litauische Fürst Mindaugas-Mindowe, der die zahlreichen Kleinfürstentümer vereinigte. Wie schon Jahrhunderte früher bei den Ungarn, Böhmen und Polen, sah der Papst sofort eine Autorität in Litauen entstehen und als Mindaugas 1253 Christ geworden war, nahm Papst Innozenz IV. die Gelegenheit beim Schopf und verlieh dem Litauer die christliche Königskrone.

Was bei den kulturfähigen Königreichen Polen und Ungarn glückte, die für sich wiederum Künder des Christentums geworden waren, glückte es im Falle Litauens nur in einem Prozeß von hundert Jahren. Kaum war der litauische Großfürst ermordet, zogen die litauischen Heiden schon wieder ins relativ ruhige Livland hinein, so mußte 1263 Pernu sterben. Bald entstand das wiederaufgebaute Neu-Pernu, oder “Uus-Pärnu”.

Als eigentlicher Reichsgründer war erst der Großfürst Gedimin anzusehen, der ab 1316 in Litauen regierte. Unter seiner Herrschaft konnte auch Litauen durch Eroberung von Weißruthenien und Wolhynien im Osten Litauens vergrößert werden, denn der russische Großfürst Alexander Newskij lebte seit einem halben Jahrhundert nicht mehr.

Wohl nicht ermutigend für den Deutschen Orden war das Bündnis eines Heidenstaates, was Litauen immer noch war, mit dem christlichen Königreich Polen. Aus europäischer Sicht stabilisierte sich Litauen bis der Enkel des litauischen Fürsten Gedimin, Jagiello, sich taufen ließ und durch Einheiratung ins polnische Königshaus zu einem Mitglied in der europäischen Staatengesellschaft wurde. So wurde verhindert, daß der Deutsche Orden dauerhaft litauischen Boden betrat.

In diese Entwicklung hinein kommt das Jahr 1343 und der "St. Georgs Aufstand der Esten in Reval."

Der Orden auf der Höhe der Macht

Das Land der südlichen Westbalten ist christianisiert, das Gebiet der heidnischen Prussen zwischen Memel und dem polnischen Königreich ist in der Hand des Ritterordens. Die heidnisch-prussische Bevölkerung ist getauft. Größere Sorgen bereiten den Ordensleuten die Litauer, sie sind nicht aufgesplittert in viele völkische Gruppen, wie die Prussen, die viele Namen hatten. Die Litauer hatten zuerst einmal einen starken Fürsten, auch später die christlichen Litauer, vor allem aber, sie sind zuerst einmal - Litauer.

Der Orden hatte in Preußen einen Gegner, die Litauer. In Livland aber hatte der Orden zwei Gegner, die Litauer und den Bischof. Der livländische Schwertbrüderorden hatte sich nach seinem Niedergang mit dem Deutschen Ritterorden vereinigt, dieser, wie der Bischof, unterstanden dem Papst. Nun hatte sich der Orden nicht gerade beliebt gemacht, als er 1299 in bischöfliches Gebiet einfiel und bis nach der Insel Ösel vorstieß. Auch im Bistumsgebiet des Rigaer Bischofs, seit 1255 Erzbischöfliches Gebiet, nahmen sich die Ordensleute mehr Rechte als ihnen zustanden. Handfeste Kaufmannsinteressen steckten natürlich dahinter und der Kaufmann hatte das Geld. Deshalb trieben die Ordensleute auch ihren eigenen Handel und alle späteren Auseinandersetzungen haben etwas damit zu tun, in Reval, Riga, Elbing oder Danzig. Dort in den traditionell ältesten Gebieten des Deutschen Ordens um Danzig, Elbing und Thorn, stellten sich später sogar die deutschen Städte unter den Schutz des polnischen Königs. Der Orden war dann aus wirtschaftlicher Auszehrung, aus Gründen fehlenden Geldes zu Grunde gegangen.

Betrachtet man die Verhältnisse unter den Christen in den Baltenländern generell, so waren sie ein regelrechter Abglanz der großen Politik im Reich. Der kräftige, energische habsburgische Kaiser Rudolf starb 1291. Er hatte die volle Unterstützung des bayerischen Herzog Ludwig dem Strengen, weil er Rudolfs Tochter zur Gemahlin erhalten hatte. Ihm folgte Adolf von Nassau als deutscher König, ein Kandidat vom mittleren Rheingebiet, gewählt von den rheinischen Erzbischöfen. Nach sechs Jahren Regierung wurde Adolf von Kaiser Rudolfs Sohn, Albrecht, besiegt und getötet. Der Habsburger Albrecht aus den österreichischen Neulanden wurde von einem Habsburger aus den schweizerischen Altlanden umgebracht. Ihm folgte 1308 Heinrich VII. aus dem Fürstentum Luxemburg, das zum Reich gehörte, doch unter französischen Einfluß stand. Kaiser Heinrich VII, war bemüht die Reichsmacht in Italien wieder zur Geltung zu bringen. Es gab keinen Papst mehr in Rom, der Stuhl Petri war leer.

Eine ganz neue Periode in den Machtverhältnissen war angebrochen. Der Erzbischof von Bordeaux war 1305 unter dem Einfluß des französischen Königs zum Papst Klemens V, gewählt worden. Alle Wege der Reichspolitik gingen wohl immer noch nach Rom, zur Krönung Heinrichs kam eigens ein Legat des Papstes nach Rom. Auch Heinrichs Nachfolger Kaiser Ludwig der Bayer ging zur Kaiserkrönung nach Rom, doch ihn krönte nicht der Papst, auch kein Legat, mit dem Papst lag er im Streit, so war er der erste Kaiser, der vom Volke gewählt und im Namen des römischen Volkes gekrönt wurde.

Die unstete Politik im Reich hatte direkte Auswirkungen in Livland bei den Kontrahenten, dem Bischof und dem Orden. Auch das sogenannte "Babylonische Exil" der Päpste in Avignon war unheilvoll. Auch die Heilige Birgitta aus Schweden traf den Papst in Rom nicht an, und sie beklagte dies in vielfältigen Mahnungen, Schriften und Briefen, und forderte den Papst zur Rückkehr nach Rom auf. Dies geschah erst fünf Jahre nach Birgittas Tod 1373, solange mußte das Abendland mit Streit und Hader leben, der sich aus dem Gegensatz zwischen geistlicher und weltlicher Macht ergab. Die Birgittinen wollten auch ihren Teil zur Versöhnung beitragen, in Danzig und in Reval, im Süden und im Norden des Ordenslandes hatten sie ein Kloster gegründet und von Finnland bis Spanien gab es 74 Birgittinenklöster.

Man hatte in Livland gehofft, nachdem der Erzbischof von Riga und der Landmeister von Livland 1294 kurz nacheinander gestorben waren, es würde Frieden einkehren. Doch der neue Landmeister von Livland, Heinrich von Dumpeshagen versuchte, den Bischof Bernhard von Dorpat und andere Bischöfe gegen den Erzbischof einzuschwören, es gab zu dieser Zeit über 30 Ordensburgen in Livland. Der Erzbischof betete dagegen in den Kirchen Rigas öffentlich, um "die Vertilgung des Ordensmeisters und seiner Ritter". Er und seine Getreuen scheuten nicht einmal davor zurück, litauische Hilfe zu erbitten.

Unter ihren Nachfolgern ging der Streit in die heiße Phase und zum Schluß war die Ordensburg zerstört, der Erzbischof Johann in Gefangenschaft auf der Burg in Wenden und wurde dann auf die Burg Fellin-Viljandi gebracht. In Riga herrschten die unchristlichen Brüder, es war praktisch in litauischer Hand. Der Hochmeister mußte kommen und dem Landmeister von Livland helfen, in acht Gefechten und in achtzehnmonatiger Zeit konnten die Bewohner Rigas und die Litauer bezwungen werden, 1296 war Papst Bonifatius auf den Heiligen Stuhl in Rom gekommen und es gibt nicht eine Urkunde, wo der Papst Livland auch nur erwähnt hätte.

Im Mai 1298 erfolgte ein neuer Einfall der Litauer unter ihrem Großfürsten Witen in das livländische Ordensgebiet, der damit dem Hilfeersuchen des Erzbischofs von Riga folgte. Landmeister Bruno zog gegen die Litauer, als ihm dann auch noch eine Wehrmannschaft aus Riga in den Rücken fiel, kamen viele Ordensritter und auch der Landmeister Bruno ums Leben. Der litauische Feind hatte mit Hilfe eines christlichen Erzbischofs über das Ritterheer des Deutschen Ordens gesiegt. Nun erst kam eine Bulle vom Papst, die aber wirkungslos blieb.

Das Haupthaus des Deutschen Ordens stand in Venedig. Man sah die Notwendigkeit den Hochmeistersitz nach Preußen zu verlegen. In Memel wurde dieser Plan einstimmig beschlossen und als der Orden in Venedig Ärger mit dem Papst bekam, der den Orden beschuldigte, am Überfall Venedigs auf Ferrara beteiligt gewesen zu sein und über Venedig den Bannfluch legte, da wurde der Hochmeistersitz 1309 nach der Marienburg verlegt.

Der Hochmeister wohnte auf der Marienburg zusammen mit den vier Ordensgebietern: dem Großkomtur, dem Verwalter, dem Spittler, dem Trapier als Aufseher des Hauswesens und dem Treßler, dem die Vermögensverwaltung oblag. Hochmeister war Siegfried von Feuchtwangen, aus dem heutigen bayerischen Franken. Er überlebte die Streitsache Livland nicht, im Jahre 1311 trat als neuer Hochmeister Karl von Beffart aus Trier das Amt an. Die Sache Livland wurde immer noch zwischen Erzbischof und Deutschem Orden beim Papst in Avignon verhandelt und der Erzbischof erreichte einen Bannspruch gegen den Orden. Doch dann kam wieder das Wohlwollen des Papstes Klemens V.. Er erhielt dafür vom Orden 4000 Goldgulden. Mehrere Kardinäle erhielten 487 Goldgulden und ein weiterer wurde mit 100 Gulden geschmiert, wie gut daß es den Treßler gab, den buchführenden Finanzoberen des Ordens. Um aber an die Kardinäle heranzukommen, waren Geschenke von goldenen Trinkbechern, Trinkgefäße aus Silber im Werte von 90 Goldgulden, und weitere 417 Golddublonen notwendig, für diverse Dienstleistungen und Fürsprachen.

Papst Klemens V. starb und zwei Jahre lang konnte man sich auf keinen Nachfolger in Avignon einigen. Die Auseinandersetzungen in Livland gingen weiter. Landmeister wechselten und auch der Hochmeister. Dann war Johannes XXII. 1316 mit der Papstwürde versehen worden. Dessen erste Amtshandlung war die Anmahnung der alljährlichen Zahlungen von Geldsummen an den Heiligen Stuhl, einschließlich der Zinsen. Er mahnte auch zur Lösung aller Bündnisse, die gegen die Kirche in Riga gerichtet seien.

Wie sehr äußere Einflüsse das Geschehen in Livland beeinflußten, konnte man daran erkennen, daß mit einem Mal alle Probleme in Livland gelöst schienen, nachdem der König von Böhmen beim Papst vermittelt hatte. Kaiser Heinrichs Sohn Johann hatte die Tochter des böhmischen Königs geheiratet, so wurde die luxemburger Herrscherlinie auf dem böhmischen Thron in Prag begründet, zu denen Kaiser Karl IV., Kaiser Sigismund und König Wenzel zählten. König Johann bewirkte beim Papst Johannes XXII. eine gleiche Behandlung des Deutschen Ritterordens und der Bischöfe

Der Papst ernannte in verschiedenen Gebieten Deutschlands Erzbischöfe und Bischöfe zu "Erhaltern und Richtern des Deutschen Ordens." Alle Bedränger und Bedrücker des Ordens, die sich an dessen Eigentum vergingen oder ungerecht an ihm handelten, sollten streng bestraft werden. Der Papst erkannte den Kauf von Dünamünde durch den Orden als rechtsmäßig an und wies die Ansprüche des Erzbischofs von Riga energisch zurück. Damit erledigte sich mit einem Federstrich der höchsten Autorität in Avignon die Quelle allen Streites in Livland.

Ab dem Jahre 1320 tat sich für den Ordensstaat in Preußen eine neue Front auf, das Beispiel in Riga, wo Christen gegen Christen standen, machte Schule. Hier waren es die polnischen Bischöfe, die dem Orden Gebiete streitig machten, die dem Orden unterstanden. Vorher waren diese Gebiete der heidnischen Preußen aber keineswegs polnisch gewesen, so daß der Orden diese energisch verteidigte. Die Art der Auseinandersetzungen mit Litauern und Polen unterschieden sich nicht, es war der Hinterhalt, aus dem heraus die Ordensritter überfallen und bestialisch umgebracht wurden. Hinter dem allen stand der polnische König mit seinen Gebietsansprüchen.

Vom preußischen Süden her konnte der Orden stärker gegen die Litauer vorgehen, dort erhielten sie vom Reich, von Brandenburg und besonders vom König Johann von Böhmen Unterstützung durch immer neue Ritter. Auf der anderen Seite war Johann mit den Polen auch nicht gerade gut Freund, auch hier gab es Gebietsprobleme mit Polen.

Ein wichtiges Ziel der Ordensritter war Samaiten, die Landverbindung zu Livland und Riga abzusichern. So machten sich 150 Ritter auf den Weg, belagerten die Burg Bisten und nahmen sie ein. Doch im gleichen Zuge brachen die Litauer in das von Truppen entblößte Ordensgebiet ein und stießen bis zum Bistum Dorpat vor. Wie der Chronist Dusburg berichtete, wurde das Bistum verbrannt und mehr als 5000 Christen erschlagen. Wenn auch andere schreibende Zeugen ausgerechnet haben, daß es in dem Gebiet gar keine so zahlreiche Bevölkerung gab, Deutsche und Esten, Christen und Nichtchristen zusammengezählt, so wollte der Chronist nur ausdrücken, daß bald die ganze Bevölkerung durch die Litauer ausgelöscht wurde.

Der Hilfeschrei des Ordens ließ zum Glück Ritter aus dem Rheinland und Böhmen rechtzeitig anrücken, die nach Litauen vorstießen. Es herrschte im Winter 1322-23 eine so starke Kälte, "daß man von Dänemark bis Lübeck über das Eis gehen und reiten konnte", wie Jeroschin von Gadebusch im "Livländischen Tagebuch" zu berichten weiß. Der Kreuzzug blieb daher auf halbem Wege stekken und mußte umkehren.

In der Fastenzeit 1323 erstürmten dann die litauischen Samaiten mit einem Blitzstoß die Stadt Memel, erschlugen 70 Bürger, brannten die Stadt nieder und vernichteten alle Fahrzeuge und Schiffe. Lediglich die Ordensritterburg konnte sich halten und blieb von der Vernichtung bewahrt. Dann wurde berichtet, stürmten sie siegestrunken nach Wehlau und weiter ins Herzogtum Dobrin ein. Alle Dörfer und zehn Kirchen auf dem Wege wurden niedergebrannt. Neuntausend Menschen sollen als Gefangene verschleppt worden sein. Nach Dusburg und Jeroschin sollen in den beiden Jahren 20 000 Christen von den "Heiden" ermordet oder verschleppt worden sein.

Die Auseinandersetzung des Ordens mit dem Erzbischof in Riga war unterdessen in Anklagen, bestehend aus Dichtung und Wahrheit, weitergeführt worden, Gott sei Dank, hatte man im Papst wieder eine Obrigkeit gefunden und wir wissen, daß Papst Johannes XXII, bis zum Jahre 1334 lebte und regierte. So kam nach Beratung des Papstes mit seinen Kardinälen folgender Richterspruch zustande:

"Die Ordensritter sollen der Kirche zu Riga, den Bischöfen und Domstiften alles Entzogene zurückgeben und sie ferner in keiner Weise mehr belästigen. Sie sollen den Kirchenbau der Neubekehrten in keiner Weise behindern und diese nicht belästigen, sondern ihnen aufhelfen. Den Glaubenspredigern sollen sie Schutz und Sicherheit gewähren.

Wer diesem Gebot zuwiderhandelt, indem er solche Männer beleidigt oder anfeindet, den treffe der Bannfluch."

Alle Gebote und Verbote mußten vom Ordenshochmeister beschworen werden. So war mit diesen Warnungen und Ermahnungen für den Heiligen Stuhl diese Sache abgetan. Doch in den Bannfluch zu geraten war für jeden tödlich, denn man hatte sofort alle gegen sich, wie zum Beispiel den polnischen König. Und die Streitsache kam gleich anschließend vor das päpstliche Gericht. Nach der Verteidigung brach der bereits erkrankte Hochmeister Karl plötzlich zusammen und reiste in seine Heimat nach Trier zurück, um zu sterben.

Der Hochmeister war auf Lebenszeit gewählt und nach dem Tode des Hochmeisters Karl am 12. Februar 1324, ging man am 6. Juli 1324 in der Marienburg zur Wahl des neuen Hochmeisters, des Ritters Werner von Orseln. Vor dem Hochaltar der Schloßkirche zu Marienburg wurde er mit der Kleidung des Hochmeisters angetan. Dann rief auch schon die Pflicht, dem in der Ordensburg Christmemel von litauischen Truppen eingeschlossenen Komtur zur Hilfe zu eilen. Doch die Burgbesatzung hatte bereits durch einen Ausbruch den litauischen Angriff zurückgeschlagen.

Dann kamen beim Hochmeister zwei Nachrichten an, eine gute und eine schlechte. Der Papst schrieb dem Hochmeister, der litauische Großfürst Gedimin und mit ihm ein Großteil des Volkes wollten sich taufen lassen, es konnte auch eine schlechte Nachricht für die kampfesgewohnten Ritter aus dem ganzen Reichsadel sein, die sich hier richtig austoben konnten. Die zweite Nachricht, die während den Vorbereitungen für die Taufe kam, die Litauer sind unter Führung des Hauptmanns David von Garten in Masowien eingefallen und hatten 130 Dörfer niedergebrannt. Ein zweiter Heerhaufen war auf Befehl Gedimins in Livland eingefallen und hauste dort ebenso fürchterlich. Diese Nachricht, so schlimm sie auch war, mag doch mancher Ritter für eine gute gehalten haben.

Riga war wieder einmal der heilige Ort, dort sollte die Taufe stattfinden. Am 22. September 1324 erreichten die beiden zu den Taufzeremonien Abgesandten des Papstes, in Begleitung des Hochmeisters des Ordens und einer kleinen Gruppe von Rittern, die Stadt Riga. Als dann aber nicht Gedimin, sondern einige Edle des Landes Litauen im Auftrag ihres Herrn Gedimin eintrafen und erklärten, keineswegs wolle ihr Herr den Glauben seiner Väter verraten und wolle nie einen anderen Glauben annehmen, als jenen, in welchem seine Vorfahren gestorben sind.

Die päpstlichen Legaten waren verblüfft. Man hatte den Heiligen Vater düpiert und dieser hatte daraufhin den Deutschen Orden angegriffen. Es war eine der Schlammschlachten, die gegen den Orden geführt wurden, und die der Erzbischof oder einer aus seinem Gefolge führen konnte, ohne daß man erfuhr, wer dahinter steckte. Jedenfalls hatten die Verleumder bei Papst Johannes XXII., kein Glück. Erst als ihm 1334 Papst Benedikt XII. folgte, fanden die Verleumder des Ordens beim Papst Gehör, der den kaum wirksamen Bann gegen den Orden schleuderte.

Für die Entwicklung im Ordensland war wieder die große Politik im Reich von größter Bedeutung. König Johann von Böhmen stand zum Orden und er hatte als Luxemburger einen guten Draht nach Avignon. Johann hatte auch den wittelbachischen Kaiser Ludwig dem Bayern gegen die Habsburger mit einer Streitmacht geholfen. Das Verhältnis zwischen Prag und München war aber nicht mehr so gut, nun strebte König Johann danach seinem Sohn die Kaiserkrone zu verschaffen. Dies erreichte er auch mit tatkräftiger Hilfe der Päpste, die gegen Bayern stritten.

König Johann, der sehr aktiv am Kampf gegen die Litauer teilnahm, wartete nur noch ab, bis er die Lehensherrschaft über Schlesien und Masowien gegen den Widerstand der Polen erreicht hatte, das war im Jahre 1335 und im gleichen Jahr ging der Bannstrahl über den Orden nieder.

In diesen Jahren aber findet der Orden noch Fürsprecher in den Herzögen Semovit und Tryden von Masowien, sowie im Bischof Florian von Plock. Sie baten den Papst den Orden in Ruhe zu lassen, denn diese Ritter sind es vor allem, welche die Heiden fürchten und vor denen sie zurückbeben. Auch Bischof Eberhard von Ermland verteidigt die lautere Gesinnung des Ordens, nur in Livland und in Riga hält man aus ziemlich durchsichtigen Gründen nichts vom Orden.

In Polen ist es dem kujawischen Herzog Wladyslaw I. Lokietek-Ellenlang gelungen 1315 Polen, ohne Masowien und Schlesien, zu einen. Im Jahre 1320 läßt er sich in der neuen Hauptstadt Krakau zum König krönen. Durch Bündnisse festigt er sein Land, indem er seine Kinder nach Ungarn und nach Litauen verheiratet. Die Verbindung nach Litauen hin ist allseits eine große Überraschung, denn der litauische König Gedimin gibt seine Tochter Aldona dem polnischen Königssohn Kasimir zur Frau. Aldona wird getauft und erhält nach der Taufe den Namen Anna. Die beiden Herrscher haben sich gegen den Orden verbündet, bei der Hochzeitsfeier in Krakau beschlossen beide Könige ihren gemeinsamen Kampf gegen den Orden.

Jetzt muß der Hochmeister Werner von Orseln das Ordensland nicht nur nach Litauen hin, sondern auch gegen Polen absichern. Neue Ordensburgen werden gebaut, Bartenstein, Gilgenburg und Mohrungen sind als Städte im Aufbau und müssen durch Burgen gesichert werden, auch die Lünenburg wird als starke Wehrburg gebaut.

1326 bat der polnische König Wladyslaw die "Heiden" Litauens um Hilfe gegen den Orden und gegen den Markgrafen von Brandenburg. König Gedimin schickt dem Vater seines Schwiegersohnes 1200 litauische Reiter. Und was tut der Papst – Heiden im

Bündnis mit Christen gegen einen christlichen Orden - er duldet es. Der Orden erhält tatkräftige Hilfe von Kaiser Ludwig in München für den Kampf gegen die Litauer, doch das bayerische Haus Wittelsbach führt einen erbitterten Kampf gegen den Papst. Der Papst in Avignon belegt den Kaiser1324 mit dem Bann. Der Kaiser in München bleibt dem Papst auch nichts schuldig und erklärt den Papst in die Reichsacht. Beides bleibt im Grunde wirkungslos, bei den beiden größten Mächten des Abendlandes.

Böhmens König Johann, der noch mit dem Kaiser konform geht, unterstützt den Orden tatkräftig und kommt 1328 mit einem Heer. Er hat sogar seine Gemahlin Elisabeth und seinen Sohn, den Markgrafen Karl von Mähren dabei. Eine Schar erlauchter Namen hatten sich diesem Heerzug angeschlossen. Auch aus England waren Ritter gekommen. Der polnische König hielt sich zurück bei einem solchen Aufgebot, er wollte sich neutral halten.

Es war ein Heer, wie es dieser Kriegsschauplatz noch nicht gesehen hatte; mit 250 Ordensrittern an der Spitze und 300 Rittern des Böhmenkönigs, gefolgt von 18 000 Mann zu Pferde und eine riesige Schar Fußtruppen.

Die Reihe der Fahrzeuge mit den Vorräten, Waffen und Rüstungen war unübersehbar. Ziel war es dem Heidentum Litauens endgültig und für immer den Garaus zu machen. Bei der Burg Ragnit

Sturm auf eine Festung zur Zeit der Kreuzzüge

ging es über die Memel, im Raume Medeniken wurde am 1. Februar 1329 die heidnische Burg Medewageln gestürmt und dann erfolgte die Taufe bei den Überwältigten. Jetzt besteht die Möglichkeit endlich nach Livland durchzustoßen, da bringt ein Kurier Nachrichten, die den Heerhaufen umkehren läßt.

Der Kurier meldete dem Kreuzfahrerheer, daß der polnische König mit 6 000 Reitern ins Kulmer Land eingefallen war. Man machte kehrt, zog gegen den Polen. Die Festung Dobrin, mit polnischen Verteidigern, wurde genommen, Plock wurde beschossen, genommen und Herzog Wenzeslaw von Kujawien, der dem Bündnis mit dem Orden untreu geworden war, mußte sich dem König von Böhmen ergeben. König Johann machte durch Schenkungsbriefe und Erteilung von Rechten deutlich, daß der Orden mit seiner Hilfe auch gegen Polen rechnen könne, bevor er nach Böhmen den Heimweg antrat. Das polnische Verhalten fand auch bei den Ungarn unter ihrem Anführer Graf Wilhelm keine Zustimmung, sie verließen die bis dahin polnischen Verbündeten, weil sie nicht bei einer Sache mitmachen wollten, wo "mit heidnischer Hilfe" Christen bekämpft wurden. Schließlich schlug der polnische König einen Waffenstillstand vor, der natürlich nicht lange gehalten wurde. Zweihundert Jahre lang sollten sich Polen und der Orden bekriegen, dies war nur der Anfang.

Aus Livland war inzwischen die Mitteilung auf der Marienburg eingetroffen, daß das Ordensheer die Stadt Riga nach zwölfmonatiger Belagerung genommen hatte. Der Landmeister von Livland schrieb der Stadt die Friedensbedingungen vor. Zwei der vier großen Türme werden dem Orden überlassen. Anstelle des von den Bürgern Rigas niedergerissenen St. Georgshofes mußten diese nun ein neues Ordenshaus bauen. Und es war Tempo vom Orden gemacht, denn die Weisungen des Papstes aufgrund eines Beschwerdebriefes des Erzbischofs kamen zu spät, der Bau des neuen Ordenshauses war bereits in vollem Gange.

Helle Aufregung gab es gleich wieder, weil am Festtage der heiligen Elisabeth der Hochmeister Werner von Orseln von einem gemaßregelten Ordensritter erstochen wurde. Der Mörder kam vors Gericht und wurde für wahnsinnig erklärt. Nachdem man nicht wußte, was man mit einem Verurteilten, der wahnsinnig ist, machen sollte, so fragten sie beim Papst nach. Der ordnete an:

"Der Verbrecher soll sein Leben lang bei Wasser und Brot im Kerker gehalten werden, und diese seine Strafe gilt für Zeit und Ewigkeit".

Die Wahl eines neuen Hochmeisters erfolgte am 17. Februar 1331. Der bisherige Ordenstrapier und Komtur zu Christburg, Ludger, Herzog von Braunschweig, Sohn Herzog Albrechts des

Großen von Braunschweig, wurde zum neuen Hochmeister gewählt.

Der Krieg ging weiter, es kamen neue Anklagen gegen den Orden aus Riga und der Krieg mit Polen fand seinen Höhepunkt in der Schlacht bei Polwce. Das Ordensheer wurde eingeschlossen, Ritter gerieten in Gefangenschaft des polnischen Königs Wladyslaw. Er befahl die gefangenen Ritter völlig auszuplündern und "bis auf den letzten Mann umzubringen. "Unter den Getöteten befand sich der Großkomtur Otto von Bondorf, der Komtur von Elbing,

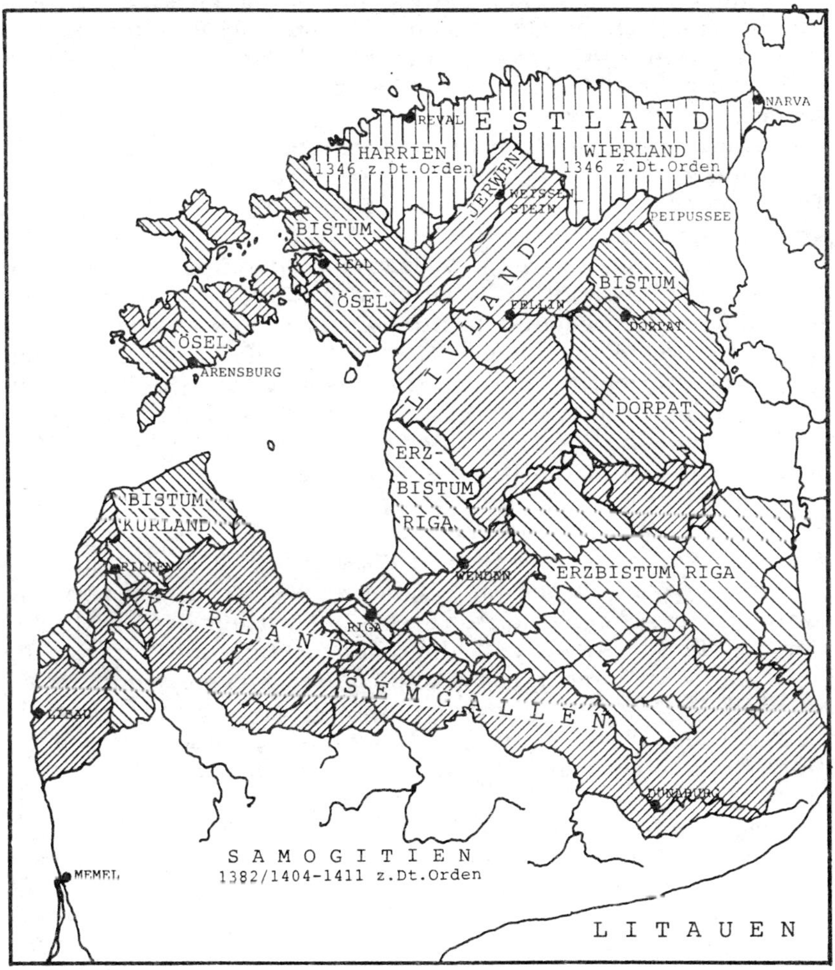

Gebiet des Deutschen Ordens 1226 - 1466

dann ein Ritter aus dem bayerischen Franken, Hermann von Oettingen, der Komtur von Danzig, Albert von Ore, und eine Reihe Gebieter. Lediglich Ordensmarschall Dietrich von Altenberg wurde das Lehen geschenkt.

Doch die Schlacht war nicht zu Ende, denn Landkomtur Otto von Luterberg und Heinrich von Plauen kamen mit ihren Streitkräften, und mit den versprengten Resten des Heeres stellten sie sich nochmals den Polen. Angesichts der erwürgten und verstümmelten Ritterbrüder kannte die Wut keine Grenzen und die Reste des polnischen Heeres konnten sich nur durch Flucht retten. Auf diesem Kriegsschauplatz mußten die Männer des Bischofs Mathias von Kujawien 4 187 Gefallene begraben lassen.

Erst das Jahr 1335 versprach friedlich zu werden. Doch unmittelbar nach Ostern verstarb der hochbetagte Hochmeister Ludger von Braunschweig und wurde nach seinem Wunsch und Willen in der Domkirche bestattet. Die Wahl des neuen Hochmeisters fiel auf Dietrich von Altenburg, der dem Orden bereits seit 35 Jahren in verschiedenen Positionen gedient hatte.

Wir dürfen nicht vergessen, daß neben den immerwährenden kriegerischen Auseinandersetzungen in dieser Zeit auch Städte entstanden und bedeutende Kirchen. In Elbing entstand neben der Altstadt eine neue Stadt, das Markttor und die Dominikanerkirche St. Marien. In Marienburg entstand das Mittelschloß, in Thorn die mächtigen Kirchen St. Johann, St. Marien und St. Jakob und in Frauenburg entstand der Dom, dort, wo später Nikolaus Kopernikus den klaren Himmel fand, um zu entdecken, daß die Erde eine Kugel ist.

Zu dieser Zeit entstanden auch in Königsberg, der königlichen Stadt des Böhmenkönigs Ottokar die drei Städte, die alle drei die böhmische Königskrone im Wappen trugen, so daß das spätere Wappen drei Kronen trug. Alle drei Städte wurden damals Mitglieder der Hanse: Die Altstadt, die Stadt der Bürger-Löbenicht, die Stadt der eingeborenen Prussen, die gute Christen geworden waren und der Kneiphof, die Stadt der Kaufleute, die das große Geld hatten. Hier saß der Bischof und hier entstand der Königsberger Dom, der heute nur noch als mahnende Ruine zum Himmel aufragt.

Ausgebrannt ist der einst heilige Raum des Chores, in dem gregorianische Gesänge erklangen, aber nach der Reformation zum Gedenkraum von weltlichen Herzögen degradiert wurde. Die heiligen Hallen des Kirchenschiffes sind heute ausgebrannt, die Gewölbe eingestürzt und mahnend ragen die Pfeiler nackt zum Himmel, sie füllten nach der Reformation auch nicht mehr die Kirchenhalle, sondern sie trennten die in die Kirche eingebaute Bibliothek

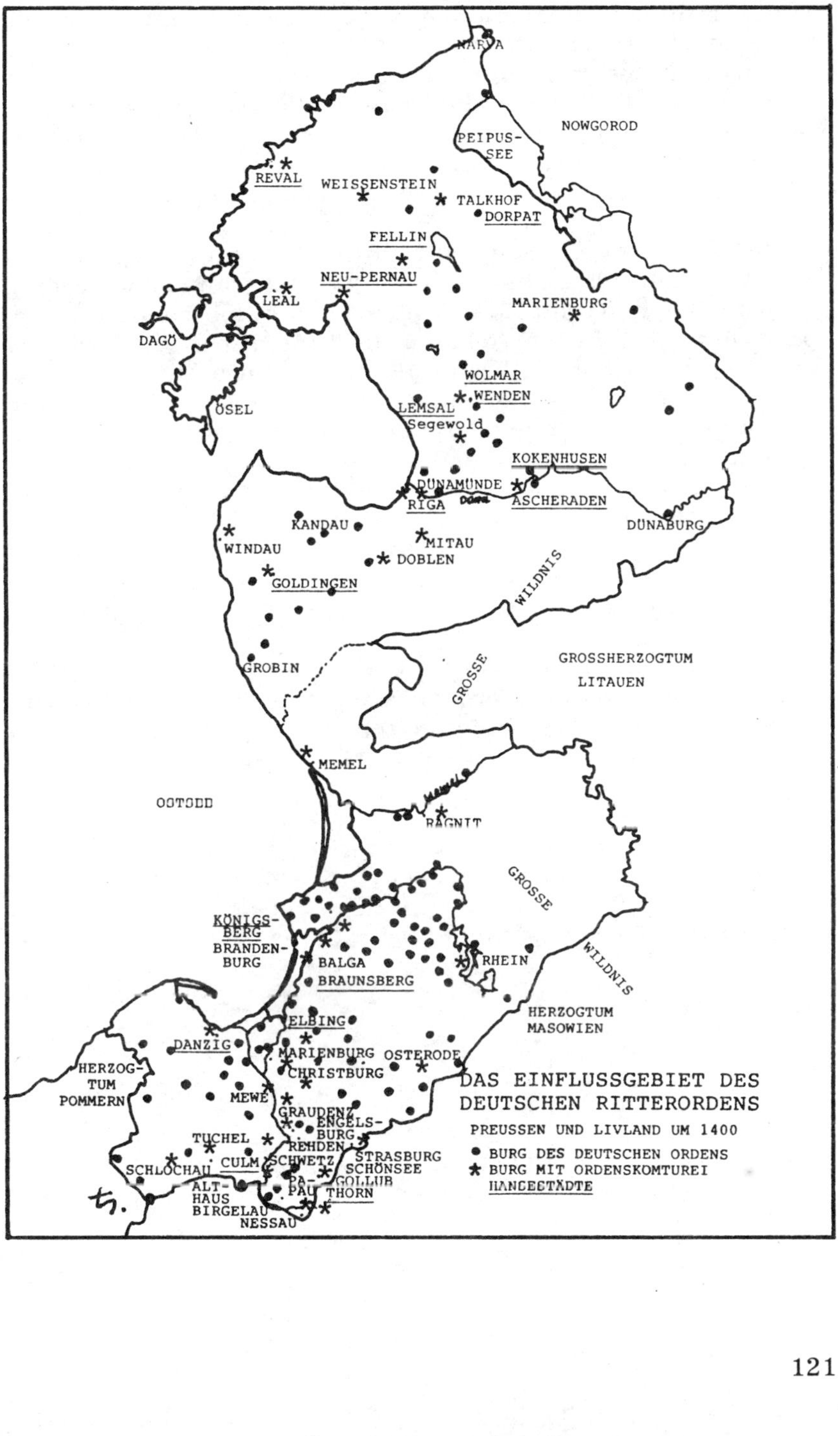

DAS EINFLUSSGEBIET DES DEUTSCHEN RITTERORDENS

PREUSSEN UND LIVLAND UM 1400

● BURG DES DEUTSCHEN ORDENS
* BURG MIT ORDENSKOMTUREI
HANSESTÄDTE

mitten im hinzugefügten Mauerwerk vom Kirchenraum ab. Die Reformation hat die baltischen Länder angeglichen. Auch in Dorpat/Tartu gibt es den gewaltigen Dom als Ruine. Einst war der Dom das Haus Gottes, ein Bollwerk des Glaubens. Die einen brüsten sich mit ihrem Atheismus, die anderen schämen sich ihres Glaubens an Gott. Sollte es nicht umgekehrt sein, fragt der tschechische Schriftsteller Jiri Havlicek, der in Prag den Kommunismus überlebte.

Dann aber sagt er: "Religion und Kunst sind Angelegenheiten der Seele. Vielleicht ist die Kunst in gewissem Sinne noch wichtiger als Religion, da mit Kunst weitaus mehr Menschen in Berührung kommen als mit der Religion; die Kunst also in viel größerem Ausmaße die Menschen beeinflußt, im Guten und im Bösen, je nachdem wie die Kunst beschaffen ist. Gute Kunst zu fördern sollte die vornehmste Aufgabe aller Vornehmen, sprich aller wahren Aristokraten der Seele und des Geistes, sein."

So gesehen hätten die Königsberger der leeren Hülle des Domes nach der Reformation, durch den Einbau der Bibliothek doch noch den Geist und die Seele angesprochen. Nicht anders ist es dem Dom in Dorpat-Tartu ergangen. Trotzdem, so merkwürdig es auch klingen mag, die einzige Rettung der Menschheit ist ihre Rückkehr zu Gott.

Trotzdem schmälerten die Geschehnisse, die Sehnsucht nach der Zeit der großen Hochmeister des Deutschen Ritterordens nicht, in der diese gewaltigen Gottesburgen entstanden. Die ostpreußische Dichterin Agnes Miegel hat diese Sehnsüchte in ihrem Gedicht an den Dom eingefangen:

"Der Dom - Lobgesang der Brüder, - ich führe Dich an,
Ich, der Dom zu Königsberg, der greise Ordensmann.
Ludger von Braunschweig mich zum Deutschherrn schlug,
Als Ludwig von Bayern des Reiches Krone trug."

LUDWIG DER BAYER

Kaiser des Heiligen Römischen Reiches

Ludwig entstammte einem bayerischen Grafengeschlecht, das durch den Stauferkaiser Friedrich Barbarossa wegen seiner Verdienste erhöht worden war. Der erste bayerisch-wittelsbachische Herzog war Otto, der sich im Kampf gegen die Lombardischen Städte, den Nachfahren der germanischen Langobarden, auszeichnete. So erhielt er dafür 1180 das bayerische Herzogtum, das vorher Herzog Heinrich der Löwe regiert hatte, neben seinem sächsisch-welfischen Herzogtum um Braunschweig.

Dem bayerischen Herzog Otto von Wittelsbach, folgte sein Sohn Ludwig I., der wegen der besonderen Bedeutung Bayerns zugleich Reichsverweser war. Er gewann für seinen Sohn Otto II. und für Bayern das rheinische Pfalzgrafenamt und die Rheinpfalz. Bei Abwesenheit des Kaisers hatte der Pfalzgraf ihn im Reich zu vertreten und der Kaiser war oft abwesend in Italien. Ottos Sohn war Ludwig II., Herzog von Bayern und Pfalzgraf bei Rhein, ein Mann zornig und eifersüchtig, daher der Strenge genannt. Als er aus Eifersucht seine Gemahlin Maria von Brabant umbringt, kann er die Würde eines Kaisers nicht tragen, daher unterstützt er mit seiner Stimme den unbedeutenden Grafen von Habsburg, Rudolf, wodurch der Grundstock für das spätere Habsburgerreich gelegt war.

Als dann Herzog Ludwigs Sohn sich der deutschen Königswahl stellt, läßt sich zur gleichen Zeit auch ein Habsburger von den Kurfürsten wählen, die zerstritten waren. Es gab nun zwei Könige, Ludwig, Herzog von Oberbayern und Friedrich, genannt der Schöne, Herzog von Österreich. Es mußte das Schwert entscheiden und Sieger blieb Ludwig, der vom Papst den Schimpfnamen "der Bayer" erhielt, weil sein Kandidat der Habsburger Friedrich gewesen war. Friedrich war seinem Vetter Ludwig aber später nicht mehr böse, er blieb in Bayern und ließ Ludwig regieren, bis er 1330 starb. Der Haß der Päpste aber blieb, doch dies hatte einen anderen Grund.

Zuerst waren die Päpste nicht mehr in Rom, sondern unter dem Einfluß der französischen Könige, in der sogenannten babylonischen Gefangenschaft. Dies beklagten nicht nur die heiligen Frauen, wie Katharina von Siena oder Birgitta von Schweden und ihre Tochter Katharina, sondern auch viele große Glaubensmänner im Abendland. Hinzu kam der zunehmende Druck auf die Bettelorden, den Franziskanern oder dem Orden der minderen Brüder, den Minoriten, die an den großen Universitäten als Professoren lehrten und das Armutsideal verkündeten.

An den Fürstenhöfen gab es eine Prachtentfaltung, auch am Hofe des Papstes in Avignon gab es Pracht und Reichtum, was die Pariser Professoren anprangerten und wegen Verfolgung zum bayerischen Kaiser Ludwig nach München ins Exil gingen. Da versammelten sich unter den Ordensmännern solche aus England, Italien und Deutschland und führten einen Papierkrieg wider Avignon. Andererseits versuchte die Umgebung des Papstes die Idee der Armut und des Teilens zu widerlegen. Man hörte nicht auf die Zeichen aus München, es war 800 Jahre zu früh. Noch heute haben die Deutschen Probleme mit dem brüderlichen Teilen.

Der Franziskaner Wilhelm von Ockham sagte in München seinem Kaiser: "Kämpfe du für mich mit dem Schwerte, ich werde für dich mit der Feder kämpfen." Dieser englische Gelehrte und Professor von der Oxforder und Pariser Universität blieb mit seinen Ordensbrüdern zeitlebens dem Kaiser treu, starb auch im gleichen Jahr wie der Kaiser und fand in München im Franziskanerkloster seine letzte Ruhe.

Der Kaiser erbat vom Papst in Avignon den Segen, den der Papst ihm verweigerte, er hatte nur Verachtung für ihn parat, er sprach in Schreiben nur vom "Ludovicus bavarus". Das Prädikat ein Bayer zu sein gilt seitdem in ganz Deutschland für ein Volk, das seine starke Bindung zum Boden von den keltischen Vorfahren geerbt zu haben scheint. Die rauhe, aber herzliche Art ist von den Kelten und das Festhalten an der Gerechtigkeit gaben ihnen die Römer mit auf den Weg. Mögen von den Germanen Eigenschaften auf die Bayern herübergekommen sein, der unverbrüchliche Glaube kommt aus Rom.

Mutig und unbeirrt ging Ludwig seinenWeg. Als Papst Johannes XXII. ihn 1324 mit dem Kirchenbann belegte, ließ Ludwig im gleichen Jahr von den Franziskaner-Gelehrten Anklage und Absetzung des Papstes formulieren. Ludwig klagte in der Sachsenhauser Appellation 1324 (200 Jahre vor Luther), den Papst der Ketzerei an und der Mißachtung des Armutsgebots Christi. Dann zog er nach Mailand, um sich am 30. Mai 1327 die eiserne Krone der Langobarden, die italienische Königskrone, aufzusetzen. Dann zog er weiter nach dem ewigen Rom, das Volk von Rom begrüßte ihn mit Jubelrufen, das war die erste Volkswahl eines Monarchen.

Zehn Tage später, am 17. Januar 1328, ließ sich der Herrscher aus Bayern in Gegenwart von fünftausend Rittern und sechsundfünfzig Bannerträgern zum Kaiser des Heiligen Römischen Reiches, Deutscher Nation krönen. Vier Monate später ernannte Ludwig dann den Mönch Rainalucci zum Papst und am 22. Mai setzten sich der Papst und Kaiser gegenseitig die Krone auf...

Nach der Rückkehr und beim Betreten bayerischen Bodens, gründet Ludwig dann "God ze lob und unser frawen zu ern" - Gott zu lob und unserer Lieben Frau (Muttergottes) zur Ehre - das Kloster zu Ettal. In diesem Jahre starb der Vetter Friedrich, Gegner aus früheren Tagen, mit dem Ludwig sich versöhnt hatte, mit einem Bruderkuß und einer heiligen Hostie hatten sie den Freundesbund besiegelt.

Ludwig gewann als Herzog nur von Oberbayern, auch Niederbayern dazu, sowie die Oberpfalz, Bayern bestand damals nur aus Altbayern. Durch Heirat seines Sohnes gewann er die Bayerischen Stammgebiete Tirol und Kärnten hinzu, die später wieder an das bayernstämmige Österreich kam.

Mit der ersten Ehegemahlin Beatrix von Glogau-Schlesien hatte er sechs Kinder. Als ihm die Frau starb, rüstete er sich mit 50 Jahren zu einer weiteren Hochzeit in Köln mit Hollands Grafentochter Margarete.

Aus dieser Verbindung sollten nochmals 10 Kinder hervorgehen. Als seine Frau Margarete starb, gehörte Holland als Erbe zu Bayern und dazu noch der Hennegau, auch holländisch-seeländisch-friesische Gebiete gehörten dazu. Generationen bayerischer Herzöge regierten dort in den Niederlanden an der nordischen See.

Heute besinnt sich Europa wieder auf Kaiser Karl den Großen, der in der Nähe Münchens geboren wurde, das Herzogtum Bayern unter seinen persönlichen Schutz nahm und sich gerne in der alten bayerischen Hauptstadt Regensburg aufhielt und urkundete. Maastricht ist heute das einigende Schlagwort in der Einigung Europas. Für die Bayern ist die Stadt Maastricht eine geschichtliche Gegend gewesen. Dort schlugen damals die Bayern eine Schlacht um ihren Besitz, der durch Vererbung später an Burgund ging. Doch später sollten bayerische Herrscher noch öfters Herrschaftsrechte dort oben ausüben, in Köln, Düsseldorf, Münster, Hildesheim, Lüttich und Brüssel. Auch um die neue deutsche Bundeshauptstadt Bonn, fanden Schlachten statt und sind bereits in Bayern geschichtlich registriert, bevor Beethoven diese Stadt berühmt machte. Die Staatsgäste wohnten in Schlössern, die bayerische Fürsten bauten, und der Frohsinn am Rhein, in Düsseldorf und Köln ist bayerischer Natur.

Der bedeutsamste Herrschaftsbereich aber den Kaiser Ludwig der Bayer erwarb, war die Herrschaft über Brandenburg. So kam ins historische Wappen der Mark Brandenburg das bayerische Weiß-Blau, neben dem roten Adler auf weißem Grund. Als die

Askanier in Brandenburg ausstarben, vergab Kaiser Ludwig 1323 diese Mark an seinen Sohn Ludwig den Brandenburger als erledigtes Reichslehen.

Ludwig V., der Ältere, Herzog von Bayern, Markgraf und Kurfürst von Brandenburg, hatte bis 1330 einen Vormund aus der Heimat seiner holländischen Stiefmutter, Berthold von Henneberg. Ludwig heiratete Margarethe von Dänemark. Er beteiligte seinen jüngeren Bruder, Ludwig VI., den Jüngeren oder den Römer, an der Regierung in der Mark Brandenburg, der Kunigunde von Polen heiratete und nach deren Tod mit Ingeborg von Mecklenburg verheiratet war. Der dritte Beteiligte an der Regierung der Mark Brandenburg war Otto V., genannt der Faule, Herzog von Bayern, Markgraf und Kurfürst von Brandenburg, verheiratet mit Katharina von Böhmen.

Der Vater Ludwig hat 16 Kinder, die er dynastisch verheiraten kann, manche Söhne heiraten zudem zweimal, da sie ihre ersten Frauen überleben. Ein weitreichendes Netz von Familienbande sichert die Nachkommenschaft und eine bleibende Macht der wittelsbachisch-bayerischen Dynastie. Auch diese Aufzählung ist noch nicht vollständig, denn der Sohn Albrecht heiratet Margarethe von Brieg und dann Margarethe von Kleve und Wilhelm die Mathilde von Lancaster.

Bei diesem Aufgebot weltlicher Macht glaubte das Oberhaupt der Christenheit, der 193. Nachfolger auf dem Stuhl Petri in Avignon, alle christlichen Tugenden außer Acht lassen zu können. Das heidnische litauische Heer zog in Hilfestellung für das christliche Heer Polens und brach vereinigt in das Gebiet des Markgrafen von Brandenburg ein. "Weltliches und Heiliges waren der Schändung preisgegeben." Den Angriff hatte der Papst angeregt, gegen den Herzog Ludwig V, von Bayern, den Markgrafen von Brandenburg.

1324 dehnte der Papst den Bann auf die Söhne des Kaisers aus, er wollte nicht ansehen, daß des Kaisers Söhne nach dem Aussterben der Askanier die Mark Brandenburg regierten. Daß der Kaiser erledigte Reichslehen vergibt, war durchaus üblich, hatte doch der Habsburger König Rudolf durch Totschlag an dem böhmischen König Ottokar II. regelrecht erledigte Reichslehen produziert und seinen Söhnen gegeben. So beschränkt konnte doch ein Kirchenmann in so hohem Amte nicht sein, es war also Bösartigkeit. Der Papst schickte Heiden um ein christliches Land zu befreien...zu befreien - vom Christentum?

Zum Verständnis der Vorgänge im Osten im Zusammenhang mit der Mission in Litauen und Umgebung genügt Logik bei weitem nicht. Diese Vorgänge waren letztendlich der Anlaß für kriegerische Auseinandersetzungen zwischen den beiden christlichen

Parteien, Polen und Deutsche, über 200 Jahre. Ganz offen kritisiert der Papst den Deutschen Orden, daß er den Überfall der Verbündeten Polens auf das Kulmer Land nicht einfach hingenommen hatte, sondern zurückschlug. Es war ganz offensichtlich, daß der Papst den Orden von der Seite Kaiser Ludwigs trennen wollte Der Kaiser ließ sich in seinem Handeln aber keinewegs beirren, er behielt jederzeit das Heft des Handelns in der Hand.

Im Jahre 1331 erhielt der Orden von Kaiser Ludwig dem Bayern, dafür, daß er in schweren Zeiten unverbrüchlich zu ihm gestanden war, die Bestätigung aller Privilegien, die bereits der Stauferkaiser Friedrich II, verliehen hatte, zudem alle Vergünstigungen, die spätere Kaiser dem Orden gewährt hatten. Es bestand eine ähnliche Situation Kaiser Friedrichs und nun Kaiser Ludwigs, beide förderten die Kreuzzüge, wie es die Kurie von der höchsten weltlichen Autorität verlangte, gleichzeitig fiel die Kurie den Kaisern in den Rücken und strengte einen unerbittlichen, zutiefst unchristlichen Kampf an.

Das Jahr 1333 brachte eine Klärung im Osten Europas, es gab einen Wechsel auf dem Thron des christlichen Königstums in Polen, Kasimir III. wurde König. Er löste Probleme mit Offenheit und Klarheit, wofür er von der Geschichte den Beinamen "der Große" erhielt. Er lehnte sich an Ungarn an, wo der ungarische König Karl Robert mit seiner Schwester verheiratet war. Für einen Moment wurde Ungarn zum Treffpunkt eines Gipfeltreffens modernen Zuschnittes.

Eigentlich war Ungarn in einer prekären Lage. Nach Ablauf von 200 Jahren seit dem ersten christlichen König Stephan und seiner bayerischen Gemahlin Gisela, hatte es 24 Herrscher in Folge gegeben, 1301 war kein männlicher Erbe mehr da, doch fand man bei den Böhmen einen Verwandten, den kleinen Königssohn Wenzel. Er ließ sich zum ungarischen König krönen und nahm die heilige Stephanskrone mit nach Prag, er hätte vom kultivierteren Prag die Ungarn regiert. Eine andere Interessengruppe in Ungarn hatte den Karl Robert von Anjou aus Neapel geholt sie waren reich und mit dem florentinischen Geld, welches sie mitbrachten, führten sie in einem Zuge die ungarische Währung ein, den Forint.

Dann entdeckte man den bayerischen Herzog Otto III.,von Landshut-Niederbayern, Sohn Herzog Heinrich XIII, und der ungarischen Prinzessin Elisabeth. Er, zur Hälfte von ungarischem Blute, sollte es sein, aber nur mit den ungarischen Reichsinsignien. Böhmen war mit dem Nachbarn Bayern gut Freund und gab gern die Kroninsignien wieder heraus, so kam also unser Otto auf abenteuerliche Weise durch Österreich in Ungarn an. Er wurde als Bela V. ungarischer König, doch auch er wollte seine Regierungshauptstadt Landshut nicht mit dem wilden Ungarn vertauschen. So wurde er auf dem Wege zu seiner ungarischen Braut entführt und konnte flüchten, erreichte nach Jahren wieder Landshut, mit dem Titel eines ungarischen Königs, jedoch ohne die Stephanskrone.

Karl Robert war jedes Mal als Gegenkönig gekrönt worden, nun aber nach zehn Jahren mit der richtigen Krone, galt es, er war König. Er entwickelte soviel Selbstbewußtsein, um im Jahre 1335 in seiner mächtigen Hochburg in Visegrad und der Wasserburg im prächtigen gotischen Palast am Donauufer ein mitteleuropäisches Gipfeltreffen zu veranstalten.

In Visegrad erschienen am 1. November 1335 außer den Königen von Ungarn und Böhmen auch König Kasimir von Polen, Herzog Rudolf von Mähren, Herzog Boleslaw von Schlesien, eine Reihe Erzbischöfe und Bischöfe, ferner eine Reihe edler Herren. Auch der Deutsche Ritterorden wurde geladen, es erschienen Heinrich Reuß, Landkomtur von Kulm, einer der gewandtesten Verhandlungsführer des Ordens, mit den Komturen von Kulm und Schwetz. Die Streitsache zwischen Orden und dem König von Polen sollte verhandelt werden.

Viele Wochen wurde verhandelt und die schiedsrichterliche Entscheidung brachte Kujawien und Dobrin endgültig zur Krone Polens, Kujawien war die Heimat von König Wladyslaws und wahrscheinlich auch die Geburtsheimat von König Kasimir. Pommern hingegen sollte in seinen alten Grenzen bis zur Weichsel dem Orden gehören. Dies wurde am 24. November 1335 im Friedensspruch bestätigt. Doch Kujawien und das Dobriner Land war in Händen des Ordens und mußte erst einmal geräumt werden, dies sollte geschehen, wenn der polnische König auch für Polen den endgültigen Verzichtbrief auf das seit über hundert Jahren im Ordensbesitz befindliche Kulmerland unterschrieben hatte.

Im Nachgang wurden dann von König Kasimir die Besitzstände geregelt. 1335 - 39 verzichtete Kasimir auf Schlesien, dafür verzichtete König Johann von Böhmen auf das Erbrecht an Polen, auf die polnische Krone. 1343 wurde der Vertrag von Kalisch geschlossen, der Orden gab das Dobriner Land und Kujawien heraus, im Gegenzug erhielt der Orden das Kulmer Land und Pommerellen. Zum Schluß gewann König Kasimir noch die Lehnsabhängigkeit Masowiens für Polen, auf die Böhmen und der Orden verzichtete. Damit wurde Masowien, wenn auch erst 1525 mit der Reformation und der Auflösung des Ordensstaates, eine fester Bestandteil Polens.

Alles war geregelt worden auf der Prunkburg des ungarischen Königs, aber das Wichtigste war doch bei diesem Gipfeltreffen der Handel und das Geld gewesen. Auffallend war, daß die österreichischen Herzöge als Anlieger nicht geladen waren. Das Treffen ging nämlich gegen Österreich und deren Stapelrecht, das ihnen allen Schaden zufügte. Warum die nördlichen Nachbarn auf den ungarischen König hörten, er, der mit dem Kapital der Florentiner Bankiers den Thron erlangte, in den Karpaten lagen Edelmetalle. In Kremnitz, in der Mittelslowakei, ließ er den Kremnitzer Golddukaten prägen, der fünf Jahrhunderte eine der stärksten Währungen Europas blieb.

Dieser Reichtum war es mithin auch, daß des ungarischen Königs Sohn, Ludwig I., der Große genannt wurde. Als nach dem Tode seines Onkels Kasimir auch noch die polnische Krone an ihn fiel, war Ungarn das Reich, das von drei Meeren umspült wurde, von der Ostsee, vom Schwarzen Meer und von der Adria, so schwärmen die Ungarn gerne heute noch. Die Realität war nüchterner, denn der einzige Reichtum, der ihm blieb, waren seine Töchter. Die Maria brachte Ungarn durch Heirat an Österreich und Böhmen. Die Hedwig, zweite Tochter König Ludwigs, hat Bedeutung für unsere Betrachtung des Baltenraumes, sie brachte Polen durch Heirat des Jagiello an Litauen.

Wir schreiben aber das Jahr 1335/36, Winter ist es, ein weiterer polnischer Einfall ins Ordensgebiet, der mit Klageschriften an Kaiser Ludwig dem Bayern und an die Könige von Böhmen und Ungarn beantwortet wird. Zu Pfingsten 1336 wurde zur Sicherung des Landes an der Memel die Marienburg gebaut, Städte wurden befestigt und die Städte Wehlau und Preußisch-Eylau wurden gegründet.

Böhmen - Bayern - Brandenburg und das Baltikum

Wenn auch die Söhne Kaiser Ludwigs als Markgrafen von Brandenburg an den Kreuzzügen gegen Litauen stark beteiligt waren, so war die treibende Kraft immer von Böhmen ausgegangen. Mit Ottokars gewaltigen Aufgeboten begann es, nach Norden gab es Möglichkeiten zur Ausdehnung. So zog König Johann von Böhmen, Anfang 1337, mit Herzog Heinrich dem Jüngeren von Bayern und einem großen Kreuzfahrerheer nach Preußen. Wieder begleiteten viele Fürsten und Grafen des Reichs das Heer. Auch der Herzog von Burgund, ein Enkel Ludwig des Heiligen, Herzog Wenzeslaw von Liegnitz und viele andere hohe Herren.

Der Hochmeister zog diesen erlauchten Rittern bis zur Kujawischen Grenze entgegen. In Leslau, der Kujawischen Hauptstadt, wurden sie von König Kasimir von Polen empfangen. König Johann von Böhmen bemühte sich nochmals um Frieden zwischen dem Orden und Polen. Nach dem erfolgreichen Kriegszug des Ordens gegen Samaiten 1337, der Landverbindung nach Livland, traf in Preußen ein Diplom von Kaiser Ludwig dem Bayern ein, in dem er "aus kaiserlicher Macht dem Deutschen Orden das ganze Land Litauen nebst Samaiten, Karsau und Rußland, soweit es Heiden innehatten, zum ewigen Besitz" überwies und den Hochmeister mit der Gerichtsbarkeit im gesamten Fürstentum investierte. Wie weit diese kaiserliche Gnade umgesetzt werden konnte, war eine ganz andere Frage, eine Frage von starken Verbündeten und eigener Macht.

Die Macht des Ordens schwand, der böhmische König Johann, alter Verbündeter des Ordens, wurde an den Augen krank und erblindete 1340 ganz. Jetzt konnte der polnische König ungehemmt aufrüsten. Der Papst wurde wieder aktiviert, die alten Gegnerschaften wurden wieder aufgebaut, Prozesse geführt. Doch an der heißen Front wurde es etwas ruhiger, weil die Tatareneinfälle Polen und Litauen beschäftigten. So kamen ruhige Jahre bis zum Tode des Hochmeisters Dietrichs von Altenburg und seiner Beisetzung in der St. Annenkapelle der Marienburg.

Ludolf König, Großkomtur von Weizau, wurde zum neuen Hochmeister ernannt. Seine wichtigste Aufgabe sah er in der Wiederherstellung des Friedens mit Polen. Er reiste durch das Land, um sich von seinem und seiner Bewohner Zustand zu überzeugen, und er gestand den Stammpreußen das preußische Recht in vollem Umfange zu. In Danzig übernahm er die Schirmherrschaft über den Bau der Marienkirche, wie Gralath schreibt, "un des edifices les plus remarquables du nord - einer der bemerkenswertesten Bauten des Nordens."

Als Kaiser Ludwig der Bayer dem Orden Litauen geschenkt hatte, mag der litauische König Gedimin laut gelacht haben, doch nun lachte er nicht mehr, er war 1341 gestorben. Sein Reich wurde auf seine sieben Söhne aufgeteilt. Statt eines großen Gegners hatte nun der Orden sieben kleine Gegner, von denen man nicht wußte, wie gefährlich sie waren. Zuerst hatten die Litauer noch zu tun, da sie ihr Land nach dem Osten, gegen die Russen, absichern mußten. Bald aber wandten sich Olgjerd und sein Bruder Kynstutte nach Westen gegen den livländischen Orden, um ihn zu vernichten.

Als der Landmeister in Livland die drohende Gefahr erkannte, erbat er Hilfe von seinen Brüdern in Preußen. Doch der Hochmeister hatte an den übrigen Grenzen genug zu tun und konnte sich keine Heerfahrt nach Livland leisten. Zudem bestanden in Livland und besonders in dem nördlichen Teil, im dänisch beherrschten Estland, völlige Unklarheit über die Besitzverhältnisse. Des Kaisers Ludwig dem Bayern Sohn, Ludwig der Brandenburger, Herzog von Bayern, Markgraf und Kurfürst von Brandenburg, hatte eine gute Partie mit seiner Gemahlin gemacht, der dänischen Prinzessin Margarethe. Dänemark beherrschte an der Ostsee überall Stützpunkte und wäre nicht die Hanse zu einer Konkurrenz geworden, dann hätte es auch noch die unbeschränkte Führungsmacht Dänemark gegeben.

Zu den Besitzungen gehörte auch Estland. Die Dänen waren hier Statthalter, einst vom Bischof von Riga gerufen, hatten die Esten unterworfen und christianisiert. Sie setzten Bischöfe ein, bauten Burgen und vor allen Dingen galt ihre Statthalterschaft nicht dem Machterhalt, sondern dem Handel. Die Hauptstadt Reval war schon 1285 der Hanse beigetreten, zu einer Zeit der ersten Stunde dieses Handelskartells, das hohe Gewinnspannen versprach. Lübeck war die Zentrale, Rostock, Wismar, Greifswald, Stettin und Elbing waren von Anfang an dabei, Riga bereits zwei Jahre vor Reval. Reval lag auf halbem Wege nach Nowgorod, wo die Deutschen in dieser Neustadt, nach älteren deutschen Quellen Groß-Neugarten, den St. Petershof gründeten. Es war das Zentrum des Handels zwischen Rußland und den Ostseestädten, besonders für Rauchwaren und Wachs.

Seit über 100 Jahre saßen die Dänen in Estland, ohne daß sie besondere Ambitionen für dieses Land entwickelten. So kam es, als Estland auf dem Erbwege an Otto, den Erbprinzen von Dänemark gefallen war, er dieses Land 1333 an seinen Schwager Markgraf Ludwig von Brandenburg, als Heiratsgut seiner Schwester Margarethe übereignete. Damit erteilte er Ludwig die Erlaubnis, dieses Land zu vertauschen oder zu verkaufen, wenn ihm das Geld als Aussteuer lieber gewesen wäre. Auf jeden Fall könne er mit Estland machen was er wolle.

Markgraf Ludwig von Brandenburg ließ das Land vorerst weiter von einem dänischen Statthalter verwalten, er hatte bei dem Volk in der Brandenburger Steppe genug Sorgen und sehnte sich eher nach dem schönen Bayernland. Zur Unterstützung in Brandenburg hatte er bereits seine beiden Brüder Ludwig den Römer und Otto den Faulen an der Regierung beteiligt.

Der dänische Statthalter ließ Korruption und Willkür einreißen, so daß sich die Bewohner 1339 beschwerten. Nachdem der neue Herr des Landes sich noch nicht sehen ließ, war die nächste Autorität der damals in Livland amtierende Landmeister Eberhard von Monheim. Bei ihm lief die Beschwerde ein, und er wäre dazu bereit gewesen den Esten Hilfe zu leisten. Die Hilfe verstand der Landmeister natürlich so, daß der Orden die Dänen aus dem Land jagt und das letzte Stück Livland in die Herrschaft des Ordens übergeht, der dieses Land bereits besaß, dann aber wieder abgeben mußte.

Kaiser Ludwig der Bayer bekam Kenntnis von dem Vorhaben des livländischen Landmeisters und schickte eine Warnung an den Hochmeister in der Marienburg. Er legte dem Hochmeister Dietrich von Altenburg klar, daß Estland seinem Sohn dem Markgrafen von Brandenburg gehöre und der Orden das Land befrieden könne, aber dann wieder an den Markgrafen oder an den König von Dänemark zurückgeben müsse. Daran hatte natürlich der Hochmeister wenig Interesse, nur für andere die Kohlen aus dem Feuer zu holen, um die Esten ging es den Beteiligten weniger.

Nun war dem Markgrafen Ludwig von Brandenburg seine dänische Gemahlin Margarethe im Jahre 1340 gestorben, deren Heiratsgut Estland gewesen war. Jetzt hielt den bayerischen Herzog Ludwig nichts mehr in diesem brandenburgischen Land, keine Markgrafenherrschaft und keine Kurfürstenwürde, ihm ging es, wie es heute noch einem Bayern in Berlin geht - er will heim nach München. Sollten sich doch seine Brüder mit diesem Volk in der Mark herumärgern. Ludwig äußerte sich so:

"Seit langem sorge ich mich, wie ich dieses Volkes und der abscheulichen Gegend auf schickliche Art ledig werden möchte..."

Für den Orden in Livland eröffnet sich die Möglichkeit Estland käuflich zu erwerben. Es wurde verhandelt und der Orden entschloß sich zum Erwerb des Landes, zu den angebotenen Bedingungen. Der dänische König verhandelte mit dem Orden, denn Markgraf Ludwig von Brandenburg hätte man erst heranholen müssen.

Auf den dänischen Thron war dem König Christoph II. wieder ein Waldemar gefolgt. Ab dem Jahre 1340 war Waldemar IV. König in Dänemark, mit dem Beinamen "Atterdag", Andern-Tag genannt, weil er diese Redewendung oft gebrauchte. Waldemar also führte die Verhandlungen des Verkaufs, und er schloß auch den Kaufvertrag mit dem Orden ab. In diesem Vertrag wurden dem Orden Estland mit den Räumen Harrien, Wirland und Allentaken, sowie die Burgen und Städte von Reval, Wesenberg und Narva übertragen, es war im Jahre 1341. Als Kaufpreis waren 13 000 Mark in Silber, in wertvoller Kölnischer Währung, vereinbart worden.

Wie sehr es an der Ostsee noch ehrenwerte Herren und Könige gab und nicht nur die obligatorischen Seeräubermanieren, sah man daran, daß König Waldemar IV. Atterdag keine Mark des Kaufgeldes anrührte, sondern das Geld an den Markgrafen in Brandenburg übergeben ließ. Wir wissen, daß Ludwig bald von Berlin ins bayerische Herzogtum zurückkehrte. Bereits 1342 hatte er eine neue Frau, auch wieder eine Margarethe, die Tiroler Gräfin Margarethe Maultasch. So fügte er mit ihrem Erbbesitz von Tirol und Kärnten noch zwei weitere bedeutsame Titel hinzu und angesichts des Geldes lebte es sich in den Hauptstädten Innsbruck und München vorzüglich.

Die beiden Brüder hielten in Brandenburg noch aus, doch im Jahre 1351 starb der Herzog in Bayern, Markgraf und Kurfürst von Brandenburg, Ludwig VI, der Römer, deshalb so genannt, da er, während des Aufenthaltes seines Vaters Kaiser Ludwig, in Rom geboren worden war. Er wurde in dem Franziskanerkloster in Berlin beigesetzt und kehrte als einziger nicht in seine Heimat zurück. Sein Bruder Otto aber hielt es in Berlin aus. Der Vater Kaiser Ludwig der Bayer war 1347 gestorben und fand im Münchner Mariendom seine letzte Ruhe. Ihm folgte als Kaiser der Böhmenkönig Karl IV., Sohn König Johanns von Böhmen. Karl hatte großes Interesse an einer Ausdehnung seines böhmischen Stammlandes und besonders interessierte ihn Brandenburg. Er gab vorerst einmal dem verbliebenen Markgraf Otto 1366 seine Tochter Katharina zur Frau. Otto lebte seitdem zumeist in Prag, weil die Böhmen eine ähnliche Heimatliebe kennen wie die Bayern. 1373 läßt sich Otto von Kaiser Karl überreden, Brandenburg mit der für Böhmen wichtigen Kurstimme, zu verkaufen. Der letzte Wittelsbacher in Berlin, Otto, genannt der Faule, nur weil er als Bayer den Frieden liebt und deshalb in Berlin sich nicht beliebt machen konnte, erhält von seinem Schwiegervater Kaiser Karl IV., die verhältnismäßig hohe Geldsumme von 100 000 Gulden.

Markgraf Otto kehrte danach als letzter nach Bayern zurück, weil seine Frau Katharina aus Prag nicht mitgehen wollte, ging er allein. Er richtete sich behaglich auf der Burg Wolfstein bei Landshut ein, auf der Burg, auf der einst Konradin, der letzte Staufer geboren wurde. So war er der letzte Brandenburger, führte mit einer Müllerstochter, der Gretl, ein süßes Leben, und er ist auch dort gestorben.

Nachzutragen ist noch, er war nicht der letzte Wittelsbacher, der im Norden regierte. Die dänischen Könige hatten oftmals keine Erbsöhne, so folgte dem König Waldemar IV. Atterdag, der minderjährige Olaf auf den Thron. Nach dem Tode Olafs kam dann seine Mutter Margarethe 1387 in die Regierung, sie war eine Tochter König Waldemars. Diese Dronning Margrethe, wie man in Skandinavien sagt, vereinigte die drei Königreiche Dänemark, Norwegen und Schweden in der Kalmarer Union. Sie gab die Regierung an ihren Neffen Erich VII. von Pommern weiter, und dieser wiederum an seinen Neffen Christoph von Bayern – dänisch Christoffer af Bayern. Christoph Herzog in Bayern und wittelsbachischer Pfalzgraf, war der Sohn des Neuburger Pfalzgrafen Johann von Neumarkt, sein jüngstes Kind. Christoph wurde 1440 bis 1448 König von Dänemark, Norwegen und Schweden. Er machte Kopenhagen zur Hauptstadt, schuf die ersten endgültigen Gesetze in Skandinavien, doch Auswirkungen seiner Politik auf die Baltenstaaten sind nicht bekannt.

Er war nicht der letzte Wittelsbacher im skandinavischen Herrschaftsbereich, denn im 17. Jahrhundert kommt die größte nordische Macht, Schweden, unter die Herrschaft der Wittelsbacher. Diese Wittelsbacher von der bayerischen Rheinpfalz wurden schwedische Könige und beeinflußten die Geschichte Estlands, Livlands und die Geschichte ganz Osteuropas nachhaltig.

Herzogtum Bayern im 10. Jahrhundert

ESTLAND UND DER ST. GEORGSTAG ODER DIE JÜRIÖÖ-NACHT

In der Geschichte zählen selbst die unvollendeten Taten. Die Dänen in Estland spielten mehr eine Statthalterrolle. Es lag daran, daß Dänemark in seinem Stammland genügend eigene Probleme hatte, als daß es sich mit vitalen Problemen beschäftigen konnte und wollte. Daß die Dänen in Estland saßen, entsprang einfach der Tatsache, daß sie von altersher eine Seemacht waren. Vitale Interessen hatten die in Finnland expandierenden Schweden, die bereits im Lande Livland sich befindenden deutschen Ordensleute und die östlichen Nachbarn, die Russen, die aber vorerst noch mit sich selbst beschäftigt waren.

Estland war verkauft worden, an den Orden und über den Kaufpreis nennen die Quellen unterschiedliche Summen, zwischen 13 000 und 19 000 Silberstücke. Trotz des Kaufes blieben zunächst die dänischen Beamten und königlichen Räte in Estland im Amte. Um die Besitzansprüche durchzusetzen, mußte es auf Seiten des Ordens eine energische Führung geben, doch der Hochmeister Dietrich von Altenburg war gestorben und der Meister von Livland Eberhard von Monheim hatte abgedankt. In dieser Situation kam alles in Unordnung.

Hinzu kam die Gefahr aus dem Osten. Der erste Fürst von Moskau, der Ivan hieß, wurde 1325 Großfürst von Wladimir und seit 1328 nannte er sich bereits Großfürst der ganzen Rus. Als er 1340 starb, folgte ihm Ivan II., der Schöne. Daß der Osten nicht untätig war, zeigte sich in den kriegerischen Auseinandersetzungen des Livländischen Ordens mit dem Befehlshaber von Pskov. Der Bischof hatte sich zum Schutze erst 1342 in Vastseliina, in der Nähe des Pleskauer Sees, eine Burg gebaut.

Schlimmere Bedrohung kam aber von den litauischen Fürsten und 1343 entbrannte der Krieg gegen Litauen vollends. Der Orden sah bereits wie der sichere Sieger aus, als aus der Heimat ein Kurier eintraf und einen Aufstand der Estländer meldete.

Danzig wurde in diesem Jahr 1343 das Recht einer deutschen Stadt verliehen, so konnte man an die größte Aufgabe herangehen, die Grundsteinlegung zur Basilika St. Marien in Danzig, der gewaltigen Kirche, die wir heute noch bewundern können. Da begannen die Esten oben im Norden einen Aufstand, der auf längere Sicht aussichtslos war, nur weil man mit Hilfe aus dem Russischen rechnete, doch den Vorstoß aus Pskow hatte der Orden rechtzeitig erkannt.

Am Tage des heiligen Georg ging die Revolte der Esten los. Dieser Aufstand ist als "St. Georgs-Aufstand" in die Landesgeschichte eingegangen. Die Ordensvögte von Ösel, Moon und Dagö hatten ihren Sitz in Peude. Der Bischof hatte sich erst 1340 die Burg und das Schloß Arensburg erbaut. Die Esten zerstörten 1343 die Ordensvogtei Peude und töteten den Vogt Arnold mitsamt seinem Konvent. Auf der zerstörten Ordensburg wurde später die Peuder Kirche erbaut.

Auf Reval rückten alleine 10 000 Esten an, die Dänen riefen die Kreuzritter zur Hilfe. Bereits in der ersten Nacht dieser Erhebung fielen 1 800 Deutsche den Dolchen der Aufständischen zum Opfer, Kirchen und Klöster, Frauen und Kinder wurden nicht von dieser Aufstandsfurie verschont.

Das Ritterheer wurde aus Litauen sofort zurückgerufen. Burchard von Dreyleben war neuer Landmeister in Livland geworden. Er versuchte zu vermitteln, zwischen den 10 000 Aufständischen, die um die Burg Reval lagerten und den bedrängten Dänen. Als die Belagerer aber erklärten, daß sie Reval vom Erdboden vertilgen und alle Bewohner, wie in der Umgebung schon geschehen, umbringen wollten, ließ der Landmeister mit seinen gepanzerten Rittern angreifen.

Alle Aufständischen, die um Reval herum lagerten, wurden in einem Gemetzel ohnegleichen niedergemacht. Gegen die schwerbewaffneten und gut gepanzerten Ritter hatten sie keine Chance.

Aufständische Esten, wirtschaftlich und politisch benachteiligte Esten, die rechtlos waren, nur niedere Ämter und Stellungen bekleiden durften, aufständische Bauern, ein Heer, ein Estenheer mit einer Hauptmacht gegen Reval, wer und wie es war, beschäftigt den Historiker. Die Auswertung erfolgt natürlich je nach Ideologie. Wir können nur ganz bescheiden fragen, um was es ging und was dabei herauskam, für die Menschen und für das Land.

Die Jüriöö-Nacht, wie sie in die Landesgeschichte eingegangen ist oder auch die St. Georgsnacht, samt der ganzen Erhebung, war es gegen die Dänen gerichtet, was unterschied die Dänen und Esten?! War diese Revolte gegen die christlichen Besatzer gerichtet oder gegen die deutschen Ritter, lange geplant und wohl organsiert? Es muß eine Frage bleiben, wenn nicht ein Hauptakteur hinter der Sache steht, der eine Niederschrift hinterläßt, welche Beweggründe er hatte, wie es zum Beispiel beim Preußenkönig Friedrich II. im 18. Jahrhundert der Fall war. Er überfiel Sachsen und mordete die Menschen dahin, weil er in die Zeitungen und in die Geschichte kommen wollte, positiv oder negativ, dies kümmerte ihn nicht. Die Geschichte gab ihm dennoch das Prädikat der Große.

Rechneten die Esten mit den Russen, wollten sie damals schon unter russische Oberhoheit, wie die Bayern nach dem verlorenen Krieg 1866 gegen Preußen, unter die Preußische Hoheit kamen? Die Geschichte fragt nicht nach dem, was die Unterlegenen wollen. Bayerns König Ludwig I. sagte auch lange voher, wir wollen Deutsche sein und Bayern bleiben, und danach waren alle Bayern Preußen-Deutsche.

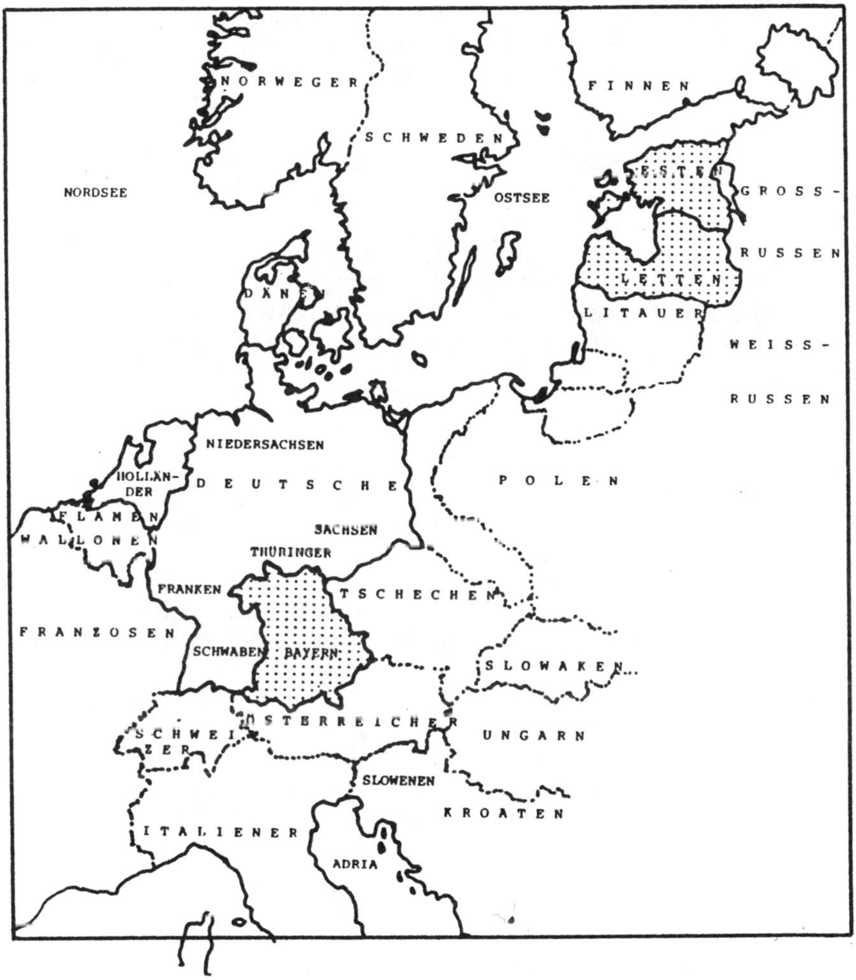

Bayern und das Baltikum

Wollten die Esten keine Christen sein, ein zurück war damals nicht mehr möglich, ein staatliches Gemeinwesen ohne die Klammer des Christentums, wäre das Chaos gewesen. Die Russen waren außerdem gleichfalls Christen und sie kamen als die letzten Herren nach Estland.

Daß das Aufbegehren ausgerechnet am Tage des heiligen Georg begann, hatte schon Methode, war doch der heilige Ritter Georg für die Kreuzritter der dominierende Patron, für zahlreiche Ritterorden. Der römische Offizier, der wegen seiner christlichen Tapferkeit zum Märthyrer wurde, war bereits als Kämpfer gegen den Drachen seit dem 11. und 12. Jahrhundert verehrt worden. Für die griechische Kirche, somit für die orthodoxe Kirche, war er einer der großen Soldatenheiligen. In Bayern ist heute noch besonders ausgeprägt der "Georgi-Ritt", St. Georg zu Pferde mit rotem Kreuz auf weißer Fahne, zum Segnen der Pferde.

Erinnert wird man auch mit diesem Tage an die St. Georgsbrüderschaft in den 8 Artushöfen rings um die Ostsee herum, Mittelpunkt einer Geselligkeit und Freundschaft, die an die Tafelrunde König Artus von Wales-England anknüpfte. Diese St. Georgsbrüderschaften gab es in Danzig, Elbing, Culm, Thorn, Braunsberg, Königsberg, Stralsund und in Riga. In Riga wurde der Artushof später zum Haus der schwarzen Häupter umbenannt und diese Schwarzhäupter-Vereinigung gab es in Reval auch. Sie wurde gebildet von unverheirateten deutschen Kaufmannsgesellen, die zur Verteidigung der Stadt eine berittene Truppe aufstellten. Gegen wen hatten diese Gesellen die Stadt Reval zu verteidigen, gegen die Esten? Nein! Gegen wen denn? Gegen den Orden auf der Burg in der Oberstadt! Sie verteidigten die Kaufmannsstadt unterhalb dem Burgberg gegen Übergriffe durch den Orden.

So einfach waren die Fronten und auch die Kaufmannsinteressen nicht einzuordnen. Wir wissen, daß in den westpreußischen Städten eine Gegnerschaft zum Orden entstand. Im 15. Jahrhundert schlossen sich die deutschen Städte Thorn, Elbing und viele andere Städte unter der Führung Danzigs zusammen und stellten sich gegen den Deutschen Orden. Sie zerstörten die Burgen des Ordens und verjagten die Ritter. Sie verbündeten sich mit dem polnischen König und bekämpften den Ritterorden, der sie vorher gegen den polnischen König in unzähligen Kämpfen in Schutz genommen hatte.

Danzig, die deutsche Stadt, ging sogar soweit, daß sie mit einer Streitmacht auf den Schiffen gegen die deutsche Stadt Königsberg Krieg führte, nur weil Königsberg dem Deutschen Orden freundlich gegenüberstand. Steht man vor den Ruinen der mächtigen Burgen von Thorn und Elbing, nicht Heiden zerstörten sie, auch nicht Polen, nein, es standen Deutsche gegen Deutsche.

Kaiser Ludwig der Bayer überreicht das Rautenbanner an Hochmeister Dietrich von Altenburg, 18.12.1337

Die Geschichte sucht seinesgleichen, heute noch bilden die Deutschen eine sonderbare Nation. Und der gewissenhafte Mensch, der in die Geschichtsabläufe schaut, sei vorsichtig mit den Bezeichnungen wie "der Deutsche", gleich muß man fragen, welcher? Im Deutschen Ritterorden und unter den deutschen Siedlern in Preußen, gab es so viel wie keine Süddeutschen, keine Schwaben und Österreicher bis zur Reformation, und Bayern auch danach nicht. Es war, wenn man so sagen darf, eine sächsische Angelegenheit.

Die Dänen in Reval jedenfalls hatten endgültig genug von den chronisch aufsässigen Esten, sie überließen nun endgültig dem Deutschen Ritterorden das Terrain. Die Dänen ernannten den Landmeister Burchard von Dreyleben zum neuen Landesherrn. Sie übergaben ihm Reval, Wesenburg und die gesamte umliegende Landschaft.

Der Landmeister schickte sogleich dem Hochmeister einen Bericht und erbat eine Verstärkung seiner Streitmacht. Reval war frei, doch im Lande war noch starker estnischer Widerstand und sie drohten aus Rache, in Livland alle Christen zu erschlagen. 700 Ritter unter Führung von Heinrich Dusmer, Komtur von Strasburg, ritten nach Harrien, dem Zentrum des Aufstandes. Sie schlugen den Aufstand nieder, setzten dann nach der Insel Ösel über, hier hatten die heidnischen Estländer kurz vorher 500 Christen vor den Schanzen "erwürgt". Für sie wurden nun 2000 Heiden niedergemacht.

Die Dänen, von den Kämpfen ausgezehrt, überlassen auch die Burg in Reval mit der Oberstadt dem Livländischen Orden. Die Unterstadt bleibt im Besitz der Gilden. Zwei Jahre lang noch toben im Lande die Kämpfe, dann 1345 hatte der Orden auch diese für sich entschieden. In folgenden Jahren der Ruhe im Lande, gibt es in Estland, ja in ganz Livland, eine stark aufwärts gerichtete wirtschaftliche Entwicklung, unabhängig von der großen Welt dort draußen.

DIE GROSSEN HERRSCHAFTEN IM SPÄTMITTELALTER

Auf dem Höhepunkt der Ordensmacht

Immer neue Wogen fremdländischer Eroberer überrollten das Land der Balten, doch gegenseitig führten sie keine Kriege, wie es im übrigen Europa in immer neuen Kombinationen der Fall war. Seit dem Tode des großen Stauferkaisers Friedrich II. 1250 gab es in Deutschland und in ganz Westeuropa Unruhe und politische Wirren. In Osteuropa dagegen ist ein Aufstieg und eine Festigung mächtiger Staaten mit modernen Institutionen festzustellen.

Seit 1342 regierte König Ludwig der Große von Ungarn in seinem Königreich bis zum Jahre 1383, also über eine Zeit von 41 Jahren. Sein Herrschaftsbereich umfaßte auch Kroatien, Dalmatien und die Slowakei. Ähnlich lange regierte König Kasimir der Große von Polen seit 1339, über 31 Jahre lang. Sein Herrschaftsgebiet reichte weit in den russischen Osten hinein. Der dritte König Karl von Böhmen und Mähren regierte seit 1333. Er gelangte darüber hinaus zur deutschen Königskrone und wurde, nach dem Tode des bayerisch-wittelsbachischen Kaisers Ludwig, zusätzlich mit der Kaiserkrone erhöht. Seine Regierungszeit erstreckte sich über 45 Jahre.

Die Hauptbühne des politischen Geschehens liegt zunehmend nördlich der Karpaten und östlich der Elbe. Auch die Dynastie der Wettiner vergrößert durch die östlichen Marken den sächsischen Machtbereich. Auch in der Geisteswelt gibt es einen ungeahnten Aufschwung, die Universität Prag wird 1348 als erste Universität im Reichsgebiet gegründet. Ihr folgt die Universität in Krakau 1364, dann folgt 1365 Wien und als vierte die Universität Pecs-Fünfkirchen 1367 in Ungarn.

Im Ostseegebiet herrscht seit 1340 der Dänenkönig Waldemar IV. Atterdag über eine lange Zeit von 35 Jahren. Da wir schon beim Aufzählen sind, nennen wir auch den ganz Großen auf dem Stuhl des Ordenshochmeisters, Winrich von Kniprode, der 1351 den Höhepunkt in der Regierung des Deutschen Ordens markiert und 31 Jahre lang den Hochmeisterstuhl besetzt hält, wo doch der Wechsel in so kurzen Abständen, im Amte des Hochmeisters diesem Ordensgebiet wenig Ruhe brachte.

Diese Zeit des kulturellen Aufschwungs war auch für die Baltenländer gekommen. Die Zeit der Romanik, die Zeit des schweren lombardischen Bauens, des Einflusses der Baukunst von Italien und der römischen Antike. Von Frankreich her war die geistige Kraft des geistlichen Ordens der Zisterzienser über ganz Europa bis hinein nach Osteuropa gegangen. Selbst vor den Toren von Reval war im 12.-13. Jahrhundert das Zisterzienserkloster Padise entstanden. Nun kam gleichfalls aus einem Kloster in Frankreich die Idee eines neuen Baustils, der Gott und den Glauben an Gott dem Schöpfer selbst in der Architektur Ausdruck verleiht, indem man die Bögen zu Spitzbögen erhöht und die Kirchenschiffe so hoch baut, daß man einen Teil des Himmels mit eingeschlossen zu haben glaubte.

So wie die gewaltigen Gotteshäuser wachsen, so wächst auch die Macht der Fürsten. Einer der Fürsten im Norden ist der dänische König Waldemar IV. Atterdag, er ist der Herr über die Gestade der Ostsee. Ihm war es gelungen, nach dem Niedergang des dänischen Königreiches, durch die Thronstreitigkeiten, die verlorenen Glieder wieder an das Stammland zurückzubringen. Der zweite Machtfaktor als Ostseeanrainer war der Ordensstaat des Deutschen Ritterordens, dessen Besitzungen von Estland bis nach Pommern reichten. Der Orden war damit beschäftigt, die schwache Führung im Hochmeisteramt zu beheben und das Land wieder unter einem kräftigen Hochmeister aufzurichten. Zum 13. Dezember 1345 trafen die Ordensoberen zur Wahl eines neuen Hochmeisters in Marienburg ein. Galt die Wahl eines Hochmeisters auf Lebenszeit, so war dies ein in der Geschichte noch nicht vorgekommener Fall, daß der Hochmeister Ludolf König das Amt freiwillig niederlegte. Als seinen Nachfolger konnte man nur einen Ordensmarschall wählen, der sich fähig erwiesen hatte, den Ordensstaat zusammen zu halten. Wer war da besser geeignet, als der ehemalige Komtur von Strasburg, Heinrich Dusmer von Arffberg, er hatte mit seinen 700 Rittern den Estenaufstand im hohen Norden bezwungen.

Heinrich Dusmer von Arffberg kümmerte sich als neuer Hochmeister um die Nöte in seinem Lande. Die Viehzucht, besonders aber die Schafzucht, wurde gefördert. Die Städte Marienwerder, wie Elbing, das die bedeutendste Hansestadt damals war, bevor es von Danzig überholt wurde, diese beiden Städte wurden durch zahlreiche Bauten erweitert. Der Thornsche Tuchhandel erlebte eine Blütezeit. König Kasimir von Polen öffnete den Thornern für alle ihre Handelswaren, insbesondere aber für Tuche, den freien Markt seines ganzen Landes.

Gegen die Litauer wurde an der Pissa im südlichen Sudauen eine neue Ordensburg gebaut mit dem Namen Johannisburg, so daß auch dieses Einfallstor des Feindes ins Ordensgebiet verschlossen war. Der Hochmeister war auch bemüht, das Gerichtswesen zu vervollständigen, um in den aufstrebenden Städten Ruhe und Ordnung zu sichern. Besonders in den neugewonnenen Gebieten von Estland galt es allmählich, die Gewalt, die dort in der Zeit des Aufstandes herrschte, die zur Macht des Ordens geführt hatte, wieder in friedliche Bahnen zu lenken. Aus Macht mußte Recht werden, und die Bürger und Gilden in Reval machten ausgiebig davon Gebrauch. Sie hatten am Ende sogar eine eigene Armee und schlossen sich mit Befestigungen gegen die Oberstadt des Ordens ab, die eigentlich ihre Herren waren.

Diese schwierigen Estenlande und das ganze Livland erhielten einen neuen Meister, Goswin von Herike. Auch ihm war aufgegeben, das vom neuen Hochmeister erlassene Recht umzusetzen. Ein Beispiel für die Rechte und Begnadigungen durch den Hochmeister war die Stadt Tuchel. Sie war im Schutze der Ordensburg entstanden und erhielt vom Hochmeister die besondere Genehmigung, für jede ihrer Hofstätten einen Garten und zwei Morgen Wiesenland bereitzustellen und sie für immer dem jeweiligen Hause und dessen Bewohnern zuzusprechen. Dafür mußte die Stadt alljährlich zu Martini sechs Eimer Honig liefern.

Gemeinsam mit seinen Helfern in den verschiedenen Ordensämtern gelang es dem Hochmeister, das Land wieder aufzurichten. Es kam der Spätsommer des Jahres 1346, und es sagte sich hoher Besuch beim Hochmeister an. Überraschend kam König Waldemar von Dänemark in Begleitung seines Bruders Otto und des Herzogs Erich von Sachsen-Lauenburg. Waldemars Bruder Otto hatte den Wunsch, in den Orden einzutreten. Dies war der versöhnliche Grund gewesen, sonst hätte sich der König nicht sehen lassen dürfen, denn er nannte sich ganz stolz immer noch Herzog von Estland. Hatte denn der Orden ganz umsonst bei der Niederwerfung des Estenaufstandes seinen Kopf hingehalten, die Dänen hatten doch den Orden als neuen Landesherrn schon längst anerkannt?

Das Selbstbewußtsein des dänischen Königs machte es erforderlich, mit ihm, der höchsten Autorität, darüber zu sprechen und das Thema Estland war daher auch der eigentliche Grund des hohen Besuchs beim Hochmeister. Wenn König Waldemar schon in die Höhle des Löwen ging, so hatte er sich die beiden hohen Herren, den sächsisch-lauenburgischen Herzog und seinen königlichen Bruder als Zeugen mitgebracht. Es ging um Estland, um seines Bruders Otto Erbgut, welches dieser seinem Schwager, dem bayerischen Markgrafen Ludwig von Brandenburg, als seiner Schwester Margarethes Heiratsgut, übertragen hatte. Ludwig war aber inzwischen seine dänische Frau gestorben, ihm war es schon in Brandenburg zu kalt, und er sehnte sich nach den heimatlichen

Alpen zurück. Estland war ihm da schon gar kein Begriff und er verzichtete. Es ging also darum, wird man mit dem Orden des Handels einig, so ist Estland beim Orden und der dänische Otto gleichfalls. Man einigte sich; am 29. August 1346 wurde der Kaufvertrag über Estland abgeschlossen und am selben Tag wurde Otto im Orden eingeführt. König Waldemar überließ nun endgültig das ganze Land und das unbedingte Eigentumsrecht darauf dem Orden, für die Summe von 19 000 Mark in "Cölnischen Gewichtes". Der Markgraf Ludwig begnügte sich mit 6 000 Mark in Silber für seine Ansprüche, so daß der Orden das Land für insgesamt 25 000 Mark in Silber gekauft hatte.

Seine Zustimmung mußte auch der oberste Herr des Ordens erteilen. Nachdem Estland endgültig in feste Hände des Ordens kam und somit nicht nur der Christenheit gewonnen war, sondern auch der römisch-westlichen Kultur, so stimmte auch Papst Clemens VI. dem Kauf zu. Nun mußte noch der Konvent darüber befinden, es war im Orden nicht wie bei einem Fürstenstaat, wo man Länder erbt, Länder kauft und der Fürst nach Laune entschied. Der Orden hatte eine moderne Verfassung, wie es den Völkern erst nach der Befreiung durch Napoleon zuteil wurde.

Auf dem Konvent im Juni 1347 wurde die neue Erwerbung Livlands zur Diskussion gestellt. Das Land erschien dem Orden aber so fern und nachdem er es nicht aus der fernen Distanz verwalten konnte, wurde es dem Orden von Livland gegen Erlegung einer Kaufsumme von 20 000 Mark in Silber mit der Bedingung übergeben, daß der Hochmeister es zu jeder Zeit gegen Zahlung der gleichen Summe zurückerhalten könne. So war also dieses Kapitel erledigt und damit ging für Estland eine über hundert Jahre lange Herrschaft zu Ende. Der Anfang vom Ende war der Angriff der Esten auf die Dänen im Lande gewesen. Hatten sie nun bessere Herren bekommen, dies sollte die Zukunft zeigen.

Estland - Ordensland

Mit dem Jahre 1346 begann die Herrschaft des Ordens über Estland. In Estland sollte 215 Jahre lang der Livländische Orden die Geschicke des Landes bis zum Jahre 1561 bestimmen. In den über 200 Jahren regierten 34 Komture in der Stadt Reval. Das Stadtrecht hatte Reval bereits von den Dänen 1248 erhalten. Es war nicht das Culmische Recht, das im preußischen Ordensstaat üblich war, welches in Reval galt, es war das lübische Recht der Hanse. Die Entwicklung führte zur Blüte der Hansestadt und besonders der

Handel mit Rußland brachte Reichtum für die Stadt Reval, die dann 1361 zur wichtigsten Hansestadt wurde.

Das Land wurde entwickelt und Schutzburgen errichtet, die noch heute diese Zeit estnischer Geschichte, wenn auch als Ruinen, symbolisieren. Als letzte wurde die Ordensburg Tolsburg von dem Ordensmeister Johann Wolthus von Herse gebaut. Sie wurde zum Schutze gegen Seeräuber errichtet, eine Friedensburg, die Fredeburg. Erst Herses Nachfolger Bernd von der Borch änderte den Namen in Tolesborch, dieser Name ist ihr geblieben. Sie war die letzte Burg des Ordens und die erste, die 1558 von den Russen erobert wurde.

Estland bestand damals nur aus dem ehemals dänischen Gebiet, dem nördlichen Teil des heutigen Estland. Der südliche Teil des heutigen Estland bildete mit dem heutigen Lettland das damals sogenannte Livland, nun kamen die nördlichen Gebiete hinzu und das gesamte Livland erreichte so seine größte Ausdehnung. Der Orden befand sich auf dem Höhepunkt seiner Macht. Im ganzen Land wurden Kirchen gebaut, Pernau-Pernu und acht weitere Städte gegründet.

Zusammen mit der Hanse beherrschte der Orden in Livland in seinen Ostseegewässern den Handel. Als der Dänenkönig Waldemar IV. Atterdag in Gegensatz zur Hanse gerät und die bis dahin wichtigste Handelsstadt im Ostseeraum, Wisby auf der Insel Gotland, zerstört, rückt die Hansestadt Reval 1361 zur Nummer Eins auf. Die kriegerischen Auseinandersetzungen, Niederlagen und Gebietsverluste, die der Ritterorden in Preußen und Litauen erleidet, beeinflußt die günstige Entwicklung in Livland nicht. Dies ermöglicht das Erblühen der Hansestädte im Norden des Herrschaftsbereiches des Ordens.

Währendessen der Orden sich in Estland noch mit den Aufständischen herumschlug, waren vom preußischen Ordensstaat im Süden aus Entlastungsangriffe gegen Litauen geführt worden. Es würde doch etwas anders ausgeschaut haben, wenn die volle Wucht der Angriffe der Litauer auf Livland und damit auf Estland zum Tragen gekommen wäre. Die livländischen Ordensleute waren zu schwach,um dagegen zu halten und die heidnischen Litauer machten erbarmungslos alles nieder.

Dem Deutschen Orden gelang es während des ganzen 14. Jahrhunderts nicht auf Dauer in Litauen Fuß zu fassen, ja nur eine dauerhafte Landbrücke zwischen Preußen und Livland zu schaffen. In der Regel fanden zweimal im Jahr Heerfahrten ins litauische "Heidenland" statt, Anfang Februar und Mitte August. Hohe Adlige beteiligten sich an den Heerfahrten, um "gegen Christi Feinde und der eigenen Seligkeit willen den Lohn des Himmels zu verdienen."

Manchmal fiel ein bißchen Glanz auf diese trüben Veranstaltungen. So hatte sich König Johann von Böhmen schon zum dritten Male angesagt, ein dem Orden sehr gewogener Monarch. Die Versammlung der Fürsten mit ihren Truppen fand bereits bei Breslau statt. Im königlichen Gefolge jedesmal sein Sohn Karl, Markgraf von Mähren und später Kaiser des Reichs, dann König Ludwig von Ungarn, Graf Günther von Schwarzburg, der spätere Gegenkaiser gegen Karl IV. für ein halbes Jahr, von der bayerischen Partei gestellter Nachfolger Kaiser Ludwigs.

Von den bayerischen Wittelsbachern war der Markgraf Ludwig von Brandenburg, Sohn Kaiser Ludwig des Bayern, dabei. Das bayerische Haus erweist sich dem Orden gegenüber dankbar, besonders mit Privilegien. Graf Wilhelm IV. von Holland war ebenfalls schon zweimal dabei, er kam aus den Niederen-Landen, die als Erbgut der Margarethe von Holland, der Gemahlin Kaiser Ludwig dem Bayern, an das Herzogtum Bayern kam. Graf Wilhelm von Holland verdankten die Kaufleute des Ordenslandes die Privilegierung ihres Handels in den niederländischen Grafschaften und Herzogtümern.

Einmal kommt Nachricht, daß sich die Litauer gegen Livland gewandt haben, im Bunde mit den Samaiten die Gebiete von Mitau, Riga, Neuermühlen bis hinunter nach Segewalde verwüstet hätten. Dann fielen die Litauer nach Gerdauen ins Ordensland ein. Dies trifft gerade mit dem Eintreffen eines Kreuzfahrerheeres zusammen, Anfang 1348 aus Deutschland, Frankreich und England, das aufbrach und mit dem Aufgebot des Deutschen Ordens 22 000 Kämpfern, die Litauer bei Kauen-Kowno schlug. In der Ordenschronik heißt es: "Für den Herrn und seine gebenedeite Gebärerin, die Jungfrau Maria, haben sie 10 000 der Ungläubigen und mehr erschlagen."

Das Ordensheer fiel nun in Samaiten ein. Sechs Tage lang wurde "das gesamte Gebiet zwischen Pregel und der Dobissa verheert, ausgeplündert und ausgebrannt." Dies war im Frühjahr und im Sommer wurde der Kampf gegen die "Heiden" fortgesetzt, als neue Streitkräfte aus Deutschland und dem übrigen Europa herankamen, ging es gegen die heidnische Schutzfestung Welun, deren Besatzung von 1 500 Mann sich ergab.

Die äußeren Verhältnisse des Ordens waren nicht rosig, denn 1347 war Kaiser Ludwig der Bayer gestorben, der dem Orden zahlreich seine kaiserliche Gunst erwies. Der Nachfolger auf dem Thron des Reiches war Karl IV., Sohn des inzwischen verstorbenen König Johann von Böhmen, der selber einige Male in Begleitung seines Vaters auf Heerfahrt in Preußen war. Auch er schenkte dem Orden seine Gewogenheit, nicht aber der Papst

Clemens VI., der kein Verständnis für die Nöte des Ordens aufbrachte.

Die Hochmeister müssen in erster Linie Sorge tragen für die Sicherheit des Ordensstaates und sie erhalten Unterstützung aus allen Ländern im Westen und Süden. Sie müßen aber auch Sorge tragen für ein gedeihliches Leben der Menschen in ihrem Lande und der wirtschaftlichen Basis. Der Hochmeister vergißt auch nicht, nach Rückkehr vom siegreichen Zug gegen die litauischen "Heiden" in Königsberg ein Kloster zu bauen, gewidmet der Schutzpatronin, der heiligen Jungfrau Maria.

Ein Strafgericht des Himmels

Neben Thorn, Elbing und Danzig war es mehr und mehr im nördlicheren Königsberg, zu stetem Anwachsen des Handels gekommen. Königsberg erhielt um diese Zeit die gleichen Handelsrechte, wie die anderen vorgenannten Städte.

Mit zunehmendem Reichtum, auch Genußsucht, Wohlleben und Schwelgerei wuchsen Probleme eigener Art. Der Hochmeister mußte den reisenden Ordensbrüdern den Aufenthalt in den Städten des Landes verbieten. Besonders vor Elbing mußte er sie warnen, wo allem Anschein nach, Gastmähler und Saufgelage an der Tagesordnung waren.

Die Spuren der vergangenen Kriege wurden zunehmend durch neue Ansiedlungen und Landvergaben an Einzöglinge verwischt. Neue Städte wurden gegründet: Seesten, Sensburg und Schippenbeil und der Aufstieg schien unaufhaltbar, doch da zeigte eine ausbrechende Seuche 1350 den Menschen dieser Gebiete ihre wahre Grenze.

Die Pest, die aus Asien eingeschleppt worden war, forderte allein in England 50 000 Tote, Polen und Skandinavien wurden ähnlich verheert. Dann erreichte die Seuche das Ordensland und in ihrem Gefolge kam der Tod. Während das preußische Ordensland vom Süden auf dem Landwege von der Seuche überzogen wurde, so wurde sie in Livland und in Estland, über London und Dänemark, vom Meer her eingeschleppt und breitete sich dann über Nowgorod bis nach Moskau weiter aus. Ganze Landstriche wurden im Ordensland von der Seuche entvölkert. In einem Jahr starben in Danzig über dreizehntausend, in Elbing gegen sechzehntausend und in Thorn viertausend Menschen; Königsberg verliert achttausend seiner Einwohner, während im Orden hundertsiebzig Ritter dieser Seuche erliegen.

Der erzürnte Himmel scheint weitere Opfer zu verlangen und Werke der Versöhnung. Überall werden Pestkapellen errichtet, Pestaltäre aufgestellt, Pestkreuze, Votivbilder und Prozessionen gehen auf diese Zeit zurück, haben ihren Ursprung in einem Gelübde gehabt. Pestsäulen wurden noch im Barock zur Erinnerung an die Pest besonders in Österreich, Böhmen, Bayern und Schlesien errichtet. Die Pestkreuze sind älteren Ursprungs, von da herrührend die Wegkreuze, wie es sie im preußischen Ermland und in Litauen gab.

In München geht der Schäfflertanz auf die Zeit zurück, als die Pest überwunden war. Der Deutsche Orden glaubte dagegen, nach vier Jahren Ruhe, der Wallfahrten und Andachtsübungen, die Litauerreisen wieder aufnehmen zu müssen, als gottgefälliges Werk. Und auch die Litauer der Einfälle ins Ordensland nicht abgeneigt, fallen 1355 in Preußen ein.

Doch ein bißchen mehr Menschlichkeit scheint doch eingekehrt zu sein. Als bei einem Gemetzel der Gegner, es ist der Sohn des Fürsten von Smolensk, in den Fluten des eiskalten Wassers zu ertrinken droht, wird er in edler Menschlichkeit vom Führer der deutschen Ordenstruppen eigenhändig vom nassen Tod gerettet. Doch das Geschäft ruft, er hat mit des Fürsten Sohn ein geldträchtiges Faustpfand in der Hand.

Nachdem bekanntlich ein Unglück nicht allein kommt, war dort bei Danzig das Kloster Oliva bis auf die Grundmauern abgebrannt. Küchenjungen wollten den großen Kamin vom Ruß reinigen, brannten ihn mit einem Strohfeuer aus, wie es Tradition war. Die Flammen flatterten nicht wie üblich nach oben zum Kamin übers Dach hinaus, sondern nach unten aufs Dach. Die Mönche saßen gerade an diesem stillen Freitag bei Brot und Wasser, nun blieben ihnen nur noch die verkohlten Grundmauern und das freie Himmelsdach.

Ein weiteres schlimmes Ereignis war der schreckliche Orkan, der im Hafen und auf der Reede von Danzig 60 Schiffe kentern ließ und 37 Türme in der Stadt umkippte, zumeist Geschlechtertürme. Auch die Pest wütete noch mit aller Kraft weiter. Bruderschaften bildeten sich, die die Pesttoten begruben und die Pestpatrone wurden angerufen, unter anderem auch wieder der heilige Georg.

Dann ist auch noch der Hochmeister Heinrich Dusmer von Arffberg schwer krank; er fühlt sein Ende nahen und legt sein Amt nieder. Sein Nachfolger wurde Winrich von Kniprode, der bis dahin Großkomtur gewesen war. Der aufrechte große Herr war ein Mann mit fürstlicher Haltung, wie ihn der Orden dringend brauchte, für eine Aufwärtsentwicklung. Die Pest war noch nicht bezwungen, der schwarze Tod und auch nicht die Litauer, die immer wieder kamen.

Die Ereignisse hatten tiefgreifende Auswirkungen auf das Wirtschaftsleben und die Weltanschauung. Die Auffassung der Welt in ihrer Vielfalt ließ den Hochmeister Winrich von Kniprode an die Reformierung des Ordensstaates gehen. Für seine Begriffe war eine grundlegende Umstruktuierung notwendig. Ein Teil davon war zum Beispiel die Kleiderordnung, wo der Hochmeister nachfolgendes festlegte:

"Bürgermeister, Schultheißen und Ratsherren sollen im Winter einen langen Mantel und ein Marderfell um den Hals, im Sommer einen Hut mit drei silbernen Knöpfchen und einen Gürtel mit silbernen Spangen nebst Degen mit silbernen Scheiden tragen.

Den Kaufmann soll ein seidenes Wams und ein goldener Ring zieren, auf dem sein Kaufmannszeichen eingraviert ist, womit ein jeder seine Waren zu bezeichnen hat.

Der gemeine Bürgerstamm soll lundisches Gewand und kein anderes teueres tragen, doch mit silbernen Heften oder Malgen geschmückt. Alle aber soll der männliche Schmuck des Bartes zieren.

Der Kopfputz der Frauen sollen Sammethauben in der Form der Fürstenhüte, nur nach oben hin mehr gespitzt und zugebogen sein. Die reicheren mögen sie mit Goldstoff oder goldenen Borten schmücken.

Den Jungfrauen als Ratsherren-Töchtern soll vergönnt sein, ihr Haar mit Perlenkränzen oder silbernen Spangen, minder vornehmeren das ihrige mit gebogenen oder ungebogenen Flittern zu zieren."

Diese Tracht soll den Bürgern und den Bauern auf dem Lande sehr wohl gefallen haben.

Dann regt der Hochmeister zu Schießübungen an, das Vergnügen soll mit Ernst sich paaren und für den besten Schuß soll es den Titel eines Schützenkönigs geben. Für die Ordenshäuser gibt er die Weisung:

"Jedes Ordenshaus in Preußen", das über einen Konvent verfügt, hat mindestens zwölf Ritterbrüder und sechs Ordenspriester, von letzten haben zwei besonders gelehrsam zu sein. Eine Rechtsschule führte er ein und es bildete sich ein Gerichtshof.

Während der Hochmeister Winrich von Kniprode idealistische Ziele anstrebt, verstehen die Kaufmannsstädte ihr Bild von der Welt materialistisch. Zunehmend regiert das Geld die Welt, das den Kaufleuten in den Handelsstädten Reichtum und Macht beschert, und Waffen, die dann gegen den Orden gerichtet werden.

Die Handelsmacht bildete die Hanse und die Städte waren die Glieder. Der neue deutsche König Karl, als Markgraf von Mähren schon oftmals im preußischen Ordensstaat gegen die Litauer in Aktion, mit seinem Vater König Johann von Böhmen, den er beerbte, war nun, auch nach dem Tode Kaiser Ludwigs des Bayern und nach dem Tode des Gegenkaisers Graf Günther von Schwarzburg, selbst Kaiser geworden. Sein Amtsantritt fiel unglücklicherweise mit der schrecklichen Pestzeit zusammen, man weiß, daß er in seiner Kapelle stundenlang im Gebet verharrte. Die göttliche Eingebung, die er empfing, war der Hang zum Frieden. Um kriegerischen Verwicklungen den Boden zu entziehen, vergab er rundherum Privilegien.

So wie es zu dieser Zeit immer üblicher wurde, er machte es mit Geld. Er war der erste Kaiser der seit Friedrich Barbarossa wieder Lübeck besuchte, das Zentrum der Hanse, die Hauptstadt der Kaufleute, das Zentrum der Krämer, und Kaiser Karl IV. wurde auch der Krämerkönig genannt. Er baute sich in Tangermünde, auf halbem Wege zwischen Prag und Lübeck, eine zweite Hauptstadt, um dem Handel an der Ostsee näher zu kommen.

Karls Weltanschauung war weiter gesteckt und spielte sich gemäß den bestimmenden Lebensbegriffen wie künstlerischer, religiöser und philosophischer Auffassungen ab. Sein Prag wurde mit seiner ersten Universität auf dem Boden des Reiches zum geistigen Zentrum und seine Hauptstadt wurde zur goldenen Prager Stadt.

Schautaler Wolters von Plettenberg, Landmeister von Livland (1494-1535)

An seinem Hof wirkten viele bedeutende Künstler und als er in Lübeck Privilegien verteilte, traf er auch den Meister Bertram in Lübeck, der dann den berühmten Bertramsaltar für Hamburgs St. Petri-Kirche schuf. Von Lübeck kam auch der Bildschnitzer und Maler Bernt Notke, Werkmeister der St. Petri-Kirche in Lübeck, der sein hervorragenstes Werk in der monumentalen St. Jürgens-Gruppe in der St. Nikolai-Kirche in Stockholm geschaffen hatte. Sie war vom schwedischen Reichsverweser Sten Sture als nationales Denkmal des Sieges über die Dänen, am St. Georgstag 1471, in Auftrag gegeben worden.

So kam es, daß mit den Kaufleuten aus Lübeck, auch die Künstler nach Reval kamen. Heute besitzt Reval neben dem Schnitzaltar des Lübecker Meisters Hermann Rode, ein Fragment des Originals vom Totentanzfries von der Marienkirche in Lübeck, von der Hand des berühmten Bernt Notke.

Das Werk Bernt Notkes steht heute in der St. Nikolaus-Kirche, die Museum ist. Bestimmt war das Werk für den Altar der Hospital-Kirche zum Heiligen Geist - den Heiligen Geist ersehnte man sich damals. Die Geschäfte gingen prächtig in Reval und so dankte man Gott durch diese Kunstwerke, um die Harmonie wieder ins Lot zu bringen. Ein Christenleben ohne Harmonie war wie ein Mensch ohne Seele, wie ein Tag ohne Sonne, wie ein Leben ohne Liebe, wie ein Sein ohne Gott.

DIE HANSE EINE WIRTSCHAFTSMACHT

Wo das Banner des Kaisers flattern sollte, wehen die Feldzeichen der Städte, wo das Reich stehen sollte, wacht die Hanse. Das Bewußtsein einer großen Aufgabe, der Stolz der "Civitates maritimae" drückt sich in ihren Emblemen aus. Die Kölner Konföderation von 1367 wählt den Doppeladler des Reiches als Wappenschild, hansische Gesandtschaften siegeln mit Kaiserkrone und Reichsapfel, das Brügger Kontor führt auf seinem Silbergeschirr, über den Portalen und auf den Bannern den schwarz-gelben, (dies ist schwarz-gold), Doppeladler mit einem sechszackigen Stern als Herzschild und der Kaiserkrone als Helmzier. An den Stadttoren von Lübeck bis Lausanne, von Riga bis Antwerpen wacht der Adler des Reichs, als habe er sich aus dem Wappen der zu Händlern gewordenen Kaiser in den Horst der zu Herrschern gewordenen Händler geflüchtet.

An der Ostseeküste, wo seit den Tagen Herzog Heinrich des Löwen die freie Reichsstadt Lübeck erblühte, das von deutschen Kaufleuten gegründete Wisby auf Gotland den Orient- und Englandhandel mit dem skandinavischen Norden vermittelt und die deutschen Kaufherren über Riga und Nowgorod am Ilmensee tief ins Innere Rußlands eingedrungen waren. Wo der Deutsche Orden durch seine Eroberungen in Preußen, Kurland, Livland und Estland den reichen Seestädten Rückhalt gab, dort oben am Rande der deutschen Welt hatten sich schon vor mehr als hundert Jahren, die Städte Lüneburg, Wismar, Rostock, Greifswald und Stralsund unter Führung des großen Lübeck verbündet. Seither hat der Bund der Hanse seine Netze über ganz Norddeutschland, ja bis zum stolzen Brügge nach Flandern, nach Köln und London, Bergen und Nowgorod ausgespannt.

Der grimmige Dänenkönig Waldemar IV. Atterdag sah mit Verdruß, daß der Reichtum aus Händen der Kaufmanns-Bürger soviel reichlicher und schneller floß, als es sein dänischer Staat vermochte, so griff er zur Selbsthilfe. Waldemar betrieb Seeräuberei von Staats wegen, überfiel das reiche Wisby und plünderte dessen Reichtum. Des einen Freud, des anderen Leid, so nahm der Handel seinen Weg über Reval, als Ersatz des ausgefallenen Wisby, als Hauptumschlagplatz zwischen Nowgorod und dem Westen.

Im Jahre 1367 nahmen bereits Vertreter der preußischen Hansestädte an einer Landfahrt zu Köln am Rhein teil. Köln, als Stadt eines spezialisierten Handwerks und des Fernhandels eine wirtschaftliche Großmacht, war ein Binnenvorort der Hanse. Sendboten aus dem preußischen Kulm, Thorn und Elbing schlossen diesmal im Zusammengehen mit den anderen Hansestädten ein Bündnis, die Kölnische Konföderation. Die sechs preußischen Hansestädte hatten dieser Konföderation fünf Schiffe zu stellen und für das nächste Jahr ab Ostern bereitzustellen.

Der Hochmeister hatte immerwährende Sicherheitssorgen im Bezug auf die heidnischen Litauer. So entging dem Hinrich von Kniprode, daß seine hanseatischen Kaufmannsstädte eine Politik zur anderen Richtung hin machten, nämlich gegen den Dänenkönig, der wegen Estland zum willkommenen Freund des Ordens geworden war.

Es kam wie es kommen mußte, in Köln traten die Hansen zum Kriegsbündnis zusammen. Sie führten gemeinsam den Kampf wider den dänischen König, gewannen den Kampf und auch einen Frieden. Im Frieden zu Stralsund muß 1370 der König der Dänen Waldemar, die Vorherrschaft der Hanse nicht nur in der Ostsee, sondern über den gesamten Norden vom Ilmensee in Rußland bis zum norwegischen Bergen, anerkennen.

Die Hanse war mächtig geworden und auf dem Höhepunkt der wirtschaftlichen Macht schlossen sich zunehmend Städte im Binnenland der Hanse an, so daß in der Blütezeit bis zu 150 Städte sich dieser Städtevereinigung zugehörig fanden. Selbst der neue polnische Herrscher, nach dem Tode Kasimirs, König Ludwig I. von Ungarn, gestattete "seiner" Stadt Krakau das Privileg, Waren aus Preußen zu lagern und zu verkaufen. 1373 hob er die Handelssperre gegen die Thorner Kaufmanschaft auf und sicherte ihr - wie König Kasimir vorher - freies Durchzugsrecht nach Rußland zu. So zogen in den nächsten Jahren preußische Kaufleute über Sandomir nach Rußland und über die Straße nach Bardnyow weiter nach Ungarn.

Durch diese Öffnung der Handelswege zum Süden, durch den Einfluß des ungarischen Königs in Polen, der dort seinen Neffen auf den Thron brachte, ging der Handelsverkehr zwischen Preußen und Nowgorod merklich zurück, nur wenige Kaufleute machten sich von Elbing und Danzig dorthin auf den Weg. Allerdings hatte der preußische Ordensstaat, als Bundesstaat der Hanse, an deren Handelsverkehr mit Nowgorod, wie auch Reval, als Zwischenhafen starken Anteil.

Interessant war das Verhalten des Krämerkönigs, des Kaisers Karl IV., in Prag. Da er die Teile des Reichs von Böhmen her fest in den Griff bekommen wollte, waren Städtebünde nach seinen Gesetzen verboten. Er ging trotzdem nach Lübeck, nachdem die Hanse unter Führung von Lübeck gegen Dänemark den Sieg errungen hatte und diesen politisch gefestigt, um die Anerkennung durch die Reichsgewalt deutlich zu machen. Der Kaiser vergaß bei diesem Besuch 1375 nicht, auf die Reichsunmittelbarkeit Lübecks hinzuweisen. Die Unabhängigkeit von Städten war nicht erlaubt, die Reichsstädte unterstanden jedoch ohnehin dem jeweiligen Kaiser.

Auf die Unterstützung seiner Politik kam es dem Kaiser an, durch alle Machtfaktoren, den Ländern im Reich und den Städten. Von Prag aus, weitab hinter dem Sächsischen Erzgebirge und hinter dem Bayerischen Wald sowie den böhmischen Wäldern. Nur die Pforte bei Eger war offen nach der reichsten Stadt des Reiches, Nürnberg. Den Nürnbergern gewährte der Kaiser wertvolle Privilegien, hielt dort Reichstage ab, begab sich mit seiner Gemahlin nach Nürnberg, damit seine beiden Söhne Wenzel und Sigismund in Nürnberg geboren und getauft werden konnten, so daß er diese Reichsstadt voll für sich gewann. Dies gelang ihm, schon bei der an zweiter Stelle stehenden Reichsstadt Ulm, nicht mehr. Mit einem Heer stand der Kaiser vor den Mauern von Ulm, der führenden Stadt des schwäbischen Städtebundes und mußte wieder abziehen. Der Krieg war nicht seine Stärke, sondern der Handel, das Geld und das Heiraten.

Zuerst hatte er die Tochter des französischen Königs Karl von Valois 1330 geheiratet, von ihm hatte er seinen Namen Karl und die Sympathie der Franzosen und des Papstes. Dann heiratete er, da ihm sein Weib gestorben war, 1349 die Tochter des bayerischen Wittelsbachers, Kurfürst Rudolf II. von der Pfalz. Rudolf hatte das Geld nicht für eine aufwendige Hochzeit seiner Tochter, Kaiser Karl hatte es und er lieh es seinem Schwiegervater, für das Pfand der pfälzischen Lande bis hin vor die Tore Nürnbergs, wo er in Lauf das Wenzelsschloß errichtete. Von dort konnte er die Türme Nürnbergs genauso anschauen, wie die Wappen aller böhmischen Länder, die der Kaiser im Schloß anbringen ließ. Überhaupt hatte Kaiser Karl in Richtung der Stadt der Reichstage, Frankfurt, zahlreiche böhmische Lehen, um seinen Weg dorthin abgesichert zu haben.

Mit den Söhnen seines Vorgängers Kaiser Ludwig dem Bayern hatte sich Karl verglichen. Er hatte ihnen zu einem sehr hohen Preis die Markgrafschaft Brandenburg abgekauft und auch sonst hatte er sich den Bayern gegenüber freundlich gezeigt, so gaben ihm diese die im Tiroler Kloster Stams versteckten kaiserlichen Kroninsignien heraus. Die Alpenpässe waren so auch frei und mit den Habsburgern in Österreich schloß er einen Erbverbrüderungsvertrag 1364, bei Aussterben der Habsburger würde Österreich an Böhmen kommen. Er ahnte nicht, daß sein Geschlecht ausstarb und Böhmen an Österreich und an die Habsburger kam. Der Weg

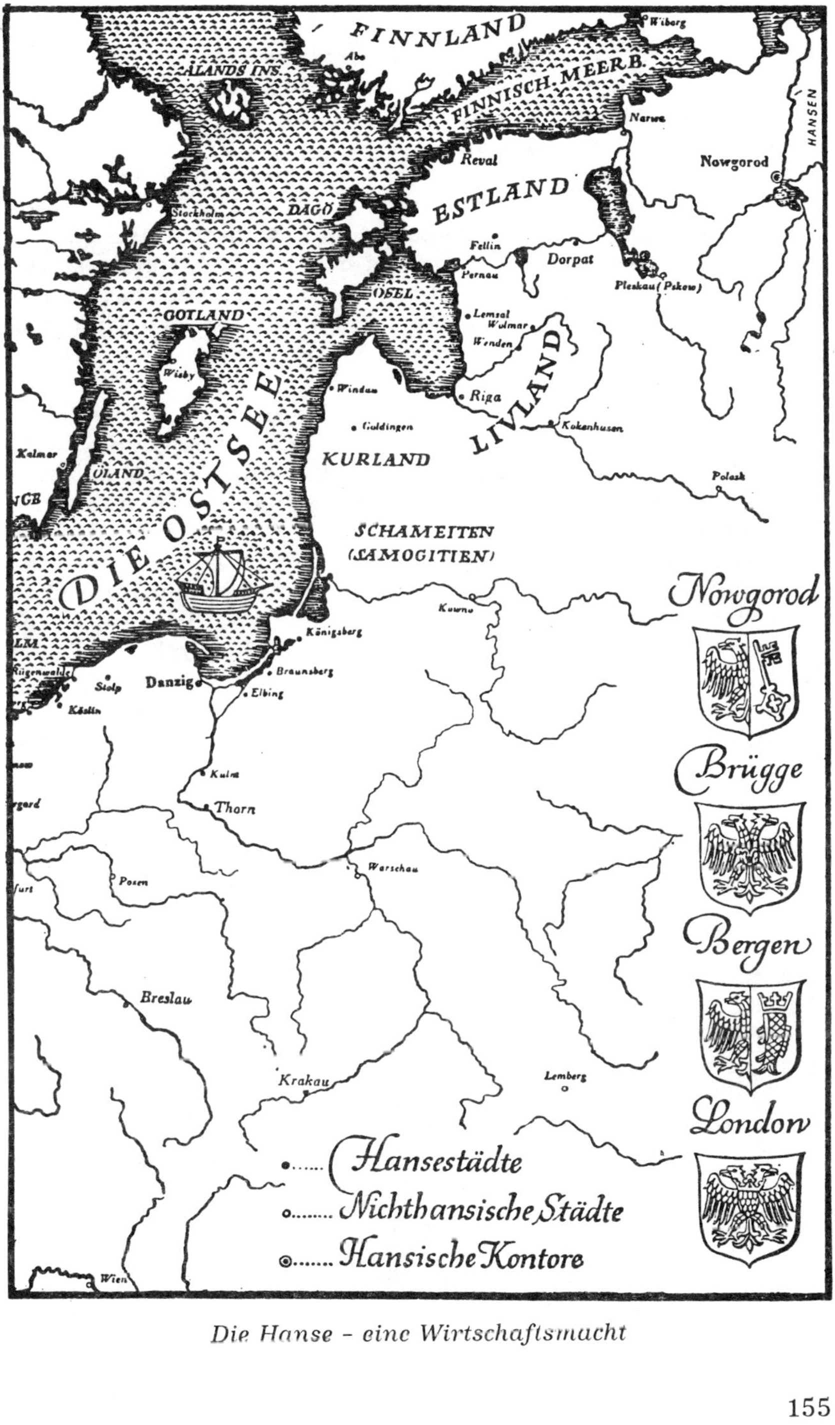

Die Hanse – eine Wirtschaftsmacht

jedenfalls nach Venedig war frei, der durch Österreich führte, dann durch Prag und die Elbe hinunter bis nach Hamburg, und übers offene Meer nach Brügge und London.

Hatte Kaiser Karl bisher nur die Handelsschiffe auf der Donau von der Burg Regenstauf bei Regensburg beobachten können, so baute er auf seinem brandenburgischen Besitz in Tangermünde eine Nebenhauptstadt, wo er viele Monate seiner letzten Lebensjahre die Schiffe auf der Elbe auf ihrer Fahrt nach Hamburg verfolgen konnte. Nicht mehr Lübeck war daher seine bevorzugte Stadt, sondern Hamburg, die zuerst lediglich Lübecks Vorhafen an der Nordsee war und nun durch des Kaisers Förderung mehr und mehr Lübeck überholte.

Geheiratet hat Kaiser Karl dann noch die Anna von Schweidnitz, er hatte die Wittelsbacherin überlebt, das Land von Annas Eltern besaß Karl noch nicht, Schlesien gehörte ihm schon aus seines Vaters Erbe. Auch diese Frau überlebte der Kaiser, und nun erheiratete er auch noch Pommern, mit seiner vierten Frau Elisabeth von Pommern. Zu Lebzeiten sicherte Kaiser Karl seinen Söhnen die Nachfolge als deutsche Könige und als Träger der römischen Kaiserkrone. Vorher hatte er seine Residenzstadt Prag durch die erste Universität im Reich erhöht und natürlich zum Zentrum der Geistlichkeit, zum Erzbistum erhoben.

Die Sicherung seiner Nachfolge, besonders die berühmte Goldene Bulle von 1356, als Element dieser Absicherung, war für das Reich von großer Bedeutung und für die weitere Geschichte Mittel- und Osteuropas ausschlaggebend.

Die Goldene Bulle schrieb nämlich die Gliederung des Reichsgebietes fest, in seiner föderalistischen Struktur. Schon im Heiligen Römischen Reich der Stauferkaiser hatte Kaiser Friedrich II. in der Goldenen Bulle, den geistlichen Fürsten und später den weltlichen Fürsten weitgehende Rechte erteilt. Es waren zahlreiche Herzogtümer und Fürstbistümer entstanden, in verhältnismäßig stabiler Struktur, auch als Vorbild für den baltischen Raum.

Friedrich hatte seine berühmte Urkunde mit dem goldenen Siegel, die Goldene Bulle, im Jahre 1212 in seiner Reichsstadt Eger verkündet, in der Egerer Pforte, dem Tor seines Heiligen Römischen Reiches nach dem östlichen Böhmen. Nachdem das Reich eine föderalistische Struktur aufwies, war es auch keine Tragödie, wenn unter den Gliedern dieses Reiches eine Gebietsüberlassung stattfand. Aus dynastischen Gründen, aus Gründen einer Erbschaft oder durch Verkauf und Verpfändung konnte ein Land seinen Herren gewechselt bekommen, wie es mit den Esten gleichfalls geschah. Es war damals kein nationales Unglück, wenn Kaiser Ludwig der Bayer das Egerland 1322, also hundertzehn Jahre nach der bedeutsamen Urkunde der Staufer, dieses Land seinem treuen Verbündeten König Johann von Böhmen verpfändet. Die Menschen hatten auch keine Probleme mit ihren neuen Herren, oftmals waren sie mildtätiger als der vormalige Herr.

Die urbayerischen Bewohner des Egerlandes waren auch in Böhmen mit ihren alten Stammesbrüdern, den Österreichern, in guter Gesellschaft. Kaiser Karl IV. hatte den Erbverbrüderungsvertrag geschlossen, er glaubte, Österreich erben zu können. Dazu wurde in dem Vertrag vereinbart, daß das bayerische Stammesgebiet Tirol, an das neubayerische Stammesgebiet Österreich angegliedert wird, wie wir wissen für immer. So wollte der schlaue Krämerkaiser bei dem Schacher auch noch Tirol, mit Österreich zusammen erben. Doch Österreich war nicht allein, bei der Teilung Bayerns waren auch die Herzogtümer Kärnten und Steiermark zur Markgrafschaft Österreich gekommen. Es gab also mehrere Habsburger Herrscherfamilien, aber nur eine böhmische Dynastie im zentral regierten Böhmen und die starben aus.

So wurden die Egerländer Altbayern und die Österreicher, wenn man so will, wiedervereinigt. Wie es im Märchen heißt, wenn sie nicht gestorben sind, so leben sie heute noch glücklich miteinander. Doch dies änderte sich gründlich mit der Geburt des Nationalismus in der Reformation, nach der Trennung Böhmens 1848 vom Deutschen Reich und endgültig hundert Jahre später, als die bayerische Urbevölkerung vollständig hinausgetrieben, sprich ethnisch gesäubert wurde. Da haben die Balten mit ihren slawischen Nachbarn im Osten, doch das bessere Los aus dem Behältnis gezogen, welches man Geschichte nennt.

Dem Kaiser Karl in Prag war Eger aus seiner Sicht das Tor zum Westen, und nicht in Eger entrollte er seine Bulle, sondern in dem bedeutenderem Nürnberg, seiner heimlichen Hauptstadt. Es ging im Reich um den Wahlmodus, denn den König wählten die drei rheinischen Erzbischöfe, von Köln,Trier und Mainz, sowie der wittelsbachisch-bayerische Pfalzgraf bei Rhein. Damit entschied der Papst über die Wahl des deutschen Königs, der dann als besondere Erhöhung, seit Karl dem Großen, vom Papst in Rom die Kaiserkrone der Römer verliehen bekam. Nun war zur Zeit Kaiser Ludwig des Bayern der Papst nicht mehr in Rom, sondern auf Dauerbesuch in Avignon, in französisch-babylonischem Asyl und der angeblich böse Bayer in München erhielt den Segen des Papstes also nicht. Da kannte der Papst die Bayern schlecht, das älteste Staatsgebilde im Reich, dessen Herzog bereits im 6. Jahrhundert in einer Urkunde im Vatikan genannt wurde. Ludwig der Bayer holte sich die Krone aus Rom und veranstaltete die erste Volkswahl die die Geschichte kennt.

Nachdem der Papst außer sich geraten den Kaiser mit dem Bann belegt und Ludwig gelassen mit der Reichsacht gegen den Papst antwortet, waren die Großen Fürsten des Reichs 1338 in Rhense am Rhein zusammengekommen und bestritten in einer Rechtsweisung, dem Weistum zu Rhense, dem Papst das Recht bei der Königswahl. Hier nun setzt Kaiser Karl in seiner Goldenen Bulle nach, die er 1356 auf dem Reichstag zu Nürnberg verkündete, daß die Kurfürsten dieses Recht haben sollten und nachdem der Papst sein alter Freund und Helfer war, stimmte er ahnungslos zu. Doch um den Papst ging es nicht so sehr, denn als die Päpste wieder auf dem Stuhl Petri in Rom saßen, pilgerten auch die Kaiser wieder gern nach dem ewigen Rom, an dem sich später sogar der protestantische Goethe bis aufs Mark hinein begeistern konnte.

Kaiser Karl erweiterte die Zahl der Kurfürsten auf die ungerade Anzahl von sieben. Nicht mehr der Mainzer Erzbischof hatte den Ausschlag zu geben, sondern der ungerade Siebente, dies sollten die Böhmen sein. Er hatte die böhmische Kurstimme neu geschaffen und die sächsische Kurstimme des kleinen Herzogs in Wittenberg, sowie die brandenburgische Kurstimme. Den Sachsen hatte er auf seiner Seite. Die Kurstimme Brandenburgs war im Besitz des bayerischen Herzogs Ludwig, nachdem die Askanier ausgestorben waren. Kaiser Karl zahlte daher auch für Brandenburg einen verhältnismäßig hohen Preis, um die Stimme zu bekommen. Die vierte Stimme hatte der Kaiser sicher, durch die Heirat der Tochter des Pfälzer Rheingrafen. So folgte dem luxemburgischen Kaiser Karl, auf dem böhmischen Thron in Prag, ohne Umstände sein Sohn Wenzel als deutscher König und sein Sohn Sigismund, als deutscher König und römischer Kaiser.

Interessant war bei dieser Regelung, daß sie Bestand hatte bis 1803, dem Ende des Reichs, obwohl sie eine Farce war, ein Provisorium, das bekanntlich gegen alle Logik in der Geschichte immer noch das Haltbarste war. Es waren die großen Fürstentümer bei diesem Exklusivclub garnicht vertreten, der mächtige Erzbischof von Magdeburg und das mächtigste sächsische Geschlecht der Wettiner in der Mark Meißen, sie hatten keine Stimme. Genauso die Habsburger, die schon bald die Zielgerade zur Weltmacht beschritten in ihren bedeutsamen österreichischen Besitzungen. Auch das damals bereits tausend Jahre lang bestehende Herzogtum Bayern war nicht vertreten. Die bayerischen Vettern in der Rheinpfalz waren keine echte Vertretung Bayerns im Reich, denn damals gab es bereits Familienstreit zwischen ihnen.

Das Entscheidende bei dieser Erhöhung der weltlichen Länder wie die Rheinpfalz, Böhmen, Sachsen und Brandenburg zu stimmberechtigten Kurfürstentümern nützte diesen Ländern ungemein.

Außerdem war für sie die Unteilbarkeit und das Erstgeburtsrecht eingeführt, was ihre zunehmende Bedeutung noch steigerte. Die weißen Flecken von Geschichtslosigkeit im Norden und Osten des Reichs erhielten langsam geschichtliche Farbe und legte Patina an. Deutsche Neustämme entstanden, die ihre mangelnde Geschichte durch blanke Macht ersetzten. Soviel Macht, daß das Recht oftmals überdeckt wurde und diese Menschen um Berlin ihr Untertanendasein schon bald als normal empfanden. Dies begann in der Reformation, fand in dem kleinen König, den man den großen Friedrich nennt, seine Fortsetzung. Erst nach der Naziherrschaft und der roten Diktatur wurden die Menschen wieder frei.

In Berlin brütete man auch die Idee des Zentralismus aus, die geschichtlich für Deutschland so sehr atypisch ist, was eine lange Geschichte beweist. Österreich hat als eigenes Glied außerhalb der Grenzen des Reichs, seine Eigenständigkeit und seine Eigenkultur gerettet. Die Niederlande und die Schweiz waren schon früher ausgeschieden, wobei die Schweizer sich ihre Freiheit erkämpfen mußten, gegen die Habsburger, vom Kaiser Ludwig dem Bayern feierlich anerkannt. Nur die Bayern sind beim Reich geblieben, das heißt geblieben worden. Wenn aber die Deutschen im Norden in ihrer Nationalhymne die Einigkeit beschwören, beschwören die Bayern ihre traditionelle Eigenständigkeit und singen ihre Hymne... Gott mit dir, du Land der Bayern.

Die hanseatische Vereinigung profitierte von dem Reichsgeschehen nur insoweit, als sie von kaiserlicher Macht in Ruhe gelassen wurde, weil der Kaiser mit sich und seiner Nachkommenschaft voll beschäftigt war. Nach dem Sieg der Hanse über den Dänenkönig 1370, kam das nächste Großereignis an der Ostsee, die Kalmarer Union der dänischen Margarethe 1397 und der Erwerb der Insel Gotland mit dem Stützpunkt Wisby durch den Deutschen Orden 1398. Sonst ging man dem ertragreichen Handel nach, doch die Hanse überschritt bereits den Zenit ihrer Wirtschaftsmacht an der Ostsee.

Bereits Kaiser Karl hatte Hamburg an der Nordsee tatkräftig zu eigenem Nutzen gefördert. Doch es regt sich schon ein Konkurrent am Wirtschaftshimmel - die Niederlande. Wegen der geringen politischen Stabilität an der Ostsee, durch die Dänen und der Labilität in Polen, wo König Ludwig von Ungarn dem polnischen Adel umfangreiche Zugeständnisse machen mußte, um seinem Neffen den polnischen Thron sichern zu können, nahm der Handel auch andere sichere Wege in Anspruch. Dieser Weg ging über Brügge in Flandern, so daß der Handel an der Nordsee zunehmend an Bedeutung gewann. Wenn man als Maßstab den Bernsteinhandel betrachtet, der seit dem Altertum zum Orient hin florierte, wodurch die Existenz der Baltenvölker erstmals vor der Geschichte genannt wurden, so besaß das niederländische Brügge zu dieser Zeit bereits eine Hauptniederlassung für Bernstein.

Wie sehr die Handelsinteressen der Städte das ganze Geschehen bestimmte, sieht man an den jeweiligen Veränderungen des Rechtssystems, das mit dem politischen Geschehen einherging. So erhielt Memel, von Dortmunder Kaufleuten gegründet, auch Dortmunder Recht, nahm dann von der Hanse Lübecker Recht an und erhielt danach durch den Orden das Culmische Recht. Das Magdeburger Recht hatte sich bei den meisten Städten in Mitteleuropa durchgesetzt. Elbing wurde von lübischen Kaufleuten gegründet und erhielt daher Lübisches Recht, so auch Danzig, das durch den Herzog von Pommerellen Lübisches Recht erhielt. 1309 hatte der Deutsche Ritterorden Danzig erworben und erhielt daher auch das Recht des Ordens, das Culmische Recht. Als sich Danzig später vom Orden entfernte, nahm es das Magdeburger Recht an.

So unstet entwickelte sich auch der Handel, kaum hatte Elbing den Gipfel der bedeutendsten Hansestadt erreicht, wurde Elbing vom benachbarten Danzig überholt. Die politische Bühne hatte sich verändert. Seit 1280 lief ein reger Handel mit Großnowgorod, fünfzehn deutsche Städte waren daran beteiligt. Die Lübecker ließen sich noch 1299 vom livländischen Meister des Ordens Gottfried von Rogge versichern, das der Durchgangshandel Lübecks nach Preußen und Rußland nicht gestört wird. Dann wurde der Stützpunkt der Hanse Wisby auf Gotland zerstört und plötzlich wurde Reval Zwischenhafen der Hanse und zum bedeutendsten Handelsplatz weit und breit. Als König Waldemar von Dänemark 1370 geschlagen war, stieg Danzig zur bedeutendsten Hansestadt auf.

Königsberg konnte da weder mit Reval, noch mit Elbing oder Danzig mithalten, doch politisch war es von überragender Bedeutung, nämlich als Ausgangsbasis für die Feldzüge gegen die Litauer. So saßen die großen Fürstensöhne Europas am Tische des Hochmeisters versammelt: König Johann von Böhmen und sein Sohn Karl, diese Burg war vom Böhmenkönig Ottokar begründet worden; dann saß dabei König Ludwig von Ungarn, der Verwandte des Polenkönigs, als Nachbar des Ordensstaates mußte Polen vertreten sein; auch der Markgraf von Brandenburg durfte nicht fehlen, er hatte die Burg Brandenburg bei Königsberg begründet und in Vertretung seines väterlichen Kaisers in München-Bayern gründete er zur Grenze nach Litauen noch die Baiernburg an der Memel; Günther von Schwarzenburg saß in der Runde, aus dem bayerischen Frankenlande stammend, das dem Reich bedeutende Ritter stellte, so daß Kaiser Ludwig der Bayer ihn als seinen Nachfolger im höchsten Amt des Reiches bestimmte; als letzter sei aus dieser illustren Runde noch zu nennen Graf Wilhelm von Holland, der Schwager Kaiser Ludwigs, denn als rüstiger Fünfziger hatte just Kaiser Luwig noch die Margarethe von Holland, Tochter des Grafen Wilhelm III. von Holland, geheiratet.

Holland war also mit dem Grafen Wilhelm beim Orden gut eingeführt, besonders deshalb, als er große Handelsmöglichkeiten für seine niederländische Heimat sah. Er räumte daher auch dem Orden und den Städten im Ordensstaat weitreichende Privilegien ein. Dieser Handel ging natürlich gleichfalls an den anderen Hansestädten vorbei. Nach dem Tode Graf Wilhelms von Holland belehnte Kaiser Ludwig seine holländische Frau 1346 mit Holland, Seeland und dem Hennegau, dazu begab sich der Kaiser eigens nach Frankfurt am Main, der kaiserlichen Stadt.

Die Gemahlin Kaiser Ludwigs, Margarethe, Gräfin des Hennegaus und Holland, Kaiserin von Rom, bestätigte sowohl den Kaufleuten aus Preußen nochmals, als auch jenen aus Westfalen alle Freiheiten, die Graf Wilhelm ihnen bereits vorher erteilt hatte.

Schon einmal war das bayerische Herzogshaus mit den Niederlanden dynastisch verbunden. Kaiser Ludwigs Vater, Herzog Ludwig der Strenge hatte sich mit Maria von Brabant vermählt. Zu Brabant gehörte Antwerpen, die, gegenüber der größten Handelsstadt London gelegen, mit dieser um die erste Rangstelle sich abmühte. Herzog Ludwig hatte damals noch seine Hauptstadt über Bayern und die Pfalz, in Heidelberg. Doch er brachte im Zorn seine Frau um und seine zweite Frau lebte schon in der Münchner Burg.

In dieser Burg lebte auch Margarethe aus Holland und ihre Söhne wurden in der Münchner Burg geboren, außer dem Jüngeren Ludwig, dem Römer, der bei dem Romaufenthalt anläßlich der Kaiserkrönung zur Welt kam. Ihre Söhne Wilhelm und Albrecht erhielten den Herrschaftsbereich in den Niederlanden, nach der Teilung der bayerischen Erblande durch die Söhne des Kaisers. Vor seinem Tode hatten die Söhne dem Vater noch versprochen, das zur europäischen Macht aufgestiegene bayerische Reich nicht zu teilen, da hieß es: "furbas ein Land haizzen sol vnd sol ungeteilt ewiglich bleiben" - die Ewigkeit dauerte nur acht Jahre.

Im Vertrag zu Landsberg vereinbarten 1349 die Söhne die Teilung der bayerischen Lande. Landsberg im schwäbisch-bayerischen Umland Münchens hatte in unserer Zeit noch einmal Schlagzeilen gemacht, dort im Gefängnis saß jahrelang "der größte Feldherr aller Zeiten" der Gröfaz. Der Gefreite aus Braunau hatte in München den Aufstand geprobt und die Bayern hatten ihm dann gezeigt, was man mit Gewalttätern macht. Doch Berlin sagte dann 1933, er sei der Größte.

Den beiden Söhnen der Kaisermutter Albrecht und Wilhelm fiel die Herrschaft in Holland zu. Albrecht, bayerischer Herzog, Pfalzgraf bei Rhein, Graf von Holland, Seeland und Hennegau, war beim Teilungsvertragsabschluß noch minderjährig und seine Mutter Margarethe unterschrieb. Er lebte in Holland und residierte auch im Herzogtum Straubing-Bayern. Er baute in Straubing das Schloß, war Stifter zweier Ritterorden und gründete das Karmeliterkloster in Straubing. 1404 starb er in Den Haag und fand dort in der Hofkirche seine letzte Ruhe, fernab von seiner Geburtsheimat am Ufer des Nordmeeres.

Sein Bruder Wilhelm, 1347 Herzog der Niederlande und Niederbayerns, residierte in Haag, stritt aber mit seiner Mutter, so daß es zwischen den Parteien von Mutter und Sohn zum Krieg kam. Vielleicht regierten auch bei den Söhnen die Häuser der Dynastien der geheirateten Frauen etwas mit, Wilhelm hatte Mathilde von Lancester geheiratet, die Brüder hatten Frauen aus Mecklenburg, Polen, Sizilien, Tirol, Böhmen, Nürnberg in Franken, Klewe und der holländische Mitherrscher, Bruder Albrecht hatte Margarethe aus Brieg geheiratet. Dessen Sohn Wilhelm II., bayerischer Herzog und Graf von Holland, Hennegau und Seeland, folgte in der Regierung in den Niederlanden. Er war bereits in Den Haag geboren und regierte dort bis zu seinem Tode 1417. Er starb wie sein Onkel Wilhelm I. in Flandern, in Quesnoy und Wilhelm II. im Schloß Bouchain. Seine Frau Margarethe von Burgund überlebte ihren Gemahl um vierundzwanzig Jahre.

Die gemeinsame Tochter Jakobäa regierte den Wittelsbacher Besitz in den Niederlanden noch bis zu ihrem Tode 1463, also ein halbes Jahrhundert über den Tod ihres Vaters hinaus. Jakobäa war nur sechzehn Jahre alt, als ihr Vater starb, aber sie überlebte alle, nicht nur die Eltern, sondern auch ihre Ehemänner. Sie war auf gut bayerisch ein "g'standenes Weibsbild", sie war sehr heiratsfreudig, konnte aber in vier Ehen keinen Erben vorweisen. So überließ man die bayerischen Niederlande den Burgundern, der Dynastie, der ihre Mutter entstammte.

Philipp der Gute von Burgund, so heißt es in den Geschichtsbüchern, erwarb große Teile der deutschen Niederlande, durch Erbschaft Brabant, sowie 1433 den Hennegau, Holland und Seeland durch Gewalt, dafür aber hatte der Gute 1430 den berühmten Orden des Goldenen Vlieses gestiftet. Philipp hatte aber auch Auseinandersetzungen mit dem französischen König Karl VII. dessen Mutter die "Isabeau", die schöne Elisabeth aus München war, die Tochter des bayerischen Herzogs. Sie war gleichfalls in der Münchner Burg geboren und mit Isarwasser getauft worden. Die Geschichtsbücher berichten sie sei böse gewesen, was natürlich nicht stimmen kann, denn ein so schönes Münchener Kind'l ist höchstens etwas eigensinnig gewesen. Sie mochte nicht, daß die Jungfrau von Orleans ihren Sohn so verhetzte, nur damit Frankreich in seiner Geschichte eine heroische Frauengestalt nachweisen konnte.

Der Eigensinn der schönen Elisabeth aus Bayern hatte bewirkt, daß Frankreich nicht zu groß wurde und der Burgunder-Philipp einige Gebiete mit ihrer Hilfe erlangen konnte. Aus diesen Besitzungen von Philipps des Guten Tochter Margarethe, der Gemahlin des bayerischen Herzogs und Grafen von Holland, deren Tochter Jakobäa und dem Bewirken der französischen Königin Isabeau, aus bayerischem Hause, kam das burgundische Herzogtum zustande, das eine in der europäischen Geschichte einmalige Kulturepoche darstellt.

Was mit den Handelsbeziehungen begann, die Wilhelm von Holland in der Mitte des 14. Jahrhunderts mit dem Deutschen Orden knüpfte, endete einhundert Jahre später in einem Reichtum, der die burgundische Kulturblüte sprichwörtlich machte. Dort gab es den Maler Hubert van Eyck, der Schöpfer des Genter Altares, dessen Inschrift ihn als den größten aller Maler rühmt. Sein Bruder Jan van Eyck, bis 1424 im Dienste Johanns III., Graf von Holland und Herzog von Niederbayern-Straubing, ging 1430 nach Brügge. Er steht am Anfang des unbeschreiblichen Jahrhunderts der holländischen Malerei, mit ihm beginnt die europäische Malerei überhaupt. Brügge galt als eine der drei schönsten Städte überhaupt und der Reichtum durch den Woll- und Tuchhandel und anderer Güter war so groß, daß die Vergoldung von Häuserfassaden nicht selten war. Wo das große Geld zu Hause war, war auch die Kunst in Fülle vorhanden. Die früheste Schule von Maastricht, wo das bayerische Heer noch bei Maastricht eine Schlacht schlug, war schon von Wolfram von Eschenbach, als der kölnischen ebenbürtig gerühmt worden. Der Realismus der abendländischen Kunst erreichte damals in den Niederlanden seine höchste künstlerische Vollendung

Als in Brügge 1450 der Hafen versandete, trat an seine Stelle die alte Hansestadt Antwerpen. Durch die Heirat der burgundischen Erbin Maria aus Gent mit dem Habsburger Kaiser Maximilian I., kam in Antwerpen im Laufe der Zeit noch der portugiesische und spanische Handel hinzu. Damit wurde Antwerpen unter Maximilians Enkel Karl V. zur reichsten Handelsstadt Europas. Kaiser Maximilian mußte sich noch für die Fahrt zu seiner Maria von Burgund von den Fuggern in Augsburg das Reisegeld leihen. Kaiser Karl, dessen Wahl auch die Fugger finanzierten, konnte bereits sagen, daß in seinem Reich die Sonne nicht untergeht, denn inzwischen hatte Kolumbus für Habsburg-Spanien die neue Welt entdeckt - Amerika.

Zu dieser Zeit gab es drei Männer aus Burgund, die die höchste Autorität verkörperten: Den Papst Hadrian VI. aus Utrecht gebürtig, Kaiser Karl V., der wie seine Großmutter Maria von Burgund, aus Gent stammte und der bedeutendste Humanist der damaligen Zeit, Erasmus, der aus Rotterdam stammte. Dieser niederländische Boden war nicht nur fruchtbar für den Handel und die Kunst. Das tausend Jahre alte Reich Karls des Großen begann dort in den niederen Landen, dort wo heute wieder die Keimzelle des künftigen Europas herangewachsen ist.

CHRISTLICHES LITAUEN

Der Missionsauftrag des Ordens entfällt

"Es ist viel mehr wert, jederzeit die Achtung der Menschen zu haben als gelegentlich ihre Bewunderung."
Rousseau

"Es gibt in der Welt nur eine Wahrheit, aber es sieht so aus als gäbe es Hundert," sagt ein litauisches Sprichwort.

Seine günstige wirtschaftliche und finanzielle Lage hat es dem Orden in Preußen seit der Mitte des 14. Jahrhunderts ermöglicht, mit Unterstützung seines livländischen Zweiges und mit Hilfe von fürstlichen und adligen Kreuzfahrern aus dem Westen weiter gegen das heidnische Litauen zu kämpfen. In erster Linie ging es dabei um die Beherrschung von Samaiten, also um eine Landverbindung zwischen Preußen und Livland. Die damit verbundene Gefahr für den litauischen Herrschaftsverband gehörte zu den Ursachen für die polnisch-litauische Union im Jahre 1386.

Die äußeren Verhältnisse des Ordens gestalteten sich nach Kaiser Ludwigs des Bayern Tod 1347 nicht gerade rosig. Der Kaiser hatte dem Orden zahlreiche Beweise seiner Gunst geschenkt. Auch die Söhne des Kaisers und der verbündete König Johann von Böhmen zeigten besondere Hilfsbereitschaft gegenüber dem Orden. Dies gestaltete sich aber schon wesentlich nüchterner bei Kaiser Karl IV., der wohl mit seinem Vater Johann mehrmals im Ordensland erschienen war, doch nun verfolgte er keine idealistischen Ziele mehr, sein Wirken war nun auf Ausbau seiner Hausmacht gerichtet. König Johann hatte bereits das Interessenfeld abgesteckt, Schlesien gehörte zu Böhmen und er hatte auf den Anspruch auf Polens Krone verzichtet, alles andere an Polens Nord- und Ostgrenze war Sache der Polen allein. Sein Sohn Kaiser Karl erwarb Brandenburg von den bayerischen Herzogsöhnen, so daß er zum direkten Nachbar des Ordensstaates wurde.

Da tauchte im Jahre 1377 ein neuer Fürst zu einer Heidenfahrt in Preußen auf, Herzog Albrecht von Österreich. Er war der Sohn von Friedrich dem Schönen, einem Vetter Kaiser Ludwig des Bayern, der dem Bayern einst den Kaisertitel streitig machte. Habsburg meldet sich also in die große Politik zurück.

Die Zeit des florierenden Handels wurde gestört durch litauische Kriegsfehden und wieder zeichneten jene Wege, welche die

Heere der beiden Seiten entlangzogen, "Blut und Asche". In Thorn hatte man den neuen Gast in feierlicher Prozession eingeholt und nach Marienburg geleitet. Dort wurden dem Herzog zwei große Gastmahle gegeben. Auf dem Ritt nach Königsberg folgte ein weiteres Gastmahl. Es wurde dabei "welscher und griechischer Wein, klarer Rheinfall in goldenen und silbernen mit Edelsteinen gezierten Bechern gereicht."

Der sogenannte Ehrentisch den Hochmeister Winrich von Kniprode dem hohen Gast und anderen edlen Herren auf der Burg zu Königsberg gab, war einmalig, denn es galt in "Deutschland und den anderen Reichen als eine besondere Ehre, an des Ordens Ehrentisch in Preußen einmal Gast gewesen zu sein".

Dann brach man auf zur 'Heiden'fahrt. An der Memel waren 610 Fahrzeuge bereitgestellt, um schneller übersetzen zu können. In einem Dorf jenseits des Flusses wurde eine Hochzeitsgesellschaft von 60 Personen erschlagen und das Dorf niedergebrannt. So "ward Heidenblut vergossen" und nun konnte ob dieser Heldentat Herzog Albrecht durch den Grafen Hermann von Cilly der "ehrenreiche Ritterschlag" erteilt werden, mit den Worten, "Besser Ritter als Knecht." Am selben Tage schlug dann der Herzog 74 weitere Herren seiner Begleitung zu Rittern. Danach zog man weiter ins Heidenland hinein, erschlug und verbrannte, und führte eine immer größere Schar von Gefangenen mit sich fort. Im Gebiet von Rossiena wurde eine neue "Heidenjagd" veranstaltet und nachdem alle "Heiden" in die Wildnis entwichen waren, ließ der reiche Graf Cilly dem Herzog Albrecht zu Ehren ein glänzendes Gastmahl bereiten.

Die Zahl der Ritter stieg auf 108 an, womit für die meisten der Teilnehmer der Hauptzweck erfüllt war, wie vorgeschrieben, auf "heidnischem" Boden die Ritterwürde zu erlangen. Mit reichen Ehrengaben eilten dann alle wieder nach Hause zurück. Die Litauer rächten sich danach in üblicher Art bei den Ordensrittern, bis 1379 die Litauerfürsten Kynstutte und sein Neffe Jagal Friedensgespräche führten. Es wurde ein Friedensvertrag über die Dauer von zehn Jahren abschlossen.

Die politischen Verhältnisse zwischen Litauen und dem Ordensstaat begannen nun unübersichtlich zu werden, weil Großfürst Olgierd starb. Er hinterließ mindestens ein Dutzend Söhne, und es ist sein Lieblingssohn Jagal oder Jagiello, der ihm nachfolgt. Doch da ist noch der Onkel Kynstutte mit dem er die Macht teilen muß. Der Konflikt mit ihm ist unausweichlich, denn Neffe und Onkel stehen im Gegensatz, der Konflikt drängt nach einer gewaltsamen Lösung.

Jagiello versteht sich gut in zweideutigen Winkelzügen, wenn er mit dem Orden verhandelt und vorgibt Verbündeter des Onkels

Kynstutte zu sein. Als der Orden diesen angreift, kommt Jagiello ihm nicht zu Hilfe. 1382 gelingt es ihm nach einer militärischen Auseinandersetzung seinen Onkel gefangen zu nehmen, er legt ihn in Ketten, wirft ihn auf der Burg Krewen in einen finsteren stinkigen Turm. Vier Tage danach ist Kynstutte tot - erwürgt. Selbstverständlich will es Jagiello nicht gewesen sein. Er ordnet ein feierliches Begräbnis an, nach heidnischem Brauch wird er geschmückt mit prächtigem Harnisch und mit Waffen, zusammen mit seinen besten Pferden, Jagdhunden und Jagdvögeln, auf einem Scheiterhaufen verbrannt.

Am 23. Juni 1383, - der Hochmeister Winrich von Kniprode hatte das Städtewesen intensiv gefördert und einen gewissen Wohlstand in Preußen sichergestellt - verhandelte er gerade mit dem obersten Ordensspittler über den Bau eines Heimes für arme Witwen und Waisen. Mitten in der angeregten Unterhaltung erlitt der Hochmeister plötzlich einen Schlaganfall und starb am folgenden Tage. Mehr als 31 Jahre hatte er für den Orden segensreich gewirkt, nun fand er seine letzte Ruhestätte in der St. Annengruft des Haupthauses der Marienburg.

In den Oktobertagen wurde in der Marienburg im Beisein aller führenden Männer des Ordens der neue Hochmeister gewählt, es war der Ordenstrapier und Komtur von Christburg, Konrad Zöllner von Rotenstein. Er verhandelte mit Jagiello, jedoch vergeblich. Im nächsten Jahr kam es, wie konnte es anders sein, zum Kriegszug gegen Litauen.

Nur einige Monate nach dem Tode des bedeutenden Hochmeisters Winrich von Kniprode gab es noch einen Todesfall, der ungarische König Ludwig der Große von Anjou war am 11.9.1382 gestorben. Er hatte ein riesiges Reich regiert, von den Karpaten bis nach Dalmatien am Adriatischen Meer reichte Ungarn und unter ungarischer Oberhoheit standen Bosnien, die Walachei und die Moldau. Nach dem Tode des polnischen Königs Kasimir dem Großen 1370, war er zum König von Polen gewählt worden. Die große Tragik bestand darin, er hatte keinen männnlichen Erben. Es blieben zwei junge Töchter in der Nachfolge beider Reiche, die Maria, die ungarische Königin wurde und Hedwig, die mit der polnischen Krone erhöht wurde. Die Frage blieb offen bezüglich der jeweiligen Freier, das heißt diese Frage war eigentlich schon geklärt.

Der fleißige Familienplaner Kaiser Karl IV. in Prag hatte vorgesorgt. Hatte er selbst schon, da er alle seine Frauen überlebte, nach Frankreich hineingeheiratet, dann hatte er nacheinander Frauen aus der wittelsbachischen Rheinpfalz, aus Schlesien und aus Pommern. Seinen Sohn Wenzel verheiratete er mit der bayerischen Prinzessin und sein jüngster Sohn Sigismund wurde mit der Erbtochter Maria verlobt, die einmal Ungarn und Polen erben sollte. Dies paßte den polnischen Adligen nicht und sie bestimmten die kleine Schwester der Maria, Hedwig zur Erbin des polnischen Thrones, auch wenn Hedwig noch ein Kind war.

Auch einen anderen Hochzeiter hatten die Polen im Sinn, einen aus der bedeutenden Dynastie der Habsburger, Herzöge von Österreich. Herzog Wilhelm von Österreich wurde die kleine Hedwig anverlobt, dies war überall im Reich wohlbekannt. Doch das Schicksal wollte es anders, oder war der leibhaftige Teufel im Spiel.

Er hieß Jagiello, der urplötzlich sein christliches Herz entdeckte, oder waren es politische Überlegungen des polnischen Adels in einem Rundumschlag sich an seinen sämtlichen Nachbarn zu rächen: an Böhmen und Österreich, indem man Sigismund und Wilhelm die Braut enthielt, und an dem lästigen Ordensstaat, indem man ihn durch das dynastische Bündnis zwischen Litauen und Polen in die Zange nahm. Sigismund gab sich mit Maria und dem riesigen Ungarnreich zufrieden, mit dem er sich den Dauerzwist mit den heidnischen Türken einhandelte. Sigismund war auf dem Erbwege Markgraf von Brandenburg geworden, wurde dann noch böhmischer und deutscher König in der Nachfolge seines Bruders Wenzel. Dann erlangte er noch die römische Kaiserkrone. Die Habsburger kamen in den Besitz aller Kronen und Reiche, weil Albrecht II. von Österreich, Enkel des Ritters Herzog Albrecht im Heidenkampf, Sigismunds Tochter und Alleinerbin Böhmens und Ungarns, heiratete.

Die elfjährige polnische Königin Hedwig sollte den Litauerfürsten heiraten, so der polnische Adel. Viel wichtiger erschien aber der Vertrag der am 14. August 1385 in Krewo die Union zwischen Polen und Litauen schuf. Die Krone bekam der litauische Thronaspirant erst, nachdem er sich verpflichtete, sich und alle seine Landsleute taufen zu lassen. So geschah es wie geplant, zu Beginn des Jahres zog Jagiello mit großem Gefolge nach Krakau, der polnischen Hauptstadt. Er empfing dort die Taufe und die Hand der nun bereits zwölf Jahre alten Hedwig, die sich aus staatstragenden Gründen dreinfinden mußte. Sie hatte mit ihrer Existenz das letzte heidnische Volk im Abendland zum Glauben an Jesus Christus, dem wahren Erlöser, geführt. Daher ist die Existenz des litauischen Baltenstaates so eng mit diesem Glauben verknüpft, bis zum heutigen Tage.

Der Erzbischof von Gnesen hatte den hartgesottenen Heiden Jagiello auf den christlichen Namen Wladislaw und seinen Vetter, frischer Christ auch er, auf den Namen Alexander getauft. Alle Großen des litauischen Reiches folgten dem Beispiel ihrer Fürsten und ließen sich taufen. Sie alle waren nun Christen, zumindest solange, als sie in Krakau waren.

Litauen ist zu einem christlichen Land geworden, wenigstens auf dem Papier. So fing es überall einmal an, soweit die Christianisierung von oben her, durch einen Fürsten des Landes geschah, was allgemein im Abendland die Regel war. Die Ausnahme allerdings machten die baltischen Brüder im Norden, sie hatten keinen Fürsten der dies besorgte, sie fügten sich einfach so darein und die Folgen waren anderer Art, als in Litauen.

Den Ordensstaat hatte man natürlich nicht vergessen. Man hatte den Hochmeister des Deutschen Ordens zu dem Staatsakt eingeladen, er sollte sogar Gevatter stehen, da der Orden doch an der Bekehrung eine zentrale Rolle spielen sollte. Doch der Hochmeister lehnt dankend ab und schlug die Einladung aus, schon aus Gründen der Solidarität zu Sigismund und den Habsburgern. Am 17. Februar 1386 stieg Wladislaw Jagiello auf den Thron Polens. Der Ordensstaat aber geriet in eine tödliche Gefahr...Ist ihm nun der Missionsauftrag genommen? Nein, der Kampf gegen Litauen geht weiter. Wohl folgten dem ersten christlichen Fürsten Litauens die Menschen in seiner Hauptstadt gerne, denn er versprach jedem, der sich taufen ließ, ein neues Hemd: so kamen sie in Scharen und wurden Christen. Die Litauer sagten sich in ihrer schönen klangvollen Sprache: Ein Hemd ist eine Messe wert. So beugten sie ihre heidnischen Häupter dem heiligen Stanislaus, dessen Kathedrale sich bald an der Stelle erhob, wo der alte heidnische Pikolloaltar stand.

Litauen bewahrte noch lange die alten Götter mit den hohen Bernsteinkronen, von denen die ostpreußische Dichterin Agnes Miegel sang, Perkunos, Potrimpos, Pikollos, waren unter den gleichen Namen die Götter der Pruzzen und der Litauer, sie dienten ihnen bis Jagiello.

Der alte Eduard Gisevius der ein liebenswürdig lebendiges Bild hinterlassen hat, ein Bild von Menschen, Landschaft und Bräuche. Er beschwor die Landschaft mit dem großen Strom des Nordostens, die Memel, deren Schönheit im Bannkreis von Wilna und Kowno einst Adam Mickiewicz besang in dem schönen Sonett "Njemen, mein Heimatstrom"- Gisevius ließ die Welt um den Rombinus erstehen, den sagenumwobenen Berg an der Memel, letztes Zentrum der alten preußischen Glaubens- und Götterwelt, die allem Christentum zum Trotz bis zur Gegenwart in den Seelen und Herzen der Nachgeborenen, fast ohne daß sie es wissen und spüren, fortlebte.

Die Menschen um die Memelmündungen waren ebensolange Heiden geblieben, auch wenn der Orden das Christentum nicht nur mit einem Hemdwechsel zu ihnen gebracht hatte. Um den Gipfel des Rombinus mit dem wunderbaren Blick über den riesigen Strom, schweben in dunklen Nächten immer noch die Schatten der alten Götter, dort wo die Memel die Gewässer aus tausend Armen gesammelt, träge, langsam und trotzdem wie in schläfriger, mühsam selbst gebändigter Kraft durch die flache, geduckte Niederungswelt ihres Deltas zieht, dort waren die Götter.

Der Kriwo Kriweite, ihr Oberpriester, stand riesig und stumm im Schatten der alten Eichen wie einst im heiligen Hain von Romowe, die blutigen Opfer fehlten auch nicht. Einer der großen dichterischen Gestalten des 19. Jahrhunderts, Zacharias Werner, hatte bei Kerzenschein vor literarisch anspruchsvollen Gästen in Berlin eines der Dramen mit heidnischen preußischen Schlachtgeschrei "Bankputtis, Bankputtis, Bankputtis" begonnen. Die Gäste waren erschrocken, verstanden nicht die Sprache des Bernsteinlandes und wußten nichts von ihrer uralt heidnischen Kraft - so blieb es bei dem Schrecken, und Werner schrieb sein Drama "Das Kreuz an der Ostsee" nicht zu Ende, es blieb ein Fragment, wie so vieles vom Größten in unserer Dichtung.

Zacharias Werner, der Königsberger Dichter, war ein Suchender im Glauben, die heidnischen Götter hatten ihn gefangen, er ging nach Weimar zu Herrn "Geheimbderath" von Goethe, suchte weiter in Rom und fand dann doch seinen Frieden als katholischer Priester in Wien.

Sein Nachbar im Königsberger Hause war sein Jugendfreund Ernst Theodor Wilhelm Hoffmann, der auch absonderliche Gedanken zu Papier brachte. War vielleicht auch ein Heidenzauber in ihm. Er war der Begründer der Romantik und er schrieb "Die Elixiere des Teufels."

Heidentum und uralter Vorweltzauber aber geistern heute noch in den nordischen Landschaften im täglichen Leben herum und auch in den zahmeren Gegenden Deutschlands gibt es viel Heidnisches. Ein Beispiel ist Ostern, wo das Osterei als christliches Symbol für die Auferstehung und Wiedergeburt des Christenmenschen, neben dem heidnischen Osterhasen steht, wobei für Kinder immer das Rätsel bleibt, wie ein Hase Eier legen kann.

ES KANN KEIN FRIEDEN SEIN...

Das 14. Jahrhundert war die Blütezeit des Ordensstaates Livland. Ruhig und friedlich waren die Zeiten jedoch nicht. Ständig lag Livland mit den benachbarten Mächten Rußland, Polen, Litauen, Schweden und der Seemacht Dänemark im kriegerischen Konflikt. Obwohl ein Netz von 60 stark befestigte Burgen den Ordensstaat sicherte, wurden die Ordensritter durch die vielfältigen Auseinandersetzungen zunehmend geschwächt. Immer wieder gelang es feindlichen Heeren, wenn auch nur zeitweilig, Teile des Landes zu besetzen.

Im Inneren bedroht der ständige Streit mit dem Bischof den Ordensstaat. Dazu melden die durch Handel stark gewordenen Städte wie Riga, Tallinn oder Tartu immer lautstärker ihre Interessen an und gewinnen zunehmend an Macht und Einfluß. Die Kaufleute, Händler und Handwerker schließen sich in Gilden zusammen, die den Handel monopolistisch kontrollieren. Und Geld ist Macht.

Als nach dem Tode des Landmeisters von Livland, Arnold von Vitinghof, Wilhelm von Freimersheim als neuer Landmeister nach Livland gekommen war, sah der Erzbischof von Riga, Frommhold von Vyshusen, seine Zeit als gekommen an, den seit langem begrabenen Streit zwischen Orden und Kirche wieder aufleben zu lassen. Er schlug eine mündliche Unterredung in Danzig vor, das er als einigermaßen neutralen Ort ansah. Der Hochmeister reiste im Frühjahr 1366 mit großem Gefolge von Gebietern dorthin. Auch der Landmeister von Livland war anwesend, als Erzbischof Frommhold und eine Reihe weiterer Bischöfe, unter ihnen auch Bertram von Lübeck, angereist kamen. Natürlich entbrannte gleich der übliche Streit zwischen dem Landmeister von Livland und dem Erzbischof von Riga, den der Hochmeister Winrich von Kniprode mit seinem bedeutenden Gewicht besänftigen konnte.

So stand am Ende der Beschluß fest, daß der Orden die Herrschaft über Riga in die Hände des Erzbischofs zurückgeben wird, mit Ausnahme der dortigen Ordensburg und deren Vorburg, die noch dem Orden gehören sollte. Der Erzbischof entsagte seinerseits allen Ansprüchen auf Burgen, Häuser und Befestigungen, die der Orden zur Zeit in und um Riga besaß und auf alles Land, das er einst von den Brüdern des Ritterdienstes Christi erhalten hatte. Er verlangte auch nie die Huldigung des Ordensmeisters von Livland oder Gehorsam. Alle Streitigkeiten seien durch diesen Vertrag vergeben und vergessen. So stand es schon oft auf dem Papier, welches bekanntlich sehr geduldig ist. Nun aber sollte es endgültig sein, wie das Dokument besagt: In Castro Dantzke Wladislav. doc. anno 1366 meisis Max, im Werke "Rigische Handlung."

Als nächstes einschneidendes Ereignis für den nördlichen Teil des Ordensstaates Livland war die Union von Krewo 1385 zwischen Litauen und Polen, sowie die erfolgte Vermählung der polnischen Hedwig mit dem litauischen Jagiello, der dann mit christlichen Namen Wladislaw gerufen wurde. Wladislaws Versprechen am Tage der Krönung war wohl dazu geeignet, die Ritter des Deutschen Ordens zu erschrecken, denn sie lautete:

"Ich will alle Völker dieser meiner Länder zur Taufe bewegen. Mit meiner Krönung ist die Vereinigung Litauens, Samaitens und des ihm zugehörigen Teils von Rußland mit der Krone Polens feierlich vollzogen".

Dies konnte nur bedeuten, daß das dem Orden überlassene Samaiten nun endgültig wieder zurückerobert werden sollte und damit Livland endgültig zu Lande vom Orden in Preußen getrennt wird. Der Orden sah sich von drei Seiten umfaßt, geführt von einem König, welcher der größte Hasser des Ordens überhaupt war.

Die Fronten waren aus der Sicht des Ordens klar erkennbar, es gab nun nicht mehr pauschal die "Heiden" in Litauen auf der einen Seite und die "Christen" in Polen auf der anderen, die nur vorgaben Missionare zu sein. Es gab nun einen deklarierten christlichen Doppelstaat allein. Der Orden sah dies anders, er sah nur die Machtpolitik die dem litauisch-polnischen Bündnis zu Grunde lag.

So galt es für den Orden Verbündete zu finden und der geschickten Verhandlungsführung der Ordensabgesandten gelang es die beiden Fürsten von Pommern, sowie die Herzöge Wartislaw und Boguslaw von Stettin zu einem Schutz- und Trutzbündnis mit dem Orden zu bewegen, und zwar "wegen der uns und euch allen nahen Christen drohenden Gefahr, die für unsere Länder dadurch entstanden ist, daß der Großherzog Jagal von Litauen neulich den erlauchten Herzog Wilhelm von Österreich seines ehelichen Weibes und mit ihm auch seines Landes und des Königreichs Polen mit Frevel beraubt und die Heidenschaft in Litauen mit aller Rüstung bestärkt hat."

Dies entsprach der Wahrheit und auch nicht, denn der Wille des Königs Ludwig des Großen war es, die luxemburgisch-böhmische Dynastie mit seinem Ungarn zu verbinden. Seine Erbtochter Maria wurde daher mit dem späteren Böhmenkönig Sigismund verlobt, wobei Ludwigs Tochter die Erbansprüche ihres Vaters mitbrachte, natürlich die über Ungarn und Polen. Polen mochte Sigismund nicht, der die Markgrafschaft Brandenburg geerbt hatte und Polens Nachbar war. Außerdem stärkte Sigismund den Orden, dem er die Neumark verkaufte, um das nötige Geld für seinen Türkenkrieg zu erlangen.

So waren die Polen auf die glänzende Idee gekommen, die zweite Tochter Hedwig für das Königreich Polen als erbberechtigt zu erklären und Hedwig mit dem Habsburger Wilhelm von Österreich zu verloben. Hedwig war, wie es damals üblich war, als kleines Kind verlobt worden, so daß man hier keineswegs von einem Weib sprechen konnte. Aber auch Jagal oder Jagiello vermählte sich nicht mit einem Weib, sondern mit einem elfjährigen Kind, daß gewohnheitsgemäß nach der Vermählung in Verwahrung genommen wurde. Mit 25 Jahren starb Hedwig bereits im Jahre 1399, ohne die unbedingt notwendige Nachkommenschaft gesichert zu haben. Doch sie hatte den erhofften Zweck für die Machthaber Polen erfüllt und die Prämisse vom Zweck der die Mittel heiligt, enstand auch in unmittelbarer Umgebung Polens.

Der Orden, der den Beistandsvertrag am 10. Juli 1386 in Lewenburg unterzeichnete, glaubte auch den Kaiser und den Papst auf seiner Seite zu haben. Doch Kaiser Karl IV., der noch mit Vater Johann ins Ordensland zog, war schon längst gestorben und sein Sohn Wenzel, der im Reich zum König gewählt worden war, ging aus seinem Böhmen nicht heraus. Mit seiner bayerischen Gemahlin harrte er in Prag aus, verfolgte den Beichtvater der Königin, den Bischof Nepomuk, brachte ihn um, weil er das Beichtgeheimnis nicht preisgab und trug dazu bei, daß die katholische Welt, besonders aber Bayern, einen Brückenheiligen bekam. König Wenzel hatte im Zorn den Bischof von der Prager Brücke in den nassen Tod stoßen lassen. Seitdem steht der Hl. Nepomuk als Schutzheiliger auf unseren Brücken.

Die Erzbischöfe im Reich wählten aus Zorn darüber anno 1400 einen neuen deutschen König. War ihnen vielleicht Wenzels Prag zu unerreichbar gelegen? Der neugewählte König kam aus der bayerischen Pfalz, ganz aus der Nähe der Erzbischofsitze Mainz, Köln und Trier. Nach Kaiser Ludwig kam nun zum zweiten Mal ein Wittelsbacher auf des Heiligen Römischen Reiches Thron. Kurfürst Ruprecht III. wurde im Jahre 1399 zum König gewählt und 1401 in Köln gekrönt, da ihm Aachen die Tore verschloß. Der Italienfeldzug 1401 schlug wegen ausbleibender Gelder des Reiches fehl, so daß es nicht zur Kaiserkrönung in Rom kommen konnte. Es hat sich bis heute nichts daran geändert, Italien ist schon wegen der Geschichte und Kultur das wichtigste Reiseland aller europäischen Länder, doch bis man in Rom ist, kostet es einiges.

Damals war es das besondere Glück für die italienischen Städte, wenn wieder einmal ein neuer König gewählt wurde. Den zog es dann natürlich nach Rom. So profitierten die italienischen und lombardischen Städte und zuletzt auch noch der Papst, davon, daß er die Kaiserkrone aufsetzte. Viele deutsche Könige kämpften sich bis Rom durch, Kaiser Ludwig hatte genügend Freunde und Geschenke parat. Nur als er gekrönt war, ging ihm in Rom das Geld aus und er mußte schnellstens heim ins Reich. Zum Dank stiftete er der Gottesmutter Maria, als er bayerischen Boden erreichte, in Ettal das Kloster, zum Dank für die Errettung. Kaiser Karl, der Böhmenkönig vergab Urkunden und machte Privilegien zu Geld. Daher nannte man ihn den Krämer unter den Königen.

König Ruprecht aber hätte bei Karl lernen können, denn er war in der Oberpfalz, in der dem Prag benachbarten Hauptstadt der Oberpfalz, in Amberg, geboren. Dem böhmischen Karl gehörte damals ein Teil der Oberpfalz bis nach Nürnberg, das sogenannte Neuböhm. König Karl war sogar ein Verwandter zum neuen König, da er die pfälzische Anna geheiratet hatte. Alles nützte nichts, denn während König Wenzel in Prag den Reichtum seines Krämervaters verpraßte, ging dem pfälzischen Nachbarn auf dem deutschen Königsthron völlig das Geld aus, damals konnte man bereits mit Recht sagen - das Geld regiert die Welt.

Die Beispiele mehren sich in der Geschichte des ausgehenden Mittelalters wo das Geld zunehmend die Politik beherrschte. Die Herrschaft der Anjou-Könige in Ungarn mit florentinischem Geld, heute noch ist der Forint die Währung in Ungarn, war ein frühes Beispiel. In Italien kehrte auch die neuzeitliche Renaissance viel früher ein. Die Hanse konnte mit ihrem Reichtum den mächtigen Dänenkönig und Beherrscher der Ostsee in die Kniee zwingen. Und auch der Deutsche Ritterorden erlebte seinen Niedergang und seinen völligen Zusammenbruch, als ihm das Geld und die Staatsabgaben verweigert wurden.

Es ist eine besondere Tragik für den Orden, für die Idee eines Ordensstaates, der die lateinische Kultur in diese verlassene Weltgegend brachte, die lateinische Kultur, die Grundlage der Kultur des ganzen Abenlandes war und daß dieser Ordensstaat ganz einfach am schnöden Geld scheiterte. Als wir im feierlichen Remtersaal in der Marienburg standen, nach dem Untergang des Kommunismus, und wir sagten, daß die verheerend verlorene Schlacht des Ritterordens die Folge des ersten Wirtschaftskrieges der Geschichte gewesen sei, da ging ein Gelächter durch die Gewölbe des Remters. Es waren auch Historiker in der Gruppe dabei und so komisch es klingt, auch über Wahrheiten, gerade weil sie tragisch-traurig sind, läßt sich lachen.

König Ruprecht von der Pfalz war daher ein deutliches Beispiel für die zukünftige Entwicklung in Europa. Ob in Frankreich, England, Italien oder auch in den Baltengegenden spielte das Geld in den Städten der Handwerker und Händler die weltbewegende Rolle. Auch die Residenz des Königs Ruprecht in Heidelberg, wo er 1410 seine letzte Ruhe fand, lag nicht so weit von der größten Zentrale des Handels und des Geldes, Augsburg, entfernt. Dort sollte einmal die höchste Summe für die Krone im Reich bezahlt werden und die entschied dann auch noch über das Schicksal der ganzen Römischen Kirche, deren Todesstoß von Wittenberg und vom Ordensland Preußen ausging.

Unser König Ruprecht wurde auch von der dreieinigen Geistlichkeit der rheinischen Erzbischöfe gewählt und er scheiterte an den drei "uneinigen" Parteien in Italien, in Frankreich und in Spanien, die jedes für sich einen eigenen Papst unterstützte. Ruprecht verstrickte sich in die Auseinandersetzungen um die drei Päpste so sehr, daß ihm eine Politik nicht mehr möglich war. Diese Tatsache war das zweite Element, daß das Geschehen im Reich und im Ordensstaat bestimmte, aus dem der Stoff zukünftiger Politik gemacht wurde.

König Sigismund, der zweite Sohn des Kaisers Karl aus Böhmen, der 1410 im Reich folgte, führte gleichfalls Glaubenskriege gegen die Türken in seinem Königreich Ungarn und auch gegen die drei Päpste. Unaufhörlich rang er um Geld für seinen Krieg, den er stellvertretend für das christliche Abendland führte. So mußte er Länder an dem damals noch reichen Deutschen Orden verkaufen, um den Krieg gegen die Türken zu finanzieren. Er konnte aber die Türken nicht mehr aufhalten, weil weiteres Geld fehlte.

Auch im Ordensstaat versiegte der Handel mit Polen, seitdem Jagiello polnischer König geworden war. Dabei hatten sich die Handelsbeziehungen so gut angelassen seit der ungarische König Ludwig der Große auch über Polen herrschte. Seine zwei Töchter hatten das gemeinsame Herrschaftsgebiet nicht nur geteilt, sondern Polen dem litauischen Machtbereich zugeordnet und Ungarn dem böhmisch-österreichischen. Zuerst unter dem ungarischen König Sigismund der Verbund mit der böhmischen Krone und dann der Verbund Ungarns und Böhmens mit Österreich, das unter Albrecht II. danach auch die deutsche Königskrone in den Dreikönigsbund einbrachte.

Diese Konstellation sollte im Wesentlichen bis zum ersten Weltkrieg erhalten bleiben. Auch wenn sich Herzog Wilhelm von Österreich damals nicht so ohne weiteres damit zufrieden geben wollte, daß ihm dieser litauische Neuchrist Jagiello seine Hedwig wegheiratete. Zur Beschwerde ging er in die polnische Hauptstadt Krakau, wo man ihm die kalte Schulter zeigte, dann ging er zum Papst, aber auch das brachte nichts. Rächen konnte sich Österreich erst viel später bei der Teilung Polens im Jahre 1795, als Krakau unter die Verwaltung Österreichs gelangte und 1846 ganz einverleibt wurde.

Der Orden aber gewann in Österreich einen weiteren Verbündeten, was zur Folge hatte, daß der Deutsche Orden nach seiner Auflösung im Reich durch Napoleon, in Wien seine letzte Heimat fand bis zum heutigen Tage. Ein Dreikronenreich gab es nicht nur im Süden, sondern zur gleichen Zeit in Skandinavien, als die litauisch-polnische Union enstanden war. Unter Königin Margarethe von Dänemark vereinigten Dänemark, Norwegen und Schweden sich zur Kalmarer Union, weil Margarethe den Ehegemahl und ihren Sohn überlebte und das Erbe übernahm. Auch hier fehlte der männliche Erbe und auch sie hatte keinen direkten Erben, so daß das Dreikönigsreich in die Hände ihres Großneffen Erich von Pommern überging. Für den Orden war das Bestehen von Großreichen rund um die Ordensgebiete nachteilig, bedeutete es jedenfalls nur Einschränkung und Machtverlust. Da war man beim Orden wenigstens darüber erfreut, daß sich Verbündete jenseits der Skandinavier fanden. Im August 1390 waren neue Rittergruppen in Preußen eingetroffen, an seiner Spitze Graf Heinrich von Derby, der spätere König Heinrich IV. von England. Der französische Ritter Boucicaut war den Engländern gefolgt.

In dem Bruder des Königs Jagiello, Witowd, war dem Orden ein weiterer Verbündeter erwachsen, er schloß sich mit einem samaitischen Heer dem Ordensheer unter der Führung des Ordensmarschalls Engelhard Rabe an. Man zog gemeinsam gegen Jagiello, Wilna wurde erreicht und belagert, eine der Burgen, welche die Stadt schützte, wurde erobert und eine andere vier Wochen lang vergeblich berannt. Ende Oktober wurde der Rückzug angetreten, ohne das Ziel erreicht zu haben.

Als man Königsberg erreichte, wußte es jeder schon, der Hochmeister Konrad Zöllner war gestorben, er hatte fast acht Jahre regiert. Die Wahl des neuen Hochmeisters sollte sieben Monate auf sich warten lassen. Am Sonntag nach Palmarum des Jahres 1391 wurde der Statthalter der Interimsregierung, der bisherige Großkomtur Konrad von Wallenrod, zum neuen Hochmeister gewählt.

Nach Bekanntwerden dieser Wahl regte sich im Reich wieder die Lust, unter seiner Führung am Kampf gegen die 'Heiden' teilzunehmen. Schnell hatte sich eine Gruppe von 500 Kämpfern unter der Fahne des Markgrafen Friedrich von Meißen zusammengefunden, die nach Preußen zogen und dort vom Hochmeister empfangen wurde. Wieder schloß sich Witowd mit seinem samaitischen

Heer an. Man kam bis nach Wilna, doch weil die Litauer meilenweit um Wilna alles Futter für die Pferde verbrannten, konnten die Angreifer eine Belagerung nicht lange durchhalten, so fand der eigentliche Krieg nicht statt und man kehrte wieder um.

Als es dann dem König Jagiello gelang, seinen Bruder Witowd durch Überlassung von Ländereien wieder auf seine Seite zu ziehen, hatte man viele Feinde und es gab auch viel Ehre zu erringen. Auch um Samaiten konnte man wieder kämpfen, um die Landverbindung nach Livland. Am 25. Juli 1393 war der Hochmeister nach schwerer Krankheit gestorben. Doch das machte nichts, es mußte auch ohne Hochmeister gehen. Es waren inzwischen neue Kreuzzugskämpfer aus dem Reich eingetroffen.

Unter Führung des Grafen Eberhard V. von Württemberg gingen die Kämpfer mit dem Ordensheer unter Leitung des Ordensmarschalls in Richtung Rossiene vor. Alle Ortschaften die passiert wurden blieben nur noch rauchende Trümmerhaufen. Es war das altgewohnte Bild des Krieges, 600 Gefangene, 800 Pferde und eine große Viehherde trieb man als Beute in die Heimat zurück.

Die Samaiten übten ebenso blutige Rache und fielen ins Memelgebiet ein. Sie brannten die Stadt nieder und versuchten in drei Sturmangriffen die Burg zu stürmen.

Erst Ende des Jahres fand man Zeit zur Wahl eines neuen Hochmeisters. Die Wahl fiel auf Konrad von Jungingen, der aus Hechingen in Schwaben stammte und dessen schwäbische Landsleute aus Württemberg gerade den letzten Kampf bestritten hatten. Die Absicht des neuen Hochmeisters war es, endlich Frieden zu schaffen. Den Ausgleich mit dem Erzbischof von Riga und den polnischen König versuchte er durch Geschenke huldreich zu stimmen.

Die Ankunft neuer Kriegsgäste aus dem Reich ließ den Kampf wieder aufleben, wie dies schon seit hundert Jahren der Fall war. Diesmal ging es bei strengstem Frost in Richtung Grodno, von dort nach Nowogrodek. Drei feindliche Burgen wurden erobert und niedergebrannt. 14 Tage lang verheerte das Kreuzfahrerheer alles was am Wege lag. 2 200 Gefangene, 1 400 Pferde und eine riesige Viehherde waren die Beute. Dann mußte man wegen des einbrechenden Tauwetters zurückkehren.

Der neue Hochmeister war zu Hause geblieben. Er hatte wichtigeres zu tun, als mit "des Reiches Ritterschaft mitzuhelfen die Heidenmorde zu vermehren". Er eröffnete ein Armenhospital, das er in Danzig vergrößerte. Besondere Sorgfalt legte er auf den Bau von Dämmen entlang der Weichsel.

Unausweichlich war dann 1394 die nächste Kriegsreise nach Litauen fällig. Es waren auch Burgunder darunter, die mit ihrem Bogen so manchen Verteidiger von der Burg in Wilna herunterschossen. Dann kam der ehemalige Verbündete des Ordens, Witowd, vom Bruder des Königs zum Großfürsten befördert, und griff das Ordensheer an. Man konnte sich anfangs des Angriffs erwehren, doch dann mußte der Landmeister von Livland mit einer großen Schar von Kämpfern zu Hilfe kommen, die mit neuen Belagerungsstücken die Mauern und Türme von Wilna vernichteten, ohne indes einen Sieg erringen zu können. Die Livländer kehrten nach Livland zurück und die Burgunder machten sich auf den Weg in Richtung ihrer schönen Heimat im kultivierten Westen.

Sporadisch wie die Litauerkriege kamen die Auseinandersetzungen mit dem Erzbischof von Riga. Man verhandelte 1395 um das Erzbistum mit den Herzögen von Pommern und Herzog Swantibor von Stettin. Da kamen auch Streitigkeiten im gleichen Jahre noch dazu, die geklärt werden mußten. Königin Margarethe von Dänemark verhandelte mit Herzog Johann von Mecklenburg um die Freilassung des Herzogs und Königs Albrecht von Schweden, ihres Konkurrenten. Die Ordensstädte sollten sich mit 60 000 Mark Kaution verbürgen, daß Albrecht zu Verhandlungen freigelassen werden konnte. So reich waren die Ordensstädte Thorn, Elbing und Danzig die man ansprach, nicht mehr, so daß sich Lübeck, Stralsund, Greifswald und die hier unter den reichen Städten geführte Hansestadt Reval beteiligten.

Natürlich war 1396 wieder ein Kreuzzug fällig. Hierzu war der Herzog von Geldern in den Ordensstaat gekommen, doch Witowd zeigte sich friedensbereit. Auf feste Zusagen seinerseits wollte der Orden auf weitere 'Heiden'kämpfe verzichten und den bisherigen Kriegsreisen ein Ende setzen. Diese Verhandlungen fanden 1398 erst ihren Abschluß. Fürst Witowd wollte das Land Samaiten an den Orden abtreten. Darüber hinaus wurden die litauisch-preußischen Grenzen von Sallinwerder bis an den Narew genau bezeichnet und festgelegt. Beide Seiten verpflichteten sich ihre Gefangenen freizugeben. Der gefangene Bruder des Herzogs sollte ebenfalls in die Freiheit nach Litauen entlassen werden.

Als dieser Vertrag unterschrieben war, wurden Sigismund, der Bruder Witowds und die übrigen Geiseln freigelassen. Festliche Gastmahle beendeten diese langen Friedensverhandlungen. Danach traten die Großen Litauens zusammen und riefen Witowd zum König von Litauen und Rußland aus.

Die politische Ebene schien geordnet zu sein, nun galt es auch in der Wirtschaftspolitik die Wogen zu glätten, denn da war einiges nicht mehr in Ordnung. Der Bernsteinhandel mit Brügge war in Mißkredit geraten, die gelieferte Qualität ließ zu wünschen übrig. Der Tuchhandel mit England stagnierte, wegen zu hoher Schutzzölle der Engländer. Der Handel Preußens mit Polen und Rußland war ebenfalls durch die Unruhen zum Erliegen gekommen.

Erst als die Russen selber wieder ihre Schiffahrt nach Preußen aufnahmen, besserte sich die Lage in den Preußischen Handelsstädten. Königin Hedwig führte gleichfalls Unterhandlungen mit dem Orden über Handelsausweitungen. Der Handelsweg wurde wieder für preußische Händler frei. Über Krakau führten die Handelswege weiter nach Rußland und Ungarn. Von Ungarn erhielt Preußen das dringend benötigte Kupfer, das, weiterverkauft nach Flandern, hohen Gewinn einbrachte.

Dann wütete wieder die Pest und raffte 80 Ordensritter dahin. Ein Dauerregen vernichtete nicht nur die Heuernte, sondern auch die gesamte Getreideernte des Jahres. Das Jahr 1399 verlief allgemein ruhig, doch dann starb die polnische Königin Hedwig auf dem Kindsbett bei der Geburt einer Tochter, sie war diejenige die zwischen ihrem Reich und Preußen den Frieden bewahrt hatte. Im Haupthaus des Ordens wurde eine Trauerfeier für die Freundin des Ordens begangen. Es stand nun zu befürchten, daß Jagiello, der getaufte Wladislaw, gegen den Orden aufstehen könnte.

Vorerst galt es nun endlich in Samaiten nach dem Rechten zu sehen. Seine Einwohnerschaft wurde unterworfen und sie nahmen die Taufe.

Witowd, der Großfürst von Litauen sann schon wieder auf einen Aufstand, trotz aller Verträge. Dazu erhielt er Unterstützung von seinem Bruder, dem polnischen König, der andererseits zur Überraschung des Ordens eine Friedensabordnung zur Marienburg schickte. Da erschien im September 1401 der Herzog Semovit von Masowien und der Bischof von Leslau, sowie Nicolaus Kurowski, als Botschafter Polens auf der Marienburg. Vor den versammelten Gebietern des Ordens erklärte der redegewandte Bischof:

“Mein Herr und König wünscht auch forthin stets mit dem Orden in Frieden und Freundschaft zu leben, und Kriegslust ist fern seiner Gesinnung.”

Der König brauchte nur Zeit, denn er war gerade dabei, sich mit der Gräfin Anna, Tochter des Grafen von Cilly, einer Enkelin König Kasimirs, zu vermählen. Zwar war seine zweite Braut abgrundtiefhäßlich, doch sie galt als Nachfolgeberechtigte auf die polnische Krone, es war diese Anwartschaft die sie in die Ehe einbrachte.

Der Hochmeister traute dem Frieden nicht, es waren nur Worte gewesen, der König möge Beweise einer Friedensabsicht geben, dies gab er den Abgesandten des polnischen Königs mit auf den Weg. Doch die Friedenssignale blieben aus.

DER RITTERORDENSTAAT GEHT DEM ENDE ENTGEGEN

Es ging um handfeste Machtintressen, nicht mehr um einen irgendwie gearteten 'Heidenkampf'. Eben noch hatte der Deutsche Orden die Litauer als hartgesottene Heiden diffamiert, nun hatte man sich durch einen Vertrag feierlich zu freundschaftlicher Hilfe verbunden. Und noch schlimmer, Seit' an Seit' mit den Litauern half der Orden mit, die Grenzen des Litauerreiches weiter noch Osten und noch weiter nach Süden ins Tatarenreich hinein zu verschieben. Kommt aber noch hinzu, daß sich im Lager der Litauer auch Angehörige der Ostkirche befanden, vom Papst zu Schismatikern erklärt, also aus dessen Sicht noch schlimmere Leute als die Heiden. Weiterhin haben sich abtrünnige Tataren, die sich vom Reich der Goldenen Horde getrennt hatten, als Verbündete auf die Seite Witowds geschlagen.

Bei dieser Konstellation wurde schnell deutlich, daß der Heidenkampf lediglich als ideologischer Überbau für die Daseinsberechtigung des Deutschen Ordensstaates und seiner Ritter diente. Noch dazu gerät der Kriegszug in eine katastrophale Niederlage. Der durch seine Klugheit und seinen Mut berühmte Fürst Edegei überwältigt Witowds Streitmacht in einer blutigen Schlacht an der Worskla, einem Nebenfluß des Dnjepr. Fast das gesamte Heer ist vernichtet und mit ihnen viele Ritter des Ordens. Nur wenige sehen Preußen wieder.

Witowd konnte sich selbst mit knapper Not retten, doch die Tataren verfolgten die Reste des litauischen Heeres bis an den Dnjepr, brandschatzten Kiew und verheerten Litauen in den Gebieten, die Litauen eigentlich erst zu einer Großmacht werden ließ. Damit war es aber nun vorbei, denn in diesen Augusttagen des Jahres 1399 wurde über das Ende der litauischen Hegemonialmacht in Osteuropa entschieden. Es war ein epochales Ereignis, mit der Folge, daß die Union Polen/Litauen weiter Bestand hat, denn Litauen kann nun Polen gegenüber keinen Führungsanspruch mehr geltend machen.

Es bestand die Gefahr, daß die Geschäftsgrundlage für den Litauer Witowd hinfällig geworden war. Darauf beruhte der Gedanke des Vertrages von Sallinwerder, daß der Litauer auf Samaiten verzichtete, weil er mit des Ordens Hilfe sich genügend Ersatzgebiete wieder beschaffen würde. So stellte es sich dem Litauer dar und so befürchtete der Orden, daß die gewonnene

Landverbindung zu den livländischen Brüdern verloren gehen könnte.

Zu Anfang des Jahres 1402 begannen wieder die preußischen Kriegsreisen nach Litauen. Dort erschlug Michael Küchmeister von Sternberg, Kumpan des Komturs von Balga, mit seiner Truppe viele hundert Feinde und kehrte mit 300 Gefangenen und 700 Pferden sowie einer Rinderherde nach Preußen zurück.

Am 2. März 1402 kam Fürst Swintrigal von Litauen, der sich Erbling von Litauen und Rußland und Herr Podoliens nannte, auf die Marienburg, um einen Friedensvertrag zu schließen, der auch sogleich von beiden Seiten unterzeichnet wurde.

Der polnische König intrigierte heimlich gegen den Orden. In der Öffentlichkeit erfreute er den Hochmeister mit kostbaren Geschenken, während er in aller Heimlichkeit Witowd in einen Krieg mit Preußen trieb. Dieser fiel bereits im Mai 1402 mit den Samaiten nach Preußen ein, erstürmte die Stadt Memel und erschlug ohne Widerstand zu finden, alle Bürger, deren er habhaft werden konnte. Die Stadt wurde ausgeplündert und von allen Seiten in Brand gesteckt.

Über 3000 Menschen ließ er als Sklaven wegführen. Er zog weiter zur Burg Gotteswerder an der Memel. Die Besatzung ergab sich nach dreitägiger Beschießung, die Burg wurde geplündert und niedergebrannt.

Am 25. Juli brach ein Ordensheer zum Rachezug gegen die Litauer auf. An der Spitze stand diesmal auch Fürst Swintrigal mit seiner Reiterei. Eine Reihe samaitischer Burgen wurden erobert. Wilna aber hielt sich, und das Ritterheer kehrte mit 900 Gefangenen und vielen Beutepferden nach Hause zurück.

Neben diesen Feldzügen hatte der Orden auch auf Gotland zu kämpfen. Königin Margarethe war immer noch dabei ihr Dreikronenreich zu vergrößern und der Orden schickte bis zu 14 000 Krieger Preußens nach der bedeutenden Insel Gotland, vor der schwedischen Küste. Auch hier gab es einen Frieden, denn das weiße Papier ließ zu aller Zeit viele Worte zu, doch die Macht wechselte häufiger von Hand zu Hand, als von Kopf zu Kopf, wie es das Papier verlangte. Und das ferne Livland, und das noch fernere Estland waren von den großen Geschehnissen gleichfalls betroffen.

Zur gleichen Zeit wie mit den Dänen, fand auch ein Friedensschluß mit Witowd und dem polnischen König statt. Hatte der Deutsche Orden das Dobriner Land vom Herzog Wladislaw von Oppeln als Pfand für die Summe von 50 000 ungarische Gulden erhalten, so wollte dieses Land der polnische König erwerben. Der Hochmeister hatte nach seinem Besitzwechsel an die im Dobriner

Land liegenden Polen zum Verlassen der Gebiete aufgefordert, und sie zogen ungehindert ab und verließen das Land. Nun mußte der Hochmeister das Land Dobrin und die Burg Slotori abtreten, da der König Wladislaw sich verpflichtete bis zu Pfingsten 1405, 50 000 Gulden und 2 400 Schock böhmische Groschen zu zahlen. Dabei sollte auch die Gültigkeit des bereits mit König Kasimir abgeschlossenen Friedensvertrages und alle anderen Punkte nochmals bekräftigt werden. Außerdem sicherte der polnische König dem Orden den Besitz des Landes Samaiten zu.

Großfürst Witowd von Litauen stimmte mit allem überein. Er reiste nach Wilna, um dort den Hauptleuten Sungail und Manewide zu befehlen, Samaiten in seinem Namen dem Orden zu übergeben.

Zu Pfingsten war die feierliche Übergabe des Geldes vor den Toren von Thorn, der König von Polen kam mit seinen Ressortchefs, darunter der Erzbischof Nicolaus Kurowski als persönlicher Berater. Dort verhandelten sie mit dem Hochmeister und seinen Gebietern. Der polnische König zahlte, womit er Eigentümer dieses Landes wurde.

Danach zogen der polnische König und seine Begleitung in einem wahren Triumphzug mit 4 000 Pferden in Thorn ein, wo zwei Tage den Festlichkeiten gewidmet waren.

Wieder war man nach der politischen Lösung versucht die wirtschaftlichen Probleme zu übersehen. Der polnische König konnte nun ungehindert die Waren nach Thorn hineinschaffen lassen, aber dann mußten diese Güter wie Wachs, Eichhörnchenfelle, Marderpelze, Biberwammen, Otterfelle, Rauchwaren, Kupfer, Blei, Eisen, Quecksilber, Seide, Pfeffer, Safran, Ingwer, gemünztes Silber und Gold, an den Orden verkauft und bei dem Orden andere Güter wieder eingekauft werden. Der Zwischenhandel also lag bei dem Orden. Es war immer schon so, jedoch der polnische König wollte dies ändern, wie läßt sich dies am Besten bewerkstelligen, mit Macht - denn vordergründig schafft Macht mühelos Rechte.

Der polnische König ließ einfach die Waren der Thorner Kaufleute beschlagnahmen. Der Hochmeister schrieb dem erst kürzlich ernannten Erzbischof von Gnesen Nicolaus Kurowski, der von Leslau nach dem polnischen Hof nach Krakau berufen worden war, er möge vermitteln, da er nicht nur Latein, sondern auch Deutsch sprach und ein gewandter Verhandlungsführer war. Er bewirkte auch ein Zusammentreffen des Hochmeisters mit dem König, doch es blieb alles beim alten und der Handel stagnierte.

In der Geschichte wurde immer nur vom großen Krieg des Deutschen Ritterordens berichtet, der in fünf Jahren ausbrach und von der vernichtenden Niederlage für den Orden. Welcher wirtschaftliche Vorlauf ihn schon lange vorher bewirkte, welcher Neid ihn herbeiführte und welche wirtschaftlichen Vorteile der Sieger danach hatte, wird verschwiegen. Schillernde Gestalten werden von der Geschichte ausgezeichnet, die Kronen schillern; aber nur Blut und Ruhm zählen.

Dies konnten die Hochmeister nicht erlangen, in ihrer Selbstbescheidung durch Ordensregeln und Einengung in dem Ordensstaat. Konrad von Jungingen hatte sich um die Rinder- und Pferdezucht verdient gemacht. Der Weinbau im Raume Thorn und Kulm war sein Erfolg. Viele ausländische Gäste hatte er zu deren Überraschung mit Thorner und Kulmer Landwein beschenkt, der es selbst mit dem Rheinwein aufnehmen konnte.

Der Bienenzucht im Großraum Tucheler Heide bei Schlochau, Rhein und Johannisburg hatte er großen Auftrieb verschafft. Von dort wurden oftmals zwischen 20 und 40 Tonnen Honig nach Marienburg geschickt, wie das Tresslerbuch des Ordens vermerkt. In Balga gab es kurz nach der Wende ins 15. Jahrhundert nicht weniger als 522 Bienenstöcke in den Bienengärten. Dies alles verdankte man dem unermüdlichen Einsatz des Hochmeisters.

Dies setzte natürlich ein gut ausgewogenes Kulturland voraus und über das ganze Jahr ein "blühendes" Land. Das war im Ordensstaat mustergültig erreicht worden und zur Nachahmung für die Nachbarn geeignet. Wahrscheinlich war das Preußenland und wäre es heute noch, führend in der Zahl der fleißigen Bienenvölker. Nur noch von einem Land hätte Preußen an Zahl und Fleiß überboten werden können, vom Land der Bayern - vom Bienenreichtum Bayerns mit insgesamt 450 000 Bienenvölkern.

Konrad von Jungingen ließ die Chronik Preußens schreiben. Er gab ein Buch der Feldmeßtechnik heraus und hatte im Haupthaus zu Marienburg zwei "Meister der Schreibkunst" bei der Abschrift wichtiger Bücher sitzen. Gesang, Lauten-, Trompeten- und Posaunenspiel wurden durch ihn gefördert. Aus fernen Ländern zog er Musiker, Dichter und Sänger an den Ordenshof, und er beschäftigte einen Hofmaler. Er kaufte für das Haupthaus wertvolle Bilder.

Die Kunst der Bernsteinschnitzer und -Dreher wurde von ihm besonders gefördert, und manch schönes Stück ward für die Marienburg und ihre Kirchen und Kapellen geschnitten. Gold- und Silberschmiede waren ununterbrochen tätig. Für ein Silberservice zahlte der Hochmeister einmal die stattliche Summe von 334 Mark. Dem polnischen König schenkte er 1405 zwei mit edelsteinbesetzte Trinkbecher, deren jeder 100 Mark gekostet hatte.

Seinen Rittern gegenüber war er von großer Strenge, unbotmäßig der Trunksucht verfallene oder anderen Lastern huldigende Ordensbrüder wurden bestraft und versetzt. Zu seiner Zeit war das Mittelalter in Italien schon vergangen, die Renaissance kündete schon die Neuzeit an. So gab es zu seiner Zeit auch das erste Freudenhaus in Marienburg, das er sofort schließen ließ, wenn auch versteckt mehrere danach wieder zum Vorschein kamen.

Nach den Verhandlungen über die Streitigkeiten mit dem Polenkönig und einer Reihe sonstiger Streitigkeiten mit aller Welt, erkrankte der Hochmeister Konrad von Jungingen zu Ostern 1407. Er beriet sich mit seinem Großkomtur Konrad von Lichtenstein und dem Ordenstreßler Arnold von Hecke über einen Nachfolger. Am 30. März abends starb der Hochmeister. Er wurde wie seine Vorgänger in der St. Annengruft beigesetzt. Selbst sein unversöhnlicher Gegner, der König von Polen, ließ für diesen hochachtbaren Mann Seelenmessen lesen.

Ende Juni 1407 erschienen alle hohen Herren des Ordens in der Marienburg zur Meisterwahl. Dabei waren auch die Landmeister des Ordenszweigs im Reich und der Landmeister aus Livland, ebenso waren die Landkomture anwesend. Gewählt wurde am 26. Juni 1407 der Bruder des Verstorbenen, Ulrich von Jungingen, zum neuen Hochmeister.

Ein Bote hatte dem polnischen König die Wahl des neuen Hochmeisters gemeldet. Nun kamen im Gegenzug Erzbischof Nicolaus Kurowski von Gnesen und der Kastellan von Kalisch auf die Marienburg, um dem Hochmeister die Glückwünsche ihres Königs zu überbringen. Zwischen dem Erzbischof und dem Hochmeister entwickelte sich ein Vertrauensverhältnis, das auch in der Folgezeit nicht enttäuscht wurde, weil er auch immer als aufrichtiger Vermittler in die Bresche sprang.

Ein Vermittler war auch dringend nowendig, denn Streit gab es eine Menge. So wegen der Überläufer aus dem Königreich, die angeblich Schulden hatten oder wegen kleiner Vergehen das Land verlassen hatten. Der Hochmeister schrieb dem Erzbischof, “daß man Flüchtlingen noch nie die Aufnahme verweigert habe, woher immer sie auch gekommen seien, daß man aber Mörder, Räuber und Mordbrenner nicht aufnehmen werde. Solche Verbrecher werde man selbstverständlich ausliefern.

Schreiben dieser Art gingen reichlich an den Erzbischof und die zuverlässige Weitergabe und Schlichtung konnte so einen drohenden Krieg noch verhindern. Dennoch standen dunkle Wolken am Himmel des Ordenslandes. Der Hochmeister erfuhr von Waffentransporten nach Samaiten und Litauen, versteckt unter Getreide. Jede Seite hatte ihre Spione und Gerüchte gingen um. Doch dann stießen Samaiten bis nach Memel vor, um einen Krieg zu provozieren. Sie raubten einige Pferde und erschlugen Menschen auf dem litauischen Ufer. Eine Erklärung von Witowd, wie sie der Orden forderte, kam nicht.

Mitte 1409 brach in Samaiten der wohlgeschürte Aufstand los. Zunächst im Gebiet von Rossiena ausbrechend, pflanzte er sich rasch wie ein Lauffeuer in Richtung Königsberg fort. Witowd ließ verkünden, daß er bald selbst an der Spitze der Samaiten die "Deutschen in Königsberg mit Feuer und Schwert vertreiben" werde. An den friedenbeteuernden polnischen König gewandt, mit der Beschwerde über die Angriffe von Litauen her, erhielt der Hochmeister vom König die Antwort, von Erzbischof Nicolaus Kurowski, einem Woiwoden von Kalisch und dem Hauptmann von Nakel überbracht, die lautete:

"Unser König ist mit dem Großfürsten von Litauen blutsverwandt. Dieser hat sein Land von der Krone von Polen durch Schenkung erhalten; darum wird unser König ihn nicht verlassen und nicht nur in diesem Krieg, sondern in jeder anderen Bedrängnis mit aller Macht unterstützen."

Von gütlicher Beilegung des Litauenkonflikts wollte der Hochmeister nichts mehr wissen. Doch wenn der Hochmeister lieber in Litauen einfallen wolle, so erklärte der Erzbischof, so würde der König Preußen angreifen. Der Hochmeister wußte, daß die Überfälle vom polnischen König gesteuert waren und entschloß sich zum Kampf gegen den König.

Die Schlacht von Tannenberg - Grünwald

Am 6. August 1409 wurde Polen vom Hochmeister des Deutschen Ordens der Fehdebrief zugesandt - es war die Kriegserklärung. Es kam nun eines zum anderen, durch das Hilfsbündnis mit Herzog Swantibor von Stettin und Herzog Bogulaw von Stolp, leisteten diese Kriegshilfe. Beide Seiten rüsteten, der Orden überfiel zahlreiche Burgen, der Erzbischof tauchte wieder auf, er wollte vermitteln, der Hochmeister nicht, dann wurden auch noch die Burgen im Besitztum des Erzbischofs Nicolaus Kurowski zerstört. Auch jetzt versuchte immer noch der Erzbischof einen Waffenstillstand zu erreichen.

Der deutsche, zugleich böhmische König Wenzel in Prag sollte zum Ende des Krieges beitragen. Der Orden erhoffte sich Hilfe vom König Wenzel, doch als die Abgesandten des Ordens in Prag eintrafen, waren die Polen bereits beim König. Spätestens jetzt hätte der Hochmeister erkennen müssen, daß der Orden vom Reich nicht mehr die übliche Unterstützung erwarten konnte. Es kamen zwar Söldnertruppen aus dem Reich, nach dem Soldbuch des Ordens Söldnerhauptleute mit vielen erlauchten Namen aus Schlesien, Franken, den Rheinlanden und Westfalen. Doch der Hochmeister, vom Anfangserfolg geblendet, wollte die endgültige Entscheidung – und die fiel zu seinen Ungunsten aus.

Das Ordensheer bestand aus über 50 000 Preußen und 33 000 Söldnern, davon 26 000 Berittene. Das Heer des polnischen Königs bestand aus 60 000 Polen, 44 000 Mann litauische, samaitische und russische Truppen und dazu noch 40 000 Tataren, sowie 21 000 Söldner aus Böhmen, Mähren, Ungarn und Schlesien. Es standen also dem Ordensheer mit 83 000 Mann insgesamt im gegnerischen Heer 163 000 Mann gegenüber, von denen allein 66 000 beritten waren.

Der böhmische König Wenzel hatte Truppen geschickt, der König mit der deutschen Königskrone schickte Truppen gegen den Deutschen Orden. Der ungarische König Sigismund aber, der Bruder Wenzels, wollte nicht, daß seine Soldaten gegen den Orden kämpfen. Er schickte vor der Schlacht dem polnischen König über seinen Gesandten seine Kriegserklärung.

Es wurde nun ernst, der polnische König ließ sich vom Bischof von Kujawien vortragen, daß er laut der Offenbarung Johannes der siegreiche Bekämpfer des Ordens sei, dann eröffnete der polnische König Wladislaw den Angriff. Alle teilnehmenden Fürsten und Herzöge schickten dem Hochmeister des Ordens ihre Entsagebriefe, und die polnischen Truppen drangen bei Soldau auf preußisches Gebiet vor. Am letzten Tage des Waffenstillstandes, am 8. Juli 1410, erstürmten sie Soldau, dann Neidenburg und vernichteten alles, was zu vernichten war.

Der zweite Angriff galt Gilgenburg. Ein Verband Litauer unter Witowds Führung, mit einigen tausend Tataren darunter vermischt, erstürmte die Stadt. Alle Männer wurden erschlagen. Jene Frauen und Mädchen, die sich in die Pfarrkirche geflüchtet hatten und am heiligen Ort unbehelligt zu sein glaubten, wurden in der Kirche vergewaltigt. Frauen wurden die Brüste abgeschnitten, junge Mädchen als Gefangene abgeführt. Zum Schluß zündeten die Feinde die Stadt an allen Ecken an, so berichten Lindenblatt, Dlugoss und Kojalowicz.

Bei Tannenberg-Grünwald trafen sich dann die Heere und am Abend bedeckten 100 000 Leichen das Schlachtfeld. 60 000 Tote des polnischen Heeres und 40 000 des Ordensheeres, insgesamt 100 000 zuviel.

Am Abend dieses Tages senkte sich die Finsternis nicht nur über das Schlachtfeld, sondern auch über Preußen. Von diesem Abend an sank der Stern des Deutschen Ordens, bis er im Laufe von 115 Jahren später ganz erlosch.

Bei der Schlacht waren neben dem Hochmeister, auch Kuno von Lichtenstein, der Ordensmarschall, Friedrich von Wallenrod, Graf Albrecht von Schwarzburg, der Oberstrappier und Thomas von Merheim, der Treßler des Ordens, umgekommen. Neben dem Komtur von Graudenz, Wilhelm von Helfenstein, lagen die Leichen seiner Ritterbrüder. Viele weitere Komture verloren in dem Gemetzel ihr Leben.

Das polnische Heer wandte sich nun, nach dem totalen Sieg über den Orden, der Unterwerfung der Städte im Ordensstaat zu und brach in Richtung Marienburg auf, zum Haupthaus des Ordens. Unterwegs richteten sie schwere Verwüstungen in den Städten an. Mit Feuer, Schwert, Raub und Mord wurden Schandtaten verübt. Vor allem die Tataren verübten in den Städten und Dörfern, an Kindern, Frauen und Greisen Greueltaten, die zum Himmel schrien.

Einen Retter aber gab es noch, in der Gestalt des Grafen Heinrich von Plauen. Er war der Komtur von Schwetz und war vor Kriegsausbruch zur Sicherung der Grenzen nach Pommern mit seinem Heer entsandt worden. Als er die Nachricht von der Niederlage überbracht bekam, rief er sein Heer zusammen und eilte in rücksichtslosen Tag- und Nachtmärschen nach der Marienburg. Er wollte diese letzte Zeugin vor der Geschichte für den Deutschen Orden retten.

Bürger und Soldaten zogen mit aller Verpflegung, die aufzutreiben war, auf die Burg. Die menschenleere Stadt Marienburg ging in Flammen auf. Nur Kirche und Rathaus blieben vom Feuer verschont. Von überall her kamen kleine Gruppen und auch einzelne entkommene Ritter und Söldner, so daß sich eine Schar von 5 000 Verteidigern der Marienburg zusammenfand. Die obere Burg erhielt 2 000 Kämpfer, die mittlere auch 2 000 und in der Vorburg verblieben 1 000 Krieger, die sie in Verteidigungszustand versetzten.

Das polnische Heer erreichte am neunten Tage nach der Schlacht, es war der 26. Juli 1410, die Ordensburg Stuhm, zwei Meilen vor Königsberg. Zur gleichen Zeit erreichte der Teil des Polenheeres, das in Richtung Marienburg gezogen war, die Marienburg, wo es erstmals gestoppt wurde.

Den ganzen Sommer über wurde die Burg belagert, trotz schwerer Geschütze konnte die Burg nicht genommen werden. Pestartige Seuchen brachen unter den Belagerern aus. Heinrich von Plauen fügte dann durch plötzliche Ausbrüche dem Belagerungsheer schwere Verluste zu. Der polnische König ließ ein mächtiges Geschütz heranbringen und sein bester Kanonier sollte den einzigen Pfeiler des Remters treffen, dann würde das Gewölbe einstürzen.

Heute noch zeigen Polen, die heutigen Herren auf der Burg, die Kugel die vorbeiflog und in der Wand steckenblieb. Als aber der Kanonier des Königs sein Geschütz auf das große Marienstandbild an der St. Annen-Kapelle richtet und auch abfeuerte, erblindete er zum Schrecken aller, ein Ereignis, das naturgemäß bei den Belagerern einen gewaltigen Eindruck machte.

Als dann im Belagerungsheer auch noch die Ruhr ausbrach, forderte Witowd den Abzug seiner Litauer von dieser Stätte des Grauens. Wenige Tage darauf ging auch der Herzog von Masowien mit seinen Truppen auf und davon.

In dieser Phase, die man später einmal als psychologische Kriegsführung bezeichnen wird, schickten die Verteidiger Briefe hin und her. Unter anderem konnte sich ein Ordenspriester durch die feindlichen Lager mogeln, mit Briefen an die Komture im Reich, in denen um Hilfe gebeten wurde, die aber nicht kam. Was aber kam war ein Brief des ungarischen Königs Sigismund, der die Verteidiger ermunterte, in der Marienburg tapfer auszuhalten, er würde herbeieilen und die Marienburg freikämpfen.

Von dieser Nachricht erhielt auch der polnische König Wladislaw Kenntnis und er ließ plötzlich das Lager abbrechen, in Brand setzen und zog mit seinem Heer ab. Heinrich von Plauen hatte bei dieser Nachricht die Besatzung antreten lassen und unter Trompeten- und Posaunengeschmetter den Brief vorlesen lassen.

Auch eine zweite Nachricht gab den Belagerten neue Hoffnung. Diese Nachricht kam von Norden her. Der Hochmeister hatte an den Meister von Livland den Befehl gesandt, den Frieden zwischen Livland und Witowd von Litauen aufzukündigen, damit ein livländisches Heer gegen Witowd nach Litauen einfallen könnte, um ihn dort zu binden. Es war aber zu spät, denn Witowd war bereits nach Süden geeilt und hatte großen Anteil an dem Sieg gegen den Orden.

Auch die Bischöfe von Livland, Reval, Kurland und Ösel hatte der Hochmeister ersucht, mit all ihren Rittern und Knechten dem Orden zu Hilfe zu kommen. Ein livländisches Heer hatte sich gebildet und war auch unterwegs nach Süden, doch beim Zug der polnischen Truppen durch den Ordensstaat hatte sich das gesamte Land unterworfen. Alle vier Bischöfe des Ordenslandes hatten dem polnischen König ihre Huldigung dargebracht, ebenso Stadt und Burg Elbing, auch die Stadt Danzig, wie überhaupt fast alle Städte und Burgen in dieser Landschaft.

Dem Ritterorden waren nur noch die Burgen Danzig, Schwetz, Rheden, Schlochau, Balga, Brandenburg, Königsberg und die weiter ostwärts gelegenen Festungen geblieben. Heinrich von Plauen hatte nun Nachricht vom Anrücken einer livländischen Streitmacht bekommen, daß der Marschall von Livland bereits in Königsberg angekommen sei. Das Auftauchen der Livländer hatte zur Folge, daß der Heerhaufen der Polen und Litauer, der sich Königsberg auf einige Meilen genähert hatte, wieder kehrt machte und abzog.

Es gab wieder Hoffnung für den Orden. Aus der Mark und aus Pommern rückten Söldnerhaufen heran, auch die Livländische Ordensstreitmacht war bereits im Ermland. Nachdem die Polen abgezogen waren konnten die Ordensburgen und Städte rasch zurückgewonnen werden. Elbings Bürgerschaft kam zum Orden zurück. Die Burg mußte sich auf freien Abzug ergeben.

Nachdem das Land wieder fest in den Händen des Ordens war, ging man an die Wahl eines neuen Hochmeisters. Wer konnte dafür würdiger sein als Heinrich von Plauen. Am 9. November 1410 wurde er gewählt. Michael Küchmeister von Sternberg, der Pommern gehalten hatte, ward zum Ordensmarschall ernannt. Als der Hochmeister in Polen einfallen will, wehren die Livländer und verschiedene deutsche Verbündete ab, sie wollen einen Waffenstillstand. Der kommt am 9. Dezember 1410 zustande.

Der erste Thorner Friede

Der erste Thorner Friede wurde, wie es heute noch üblich ist, auf neutralem Boden besiegelt. So wie die beiden Potentaten der mächtigsten Reiche, der französische König und Kaiser Heinrich II. sich mitten in einem Fluß trafen, der die Grenze bildete. Dies geschah im 11. Jahrhundert, also vor dem Beginn der westeuropäischen Kultur in den Baltenstaaten. Damals war der Sachsenherzog Heinrich Herrscher über Bayern und zugleich deutscher König und römischer Kaiser im Reich. Er zwang den rabiaten polnischen König Boleslaw I. Chrobry das von ihm widerrechtlich besetzte Böhmen wieder herauszugeben.

So forderte auch jetzt, vierhundert Jahre später, Böhmens König Wenzel die Polen auf, ihre Eroberungen wieder herauszugeben. Wenzel hatte vor der kriegerischen Auseinandersetzung in Prag zwischen den Parteien zu vermitteln versucht. Er erinnerte die Polen auch, daß Polen kein Recht auf das Gebiet des Ordensstaates habe, da selbst seine böhmischen Vorfahren, die Könige Ottokar und Johann, diese Gebiete von den heidnischen Baltenstämmen erobert hätten. Der polnische König habe daraufhin die Verhandlung abbrechen, seine Delegation aus Prag zurück rufen lassen und hatte diesen Wahnsinnskrieg geführt.

Der Hochmeister erhielt seine Gebiete wieder zurück, nachdem man den Frieden ausgehandelt hatte. Dort wo die Weichsel eine Grenze bildet, in Thorn auf einer Insel traf man sich. Jede Partei zog die jeweiligen Truppen auf sein Hoheitsgebiet zurück. Der Hochmeister auf der einen Seite und die verbündeten Truppen Polens auf der anderen Seite. Im Kern des Vertrages, wo es um das Land ging, sicherte der Vertrag dem Ordensstaat die Gebiete von Pommern, Michelau, das Kulmer Land, Nessau, Murzinno und Orlau und alle Lande zu, in deren Besitz sich der Orden vor dem Kriege befunden hatte. Dieser Friede wurde vom polnischen König, dem Großfürsten von Litauen, den beiden Herzögen von Masowien, dem pommerschen Herzog von Stolp und vom Hochmeister feierlich beschworen. Ein Zwölf-Männer Schiedsgericht sollte weitere anstehende Fragen schlichten und falls man sich nicht einigen könnte, dem päpstlichen Stuhl vortragen.

Bis zum Jahre 1948 hatte Polen insgesamt 537 Jahre zur Verfügung, sämtliche damals genannten Gebiete seinem Staatsverband einzuverleiben. Das Recht dazu wurde durch Geld geschaffen, durch das Geld der deutschen Kaufleute, die gegen den Orden opponierten - damals. Und das Recht von heute sind die entsprechenden Machtmittel, denn heute gilt - Macht schafft Recht!

In den Baltenstaaten beklagt mancher die Randlage an der großen See. Vielleicht ist diese Randlage eine glückliche, wenn man nicht gerade an die Ideallage der Schweden denkt. Wären die Baltenvölker, wie die bayerischen Völker, im Landesinneren gelegen, herrschte heute tiefstes Rußland. Der preußische Ordensstaat war damals fast völlig eingeschlossen und hoffte auf ein gnädiges Schicksal.

In der Urkunde von "Thorun die dominico in vasilia purificat. Marie 1411" hört sich dies so an:

"Niemals wieder soll die Krone Polens mit ihren Landen und Leuten zu Litauen gegen den Orden und niemals der Hochmeister und der Orden gegen die Krone Polen und die Lande Litauens auftreten oder sich deren Feinden anschließen."

Schaut man in die Geschichtsbücher, so erfährt man, daß gerade getan wurde, zu was man sich verpflichtete nicht zu tun. Es folgte ein Krieg nach dem anderen und als dann 1466 der zweite Thorner Frieden geschlossen wurde, war der Ordensstaat nur noch ein erbarmungswürdiger Restposten eines Staates, der nur noch einen Symbolwert hatte. Wie uns die Geschichte aber lehrt, sind die kleinsten staatlichen Gebilde und die kleinsten Völkchen am überlebensfähigsten. Beispiele wie Bremen und Estland, beide heute selbständig mit ähnlich großer Bevölkerungszahl, die einst verbunden waren in der Schwertbrüderzeit, in guten und bösen Tagen und durch die bremischen Bischöfe.

Der Ritterordensstaat trug eine Bürde nach dem großen Frieden von Thorn, die Schuldenlast. An den fehlenden Geldern siechte der Ordensstaat dahin. Einst aber war der Orden reich und die Zahlungen an die Nachbarn waren sehr geschätzt worden und hatten lange Zeit den Frieden gesichert. Nun wollten die deutschen Handelsstädte nicht mehr die Abgaben abführen, ein Missionsauftrag war auch nicht mehr zu finanzieren, so brachte es den Städten Geld ohne Ende und dem Orden das Ende ohne Geld.

De godes ridder, der Gottesritter. Gemeint ist der Hochmeister, 1489. Nach Papst und Kaiser an 9.Stelle

KÖNIG SIGISMUND UND DER DEUTSCHE ORDEN

Als jüngerer Sohn Kaiser Karls war er nicht ausersehen die Krone Böhmens zu tragen. Sein Bruder Wenzel folgte nach dem Tode des Vaters, Kaiser Karl IV., 1378 auf den böhmischen Thron und in der Würde als deutscher König. Sigismund wurde Markgraf von Mähren, mit der ungarischen Königstochter verlobt und damit verbunden das Erbe am ungarischen und polnischen Thron. Weiterhin erhielt er die Markgrafschaft Brandenburg, die sein Vater Karl den bayerischen Herzögen abgekauft hatte, denn für Kaiser Karl lag die Zukunft Europas und des Reichs im Osten. Die Nachbarn von Sigismund waren im Osten und Süden sein Bruder Wenzel und im Norden lag Pommern, das Land seiner Mutter Elisabeth.

Um Erbaussichten zu schaffen, hatte Kaiser Karl um sein böhmisches Königreich herum selbst die Tochter des bayerischen Pfalzgrafen geheiratet, nach deren Tod dann als dritte Frau die schlesische Anna von Schweidnitz, die Mutter Wenzels. Um Schlesien enger an Böhmen zu binden heiratete er als vierte Frau die pommersche Herzogstochter Elisabeth, die Mutter Sigismunds. Damit schuf er sich die Möglichkeit Pommern zu erben und damit für Böhmen einen Zugang zum Baltischen Meer.

Seinen Sohn Wenzel verheiratete er mit einer bayerischen Herzogstochter, der Johanna von Bayern-Holland, vielleicht dachte der schlaue Kaiser Karl über diese Verbindung auch Holland gewinnen zu können. Die Bayerin aber starb 1385 und König Wenzel heiratete danach Sophie-Euphemia von Bayern, um die Verbindung mit den bayerischen Nachbarn nicht zu verlieren. Tirol hatte Bayern an Österreich abgegeben, Kaiser Karls Bruder war vorher Graf von Tirol gewesen, über die Erbverbrüderung mit Österreich dachte Kaiser Karl durch seine Söhne Tirol wieder zu erlangen und zwar gleich mit Österreich zusammen.

Seinen Sohn Sigismund verband Kaiser Karl mit der Erbtochter Maria. König Ludwig von Ungarn und Polen hatte keinen Sohn, so folgte ihm erbberechtigt seine Tochter und durch sie wurde Sigismund 1387 König. Er konnte aber nur die ungarische Krone erwerben, da der polnische Adel durch einen Trick die polnische Krone an den litauischen Jagal vergab, um durch eine polnisch-litauische Union den Ordensstaat in die Zange zu nehmen.

Als Sigismunds ungarische Maria starb, blieb ihm das Königreich Ungarn und er heiratete eine pommersche Herzogstochter.

Pommern war damals ein begehrtes Land. Herzog Erich XIII. von Pommern war verwandt mit Margarethe von Dänemark, so folgte er ihr als König der drei skandinavischen Königreiche Dänemark, Norwegen und Schweden.

Nach schwedischer Zählung wird Erich in der Geschichte als dreizehnter König gehandelt, nach dänischer Zählung war er erst der siebente König. Für die Esten ist nur interessant, daß der schwedische König Erich XIV. erst hundert Jahre später regierte und ab dem Jahre 1560 auch König von Estland war. Erich war mit der Sächsin Katharina von Sachsen-Lauenburg verheiratet, stammte also aus der Gegend, aus der die estländischen Ordensritter gekommen waren.

Kaiser Karl IV. erlebte nicht mehr die umwälzenden Ereignisse, als sich die Welt wandelte, so daß andere Gesetze galten. Das erste Ereignis war die Union Litauen-Polen, mit weitreichenden Folgen in den nächsten Jahrhunderten und dann noch die Kalmarer Union der drei nordischen Königreiche, aus der Schweden als Großmacht hervorgehen sollte.

Das bedeutendste Ereignis des ausgehenden Mittelalters spielte sich in der Schweiz ab. Die Schweizer hatten schon früher aufbegehrt und hatten bereits gegen die habsburgische Fürstenarmee einen Sieg errungen. Kaiser Ludwig der Bayer hatte den Schweizer Eidgenossen daraufhin gewisse Rechte eingeräumt. Diese nahmen die Schweizer auch zunehmend in Anspruch, zum Leidwesen der Habsburger Herren, daß die sich genötigt sahen dem Treiben ein Ende zu bereiten. Doch den Schweizer Eidgenossen gelang 1386 ein Sieg über das habsburgische Ritterheer. Die Schweizer Bergbauern hatten gezeigt, daß sich eine Landwehr gegen die Ritter durchsetzen konnte. Was den Liven und Esten im Baltenlande nicht gelang, schafften die Schweizer. Nun war die Zeit der unbezwingbaren Ritter zu Ende, es entstand ein neuer Typus von Kriegsmann, der Typ der Landsknechte. Dies war so sensationell, daß sich der Papst zu seinem Schutze diese Landsknechte kommen ließ und es gibt sie bis heute noch im Vatikan - die Schweizer Garde.

Die Schweizer sind seitdem eine Eidgenossenschaft, eine völlig neue und einzigartige Staatsform. Die Habsburger verlegten daraufhin ihre ganze Politik und Stärke von ihrer Stammheimat in Schwaben nach dem Osten nach Österreich und nannten ihre schwäbischen Besitzungen nur noch Vorder-Österreich. Die Hauptstadt von Österreich war Wien und ganz in der Nähe im ungarischen Preßburg hatte Sigismund seine königliche Hauptstadt aufgeschlagen. So war er dem zweiten Ereignis am nächsten, dem Sieg der Türken über die Balkanslawen auf dem Amselfeld im Jahre 1389.

Nun konnten die Staaten in Mittel- und Nordeuropa sagen, was geht uns das an, was dort unten im Balkan geschieht. Estland, der Ritterordensstaat und Polen waren überhaupt nicht davon betroffen, sie konnten in Ruhe ihren gegenseitigen Vernichtungskrieg führen, doch als sie dann aus diesem Krieg geschwächt hervorgingen, war es zu spät. Die Türken hatten schon den ganzen Balkan in ihren Besitz gebracht und waren nicht mehr nur die Nachbarn der Ungarn, sondern auch jahrhundertelang die Nachbarn der Polen und Russen. Die nachfolgenden Jahrhunderte waren in Rußland, Polen, Ungarn und im ganzen Reich ausgefüllt mit dem immerwährenden Kampf gegen die Türken.

Was dort im Jahre 1389 auf dem Amselfeld passierte, war die Vernichtung des serbischen Reiches. Die Türken rückten über ganz Serbien bis nach Belgrad vor, die Bevölkerung floh größtenteils und Sigismund mußte diesen immerwährenden Kampf gegen die Türken aufnehmen. Sogar Ländereien, wie die brandenburgische Neumark mußte er an den Ordensstaat verkaufen, um das nötige Geld für den Türkenkampf zu erlangen, es war nutzlos. Wenn man das Geschehen in Europa betrachtet, es ist geprägt von dieser heidnischen Bedrohung vom Balkan her. So versteht man auch, daß Kaiser und Papst dem Heidenkampf in Preußen nicht mehr die Aufmerksamkeit schenken konnten, außerdem gab es ja ganz grob gesehen in Litauen keine Heiden mehr. Es gab keinen Reichstag mehr ohne das Thema Türkenkampf, was vorher im Reich die Heiden in Litauen mobilisiert hatten, bewegte nun die Gemüter im Kampf gegen die heidnischen Türken. Schaut man heute nach Bosnien, die Serben behaupten der Kampf sei noch nicht zu Ende...und sie zeigen auf das Amselfeld, das im moslemischen Kosovo gelegen ist.

So stellte sich die veränderte Welt dar, dazu gab es noch den unentschlossenen deutschen König Wenzel in Prag, der dann im Jahre 1400 durch den bayerisch-wittelsbachischen König Ruprecht ersetzt wurde, der mangels notwendiger riesiger Geldmengen scheiterte. Darum folgte ihm Sigismund, der 1410 auch deutscher König wurde, aber trotz der Sympathien für den Orden, die schlimmen Kriege mit Polen nur teilweise verhindern konnte, denn viel wichtigere Dinge harrten einer dringenden Erledigung, so daß dem Orden die gewohnte Unterstützung versagt blieb. Dies führte auch zum langsamen Untergang des Ordens. Es fehlte aber auch an der Kraft der Schlichtung durch den Papst, denn es gab mehrere Päpste, die gegeneinander stritten.

Das sogenannte Schisma lähmte das ganze Geschehen in der lateinischen Christenwelt, wo es zwei Kirchenoberhäupter gab, wußte niemand mehr so recht, wem er zu folgen hatte. Nun hatte man am Konzil zu Pisa die Kraft entwickelt und es hatten die Kirchenoberen einfach die beiden Päpste abgesetzt. Man wählte einen neuen alleinigen Papst, doch die beiden anderen traten nicht zurück, da jeder hinter sich eine Lobby hatte. Der eine Papst war Spanier, der andere kam aus Frankreich und der dritte war wie gewohnt Italiener, so mußte man also vorerst mit drei Päpsten volieb nehmen und das Chaos im Abendland nahm seinen Fortgang.

Alles wartete auf Sigismund, der mit weltlicher Macht eingreift und wieder einen allgemeinen Frieden schafft. Es ist verständlich, daß in dieser Situation der ungarische und deutsche König Sigismund in seiner Hauptstadt Preßburg viele Abordnungen der Polen und des Ordens empfing, doch wenig Energie in diesen unsinnigen Streit verwenden konnte, da die größeren Probleme auf einem Konzil zu bewältigen waren. Die Frage wo man sich treffen konnte war schon fast unlösbar, aber Konstanz lag zwischen den großen Mächten und es war kirchliches Gebiet, also sozusagen neutrales Gebiet. Das Konzil begann 1414 und König Sigismund setzte alle drei Päpste ab, zwei davon waren in ihren Schutzländern und auch der amtierende Papst auf dem Konzil, trat vor weltlicher Macht des Königs nicht zurück. König Sigismund kam da die gute Zusammenarbeit mit den bayerischen Herzögen und dem Pfalzgrafen zugute, die den Papst trotz Widerstands mächtiger Staaten, wie der Österreicher, gefangennahmen und auf eine ihrer Burgen verbannten.

Nun war endlich der heilige Stuhl wieder frei für einen von allen Beteiligten gewählten Papst, und es war Papst Martin, auf den sich alle einigten. Es war kein leichtes Stück für König Sigismund, es zogen sich die Verhandlungen, Besprechungen, Zusammenkünfte, Treffen andererorts, über Jahre hin und er war garnicht der Einladende des geistlichen Konzils, es war das Konzil der Kirche. Es war kein Reichstag den der König einberufen konnte, es war die Versammlung der Kardinäle, Erzbischöfe, Bischöfe, Äbte, Ordensvertretungen und der Professoren von den geistlichen Universitäten. Die weltlichen Fürsten und Herren waren hier gewichtige Gäste und was auf diesem Konzil zum ersten Male geschah, es wurde nach sogenannten Nationen abgestimmt.

Natürlich waren Polen auf dem Konzil, der Deutsche Orden, die Nordländer, die Engländer, die Franzosen, die Italiener und die Fürsten des Reichs. Was ging denn dieses Konzil die Menschen im äußersten Winkel im Nordosten Europas an, was brachte dieses Konzil nun für die Menschen in Livland und Estland? Es gab ein Ereignis, das in genau hundert Jahren ganz Nordeuropa, einschließlich der Baltenstaaten total veränderte.

Es begann in Böhmen, im Prag des Königs Wenzel von Böhmen. Durch Heirat einer böhmischen Prinzessin war das englische Königshaus mit Böhmen dynastisch verbunden. Oxford, die berühmte Universität zog viele böhmische Studenten an und so kamen diese mit den ketzerischen Lehren des Wicliff in Berührung. Daraus wurde in Prag eine Bewegung gegen die offizielle römische Kirche. Der Höhepunkt war die Ernennung des Jan Hus zum Rektor der Prager Universität im Jahre 1409.

Die Ereignisse um diesen Jan Hus schlugen wie eine Bombe ein und als Jan Hus nach Konstanz geladen dort ankam, war in der Stadt der Teufel los, dies hatte den bereits überstrapazierten Konzilteilnehmern noch gefehlt, Kompromisse gab es für Hus nicht, so mußte er sterben.

Genau ein Jahrhundert später sagte ein Augustinermöch in Wittenberg im Sachsenlande, er sei der Nachfolger von Hus und er veränderte die Welt nachhaltig. Von da an nahm die Entwicklung im Preußenland, aber auch in Livland und Estland einen anderen Verlauf.

Bedauerlich war es nur, daß sich in diesen vielen Jahren bis dahin zwischen Polen und dem Deutschen Orden nichts änderte, es gab nur andauernden Streit. Da saß der Orden beim König Sigismund in Preßburg oder auf dem Reichstag, genauso die Polen, der König schlichtete und dann gabs wieder Streit und Krieg

In einem Fall ward dem König Sigismund noch ein Erfolg beschieden, auch die bayerischen Herzöge waren bis aufs Blut zerstritten. In der Folge Kaiser Ludwigs des Bayern hatten sich gleich vier bayerische Herzogtümer gebildet. Sie unterstützten König Sigismund in all' seinem Bemühen, so schaffte er es im Vertrag zu Preßburg, daß in Bayern wieder der Friede einkehrte.

Sigismund, König von Ungarn, deutscher König, erhielt 1419 auch noch eine dritte Krone, die Krone seines Heimatlandes Böhmen. Als Krönung seiner Leistungen erhöhte ihn der Papst mit der Kaiserkrone des Römisch-Deutschen-Reiches.

Sigismund hatte eine besondere Zuneigung zu seiner Geburtsstadt Nürnberg, wo er die heilige Taufe empfing. Auf dem Konzil übertrug er dem Burggrafen von Nürnberg die Mark Brandenburg. Der Burggraf hatte die Tochter des niederbayerischen Herzogs geheiratet, Elisabeth, genannt “die schöne Els”. Elisabeth ging mit ihrem Ehegemahl nach der Mark Brandenburg, die schon einmal von bayerischen Herzögen regiert wurde, damit wurde sie zur Stammutter der Kurfürsten von Brandenburg und der späteren Könige in Preußen.

Kaiser Sigismund hatte nur eine Erbtochter Elisabeth, die er mit dem Habsburger Albrecht II. vermählte, der ihm als deutscher

König folgte. Damit ging das Erbe Sigismunds auf die Habsburger über, die zur größten Macht aufstiegen.

Dem Ordensritterstaat hatte Sigismund mehr als einmal den Rücken gegen Polen und Litauen gestärkt, sonst wäre er bereits damals ausgelöscht worden, nachdem auch der Missionsauftrag erfüllt war.

DIE FINNEN ALS NÖRDLICHE NACHBARN ESTLANDS

Die ersten Einwohner Finnlands scheinen die Lappen gewesen zu sein, die von den Finnen zunehmend in den Norden zurückgedrängt wurden. Vor etwa 2 000 Jahren zogen finno-ugrische Völker vom Ural nach dem heutigen Estland und Finnland.

Wir wissen, daß die Aktivitäten der Wikinger von Dänemark und Norwegen aus sich nach Westen richteten. Sie plünderten seit dem 9. Jahrhundert die Küsten Westeuropas und gründeten in Ostengland ein Königreich - Danelaw. Die Vereinigung Dänemarks und die Christianisierung fanden im 10. Jahrhundert statt. Die tiefgreifenden religiösen Auseinandersetzungen fanden erst im 11. Jahrhundert mit der allgemeinen Annahme des Christentums ein Ende. Im 12. Jahrhundert festigte sich das Feudalsystem im dänischen Reich, während der Einfluß der römischen Kirche zunahm. Waldemar I., der Große, der von 1157 bis 1182 regierte, betrieb eine Expansionspolitik im Baltischen Meer.

Die Schweden trieben mit den Mittelmeerländern schon in der Vorzeit Handel. Im 9. Jahrhundert verlagerten sie ihre Aktivitäten nach Osten, an den Finnen vorbei, in die Weiten Rußlands hinein, dort nannte man sie die Waräger. Sie spielten in der Geschichte Rußlands eine wichtige Rolle. Die Waräger gründeten die Fürstentümer von Kiew und Nowgorod und hatten teilgenommen am großen Handel, der das Baltikum mit Konstantinopel verband. In Schweden wurde das Christentum um 830 vom Hamburger Bischof Ansgar gepredigt, verbreitete sich aber erst nach der Taufe von König Olaf Skötkonung nach dem Jahre 1008 im Lande.

Nach dem Untergang der Familie von Stenkil, die von 1060 bis 1130 regierte, war der schwedische Thron hundert Jahre lang von den Sverkern und den Eriks umkämpft. Erik der Heilige unternahm einen ersten Kreuzzug gegen die Finnen im Jahre 1150 und in der Folge wurde die christliche Botschaft mit dem Handel nach Finnland getragen.

Etwa um das Jahr 1156 erlitt der Apostel Finnlands, der Missionsbischof Heinrich aus England, den Märtyrertod. Bischof Heinrich oder schwedisch Hendrik von Uppsala war Eriks treuer Freund und Mitarbeiter. Er begleitete König Erik, als dieser mit einem Heer nach Finnland übersetzte, welches bisher nur flüchtig mit dem Christentum Berührung hatte. Es ging dem König dabei gleicherweise um die Stärkung des alten schwedischen Einflusses, wie auch um die Förderung der Mission. Die Finnen wehrten sich gegen die Eindringlinge, wurden aber in einer Schlacht überwunden. König Erik soll über die toten Feinde geweint haben, weil sie ohne die Taufe sterben mußten und so nach seinem Verständnis für das ewige Leben verloren waren.

Nach dem Sieg konnte die finnische Kirche entscheidend gestärkt werden. Als Erik nach Schweden zurückkehrte, ließ er Hendrik als ersten Bischof von Abo-Turku zurück. Bischof Hendrik hatte später sein Leben lassen müssen, weil er einen Mörder zur Buße zwingen wollte. Darum wurde er als Apostel und Nationalheiliger Finnlands verehrt.

Auch Erik von Schweden fand einen blutigen Tod. Am Himmelfahrtstag 1160 wurde er nach der Messe von dem Anführer einer Verschwörung, dem Dänenprinzen Magnus umgebracht. Seine Ermordung machte ihn zum Märtyrer, und er wurde zum Schutzpatron Schwedens. Wegen der Bedeutung Schwedens in der Christenmission wurde Uppsala 1164 zum selbständigen Erzbistum erhöht, das zur religiösen Hauptstadt Schwedens wurde. An der finnischen Küste des bottnischen Meerbusens errichteten die Schweden Kolonien. Im 12. und 13. Jahrhundert war Finnland Gegenstand von Rivalitäten zwischen Schweden, Dänen und den Russen in Nowgorod.

Nowgorod-Neustadt, nach skandinavischen Quellen Holmgard genannt, in alten deutschen Quellen Groß-Neugarten genannt, war ein Siedlungsmittelpunkt der nördlichen Ostslawen. Nach der Nestorchronik nahm Rurik 859 Besitz von Nowgorod und wurde Gründer der ersten russischen Dynastie. Seit Zerfall der Kiewer Zentralgewalt wuchs die Selbständigkeit Nowgorods 1136. 1156 hatte Nowgorod einen Bischof und später auch einen Erzbischof.

Das Kiewer Reich hatte bereits früher Einfluß auf die umliegenden Gebiete Nowgorods ausgeübt, so gab es in der estnischen Ortschaft Tartu eine vom Kiewer Fürsten Jaroslaw den Klugen erbaute Burg Jurjew aus dem Jahre 1030. Orte wie Otepää waren schon 1116, Pernu 1154 und Narva 1171 erstmals urkundlich genannt worden, also bevor der deutsche Schwertritterorden in Riga an Land ging.

Der Einfluß des Fürsten von Nowgorod erstreckte sich dann auch noch auf finnische Gebiete, so daß der Schwedenkönig Erik ein Heer aufbieten mußte, um die Russen wieder zurückzudrängen. Sein Vorhaben wurde von Papst Gregor IX. bestärkt, der 1237 dem Bischof von Uppsala aufgetragen hatte, die Schweden zu einem Kreuzzug gegen die Finnen aufzurufen, die unter dem Einfluß der benachbarten Russen, vom katholischen Glauben abgefallen waren. König Erik schickte seinen Schwiegersohn Birger Jarl, der mit einer Streitmacht 1240 an der Neva landete.

Dort wo seit vielen hundert Jahren die schwedischen Kaufleute Einfluß ausgeübt hatten, wehrte man die Schweden ab, da sie mit Soldaten anrückten. Die Russen siegten über die Schweden, sie wurden von dem legendären Alexander Newskij angeführt, der auch den Sieg gegen den deutschen Schwertritterorden auf dem Eis des Peipussees errang.

Ein einheimischer Fürst, der zum Christentum übergetreten war, Pelgus, meldete das Eindringen der Schweden - Alexander Newskij, der diesen Kampf als heiligen Kampf gegen Schweden und Orden gleichermaßen ansah. Diese Auseinandersetzungen dienten tatsächlich der Festlegung von Glaubensgrenzen zwischen dem byzantinischen Glauben der Ostkirche und dem römisch-lateinischen der Westkirche. Die Legende, der die Russen gerne Glauben schenken, berichtet, daß die Erzengel vom Himmel herunter kamen und die schwedischen Teufel zurückgeworfen hätten.

Den Schweden unter Birger Jarl gelang es im Jahre 1249 die schwedische Herrschaft in Finnland durch ein Festungssystem zu verankern, wodurch Alexander Newskijs Russen zumindest aus Finnland zurückgedrängt werden konnten. 1323 erkannte Rußland die Herrschaft der Schweden über Finnland an. Schweden erklärte Finnland zum Herzogtum und führte seine Gesetzgebung und Institutionen ein. Ab dem Jahre 1362 nahmen die Vertreter Finnlands an den Wahlen des Königs von Schweden teil.

Finnland ein Teil des schwedischen Reiches

Die Finnen blieben über Jahrhunderte unter sich. Sie wurden von anderen Ländern regiert, doch bis auf die im Südwesten ansässigen Schweden, drangen keine Völker ins Land. Durch Schweden hatten die Finnen aber die westliche Kultur vermittelt bekommen, deren Schutz die Schweden übernahmen. So teilten die Finnen auch alle Entwicklungen über Jahrhunderte mit den Schweden.

Im 16. Jahrhundert erreichte Luthers Reformation auch Finnland. 1550 gründete Gustav Wasa Helsinki und übergibt das Herzogtum seinem Sohn Johann, der daraus 1581 ein Großherzogtum macht. 1595 wurde durch den Frieden von Täyssinä die Ostgrenze Finnlands festgesetzt.

Um 1300 war das kirchliche Leben und die politische Herrschaft Schwedens bereits fest verwurzelt. Im Spätmittelalter gab es im Bistum Turku, das damals ganz Finnland umfaßte, 140 Kirchengemeinden mit 70 Steinkirchen. Das Zehntwesen war eingerichtet, die Priesterschaft war bereits einheimisch. Es gab zwei Dominikaner- und drei Franziskanerklöster, im Gegensatz zu den Baltenstaaten, die wie ganz Osteuropa, Zisterzienserklöster vorzuweisen hatten. Jedoch ein sehr beliebtes Birgittinenkloster hatte Finnland nahe bei Turku mit den Esten gemeinsam, nämlich das gegenüber dem finnischen Meerbusen, bei Tallinn gelegene Pirita, ein Kloster der heiligen Birgitta.

Seit dem Ende des 14. Jahrhunderts stammten auch die Bischöfe von Turku bereits aus Finnland. Die meisten von ihnen waren Söhne des finnischen Adels. Ihre akademische Bildung hatten sie gewöhnlich nicht in Schweden, sondern in Paris erworben. Dem Bischof zur Seite stand, wie überall im Abendland, das Domkapitel. Anfang des 16. Jahrhunderts bestand es aus vier Prälaten, acht Kanonikern und einigen Chorpriestern und Präbendaten. Die meisten Mitglieder des Kapitels hatten im Ausland studiert, seit Mitte des 15. Jahrhunderts an deutschen Universitäten, zuerst in Prag, Leipzig und Erfurt, dann an den neuen Universitäten an der Ostsee, in Rostock und Greifswald. Der deutsche Kultureinfluß auf Finnland, der bis zum zweiten Weltkrieg dauerte, hatte schon im Spätmittelalter begonnen.

Auf dem europäischen Kontinent wird das Spätmittelalter gerne auch oft “Herbst des Mittelalters” genannt. Für Finnland traf diese Bezeichnung nicht zu: die Kultur und Kirche war noch jung und es gab nicht die Verfallserscheinungen und Mißstände in Finnland, die in Mitteleuropa als Ursache der Reformation galten. Die Kirche besaß auch keine besonderen Reichtümer, ihr Grundbesitz hatte sich um Turku herum konzentriert, war aber nicht umfangreicher als etwa 800 Landgüter. In Schweden dagegen war ein Fünftel des Landes Eigentum der Kirche, und der Gegensatz zwischen der reichen, steuerfreien Kirche und der armen Krone mußte dort als kraß empfunden werden.

Die Reformation in Finnland wie auch in Schweden war keine spontane Volksbewegung wie in Mitteleuropa, besonders in Mitteldeutschland. Die Ursachen waren politischer und wirtschaftlicher Natur, und der Sturz der schwedischen Kirche riß die Kirche Finnlands mit.

Die Entwicklung nahm aus der Nordischen Union heraus seinen Anfang. Der schwedische König war durch die Macht der Geistlichkeit und des Adels stark eingeschränkt und konnte daher gegen den dänischen König Waldemar IV. Atterdag nicht sehr erfolgreich sein. König Waldemar, der durch den Besuch beim Hochmeister des Deutschen Ordens und dem Eintritt seines Bruders in den Orden dort Rückendeckung für seine Machtpolitik fand, hatte 1361 die schwedische Insel Gotland mit dem wichtigen Handelsplatz Visby erobert. Die Schweden setzten daraufhin den erfolglosen König Magnus Eriksson ab und suchten in der Wahl Albrecht III. von Mecklenburg zu ihrem König eine Unterstützung gegen Dänemark. Diese Arbeit besorgte schon die Hanse, die den dänischen König Waldemar zum Frieden von Stralsund zwang. Der schwedische Adel war ohnehin mit Albrecht und mit dem damit verbundenen deutschen Einfluß in Schweden unzufrieden und wählte 1388 Margarethe von Dänemark zur Königin. So kam die Kalmarer Union der drei skandinavischen Königreiche Dänemark, Norwegen und Schweden zustande, als deren König sie ihren Großneffen Erich von Pommern 1397 in Kalmar krönen ließ, wodurch die Union bestätigt wurde.

Nach Königin Margarethes Tod 1412, regierte König Erich allein in den drei Ländern. Wieder waren es die aufständischen Schweden unter Engelbrecht Engelbrechtsson, denen Erich nicht paßte, da er mit Hilfe deutscher Vögte regierte und weit weg von Schweden in Holstein Krieg führte, wo doch das Interesse anderen Dingen galt.

König Erich von Pommern wurde abgesetzt und ihm folgte 1440 Christoffer af Bayern, als Christoph III. im Dreikönigreich. Dieser war ein Neffe Erichs und schien als Bayer den Nordländern so wenig deutsch zu sein, daß sie ihn akzeptieren konnten. Der aus der bayerischen Oberpfalz stammende Christoph regierte acht Jahre lang die drei Reiche, einschließlich Schweden, von Dänemark aus. Er war es, der die Stadt Kopenhagen zur Hauptstadt des Reiches machte.

Dreimal gehörte Schweden später noch der Kalmarer Union an und genau so oft hatte Schweden auch wieder einen eigenen König. So kam es, daß aus Anlaß einer blutigen Niederwerfung des schwedischen Widerstandes gegen die Union 1520, dem sogenannten "Stockholmer Blutbad", durch König Christian II., die Schweden sich unter Gustav Eriksson Wasa von Dänemark frei machen konnten. Er wurde 1523 zum schwedischen König gewählt.

Zuerst war 1520 in Stockholm König Christian II. aus dem Hause Oldenburg, nach einer Huldigung der Schweden, gekrönt worden. Danach hielt er am 8.11.1520 ein fürchterliches Gericht über seine Gegner. Die erfolgreiche Auflehnung von Gustav Eriksson Wasa war nicht möglich ohne die Hilfe Lübecks und der Hanse. Bekanntlich war Dänemark schon traditionell in Gegnerschaft zur Hanse. Als der dänische König außer Landes und Gustav neuer schwedischer König war, erhielt er von der Hanse die Rechnung für die erfolgreiche Hilfe.

Die finanzielle Lage der Krone Schwedens war schlecht und wo nichts war kam nichts.... oder war da doch etwas ? Es gab noch die Kirche in Schweden. Die Kirche, die nicht nach Tagespolitik handelte, sondern aus einer tausendfünfhundertjährigen Tradition heraus. Sie konnte sich nicht so schnell umstellen; war der schwedische Erzbischof Gustav Trolle natürlich der Ratgeber des Königs gewesen, so konnte er nicht im nächsten Augenblick einem aufständischen Adligen an der Spitze eines Haufens aufständischer Bauern die gleiche göttliche Vorsehung bescheinigen, umso weniger, als er nicht wußte, wer übermorgen sich die Krone aufsetzen würde.

Es gab so schnell keinen anderen König als Gustav I. und um seine Schulden zu tilgen, zog er die Kirchen- und Klostergüter ein. Hatte man erst einmal einen Schuldigen entdeckt, so war es in der Geschichte immer der leichtere Teil, die Massen zu mobilisieren. Die Fahne des Aufruhrs hatte der junge Edelmann zuerst mit Hilfe der mächtigen Hansestadt Lübeck geschwungen und den König vertrieben, nun war die Kirche an der Reihe und zuletzt konnte er in der "Grafenfehde" auch noch seinen Mitstreitern in Lübeck die Privilegien abjagen.

Den Erzbischof Gustav Trolle nannte der emporgekommene König Gustav den Statthalter des Teufels. Der neue König war kein Freund der Kirche, dem Fürstenideal der Renaissance gemäß hatte er auch keine Skrupel bei der Wahl seiner Mittel, er kannte seine Untertanen und er war ein Demagoge von Gottes Gnaden. Schulbildung und geistige Kultur schätzte Gustav Wasa ebenfalls nicht. Seine eigene Schulzeit war kurz, in der zweiten Klasse bekam er vom dänischen Magister Ivar eines Tages Prügel und der heißblütige Jüngling griff nach seinem Dolch, stach ihn durch sein Schulbuch, wünschte Lehrer und Schule zum Teufel und begab sich zurück an den Hof.

Nur wenige Lehrer haben einen so großen Einfluß auf die Kulturgeschichte Schwedens ausgeübt, wie jener Magister Ivar, ein schwedischer Historiker. Gustav Wasa hatte für geistige Kultur keinen Sinn. Daher wird auch in der schwedischen Geistesgeschichte diese Zeit, die Eisenzeit der Kultur genannt. Die Universität Uppsala war geschlossen, die Schulen verkümmerten. Aber eine wirtschaftliche Begabung hatte König Gustav – er konnte rechnen.

Schon während des Befreiungskrieges hatte der Lutherschüler Olavus Petri, der schwedische Reformator, die neue Lehre in seiner Heimat verkündet. Es kam zu keiner Volksbewegung wie in Deutschland, aber Gustav Wasa stellte sich auf die Seite des jungen

Magisters. Seine Motive waren nicht religiös, vielmehr gab die reformatorische Verkündigung dem König die religiösen Argumente gegen die politische und wirtschaftliche Macht der schwedischen Kirche.

"Die Kirche ist nicht der Klerus, sondern das christliche Volk", lehrte Laurentius Andreae, der ältere Waffenbruder von Olavus Petri, und von da her war es nicht mehr weit zu der Schlussfolgerung, daß auch das kirchliche Eigentum dem Volk gehöre, das hieß bei Gustav Wasa: seine Untertanen und dessen kirchliches Eigentum gehöre ihm: dem König.

Der Reichstag zu Västeras 1527 hatte diese entsprechenden Konsequenzen gezogen. Die Reichskasse mußte gefüllt werden. Durch Drohungen und verlockender Angebote an den Adel bewog Gustav Wasa die Stände zu Beschlüssen, die eine Umwälzung in der Stellung der Kirche zur Folge hatten. Die Kirche verlor fast gänzlich die Gerichtsbarkeit. Der König erhielt das Recht, die Inhaber der höchsten kirchlichen Ämter zu ernennen, er ernannte keine Domherren mehr, so verlor die Kirche das einflußreiche Instrument der Selbstverwaltung.

Von den Einkünften der Kirche sollte die Krone nehmen "was überschüssig war" und er nahm was ihm beliebte. Von der Sache der Religion hieß es ganz unbestimmt, sollte das Wort Gottes überall im Reich rein verkündet werden. Das war noch nicht lutherisch, schnelle Veränderungen der Kirchenzeremonien, wie es die Reformatoren wollten, wollte der König nicht, sie hätten zu Aufständen Anlaß gegeben, denn das konservative Volk hielt an den "alten guten christlichen Zeremonien" fest.

Der Bischofssitz im finnischen Turku war unbesetzt geblieben seit 1522, nachdem der letzte mittelalterliche Bischof Arvid Kurki während des Befreiungskrieges in der Ostsee ertrunken war. Anfang 1528 bestieg der königliche Bischofskandidat Martin Skytte den Bischofsstuhl St. Heinrichs. Er war ein Dominikanerbruder in den sechziger Jahren, der seinem Orden mit Erfolg sowohl auf dem europäischen Kontinent wie auch in Schweden gedient hatte. Er hatte in der Dominikanerhochschule in Neapel studiert und gelehrt, und war ein frommer Katholik. Skytte wurde mit den üblichen Zeremonien zum Bischof geweiht, nur es fehlte die päpstliche Konfirmation. Die Verbindungen Finnlands zum Heiligen Stuhl waren damit abgebrochen. Dies bedeutete jedoch keine Selbständigkeit für die finnische Kirche, denn an die Stelle des fernen Papstes trat ein näherer, aber nicht geringerer Potentat, nämlich der selbstherrliche schwedische König.

Kurz vor der Bischofsweihe schrieb Laurentius Andreae als königlicher Sekretär an Skytte und zwei andere Bischofskandidaten: “Das wichtigste ist, was der König von euch fordert: er will, daß ihr evangelische und nicht päpstliche Bischöfe seid, Bischöfe nach dem Wort Christi, nicht nach dem Wort des Papstes.”

Neu war auch der Bischofseid, worin sich der Neugewählte zufrieden geben mußte mit dem Einkommen vom König und dem König treu zu sein. Was das bedeutete zeigte der König dem neuen Bischof überdeutlich, die selbstherrliche Bischofsburg wurde abgerissen und die umliegenden Landgüter des Bischofs und des Domkapitels, aus denen sie ihre Einkünfte bestritten, zog der König ein. Der Bischof, so auch das Domkapitel, waren im Sold ihres Herrn und Königs.

Die erasmischen und auch die lutherischen Gedanken waren schon in den 20er Jahren des 16. Jahrhunderts in Turku bekannt. Als erster Wittenberger galt nach der finnischen Bischofschronik Peder Särkilax, Bürgermeisterssohn aus Turku. Schon im Jahre 1516 hatte er sich zu einem Studium in Rostock eingeschrieben und ein Jahr später auch in Löwen, wohin bald danach auch Erasmus von Rotterdam kam. Er nahm dann seinen Weg von Erasmus zu Luther, dort schloß er eine Priesterehe, die erste ihrer Art im schwedischen Reich. Im Turkuer Domkapitel war er der zweithöchste Prälat. Als Vertrauter des Königs kümmerte er sich um die Kirchenreduktion, er war sozusagen dafür zuständig, sich selbst abzuschaffen. Er sah nicht den Sieg der Reformation in Finnland, hatte aber einen großen Einfluss auf die reformatorische Generation ausgeübt.

Mikael Agricola, der Reformator Finnlands

Voller Begeisterung für die neue Lehre war der Schreiber des Bischofs Martin, der etwa zwanzigjährige Michael Agricola, ein Jüngling von glänzender Begabung. Er war um 1510 in der Gemeinde Pernaja im östlichen Uusimaa als Sohn eines Bauern geboren. Seine Muttersprache mag das in der Gegend übliche schwedisch gewesen sein, jedoch mag er auch früh schon die finnische Sprache gründlich gelernt haben, seine Schriften zeugen von einer souveränen Beherrschung der finnischen Sprache, die damals noch ein Dialekt war.

Agricola verließ die Schule von Wiborg zusammen mit seinem Rektor Johannes Erasmi, als dieser erster Kanzler des neuen Bischofs in Turku wurde. Die humanistischen und reformatorischen Gedanken waren in Wiborg schon bekannt, als Agricola dort noch zur Schule ging. 1523 machte die Reformation in den baltischen

Ländern schnelle Fortschritte und die Nachrichten 1524 von den Bilderstürmern in Reval und Dorpat, 1524 in Königsberg, kamen frisch nach Wiborg. Im dortigen Schloß herrschte seit 1524 Johan, Graf von Hoya und Bruchhausen, ein deutscher Glücksritter, der die Schwester des Königs Gustav von Schweden geheiratet hatte. Der Graf hatte einen lutherischen Hofprediger, und ein anderer Hofprediger hatte in der Schule von Wiborg im Geiste des Humanismus mit der Lektüre von Virgil und Terent begonnen. Der in humanistischen Kreisen übliche Name Agricola stammt wahrscheinlich von dieser Schule in Wiborg.

Agricola war zuerst als Schreiber und nach dem Tode von Johannes Erasmi, als Kanzler des Bischofs tätig, insgesamt sieben Jahre lang. Er wurde ordiniert und predigte im Dom und zu den Bischofsvisitationen. Er hatte 1531 eine lateinische Postille Luthers gekauft, in Straßburg 1530 gedruckt, mit der er sich gründlich vertraut machte, wichtiges unterstrich und diese mit über tausend Randbemerkungen versah. Wahrscheinlich war dies vor der Deutschlandreise, und sein Augenmerk galt dem Positiven von Luthers Botschaft, der konstruktiven Verkündigung, nicht aber dessen schroffer antikatholischer Polemik. Das war auch natürlich, denn die finnische Kirche befand sich nicht im Verfall und die Reformation drang nur langsam und mit vorsichtigen Schritten voran. Die Furie der Zerstörung aller katholischen Elemente in den Kirchen, wie es angefangen vom tiefen Süden Schwabens über ganz Deutschland, über Sachsen, Preußen, Livland und Estland hinweg geschah, wäre in Finnland nie denkbar gewesen.

Auch war der gemäßigte Einfluß des großen Humanisten Erasmus von Rotterdam weit verbreitet. Erasmus hatte in Finnland Anhänger in der älteren katholischen, wie auch in der jüngeren reformatorischen Generation. Agricola hatte mit Hilfe der Sprichwörtersammlung "Adagia" des Erasmus die Sprichwörter Luthers kommentiert. Er hatte schon seine griechischen Studien begonnen und griechische Wörter mit Hilfe von Wörterbüchern erklärt. Luther bediente sich bekanntlich der griechischen Übersetzung der Heiligen Schrift von Erasmus für seine deutsche Bibel. Agricola hatte Versuche mit dem Hebräischen angestellt, so daß er sein Lebenswerk, die Übersetzung des Neuen Testaments ins Finnische schon in Turku begonnen und sich dabei mit dem von Erasmus herausgegebenen griechischen Text vertraut machen konnte. Nach Wittenberg wurde er offensichtlich geschickt, weil er die Bibel übersetzen sollte.

Der Studienweg war etwa zehn Jahre lang für Schweden und Finnland versperrt gewesen, die Gewalttätigkeiten der Kirchen-

und Bilderstürmer hatten augenscheinlich die Domkapitel verschreckt, sie fürchteten die neue Lehre. Seit 1530 wurden dann alle Studenten nach Wittenberg geschickt, dies war die entscheidende Wende, allein neun Finnen saßen zu Füßen Luthers und Melanchthons, während des Episkopats von Martin Skytte. Sie waren die Begründer der lutherischen Kirche in Finnland und die Leitung der Kirche lag drei Jahrzehnte in ihren Händen.

Michael Agricola arbeitete, wie auch die anderen Finnen in Wittenberg, an der Übersetzung der Bibel ins Finnische. Zweimal schrieb er dem bekanntlich geizigen König Gustav Wasa, um einen Beitrag für die Übersetzung des Neuen Testaments zu erbitten, aber vergebens. Im Jahre 1534 hatte Martin Luther seine deutsche Bibel herausgebracht.

Im Sommer 1539 kam Agricola als frischgebackener Magister nach Turku zurück, es hatte sich viel verändert, der König hatte seine vorsichtige Haltung der Reformation gegenüber aufgegeben. 1536 war das Zölibat aufgehoben worden, die Bettelklöster wurden geschlossen und bald danach wurde die Messe und Agende des Olavus Petri zur liturgischen Norm bestimmt. Es dauerte aber noch zehn Jahre, bis die gedruckte finnische Messe und Agende erschienen, bis dahin mußten für die finnischen Gemeinden die Formeln des Olavus Petri, dessen liturgische Bücher in schwedisch verfaßt waren, übersetzt werden.

Als Agricola aus Wittenberg zurückkam, brachte er als Reisegefährten einen hochgebildeten Edelmann aus Rügen mit, Georg Norman. Er kam als Erzieher der jungen Prinzen, woran dem König Gustav Wasa am meisten gelegen war, denn in den Händen der Prinzen lag bald das Schicksal des Landes. Der Erzieher wurde bald der höchste königliche Ratgeber in kirchlichen Angelegenheiten. Aus der alten bischöflichen Organisation wurde bald ein landesherrliches Kirchenregiment und diese sogenannte "deutsche Periode" war kurz, aber gründlich. Die Steuern für Bischöfe und Domkapitel wurden erhöht, die Krone reduzierte den Zehnten, dann wurde er ganz abgeschafft und wurde zur staatlichen Steuer. Der Gemeindepfarrer und der Domklerus wurde vom Staat bezahlt und völlig vom König abhängig, es war der Beginn der Staatskirche. Schon zu Zeiten Luthers war die Führung der reformatorischen Bewegung in die Hände der Fürsten geraten und nun nach dem Tode Luthers beklagte der verbitterte Melanchthon, daß die Fürsten die neue von Rom unabhängige Konfession nur dazu benützten, um sich zu bereichern und das tat auch der schwedische König. Melanchthon, der große Gelehrte, ging aus Wittenberg fort nach Heidelberg zum bayerisch-pfälzischen Kurfürsten an die calvinistische Universität.

Auch in Turku wirkten sich diese Geschehnisse aus. Am schlimmsten erging es dem Domkapitel, es wurde auf die Weise aufgelöst, indem die Krone nach dem Tode eines Mitglieds des Domkapitels die freigewordene Pfründe an sich zog. Auf diese Weise ging das einst mächtige Domkapitel innerhalb weniger Jahre ein. 1546 betrug die Zahl der Domherren nur noch fünf und die Zukunft sah recht dunkel aus. Der Untergang wurde durch ein äußeres Ereignis beschleunigt, durch den Brand von Turku 1546, der besonders den Dom und die Häuser des Domklerus traf. Der staatliche Beitrag für den Wiederaufbau war danach sehr bescheiden.

Als sich der greise Bischof Martin Skytte allmählich zurückzog, hatte Agricola schon eine leitende Position im Domkapitel erlangt. Er versuchte mit einflußreichen Freunden die Auflösung des Domkapitels zu verhindern, aber vergebens. Als er dann endlich 1554, nach dreijähriger Sedisvakanz, den Krummstab ergriff, war das ehemals so mächtige Domkapitel schon aufgelöst. Das alte Bistum war auch nicht mehr dasselbe, der König hatte es geteilt. "Das hat Magister Michael nicht sehr gefallen", sagte Paul Juusten, der erste Bischof des neuen Bistums von Wiborg. Die Teilung des Bistums erfolgte nicht, um die Kirchenleitung zu intensivieren, sondern um den Bischof zu entmachten. Die finnischen Bischöfe hatten im Mittelalter zu den politischen Führern des Landes gehört, König Gustav Wasa von Schweden fürchtete nach Skyttes Tod eine irgendwie geartete Machtposition Agricolas. Die Stärkung des Königs bedeutete natürlich die Schwächung des finnischen Volkselements, das noch ein zartes Pflänzchen war.

Schon 1520 war ein beträchtlicher Teil der Kirchenschätze konfisziert worden. Mit Kirchensilber hatte der König seine Schulden bezahlt, nun war es ausgerechnet Agricola vorbehalten, im Jahre 1550 bei seinen Visitationsreisen das Eigentum der Kirchengemeinden bis ins einzelne zu inventarisieren, sogar vergoldete Knöpfe der Chorröcke wurden mitgezählt. Bald danach folgte der staatliche Kirchenraub, alles wurde geplündert, die Abendmahlgeräte waren die hauptsächlichste Beute. Den Mutterkirchen wurde nur ein Kelch und eine Patene zu behalten erlaubt. Als Agricola 1557 in Uusikirkko starb, wurden in der Domsakristei zu Turku über 20 Kilo Kirchengeräte für die Krone Schwedens gewogen und Agricolas engster Mitstreiter Pfarrer Canutus Johannis mußte zusehen, daß der Krummstab auf die Waage gelegt wurde, als Symbol vom Ende einer bischöflichen Autorität.

Die finnische Kirche - Sprache - Nation

Der schwedische König beraubte die finnische Kirche für die fällig werdende Machtpolitik Schwedens. Die Einverleibung der baltischen Länder erlebte König Gustav Wasa nicht mehr. Agricola und die finnischen Refomatoren hatten unter recht widrigen Bedingungen gearbeitet, sie hatten den Krieg an verschiedenen Fronten zu führen. Das Volk aber, für das der König vorgab zu handeln, hielt zäh an den alten katholischen Bräuchen und Zeremonien fest, trotzdem blieb auch der alte heidnische Aberglaube ebenfalls lebendig.

Agricola hatte an allen Ecken zu kämpfen, den Klerus beschimpfte er, er sei faul und ungebildet, und wolle die wenigen finnischen Bücher nicht kaufen. Seine Schüler in der Kathedralschule nannte er rhetorisch "ungezähmtes Vieh". Seine Meinung über die Königliche Majestät konnte er nicht öffentlich aussprechen, aber in seinen Schriften gab es scharfe Randbemerkungen über gierige Tyrannen, die das Eigentum der Kirche des Volkes rauben, aber nichts für die Kirche tun. Seine Bischofsmesse im vollen katholischen Ornat in Turku 1554 am traditionellen Tag der Pfarrersynode war offensichtlich eine Art Demonstration für die Bischofswürde, der König hatte sich darüber sehr geärgert.

Der Niedergang in der finnischen Kirche war auch das Ende der literarischen Arbeit Agricolas, es war der Geldmangel für eine Drucklegung. Trotzdem erschien als Erstling der finnischen Literatur die Fibel vermutlich 1543. Außer dem Alphabet enthält das 24-seitige Büchlein den sogenannten kanonischen Katechismus, die Tischgebete, sowie Morgen- und Abendgebete. Die Quellen sind noch nicht genau bekannt, die Hauptquelle aber ist der Kleine Katechismus Luthers. Als konservativer Zug mag angeführt werden, daß Agricola auch das Ave Maria mit aufgenommen hat, scheinbar galt ihm die Gottesmutter immer noch soviel, wie dem jungen Martin Luther, der in der berühmten Schrift seinem Fürsten das Magnificat erläuterte.

Das Gebetsbuch aus dem Jahre 1544 gilt als das selbständigste Werk des Agricola. Mit seinen über 800 Oktavseiten und über 600 Gebeten stellt es das umfangreichste Gebetbuch des ganzen Reformationszeitalters dar. Es fängt mit der 90-seitigen größenteils auf lateinisch geschriebenen Kalenderabteilung an, mit astronomischen, astrologischen, psychologischen und medizinischen Angaben. Agricola hat auch einige Sprichwörter und Denksprüche aus der finnischen Volksüberlieferung mit aufgenommen.

Das eigentliche Gebetsbuch ist dreiteilig, mit biblischen Gebeten, wobei er sowohl deutsche als auch lateinische Vorlagen benutzte, die meisten aus der Lutherbibel übersetzt. Der zweite Teil enthält liturgische Gebete, vor allem die Kollekten für das ganze Kirchenjahr und 45 Kollekten für Apostel- und Heiligentage. Der dritte Teil enthält Gebete für alle Gelegenheiten. Aus dem Gebetsbuch des Erasmus hat Agricola sämtliche Gebete übersetzt, obwohl der Name des großen Humanisten in Wittenberg nicht mehr so hoch in Kurs stand. Da war Agricola mit Erasmus in guter Gesellschaft, der auch die rabiate Wittenberger Art ablehnte und eine sanfte reformatorische Umwandlung der Konfession befürwortete.

Als Hauptwerk Agricolas gilt die Übersetzung des Neuen Testaments, die nach vierjährigen Bemühungen endlich 1548 in Stockholm in Druck erschien. Das Werk hat 718 Seiten in Quartformat mit zwei Vorreden von Agricola. Die Vorreden der einzelnen neutestamentlichen Bücher, sowie auch die 500 Randbemerkungen sind der Lutherbibel entnommen. Im folgenden Jahr erschienen die liturgischen Bücher, die Messe und die Agende auf Finnisch. Sie sind aus den schwedischen Büchern von Olavus Petri übersetzt und auch hier hat Agricola Stücke von Luther und von Caspar Huberinus hinzugefügt.

Agricolas Ziel war es, die ganze Bibel ins Finnische zu übersetzen, das heißt in den von ihm verwendeten Dialekt von Abo, das Westfinnische, dies ist auch nicht seinen Mitarbeitern gelungen. Vom alten Testament übersetzte er ein Viertel: den Psalter, einige Kapitel der Genesis, mehrere Kapitel aus den großen Propheten, besonders aus Jesaja und Jeremia, und sämtliche kleinen Propheten. Diese Übersetzungen erschienen in drei Büchern 1551-52. Agricola konnte bereits auf eine Menge Kommentare und Schriften zurückgreifen, wie von Luther, Justus Jonas, Veit Dietrich, Georg Major und Johannes Dracinites. Auch der in Dänemark wirkende Johannes Bugenhagen war eine seiner Quellen. Er hat auch die Kommentare des Hieronymus und die hebräisch-lateinische Bibel des Sebastian Münster in Händen gehabt und ein paar Mal die Kirchenväter Basileios dem Großen, Johannes Chrysostomos und Augustinus zitiert.

Als Agricola auf der Rückreise von den Friedensverhandlungen in Moskau im April 1557 starb, war der Aufbau der lutherischen Kirche in Finnland noch nicht abgeschlossen. Der Grundstein war aber gelegt.

Es gab Finnland, das Land der tausend Seen, es gab ein Volk in Finnland. Agricola schuf dem Volke eine Schriftsprache, so wurde es zur Finnischen Nation, der nunmehr das Wichtigste fehlte - die Freiheit.

DAS MITTELALTER NEIGT SICH DEM ENDE ZU

Im Spätmittelalter haben Kriege und Wirren die Länder verwüstet. Kaiser und Papst haben kein Geld mehr und haben weitgehend die Macht eingebüßt. Die Macht des Adels wird dadurch geschwächt, daß ganze Ritterheere von den aufkommenden Feuerwaffen beseitigt werden. Große Städte mit einer starken politischen Kraft entstehen. Neben den feudalistischen Herrschaftsstrukturen der Fürsten und Könige entwickelt sich allmählich das Bürgertum und die bürgerliche Kultur.

Die Menschheit steht am Beginn der Neuzeit. Spanische und portugiesisische Seefahrer entdecken einen neuen Kontinent. Mit dem Ende des mittelalterlichen Gedankengutes entfalten sich die Künste zu bisher unbekannter Güte.

Im politischen Bereich herrschte gleichfalls eine Art von Endstimmung. Kaiser Sigismund, zugleich König der Ungarn und Böhmen, hatte die unselige Kirchenspaltung mit den drei Päpsten bereinigt, es gab nur noch einen Papst Martin auf dem Stuhl Petri in Rom, der aber weitgehend machtlos war.

Die weltliche Macht in der Person Kaiser Sigismunds mußte aber im Kampf gegen die Heiden scheitern. Die Heidenmission des Deutschen Ritterordens konnte damit nicht gemeint gewesen sein, denn es gab in Preußen keine Heiden mehr, auch im Baltikum nicht und zumindest offiziell auch nicht in Litauen. Die heidnische Herausforderung für den Kaiser waren die Türken. Eigentlich waren die Türken die potentiellen Feinde des Heiligen Römischen Reiches, so gaben die protestantischen Fürsten auch Lippenbekenntnisse einer intensiven Hilfe auf dem Reichstag ab, doch dabei blieb es dann auch. Für sie gab es ohnehin nichts Heiliges mehr, Rom als Sitz des Papstes bekämpften sie und das Reich wünschten sie sich auch nur immer dann, wenn es ihnen Vorteile brachte.

Sigismunds Stammland Ungarn verarmte, in Böhmen tobte der Glaubenskrieg der Hussiten. Das Herzogtum Bayern, ehemals größter Machtfaktor im Reich, war unter den Enkeln in vier sich bekriegende Herzogtümer geteilt, die wiederum in Gegnerschaft zu ihren Vettern in der Rheinpfalz und in Österreich standen.

Sigismund gab sein einziges Kind, die Tochter Elisabeth, dem österreichischen Herzog Albrecht zur Frau. So vererbte sich Ungarn und Böhmen an Österreich. Albrecht gewann nach dem Tode Sigismunds die deutsche Königskrone. Er starb bald und der einzige Sohn Ladislaus Posthumus war noch nicht auf der Welt. Auch der König von Polen und Ungarn, Wladyslaw, starb 1444 bei der unglücklichen Schlacht bei Warna gegen die Türken. Nun kann sich der vierjährige Ladislaus König von Ungarn und Böhmen nennen. In Böhmen führt Georg von Podebrad die Regierungsgeschäfte und in Ungarn amtiert Johann Hunyadi

Da gelingt es dem siebenbürgisch-ungarischen Reichsverweser Johann Hunyadi die Grenze zu den Türken zu halten. Der Papst ist beunruhigt, denn die Türken erobern 1453 Byzanz das östliche Rom, die Hauptstadt des Patriarchen der Ostkirche. Die Gelehrten fliehen nach Italien, bringen unvergleichlich bedeutendes Gedankengut des griechischen Altertums mit und begründen so die Wiedererweckung der Antike, die italienische Renaissance. Johann Hunyadi war ein hartgesottener Kriegsmann aus dem Land der ehemals sieben Burgen des Deutschen Ritterordens. Der Wanderprediger Johann von Capistrano hatte durch seinen Kreuzzugsaufruf gegen die Türken ein Heer zusammengebracht, mit dem Johann Hunyadi Belgrad 1456 heldenhaft verteidigt und zum ersten Male die Türken schlug. Die Kunde von diesem Sieg, der fürs erste die abendländische Christenheit gerettet hatte, war so atemberaubend, daß der Papst in allen christlichen Kirchen die Glocken läuten ließ. Angesichts dieser wundersamen Errettung ordnete der Papst an, daß zum Gedenken daran bis zum Ende aller Tage mittags die Glocken läuten sollen. So läuten seitdem jeden Sonntag die Mittagsglocken und mahnen an den damaligen Verzweiflungskampf des Christenheeres der Ungarn vor Belgrad. Heute sind dort nach einem halben Jahrtausend die Glocken wieder verstummt, weil wieder gekämpft wird, nur für den Frieden scheint man nicht zu kämpfen.

Noch hörte man am Ende des 17. Jahrhunderts in Polen und Bayern die mahnenden Glocken, die Türken standen vor Wien, und wieder war die abendländische Christenheit in größter Gefahr. Die Christenheit war aber inzwischen gespalten, Nordeuropa, das bereits in Norddeutschland begann, hörte die Glocken nicht mehr. Nur noch in den katholischen Ländern wie Polen und Bayern hörte man den Hilferuf. Besonders der polnische König war der Retter Wiens und bei der Verfolgung der Türken war es der bayerische Kurfürst,der die Türken bis über Belgrad hinaus verfolgte. In der Geschichte gilt Kurfürst Max Emanuel von Bayern als der Sieger von Belgrad.

Die besonderen Beziehungen zwischen Polen und Bayern gab es aber schon viel früher, denn der zweite Sohn des polnischen Königs Jagiello, Kasimir IV., suchte eine Öffnung der polnischen Interessen nach Westen. Vater Jagiello hatte den Deutschen Orden zum ersten Male 1410 bei Tannenberg-Grünwald geschlagen. Noch war der Orden nicht ernsthaft gefährdet, auch in den nachfolgenden dauernden Auseinandersetzungen war der Orden ein starkes stabiles Staatswesen. Erst als aber 1454 die Kaufmannsstädte im Ordensstaat die Zahlung der Abgaben verweigerten, kam es zum Niedergang des Deutschen Ordens.

Das verbriefte Recht des Ordens sollte eigentlich das blanke Schwert ersetzen, doch Polen bestritt dieses von Kaiser und Papst verbriefte Recht. So sollte also das blanke Schwert dem Orden dieses Recht wieder beschaffen. Doch das Rittertum wurde von den Kaufleuten bezahlt, nicht mehr nur Tapferkeit waren für das Rittertum entscheidend , sondern das Geld der deutschen Städte im Ordensstaat. Sie waren reiche Hansestädte, deren Reichtum durch den Schutz der Ritter des Ordens gewährleistet war. Der polnische König Kasimir IV. war sehr freundlich zu den Städten Thorn, Danzig, Elbing und andere mehr, er wollte auch den Schutz übernehmen, um weniger hohe Abgaben und Steuern. Damit man ihm dies glaubte, heiratete er im gleichen Jahr 1454, an dem die reichen Hansestädte im Ordensstaat ihrer bisherigen Obrigkeit dem Ordensmeister den Krieg erklärten, die habsburgische Elisabeth, Tochter des deutschen Königs Albrecht und Enkelin Kaiser Sigismunds. Die Symphatie war für Österreich, für das Reich und für Sigismund so groß, daß König Kasimir seinen Sohn Sigismund taufen ließ. Auch dessen Nachfolger und sogar ein schwedisch-polnischer König trugen diesen Namen. Einer dieser Könige mit dem Namen Sigmund schaute sogar einmal in Livland und Estland nach dem Rechten.

König Kasimir IV. hatte mit seiner österreichischen Gemahlin nicht nur vier Söhne, die als Jaglllonen auf mehreren Thronen saßen, sondern auch gleichviel Töchter wuchsen heran und die wichtigsten Länder des Reichs erhielten eine davon zur allgemeinen dynastischen Freundschaft. Im Norden des Reichs hatte schon Kaiser Karl aus Böhmen die Sachsen mit der Kurfürstenwürde erhöht, als bedeutendste Macht war Sachsen und dessen Kurfürst einer dieser Töchter würdig. Diese Verbindung brachte den Sachsen später noch die bedeutsame Königswürde in Polen ein.

Brandenburg war von Kaiser Sigismund dem Nürnberger Burggrafen Friedrich und seiner bayerischen Gemahlin gegeben worden, dessen Verwandte auch im fränkischen Nordbayern regierten. Auch einer dieser fränkischen Brandenburger erhielt eine Tochter des polnischen Königs zur Gemahlin. Später kam Markgraf Albrecht aus Franken, der in Krakau dem polnischen König Sigmund huldigte und nach Auflösung des Ordenstaates erster Herzog Preußens wurde. Natürlich durfte das größte Herzogtum im Süden des Reichs neben Österreich, das Herzogtum Bayern nicht leer ausgehen. Der reiche bayerische Herzog Georg von Landshut heiratete 1475 die Königstochter Hewig von Polen. Es war ein großes Ereignis in Mitteleuropa und alle Fürsten kamen, auch der habsburger Kaiser Friedrich III., der als ranghöchster Gast die Braut in die Landshuter Martinskirche zur Trauung führen durfte, der gotischen Backsteinkirche mit dem höchsten Kirchenturm der Welt. Diese Landshuter Hochzeit hat einen solchen Eindruck hinterlassen, daß sie noch heute dort als das größte Volksfest in Deutschland gefeiert wird.

Welche Aussichten blieben dem Deutschen Orden im Reich überhaupt noch bei so viel Offenheit der Polen, gegen den Polenkönig Hilfe zu erhalten. Im Reich hielten sich die Fürsten mit Hilfeleistungen zurück. Im ersten Thorner Frieden von 1411 hatte der Orden auf Lebenszeit des Jagiello und Witowd, dann 1422 endgültig auf Samaiten verzichtet. Bei diesem Gebiet handelte es sich um nichts anderes, als um das Gebiet des heutigen Baltenstaates Litauen. Außerdem hatte der Orden eine hohe Geldsumme zu zahlen. Woher sollte er diese Summe nehmen, ohne zu stehlen.

Die deutschen Städte gegen den Deutschen Orden

In den folgenden Kriegen der Jahre 1414 bis 1435 versuchte der Orden in Preußen und Livland, zeitweise durch Kaiser Sigismund unterstützt, seine Position zu halten oder sogar die polnisch-litauische Union zu sprengen. Die Hanse war mächtig, machte große Politik und führte erfolgreiche Kriege. Auch die preußischen Hansestädte waren mächtig, warum sollten sie nicht auch große Politik treiben, so gründeten die Städte Thorn und Kulm an der Spitze, sowie der Adel 1440 den “Preußischen Bund”.

Besonders im Kulmer Land, in Pommerellen und dem Weichselgebiet probte man den Aufstand gegen den Orden, man wollte seine Rechte wahren und die Ansprüche durchsetzen. Der Orden bekämpfte den Bund, indem er ihn als eine gegen seine geistlichen Privilegien gerichtete Institution angriff.

Der Streit im Preußenlande wurde teilweise chaotisch dadurch, als der Orden sich um Hilfe an die livländischen Brüder wandte, die jetzt weitab gelegen, genügend eigene Sorgen hatten. Das Hilfegesuch an die Häuser der Deutschmeister im Reich wurde mit guten Ratschlägen beantwortet und die Bitte um Geldmittel beantworteten die Deutschmeister mit einer Gegenforderung. Kaiser Sigismund riß einmal angesichts des Streits wegen Geldforderungen die Geduld, auch von den Glaubensbrüdern im Reich, den Deutschmeistern, wurde dem Hochmeister "Unredlichkeit in der Verwaltung, Vergehen gegen Kirche und Reich, gegen des Ordens Ehre und Wohlfahrt, Meineid und Ungehorsam" vorgeworfen, worauf der Kaiser den Hochmeister vorladen ließ. Wäre der Hochmeister dieser Aufforderung gefolgt, hätte man ihn im Reich abgesetzt.

Aus Basel vom Konzil traf eine niederschmetternde Nachricht ein, daß der Kaiser nach diesen gravierenden Zwistigkeiten den Orden in Preußen aufheben und die Ritter an der Grenze zur Türkei einsetzen wolle, dort seien sie "jenen Ungläubigen näher, die es zu bekämpfen" gelte. Das waren harte und gefährliche Worte, doch dieser Kelch ging an dem Orden vorbei, als Kaiser Sigismund am 9. Dezember 1437 starb.

Der neue König Albrecht war ein Gönner des Ordens, doch wem sollte er beistehen, Hochmeister und Deutschmeister waren zerstritten und die Livländer stellten sich auf die Seite des Deutschmeisters, gegen den Hochmeister. Der Erzbischof von Köln versuchte zu vermitteln, der Papst Eugen IV. schickte dem Deutschmeister eine Bulle, es wurde ein Verhandlungstag in Frankfurt am Main angesetzt. Nutzlos, denn jetzt erklärte der Deutschmeister den Hochmeister für abgesetzt und dieser enthob seinerseits den Deutschmeister des Amtes. Dies alles erregte im Reich gewaltiges Aufsehen und der Landmeister von Livland und der Deutschmeister wurden vor das päpstliche Konzil zu Basel zitiert. Durch die ernsten Ermahnungen unterstellten sich die Balleien von Marburg, Westfalen, Biessen und Utrecht dem Gehorsam des Hochmeisters und Livland hielt weiterhin zum Deutschmeister, verkündete in der dortigen Domkirche dem Volke , daß der Hochmeister abgesetzt worden sei. Der Meister von Deutschland gelte als Statthalter und der Statthalter von Livland, Heidenreich Finke, wurde als Landmeister von Livland anerkannt.

In dieser heillosen Verfassung im Orden, jeder gegen jeden, ging man in die Auseinandersetzung mit dem Preußischen Bund und in den danach folgenden Krieg.

Nun war das Jahr 1440 nicht nur ein bedeutendes Jahr gewesen, weil sich erstmals deutsche Städte gegen den Deutschen Orden stellten, sondern im Nachbarland Brandenburg war 1440 der erste Kurfürst aus dem fränkischen Nürnberg, der Burggraf Friedrich, gestorben. Seine bayerische Frau Elisabeth, genannt die schöne Els, überlebte ihn nur um zwei Jahre. Sein Sohn Kurfürst Friedrich II. folgte ihm, er wurde der Eiserne genannt. Zum Unterschied zu den Auflösungserscheinungen im benachbarten Ordenstaat griff er in Brandenburg hart durch. Er unterwarf die Hansestädte unter seine Regierung, besonders Berlin, das nun seine Hauptstadt wurde und gewann 1455 von dem in Schwierigkeiten geratenen Orden die Neumark für Brandenburg zurück, die Sigismund früher an den Orden gegeben hatte.

Im Sachsenlande war 1440 gleichfalls nach Friedrich dem Streitbaren, sein Bruder Friedrich der Friedfertige gestorben. Ihnen folgte Friedrich der Sanftmütige auf den Kurfürstenstuhl, von dem man aber Mäßigung in seiner Politik erwarten konnte, seine Schwester war die Gemahlin des eisernen Kurfürsten Friedrich im Nachbarland. Aber auch der sanftmütige Kurfürst Sachsens heiratete Margarethe von Habsburg, Tochter des Herzogs Ernst dem Eisernen. Der Sohn von Herzog Ernst und Bruder von Margarethe, folgte wiederum im Jahre 1440 als deutscher König auf den Thron, 1452 gewann er auch die Kaiserkrone, es war Kaiser Friedrich III. von Habsburg.

Der Streit zwischen dem Orden und dem Preußischen Bund kam vor Kaiser Friedrich III., der Kaiser erklärte 1453 den Bund für unrechtsmäßig. Hatte der Bund mit dem Orden 13 Jahre lang gestritten, so führte er jetzt 13 Jahre einen offenen Krieg gegen den Deutschen Orden. Beide Parteien waren Deutsche, nur mit dem Unterschied, daß der Städtebund das Geld und der Orden die Macht hatte, doch nicht mehr lange, und da konnte der Kaiser dem Orden auch nicht helfen. Der Kaiser war nicht sehr beweglich, verließ sein österreichisches Stammland kaum, ließ sich sogar beim Reichstag in Nürnberg vertreten. Man sagte, er regiere vom Stuhl aus und war nur damit beschäftigt, mit der Mehrung von Gütern für Österreich. Seine Residenzen hatte er in Wien, Linz und in seiner Geburtsstadt Innsbruck, von wo aus er für seinen Sohn Maximilian halb Europa gewann. Maximilians Enkel erbte Spanien und Amerika, in seinem Reich ging die Sonne nicht unter.

Eng mit der Geschichte des Deutschen Ordens in Preußen verbunden war Thorn entstanden, bereits 1400 hatte Thorn seine volle Blütezeit erreicht. Thorn und keine andere ost- oder westpreußische Stadt rief gemeinsam mit Lübeck den Bund der Hanse ins Leben. Im deutschen Kontor zu Brügge leiteten die Kaufleute von Thorn das westfälisch preußische Drittel. Größte Wertschätzung genoß der Thorner Ratsherr Albrecht Russe, der von der Hanse auf zwei Jahre zum Kommandanten der von der Hanse besetzten Stadt Stockholm bestimmt war und alles dies manifestierte sich im großartigen Rathaus, das sich die Stadt leistete, dem größten wohl in ganz Deutschland. Nun stellte sich Thorn gegen den Orden. Am 27. Mai 1454 öffneten die Thorner die Stadttore und König Kasimir von Polen zog vielbejubelt ein. Die Räte von

Thorn und Kulm und die Adligen des Kulmer Landes huldigten dem König.

Thorn erhielt dafür vom König als Belohnung Privilegien und natürlich fand dann auch am 19. Oktober 1466 die Entmachtung des Ordensstaates durch den Zweiten Thorner Frieden hier statt.

Zum Untergang des Deutschen Ordens trug auch die Hansestadt Danzig wesentlich bei. Diese Stadt, die schon 997 vom heiligen Adalbert christianisiert wurde, also schon ein Vierteljahrtausend bevor man den Orden rief. Danzig hatte bereits 1263 das Stadtrecht erhalten und 1299 einen eigenen Stempel mit der Aufschrift: "SIGILLUM BURGENSIUM: IN DANTZIKE". Seit 1308 Ordensstadt, entwickelte sich Danzig zu einer Hauptstütze des Ordens, sie wuchs als Handelsstadt über die bis dahin bedeutendste Stadt Elbing hinaus und diese deutsche Stadt. Danzig gehörte mit Thorn zu den Ersten, die sich 1454 vom Orden lossagten und die Burg des Deutschen Ordens angriffen und zerstörten. Danzig unterstützte den polnischen König gegen den Orden und erhielt vom König umfangreiche Privilegien. Man löschte in einem Übereifer geradezu alles was Danzigs Größe als Ordensstadt ausmachte radikal aus, die Kreuzritterstadt wurde zerstört und die Bewohner umgesiedelt.

Das Geld Danzigs und der anderen Städte des preußischen Bundes, mit ihnen der polnische König, errangen den Sieg über den Orden. Der Zweite Thorner Frieden bestimmt 1466 das verwüstete Land westlich der Weichsel und Nogat, das Kulmer Land und das Bistum Ermland an den polnischen Staat, bei verbürgter Selbstverwaltung mit eigenen Beamten; der Hochmeister ist zu Treueid und Heeresfolge mit der polnischen Armee verpflichtet, und wird dem polnischen Staat gegenüber lehnspflichtig.

Während in der großen Politik unaufhörlich zerstört wurde, bauten die fleißigen Bewohner und Neusiedler aus dem Reich alles wieder auf und gründeten neue Dörfer und Städte. Allein seit der Niederlage von Tannenberg-Grünwald im Jahre 1410 hatte der Orden 93 Städte und 1400 Dörfer gegründet. Nach dieser endgültigen Niederlage des Ordens 1466 verblieben ihm in seinem Herrschaftsbereich von 21 000 Dörfern in ganz Preußen nur mehr 3 013. Von den 1 019 Kirchen war der größte Teil ausgeraubt und vernichtet worden. 1457 war selbst die Marienburg, das Haupthaus des Ordens und der Regierungssitz des Hochmeisters, von Söldnern des Ordens, die dieser nicht bezahlen konnte, an den polnischen König verkauft. Der Hochmeister mußte nach Königsberg übersiedeln, von wo aus er sein restliches Herrschaftsgebiet regierte.

Das Ordensheer in Stärke von 71 000 Mann war 1466 auf 1 700 Mann zusammengeschrumpft. Die übrigen Menschen, welche im vom Orden beherrschten Teil noch lebten, zählte man 91 000 Seelen. Die gesamten Menschenverluste beliefen sich auf etwa 300 000. Relativ gesehen war der kriegerische Wahnsinn nach dem Zweiten Thorner Frieden schon so groß, wie nach dem verheerenden Zweiten Weltkrieg und dessen zweitem Frieden.

Dem Zweiten Thorner Frieden folgte außerdem die finanzielle Bilanz und um die ging es den Städten des Preußischen Bundes anfangs. Von Polen waren 9 600 000 ungarische Gulden und vom Orden 5 700 000 ungarische Gulden aufgewendet worden. Ungerechnet waren aber die hohen Schulden, die den Orden und die einzelnen Städte drückten.

Als man König Kasimir IV. diese Zahlen der Vernichtung vorlegte, so berichtet der Chronist, rief er laut: "O Gott! Ist doch fürwahr das ganze Land nicht soviel wert, als es christliches Blut und großes Geld gekostet hat." Erst 1475 hatte König Kasimir die 300 000 Gulden beieinander, die er für die Hochzeit seiner ältesten Tochter mit dem reichen bayerischen Herzog Georg von Landshut-Niederbayern benötigte.

Wie westlich kultiviert der polnische König Kasimir durch die habsburgische Gemahlin Elisabeth war, gibt die Urkunde des Friedensschlusses bekannt: Thorun die solis decima nona Octobr 1466.

In der Gildenhalle trafen sich Hochmeister und König. Der päpstliche Legat verkündete den Friedensschluß, und anschließend wurde die Friedensurkunde in polnischer und in deutscher Sprache verlesen. Als der Hochmeister vor dem polnischen König niederknien wollte, wurde er von Kasimir IV. aufgehoben und umarmt. Beide knieten danach gemeinsam vor dem Legaten nieder und schwuren auf das Kreuz Christi, daß sie den Frieden für alle Zeit halten wollten.

Diese Zeremonie wurde von den Oberen beider Seiten ausgeführt. Danach zog die gesamte Versammlung in die Marienkirche. Der Legat hielt das Hochamt, dem ein feierliches Te Deum folgte. Der päpstliche Legat wurde danach reichlich vom polnischen König beschenkt, doch dieser lehnte deren Empfang höflich, aber bestimmt ab, auch dies eine einmalige Seltenheit zu dieser Zeit.

Der Hochmeister kehrte nach Königsberg zurück, das nun sein dauernder Hochmeistersitz bleiben sollte. Sehr bald wurde er krank und starb am 4. April 1467. Als erster Hochmeister wurde er im Chor der Königsberger Kathedrale bestattet. 17 Jahre hatte er den Orden von einem entsetzlichen Ringen zum anderen geführt, um schließlich doch zu unterliegen und aus dem Ordensland einen Lehnsstaat werden zu sehen.

DAS ENDE DER EINZIGARTIGEN THEOKRATIE IM BALTIKUM

Diese nur dem Papst und dem Kaiser verbundene Theokratie im deutschen Osten regierte mit noch nicht einmal viertausend Ritterbrüdern über Deutsche, Polen, Litauer, Pruzzen, Kuren, Liven und Esten, dank eines einheitlichen Rechts- und Wirtschaftssystems.

Der Ordensstaat war aber nicht der einzige exotische Staat, es gab noch in Italien den Stadtstaat Florenz. Florenz war unter der Herrscherfamilie der Medici zum Mittelpunkt der Renaissance und des Humanismus aufgestiegen. Florenz war Finanzzentrum, der Florentiner Gulden in Ungarn der Forint, galt etwas auf der europäischen Bühne, zahlte man nicht auch bei den Friedensschlüssen des Ordens in ungarischen Gulden. Das Florenz des Cosimo di Medici und dann das des Lorenzo il Magnifico war Mittelpunkt der größten Künstler und Wissenschaftler und nach dem Sturz der Medici trat einer der größten Sittenprediger des Spätmittelalters auf das politische Parkett, Girolamo Savonarola. Als Prior des Klosters S. Marco predigte er von dem bald hereinbrechenden Strafgericht Gottes und schuf 1494 unter seinem theokratischen Regiment einen geistlichen Staat. Mit rücksichtsloser Strenge wandte er sich gegen den Verfall der Sitten am päpstlichen Hof in Rom. In Rom herrschten die Borgia, Renaissancemenschen wie es sie überall gab, die das Leben genossen und sich nicht ins Gewissen reden ließen, daher mußte Savonarola 1498 auf dem Scheiterhaufen sterben.

Der Ordensstaat starb noch nicht, hatte aber ringsum Feinde, von Rom war keine Hilfe zu erwarten, auch nicht vom Kaiser. Kaiser Friedrich saß in seinem Österreich und der ungarische König Matthias Corvinus, gleichfalls ein Renaissancefürst, in der Hauptstadt Wien. König Matthias war der Auffassung, daß auf Grund der Erbverträge Österreich zu Ungarn gehöre, so mußte sich der Kaiser mit seiner Geburtsstadt Innsbruck in Tirol, einer Gründung der bayerischen Grafen von Andechs, zufrieden geben. Friedrich führte auch Krieg gegen Matthias, und wenn man sich in Linz zu Friedensgespräche traf, so schaute man sich die Ritterturniere auf dem großen Marktplatz gemeinsam an. Man befand sich in der Renaissance und es galt zu leben und man sollte auch leben lassen. Kaiser Friedrich regierte ein halbes Jahrhundert, da konnte er abwarten, bis nach dem Tode des König Matthias Wien wieder frei wurde.

Wo hatte der Orden in Preußen noch Freunde und natürlich auch solche, die nicht mit sich beschäftigt waren wie Kaiser und Papst, die beide doch die eigentlichen Patrone dieses seltsamen Staatswesens waren. Die Brüder in Livland waren nicht immer zur Stelle, wenn man sie dringend gebraucht hätte. Da mühte sich der Hochmeister ab und in der Zeit wo es nur einen Statthalter beim Orden gab, war er es der nach Livland eilte, um dort die Rückgabe des Schlosses und des Gesamtgebietes von Memel an den Orden zu erwirken. So wurden alle Gebiete und Schlösser zurückerworben, die dem Orden im Thorner Frieden zugesichert worden waren.

Dann wurde ein neuer Hochmeister gewählt: Martin Truchseß von Wetzhausen. Nun verlangte der polnische König sogleich wieder den im Thorner Frieden vereinbarten Lehnseid. Für den Hochmeister war nun die Stunde der Wahrheit gekommen. Der Orden hatte sich darauf besonnen, daß der ungarische König nicht immer mit den Polen gut Freund war und den Orden unterstützt hatte. Dies war beim König und Kaiser Sigismund, dem böhmischen Luxemburger, so gewesen und beim Siebenbürger König Matthias Corvinus blieb es dabei, man hatte dort Hilfe für den Orden zugesagt bekommen.

Ordensritter in Livland
Federzeichnung nach einem Holzschnitt aus dem 16. Jahrhundert

Die Gelegenheit war günstig, denn der polnische König Kasimir und sein Sohn und Thronerbe Wladislaw waren vom Papst "wegen Unterstützung der Ketzer und Glaubensfeinde gegen den König von Ungarn" in den Bann getan worden. Ein Erlaß des päpstlichen Nuntius an den Orden in Preußen sprach diesen und alle Untertanen und Bewohner des Landes von allen Verpflichtungen gegenüber dem polnischen König los. Der Huldigungseid und der Untertaneneid sei nicht mehr zu leisten.

Auf dem polnischen Reichstag zu Brzese erklärte König Kasimir, der von den Geheimverhandlungen des Ordens mit Ungarn erfahren hatte, er werde auf Preußen nie mehr verzichten und er werde bis zum Letzten darum kämpfen. Schon rückten die polnischen Truppen ins Ermland ein und plünderten das Land. Erst durch das Eingreifen des Königs von Ungarn wurde Schlimmeres verhindert. Er hatte den Polen gedroht, mit Feuer und Schwert in Polen einzufallen. So konnte 1479 ein Waffenstillstand erreicht werden. Doch es waren eigentlich nur die polnischen Waffen die still hielten. Der Orden hatte wegen Geldmangels keine Möglichkeit sich ein Söldnerheer zu beschaffen.

Letztendlich half alles nichts um dem Rauben und Sengen ein Ende zu machen. Da die Einsprüche des ungarischen Königs auch nicht halfen, entschloß man sich schweren Herzens zur Reise nach Petrikau. Der ermländische Bischof und der Bischof von Pomesanien waren dabei. Der Bischof von Ermland unterwarf sich sofort auf Gnade und Ungnade und erhielt dafür sein Bistum zugesichert, ohne den Treueeid leisten zu müssen. Als geistlicher Fürst hatte er ohnehin keine unbeschränkte weltliche Gewalt und stellte keine Bedrohung für den polnischen König dar. Außerdem saß der oberste Herr des Bischofs - der Papst - in Rom.

Anders beim Hochmeister Martin Truchseß, er hatte im Ordensstaat weltliche Macht in allen Bereichen, daher forderte Polen die Unterwerfung. Angesichts der polnischen Truppen, die inzwischen das Komturhaus in Preußisch-Holland erobert hatten, mußte der Hochmeister den Eid leisten, er sprach ihn in die Hand des Bischofs von Krakau und wurde danach "mit Purpurkleidern und Pferden" reich beschenkt. Nach Königsberg zurückgekehrt, machte er sich an die Reformation des Deutschen Ritterordens.

Im November 1479 versammelte der Hochmeister alle Gebieter zum Landkapitel. Der Deutschmeister aus dem Reich sagte von vornherein ab, weil die Lande so unruhig seien. Der Landmeister von Livland, Bernhard von Borg, war nicht für eine Reform zu erwärmen. Damit war eine große Reform des Ordens schon wieder gescheitert.

Nun wollte der Hochmeister wenigstens in Preußen Ordnung schaffen. Im März 1480 kamen die Ordensoberen zum Landkapitel nach Königsberg. Oberstes Reformgebot war das Bekenntnis zum alten Gesetz, daß kein Ordensbeamter oder Ordensbruder Eigentum für sich erwerben dürfe. Dieser Verstoß war schon tief eingerissen. Hinzu kamen neue Satzungen für Krankenpflege, strenge Abhaltung der Gottesdienste, korrekte Behandlung der Konventbrüder durch die Komture. Unterlassung aller Afterreden und Lästerungen untereinander. Verbot aller unerlaubten Spiele, eine neue Haus- und Kleiderordnung. Verbot des Spazierenreitens und ein striktes Verbot, Geld zu leihen und zu verleihen. Bei Vergehen der niederen Brüder bis hinauf zum Hochmeister gab es strenge Bestrafung.

Danach wurde auch die Gewerbeordnung für die Städte verbessert, sie und die Handelsgesellschaften und Kaufleute sollten nicht beeinträchtigt werden. Die Spannungen zwischen Danzig und Elbing wurden beseitigt und dem Herzog von Sagan wurden die Schulden bezahlt.

Auch die Gesetze für das Gesinde in den preußischen Dörfern und auf den Gütern erhielten eine neue Fassung: "Preußisches Gesinde soll strenger zum Gottesdienst angehalten werden. In den Städten sollte man es nicht aufnehmen, es auch nie ein Handwerk lernen lassen. Im Dienstverhältnis der Dienenden zur Herrschaft soll streng darauf geachtet werden, Dienstlosigkeit und Müßiggang abzustellen und das Gesinde zu Ordnung und Fleiß anzuhalten."

Nur in Notfällen konnte mit Erlaubnis des Pfarrers gearbeitet werden. Maße und Gewichte mußten besonders auf Korrektheit geprüft werden und vieles mehr wurde in der Reform in der Landesordnung geregelt , entworfen auf dem Landtag zu Bartenstein am Tage Hedwig 1482.

Erzbischof Stephan von Riga hatte inzwischen ganz andere Sorgen. Der Orden war vom Papst dazu aufgefordert worden, dem ehemaligen Ordensprokurator und späteren Erzbischof von Riga, Stephan Grube, zum Besitz der Rigaischen Stiftsgüter zu verhelfen.

Da der Erzbischof seine Geldforderungen an den Hochmeister nicht erfüllt sah, reiste er an den polnischen Hof und bezichtigte den Landmeister von Livland eines Mordversuchs an ihm. Er mußte heimlich zurückkehren. Es wurde zum offenen Kampf aufgerufen, beide Seiten hatten schon lange nicht mehr gestritten. Der Landmeister rief den Orden zu Hilfe. Die Besatzung des Schlosses von Riga konnte sich des Erzbischofs bemächtigen . Er wurde "mit verbundenen Augen rücklings auf eine Stute gesetzt und ihm der Schweif des Tieres als Zügel in die Hände gegeben. So wurde er in die Stadt gebracht." Der Erzbischof starb noch Ende des Jahres. Neuer Erzbischof wurde Ende 1484 der Domherr von Reval, Michael Hildebrand.

Da die Reformen des Ordens noch immer nicht abgeschlossen waren, sandte der Hochmeister zu Beginn des Jahres 1488 Visiteure nach Deutschland und Livland mit der Meldung an die Landmeister, daß er zu Michaelis dieses Jahres ein großes General-Ordenskapitel einberufen werde; dazu hatte er schon einmal den Deutschmeister eingeladen. Dieser erklärte unverzüglich, daß er um diese Zeit wichtigere Dinge zu tun habe. Doch es kam nicht dazu. Der Hochmeister erkrankte und starb am 5. Januar 1489.

Der Komtur von Brandenburg Johann von Tiefen wurde zum neuen Hochmeister gewählt, es war der 1. September 1489 in Königsberg und mit den Glückwünschen König Kasimirs kam zugleich die Aufforderung in Radom dem polnischen König den Huldigungseid zu leisten. Er leistete den Eid und versuchte dann sogleich die Ordensreform weiter durchzuführen, was aber am Starrsinn und dem Wohlleben der Ritterbrüder scheiterte.

Im Jahre 1492 versuchte der Hochmeister nochmals die Reform voranzubringen und hatte den Landmeister von Livland als auch den Deutschmeister nach Königsberg geladen. Auch diesmal erschien keiner der beiden Landmeister. Der Landmeister von Livland schützte feindliche Absichten des Großfürsten von Moskau vor, weshalb er auf der Hut sein müsse und nicht kommen könne. Der Deutschmeister gab vor, er müsse König Maximilian Kriegshilfe gegen die Reichsstadt Regensburg leisten. Kaiser Friedrich III. war nach überlanger Regierungszeit gestorben und sein Sohn Maximilian war ihm 1493 gefolgt. Er hatte seine Residenz im tiroler Innsbruck und hatte viele Sorgen mit seinen nördlichen Nachbarn, den Bayern.

Regensburg war fünfhundert Jahre lang die Hauptstadt des bayerischen Herzogtums gewesen, als sie unter dem Stauferkaiser Friedrich II. zu einer dem Kaiser unterstellten Stadt, zur Reichsstadt wurde. München wuchs zur neuen Metropole Bayerns, besonders seit Kaiser Ludwig dem Bayern, heran. Nun forderte der Herzog die alte bayerische Hauptstadt wieder ein, sie war schon acht Jahre lang beim Herzogtum, so löste sie der neue deutsche König Maximilian mit einer Drohung wieder von Bayern. Regensburg sollte durch die habsburger Kaiser eine Aufwertung in den "Immerwährenden Reichstagen" erfahren. Regensburg wurde zu einer von den Bürgern begehrten Reichsstadt erhoben.

Vorerst wurden die Entscheidungen auf den Reichstagen in Nürnberg gefällt, das in den fränkischen Landen Nordbayerns lag, diese entschieden auch die Dinge die das Ordensland betrafen.

Der Orden in Preußen war in der mißlichen Lage, nicht zum Römisch-Deutschen Reich zu gehören. Noch dazu war der preußische Ordensstaat lehnsabhängig vom polnischen König, also nicht mehr selbständig. Der livländische Teil des Ordensstaates hatte mehr Handlungsfreiheit, doch Angst vor dem Großfürsten in Moskau. Eine begründete Angst, denn auf Kosten des kosakischen Reiches, des polnisch-litauischen Reiches und nun zukünftig auf Kosten des Baltikums, entstand um Moskau herum ein bedrohliches Großreich.

Das südlich von Königsberg beginnende geistliche Bistum, das fast ganz vom preußischen Ordensstaat umschlossen wurde, hatte als weltliche Schutzmacht Polen und außerdem als obersten Herrn den Papst in Rom. Vom Bischof in Ermland hatte der Orden, der Hochmeister in Königsberg auch nicht viel gutes zu erwarten. Ein Streit mit dem Bischof von Ermland zog sich bereits von 1495 ins Jahr 1496 dahin. Auch der Bischof von Pomesanien machte Ärger, da er die vereinbarten Abgaben an den Orden nicht zahlte.

Noch dazu rief der polnische König zum Kriegszug gegen die Türken auf, zu Johanni 1497 wollte der König den Hochmeister bei Lemberg treffen. Der Hochmeister war zur Hilfe verpflichtet, aber er konnte nur wenige, alles in allem 400 Mann, zusammenbringen. Dort angekommen erkrankte er noch dazu und starb auf dem Rückweg. Mit dem toten Hochmeister erreichte die Truppe wieder Königsberg.

Bei den intensiven Verhandlungen um einen neuen Hochmeister war dem Ordenskapitel klargeworden, daß man ohne die Hilfe des Reichs nicht mehr lange überleben könne. Die livländischen und deutschen Brüder des Ordens konnten und wollten nicht helfen. Der Papst und der Kaiser als Schirmherren des Ordens hatten ganz andere Ambitionen, nämlich solche, die Weltgeschichte machten. Beide waren Renaissancefürsten, sie konnten sich nicht mit diesem entlegenen Ordensstaat befassen.

Ein Brennpunkt des Geschehens im Römisch-Deutschen Reich waren die Niederlande. König Maximilian hatte Maria von Burgund geheiratet und mittels der erbberechtigten Gemahlin Burgund für das Haus Habsburg gewonnen. Die Niederlande war Reichsgebiet, dies interessierte alle im Reich. Was war denn der Ordensstaat, er war nicht einmal ein Teil des Reichs. Dabei müßte den Ordensoberen auch aufgefallen sein, warum sich der Erzbischof in Riga doch immer noch halten konnte, nachdem sein Sitz in Riga unaufhörlich bedrängt und völlig vom Ordensgebiet umschlossen war. Der Erzbischof war nicht nur dem Oberherrn in Rom verpflichtet, sondern auch dem Kaiser, denn er war Reichsfürst mit Sitz und Stimme bei den Beratungen im Reichstag.

Man fand eine Lösung im Herzog Friedrich von Sachsen als neuen Hochmeister, der am 29. September 1498 vor dem versammelten Ordenskapitel in sein Amt eingeführt wurde. Sachsen und Brandenburg waren im Reich nicht nur zu bedeutenden Staaten aufgestiegen, wobei das Kurfürstentum Sachsen das Bedeutendere war, sondern sie hatten das Stimmrecht für die Wahl des deutschen Königs und damit Einfluß auf die Reichspolitik. Eingebunden in die sächsische Verwandtschaft des Kurfürsten, glaubte der Orden mit dem neuen Hochmeister Herzog Friedrich von Sachsen wieder an eine Zukunft.

DER WEG VOM ORDENSSTAAT ZUM HERZOGTUM PREUSSEN

Die Welt am Ende des 15. Jahrhunderts hatte sich grundlegend verändert, man spricht vom Beginn der Neuzeit. Nach der Bezwingung der "Ungläubigen" in Spanien durch die katholischen Könige, wurde von dorther das Abendland von der jüdisch-orientalischen Wissenschaft beeinflußt. Durch den Fall von Byzanz an die Türken und dem Auszug der Gelehrten von dort nach Italien wurde das antike Gedankengut wiederbelebt.

Konform in die Zeit, in der die antike Welt wieder bekannt wurde, fiel 1492 die Entdeckung Amerikas durch Christoph Kolumbus. Man entdeckte eine neue Welt, die Grenzen der alten Welt wurden nach außen überschritten. Die Welt war eine flache Scheibe und es gab bis dahin ein Ende der Welt, am Ende dieser Scheibe. Nun aber glaubte man zu den begehrlichen Gewürzen in Indien von dieser Seite her gelangen zu können, es gab nun Vorder- und Hinterindien. Wenn es auch nur Amerika, eine Vorstufe nach dem hinteren Indien war, man vermutete richtig - die Welt war keine Scheibe. So konnte Martin Behaim in Nürnberg seinen ersten Erdglobus auf diese Vermutung hin bauen. Die Welt nahm dies noch nicht zur Kenntnis, auch noch nicht als ein Domherr im fernen Frauenburg den Beweis antrat - die Erde ist eine Kugel.

In der neuplatonischen Renaissance folgerte man, Gott sei wohlgefällig. Gott sei die Schönheit, die "Blume des Guten". Weiter sagt der Neuplatonismus, der Mensch ist das schönste aller Geschöpfe und nur selten wohnt eine häßliche Seele in einem schönen Körper. Dennoch bleibt der Mensch Sünder, aber der Erlöser habe ihn begnadigt, und die Menschheit wurde auf dem Weg zu ihm immer von der Offenbarung gestutzt.

Das neue Lebensgefühl gelangte sehr spät erst nach Deutschland. Im Gefolge des Kaisers Maximilian kamen die Fürsten des Reichs in Italien mit dem neuen Lebensgefühl in Berührung. Während erst in München die gotische Frauenkirche fertiggestellt wurde, war der bayerische Herzogbruder in Landshut schon beim Bau seiner Residenz, dem ersten Renaissancebau auf deutschem Boden. Der Herzog hatte sich einfach die Maurer aus Italien mitgebracht. Als er seine Residenz fertig hatte, begann man 1506 in Rom bereits mit dem Bau der gewaltigen Peterskirche, einem Hochrenaissancebau von Bramante.

Ängstlich noch und aufgeschreckt war 1498 der große Albrecht Dürer als er die Holzschnitte zur Apokalypse schuf und vor seiner Italienreise in der Wallfahrtskirche zu Vierzehnheiligen um Schutz für die Reise flehte. In ihm war noch der Geist des Übergangs. Im gleichen Jahre mußte in Florenz der zürnende Glaubensmann Girolamo Savonarola auf dem Scheiterhaufen in den Flammen enden, als nur zehn Jahre später 1508 Michelangelo in Rom die Sixtinische Kapelle ausmalte und Raffael Santi an den Wandmale-

König Sigismund I. von Polen

reien der Stanzen im Vatikan arbeitete. Es war der Höhepunkt dieser großartigen Entwicklung, einer Gegenüberstellung von Neuzeit und Mittelalter. Doch die Freude wurde schon gedämpft, denn noch nicht fertig waren die großen Künstler in Rom, da schrieb 1510 Erasmus von Rotterdam sein "Institutio Christiani principis."

In dieser Spanne vom Ende des 15. Jahrhunderts bis zum Jahre 1510, als die Hansestadt Hamburg Reichsstadt wird und an den Nordmeeren bald nichts mehr ist wie es immer war, in dieser Zeit regierte im preußischen Ordensstaat Herzog Friedrich von Sachsen. Friedrich war für den geistlichen Dienst vorbereitet und trat auch mit seiner Wahl zum Hochmeister in den Deutschen Orden ein. Schon als er mit großem Gefolge in Richtung Ordensland aufbrach, spürte man mit diesem Fürstensproß die neue Zeit einkehren. Der Sachse ist ein tatkräftiger junger Mann, charmant und vergleichsweise gebildet, auf den Universitäten in Siena und Leipzig. Dem polnischen König verweigert er den Huldigungseid und bereist das Land, und die Ordensoberen nicken wohlgefällig dazu.

Das Wohlwollen mindert sich etwas, als der frischgebackene Hochmeister den Komturen erläutert, was seinem Gaumen vorwiegend munde: Wildbret aller Art, Fleisch, Fisch, Butter und Wein selbstverständlich - das ist die neue Zeit, die dies mit sich bringt.

Als der polnische König den Hochmeister auffordert mit einer geziemenden Kriegsmacht zum Türkenzug zu erscheinen, läßt Friedrich nur verlauten, es betrübe ihn sehr, daß der König und seine Lande durch die Feinde des Kreuzes in solcher Bedrängnis seien, doch er habe das Ordensland mit soviel Schulden beladen vorgefunden, daß er erst wieder helfen könne, wenn das Land wieder bei Kräften sei.

Dem König war die Weigerung doch etwas zuviel und er verlangte vom Hochmeister das Erscheinen vor dem polnischen Reichstag, um den Huldigungseid zu leisten. Friedrich aber bleibt bei der Weigerung und erklärt, er habe sich durch keinen Vertrag zum Erscheinen vor dem König verpflichtet, wolle aber zu gegebener Zeit, wenn etwa der König nach Preußen komme, mit ihm darüber reden. Polens König unternimmt nichts.

Binnen kurzer Zeit ist Friedrich ein populärer Mann. Seine Art sich in der Öffentlichkeit zu geben, macht ihn landauf, landab wohl gelitten. Man schätzt seine Art sich auch um Kleinigkeiten zu kümmern und man lobt seinen Sinn für Gerechtigkeit. Daß er ein Lebemann ist, sehen ihm die Komture gerne nach. Der Hochmeister räumt auf mit den alten Strukturen der Verwaltung und bringt nach und nach auch weltliche Räte aus dem Adel des Landes, sogenannte Landesräte, in die Verwaltung. Der Hochmeister verlangt von den Komturen und Ordensbeamten Disziplin und Pflichterfüllung sowie Gehorsam. Er etablierte sogar eine Revisionsabteilung, um die Jahresabrechnungen der Komture nachzuprüfen.

Friedrich achtet auch auf Sparsamkeit. Den Komtur von Preußisch Holland untersagt er ausdrücklich ausgedehnte Gastmähler zu veranstalten. Sind seine Verwaltungsbeamten pflichtvergessen, entläßt er sie einfach. Dies war bei Ordensleuten früher nicht möglich. Auch die Ordensleute faßte er hart an, wenn sie die Untertanen ungerecht behandelten.

Um den Handel kümmert sich der Hochmeister, um die Einnahmen zu vermehren. Dazu braucht er den Frieden mit den großen Städten, allen voran Danzig, deshalb unternimmt er die ersten Schritte. Die Einnahmen aus dem Bernstein- und Honigverkauf stehen dem Orden zu, der Fischverkauf aus herrschaftlichen Seen geht auf Rechnung des Hochmeisters, auch Konzessionen für die Fischerei im Frischen Haff bringen Gelder ein, auch der Salzhandel. Es scheint, daß der Hochmeister einen Viehhandel auf seine Rechnung aufgezogen hat. Doch es reicht alles nicht um die Finanzen des Ordens zu sanieren, aber man hat wieder Hoffnung.

Eine allmähliche Umwandlung des Ordens bahnt sich an. Tag's Arbeit, abends Gäste, saure Wochen, frohe Feste - nach diesem Motto läuft es ab, Friedrich von Sachsen weiß, was er seinen Landeskindern, soweit es den Adel betrifft, schuldig ist. Zur Fastnachtzeit richtet er gewöhnlich einigen Brautpaaren auf dem Königsberger Schloß eine festliche Hochzeit aus. Es kommen jedesmal ein Teil des Landadels mit Frauen und Töchter. Man bleibt einige Tage auf dem Schloß und amüsiert sich köstlich, in jeder Beziehung. Nur bei solchen Hochzeitsfesten dürfen Frauen in der Umgebung der Ordensritter erscheinen. Im übrigen hält Friedrich an dem alten Gesetz fest, nach welchem keine Frauen in die Ordenshäuser eingelassen werden, zumindest nicht offiziell.

Auch sonst kann Friedrich einen, wenn auch zweifelhaften, Erfolg verbuchen. Es bewerben sich wieder mehr junge Edelleute aus dem Reich um Aufnahme in den Orden, mehr als dem Hochmeister lieb ist. Dem Deutschmeister gibt er auch barsch zu verstehen, daß er sich den Zuzug neuer Ritter verbietet, die Zahl sei schon zu groß und sie würden dem Orden nur auf der Tasche liegen. Friedrich bringt dadurch allerdings den Deutschmeister in Verlegenheit, weil er fürchten muß, so manches Adelshaus zu beleidigen.

Der Hochmeister läßt jeden Respekt vor altehrwürdigen Ordenstraditionen vermissen. Unter seiner Führung beginnt die allmähliche Umwandlung des Ordensstaates in ein Territorialfürstentum. Man kann auch sagen, der Weg ging weg von der Gemeinschaft des Ordens, getragen von den Tugenden im Christentum, über eine Verlotterung im Orden hin zum Obrigkeitsstaat. Von den Tugenden hin zur Strafe - Konfuzius Ade! Oder doch nicht: hier sind es die Brüder gewesen, die einen Staat getragen haben. In einer Welt ohne Brüderlichkeit mußte diese Staatsform scheitern. Konfuzius sagt: das Fundament des Staates ist die Familie und der fünf Pflichten erste, ist die Beziehung zwischen Fürst und Staatsdiener. Darum wird es sich zukünftig drehen in der Entwicklung des preußischen Staates, um Landesherr und Untertan, und ein bißchen Christentum wird es weniger geben, wenn der Orden nicht mehr sein wird. Damit meldet sich schon von fern die Reformation an.

Außenpolitisch bleibt die Drohung durch Polen, das die Unterwerfung verlangt. Hochmeister Friedrich von Sachsen sucht Hilfe im Reich, wo er auch anklopft. Doch Hilfe findet er nicht, weder im Reich, noch anderswo. Schließlich geht er, um einen Krieg mit Polen zu vermeiden, auf Bitten der Gebieter des Ordens nach Deutschland. Dies geschieht im Jahre 1507. Friedrich soll das Ordensland nicht wiedersehen: 1510 stirbt er überraschend.

HERZOGTUM PREUSSEN

Der Schlüssel des Geschehens ist König Maximilian, der Habsburger. Mit der Erbtochter Maria – des Burgunders Karl dem Kühnen – vermählt, ereilt Maximilian ein Schicksal, daß für das Haus Habsburg typisch war. Karl war so kühn im Kampfe gegen den einzigen Staat in Europa ohne einen Fürsten, den Schweizer Eidgenossen, daß er dabei zu Tode kam. Die Schweizer wurden damals noch für aufständische Bergbauern gehalten. Alle anderen Bauernaufstände wurden niedergeschlagen, siehe Estland. Seitdem herrscht dort der Ritterorden, doch die Schweizer waren unausrottbar, darüber zerbrach das reiche, mächtige Burgunderreich. Bald starb auch die in Gent, in den Niederlanden geborene Maria und vererbte dem König das Burgunderreich, zu dem auch die Grafschaften in Holland gehörten, die einst von bayerischen Herzögen regiert wurden.

Maximilian kämpfte zeitlebens fast ausschließlich gegen Frankreich um diese burgundischen Länder. Seine Residenzstadt war Innsbruck, die ihn aber selten sah. Vielleicht schrieb der berühmte Komponist aus Flandern Heinrich Isaac in Innsbruck, aus diesem Anlaß das schöne Lied: Innsbruck ich muß dich lassen...

Im Jahre 1475 war Maximilian mit seinem Vater Kaiser Friedrich III. im nördlich von Innsbruck liegenden Landshut bei der Hochzeit des reichen Bayernherzogs Georg mit der Tochter des polnischen Königs Kasimir IV.. Zwei Jahre später heiratete er dann selbst. Nun machten ihm auch noch die Bayern arge Sorgen, denn Herzog Georg war ohne Erben gestorben. Wohl hatte ihm die polnische Gemahlin zahlreiche Nachkommen gebracht, doch alle männlichen Erben starben und nun wollte der Vetter in München erben, die Pfälzer Vettern aber auch. Es kam zum Krieg inmitten des Reichs zwischen den Wittelsbachern aus der Pfalz und denen aus Bayern.

Maximilian entschied sich für den Herzog in München, er sollte das Herzogtum Niederbayern erben, damit war Bayern wieder vereint und König Maximilian, als starker Verbündeter der Bayern, erhielt das Land um Kufstein mit den Silberbergwerken. Nachdem er die Länder seines Vaters und die Ländereien des Grafen von Tirol geerbt hatte, beherrschte er wieder alle habsburgischen Länder und konnte sich noch die Erbfolge für die Krone Ungarns sichern.

Bayerns Herzog Albrecht der Weise konnte wieder ein vereinigtes Herzogtum von München aus regieren, das seit Kaiser Ludwig dem Bayern geteilt war. Die Reichstadt Nürnberg hatte mitgeholfen und bekam zum Dank pfälzisches Land. Der Kaiser hatte nicht uneigennützig geholfen, er erhielt das Inntaler Gebiet, vielleicht half er auch, weil Herzog Albrecht vormals in Innsbruck die habsburgische Kunigunde geheiratet hatte – aus dynastischen Gründen.

Die Wittelsbacher von der Pfalz wurden mit der jungen Pfalz an der Donau getröstet, doch standen sich Heidelberg und München fortan feindlich gegenüber. Sie konnten ihren Herrschaftsbereich am Rhein später mit der Hauptstadt Düsseldorf erweitern. Die Pfälzer waren Pfalzgrafen, bayerische Herzöge, Kurfürsten der Pfalz und gelangten später sogar auf den schwedischen Thron, sie waren damit Herrscher über Finnland, Livland und Estland.

Überall standen sie aber im Gegensatz zu den Münchner Herzögen. In der Reformation wurden sie protestantisch, im Gegensatz zu den katholischen Bayern und Österreichern. Sie waren Führer der protestantischen deutschen Länder gegen die österreichischen

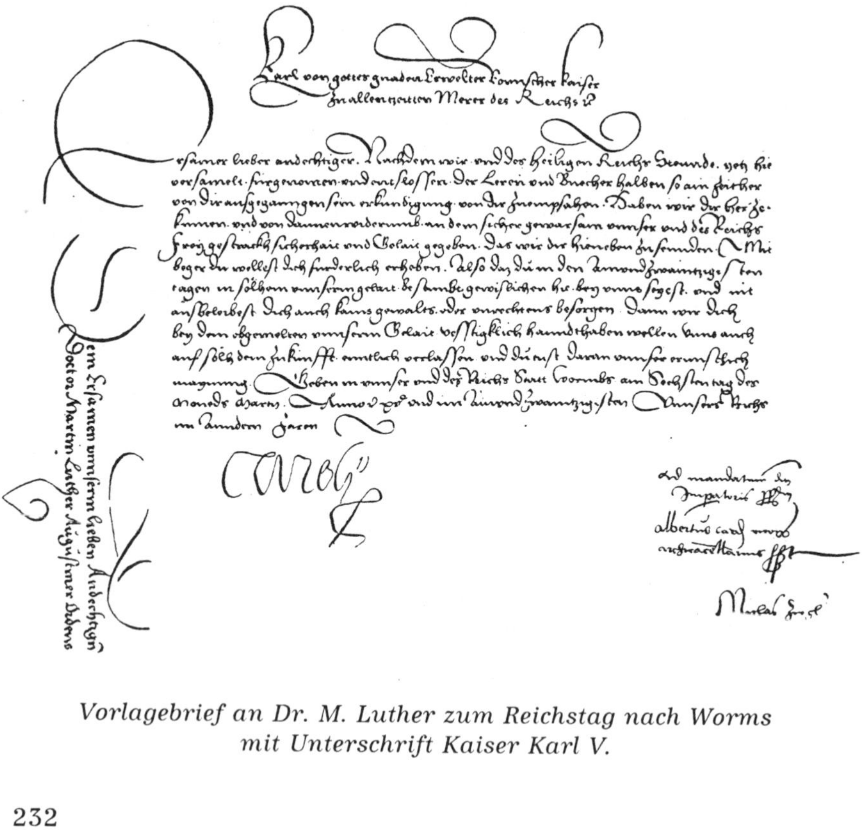

Vorlagebrief an Dr. M. Luther zum Reichstag nach Worms mit Unterschrift Kaiser Karl V.

Habsburger. Sie ließen sich gegen den Habsburger Kaiser zum protestantischen böhmischen König wählen und der Bayernherzog verjagte ihn wieder aus Prag, wo beide wittelsbachische Gegner unter den gleichen weiß-blauen bayerischen Farben gegeneinander kämpften. Auch hatte man Luther in Heidelberg bei den Augustinern freundlich aufgenommen, mit dem Bayerns Herzog soviele Probleme hatte. Die Geschichte der vetterlichen Haßliebe war endlos, doch ging im Jahre 1777 das ganze Kurfürstentum Bayern als Erbe an die Pfälzer – womit Johann Gottlieb Fichte mit seinen Worten recht hat: Nicht die Gewalt der Armee, noch die Tüchtigkeit der Waffen, sondern die Kraft des Gemüts ist es, welche Siege erkämpft!

Ob Markgraf Albrecht von Brandenburg daran dachte, als er im Gefolge von König Maximilian im bayerischen Erbfolgekrieg kämpfte? In Köln, wo Maximilian 1505 mit dem Schiedsspruch den bayerischen Krieg beendete, war Albrecht am Hofe des Erzbischofs und Kurfürsten erzogen worden und erhielt dann im Heer Maximilians militärische Ausbildung. Er war mit dem König und späteren Kaiser Maximilian in Italien und Ungarn und der Kaiser hielt ihn für den geeigneten Mann, als Hochmeister im preußischen Ordensstaat, als Nachfolger des Herzogs Friedrich von Sachsen.

Der Orden in Preußen wird mit Markgraf Albrecht handelseinig, nach dem Eintritt in den Deutschen Orden wird Albrecht 1511 zum Hochmeister gewählt; er ist erst einundzwanzig Jahre alt. Albrecht war im fränkischen Ansbach geboren, entstammte der fränkischen Linie des Hohenzollernhauses, die vormals als Burggrafen von Nürnberg von Kaiser Sigismund mit Brandenburg belehnt wurden. Sein Vater Friedrich Markgraf von Ansbach-Bay reuth trug daher auch den Titel des Markgrafen von Brandenburg, den er an seinen Sohn weitergab. Abrecht war auch der Sohn einer Jagiellonin. Seine Mutter war eine der zahlreichen Kinder, die der polnische König Kasimir nach überallhin verheiratete, auch nach Sachsen, Bayern und eben nach Franken. Der polnische König Sigismund, jüngster Sohn König Kasimirs, war daher sein Onkel.

Vorerst besteht Albrechts Hochmeisterpflicht darin im Verwaltungsdienst in den Ländern des Kaisers Erfahrungen zu sammeln. Erst dann schickte ihn Kaiser Maximilian 1512 nach Königsberg, mit der Weisung, den zweiten Thorner Vertrag des Ordens mit dem polnischen König, der den Huldigungseid fordert, nicht anzuerkennen. Kaiser Maximilian hatte Ärger mit dem polnischen König, der seine Heiratspolitik in Ungarn und Böhmen störte. Darum arbeitete er an einem Bündnis der norddeutschen Fürsten, des Königreichs Dänemark und des ohnehin mit Polen verfeindeten Großfürstentums von Moskau gegen den König von Polen.

Albrecht als folgsamer Fürst dem Kaiser gegenüber, verweigerte dem polnischen König den Treueeid und drängte angesichts so vieler Hilfe allseits zu einer kriegerischen Entscheidung. Der sogenannte Reiterkrieg von 1519 bis 1521 blieb jedoch unentschieden und endete in einem vierjährigen Waffenstillstand. Inzwischen hatte Maximilian die habsburgische Erbfolge in Böhmen und Ungarn auch ohne Krieg lösen können, nach dem Motto der Habsburger: Glückliches Österreich heirate!

Der Reiterkrieg zwischen dem Hochmeister Albrecht von Brandenburg und dem polnischen König Sigismund hatte 1519 begonnen und wegen fehlender finanzieller Mittel auf beiden Seiten blieb der Krieg im Stillstand. Der polnische König fürchtete die Gefahr von Unruhen durch die Adligen im Falle eines Aufgebotes. Albrecht wiederum sah wenig Grund für einen Kaiser zu fechten, der bereits 1519 gestorben war. Dem Kaiser Maximilian folgte sein Enkel Karl auf den deutschen Königsthron, der 1530 die Würde und Krone des Römisch-Deutschen Reiches angetragen bekam. Er sollte im Streit zwischen dem Ordensstaat und Polen mittels eines internationalen Schiedsgerichts entscheiden.

Karl war durch den Tod seines Vaters Philipp dem Schönen und seines Großvaters Maximilian zum Erben der österreichischen und burgundischen Länder geworden. In der Geburtsstadt seiner Großmutter, Gent, war auch er geboren und aufgewachsen, durch seine Mutter Johanna der Wahnsinnigen hatte er die Weltmacht Spanien geerbt. Natürlich fiel ihm die Erbberechtigung auf Böhmen und Ungarn zu. Bei Kaiser Karl eine Entscheidung zu erlangen, war ein aussichtsloses Unternehmen, umsomehr, als der Kaiser an allen Seiten sein Reich verteidigen mußte, besonders gegen die Türken vor Tunis und am Balkan, und der wild um sich schlagende Mönch im sächsischen Wittenberg allein, hätte schon seine ganze Schaffenskraft verbraucht.

Es war durch die Vermittlung des Kaisers gerade zu einem Waffenstillstand in Thorn 1521 gekommen, aber dann ist bereits im ganzen Reich der Teufel los. Martin Luther hat die Reformation ausgelöst und die Bauernunruhen versetzen das ganze Land in Angst und Schrecken. Der Deutsche Orden kommt daher völlig ins Hintertreffen.

Albrecht begibt sich ins Reich, um bei den deutschen Fürsten persönlich Hilfe zu erbitten. Wo er aber erscheint, fallen die Türen ins Schloß. Der Bittsteller wird in so unsicheren Zeiten abgewiesen, wo immer er auftaucht. Er kommt beim Zug durch die Lande in seine fränkische Heimat, in Nürnberg hört Albrecht eine Predigt von dem Reformator Andreas Osiander, er beginnt sich für die Sache der Reformation zu erwärmen.

Reformatorische Ideen sind inzwischen auch bis ins Ordensland vorgedrungen, und der Landesverweser des abwesenden Hochmeisters und zugleich Bischof von Samland, Georg Polentz, duldet dies. Noch ist der Hochmeister fasziniert und unsicher zugleich, erschließen sich vielleicht ganz neue Möglichkeiten für seinen Ordensstaat. Auf der Rückreise nimmt er heimlich den Weg über Wittenberg und trifft sich im September 1523 mit Luther. Der Augustinermönch hat ihm wahrscheinlich den Rat gegeben, den Orden aufzulösen und eine weltliche Herrschaft zu begründen, die - weil vererbbar - die Zukunft des Preußenlandes sichern kann.

Ein Jahr später, 1524, trägt eine Gesandtschaft der Stände den Wunsch nach der Reformation vor und der Hochmeister befindet sich damit in Übereinstimmung mit seinem Land. Wichtig erscheint zunächst einen Frieden zwischen dem Orden und Polen zustande zu bringen. Selbst kann er aber nicht mit dem polnischen König verhandeln, so bittet er Herzog Friedrich von Liegnitz und seinen Bruder Markgraf Georg von Brandenburg um diesen Dienst.

Die Verhandlungen kommen schnell voran. Man setzt sich in Krakau in der zweiten Märzwoche 1525 zusammen und ist sich schon am Ende des Monats einig. Dem König geht es lediglich um die Leistung des Eides, er will im übrigen mit seinem Neffen Frieden haben. Der Hochmeister kann also selber in Erscheinung treten: Am 2. April trifft er in der polnischen Hauptstadt Krakau ein, angetan mit den Insignien seiner Würde. König Sigismund empfängt ihn äußerst zuvorkommend und am 8. April wird Frieden geschlossen.

Die wichtigsten Regelungen, die getroffen wurden sind: Der Besitzstand des Ordensstaates Preußen bleibt erhalten und König Sigismund erkennt Albrecht als "erblichen Herzog" in Preußen an, sofern der ihm den Lehneid für sich und seine Erben leistet. Die Brüder des Herzogs aus der fränkischen Linie werden mitbelehnt; erst nach dem Aussterben aller männlichen Erben des Herzogs soll das Land an die Krone Polens fallen.

Der Deutsche Ritterorden wird in dem Vertrag nicht mehr erwähnt und der Friedensvertrag, das ist für Albrecht im Augenblick besonders wichtig, bezieht auch keine Stellung zur Reformation. Festgeschrieben ist lediglich die Kirchenhoheit des Herzogs, der daraus die Berechtigung für eine Reformation herleiten kann.

Am Tage darauf huldigen die Stände ihrem neuen Herzog und nehmen den Friedensvertrag in allen Punkten an. Am 10. April endlich wird Albrecht von Brandenburg feierlich mit dem alten Ordensstaat belehnt. Schauplatz der Zeremonie ist Polens Hauptstadt Krakau.

Neben dem Rathaus hat man eine große Tribüne aufgebaut, mit golddurchwirkten Teppichen und reichgeschmückten roten Tüchern behängt. Auf der Tribüne erscheint der polnische König, die Krone mit Perlen und Edelsteinen geziert auf dem Haupt, angetan mit dem königlichen Mantel. König Sigismund wird begleitet von neun Bischöfen, dem Vertreter des Königs von Ungarn, einer Zahl von Woiwoden und Räten, darunter Vertreter von Thorn und Elbing, außerdem viele Ritter und Edelleute. Hofbeamte tragen die Reichsinsignien herbei: Zepter, Reichsapfel und Schwert. Zweitausend Mann Fußvolk umgeben den Herrscher, bewaffnet mit Büchsen, Spießen und Hellebarden.

Als der König sich niedergelassen hat, erscheinen vor ihm sieben Räte Albrechts, an ihrer Spitze Bischof Erhard von Pomesanien, sie lassen sich auf die Knie nieder und bitten im Namen ihres Herrn um die Belehnung. Der König antwortet durch seinen Sprecher, dem Bischof von Krakau und willigt gnädig in die Belehnung ein.

Jetzt betritt Herzog Albrecht die Szene, begleitet von seinem Bruder Georg und dem Herzog von Liegnitz, sie schreiten vor den König, gefolgt von sämtlichen Räten und Abgeordneten aus Preußen. Albrecht bedankt sich für die Gunst und Gnade und verspricht der Krone Polens feste, unwandelbare Treue.

Alle sinken vor dem polnischen König auf die Knie. Der König greift zur Lehnsfahne, es ist ein Panier aus weißem Damast, auf dem ein schwarzer Adler mit goldenen Krallen, einer goldenen Krone um den Hals und goldenen Streifen in den Flügeln gewirkt ist. Auf der Brust des Vogels schimmert ein silbernes S – die Initiale soll die Erinnerung an den Landesherrn Sigismund wachhalten.

Dann ergreift Albrecht das Panier und schwört dem König und der Krone Polens den Huldigungseid auf das Evangelium, das die Bischöfe von Gnesen und Krakau dem König auf den Schoß gelegt haben.

König Sigismund ergreift das Reichsschwert, Albrecht hat sich wieder niedergekniet, nun wird er vom König mit drei Schlägen zum Ritter geschlagen und danach mit einer schweren goldenen Kette geschmückt. Schließlich wird ihm das Lehnspanier überreicht.

Den Abschluß der Zeremonie bildet ein feierliches Hochamt, dem sich ein glänzendes Gastmahl anschließt. Endlich wird der Herzog vom König mit reichen Geschenken geehrt.

Am 9. Mai kommt der neu ernannte Herzog nach Königsberg zurück und wird dort mit lautem Jubel empfangen, er nimmt die Huldigung der Stände entgegen. Das Ende der Ordensherrschaft wird im Land überall freudig begrüßt. Auch die meisten noch verbliebenen Ordensritter stimmen Herzog Albrecht zu und legen die weißen Ordensmäntel ab. Diejenigen, die damit nicht einverstanden sind, gehen nach Deutschland, wo der Deutschmeister bald den Titel eines Hoch- und Deutschmeisters annimmt. Er versucht noch den Papst und den Kaiser zu einer gewaltsamen Aktion gegen den Herzog von Preußen zu veranlassen, aber es ist vergeblich.

Der Deutsche Orden bestand noch bis zum Zeitpunkt, zu dem er von Napoleon aufgelöst wurde. Dann wurde der Sitz des Ordens, der sich in Bad Mergentheim befand, nach Wien verlegt. Dort besteht er heute noch und jeder auf der Welt kennt die Deutschmeister-Musikkapelle. Ordensmitglieder gibt es heute noch in Österreich, Deutschland und Südtirol.

Kaiser Karl V. hat Albrecht wohl in die Reichsacht gelegt, denn die Empörung über Herzog Albrecht war im Reich gewaltig, doch eine Wirkung blieb aus. Das Herzogtum Preußen löste sich zu einer Zeit, in der Polen in Bedrängnis war, aus der Lehnshoheit Polens. Es gab dem späteren brandenburgisch-preußischen Staat seinen Namen, unter dem dann Preußen eine europäische Großmacht wurde.

Die Eigenartigkeit seiner Entstehung hatte zur Folge, daß das ehemalige Gebiet des Ordensstaates Preußen niemals Bestandteil des Römisch-Deutschen Reiches wurde. Erst nach Auflösung dieses Reiches durch Napoleon wurde dieses Gebiet auf dem Wiener Kongress als Bestandteil des danach preußischen Reiches anerkannt.

WIR RICHTEN DEN BLICK ZURÜCK OHNE ZORN

"Eine kühne Mönchsgemeinde zog über das Meer, um im Jahre 1208 an der Mündung der Düna ein Kloster zu gründen, das dem heiligen Nikolaus geweiht und Dünamünde genannt wurde", so lautet eine Beschriftung eines zeitgenössischen Holzschnittes, der eine mit betenden Christenmenschen beladene Kogge zeigt.

Schon 1237 kam es zur Vereinigung dieses Ordens, des Schwertbrüderordens, der sich an der Dünamündung - in Livland - niedergelassen hatte - mit dem Deutschen Orden im preußischen Süden. Handel und Mission hatten sich dieser von Liven, baltischen Letten und ugrofinnischen Esten bewohnten Region seit dem Ende des 12. Jahrhunderts zugewandt. Die führende Gestalt war Bischof Albert von Riga gewesen. In den Jahren 1202 und 1203 hatte er sich das Land mit dem Schwertbrüderorden geteilt. Mit dieser Gewaltenteilung mit gleichem Ziel, entsprach die Situation im Baltikum den zwei Gewalten im christlichen Abendland, dem Kaiser und Papst. Auch im Land der Preußen gab es nach diesem Muster Ordensland und Bischofsland.

Die Dänen beteiligten sich durch Begründung ihrer Herrschaft in Estland, während das Interessengebiet der Schweden Finnland war. Unter dem Druck des Papstes kam es nach dem Tod Alberts und einer 1236 erfolgten schweren militärischen Niederlage der Schwertbrüder zu deren Eingliederung in den Deutschen Orden Preußens. Dieser richtete 1237 das Amt eines livländischen Landmeisters ein. Die Oberherrschaft verblieb bei den Bischöfen von Riga. Die Dänen beherrschten weiterhin Estland. Die Oberherrschaft hatte der dänische König, die Geistlichkeit unterstand dem dänischen Oberhirten, dem Erzbischof von Lund.

Der Versuch des Deutschen Ordens , weiter nach Osten in die Gebiete der Russen und der Stadtrepubliken Pleskau und Nowgorod vorzudringen scheiterte 1242 durch den Sieg Alexander Newskijs. Genauso war der Vorstoß der Schweden von Finnland her auf die Newa 1240 an Alexander Newskij gescheitert, der wegen dieser vorgeschichtlich russischen Schlacht an der Newa seinen Namen erhielt. Die damals begründete Grenze zwischen Livland und Rußland sollte bis ins 16. Jahrhundert Bestand haben.

Der Orden mußte sich allerdings in einem so abgegrenzten Gebiet die Herrschaft mit den Erzbischöfen von Riga und den Bischöfen teilen, während ihm das Bistum Kurland inkorporiert war. Nach Norden hin war im nordwestlichen Teil des Landes die Landschaft Wiek und die Inseln zu einem Bistum Ösel-Wiek gebildet worden. Im südöstlichen Teil enstand das Bistum Dorpat, der mittlere Teil und der Südwesten fiel dem Orden zu. Nordestland unterstand dem dänischen König. In den ihm unterstellten Gebieten errichtete der Orden bedeutende Burgen vor allem Wenden, die wiederum als Sitz der Konvente und Zentren der Verwaltung dienten. Wie in Preußen, begann man in Livland mit der Gründung von Städten mit Hilfe von Zuwanderern vor allem aus Westfalen.

Die großen Städte Riga, Reval und Dorpat waren anfangs dem Deutschen Orden nicht unterstellt. Auf dem Lande ließen sich überwiegend norddeutsche Siedler als Inhaber von Gütern nieder, vor allem in den bischöflichen Gebieten und im Norden in Estland. Die bäuerliche Bevölkerung bestand im Gegensatz zu den Verhältnissen in Preußen jedoch aus den zwangsweise getauften Letten, Liven und Esten und nicht aus deutschen Zuwanderern. Die livländischen Landmeister blieben den preußischen Landmeistern eng verbunden. Diese versuchten durch die Eroberung des heidnischen Samaiten eine Verbindung zwischen den beiden Ordensteilen zu schaffen. So wurde das heidnische Litauen zum Aktionsfeld des Deutschen Ordens.

Der Orden wurde immer wieder wegen seiner modernen Verwaltung gerühmt. Man hat die Ämterverfassung hervorgehoben und das hohe Maß an Schriftlichkeit betont. Die Verfassung des Landes unterschied sich in der Tat von der fürstlicher Territorien. Der Landesherr war nicht eine Person, sondern eine Korporation, und das hatte ein oligarchisches Regiment zur Folge, das moderne Züge aufwies. Anders als in den Fürstenstaaten, für die das Nebeneinander von landesherrlichen und adeligen Herrschaften, beziehungsweise kirchlichen Rechten charakteristisch war, hatte der Orden dort, wo er selbst Landesherr war - von den Gebieten der Bischöfe und der Domkapitel abgesehen - keinen Konkurrenten.

Unter den Ordensbrüdern gab es den Tressler, der für die Finanzen zuständig war; einen Marschall, der die Verteidigung des Ordens zu besorgen hatte: den Spittler, der das Spital betreute und für das Gesundheitswesen zuständig war; den Trapier als Verwalter der Kleiderkammer und den allen stand der Komtur vor, als oberster Herr des Ordens in Livland, dann der Landmeister.

Modern war der Orden im diplomatischen Verkehr, wenn dies auch vom Hochmeister in Preußen gesteuert wurde. Er hatte früher als andere Fürsten so etwas wie ständige Diplomaten. Wie andere große Orden verfügte er über einen Repräsentanten am päpstlichen Hof. Als Landesherr hatte er einen ständigen Gesandten in Rom beziehungsweise in Avignon und auch auf den großen Konzilien von Konstanz und Basel. Auch die weitgestreuten Besitzungen des Ordens im Reich führten zu Vorformen der Diplomatie. Der Wiener Komtur des Ordens konnte zu Zeiten, da der deutsche König dort residierte, als ständiger Gesandter im Zentrum des Reichs tätig sein. Die regelmäßige Korrespondenz zwischen dem Ordensland und Rom und den Schwerpunkten des Ordens im Reich verschaffte den Ordensmeistern Informationen, über die andere Fürsten nicht verfügten.

Während Aktenüberlieferungen erst im 14. Jahrhundert einsetzten, reichte die Schriftlichkeit in anderen Bereichen weiter zurück. Nach dem Vorbild der älteren Mönchsregeln verlangten die Ordensstatuten regelmäßige Tischlesungen. Täglich sollte zu den Mahlzeiten vorgelesen werden - die Regel des Ordens selbst, aber auch geistliche Literatur. Die Geschichtsschreibung des Ordens hat - mit Ausnahme knapper Berichte über dessen Anfänge - ebenfalls erst im frühen 14. Jahrhundert begonnen. Heinrich von Lettland ist in Livland von Anfang an ein wichtiger Chronist,vom Anfang des 13. Jahrhunderts an, auch dänische Quellen gibt es aus der Zeit der dänischen Verwaltung des nördlichen Landes.

Neben den lateinischen Schriftwerken gab es in Preußen Schriftwerke in deutscher Sprache. Man bediente sich in Akten und Urkunden einer ostmitteldeutschen Mundart, die hier gewissermaßen oberhalb der heimischen Idiome der ja überwiegend aus Südwest- und Nordwestdeutschland kommenden Ritter, sowie der meisten aus Preußen gebürtigen Priesterbrüder und Schreiber des Ordens verwandt wurde. Im livländischen Ordenszweig, der sich überwiegend aus einem engeren nordwestdeutschen Gebiet rekrutierte, wurde dementsprechend die niederdeutsche Sprache gebraucht - doch im Verkehr mit dem Hochmeister die preußische "Amtssprache" des Ordens.

Wie alle Herrscher bedurfte auch der Orden als Landesherr Kunstwerke als Attribute für seine Macht und Würde. Zum anderen mußte eine solche Bruderschaft von Rittern in höherem Maße als eine Gemeinschaft von Klerikern das Bedürfnis haben, den Standesstolz und Geltungsanspruch sichtbar darzustellen. Dabei gab es zwischen Preußen und Livland beträchtliche Unterschiede. In Preußen dauerte die Zeit der Ordenskunst von etwa 1230 bis 1454 sowie - im verbliebenen Ordensgebiet bis 1525. In Livland begann die Entwicklung nur wenig später, 1237, dauerte aber bis 1561, wobei sie um 1500 noch einen beachtlichen Aufschwung erlebte. Dies betraf aber nur die Zeit des Deutschen Ordens in Livland, wo an die schon aus der Zeit der Schwertbrüder bestandenen Kunsttradition angeknüpft werden konnte.

In Preußen bestanden bequeme Landverbindungen mit den hochentwickelten Kulturlandschaften wie Schlesien, Böhmen, Brandenburg und kurze Seeverbindungen mit den Hansestädten, während Livland von kulturarmen Landschaften umgeben war. Seine isolierte geographische Lage hatte eine gewisse Einseitigkeit der kulturellen Einflüsse zur Folge. Am wichtigsten waren die langen Seewege, die es mit Preußen und - unter Vermittlung Visbys - mit Lübeck, den ostelbischen Gebieten und mit Westfalen verbanden.

Die Ordensgebiete unterschieden sich auch in der Rohstofflage. In Preußen stand kein Naturstein zur Verfügung, während dieser in den meisten baltischen Gebieten reichlich verfügbar war. In Preußen dominierte der Backsteinbau, während die livländische Architektur durch Bruch- und Haustein bestimmt wurde.

In Preußen wie in Livland machen die Burgen den wichtigsten Teil der kunsthistorischen Hinterlassenschaft des Ordens aus. Der Orden, die Bischöfe und die Domkapitel haben in Preußen etwa hundertvierzig Steinburgen errichtet. In Livland hat der Orden allein auf seinem Gebiet zwischen den vier Bistümern, von Jerwen im Norden bis nach Riga im Süden, insgesamt siebzig massive Steinburgen gebaut. Die Fundamentsockel unzähliger Kirchen stammen aus früher Zeit. Auf Fundamenten und Mauern wurde nach der Zerstörung wieder aufgebaut. Auch die Kirchen- und Klosterruinen künden von der Ordenszeit, von einer Zeit frühen Mittelalters.

Die Dänen kultivierten vom Norden her

Wer nennt die Zeiten, nennt die Namen derer, die hier eine sichtbare Kulturlandschaft schufen. Manches Kulturland in Europa würde sich im Besitze dieser Zeugen der Vergangenheit glücklich schätzen. Reval, die Dänenburg, war bereits im Jahre 1211 begonnen worden. Das Dominikanerkloster St. Katharinen 1246, die Olai- oder Oleviste-Kirche 1267, die Steinburg 1219, der Dom St. Marien auf dem Domberg in Reval-Tallinn und draußen im Lande die Burg von Wesenberg-Rakvere 1238, das Kloster der Zisterzienser in Palmse nach 1286, das Kloster des gleichen Ordens in Padise aus gleicher Zeit, die Arensburg auf der Insel Ösel 1234, die Burg und der Dom des Bischofs in Hapsal 1279 und die Bischofsburg von Leal-Lihula aus dem Jahre 1221, sind frühe Beispiele mittelalterlicher Baukunst im Raume des von Dänemark verwaltenden Estlands. Die Ordensfestung Weißenstein-Paide wurde 1265 errichtet. Dieses Gebiet von Jerwen war 1238 von den Dänen dem Deutschen Orden laut Friedensvertrag von Stensby zugesprochen worden. Auf der bereits erwähnten Burg Wesenberg, die auch ein früheres Datum von 1226 haben soll, wurde 1252 als dänische Burg erbaut, hier verhandelte der Abgesandte des Papstes.

Die dänischen Glaubensmänner erstellten sogar ein Verzeichnis über die Ortschaften des Herrschaftsbereiches ihres königlichen Herren, den "Liber Census Daniae" im Jahre 1240, der hundert Ortsnamen enthält. Dies waren dänische Missionare und zum Ort gehörte eine Kirche, die von Kirchenmännern gebaut oder zumindest angeregt wurde, wieviel Kirchen mag es damals schon gegeben haben. 1219 schreibt der bedeutende Chronist Heinrich von Lettland, bei den Esten in der dänischen Schreibweise, als Hendrik der Lettische bekannt, das Dorf Torma bei Rakvere sei das Größte in ganz Nordestland. Da gibt es die Hermannsfestung in Narva, die 1256 eine dänische Burg war.

Auch die Kirche von Mihkli von 1238 gehört in diese Zeit, die Kirche von Ridala und Kullamaa aus dem 13.Jahrhundert, das Schloß Koluvere aus der gleichen Zeit. 1234 wird in Palamuse eine Kirche gebaut aufgrund eines Erlasses des Papstes Gregor IX., eine steinerne dreischiffige Kirche. Am Amme-Ufer das 1233 geweihte Zisterzienserkloster in der Gegend von Jogeva gehört zu einer Kultur, die das Baltenland mit dem ganzen Abendland verbindet. Die Ordensburg von Fellin-Viljandi von 1283, das Ordensschloß von Karksi 1248 und nicht zuletzt die Baukultur in Dorpat durch den dort seit 1224 ansässigen Bischof sind Zeugen einer Zeit, nämlich des frühen Mittelalters, wo es in ganz Europa noch keine nationale Kultur gab.

Als einige Jahrhunderte früher die Franken, die ganz Frankreich und Deutschland unter ihre Herrschaft brachten, irische und angelsächsische Mönche anwarben und in die alemannischen Gebiete, nach Bayern, Hessen, Thüringen und Sachsen schickten, die dann Bistümer gründeten und Kirchen bauten, war es auch keine irische oder englische Baukunst. Man spricht von der romanischen Baukunst allgemein, das Volk und das Land hat diese Glaubensmänner aus fremden Ländern vereinnahmt, denn nicht eine irgenwie vorhandene Nationalität gab es zu dieser frühen Zeit, sondern die Christenheit ließ alle Brüder sein. In der Geschichte liest man woher der Kirchenmann stammte, nur als Hinweis auf eine Landschaft in der christlichen Kulturlandschaft irgenwo in Europa, jedoch wäre es einfach verwegen zu sagen, der angelsächsische Missionar Bonifatius hätte englische Kirchen in Deutschland errichtet.

Bedeutungslos ist daher auch, wer zuerst oder im Laufe der Zeit auf dem Bischofsstuhl der bayerischen Bistümer saß, Bistümer, die heute noch unverändert bestehen. Ob Freising bei München, Salzburg, Passau, Regensburg, Eichstätt, Bamberg, Würzburg oder Augsburg, es ist ausschließlich die Kultur Bayerns, die die großen Kirchenfürsten hinterließen, auch wenn der Papst einen italienischen Fürstbischof ernannte. Wir wissen, daß Mozart mit der Mentalität seines Auftraggebers und Herren, dem italienischen Erzbischof, nicht zurechtkam, doch wie viele Italiener gab es in unseren Landen, sie haben die Kultur in unserem Lande wesentlich mitgeprägt.

Heute ist dies alles uneingeschränkt die Kultur, die Bayern ausmacht. So ist es auch in Livland damals und in Estland. Es ist die alte Kultur der betreffenden Landschaft, livische, das heißt heute lettische und estnische Kultur, aus den lateinischen Anfängen der Kultur im Baltikum, als die Völker in die geschriebene Kultur eintauchten.

Die Deutschen kultivierten vom Süden her

Das Baltikum erlebte keine Sonderentwicklung unabhängig von den anderen Kulturlandschaften. Als die ersten Schiffe in die Düna einliefen und als erste die Stadt Riga gegründet wurde, gab es auch im ganzen Reich Städtegründungen. Lübeck und München wurden 1180 gegründet oder wiedergegründet, die weiteren bayerischen Herzogshauptstädte in Bayern folgten: Landshut um 1200, Straubing 1218 und Ingolstadt bereits 1180. Noch im 13. Jahrhundert folgten die Stadterhebungen, wie bei den ersten Städten im Baltikum, so wuchsen die ersten Stadtkulturen zur gleichen Zeit heran. Auch die Entwicklung in der Einrichtung von Fürstentümern und Fürstbistümern als Herrschaften mit erweiterten Vollmachten neben der Königsgewalt nahm erst mit der Goldenen Bulle 1212 in Eger seinen Anfang.

Die Missionare, die an der Dünamündung in ein Gebiet einbrachen, daß nur Kaufleute und räuberische Wikinger kannten, hatten nur den Kulturvorsprung der frühesten christlichen Zeit. Es war aber noch tiefstes Mittelalter und man hatte bereits Kirchen gebaut. Man baute so, daß die Kirche die ganze Gemeinde fassen konnte. Man griff auf die Antike zurück auf die größte Form einer Halle, die man von den Römern her wußte, die römische Markthalle und Halle der Gerichtsverhandlungen bei den Römern, die man griechisch “basilikos” nannte. Königlich waren diese Hallen, als Haus für den christlichen König, dem Gotteshaus.

Christ wurde man nur durch die Taufe, also mußte vor dem Gotteshaus ein Taufbrunnen angeordnet werden, der aber zum Schutz ringsum mit Mauern oder Gebäuden umgeben wurde, nach der Manier römischer Atriumshäuser, außen geschlossen und nach innen offen, zum Taufbrunnen hin. So entstand nach und nach der nach innen offene Säulchenumgang, der Kreuzgang, den es bei Klöstern noch gibt, zum Umgehen für die Klosterbrüder zur Konzentration und inneren Sammlung. Früher war dieser Innenhof der Sammlung von Heidenmenschen bestimmt, die dann getauft in die Kirche eintreten durften. Heute ist alles demokratisch geworden, selbst der Atheist kann in die Kirche gehen und ein Gewissen ist ohnehin heute nicht mehr gefragt. Man baute dann nördlich der Alpen die Basiliken ohne den Vorhof mit Taufbrunnen, denn im 6.Jahrhundert war laut Urkunde beim Vatikan bereits ein bayerischer Herzog nach Rom gezogen und betete am Grabe des heiligen Petrus. Damit kann man sicher sein, daß auch sein Volk in Bayern schon getauft war. Der Apostel Germaniens Bonifatius, wurde also vom Frankenkönig nur beauftragt, die Reste des arianischen Glaubens zu beseitigen, denn seit Augustinus damals im 4. Jahrhundert war man sicher, daß Jesus Christus Gottes Sohn war. Bonifatius, auch mit Bischofswürden und Vollmachten des Papstes angetan, waltete seines Auftrages und Amtes. Im schwäbisch-alemannischen und bayerischen Raum war es eine leichte Arbeit, er setzte im 8. Jahrhundert die Bischöfe ein, in Hessen hatte er die ersten ernsthaften Schwierigkeiten, denn er schaffte ohne große Mühe nur das Bistum Fulda, das als einziges Bistum nördlich des Mains noch heute katholisch ist. In Sachsen waren die Schwierigkeiten für Bonifatius schon unüberwindlich groß, dieses Volk zur Taufe zu bewegen. Im Friesland brachte man Bonifatius dann um. Der Angelsachse wurde fern von seiner alten Heimat in Fulda begraben und daher findet die ständige deutsche katholische Bischofskonferenz in Fulda statt.

Man brauchte die alte Form der Kirchen mit dem Taufvorhof nicht mehr, sondern nur noch die Basilika, weil einzelne Menschen und Kinder in der Kirche getauft wurden und außerdem die heidnischen Fürsten zum Christentum geführt wurden, dann folgte das ganze Volk nach. Unter Karl dem Großen ließ sich der westfälische Sachse Widukind mit seinem Volk taufen, bei den anderen sächsischen Teilstämmen, den Ostfalen und Engern, ließ sichs auch noch mit Gewalt erledigen, der vierte Teilstamm aber überfiel hinterrücks den Kaiser, der gerade zum Schutze der Sachsen gegen die Slawen im Osten kämpfte.

Für Kaiser Karl dem Großen war dieser hinterhältige Überfall der heidnischen Sachsen Anlaß für einen blutigen Kreuzzug, Tausende wurden umgebracht, der Rest erhielt die Taufe.

Dieser Rest der nordischen Sachsen war es - aus Bremen und Lübeck stammende Kaufleute und Glaubensboten - die um 1200 in der Gegend von Riga landeten. Als diese nicht ausreichten kamen Westfalen hinzu, die auch sächsischen Stammes sind, doch sie wurden dem Erzbistum Köln unterstellt. Die Bekehrungen in Ungarn, Böhmen und Polen geschahen 200 Jahre später nach anderem Muster: zuerst der Fürst, der im gleichem Zuge die christliche Königskrone erhielt, dem Fürsten folgte das Volk. Skandinavien folgte nach etwa weiteren 200 Jahren und mit Skandinavien das mit den Esten verwandte Volk der Finnen. Daher gab es auch finnische, dänische und deutsche Missionare, die vergebens versuchten dem estnischen Volke beizubringen, daß Jesus Christus für die Menschen gestorben war, um die Menschen zu erlösen. Der Vollständigkeit halber muß man erwähnen, daß auch vom christlichen Osten her die Mission versucht wurde, doch der Deutsche Ritterorden hinderte die orthodoxen Russen daran. Es war auch eine Hauptaufgabe des Ordens, die Grenze des byzantinischen Christentums möglichst weit im Osten zu halten, wie die Polen, Ungarn und mit den Ungarn die Kroaten, dies zur Pflicht erteilt bekamen. Dort ist nach tausend Jahren die Grenze zwischen byzantinischer Ostkirche und der römischen Westkirche stabil geblieben. Die Baltenstaaten verdanken am Ende diesem Umstand ihre heutige staatliche Eigenständigkeit, sozusagen als Nebenprodukt.

Zweihundert Jahre später entschieden sich dann die Baltenländer fast pünktlich in diesem Rythmus zur Annahme des christlichen Glaubens und zur Annahme der humanen Lebensart. In Litauen war es wieder der Fürst, der sich taufen ließ, wie bei den Sachsen einer nach dem anderen, der letzte erst vor der Vermählung mit der christlichen Königin Hedwig. Danach kam jeweils das Volk und weil man dies brav von den Menschen fand, erhielt jeder neugebackene Christ ein neues Gewand als Belohnung, so wurden sie es gerne, ganze Gruppen wurden dann mit dem Namen Hedwig bedacht und andere mit dem Namen ihres neuen Königs Wladislaw.

Bei den Liven und Esten gab es nun leider keinen Fürsten als Ansprechpartner, das heißt sie waren dagegen und sie wollten wieder so wie ihre Väter leben. Doch das ging nicht mehr, denn die großen tausendjährigen Urahnen in Form von Eichbäumen hatten die bösen Christen abgesägt, wie man es früher den armen Hessen und Sachsen im Reich angetan hatte. Auch konnte man die Skandinavier und Deutschen im Lande nicht einfach verschwinden lassen, sie verteidigten das Abendland dort und hauptsächlich sich selbst oder ihre Handelsinteressen. So ging es den Esten bei ihrem Aufbegehren, man spricht heute vom Tag des heiligen Georg 1343, wie den Sachsen, sie mußten sterben oder als Christen leben. Die meisten taten letzteres, für wen hätte man sonst die vielen Kirchen gebraucht, die es damals dort schon gab. Wieder 200 Jahre später konnten alle Völker, die von der römischen Kirche gezwungen wurden, den Weg zurück ohne Zorn gehen. Man machte in brüderlicher Eintracht auf halbem Wege halt - in der Reformation.

Leicht hatte es der energische Bischof Albert nicht, er hatte es mit mehreren Völkern im Baltikum zu tun. Dem Volk der Liven begegnete man zuerst, sie beugten sich auch als erste dem christlichen Gebot und der Macht, daher erhielt das ganze Land den Namen - Livland. Die Esten im Norden, die Kuren an der See im Westen, die Semgaller im Süden und dann die Lettgaller im Osten, nacheinander gaben sie auf. Weil die Lettgaller nach hundert Jahren erst und als letzte aufgaben, nannte man den heutigen Nationalstaat Lettland.

Die Kaufleute und Missionare waren aber während der Kämpfe nicht untätig. Während Bischof Bertold 1194 mit einem sächsischen Heer den Kreuzzug gegen die Liven begann, gründete Bischof Albert zuerst die Stadt Riga und legte zehn Jahre später bereits den Grundstein für den Mariendom. Der Dom war bereits im Jahre 1226 fertiggestellt, als man erst im Nordosten die Burg Tarbatu-Dorpat erobert hatte.

Schnell wuchsen Kirchen empor, die Petrikirche im Jahre 1209, die Jakobskirche 1225, die Johanneskirche 1297, das Dominikanerkloster 1234 und das der Franziskaner um 1300, zu dieser Zeit breiteten sich die Franziskaner auch in München aus, wo dann die Kaiserresidenz entstand. Überall in den Baltenlanden entstanden Burgen, in Kandau-Kandava 1253, in Goldingen-Kuldiga gab 1242 der Papstlegat Bischof Wilhelm dem Orden das Recht, an der Venta Burg und Stadt zu errichten. Dietrich von Gröningen war der Baumeister der ersten Burg in Kurland. Die Kirche und Burg von Hasenpoth-Aizpute entstanden 1254, die Burg von Mitau-Jelgava entstand 1265, Burg und Kirche von Segewold-Sigulda werden 1207 und 1225 erstmals genannt, Wenden-Cesis erwähnt 1206 die Chronik des "Henricus de Lettis", Jakobstadt-Jekabpils erhielt 1237 von Bischof Nikolai eine Steinburg und Dünaburg-Daugavpils erhält eine Burg im Jahre 1277.

Die Entwicklung im livisch-estnischen Raum ging ins 14. Jahrhundert. Vorher hatte man Probleme, die Massen von Christen unterzubringen, die Kirchen wurden immer größer. Mit den schweren romanischen Bauelementen, dem Bogen und dem schweren Tonnengewölbe aus der Erbschaft der Römer, ging es nur bedingt. Nur Kaiser und Könige konnten zum Zwecke ihres Ruhmes und ihrer Macht gewaltige Baumassen zusammentragen lassen, wie die großen Dome in Speyer, Worms, Paderborn, Hildesheim und Köln und man mußte oft auf die Tonnengewölbe verzichten.

Eine Lösung fand man, indem man die Bögen und Gewölbe erhöhte und zu Kreuzgewölben formte, so übertrugen sich die auseinanderstrebenden Kräfte mehr nach unten. Schon früh dachte Abt Suger im Kloster von Saint-Denis darüber nach und seine Abteikirche war daher die erste Kirche im Gotischen Stil. Der Kirchenraum war nicht mehr die Summe von vielen Einzelräumen, sondern er wurde geweitet und die Kirchenschiffe wirkten zusammen zu einem großen Raum.

Die gotischen Kirchen wurden mehrschiffiger, der Raum geradezu ein Säulenwald. Der Innenraum glich einem Wald mit dicken Stämmen und die Kreuzrippen der Gewölbe waren die Äste. Vielleicht war dem nordischen Menschen damit etwas geholfen worden, wo der Baum das Symbol der Naturgottheit war. Gott in der Natur und Gott die Natur, so erklärte Goethe in seinem Faust seinem lieben Gretchen, dort sei sein Gott. Gretchen fragte aber danach, warum er nicht zum Gottesdienst gehe, nicht zur Beichte, warum er in seinem inneren Herzen nicht glaube, doch dies konnte er nicht sagen, da hatte er seine Seele dem Teufel verkauft. Der große Philosoph Immanuel Kant in Königsberg, im preußischen Baltenlande hätte dem gläubigen Gretchen auch nichts genaueres zu sagen gehabt, er drückte es so aus:

“Zwei Dinge erfüllen das Gemüt mit immer neuer und zunehmender Bewunderung und Ehrfurcht, je öfter und anhaltender sich das Nachdenken damit beschäftigt: der bestirnte Himmel über mir und das moralische Gesetz in mir. Beide darf ich nicht als in Dunkelheiten verhüllt, oder im Überschwänglichen, außer meinem Gesichtskreise suchen und bloß vermuten; ich sehe sie vor mir und verknüpfe sie unmittelbar mit dem Bewußtsein meiner Existenz.”

Das Gretchen, das die deutsche Frau verkörpert, sieht sich also dem Vorbeimogeln der deutschen Männer gegenüber. Die alten deutschen Kämpfer der deutschen Schriftkultur finden Gott nicht im Herzen, sondern in der heidnisch-germanischen Natur. Auch Herder findet Gott in der Natur und in den guten Tugenden, aber auch in der Moral, darüber sind sich die Königsberger Denker einig. Zumindest den Himmel erwähnt Kant, dort sah Gretchen Gott ihren Schöpfer und im Inneren spürte sie ihr gläubiges Herz, das aber zu offenbaren schaffen die Deutschen immer weniger. Da hätte Gretchen sich dem süddeutschen Haydn in seinem Oratorium die Schöpfung anvertrauen müssen, dort liefert der Komponist auch gleich die Himmelsmusik mit.

Der gotische Dom war es, wo Margarethe ihre Sehnsüchte zum Himmel schicken konnte, die Dome wurden so hoch gebaut, daß man bereits glaubte den Himmel mit eingeschlossen zu haben, darum malte man die Gewölbe blau aus und malte Sterne darein. Die Engeln schwebten unsichtbar umher und sie trugen Gretchens und so vieler Gläubiger Leid in den Himmel zu Gott, dort waren die Sehnsüchte und die Glaubenswünsche damals im Mittelalter zu erfüllen gewesen. Später im Barock war alles irdischer, die schönen Altäre, die Farben und das Licht in der Kirche brachten den Himmel ganz herunter zu den Menschen und die Heiligen, die als Mittler zu Gott fungierten, sind heute ganz nah. Es ist eine Kirche zum Anfassen. Die Zeit hat sich und die Menschen geändert, der Glaube aber ist der gleiche geblieben.

Bischof und Orden, die dritte Macht - die Städte

Im Baltikum wuchsen die Kirchenschiffe nicht in den Himmel, wie es in Danzig noch der Fall war. Genau einen Monat vor dem St. Georgstag, als in Estland der Aufstand ausbrach, wurde in Danzig zu Ehren der heiligen Jungfrau Maria der Grundstein zu der Kirche gelegt, die so gewaltige Ausmaße hatte, daß 15 000 Gläubige darin Platz fanden, die ganze Bevölkerung der Stadt. Sonst aber konnten sich die Balten im Norden mit ihren zahlreichen Kirchen und Burgen schon sehen lassen.

Anfang des 14. Jahrhunderts wurden, um nur einige Beispiele zu nennen, Kirchen wie in Nigula, in Suure Jaani, die Wehrkirche in Noo bei Tartu und die Jaani-Kirche in Tartu gebaut, die nur noch als Ruine besteht, aber einmal die schönste Backsteinkirche des Baltikums im gotischen Stil gewesen ist. In Reval-Tallinn wurde damals 1322 das gotische Rathaus gebaut, kurz zuvor war die Domschule 1319 gegründet worden und ab 1341 organisierten sich neben der Kanuti-Gilde, in der sich Handwerker der Stadt zusammengeschlossen hatten, auch die Oleviste-Gilde, in der sich die estnischen Handwerker organisierten. Im Jahre 1324 beendeten der Bischof von Ösel-Wiek und der Orden endlich nach 25 Jahren Streit, durch Vermittlung des Papstes, die Kompetenzauseinandersetzung.

In Riga ist gleichfalls der Friede zwischen Erzbischof und Orden eingekehrt. Ab 1330 wird nur noch gebaut, der Dom wird erweitert, das Haus der Großen-Gilde wird gebaut und die Rigaer Bürger bauen dem Orden eine Burg in der Stadt. Eigentlich wollten sie nicht, doch so forderte es eine Vereinbarung die gütlich getroffen worden war.

Auf der anderen Seite der Ostsee wird Stockholm Hauptstadt Schwedens und Norwegen kommt 1319 an Schweden. Im Norden übers Meer in Finnland erkennt Rußland 1323 die Herrschaft Schwedens über Finnland an. Im gleichen Zuge erklärt Schweden seine Länder in Finnland zum Herzogtum und führt seine Gesetzgebung und Institutionen ein.

Das heißt nichts anderes als daß die Macht der Krone Dänemarks gesunken war. Durch Kämpfe zwischen Adel und Klerus bestanden große Wirrnisse um die Thronfolge, doch dann starben alle und es folgte von 1332 bis 1340 das Interregnum, eine königlose Zeit. Der mächtige Graf Gerhard von Holstein erhob Herzog Waldemar von Schleswig auf den Thron von Dänemark und wurde dann ermordet. Waldemar wußte noch nicht recht wie ihm geschah, er mußte erst einmal die durch die Thronwirren verlorenen Glieder des dänischen Königreichs zurückbringen. Die Eile, die von ihm verlangt wurde beantwortete er mit dem an und für sich vernünftigen, morgen ist doch auch ein Tag, so hieß er mit dem Beinamen “Atterdag”.

Diese Situation nützten die Untertanen des dänischen Königs im fernen Estland brutal aus. Der König war erst das dritte Jahr im Amt, da überfielen 1343 im sogenannten Aufstand von Jüriöö estnische Bauern das Land. Die Esten hatten diesen Aufstand lange geplant und wohlorganisiert. Zudem kam ihnen ein Umstand entgegen, das Land gehörte garnicht König Waldemar, sondern war an Otto den Erbprinzen gefallen. Nachdem er keinen Gefallen daran fand, gab er es seiner Schwester Margarete. Die war wiederum mit dem Brandenburger Markgrafen vermählt. Dieser Markgraf Ludwig, Herzog von Bayern, Sohn Kaiser Ludwig des Bayern in München, sehnte sich nicht nach einem noch kälterem Land, sondern nach den bayerischen Alpen. Als seine Frau Margarete 1340 starb, hielt ihn nichts mehr in dem brandenburgischen Steppenland um Berlin.

Estland wurde von einem dänischen Statthalter verwaltet, so wollte es Ludwig von Brandenburg, aber Korruption und Willkür rissen dort ein. Seit 1333 dauerte dies an und 1339 wandten sich die Bewohner an den Orden in Livland und baten ihn um Hilfe. Der amtierende Landmeister Eberhard von Minheim wäre auch dazu bereit gewesen, aber es waren die unklaren Besitzverhältnisse, die ihn nicht handeln ließen.

Noch einen Grund hatte der Landmeister, daß er in Sachen der Esten nicht aktiv wurde, der Krieg mit Litauen war voll entbrannt.

Von Seiten der Russen hatte man große Gefahren vermutet, denn im Osten Livlands und Estlands war das mächtige Großfürstentum entstanden und es war nur eine Frage der Zeit, wann die Baltenstaaten von den Russen überrannt werden. Die Dänen hatten ununterbrochen die Festung Narva ausgebaut und verstärkt. Auch der Bischof von Tartu war äußerst besorgt und er ließ im Süden gegen Pleskau die Festung und Bischofsburg Vastseliina 1342 errichten.

Das Jahr 1343 war in jeder Hinsicht katastrophal. Zuerst hatte alles so geregelt und friedlich ausgesehen, doch plötzlich starb der Hochmeister in Preußen und der Landmeister in Livland hatte abgedankt. Der Orden war mit den Dänen einig, die königlichen estnischen Gebiete im Norden zu erwerben, der Kaufpreis war bezahlt, aber es war keine energische Führung beim Orden vorhanden. Da kam es zum erwarteten Krieg zwischen dem livländischen Orden und dem Befehlshaber von Pleskau. Auch von Litauen drohte größte Gefahr. 1343 entbrannte der Krieg mit Litauen, der Orden war erfolgreich im Kampf gestanden, als der Kurier aus der Heimat den Aufstand der Esten meldete.

Bereits in der ersten Nacht wurden viele Deutsche, Frauen und Kinder erstochen. Kirchen und Klöster wurden nicht verschont. Im Kloster Padise erschlugen die estnischen Bauern 28 Zisterziensermönche und auf der Insel Ösel wurden der Ordensvogt und seine sämtlichen Brüder umgebracht, sowie alle Deutschen. Zwei Jahre lang tobte der Kampf, dann war der Aufstand der Esten so blutig wie an den Deutschen begangen, an ihnen selbst verloren gegangen.

Die Dänen übergaben die Herrschaft endgültig dem Deutschen Orden, damit gaben sie eine Herrschaft auf, die sie mehr als hundert Jahre besessen hatten. 1346 hat der Orden seine größte Machtausdehnung, nun wurden überall im Land Kirchen gebaut, wie etwa die Kirche in Kirbla, die Wehrkirche in Haljala, in Kadrina, der Dom zu St. Marien in Reval wurde von einer Hallenkirche in eine gotische Basilika umgebaut, die Nikolaikirche erhielt ihr heutiges Aussehen, die Heiliggeistkirche erhielt 1422 die älteste Glocke Estlands, im Inneren der Kirche der Schreinaltar des Bildhauers Bernt Notke aus Lübeck und auch der Hauptaltar der Nikolaikirche wurde vom Lübecker Meister Hermen Rode damals geschaffen.

In Dorpat-Tartu, welches ein wichtiger Handelsknotenpunkt war, schützte man sich durch eine ringsumlaufende Stadtmauer mit 18 Türmen, das Ordensschloß Tolsburg-Toolse wurde 1471 zum Schutz gegen Piraten errichtet, in Vao entstand 1375 eine viereckige Turmfestung, bei Narva 1485 die Vasallenburg Pöddes, am Purtsefluß die Festungsburg von Purtse und viele Burgen und Befestigungen.

Im südlichen Livland enstanden Burgen in Neuenburg-Jaunpils 1301, in Schwanenburg-Gulbene 1340, durch Erzbischof Friedrich Banner, in Sesswegen-Cesvaine 1390, im lettischen Marienburg-Aluksne 1342 eine Burg mit acht Türmen, die am Tage Maria-Verkündigung, am 25. März eingeweiht wurde, die insgesamt 26 Herrscher des Ordensstaates beherbergte, in Smilten-Smiltene 1367 - 1370 Burg und Kirche, dann in Riga das Schloß, die Stadtmauer 1330 und das Schwarzhäupterhaus im Jahre 1334.

Es gab neue Stadtgründungen, Rakvere erhielt bereits 1302 das Stadtrecht, Pernau und acht weitere Städte entstanden. Insgesamt hat der Deutsche Orden zwischen 1280 und 1410 eintausendvierhundert Dörfer und dreiundneunzig Städte in seinem Herrschaftsgebiet gegründet. Der Hanse schlossen sich Riga, Reval, Pernau, Dorpat, Fellin, Windau, Goldingen, Kokenhusen, Volmar und andere an.

Unumschränkt beherrschten der Orden und die Hanse den Ostseehandel. Nach dem Erwerb Estlands, erwarben die Ordensleute noch die Neumark käuflich von Kaiser Sigismund, so daß sie einen Zugang zum Reich besaßen. Nach der Zerstörung der bis dahin wichtigsten Handelsstadt Visby durch den Dänenkönig Waldemar IV. stieg Reval 1361 zur bedeutendsten Hansestadt auf. Die Auseinandersetzungen, Niederlagen und Gebietsverluste, die der Orden in Preußen erlitt, berührten die Entwicklung Livlands und Estlands kaum.

1433 fielen alle Kirchen in Reval einer furchtbaren Brandkatastrophe zum Opfer, wurden aber recht bald wieder aufgebaut. Dagegen aber vermerkt die Stadtchronik mit Stolz, daß in den Hafen der Hansestadt Reval im Jahre 1428 insgesamt 587 Schiffe aus dem Westen einliefen. Da heißt es in der Stadtchronik unter anderem:

13.9.1468: Der Rat der Stadt Lübeck bittet Reval, alle dänischen Schiffe erst wieder auslaufen zu lassen, wenn die Dänen ihre Kaperfahrten in der Ostsee eingestellt haben.

22.4.1504: Der Rat zu Königsberg bittet Reval, dem Lembert Ottingk bei der Wiedererlangung seines Schiffes behilflich zu sein. Dieses sei vom Schiffer Simon Doppich anstatt nach Königsberg nach Wiborg verbracht worden.

Dies sind nur zwei Notizen aus dem Alltagsleben einer Hansestadt. Sie geben viel von der politischen Situation kund, wo Lübeck mit dem ganzen Syndikat der Hanse politische Macht ausüben kann, eine Macht des großen Geldes. Die Dänen werden gezwungenermaßen ihre Kaperfahrten aufgeben müssen, auch Wiburg, die finnische Bischofsstadt, die im schwedischen Herrschaftsgebiet lag, mußte das entführte Schiff herausgeben. Schweden und seine Hauptstadt Stockholm standen bis zum Jahre 1630 unter dem Einfluß Lübecks. Das Jahr 1630 war immerhin das Jahr, wo der schwedische König Gustav Adolf im Dreißigjährigen Krieg in Pommern landete, um seinen Siegeszug durch das Reich bis nach München durchzuführen. Zu diesem Zeitpunkt war Estland mit Reval schon mehr als siebzig Jahre lang unter schwedischer Verwaltung.

Vor den Toren von Reval liegt heute die Klosterruine des Brigittenklosters, dies war auch ein Stück estnische Geschichte. Im Jahre des Estenaufstandes 1343 war Birgitta, die Tochter eines schwedischen Landvogts, mit ihrem Gemahl von einer Pilgerfahrt zum Grab des Apostels Jakobus im spanischen Santiago de Compostela zurückgekehrt, wo ihr Gemahl starb. Von diesem Augenblick an fühlte sie, daß ihr von ihrem Schöpfer eine besondere Aufgabe zugedacht war. Sie ging nach Rom, um sich vom Papst die Genehmigung zur Gründung einer Ordensgemeinschaft geben zu lassen. Diese erlangte sie 1370, als die Kriegsparteien in Stralsund an der Ostsee gerade über dem Friedensvertrag saßen. Es gab 74 Klöster des Brigittenordens, eines davon in Danzig.

Als Brigitta 1373 starb - sie kam erst von einer Pilgerfahrt aus dem Heiligen Land zurück - brachte Brigittas Tochter Katharina den Leichnam zurück nach Vadstena, zur Beisetzung in ihrer Heimat. Ihre Schwestern im Glauben waren besonders in Danzig untröstlich und auf ihrem letzten Wege wurde der Leichnam in der St. Brigidien-Kirche in Danzig bei den Ordensschwestern der "Magdalenen-Sünderinnen" in einer Kapelle aufgebahrt. Dort bildete sich ein Brigidien-Konvent und 1396 das Hospital zum Brigidienkloster. Dieses war das erste Kloster der schwedischen Heiligen im Raume des Baltikums, 1436 wurde dann vom Brigittenorden das Kloster bei Reval gegründet. In Schweden hieß die Heilige Birgitta, der Sprachgebrauch in Deutschland und anderswo machte daraus das Brigitta, Estland mit seiner exotischen Sprache sagt Pirita zu der Heiligen.

Man kann es glauben oder nicht, der Zusammenbruch des größten Schreckens des 20. Jahrhunderts, der Kommunismus, begann mit dem polnischen Papst und mit ihm begann in Polen die Bewegung "Solidarnosc". Das Zentrum des Widerstandes war das Brigidienkloster in Danzig, half vielleicht die heilige Brigitta den durch die Kommunisten gequälten Seelen? Auszuschließen ist in dieser wundersamen Welt nichts.

RUSSLAND - DIE HEILIGE MUTTER RUSSLAND

"Der Herr schickte Abraham in ein unbekanntes Land...so ähnlich ist es mir auch gegangen", so berichtet heute Vater Sergej, 67, der Moskau verlassen hat und seit drei Jahren allein in der Wildnis lebt.

Soweit spannt sich der Bogen für den russischen Menschen, von dem Alten Testament bis heute. Vor 45 Jahren sei Sergej bei seinem Großonkel gewesen, der Priester in Frolowskoje gewesen war, wo es eine Kirche gab, und er wollte Priester werden. Einst hatte sich die fürstliche Familie in dieser Gegend verlaufen. Da sei ihnen plötzlich eine Lichtsäule erschienen, die den Weg zu dem Holzkirchlein gewiesen habe. Und aus Dankbarkeit für die wundersame Errettung ließ der Fürst eine prachtvolle, zweigeschossige Kirche aus Stein erbauen. Das obere Stockwerk für die heißen Monate als Sommerkirche, das untere, heizbare, als Winterkirche. So oft es ging, machte sich der kleine Sergej auf den Weg nach Frolowskoje, um den Großonkel zu besuchen.

Dann kam der Krieg und Sergej wurde Soldat. Da er aber wie sein Großonkel Priester werden wollte und Stalin mit der Kirche Rußlands Burgfrieden schloß, um gemeinsam im Großen Vaterländischen Krieg den Feind von draußen zu bekämpfen, wurde Sergej nach Hause geschickt. Er sollte eine Priesterschule besuchen, denn er wollte eines Tages den Platz seines Großonkels einnehmen. Jahre vergingen, der Großonkel starb, Sergej heiratete Alexandra, eine Moskauerin, und blieb. Man mußte sich mit Stalins Terrorregime arrangieren, um zu überleben. Die Hierarchie der russischen Orthodoxie versuchte es, doch in Rußland war dies schon Tradition. Patriarch Alexij I. sagte, als Stalin tot war: "Der große Führer unseres Volkes ist nicht mehr... unserem geliebten, unvergeßlichen Josef Wissarionowitsch rufen wir betend mit tiefer, glühender Liebe das ewige Gedenken zu!"

Millionen von Russen konnten nicht mehr widersprechen, Stalin hatte sie umgebracht. Kirchenmännern und der Orthodoxie wurden fast alle Kirchen und Klöster weggenommen und zu Werkstätten, Lagerhäusern, Museen oder auch zu Konzentrationslagern umfunktioniert oder einfach geschleift. Von 48 000 russisch-orthodoxen Kirchen vor der Oktoberrevolution wurden danach 85 Prozent zweckentfremdet. Hatte einst Moskau als das dritte Rom 1 500

Kirchen, und gab es vor Stalin immerhin noch 800 Kirchen, so gab es nun nur mehr 46.

Nach Stalin wurde wohl weniger erschossen, gefoltert und nach Sibirien in den Gulag geschickt, doch die Wende kam erst mit Glasnost und Perestroika, mit Michail Gorbatschow, der auch zugab, daß ihn seine Mutter getauft hatte. Sogar zu einer Audienz beim Papst in Rom ließ er sich bewegen. Damit hatte der "administrative Zwangsatheismus" ein Ende und im Herbst 1990 gab es wieder ein Gesetz über die Religionsfreiheit. Inzwischen gibt es wieder 276 funktionierende Gotteshäuser in der Hauptstadt und das religiöse Leben kehrt wieder ein.

Vater Sergej ficht dies alles was einmal war nicht an. Ihn haben die Schwierigkeiten des Lebens in Moskau im Glauben nur stärker gemacht. Er hat sich wie er sagt, um das "Sodom und Gomorrha" in der Hauptstadt nicht gekümmert. Seine vier Söhne hat er zu gläubigen Menschen erzogen, alle vier sind Priester geworden – wie er. Im Gebet hatte er seinen Glauben gefestigt, als er 1941 in Gorki an der Wolga unversehrt dem Stahlhagel deutscher Kampfbomber entkommen war.

Daß sich nach all den Jahren der Wunsch, Frolowskoje wiederzusehen oder gar dort Priester zu sein, doch noch erfüllen könnte, daran hatte Vater Sergej mehr mit Zweifel als mit Zuversicht gedacht. 1987, anläßlich des 200jährigen Bestehens der Kirche konnte er zum erstenmal die beschwerliche Reise antreten, 8 Stunden mit dem Auto dauerte die Fahrt nach Frolowskoje. Erreichen kann man den Ort mit dem Auto ohnehin nur im Winter, wenn der Frost den Boden beinhart gefroren hat, oder im Sommer, wenn er von der Sonne zu Stein gebacken ist. Die übrige Zeit des Jahres geht er das letzte Stück ins Dorf zu Fuß: fünf Kilometer, zwei Stunden lang durch stellenweise kniehohen Morast.

Doch es ist trotzdem heilige russische Erde und er, Vater Sergej, ist hier zu Hause. Unbekannt war ihm nur der erbärmliche Zustand der Kirche, Brennessel und Buschwerk hatten sie eingekreist. Gleich hinter Frolowskoje beginnen die Sümpfe, und da leben nur noch Elche und Biber, Wildschweine, Wölfe und andere wilde Tiere und alles ist... Mütterchen Rußland.

Grotesk – aber wahr heißt es da in der Tageszeitung. Die Europäische Gemeinschaft, als ein Haufen Staaten mit materiellen Interessen, soll "dem Bürger so nahe gebracht werden, daß er in 'Europa' eine Mutter sehen kann, die um das Wohl ihrer Kinder besorgt ist", dies drückte der EG-Kommissionspräsident aus. Vor allem soll man zu Frauen sprechen, weil sie als Zielgruppe am empfänglichsten sind und die Vorteile der EG-Politik "intuitiv" und schneller erkennen als Männer. Eine Berater-Kommission hatte diese Erkenntnis ermittelt und Symbole empfahlen sie, Symbole wecken Gefühle bei den Menschen, wie: Im Christentum das Kreuz und im Islam die grüne Flagge mit dem Halbmond – so sollen auch die europäischen Sterne zum Leuchten gebracht werden.

Das Muttersymbol kann man aber nicht anbefehlen, so etwas muß in der Volksseele heranwachsen, es muß aus dem Herzen der Menschen kommen, aus einem gläubigen Herzen. Die erste Mutter ist die Eva, die Mutter des Menschengeschlechts. In der christlichen Bibel erscheint zuerst das Magnifikat mit der werdenden Gottesmutter Maria und dann kommt ihr Sohn Jesus auf die sündige Welt. Mutter und Kind, dies Symbol vereint bis zum heutigen Tage die beiden alten Kirchen, die römisch-katholische und die orthodox-katholische Kirche. Alle anderen Gemeinsamkeiten zerbrachen, als die beiden sich in ihrer zweitausend Jahre langen Glaubensgeschichte auf halbem Wege völlig zerstritten.

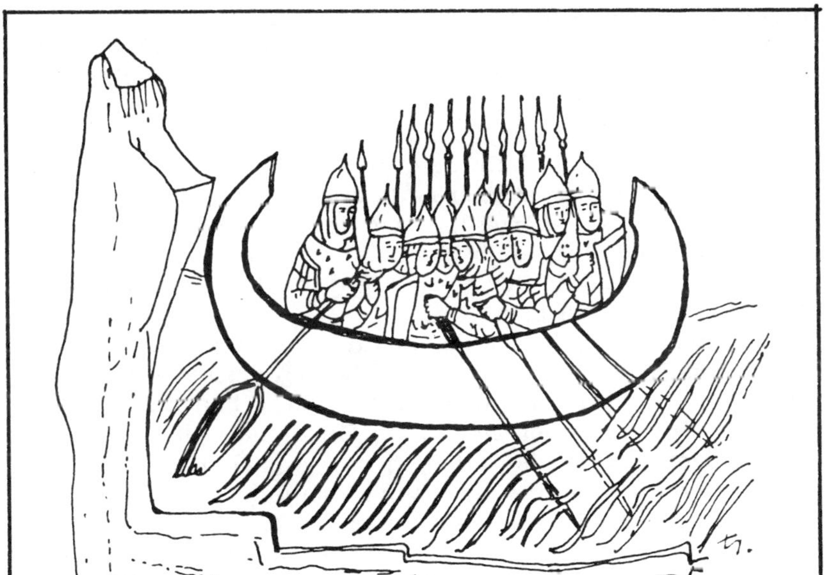

Russische Krieger auf dem Dnjepr
(Federzeichnung aus russ.Handschrift)

Dieses Muttersymbol bringt in Deutschland heute allen Menschen etwas ein, durch die Marienfeiertage und durch die Feiertage ihres Gottessohnes. Seitdem der "Augustinermönch von Wittenberg" von heut auf morgen die Maria seinem Fürsten gegenüber als Muttergottes in den seligen Himmel lobte und dann gleich wieder als"Reformator Martin Luther"schreibt: Die Marienfeiertage schleifen wir zur Hälfte, bei der anderen Hälfte warten wir mal ab, da sind die lutherischen Deutschen benachteiligt. Vor Neid könnte es die Norddeutschen fast zerreißen, weil man im katholischen Bayern um etliche Tage weniger arbeiten muß, bei gleichem Lohn, versteht sich. An die 300 000 hat es vom Norden nach Bayern siedeln lassen, weil sie neben dem Vorteil lutherisch sein zu dürfen, auch noch an ihren eigentlichen Arbeitstagen bezahlte freie Tage haben. Noch besser würde es ihnen aber in Österreich gehen, die feiern nämlich auch den Marienfeiertag Maria Namen.

Nachdem die Kriegsfurie mit dem Schwedenkönig Gustav Adolf II., den die Esten in den Himmel loben, mit Mord, Totschlag und Feuer über Bayern hinweggefegt war, dankten die Münchner der Gottesmutter Maria, daß sie vom Feuer verschont geblieben waren. Der schwedische König betete jeden Tag auf den Knieen zum Herrn Jesus Christus und dann hatte er tatsächlich den Erfolg auf seiner Seite. Der bayerische Kurfürst Maximilian mußte vor den Schweden aus München flüchten. Als er zurückkam, dankte er der Jungfrau Maria, indem er auf dem Hauptplatz in München eine Mariensäule errichten ließ, zu Lob und Dank für die Verschonung der Münchner-Stadt. Es hatte aber trotzdem viel gekostet, das ganze Geld der Münchner-Bürger hatte der Schwedenkönig erpreßt, bei Androhung des Feuerteufels, vierzig angesehene Bürger hatte er als Geiseln entführt, außerdem hatte er die Residenz des Kurfürsten ausgeraubt. Diese Beute kann man heute noch im schwedischen Uppsala besichtigen.

Mit seinem Herzblut hat der Kurfürst und sein Sohn dann das Papier beschrieben, mit dem er für alle Zeit das bayerische Land der Mutter Maria zum Schutze anvertraut, als "Patrona Bavariae". Diese Urkunde hinterlegte er in der Gnadenkapelle zu Altötting und alle Herzen der verstorbenen bayerischen Kurfürsten und Könige ruhen fortan dort. Altötting ist seitdem auch das Marienheiligtum Bayerns. In München war es unbedingte Tradition, daß jeder nachfolgende bayerische Fürst seine Regierungsarbeit erst nach einem Gebet vor der Mariensäule begann, das er vor dem ganzen Volk und mit dem Volk verrichtete. Solange es noch Menschen gibt, die vor der Mariensäule in München beten, so sagt man, ist Bayern nicht verloren. Da ähneln die Bayern den Polen, die auch ihre schwarze Madonna in Tschenstochau haben und nach dem Gottesdienst singen - noch ist Polen nicht verloren.

An der Münchner Residenz des Kurfürsten wurde die Patrona Bavariae für alle sichtbar aufgestellt, die Mutter Maria mit dem Jesuskind. Die Maria als Himmelskönigin mit einer Krone erhöht, zum Zeichen ihrer Herrschaft das Zepter in der rechten Hand. Sie schaut auf die linke Seite zu ihrem Jesuskind, das zum Zeichen der Weltherrschaft den Reichsapfel, Symbol für die Weltkugel, in der linken Hand hält und mit der rechten erhobenen Hand die Menschen segnet. Der Schrannenplatz als Marktplatz wurde verlegt und wurde durch die Mariensäule zum Marienplatz, im ganzen Lande Bayern gab es nach diesem Muster Marienplätze. Kommt man in eine Stadt, wo in der Mitte kein Ritter, Roland oder sonstiger kalter Krieger aufgestellt ist, sondern eine Marienstatue, so ist dies ein untrügliches Zeichen dafür, daß man sich in einem katholischen Ort befindet. So sehr hat der Schrecken gewirkt, aus der Zeit, als die Schreie erschollen, die Schweden kommen.

Das Symbol der Mutter, der herzensguten Muttergottes hatte auf breiter Front gegen das männliche Prinzip des starken edlen Ritters gesiegt. Es waren die vielen Marienorden entstanden und der Deutsche Orden in den Baltenländern war ein Marienorden, aber auch die Zisterzienser, die in Osteuropa und auch in Estland stark vertreten waren, waren ein der Gottesmutter Maria anverlobter Orden.

Wir können in der Geschichte weit zurückgehen in der christlichen Symbolik, schon der römische Kaiser Konstantin der Große siegte bei der Milvischen-Brücke vor Rom angesichts eines christlichen Symbols, dies erschien ihm am 28.12.313 am Himmel und seitdem nahm er die Christen unter seinen Schutz. Dies geschah aber nicht im lateinischen Rom, sondern in seinem sogenannten zweiten Rom, in seiner neuen Hauptstadt Konstantinopel, dort auf dem Konzil von Nicäa wurden die Festlegungen beschlossen. Dies hatte natürlich zur Folge, daß sich später die Ostkirche, die rechte Kirche nannte.

Immer wieder wurde mit christlichen Symbolen gesiegt, konnte man sich nicht mehr auf die Mutter Maria berufen, so schuf man sich eine Ersatzheilige, die Germania im norddeutschen Raum und dort wurde auch aus dem Erzengel Michael, dem Patron der Deutschen, in Berlin der Siegesengel, als man den Franzosen endlich besiegt hatte. In München war man ängstlich um den Frieden bemüht, da reichte es nur zu dem Friedensengel, den man in den himmlischen Heerscharen noch unterbringen konnte.

In dieser deutsch gebärdenden Zeit in München brachte man als Gegenstück zur Germania die Bavaria hervor. Sie steht vor der

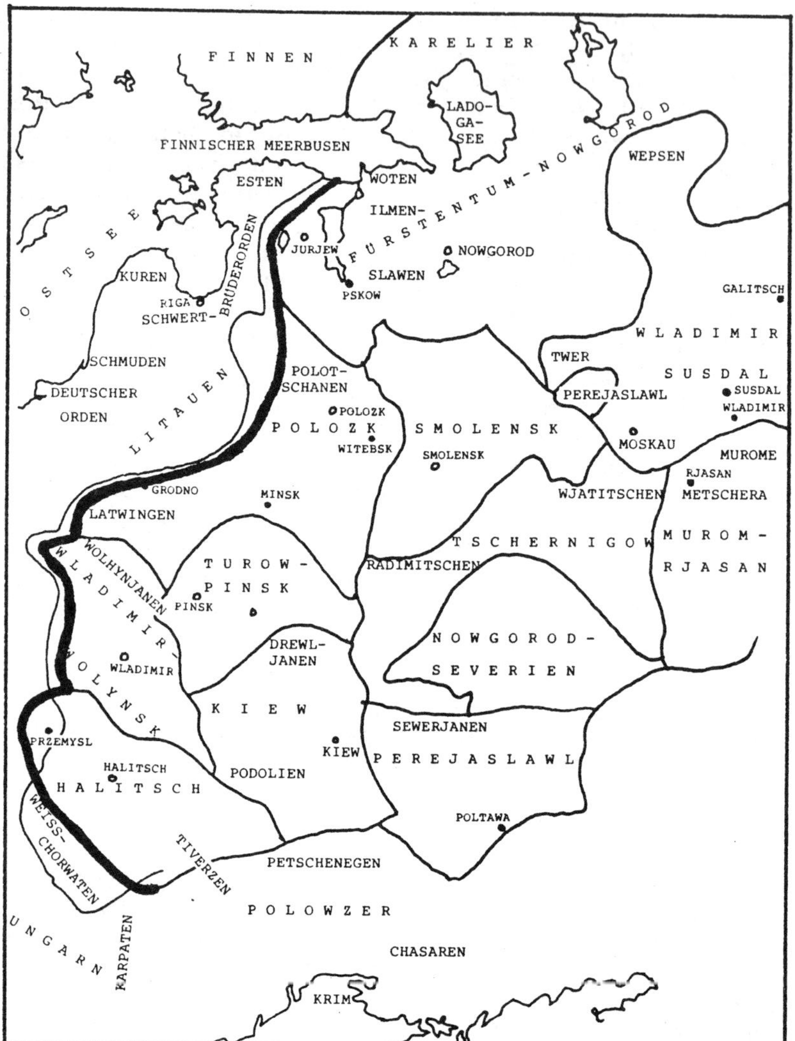

Westgrenze des Kiewer Reiches 1054
Westgrenze russ. Fürstentümer um 1200

bayerischen Ruhmeshalle. Nun gab es in Gemeinsamkeit mit den Norddeutschen etwas was Bayern eigentlich nicht hatte, nämlich Ruhm. Aber ausgerechnet auf der Maximiliansbrücke stellte man noch ein solches "Weibsbild" auf, von der die Norddeutschen sagen es sei die heidnische Germania, doch die Münchner sagen, alles kann sie sein, nur keine heidnische Gottheit. Hat man den knorrigen Bismarck auch ganz verschämt an die Isar gestellt und unter den Bäumen versteckt, so daß man nur das "G'stell" von dem preußischen Staatsmann erblicken konnte, so war man in München liberal. Die vielen Marienstatuen wiegen das schon wieder auf.

Auch im Krieg zwischen Deutschem Orden und dem christlichen polnischen König spielte die religiöse Symbolik eine große Rolle. Auf beiden Seiten trug man Fahnen in den Kampf, auf denen die jeweiligen Heiligen dargestellt waren und natürlich ließ der König von seinem Bischof aus den Psalmen König Davids vorlesen, in denen der Sieg des polnisch-litauisch-russischen Heeres schon verkündet schien. Tatsächlich siegte das vereinigte Heer und der Orden unterlag im Jahre 1410 erstmals! Ab diesem Zeitpunkt ging es mit dem Orden dem Ende zu.

Es war nicht die erste Niederlage des Ordens, aber 300 Jahre lang hatte man nur gesiegt. Die erste Niederlage erlitt der Orden am Peipussee 1242. In der russischen Geschichte wird dies als der erste russische Sieg dargestellt, der Nowgoroder Fürst Alexander Newskij schlägt mit einem Aufgebot der Stadt Nowgorod zuerst die Schweden und dann den Deutschen Orden, der unterwegs nach Nowgorod war.

Vor der Schlacht sprach der Fürst zu seinen Soldaten ein Wort aus den Psalmen: Gott ist nicht auf der Seite der Stärke, sondern auf der Seite der gerechten Sache, der "Prawda". Bei der Schlacht gegen die Schweden, so berichtet die Legende, sei sogar der Erzengel Michael vom Himmel heruntergekommen und hätte die schwedischen Teufel zurückgeworfen.

Alexander Newskij wurde zum Mythos, seinen Beinamen hatte er von dem Fluß Newa erhalten, wo die erste Schlacht gegen die Schweden stattfand. Er wurde für die Russen zum Heiligen, nicht wegen irgendwelcher religiöser Vorzüge, sondern wegen seiner Verdienste als Herrscher. Die Herrschaft Alexander Newskijs stellte einen Wendepunkt in der russischen Geschichte dar. Dank seiner klugen Politik und seiner glänzenden Siege hat er die Sicherheit seines Landes gefestigt.

Nowgorod war nicht das eigentliche Rußland. Nowgorod-Neustadt, wurde in alten deutschen Quellen Neugarten genannt, in schwedischen Quellen Holmgard und lag am Handelsweg der skandinavischen Normannen, die von den Ostslawen Waräger genannt wurden. Sie beherrschten den Handelsweg bis nach Kiew, noch vor Entstehen des christlichen Kiewer Reiches, dem das Nowgoroder Fürstentum angehörte. Der Name Kiew geht auf das Jahr 860 zurück, nach einer Legende von seinem Gründer Kij und unter dem Fürsten Oleg entstand ein Kiewer Reich, genannt Kiewer Rus.

Als das Kiewer Reich geteilt wurde und 1240 unter die Mongolenherrschaft kam, zusammen mit den gesamten Gebieten des späteren Rußland in Lehnsabhängigkeit von den Mongolen geriet, konnte nur Nowgorod seine Selbständigkeit bewahren. Deshalb hatte dieses Gebiet einen großen Symbolwert für das spätere russische Reich.

Bedeutend in Nowgorod als Fürst war Jaroslaw der Weise oder auch der Kluge, der als Sohn Wladimir des Heiligen Nowgorod verwaltete und dem es gelang, zeitweise die beiden Fürstentümer Nowgorod und Kiew im Jahre 1036 wieder zu vereinigen. Jaroslaw hatte Kiew 1019 erobert.

Im Jahre 1030 ließ er wieder von sich hören und zwar im Zusammenhang mit einer gewonnenen Schlacht im östlichen Estland. Um seine Besitzungen abzusichern, läßt Jaroslaw die Burg Jurjew an dem Ort “Tarbatu” bauen, dem späteren Tartu, das 200 Jahre später vom Deutschen Orden erobert, Dorpat genannt und zur Hauptstadt eines Bistums gemacht wurde. Damit hatte das heutige Tartu in seiner Geschichte bereits vor der Zeit des Ordens in Estland und der Zeit als Bistum, eine lange Verbindung zur Nowgoroder Kultur, aber ohne nachhaltige Wirkung. In Nowgorod erinnert noch die Hofkirche im Jaroslaw-Hof aus dem Jahr 1113 und das Jurjew-Kloster mit der Georgskirche vom Jahre 1119 an diese Zeit.

Jaroslaw der Weise hatte sich in Kiew eine prächtige Residenz eingerichtet und die Stadt so begehrlich gemacht, daß sich später die russischen Fürsten, die Mongolen, Litauer und Polen nacheinander dort einrichteten. Nowgorod erhielt nach Jaroslaws Tod 1054 einer seiner fünf Söhne. Dieser muß sogleich an eine Machterweiterung seines Fürstentums gedacht haben, denn in einer Nowgoroder Urkunde wird vermerkt, daß ein Fürst Jzposlav Jaroslavovits von Nowgorod einen Raubzug auf estnisches Gebiet unternommen hatte und bis zum Dorf Keava, südlich von Reval, nur fünf Kilometer von Rapla, gekommen war.

Im 12. und 13. Jahrhundert wuchs die Selbständigkeit Nowgorods, seit dem Zerfall des Kiewer Reiches. Die Macht ging an die Volksversammlung über, die dem gewählten Fürsten nur den militärischen Schutz übertrug, während die Verwaltung in den Händen gewählter Würdenträger lag; seit 1156 wurde sogar ein

Bischof und später auch ein Erzbischof gewählt. Die Macht der Stadt beruhte auf ihrer Stellung als Mittlerin des Handels zwischen Rußland und den Ostseestädten. Eine deutsche Niederlassung gab es im Peterhof und später wurde die Stadt Mitglied der Hanse.

Bis zum Zeitpunkt des Erscheinens des Deutschen Ordens und der Dänen war Nowgorod scheinbar so gefesselt von seinen Geschäften, daß Estland sicher zu sein schien. Die estnischen Bewohner hatten nicht das Bedürfnis sich der Welt in Ost oder West mitzuteilen, sie bauten ihre zahlreichen Burgen und blieben, wie in Südeuropa die kulturell hochstehenden Kelten, einfach stumm, wo wir heutigen Menschen gerne etwas von ihnen erfahren hätten. In den Chroniken des Mönches Nestor im Höhlenkloster bei Kiew, in denen er alles was in Erfahrung zu bringen war notierte, waren einige Städte des Baltikums genannt. Da erscheint Otepää 1116, ein Ort südlich von Tartu, der Ort Adsel-Gaujienas im nördöstlichen Lettland wird 1111 genannt und 1171 erscheint in der Chronik die Erwähnung von Narva, nördlich des Peipussees. Hier bauten die Dänen fünfzig Jahre später eine Burg zur Absicherung gegen das russische Nowgorod.

Zu dieser Zeit befanden sich auch gerade die Schweden nordöstlich von Narva an der Nevamündung, sie waren vom nördlichen Ufer des finnischen Meerbusens vorgerückt, um den Ureinwohnern zu verkünden, welche Vor- und Nachteile es im christlichen Leben der Menschen gab. Die Dänen taten selbiges von Estland her und dort zwischen Narva und Newa müssen sich die beiden Wikingervölker getroffen haben. Nicht lange dauerte es, dann riefen die Väter von Nowgorod den Fürsten Alexander herbei, der 1240 mit seiner Streitmacht dreinschlug und dem Stelldichein ein Ende machte. Weil es an der Newa geschah, war er der Alexander Newskij und der Ort, an dem es geschah, war ein heiliger Ort, dort baute man St. Petersburg. Seitdem aber sind die Stammesverwandten Finnen und Esten getrennt.

Seit die Schweden durch Finnland gezogen waren, waren die Finnen nicht mehr stumm. Seit die Dänen von Tallinn, der Dänen stadt, nach Osten zogen, war Estland nicht mehr stumm. Vorher berichteten nur die Chroniken von Kiew und Nowgorod, aber auch an den Königshof von Sizilien hatten Seefahrer dem Hofgeographen berichtet, und er trug 1154 unter anderen die beiden Hafenstädte Reval und Pernau sowie das semgallische Mezotne in seine Karte ein. Die Stauferkaiser, die das Königreich Sizilien von den Normannen geerbt haben, schickten auch den Deutschen Orden zu den Balten, waren also auch schon informiert darüber, daß dort im Baltikum noch Völker leben, die für das Heilige Römische Reich gewonnen werden könnten.

Daß Fürst Alexander anrückte, verschuldeten die deutschen Ritter, die vom Süden nach Pleskau vorrückten, im Glauben, dort harrten noch Heidenseelen, dabei waren sie durch Kiewer Wladimir dem Heiligen schon seit Jahrhunderten christlich, nur von der anderen Fakultät. Auch die deutschen Ritter wurden von Alexander von der Newa im Jahre 1242 zurückgewiesen. Dann war zweihundert Jahre lang für beide Seiten klar wo die Grenze lag.

Die Stadt Pleskau jedenfalls gehörte zu Nowgorod, aber schon 903 war die Stadt in den Registern des Kiewer Fürsten verzeichnet. Als dann die Esten an ihrem St.Georgstag den blutigen Aufstand gegen die Dänen und den Orden probten, verloren 1343 die estnischen Bauern ihre Selbständigkeit endgültig, doch Pleskau gewann seine Selbständigkeit nur einige Jahre später. Bis zu dem Zeitpunkt konnte sich Pleskau selbst regieren bis es dem großen Bruder im Osten nicht mehr gefiel. Nowgorod wurde 1456 von Moskau abhängig und im Jahre 1578 ganz einverleibt. Pleskau ereilte dieses Schicksal bereits im Jahre 1510. Nachdem in Nowgorod das Handelskontor 1494 geschlossen worden war, ging für die Stadt die Stellung als Mittelpunkt des Handels verloren. Es kam aber noch schlimmer, denn als Nowgorod noch einmal im Jahre 1570 die guten Beziehungen zu den Ostseestädten aufnehmen wollte, da zerstörte Ivan der Schreckliche die Stadt und brachte die gesamte Bevölkerung erbarmungslos um.

MOSKAU – UND DIE IMPERIALE REICHSIDEE

Etwas Wunderbares haftet einem Lande an, das dem Auge in ständiger Folge überraschende Kontraste bietet; wo sich Größe mit Trostlosigkeit abwechselt; wo abschüssige Gebirgshänge über eine endlose Ebene blicken.

George N. Curzon – Russia in Central Asia

Zur gleichen Zeit wie Reval wurde Moskau zum ersten Mal genannt. Als Grenzfestung der Fürsten von Wladimir-Susdal wurde es 1237 von den Mongolen zerstört. Die Fürsten waren den Mongolen gegenüber zu Tribut verpflichtet. Allmählich konnten sie sich aus der Mongolenherrschaft befreien. Im Jahre 1380 konnten die Fürsten erstmals den Sieg über die Mongolen, die man auch Tataren nannte, oder die "Goldene Horde", verzeichnen, die aber noch hundert Jahre als drohende Gefahr im Lande blieben.

Ivan I. war seit 1325 Fürst von Moskau und seit 1328 nannte er sich Großfürst von Wladimir. Er hatte den Beinamen Kalita, der Geldbeutel. Im gleichen Zuge holte er den Metropoliten von Kiew nach Wladimir und 1326 nach Moskau. Ivan begann mit dem "Sammeln der russischen Erde" und nannte sich erstmals Großfürst der "ganzen Rus". Sein Sohn Ivan II. führte die Politik seines Vaters fort. Es folgte eine dynastische Krise, wo 1425 bis 1453 mit äußerster Grausamkeit gerungen wurde.

Der wohl bedeutendste Herrscher auf dem Moskauer Thron war seit 1462 Ivan III. der Große. Er war es, der Nowgorod dem Moskauer Staat 1478 einverleibte. Vorausgegangen waren die Angliederungen von Jaroslawl 1463, Rostow 1474, danach Twer 1485 und Wjatka 1489. Einfluß gewann er auf Rjasan und auf Pleskau. 1480 erreichte er die Endtatarische Fremdherrschaft, das sogenannte Stehen an der Ugra, nach 240 Jahren tatarischer Herrschaft. Er betrieb die Verwestlichung Rußlands und holte unter anderen italienische Baumeister in den Kreml.

Ivan III. baute und stärkte die Zentralverwaltung, ergriff zahlreiche Maßnahmen, um aus den erworbenen Gebieten eine Einheit zu formen. Ivan hat der Außenpolitik des Moskauer Staates für die nächsten 180 Jahre Richtung und Ziel gegeben. Die Richtung war der Westen und auch das Ziel lag klar auf dem Tisch – es war der Krieg. Litauen besaß Gebiete, die der Großfürst von Moskau, so nannte sich Ivan nun, sehr gerne auch noch wollte, so führte er von

1487 bis 1494 Kriege gegen den Großfürsten von Litauen und Ivan gewann die Gebiete von Smolensk hinzu.

Nachdem alles so glatt ging, setzte er seinen Krieg gegen Litauen 1500 wieder fort und bedrängte auch Livland. Ivan III. hatte seinen Machtbereich, durch die Unterwerfung Nowgorods, von Moskau bis an die Narva vorgeschoben. Gegenüber der Ordensburg Narva ließ er die Festung Ivangorod errichten. Mit allen Mitteln versuchte er die gewinnbringenden Handelswege unter seine Kontrolle zu bringen.

Deutschordensmeister in Livland und Estland war Wolter von Plettenberg, dem es wiederholt gelang zwischen Orden und Moskau kurzfristige Friedens- beziehungsweise Waffenstillstandsverträge abzuschließen. 1501 hatte sich der Ordensmeister mit Litauen gegen Moskau verbündet. Als dann ein Jahr später der russische Großfürst in Litauen und ins estnische Livland eingefallen war, schlug der Ordensmeister mit seinem Ordensheer und Hilfstruppen der baltischen Stämme zurück und fügte der überlegenen Streitmacht der Russen eine vernichtende Niederlage am See Smolina zu. Es wurde ein sechsjähriger Waffenstillstand vereinbart. Nach Ablauf dieser Frist wurde dieser Waffenstillstand 1509 um vierzehn Jahre verlängert. In der Vertragsurkunde, die in russisch und deutsch ausgestellt ist, vereinbaren der Zar Vasilij III. von Moskau (Ivan III. war inzwischen gestorben) und der Deutschordensmeister in Livland Wolter von Plettenberg am 25. März 1509 in Nowgorod den Waffenstillstand, gegen Aufgabe des Bündnisses mit Litauen. Als die Frist abgelaufen war, wurde 1531 eine Verlängerung des Vertrages für dreißig weitere Jahre vereinbart. Der Waffenstillstandsvertrag lief also 1561 aus, danach konnte es wieder Krieg geben und es gab den Krieg schon 1558.

Die Urkunde in Pergament, 2 Blatt, mit drei Siegeln an Schnüren und 55 auf 65 cm groß, befindet sich heute im Riksarkivet in Stockholm. Wolter von Plettenberg hat mit seiner Tat dem Ordensland noch einmal über fünfzig Jahre Frieden gebracht. Er hat das Ende des Vertrages nicht erlebt und ist 1535 gestorben. Vorher wurde in Preußen die Reformation eingeführt, dort hatte sich der Orden aufgelöst, nun mußte ein neuer Hochmeister gewählt werden. Wolter von Plettenberg bewarb sich für dieses Amt des Landmeisters des restlichen Ordensstaates im Baltikum. Die Wahl fiel auf einen Deutschmeister in Bad Mergentheim im Reich. Auch im Orden in Livland griff die Reformation um sich, Wolter von Plettenberg stellte sich dagegen. Im Jahre 1527 zog er sich aus seinem Amt als Ordensmeister zurück, einerseits aus Altersgründen, andererseits aus Sorge um Livland und Estland.

Großfürst Vasilij III. setzte die Festigung des Moskauer Staates, wie von seinem Vater Ivan III. begonnen, weiter fort. Zu den Erwerbungen gehörten 1510 Pleskau und Nowgorod-Sewesks 1522, wo der Vertrag mit dem Orden dazu beitrug. Auch hatte der Großfürst nun wieder nur den einen Gegner, das Großfürstentum Litauen und gegen Litauen führte er von 1506 bis 1508 und von 1512 bis 1522 Krieg.

Diesen Kriegen lag das Konzept des Kaisers Maximilian I. zugrunde, der zum Kampf gegen die litauisch-polnische Union aufgerufen hatte und vorgab, er helfe damit dem preußischen Hochmeister, der durch Polen in schwere Bedrängnis gekommen war. Das war Polen auch und es war bereit, mit dem Kaiser den berühmten Ausgleich von Preßburg abzuschließen, wo der Kaiser für das Haus Habsburg die Erbfolge über Böhmen und Ungarn sicherte. Dieser Staat Österreich-Böhmen-Ungarn hatte bis ins 19. Jahrhundert und darüber hinaus Bestand. Der Ordensstaat Preußen fand nach Erreichen der Ziele kein Interesse mehr beim Kaiser. Polen hatte wieder freie Hand und im Verein mit Litauen siegten sie 1514 über die Russen.

Unter dem Sohn Vasilij III. dem Ivan IV., der 1533 Großfürst und 1547 Zar von Rußland wurde, lief das Kapitel des Deutschen Ordens in Livland und Estland dem endgültigen Ende zu. Ivan schuf sich ein stehendes Heer, um von den Bojaren unabhängig zu sein. Armeen müssen beschäftigt sein und so wartete Ivan, den man den Schrecklichen nannte, nicht einmal den Ablauf des Waffenstillstandsvertrages ab, der 1561 zu Ende war, sondern fiel 1558 in Livland ein, um sich einen Zugang zur Ostsee zu erkämpfen. Dabei kam ihm der Umstand entgegen, daß der Deutsche Orden durch die Reformation in Auflösung geraten war. Dies rief die Schweden, Dänen und Polen auf den Plan und so begann der Livländische Krieg. Rußland konnte diesen Krieg nicht gewinnen, aber Livland und Estland, das stand fest, würden die Verlierer sein.

Ivan der Schreckliche – Großfürst und Zar

Ivan IV. kam nach dem Tode seines Vaters mit drei Jahren auf den Thron. Im Alter von sieben Jahren verlor er auch seine Mutter. Während der damit einsetzenden zehnjährigen blutigen Kämpfe wurde der junge Ivan vernachlässigt. Diese Jugenderfahrungen haben Ivan charakterlich geformt und beeinflußt: Mißtrauisch bis zum Verfolgungswahn, neigte er zu brutalen Strafgerichten und erschlug sogar in einem Wutanfall seinen eigenen Sohn. Dem

Morden und den Folterungen wohnte er bei und verfiel dann plötzlich in tiefe Zerknirschungen und seine Bußgebete ließen echte Frömmigkeit erkennen. Die Historiker sagen er war ein blutdürstiger Tyrann, der das Großfürstentum Moskau in einen modernen zentralistischen Staat umgewandelt hat. Als er starb hinterließ er 1584 ein ausgeblutetes, erschöpftes Land, danach begann die Zeit der Wirren.

Doch dies mußte die russische Erde ertragen, denn es galt höheren Zielen. Ivan III. hatte in zweiter Ehe die Nichte des nächsten Verwandten vom letzten byzantinischen Kaiser Konstantin XI. geheiratet. Er übernahm das byzantinische Krönungszeremoniell und den Doppeladler. Der orthodoxen Tradition verpflichtete imperiale Reichsidee, war erstmals die Theorie vom "Dritten Rom" aufgekommen. Der Pleskauer Mönch Filofej formulierte diese Theorie und der Metropolit Makarij inszenierte in diesem Stil 1547 die Zarenkrönung.

Die Zarenkrone gewann an Glanz und Faszination, weil die Kaiserstadt Konstantinopel an die Türken gefallen war, so daß Moskau die Nachfolge in der oströmischen Kaisertradition darstellte. Die Zarenkrone vereinigte damit nach dem Verständnis der Russen die rechtsmäßige römische Krone mit dem rechten christlichen, dem orthodoxen Glauben.

Für die Krone waren die russischen Untertanen bereit zu dulden und zu leiden. Die Mystik ihres ostkirchlichen Glaubens hielt sie in ihrem Bann. Strafte der Zar die Menschen, so war es legitim, er war der Träger der heiligen Krone. Als am Anfang des livländischen Krieges 1557 Nowgorod mit Livland ein Bündnis plante, so rächte sich 1564 Ivan der Schreckliche aufs grausamste. Er richtete in Nowgorod ein Blutbad an, die Bevölkerung wurde gejagt und getötet, persönlich leitete Ivan die Ermordung der ganzen Bevölkerung. Trotzdem war das Volk hingebungsvoll und verehrte den grausamen Zaren wie einen Heiligen. Schon sein russischer Beiname Groznyj ist nicht so schrecklich und heißt der Bedräuer – Bedroher, der Gestrenge oder Furchtgebietende, was seine Taten verniedlichen soll.

Rußland näherte sich an das westliche Abendland und gegen die Türken an das Staatenbündnis, der Heiligen Liga. Als Peter der Große sich eine neue Hauptstadt nördlich von Nowgorod baute, nannte er sie das heilige Petersburg, Sankt Petersburg.

Zar Peter der Große band die neugewonnenen Baltenprovinzen an sein russisches Reich an. Seine ungeliebte Bojarengattin steckte er ins Kloster und verband sich dann mit einer ehemaligen Pfarrersmagd aus Marienburg, aus dem eroberten Livland. Sie wurde zur Stammutter des Hauses Romanow. In diese Zeit fällt auch die

MOSKAU

KIEW

CHARKOW

Eroberung der Nevamündung und Rußland schrieb das Jahr 7208 seit Erschaffung der Welt, Peter übernahm die westliche Jahreszählung und damit das Jahr 1700.

Im Jahre 1703 beginnt Peter der Große den Bau seiner neuen Hauptstadt an der Stelle wo vor Zeiten der heilige Alexander an der Neva die Schweden besiegte. Er holt die sterblichen Überreste des heiligen Alexander Newskij in seine neue Residenz nach St. Petersburg und überführt sie dort in ein Kloster gleichen Namens. Er weist dem Heiligen dadurch im russischen Reich einen hohen Rang zu, der auch durch die vielen Alexander Newskij Kirchen deutlich zum Ausdruck kommt.

Mit Peter dem Großen begann in Rußland ein ganz neuer Geschichtsabschnitt. Nicht nur, weil Zar Peter vom Turm des Königsberger Schlosses ringsum übers preußische Land schaute, über Städte und Dörfer und über viele Kirchtürme, über ein Kulturland, das durch den Deutschen Orden geschaffen wurde. Noch war er Gast in Königsberg, doch 250 Jahre später wird es russisch sein. So schaute auch später im Jahre 1866 der angehende preußische König nach dem Sieg über das Königreich Bayern hinweg, von den fränkischen Höhen verkündete er: “Seht dieses schöne Land, bald wird es unser sein.” Dies dauerte nur 5 Jahre, dann befand sich Bayern unter dem preußischen Kaiser. Bayern wurde unfrei, als andere Völker ihre Freiheit gewannen.

Die Baltenländer hatten damals ihre Freiheit noch nicht, sie waren russische Provinz, die Hauptstadt war nicht mehr das ferne Moskau, sondern St. Petersburg gleich im Rücken. Hundert Jahre später sah Napoleon in Moskau immer noch die geheiligte Stadt, das Zentrum Rußlands, dort wo er Rußland am empfindlichsten treffen konnte.

“Die Barbaren sind dumm und abergläubisch. Ein furchtbarer Schlag gegen das Herz des Reiches, gegen das heilige, große Moskau, liefert mir augenblicklich diese blinde, passive Volksmasse aus.” Dies sagte Napoleon in Erläuterung seines Planes zum Feldzug gegen Rußland, es war sein Untergang. Napoleon hatte die Kirche in Frankreich als seinen größten Gegner weitgehend ausgeschaltet. Er dachte rationell und mußte Menschen für dumm und blind halten, die sich mit Geduld für ihr Land und ihre heilige Hauptstadt opferten. Den heiligen Glauben der Russen an ihr Land hielt Napoleon für Aberglauben. Er verstand es nicht, denn er war groß im Austeilen und die Russen im Dulden, dazu befähigte sie ihr Glaube. Hier liegt die große Hoffnung für Rußland heute und ermutigend ist es zu sehen, wie schnell sich eine gläubige Gemeinde zusammenfindet, sobald eine Turnhalle wieder Kirche wird. Wie schnell und auf ganz natürliche Weise gleich ein Zentrum der gegenseitigen Hilfe und der Nächstenliebe entsteht, wie schnell wieder im kleinen das "Volk" entsteht und viele kleine Bäche, so sagt man im Volksmund, ergeben bald einen großen Strom.

Die Repräsentanten des damaligen Europa, Napoleon und Zar Alexander I. trafen sich 1807 in Tilsit an der Memel, dem Grenzfluß ihres Machtbereiches - Frankreichs und Rußlands - um ein Bündnis abzuschließen, das nicht lange halten konnte, die Gegensätze waren zu groß. In die Thronfolge auf dem schwedischen Thron kam der französische Marschall Jean Baptiste Bernadotte. Rußland sah darin eine Bedrohung für Finnland, welches die Russen gerade erst gewonnen hatten. Zar Alexander, dessen Großmutter Katharina II. eine aus Stettin gebürtige deutsche Prinzessin war, deren süddeutsche Mutter aus Baden stammte, kam bereits in der neuen Hauptstadt St. Petersburg auf die Welt. Er holte sich aus dem süddeutschen Württemberg den ersten Rektor für die von ihm 1802 wiedergegründete einzige baltische Universität Dorpat.

Der letzte Streitpunkt zwischen Napoleon und Alexander, der das Faß zum Überlaufen brachte und zum Krieg führte, war Griechenland. Aus Glaubensgründen hatte Rußland eine Option auf alle orthodoxen Länder des Balkans, dies sah Rußland immer so, auch heute noch. Dies hatte immer schon Priorität und erst an zweiter Stelle kommt die Humanität bezüglich der Ermordung von unschuldigen Menschen durch die Serben. Es manifestiert sich immer in einer etwas anderen Art und Weise, doch bezüglich der Ablehnung des Islam bestand in Rußland nie ein Zweifel, als Hüterin der byzantinischen Traditionen und der orthodoxen Mystik, die in Konstantinopel-Byzanz seinen Ausgang nahm. Byzanz war vom türkischen Islam eingenommen worden, auch Griechenland. Der Balkan und Griechenland waren das Heilige Ursprungsgebiet der russischen Glaubenswelt, dort wollten sie sich betätigen, aber der Westen beherrschte dort die Szene, besonders der exzentrische Lord Byron, in idealistischer Weise.

Über Griechenland entzündete sich der Krieg. Die westlichen Großmächte waren sich nicht einig, welches Land den ersten König im freien Griechenland stellen sollte. Es war das bayerische Königreich, der erste König in Griechenland wurde Otto, der Sohn des bayerischen Königs, das Ergebnis sieht man an den Bauten in München, das man deswegen das Isar-Athen nannte. Es war kein Zufall, daß Bayern als Königreich von Napoleon in besonderem Maße gefördert wurde, war doch Napoleons Sohn Eugen Beauharnais mit der bayerischen Königstochter verheiratet und Napoleon dadurch in die aristokratische Welt aufgestiegen.

Eugen Beauharnais war auch der Befehlshaber der Reserve als Napoleon 1812 in Rußland einrückte. Mit mehreren tausend brave bayerischen Soldaten stattete er den baltischen Ländern einen unfreundlichen Besuch ab. Napoleon war mit einer Armee von 700 000 Mann angerückt und ihm gegenüber stand Michael Barclay de Tolly mit der russischen Nordarmee. 120 000 Russen hatte er zur Verteidigung des Baltikums an der Düna belassen und mit nur 40 000 Mann wich er vor Napoleon von Polozk, nach Witebsk und Smolensk aus, so zog Napoleon in Richtung Moskau ins Verderben. Tat er dies für seine Heimat, er war ein Balte, tat er das zum Schutze von St. Petersburg? Der Zar war mißtrauisch und setzte ihn ab. Sein Nachfolger verlor die berühmte Schlacht von Borodino. So griff der Zar doch wieder auf Barclay zurück und Napoleons Stern sank.

Von den Bayern kamen nur wenige Soldaten zurück, so konnten auch nur wenige von den Baltenlanden berichten, wo vor vierhundert Jahren auch bayerische Fürsten im Heidenkampf standen. Daß die Balten im Heer von Gustav Adolf in Bayern waren, lag erst zweihundert Jahre zurück. In München steht die Mariensäule, zur Erinnerung an die Zeit Gustav Adolfs und am Karolinenplatz steht ein mächtiger Obelisk zur Erinnerung an das Jahr 1812, an die vielen im damaligen Rußland gestorbenen Söhne aus dem bayerischen Königreich.

Vom Aufenthalt Napoleons in Wilna erzählt man sich gerne die Geschichte von dem Boten des Zaren, den Napoleon empfing. Napoleon wollte partout nach Moskau, was dann sein Untergang war und so fragte er den Boten nach dem Weg nach Moskau, dieser antwortete dem Franzosenkaiser: “Diesen Weg kann man beliebig wählen. Karl XII. nahm den über Poltawa”. Damit spielte er auf den Schwedenkönig an, der auch nach Moskau wollte und bei Poltawa vernichtend geschlagen wurde.

War diese Geschichte wahr oder gut erfunden, Napoleon scheiterte tatsächlich auch wegen des Zuges nach Moskau und die Stadt, die Napoleon für so heilig bezeichnete, sie war es für ihn zumindest nicht. Er mußte fluchtartig Rußland verlassen, seine Armee ging dabei zugrunde und Napoleon konnte nur mit den Resten der Armee wieder Frankreich erreichen. Ihm war nun der russische Feldmarschall Barclay de Tolly gefolgt und bis Frankreich auf den Fersen geblieben. Am 31.März 1814 zog der Feldmarschall an der Spitze der russischen Armee in die Seine-Stadt Paris ein, Napoleon ging in die Verbannung.

Heilige Krone - Heilige Hauptstadt - Heilige Allianz

In Paris trafen sich die drei gekrönten Häupter der Siegerallianz gegen Napoleon, Kaiser Franz I. von Österreich, König Friedrich Wilhelm III. von Preußen und der russische Kaiser Alexander I.. Dort schlug der Kaiser Rußlands ein von ihm entworfenes Manifest vor, wo sich die Monarchen verpflichten sollten, die christlichen Gebote der Gerechtigkeit, Liebe und des Friedens zur Grundlage ihrer Politik zu machen sowie einander "als Brüder und Landsleute" Beistand zu leisten. Und das paßte bei so edler Gesinnung des russischen Zaren, Träger der heiligen Krone, diese Allianz - die Heilige Allianz - zu nennen.

Des russischen Kaisers so erfolgreicher Feldmarschall Fürst Michael Bogdanowitsch Barclay de Tolly ging in die Geschichte als Held der Schlacht von 1812 ein, als Napoleon vor Moskau geschlagen wurde und bei Nacht und Nebel nach Paris fliehen mußte. Der Feldmarschall war 1818 östlich von Königsberg gestorben und fand in Estland seine letzte Ruhe. Beim Ort Jogeveste nördlich von Valga wurde ihm ein Mausoleum errichtet, wo auch seine Gemahlin begraben liegt, ihr gehörte das berühmte schiefe Haus in Dorpat.

Eine beteiligte Person, auf deren Nennung die Geschichtsbücher gerne verzichten, soll noch genannt werden - Frau Krüdener. Eine Erlösungsgestalt aus der baltischen Stadt Riga, Frau Barbara Juliane Freifrau von Krüdener blieb dem in Paris weilenden Zaren Alexander auf den Fersen und traf ihn im süddeutschen Heilbronn, um ihn in seinen mystizistischen Vorstellungen und in seiner Konzeption der Heiligen Allianz als christliches Bündnis zu bestärken. Dabei holte sie auch den bayerischen Philosophen Franz Xaver Baader aus München zu Hilfe. Dieser vom christlichen Rußland entworfenen Friedensinitiative traten immerhin alle europäischen Staaten bei. Frau Krüdener gab sich auch dann noch nicht zufrieden, sie kehrte in ihre baltische Heimat zurück und brütete über einen neuen Plan, die Krim in ein "heiliges Land" zu verwandeln.

Aus dem Plan eines eigenen heiligen Landes im russischen Reich wurde es leider nichts, hatte sich der Zar ohnehin viel vorgenommen und er hielt Wort. Alexander, der als der "Befreier Europas" gefeiert wurde, hatte ein so erhabenes Bündnis der Gerechtigkeit, der christlichen Nächstenliebe und des Friedens zustande gebracht. Er schuf eine heilige Verbundenheit der Völker für die Zukunft, daß die Völker nichts daraus machten war tragisch. Er jedenfalls hob noch im Jahre 1817 in Kurland die Leibeigenschaft der Bauern auf, kaum daß Frau Krüdener des gleichen Jahres zurückgekehrt war. Der Zar ließ es sich nicht einmal nehmen, ein Jahr später ins baltische Mitau-Jelgava zu eilen, um die Entlassung der Bauern aus der Leibeigenschaft zu verkünden. 1819 galt dies auch für ganz Livland und Estland.

Im Jahre 1824 starb die baltische Freifrau und ein Jahr später dann der Zar. Warum beide in den Baltenländern nicht entsprechend gewürdigt werden, bleibt eine offene Frage, die mit dem vergeblichen Warten auf den Dank des Vaterlands zu tun hat. Alexander hatte immerhin auch 1802 die Dorpater Universität wiedereröffnet. Als man ihm zu Gedenken 1913 eine Brücke baute, nannte man sie Teufelsbrücke.

Jeder Musikfreund weiß von der Verehrung Ludwig van Beethovens für den Korsen Napoleon, was aber in blanken Haß umschlug, als Beethoven sah, daß Napoleon wie die anderen auch Machtpolitik betrieb. Beethoven saß 1803 in Heiligenstadt, um bei den heiligen Orten zu bleiben, er komponierte die dritte Sinfonie, die "Sinfonia eroica". Auf dem ersten Blatt der Partitur stand "Buonaparte" und auf dem letzten Blatt hatte er geschrieben "Luigi van Beethoven". Das erste Blatt zerriß er später, Napoleon hatte ihn enttäuscht, doch seine Hörer bei der Aufführung am 7.4.1805 waren begeistert. Die von August von Kotzebue herausgegebene Zeitschrift "Der Freimütige" schrieb darüber: Dieses Meisterstück sei der wahre Stil für höhere Musik und man konnte da von Schönheit, Erhabenheit und Kraft lesen. Nun teilte Kotzebue mit Beethoven die Ablehnung Napoleons, er saß auf seinem Gut in der Nähe von Rapla südlich von Reval. Er verfolgte den Feldzug des Kaisers Napoleon sehr aufmerksam, wäre der Kaiser nach Estland gekommen, er hätte alles liegen und stehen lassen und vor dem Franzosenkaiser flüchten müssen.

Daß Kotzebue im Lande bleiben konnte, hatte er dem russischen Feldherrn Barclay de Tolly zu verdanken, der die Baltenstaaten und damit Estland vor Napoleons Armee schützte. Barclay war einer der Großen im Estenlande, die auf Estland aufmerksam werden ließen.

Estland ist in Europa, gerade weil es immer eine Provinz war, durch die großen Menschen bekannt geworden, die von dort kamen. Zu diesen gehörte natürlich August von Kotzebue im besonderen Maße. In Weimar geboren, wo er auch als Advokat tätig war, lockten ihn einflußreiche Stellungen 1781 nach Rußland, wo er später die Stelle als Direktor des deutschen Theaters in St. Petersburg inne hatte. Vorher war er zehn Jahre lang Präsident des Gerichtshofs in Reval und lebte auf seinem Landsitz Friedenthal bei Narva. Er wirkte in Weimar, Wien und Berlin, war ein erbitterter Gegner von Napoleon und daher auf der Flucht vor ihm. Von

Königsberg, wohin er geflüchtet war, kehrte er wieder nach Reval zurück. In der ehemals bayerisch-pfälzischen Hauptstadt Mannheim wurde der unruhige Kotzebue von einem fanatischen deutschen Nationalisten 1819 ermordet.

Napoleon überlebte viele seiner Gegner, weil er ein sicheres Leben in Pension auf der Insel St. Helena verbrachte. Ein so kleines Land wie Estland wäre seiner Beachtung nicht wert gewesen. So sehr er für die unterdrückten Völker eintrat, so für die Wiedererstehung Polens, er dachte in großen Räumen, so sagte er auf St.Helena: "Es war eine meiner größten Ideen, die Völker, welche Revolutionen und der Lauf der Politik voneinander getrennt hatten, zu vereinen und zusammenzuführen. Es gibt in Europa auf mehrere Staaten verteilt mehr als dreißig Millionen Franzosen, fünfzehn Millionen Spanier, fünfzehn Millionen Italiener und dreißig Millionen Deutsche. Aus diesen Völkern hätte ich gerne eine einzige Nation gemacht." Napoleon hat dies nicht erreicht, doch er hat die Landkarte in Europa gründlich verändert und sein Gedanke der Einheit Europas, wie es unter dem Kaiser Karl dem Großen bestand, hatte er neu belebt. In seiner Sicht war aber England und Rußland nicht eingeschlossen, Rußland galt für ihn als unkultiviert und barbarisch. Bayerns König aber, als Schwiegervater von Napoleons Sohn, wurde von ihm reich mit Gebieten bedacht und dies ist auch der Grund, warum Bayern heute von allen sechzehn Bundesländern der Bundesrepublik der größte Staat ist.

Rußland hatte sich durch die Geschehnisse in die abendländisch-europäische Geschichte eingeführt und spielte von da an eine aktive Rolle. Für die Balten eröffnete sich ein zweiter Weg, der Weg nach Westen, neben dem voher einzigen Weg nach Sibirien, Kotzebue war einer der ersten großen Geister der beide Wege kannte. Viele sollten ihm folgen. So kommt es, daß viele Balten im Westen leben. Am breiten Dialekt hört man es, wie man am Sprechen den Sachsen, den Schwaben und den Bayern kennt. Hört man ihn, sagt man gleich - ein Balte.

800 JAHRE DEUTSCHER ORDEN

Die gewaltsame Missionierung der "Heiden" in Ostmitteleuropa und die Eingliederung Preußens und Livlands in die lateinische Christenheit

Geschichte existiert nicht für sich, sondern lediglich als Erinnerung. Was aus früheren Jahrhunderten verblieben ist - Chroniken, Urkunden, Bilder, Bauwerke und Überreste aller Art -, wird in einem Sinnzusammenhang erst dadurch gefügt, daß sich Fragen und Bedürfnisse einer Gegenwart solcher Hinterlassenschaften bedienen. Jede Vergangenheit wird erst sichtbar, wenn ein gegenwärtiges Interesse ihrer bedarf und sie nutzen will.

Die Geschichte eines Volkes ist die Verbindung von Vergangenheit, Gegenwart und Zukunft. Die Völker im Baltikum begründen ihren jungen Staat aus der Identitätsfindung im 19. Jahrhundert. Ein Dialekt wurde zur Schriftsprache in drei Regionen herausgebildet - in Litauen, in Lettland und in Estland - und zur Staatssprache erklärt. Damit haben diese drei Länder alle Merkmale eines selbständigen Staates, ein Staatsvolk, eine Staatssprache, eine Nation.

Die Unabhängigkeit erklärten die drei Nationen im Jahre 1918, was im Jahre 1920 auch vom Ausland aus respektiert wurde. Damit begann ein wichtiges Eckdatum in der Geschichte Litauens, Lettlands und Estlands, aber nicht das erste Eckdatum dieser alten geschichtlichen Gesamtregion. Das heutige Litauen ist ein Teil des großen litauischen Großfürstentums und der litauisch-polnischen Union. Lettland ist ein Teil des livländischen Ordenslandes, des geistlichen Bistumslandes und des herzoglichen Kurlandes. Estland besteht aus den Ländern des Ordens und der Bischöfe, aus Teilen Livlands und Estlands. Verschiedene Herrschernationen haben dem Land verschiedene Namen gegeben, deren Sprache aber zum lettischen Livland verschieden, im Lande aber gleicher Art ist. Die Geschichte der Völker aber geht weit in die Vorzeit zurück.

Wir haben heute etwa 2 000 Ethnien auf der Welt, die in 1 800 Staaten leben. Zum Beispiel in Bayern leben drei ethnische Völker oder Stämme, Schwaben, Franken und Bayern, jedes Volk hat seinen Dialekt, der nicht zur Sprache ausgebildet wurde, weil die von allen verwendete deutsche Schriftsprache den Dialekten ähnlich ist. In Österreich ist es bereits etwas schwieriger, es gibt dort vier ethnische Gruppen, die neubayerisch-österreichische, die schwäbische, die slowenische und die ungarische. Alle sprechen die deutsche Amtssprache. Anders ist es in der Schweiz, wo es vier ethnisch-völkische Gruppen gibt. Drei der sich durch einen Schwur zur Eidgenossenschaft zusammengeschlossenen Gruppen haben die Amtssprache ihres Nachbarlandes übernommen, im Tessin zum Beispiel spricht man italienisch, in Genf französisch und in Zürich, Bern und Basel spricht man deutsch.

So einfach wie es den Anschein hat, ist es in der Schweiz nicht. Während im italienischen und französischen Landesteil sich die Menschen der benachbarten Kulturnation zugehörig fühlen; fühlt sich der deutsche Teil der Schweiz zur deutschen Kulturnation gehörig. Dies ist in Österreich auch so, obwohl für beide Deutschland zum Ausland gehört. Der deutsche Schweizer spricht im deutschen Ausland deutsch und bei sich in der Schweiz "Schwyzerdütsch". Er lernt also Deutsch als Fremdsprache, obwohl es seine Amtssprache ist. Es ist für uns bereits schwer den Schweizer Dialekt zu verstehen, was für die italienisch und französisch sprechenden Schweizer völlig unverständlich ist, obwohl sie eigens die deutsche Fremdsprache gelernt haben.

Vielleicht ist es mit Einschränkung zu vergleichen mit dem Estnischen und dem Finnischen, es sind zwei sehr verwandte Sprachen und man bedient sich der anderen zur Verständigung, spricht aber im Lande die eigene Sprache. Unterschiedlich ist natürlich, daß die Schweizerdeutschen ihr Allemannisch-Schwäbisch sprechen, diese aber keine offizielle Schriftsprache darstellt, sie ist ein Dialekt geblieben. Nimmt man die Niederdeutschen im Norden bei den Friesen, dort sind die Verhältnisse ähnlich der deutschen Schweiz, nach der Niederlande hinüber spricht man den gleichen Dialekt, nur hat die Niederlande den Dialekt zur Amtssprache gemacht.

Estland und Lettland haben einen von ihren Dialekten zur Schriftsprache und damit zur Amtssprache gemacht. Aber nicht alle sprechen diese Sprachen, denn im Osten des Landes und in den Hauptstädten gibt es viele Russen, die vielleicht der Situation der Italiener oder Franzosen in der Schweiz ähnlich sind. Auch eine weitere Kombination bietet die Schweiz. Die Rätoromanen sind eine ethnische Gruppe, aber kein Volk, schon garnicht ein Staatsvolk, also eine Nation. Sie haben eine eigene Landessprache, eine altromanische, aus dem Latein abgeleitete Volkssprache. Da diese Sprache aber zu wenige sprechen, müssen sie daneben auch deutsch lernen, zur innerschweizerischen Verständigung. Wie wir sehen, gibt es genügend bewährte Beispiele auch das Problem mit den Russen zu lösen, entweder werden sie eines Tages gute Esten oder Letten mit russischer Sprache oder Russen mit estnischer oder lettischer Sprache, wenn nur dem großen "Bruder" in Rußland dies gefällt.

Die Esten und Letten als ethnische Einheit sind mehrere tausend Jahre alt, wenn man den Forschern glaubt, denn selbst meldeten sie sich erst zu Wort, als die Fremden in ihr Land kamen. Es waren Dänen, Deutsche, Finnen, Schweden und Russen, die dem Land den Stempel aufdrückten, nur die Einheimischen blieben immer die gleichen. Die Sprache mit der man sich ausdrücken konnte, war bei der Kirche, beim Orden und bei den gebildeten Adligen zu Anfang das Latein, das im ganzen Abendland offiziell amtliche Schriftsprache war. Daneben sprach man in den Volkssprachen und so blieb es nicht aus, daß der Deutsche Orden, der Jahrhunderte das Land regierte, seine Volkssprache als zweite Schriftsprache verwendete. Nachdem die Ritterbrüder zumeist aus Niederdeutschland kamen, schrieb man in Niederdeutsch. Die geschriebene Kultur ist demnach in Latein und in Niederdeutsch auf uns gekommen. Die Volkssprachen von damals wurden im Baltikum zu Amtssprachen, das Niederdeutsche dagegen ist untergegangen, das Latein blieb die Sprache der Kirche und der Gebildeten.

Die Livländische Reimchronik hat ein mitteldeutscher Ordensritter geschrieben. Sie stammt aus dem ersten Viertel des 15. Jahrhunderts, ist handgeschrieben auf 287 Seiten Pergament und wird in der Universitätsbibliothek von Heidelberg aufbewahrt. Der Verfasser kam 1279 nach Livland und schloß bald nach 1290 seine Reimchronik ab, die die Christianisierung Livlands von der "Aufsegelung" des Landes, Ende des 12. Jahrhunderts bis zum Jahre 1290 schildert und sie in den Rahmen einer kurzen Heilsgeschichte stellt.

Die "Apostel" der Chronik sind der Ritterorden der Schwertbrüder, 1202 von Bischof Albert gegründet, und der Deutsche Orden, in den die Schwertbrüder 1237 inkorporiert wurden. Der Verfasser schreibt Ordensgeschichte, in zweiter Linie dann livländische Geschichte. Demnach stehen die Eroberungskämpfe und die allmähliche Entstehung der Territorialherrschaft des Ordens im Vordergrund. Im Gegensatz zum preußischen Chronisten Peter von Dusburg drei Jahrzehnte später, gibt diese Chronik aber durchaus einen ritterlichen Zug im Bild des edlen Heiden wider.

Die ostmitteldeutsche Reimsprache machte die Chronik als Tischlektüre im Konvent geeignet - wie die Chronik des Nikolaus von Jeroschin in Preußen und die geistlichen Ordensdichtungen, wie Heslers Apokalypse. Dementsprechend war die Verbreitung in Preußen und in Livland, aber auch bis hin zur Ballei Utrecht. Die

Livländische Reimchronik, Livland 15. Jhdt.

dichterische Qualität des Werkes tritt hinter seiner Bedeutung als erste große Deutschordenschronik überhaupt und erste deutschsprachige Dichtung Livlands zurück, sowie hinter der geschichtlichen Bedeutung. Diese Chronik enthält außerdem Jeroschins Chronik sowie unter anderem zwei Wurmsegen für Pferde und die Beichten der Dorothea von Montau aus dem Siebenlilienbuch ihres Beichtvaters , des Deutschordenspriesters und pomesanischen Domherren Johannes von Marienwerder.

Der bereits erwähnte Peter von Dusburg schrieb die "Chronicon terrae Prussiae". Sie ist in Latein abgefaßt und stammt von dem Priesterbruder Peter, wahrscheinlich aus dem niederrheinischen Duisburg stammend, wo der Orden seit Mitte des 13. Jahrhunderts Besitz hatte. Er dürfte seine Chronik am Sitz des obersten Marschalls, in der Ordensburg von Königsberg, geschrieben haben. Königsberg war das Zentrum zur Vorbereitung der militärischen Aktionen des Ordens gegen Litauen, daher steht im Mittelpunkt der Chronik die Eroberung Preußens, damit ist es keine alleinige Geschichtsdarstellung.

Peter benutzte als Quelle die Vorlage der schriftlichen Ordenstradition wie die "Narratio de primordiis ordinis Theutonici", Augenzeugenberichte und eigenes Erleben. Diese Chronik hatte wegen der offensichtlich geringen Verbreitung kaum direkten Einfluß auf die spätere Geschichtsschreibung, auch wenn sie den Grund dafür legte. Diese Chronik war bis 1945 in der Staats- und Universitätsbibliothek Königsberg aufbewahrt und konnte vor den Russen gerettet werden. Sie befindet sich heute in der Universitätsbibliothek von Thorn und hat auch für Polen einen unschätzbaren Wert, mehr aber noch für Litauen.

Im Gegensatz zu dem Chronisten Peter, verfaßte Nikolaus von Jeroschin seine "Kronike von Pruzinlant" in ostmitteldeutsch, da er mit höchster Wahrscheinlichkeit aus Sachsen oder Thüringen stammte. Die Chronik ist aus dem 14. Jahrhundert, eine Handschrift mit 190 Seiten auf Pergament, sie befindet sich in der Württembergischen Landesbibliothek in Stuttgart. Wahrscheinlich war der Verfasser zwischen 1311 und 1341 Deutschordenspriester und lebte in Königsberg. Er verfaßte dort zwischen 1326 und 1331 eine Vita des heiligen Adalbert, der 997 als Missionar in Preußen erschlagen worden war, dessen Leben aber im "Passional" fehlte.

Nikolaus übertrug die 1330 fertig gewordene lateinische Chronik des Ordenspriesters Peter von Dusburg in die ostmitteldeutsche Sprache und machte sie somit seinen Ritterbrüdern verständlich. Die Chronik erfuhr ungeachtet ihres Umfangs von über 28 000 Versen in Preußen, wie in den Balleien im Reich weite Verbreitung. Sie ist in historiographischer Hinsicht der eigentliche Traditionsträger für das erste Jahrhundert preußischer Ordensgeschichte. In Form einer Rückübersetzung im 15. Jahrhundert fand sie Eingang in die polnische Geschichtsschreibung bei Dlugosz und auf diesem Umweg im 16. Jahrhundert erneut in die preußische, speziell Danziger Geschichtsschreibung. Die Chronik, die von Vers 331 bis 368 die Gründung des Ordens 1190 behandelt, kam im 17. Jahrhundert an den damaligen Hochmeistersitz nach Bad Mergentheim. Bei der Auflösung des Ordens in den Rheinbundstaaten durch Napoleon kam die Chronik zu Beginn des 19. Jahrhunderts mit einer Vielzahl von Handschriften in die Königlich-Württembergische Hofbibliothek nach Stuttgart.

Livländische Chroniken

Sind die zuletzt genannten Chroniken in Königsberg am Hochmeistersitz entstanden, so gab es ab 1525 keinen Hochmeister in Königsberg mehr und so rückte Livland wieder in den Vordergrund. Der aus Tecklenburg gebürtige spätere Bremer Notar Johannes Renner hat die Jahre von 1556 bis 1560/61 in Livland verbracht, wo er als Schreiber für den damaligen Vogt von Jerven und danach für den Komtur von Pernau tätig war. Er kam dort in unmittelbare Berührung mit den politischen Ereignissen, die zum Ende des Deutschen Ordens in Livland geführt haben.

Seine Livländische Chronik in neun Büchern, zu der er Material schon in den genannten Jahren gesammelt hatte, stellte er in seiner Endfassung unter das Motto aus dem alttestamentlichen Buch Jesus Sirach: "Propter iniustitiam regnum a gente in gentum transfertur" -"Die Herrschaft geht von einem Volk auf das andere, wegen Gewalttat und Übermut". Die von Renner eigenhändig geschriebene Handschrift stammt aus seinen letzten Lebensjahren, in denen er seine zwanzig Jahre ältere Erstfassung, die nur die Jahre seines eigenen livländischen Aufenthalts umfaßte, zu einer großen Livlandchronik von den Zeiten des Perserkönigs Xerxes um 470 vor Christus bis in die ersten Monate des Jahres 1582 ausgearbeitet hatte.

Der Schwerpunkt bei dieser Chronik bleibt die Schilderung des russischen Krieges ab 1556: Für das letzte Vierteljahrhundert der Chronik wurden allein neun Bücher beansprucht und die Jahre 1558 bis 1560 füllen nahezu fünf Bücher. Für diesen von Renner aus unmittelbarer Nähe erlebten Zeitraum, für den er auch Urkundenmaterial verarbeitet hat, hat die Chronik als Zeitgeschichte eine außerordentliche Bedeutung.

Renner hat für die ältere Zeit eine sonst nicht mehr erhaltene Quelle ausgeschrieben: Die livländische Reimchronik des Deutschordenskaplans Bartholomäus Hönike, die in der Mitte des 14. Jahrhunderts abgefaßt worden sein muß. Hönike kennen wir nur noch aus Renners Kompilation, in der sie vor allem den ersten Teil des dritten Buches umfaßt.

Die Handschrift hat Renner mit schlichten Federzeichnungen versehen. Da gibt es ein Bild des viertletzten livländischen Meisters Heinrich von Galen, der im Jahre 1557 starb, den Renner vermutlich persönlich kannte.

Johannes Renners "Liflendischer Historien Negen Boker", in Bremen geschrieben 1582, eine Handschrift auf Papier mit Federzeichnungen, 426 Blatt in der Größe 32 x 20 cm, wird in der Staats- und Universitätsbibliothek in Bremen aufbewahrt.

Zu diesen Chroniken ist auch umfassende Literatur vorhanden, zu Renners Chronik aus Göttingen und besonders aus Lübeck. Um den Besitz von Dokumenten aus der Zeit des Deutschen Ordens haben sich viele Bibliotheken in Europa bemüht. So befindet sich die Bibel des Luder von Braunschweig, eine Handschrift anno 1321, in Krakau.

Heinrich von Heslers Königsberger Apokalypse aus dem Anfang des 14. Jahrhunderts befindet sich in Thorn. Sammelhandschriften aus dem 2. Drittel des 14. Jahrhunderts befinden sich in Stuttgart. In Thorn wird die Deutschordens-Apokalypse in Prosa aus dem 14. Jahrhundert und die Gedichte des Tilo von Kulm: "Von siben ingesigelen" -"Von den sieben Siegeln" aus dem Jahre 1331 aufbewahrt. Die "Wundarznei" des Heinrich von Pfalzpaint aus dem Jahre 1460 beherbergt die böhmische Hauptstadt Prag.

In Berlin sind viele der zahlreichen Urkunden, Handschriften und Zeichnungen zu finden. Auch in Krakau und Warschau, in Allenstein, ehemals Preußen, in Danzig und Thorn, Stockholm, Dresden, Aschaffenburg, Heilsbronn, Nürnberg, Münster, Darmstadt, Augsburg und Riga, befinden sich zahlreiche Beweise einer Kulturentwicklung, an der das europäische Abendland teilgenommen hat. Die Begründung einer eigenständigen Kultur der Baltenstaaten, besonders auch Livlands und Estlands ist hinreichend belegt. Daher gründet die Eigenständigkeit dieser Länder nicht auf der nationalen Erhebung des 19. Jahrhunderts allein, sondern geht jahrhunderteweit zurück. Das Baltikum kann eine fast achthundertjährige Geschichte nachweisen, zuerst mit von außen übertragenen Sprachen und in der neueren Zeit, mit einer zur Schriftsprache erhobenen Volkssprache, beziehungsweise Dialekt des Landes.

Diese Entwicklung hat auch Bayern, das vielleicht die älteste Nation im christlichen Europa darstellt, durchgemacht. Im 6. Jahr-

Johannes Renner: Liflendischer Historien Negen Boker, Bremen, um 1582

hundert vermerkt bereits eine Urkunde im Vatikan in Rom, daß der bayerische Herzog, als der Erste seines Volkes vor dem Grabe des heiligen Petrus betete. Der erste bayerische Herzog war Garibald und mit ihm im Jahre 554 begann die erfaßbare, bis heute nicht abgerissene Geschichte Bayerns. Bis 788 hatte Bayern eigene Herzöge, dann kam das bayerische Herzogtum unter die Fremdherrschaft unter Karl dem Großen, dem späteren ersten Kaiser des Frankenreichs. Bis zum Jahre 1180 war das Herzogtum unter der Herrschaft der Sachsen, der fränkischen Salier und der Welfen. Dies waren vierhundert Jahre unter Herrschaft fremder Geschlechter und Stämme und erst 1180 kam Bayern wieder unter die Herrschaft von bayerischen Fürsten bis 1918.

Bayern hat seine Volkssprache nicht zur Schriftsprache gemacht, obwohl sie Literatursprache geworden war, zur gleichen Zeit, als Estland seine eigene Volkssprache herausbildete. So gesehen hat Bayern nie eine eigene Schriftsprache gehabt, sondern hat sich der im sächsisch-thüringischen Raum entwickelten altdeutschen Schriftsprache unterworfen. Der bayerische Volksschauspieler Obermeier aus Freising sagte einmal auf seine Sprache angesprochen: Meine Sprache ist das Freisinger Bayerisch und Deutsch ist nur die Verständigungssprache mit den Deutschen.

Die Amtssprache in Bayern war ohnehin das Latein. Jakob Balde war der letzte große bayerische Dichter lateinischer Zunge, er starb im Jahre 1668. Das Volk sprach die Dialekte als des Volkes Sprache, doch amtlich galt das Latein und auch im 19. Jahrhundert entstand die heutige deutsche Schriftsprache. Niemand würde eine fremdsprachliche Kultur in Bayern, nicht als eine Urbayerische Kultur ansehen. Entscheidend war immer das Volk, eintausendfünfhundert Jahre geschriebene bayerische Geschichte. Das Volk in Bayern war immer das gleiche.

So stehen wir heute auch vor einer achthundertjährigen Geschichte des Baltikums, Estlands und Lettlands. Es liegt bei den Völkern, ob sie sich mit dieser Geschichte identifizieren.

Der Orden vor seiner Zeit im Baltikum

Ganz alte Urkunden berichten von der Ostsee, den Griechen und Römern war die Gegend schon vor unserer Zeitrechnung ein Begriff. Einerseits war ein reges Leben im Zusammenhang mit den Wanderbewegungen der germanischen Völker zu verzeichnen, aus den Gebieten der Weichselniederung als Zentrum, wo sich wahrscheinlich abziehende germanische Völker mit heranziehenden

Baltenvölkern trafen. Die ersten zogen nach Süden, die Balten nach Norden.

Goten und Gepiden vor allem, die in Richtung Ukraine, Balkan und Italien zogen, brachten Kunde vom Norden und der Bernsteinhandel lief an. Vom Hofe des Gotenkönigs Theoderich, ein Vasalenkönig der byzantinischen Kaiser, der damals auch Bayern beherrschte, weiß man vom Handel mit Bernstein und anderen Artikeln. Es gab in Europa eine Bernsteinstraße, die über Polen, Mähren, Niederösterreich, Burgenland zum Süden ging. In Österreich heißt heute noch an dieser Straße eine Ortschaft - Bernstein.

Die dänischen Wikinger suchten Handel und Eroberung über die westlichen Wasserwege zu erlangen, mit Erfolg. Die schwedischen Nordmänner, die Normannen, auch von den Russen Waräger genannt, versuchten es über die Landwege, das heißt, sie fuhren teils die Flüsse hinunter bis über Kiew hinaus. Sie gründeten dabei Kiew, die Urzelle des Kiewer Reiches, das Reich der Rus. Angesichts heutiger Ängste vor dem gewaltig angewachsenen Rus-Reich, der Russen,wünscht man sich die Schweden wären dort geblieben.

Einmal dachte so ein Häuptling der verwegenen Nordmänner, wir sagen heute ganz vornehm, ein König der Schweden, man müsse dem Gebiet einen Besuch abstatten, an dem sie immer nur vorbeifuhren. Es soll der schwedische König Ingvar gewesen sein der um 600 nach Chr. in Estland landete. Er verwüstete das Land heißt es und die Esten wehrten sich. Bei der Schlacht soll der König gefallen sein.

Es war der erste König in Estland, man sucht heute noch nach seinem Grab, das wahrscheinlich bei Ridala zu finden sein müßte.

Unvorstellbar, wenn Estland damals bereits zur schwedischen Provinz geworden wäre. Dort in Schweden hatte der bremisch-hamburgische Erzbischof Ansgar bereits im Jahre 830 gepredigt, 1008 war der schwedische König Olaf Skötkonung bereits getauft und 1157 organisiert der schwedische König Erich IX., der Heilige, auch bereits das Christentum in Finnland. Wenn man weiß, daß der spätere Kollege des heiligen Ansgar, Bischof Albert, gleichfalls aus Bremen kommend, aber erst im Jahre 1201 zur Fahrt nach Riga startete und die Dänen erst im Jahre 1219 in Reval waren, so hatten die damaligen Esten keinen guten Ratgeber. Die von den Esten heute gelobte Zeit der Schweden seit 1561, als man sich die Schweden ins Land holte, hätte schon ganze 350 Jahre früher stattfinden können. Nicht auszudenken, man hätte den Deutschen Orden nicht mehr gebraucht und alles wäre anders gekommen.

In Urkunden war Estland vor der Ordenszeit schon europaweit bekannt. In den Urkunden von Novgorod, auch eine frühe Gründung der schwedischen Waräger, erscheint bereits 1030 Tarbatu-Tartu, 1054 erscheint Keava bei Rapla, 1116 dann Otepää und 1171 Narva. Die Nordspitze Kurlands Kolka wurde schon im Jahre 1040 erwähnt. Die Nachkommen des sizilianischen Normannenstaates hatten bereits die Existenz der Baltenländer zur Kenntnis genommen. Ihr Geograph zeichnete eine Karte im Jahre 1154, wo bereits die Orte Reval, Pernau, Fellin, Mezotne und andere erscheinen.

Lettische Semgallen schlugen sich schon 1107 mit den Russen. Die Schweden kannten schon die vielen vor Estland liegenden Inseln, soviele Inseln = Ö, wie ein Sieb = sel - sagten sie und nannten so die größte von ihnen - Ösel. Die Urbevölkerung der Esten waren aber immer noch ahnungslos und abwehrbereit.

Die Kreuzzüge ins Heilige Land waren zu dieser Zeit in vollem Gange, in der bayerischen Hauptstadt Regensburg sammelte man sich, an der Grenze zu Ungarn, in Preßburg, empfing der christliche ungarische König den allerchristlichsten Kaiser Friedrich Barbarossa und gab ihm Geleit in Richtung Morgenland. Kaiser Rotbart, wie man ihn nannte kam damals in dem Flusse Saleph in der Türkei um, was im Reich große Trauer hervorrief. Der Ministrale des Pfalzgrafen von Tübingen Heinrich von Rugge schuf dann 1175/78 unter dem Eindruck des Todes Kaiser Friedrich I. den ältesten deutschen "Kreuzleich", welcher die Kreuzzugsideale propagierte.

Zu dieser Zeit war ganz Europa christlich geworden, als letzte die hartnäckigen Heidenvölker in Mitteldeutschland und in der ersten Hälfte des 12. Jahrhunderts wurden auch die Pommern durch Bischof Otto von Bamberg getauft. Damit war die gesamte Ostseeküste bis auf die Baltenlande auf das Christentum eingeschworen. Pommern, Mecklenburg, Holstein, Schleswig, Dänemark, Schweden, Finnland, Novgorod, das Kiewer Reich und Polen, ringsum christliche Staaten und die baltischen Pruzzen griffen christliche Länder an, wie auch die Schiffe der christlichen Seefahrt von den Esten gekapert wurden.

Die Zeit war überreif für eine Mission, nachdem aber jede friedliche Mission durch Ermordung der Missionare seit zweihundert Jahren erfolglos blieb, so rüstete Kaiser und Reich, durch die maltretierten Polen gefordert, zum bewaffneten Vorgehen.

Im Jahre 1158 waren es noch Kaufleute aus Bremen, die in die Gewässer der Düna, an der Stelle der späteren Stadt Riga, einfuhren. 1178 war dann ein Augustinermönch aus Holstein dabei und Alnpeks Livländische Reimchronik klingt noch freundschaftlich im Bezug zu den Liven. 1180 gab es einen Bischof in Riga und schon waren er und die Seinen ermordet. Dann kamen mit dem Bischof Albert die ersten Ritterbrüder.

Zuerst war der Orden noch eine Hospitalbruderschaft von 1190 bis 1196 in Akkon, dann ab 1198 wurde er zum Ritterorden mit Sitz in Akkon, Venedig, Marienburg und in Königsberg, ab 1237 vereinigt auch mit den livländischen Schwertbrüdern.

1209/14 bekundet eine Urkunde des Patriarchen Albert von Jerusalem die Einbindung des Ordens in die kirchliche Hierarchie des Heiligen Landes, sie transsumiert eine Urkunde Papst Innozenz III.. Diese Urkunde verdeutlicht die Gründung und Entwicklung des Deutschen Hospitals von Akkon als kirchliche Istitution. Papst Coelestin III. hatte 1196 dem Hospital Existenz und Besitz bestätigt, seinen Schutz verliehen und ihm freie Meisterwahl zugesichert; es erhielt "ordensähnlichen Charakter", blieb jedoch der Diözesangerichtsbarkeit unterstellt.

Nach dem Tod Kaiser Heinrich VI. und der Umwandlung des Hospitals in einen Ritterorden hielt sich die Kurie auf Grund des staufisch-welfischen Thronstreits im Reich dem staufisch dominierten Orden gegenüber zurück. Am 27. Juni 1209 bestätigt Papst Innozenz III. in Viterbo alle alten und neuerworbenen Besitzungen des Ordens, nahm ihn in seinen Schutz und wiederholte weitgehend wörtlich das Privileg seines Vorgängers. Unterzeichnet haben, wie bei einem feierlichen Privileg üblich, der Papst, drei Kardinalbischöfe, vier Kardinalpresbyter und sechs Kardinalsdiakone.

Die Gleichstellung mit dem Johanniter- und Templerorden wird 1221, am 9. Januar, in Rom, dokumentiert. Papst Honorius III. verleiht dem Deutschen Orden dieses Privileg. Die Urkunde in Pergament, in einer Bulle mit Seidenfäden, befindet sich in Wien. In einer Phase der Übereinstimmung Kaiser Friedrichs II., des Enkels von Kaiser Barbarossa, mit der Kurie, die in der Kaiserkrönung 1220 gipfelte, erhielt der Deutsche Orden zwischen Dezember 1220 und März 1221 insgesamt 57 päpstliche Verfügungen. Auf ausdrückliche Bitte des Kaisers erfolgte die erneute und endgültige Gewährung des weißen Mantels an den Deutschen Orden. Bereits im Dezember 1220 war dem Orden in einem Generalprivileg die volle Exemtion aus der Diözesangewalt und Lehnshierarchie zugestanden worden.

So unscheinbar auch die Papsturkunde aussieht, sie besaß entscheidendes Gewicht für die Eigenständigkeit des Ordens, der von den beiden größeren und älteren Ritterorden nunmehr völlig unabhängig und ihnen gleichgeordnet war. Sie ist auch ein Schlüsseldokument für die Stellung des Deutschen Ordens zwischen Kaiser und Papst unter dem Hochmeister Hermann von Salza.

Die Kurie bleibt eine wichtige Bezugsgröße für den Orden im gesamten Mittelalter, dies beweist auch die Abschrift einer Bulle

Papst Leos X., die am 24. März 1518 in Utrecht angefertigt wurde. Papst Leo X. erneuerte am 1. Dezember 1514 die dem Deutschen Orden von seinen Vorgängern erteilten Privilegien und Freiheiten. Leo bemühte sich um eine Aussöhnung zwischen dem Orden und Polen angesichts der großen Türkengefahr. Auf Bitten des Kaisers Maximilian I. erfolgte die Privilegienbestätigung für den Orden, die den Stand von 1220/21 zur Grundlage hatte, Mitteilung wurde an die Diözesanbischöfe von Mainz, Magdeburg und Würzburg gegeben, die vom Papst gleichzeitig zu Konservatoren des Ordens bestellt wurden.

Die Urkunde besaß für den Orden eine erhebliche Bedeutung, deswegen wurden Abschriften gefertigt, hier handelt es sich um eine Abschrift. Der Offizial von Utrecht transsumierte ein Transumt, das Propst und Dekan der Peterskirche in Wimpfen am 9. November 1517 auf Bitten des Deutschmeisters Dietrich von Cleen angefertigt hatten. Die Stufen sind gut sichtbar, sie bilden den äußeren Rahmen, durch die hervorgehobenen Notarsnamen gekennzeichnet, während die eigentliche Papsturkunde erst mit "Leo episcopus" beginnt.

Ungewöhnlich ist die Ausschmückung der ersten Seite dieser Urkunde mit Ranken, Blüten und Tieren, wie Schnecke, Käfer, Falter und Pfau. Die Urkunde wird aufbewahrt in dem "Archief De Ridderlijke Duitsche Orde, Balije van Utrecht" - "Archiv des Deutschen Ritterordens, der Ballei von Utrecht".

Der Deutsche Orden stand natürlich nicht auf einem Fuß, das zweite Standbein bildete der Kaiser. Der Kaiser stützte den Deutschen Orden in einer Urkunde, wo Kaiser Friedrich II. dem Orden ein Schutz- und Bestätigungsprivileg für das Königreich Sizilien und Kaiserreich bestätigte. Hier zeigt sich Friedrich als der Erbe des Königreiches Sizilien, des Reiches wo seine Großeltern einen arabischen Hofgeographen beschäftigten, Al Idrisi. Er hatte bereits auf seiner Landkarte das Baltikum eingezeichnet, so wie die Seefahrer es ihm berichtet hatten. Der Orden mußte erst seine eigenen Entdeckungen machen.

Der Kaiser mußte glauben, daß seine im April 1221 in Tarent ausgestellte Urkunde etwas Gutes bewirken würde, der Hochmeister Hermann von Salza war ihm ein teurer Freund gewesen. Friedrich kam kaum zum Regieren im Reich, er war voll beschäftigt in seinem Herrschaftsbereich in Italien, wo er einen modernen Staat aufbaute, sich aber mit den Päpsten stritt. Auch im Reich, das man seit seiner Regierung, das Heilige Römisch-Deutsche Reich nannte, hatte er Ärger, sein Sohn Heinrich intrigierte gegen ihn, er mußte ihn absetzen und einsperren. Als neuen König ließ er dann in Wien seinen Sohn Konrad zum deutschen König wählen, der während seiner Abwesenheit das große Reich regieren sollte. Der bayerische Herzog Ludwig, Vater Kaiser Ludwig des Bayern, war der Schwiegervater des Königs Konrad, so konnte es gemeinsam gelingen. Es war die Zeit, in der sich bei diesem lockeren Regieren die deutschen Fürsten mehr Selbständigkeit schaffen konnten, es war der Beginn des heutigen Föderalismus, die Einheit, in der Vielheit der Länder der Bundesrepublik.

Das Privileg, welches der Kaiser mit dieser Pergamenturkunde mit Goldbulle an den Deutschen Orden vergab, war der zentrale Rechtstitel. Es hatte die Form einer feierlichen Kaiserurkunde, betont durch das Anhängen der goldenen Bulle. Sie zeigt die bei Kaiserbullen üblichen Darstellungen: auf der Vorderseite den thronenden Kaiser mit Zepter und Reichsapfel mit der Umschrift: "FRIDERICUS DEI GRATIA ROMANORUM IMPERATOR SEMPER AVGVSTVS REX SICILIE" - was heißt: Friedrich von Gottes Gnaden zu jeder Zeit Römischer Kaiser und König von Sizilien. Auf der Rückseite ist eine symbolische Stadtdarstellung Roms und die Umschrift: "ROMA · CAPUT · MUNDI · REGIT · ORBIS · FRENA · ROTUNDI."

Die älteste Selbstdarstellung der Ordensanfänge finden wir in einer pergamentenen Handschrift aus der Mitte des 14. Jahrhunderts. Der Einband in Schweinsleder mit 161 Seiten - De primordiis Ordinis Theutonici narratio - wird aufbewahrt in der Citta del Vaticano, Biblioteca Apostolica Vaticana. Diese Handschrift gibt eine Gründungsgeschichte des Ordens von der Belagerung Akkons 1190 bis zur päpstlichen Bestätigung der Umwandlung des Hospitals in einen Ritterorden wieder.

So stellt sich die Vorgeschichte des Deutschen Ordens dar und die Rechtsgrundlage, die ihm von oben her gegeben war. Dann aber gingen die höchsten Autoritäten wie Papst und Kaiser zu ihren Tagesordnungen über. Der Orden einmal in Richtung der Baltenländer in Marsch gesetzt, sollte Erfolge zeitigen, was seine Ordensritter auch ausgiebig taten.

Die ordenseigene Liturgie

Das ureigenste Ziel des Ordens war nicht der Kampf. Wir wissen, daß die gewaltlosen Mönche in den Klöstern lebten, so wie es im Abendland die Regel war. Die Mönche wurden aber gemordet und die Klöster, die dem Land und den Menschen dienten, wurden ausgelöscht. Seit die Zeit der Raubritter zu Ende war, baute man

Klöster nicht mehr auf dem Berg, wie die Benediktiner ihr Mutterkloster Monte Cassino. Ein erneuerter Zweig dieses Ordens hatte die Hygiene in seine Regeln geschrieben. Die Zisterzienser bauten ihre Klöster im flachen Land an Flußläufen, die sie als Toilettenspülung brauchten. Wir kennen das Schicksal des Klosters Padise, es wurde 1343 im Jüriöö-Aufstand gestürmt und die Mönche umgebracht. Erst spät im 16. Jahrhundert konnte es wieder aufgebaut werden, nun aber als Klosterfestung.

Der Zeit und dem Lande gemäß waren daher die Burgen des Deutschen Ordens. Der Orden hatte durch intensive Kontakte mit den Predigerbrüdern und aufgrund der Entfremdung vom Ritus der Kanoniker der Grabeskirche, notwendigerweise von der römischen Kurie die Genehmigung erbeten, die Liturgie der Predigerbrüder, nämlich der Dominikaner übernehmen zu dürfen. Mit der päpstlichen Bulle, der Notula, bestätigt Papst Alexander IV. am 9. Februar 1244 die Billigung. Die sogenannte Notula Dominorum Teutonicorum, welche Alexander IV. mit der Bulle am 27. Februar 1257 endgültig bestätigt, hatte aber nur einen vorläufigen Ritus der Dominikaner übernommen, den sie dann überarbeiteten. Erst Papst Klemens IV. genehmigte am 7. Juli 1267 die vom Ordensgeneral Humberts Romans geschaffene Regel.

Die Dominikaner waren der bedeutendste Predigerorden und hatten die Regel des heiligen Augustinus übernommen. Der bedeutende Theologe und Philosoph Thomas von Aquin war Dominikaner. Er war Schüler des großen Albertus Magnus in Köln und lehrte an der Universität Paris. Seine Bedeutung reicht bis in unsere Zeit. Auch die größten deutschen Mystiker stellten mit Meister Eckhart, Tauler und Seuse die Dominikaner. Auch die Augustiner waren ein Predigerorden, der in Bayern mehr Verbreitung fand. Allein das Mutterkloster Rottenbuch, noch von den Welfen gegründet, hatte 22 Tochterklöster. Sie hatten keine so hervorragende Größen bei den Augustinern und sie standen im Gegensatz zueinander. Auch der Augustinermönch aus Erfurt, Martin Luther, hatte aus naheliegenden Gründen kein gutes Verhältnis zu den anderen Brüdern.

Das Großkapitel des Deutschen Ordens beschloß Ergänzungen und so liest man in den Gesetzen des Ordens, die vor 1289 erlassen wurden: “Wir wollen auch, daß die Priester in unseren Häusern ihre Gebetszeiten singen mit Noten, es sei denn, der Obere erlaube sie zu sprechen aufgrund besonderer Not.”

1292 wurde im Großkapitel in Frankfurt unter Konrad von Feuchtwangen dieses Gesetz erweitert und bestimmt, daß auch in den Häusern, wo ein Priester und ein oder mehrere Schüler sind, die Zeiten zu singen seien. Zum Ritus der Messe wird ergänzt, auch die Laien sollten wie die Priester zum Agnus Dei aufstehen.

Was dort und damals beschlossen wurde, hat heute noch Gültigkeit. Aber höre und staune! Der Orden hat den Baltenvölkern das Singen gelernt, ja gelehrt, es war absolutes Gesetz. Bei den Griechen war "musike", die Ergänzung einer den Geist und Gemüt bildenden Betätigung und zwar in Ergänzung der Gymnastik. Das Mittelalter kannte nur in den Kirchen und Klöstern die Gregorianischen Gesänge und dort auch nur in starren Grenzen. Es gab zur Zeit des Deutschen Ordens schon Melodien. Die mittelalterliche Theorie hat solche Melodien oft als irregulär abgewertet. Aus diesem Grunde haben Theoretiker die Melodien auch umgearbeitet, um die Einheit des Modus herzustellen. An diese Entwicklung haben die Zisterzienser angeknüpft, indem sie zwischen 1134 und 1348 systematisch zahlreiche Stücke des Repertoires überarbeiteten. Dasselbe unternahmen auch die Dominikaner unter Hubert de Romans, indem sie 1256 einen großen Teil des von den Zisterziensern überarbeiteten Repertoires weiterführten.

So gelangten diese Tugenden des Singens und des gesungenen Betens auch in die liturgischen Bestimmungen des Deutschen Ordens, über die Regeln des Dominikanerordens. Diese Regeln wurden allgemein zur Tradition und diese Traditionen pflegen wir heute noch. Auch die Brüder im Geiste, die sich anläßlich der Reformation aus der Gesangsliturgie verabschiedeten, kehren in unseren Tagen zu dieser Tradition zurück. Die Angleichung von katholischen und evangelischen Gottesdiensten ist heute mittels des Gesanges sehr fortgeschritten. Man hätte es viel einfacher haben können, doch auf halbem Wege führten die Reformatoren den kargen Wortgottesdienst ein. Wir brauchen keine Messen mit viel Gepränge, schrieb Martin Luther, und vielerorts wurde sogar das Glockenläuten abgeschafft. Doch noch Luther erkannte den groben Fehler, denn der Mensch war auf den Gesang angelegt. In der Not hatte er dann eiligst Gesangsstücke umkomponiert, und es entstanden eine ganze Menge anderer Kirchenlieder, die überall gesungen wurden. Das deutsche Lied, ob Volkslied oder Kunstlied, wurde dann so zum Begriff, daß die Franzosen sprachlos waren. Von ihnen kam der Kirchengesang über die Orden eigentlich. Sie erfanden keine eigene französische Bezeichnung , sondern sagen heute "le Lied".

Im selben Kapitel in Frankfurt wurde auch festgelegt, daß beim Tod des Hochmeisters jeder Ordenspriester eine Seelenmesse und ein Vigil mit neun Lesungen lese oder singe, jeder Laienbruder hundert Vaterunser und ebensoviele Ave Maria bete. Im Großkapitel in Venedig 1297 unter Gottfried von Hohenlohe wurde beschlossen, daß die beiden Feste der Kreuzauffindung und -erhöhung und der Katharinentag als totum duplex zu begehen sei, letztere beide sogar mit feierlicher Oktav. Am 28. September, dem Wenzels-Tag, sollte das Fest als semiduplex mit neun Lesungen begangen werden.

Bemerkenswert ist nicht so sehr die Hervorhebung der heiligen Katharina, ihr Kult spielte bereits in der Hochburg der Klöster, in Monte Cassino, eine große Beachtung, sondern hervorzuheben ist die Verehrung des heiligen Königs Wenzel von Böhmen. Damit wollte man Böhmen besonders ehren, dessen Könige Ottokar, Karl, Wenzel und Sigismund sich um das Christentum besonders in Preußen bemühten. Dabei soll nicht vergessen werden, die Patronin des Deutschen Ordens war die Jungfrau Maria, doch an zweiter Stelle steht in Livland und Estland der heilige Georg, deshalb auch der blutige Aufstand der estnischen Heiden am St. Georgstag, estnisch der Jüriöö-Tag. Beim Deutschmeister im Reich galt natürlich als zweite Patronin die heilige Elisabeth von Thüringen. So war also allen wohlgetan, sobald sie glaubten und dies zu Pergament gebracht war.

Im ganzen Reich gab es den Deutschen Orden

In Wien befinden sich die Breviere, wie das von 1609 aus Innsbruck, aus dem Besitz des Ulmer Hauskomturs Johann Caspar von Flachslanden. Im Zuge der inneren Erneuerung ließ Hochmeister Erzherzog Maximilian von Jesuiten in Fulda das Ordensbrevier bearbeiten und da kam der Breviarium Ordinis Teutonici heraus.

Das Titelblatt des Ordensbreviers zeigt ein Votivbild, in dessen Mitte die Mutter Gottes als Königin mit Kind im Strahlenkranz zu sehen ist. Links im Bilde kniet Hoch- und Deutschmeister Maximilian, hinter ihm der heilige Georg, rechts kniete ein Ordenspriester mit einem sogenannten Ritterrosenkranz in der Hand, hinter ihm die heilige Elisabeth. Die Zuordnung der beiden Ordenspatrone zu Ritter und Priester dürfte bewußt geschehen sein. Schaut man auf das Datum 1609, zu dieser Zeit hatten die Esten und Liven schon längst allem Heiligen-und Patronenspuk abgeschworen; da flehten noch immer im ganzen Reich die Ordensleute auf den Knien zum heiligen Georg um das Wohlergehen ihrer einstmaligen Schäflein im fernen ehemaligen Ordensland.

So als ob man die Hoffnung für die Balten aufgegeben hätte, wurde wenig später das Ordensbrevier ganz aufgegeben. Eine Eintragung im Necrologium der Kommende Maastricht durch Georg Morbericus notiert: "Anno 1624 relicto officio Ordinis assumptsimus officium Romanum". Hochmeister Karl von Österreich hatte die gänzliche Übernahme des römischen Ritus verordnet.

Proprium officiorum sacri Ordinis militaris beatae Mariae virginis de domo Teutonica in Jerusalem, steht über einem Druck von Pustet 1904 in Regensburg, einmal etwas aus Bayern. Der Druck enthält zwei Besonderheiten, die nur im Proprium des Deutschen Ordens zu finden sind: das Fest Translatio S. Elisabeth Viduae (2. Mai) als duplex majus und das Fest Beata Maria Virgo de domo teutonica in Jerusalem als duplex majus (am letzten Sonntag nach Pfingsten).

Nicht alles war in Latein geschrieben oder später gedruckt worden. In der Regelhandschrift mit Festkalender um etwa 1300 erstellt, sind Heilige aus dem Bereich des Heiligen Landes eingetragen, die im Westen nicht gefeiert wurden, wie zum Beispiel Matthias 30.Januar, Alexander 18. März, Zachäus 23. August, Markus 22. Oktober, Quiriakus 4. Mai, Simon 18. Februar, Narzissus 29. Oktober, Ignatius von Antiochien 1. Februar und andere mehr. Erst mit späterer Hand eingetragen wurde der Gedenktag des böhmischen Nationalheiligen Wenzel am 28. September, nachdem ebenfalls 1297 das Großkapitel in Venedig beschloß: "Wir setzen auch, daz man sante Wenzelaus dag an sante Michaelis abende begehe semiduplex mit nun leccen, der ein merterer waz."

Nachdem seit 1809 Wien zum Sitz des Hoch- und Deutschmeisters geworden war und dies bis heute noch ist, obwohl der Orden heute nur noch ein Klerikerorden ist, hatte Wien alle Urkunden gesammelt. So gelangte auch die Pergamenthandschrift Notula Hochmeister Werner von Orselns, die "Notula Dominorum Teutonicorum", nach Wien. Von den Beschlüssen Werner von Orselns von 1324 seien einige erwähnt: Der Annentag, 26. Juli, sei als semiduplex zu feiern. Am selben Tag solle man Arme zu Tische nehmen und sie speisen nach der Gewohnheit der Häuser. Auch solle überall im Orden nach der Messe vor dem Vater unser, bevor man die Sext beginne, das Evangelium "In principio erat verbum" mit dem Gebet "Omnipotens sempiterne Deus dirige actus nos tros" und von den Worten "et verbum caro factum est" bis zum Abschluß des Gebetes gekniet werden. Jeder Priester solle nach jeder liturgischen Zeit das Salve Regina beten, zu dem gekniet werde bis nach dem abschließenden Gebet, alle anderen Brüder sollten sieben Ave Maria sprechen. Die gelehrten Laienbrüder aber könnten sieben Salve Regina sprechen. Jeder Bruder solle zweimal am Tag, zur Prim und zur Komplet, das Glaubensbekenntnis beten. So waren also die Priester, die gelehrten Brüder, die anderen Brüder, die gelehrten Laienbrüder und wer alles noch, vollauf beschäftigt und hielten Frieden. Heute noch hat man in den Demokratien damit zu tun, möglichst viele Menschen in Vereinen zu beschäftigen, den Rest bei Sportveranstaltungen, so hat man Frieden. Früher führte man als Alternative Kriege. Was hat den Menschen mehr gedient, singen und beten oder Krieg und Sterben?

Danzig hat sich in seiner Allerheiligenbibliothek der Danziger Marienkirche viele kostbare Stücke gesichert, wie die Correctio Notulae, als die Entwicklung der Deutschordensliturgie. Der Hauptteil von 1423 stammt von einem Dominicus de Wratislavia und enthält von etwas späterer Hand den ersten Teil die "Correctio quorundam errorum ac dubiorum in notulam fratrum Theutonicorum ac declaracio quorundam defectuum et obmissorum in eadem" - Korrektur der Irrtümer und Zweifel in der Notula der Deutschordensbrüder und die Klärung der Fehler und Unterlassungen in derselben.

Gleichfalls in Danzig befindet sich das Missale, "Missale secundum notulam dominorum Teutonicorum." Die Handschrift beginnt mit dem Kalender, dann setzt das Proprium de tempore ein von Advent bis Pfingsten, es folgen Präfationen, Credo, Kanon und das Proprium de tempore von Trinitatis bis zum letzten Sonntag nach Pfingsten, wo sich noch das Formular In dedicatione altaris anschließt.

Der zweite Teil umfaßt das Proprium de sanctis, das Commune sanctorum und verschiedene nachgetragene Offizien - Wenzel, Hubert, de b. virgine, Birgitta... Ein zusätzlicher Anhang beinhaltet das Offizium der heiligen Birgitta, Ottilia, Helena, Sophia, Barbara, des heiligen Erasmus und contra subitaneam mortem. Hier schließt der Orden die heilige Birgitta in ihr Stundengebet ein, der Heiligen zu Ehren, die mit Reval und Danzig verbunden war.

In Danzig das "Missiale secundum notulam dominorum Teutonicorum" in Pergament von 1433; die "Missale..." aus Nürnberg anno 1499, heute im Pfarrarchiv in Lengmoos; das "Breviarium..." aus Mecheln anno 1488, heute Wien; gleichfalls heute in Wien das "Breviarium..." in Nürnberg hergestellt; ein Gesangbuch für die Messe, das "Antiphonarium" vom 15. Jahrhundert aus Danzig ; auch aus Danzig das pergamentene "Cantionale" aus dem 15. Jahrhundert, ein liturgisches Buch mit Messgesängen wie, Introitus - Graduale - Alleluja - Prosa - Offertorium Communio; aus Peplin das "Graduale" aus dem 14. Jahrhundert; das Gebetbuch für das Stundengebet, das "Diurnale...", Pergament in Leder gebunden; der Festkalender, "Kalendarium..." in Regensburg hergestellt 1904, heute Konvent Lana; ein Direktorium im Deutschen Orden 1904, das "Drectorium sacra..." aus Regensburg und ein weiteres aus Brixen, sowie für die liturgische Feier der Ordensaufnahme das "Rituale" der Schwestern anno 1481 von Wien, um nur einen Teil der kostbaren Schriften zu nennen, die eine hohe liturgische Kultur erkennen lassen.

Die letztgenannten Schwestern konnten nicht im Deutschen Orden aufgenommen werden und bezeichneten sich daher als Dominikanerinnen. Der Deutsche Orden war ein reiner Männerorden, Frauen hatten keinen Zugang. Die Messe zum Fest der heiligen Elisabeth, vom Anfang des 15. Jahrhunderts, aus Marburg, wurde am 27. Mai 1235 im Dominikanerkonvent zu Perugia abgehalten. Dies geschah anläßlich der Heiligsprechung der Elisabeth durch Papst Gregor IX.. Diese Heiligsprechung war die fünfte geschichtlich beglaubigte einer Frau, bei deren Heiligsprechungsfeier durch die "Petitio instrumentorum" und die Lichterprozession neue Elemente zum Ritus hinzukamen. Interessant ist bei dieser Messe, daß sich das Formular rasch in der ganzen westlichen Kirche verbreitete, zumal der Papst die jährliche Verehrung der heiligen Elisabeth als allgemein verbindlich für die ganze Kirche vorgab. Durch die Übernahme des Elisabeth-Hospitals in Marburg durch den Orden und dem Bau der Elisabethkirche, besaß der Deutsche Orden ein großes mittelalterliches Pilgerziel.

Das Leben der Ritterbrüder auf der Burg

Was taten die Ritterbrüder auf ihren Burgen: Schachspielen. Das Institut für Geschichte der Akademie der Wissenschaften Lettlands wollte es genau wissen. In den letzten Jahren wurden bei Ausgrabungen in der einstigen Hauptburg des Deutschen Ordens in Livland, der Burg Wenden-Cesis, Bodenfunde ergraben, die für diese Region beispiellose Einblicke in das tägliche Leben auf einer solchen Burg ermöglichen. Die Burg Wenden war seit 1237 der Hauptsitz des Ordens in Livland, später auch von Estland.

Das Spiel war den Ordensbrüdern nur eingeschränkt erlaubt. Schach allerdings durften sie spielen. Der Meister besaß sogar die Erlaubnis, um Geld zu spielen, wohl im Hinblick darauf, daß fürstliche Gäste eintrafen und unterhalten werden mußten; der Treßler bezahlte dann den eventuellen Verlust, denn die Brüder durften kein eigenes Geld besitzen.

Auch wenn das Spielen nicht grundsätzlich verboten war, so kannte doch die Ordensregel des 13. Jahrhunderts Spiele wider die Gewohnheiten, ohne daß diese näher definiert wären. Wer solche trieb, unterlag der Buße. Zu den verbotenen Spielen gehörte das Würfelspiel, sogar für die Knechte. Die Regelüberarbeitung in der Mitte des 15. Jahrhunderts hat die Vorschriften beibehalten. Der

Fund eines Würfels in der Burg Wenden aus dem 16. Jahrhundert, mit einer Seitenlänge von 1,5 cm und einem Gewicht von 5,7 Gramm, beweist, daß man es nicht so genau genommen haben mag. Auch wenn es das Haus des livländischen Meisters war, so läßt sich vermuten, hat das Würfelspiel Einzug gehalten, und sei es vielleicht nur bei der Dienerschaft.

Auf der Burg Wenden wurden Schachfiguren gefunden. Eine gedrechselte Figur aus Bein, 5,1 cm hoch, in der Grundfläche 2,5 cm Durchmesser und in der Mitte trug diese Figur einen reliefartig verzierten Gürtel. Das Oberteil hat die Gestalt eines geschnitzten menschlichen Kopfes. An der Spitze ist das Wappen des Ordens eingeschnitten. Eine weitere Schachfigur aus Bein ist 3,1 cm hoch, hat eine Grundfläche von 1,5 cm Durchmesser und 4.8 Gramm Gewicht. Die gedrechselte Figur verjüngt sich nach oben und endet in einer kugelförmigen Spitze. Es wurde außerdem ein Damestein gefunden, gleichfalls aus dem 16. Jahrhundert, aus Bein, 3,6 cm im Durchmesser, in einer Stärke von 0,4 cm, 6.8 Gramm schwer und dieser Spielstein weist auf der Oberseite drei konzentrische Rillen auf.

Ritterbruder des Deutschen Ordens
Federzeichnung nach einem Holzschnitt aus dem 15. Jhdt.

Auf einer solchen Burg war es zappenduster; bei den kleinen Fensterlöchern kam kaum Licht in die Räume hinter die Mauern, bei Eintreten der Dämmerung sah man schon nichts mehr, dann war es ganz finster. Die älteste und einfachste Lichtquelle war der Kienspan. Eine Verbesserung bot die Öl- beziehungsweise die Tranleuchte, die den Öllampen der Antike entsprach. In ihren einfachsten Formen waren solche Leuchten offene Schalen über deren Ränder in den Ecken ein oder mehrere Dochte ragten, die mit tierischem oder pflanzlichem Fett gespeist wurden. Der Vorteil gegenüber dem Kienspan lag in der längeren Brenndauer, bequemerer Handhabung und größerer Sicherheit gegen Brandgefahr.

Eine Beleuchtung war im Mittelalter ziemlich teuer. Das Ausmaß einer Lichtverwendung läßt auf die soziale Stellung und auf den Lebensstandard schließen. Zeichnete sich das Leuchtgerät durch eine anspruchsvolle Form aus, so spricht dies für ein recht hohes Niveau der Wohnkultur nicht nur in großen Konventen, sondern auch in bescheideneren Ordenshöfen.

Um eine solche Leuchte handelt es sich bei der Öl-(Tran-) Leuchte aus dem 14. Jahrhundert in Größe von 13 Zentimeter, mit einer Randhöhe von 1,4 bis 2,4 cm und einem Arm von 14 cm Höhe. Die Leuchte hat eine Gesamthöhe von 33 cm und ist aus Eisen.

Die vierseitige Schale hat an drei Ecken leichte Ausbuchtungen. An der vierten Ecke geht die Schale in einen senkrechten Arm über, der im rechten Winkel zur Mitte der Schale hin umgebogen und in einer Öse endet. Dort ist ein Stift drehbar gelagert. Dessen Öhr und ein Glied der nicht weiter erhaltenen Hängekette sind durch einen kreuzförmig gebogenen Ring verbunden. So waren eine Befestigung des Beleuchtungskörpers an einem Wendebaum oder Balken und sein bequemes Drehen nach allen Richtungen möglich. Diese Form hielt sich bis ins 19. Jahrhundert, zum Beispiel in den Ölkrüseln Ostfrieslands.

Die Leuchte wurde 1986 bei den Grabungen auf dem Gebiet des Ordenshofes Starkenberg gefunden. Dieser Wirtschaftshof der Vogtei Roggenhausen wurde 1326 auf dem linken Ufer der Ossa erbaut und bestand noch im Jahre 1411. Die Leuchte befindet sich im Muzeum von Grudiadz.

Das Institut für Geschichte der Akademie der Wissenschaften Lettlands in Riga hat noch weitere Gegenstände und trägt dazu bei, die Vorgeschichte des Baltikums etwas aufzuhellen.

In den letzten Jahren wurden bei Ausgrabungen in der einstigen Hauptburg des Deutschen Ordens in Livland, Wenden-Cesis, Bodenfunde ergraben, die für die Region beispielslose Einblicke in das tägliche Leben auf einer solchen Burg ermöglichen.

Eine gefundene Pinzette Ende des 15. Jahrhunderts trägt auf den Aussenseiten die Inschrift'"DES HERRN WORT BLEIBET IN EWIGKEIT" aus dem ersten Brief des Petrus 1,25. Die Wörter sind durch Zierelemente voneinander getrennt. An den Enden befinden sich drei herzförmige Ornamente. Die Verzierung eines solch alltäglichen Gebrauchsgegenstandes ist bemerkenswert und dürfte darauf zurückzuführen sein, daß Wenden der Sitz des livländischen Landmeisters war. Man könnte angesichts der Inschrift auch in diesem Stück ein Zeugnis für die Zuwendung zur Reformation sehen. In diesem Falle müßte die Datierung anders angesetzt werden. Die Pinzette ist aus Bronze gefertigt.

In Riga befindet sich auch eine Flöte aus Bein, aus der gleichen Grabung. Die in ihrer Gestalt das Ausgangsmaterial sichtbar werden lassende Flöte hat vier Tonlöcher. Zum spätmittelalterlichen Fürstenhof gehörte die Musikdarbietung, vor allem während der Anwesenheit von Gästen und beim vergnügten Mahl. Auch der Hochmeister in Marienburg unterhielt eine eigene Hofkapelle. Außerdem traten immer wieder fahrende Spielleute auf. Ähnliches gilt für den livländischen Landmeister. Er verfügte ebenfalls über eigene Spielleute, die ihn öfter auf Reisen im Land begleiteten. Sogar für die livländischen Gebieter, der Komture im Lande, sind Spielleute genannt.

Weiter finden wir in Lettlands Hauptstadt Riga noch zwei Gegenstände, einen Schreibgriffel aus Bein und einen Buchbeschlag aus Bronze. Auch diese Gegenstände wurden in Wenden gefunden und stammen aus dem 15. bis 16. Jahrhundert.

Der Griffel weist einen trapezförmigen Kopf auf, den Übergang zum eigentlichen Griffel bildet ein Ring. Die Schriftlichkeit war im Orden Grundfeste der intensiven Verwaltung wie auch des Kontaktes innerhalb der weitverzweigten Korporation, sowie mit anderen Mächten. Wahrgenommen wurde sie anfangs wohl ausschließlich von den Priesterbrüdern, bis besonders am Hof des Meisters der Jurist Einzug hielt und damit auch hauptamtliche Schreiber nötig wurden.

Hinzu kam immer die Anfertigung liturgischer und historischer Bücher, die im Leben des Ordens eine besondere Rolle spielten. Die Ritter allerdings waren meist "illiterati", das heißt zumindest in der Frühzeit meist nicht des Lesens und Schreibens kundig. Wen wunderts auch, wer liest und schreibt kann nicht kämpfen.

Der bronzene Buchbeschlag, der rhombisch geformte Beschlag, weist zwei glatte, zurückgebogene und zwei eingekerbte Ränder auf. An den Rändern befinden sich sieben Splintlöcher. Die Oberfläche ist durchbrochen ornamentiert.

Vor der Erfindung des Buchdrucks waren Bücher besonders kostbar. Dies wird nicht nur in der Sorgfalt der handschriftlichen Ausführung oder Beigabe künstlerisch wertvoller Abbildungen deutlich, sondern auch beim Einband. Meist war es Leder, mit Rollenstempeln geprägt. Oftmals werden außerdem zusätzliche Beschläge angebracht. Der Buchnagel, der das direkte Aufliegen des Einbands auf der Unterlage verhindert, bildet den Ausgangspunkt eines lilienförmigen Blattgebildes. Florale, also pflanzliche Gestaltungselemente bedecken die übrigen Flächen. Die Löcher dienten für Nägel, die den Beschlag am Buchdeckel befestigten, der wohl aus Holz war. Es muß sich um ein dickeres und größeres, als wertvoll betrachtetes Buch gehandelt haben.

Zu den Funden in der livländischen Landmeisterburg, die sich heute in Riga im Institut für Geschichte befinden, gehören natürlich auch Waffen, die Aufschluß über das Kriegswesen vor 500 Jahren beim Orden geben. Es handelt sich unter anderem um einen Nierendolch, Material: Eisen, Bronze und Holz. Eine Ringpanzerkapuze diente dem Schutz von Kopf und Hals. Teile von Rüstungen sind dabei, ein Harnischkragen von einem Plattenpanzer, ein Hinterpflug von einem Plattenpanzer, Fausthandschuhe, ein Vorderschurz, Armzeug, eine Achselhöhlenplatte und ein Hufdorn, alles aus Eisen oder Bronze. Die Achselhöhlenplatte ist auf der Oberfläche reich verziert, sie diente zugleich auch als Schmuck.

Ähnliche Funde hat man auch in Preußen getätigt, Dolche, aber auch Krummschwerter, wie sie von böhmischen Söldnern benutzt wurden. In Riga befindet sich nur ein Teil eines Kettenhemdes, in Stebark in Masuren befindet sich ein komplettes Kettenhemd. Die aufgefundenen Rüstungsteile lassen den Schluß zu, daß die Ausstattung der Ritter denen im Reich zumindest nicht nachstand.

Die Banner des Ordens gingen dem Untergang voran

Die Fahnen, die am Grab des heiligen Stanislaus – des Schutzheiligen Polens – in der Krakauer Domkirche am 25. November 1411 als Siegeszeichen feierlich aufgehängt wurden, befanden sich dann unter der Obhut des Domkapitels. Um 1422 waren es 39 Fahnen, fünf livländische Banner aus der Schlacht bei Nakel 1431 kamen hinzu. Nach der für den Deutschen Orden verlorenen Schlacht bei Tannenberg-Grunwald am 15. Juli 1410 ließen die Sieger, der polnische König und der litauische Großfürst, die Ordensfahnen sammeln, auch die von Livland.

Die Fahnen sind im Laufe der Jahrhunderte verschollen, wahrscheinlich zerstört. Der Krakauer Maler Stanislaw Durink hat Zeichnungen der Fahnen angefertigt, kolorierte Federzeichnungen. Der Krakauer Domherr, bischöflicher Sekretär und späterer Geschichtsschreiber Jan Dlugosz überwachte die Arbeit und ließ die losen Pergamentblätter in einen Kodex binden. Mit kurzen Erläuterungen versehen über Art und Herkunft der einzelnen Fahnen und der Fahnenträger, entstand ein prächtiges Bildinventar der Ordensfahnen, das als "Banderia Prutenorum" bezeichnet wurde. 51 Ordensfahnen waren von der Schlacht bei Tannenberg und 56 Fahnen waren es am Ende, Dlugosz brauchte sie alle, er schrieb die "Annales", eine große polnische Geschichte und das ging ohne die Fahnen aus Preußen und Livland natürlich nicht.

Ein erträglicher Frieden nach der militärischen Katastrophe war der erste Frieden von Thorn. An der Urkunde waren 39 Siegel, aber an der Urkunde für den zweiten Thorner Frieden vom 19. Oktober 1466 waren bereits 63 Siegel an Seidenschnüren, 63 Sieger und ein Verlierer, der Deutsche Orden. Die Gründungsurkunde des preußischen Bundes gegen den Orden, der deutschen Städte gegen den Deutschen Orden, trug 72 Siegel, da war die Meute gegen den Orden noch größer. Die Urkunde war vom 14. März 1440, fünf Jahre früher wurde in einer Urkunde der Frieden zu Brest geschlossen. Der vierjährige Krieg begann 1431 und dort hatten die Polen die livländischen Banner erobert, das livländische und preußische Heer war bei Nakel in Nordpolen geschlagen worden.

Der livländische Landmeister Zizo von Rutenberg unterstützte in den Erbstreitigkeiten einen litauischen Fürsten. Sie unterlagen, weil Polen von den böhmischen Hussiten unterstützt wurde. Livland wurde in den Beifrieden mit eingeschlossen, der Waffenstillstand sollte 13 Jahre dauern. Doch wollte der neue livländische Landmeister Franke Kerskorf den Waffenstillstand nicht akzeptieren. Zusammen mit russischen Abteilungen des litauischen Fürsten Swidrigiellos unterlag aber der Landmeister den Litauern und Polen. Der Brester Frieden hatte dann anfangs positive Folgen. Das Verhältnis Livlands zu Litauen war seitdem friedlich und ungestört. Der Vertrag hat auch auf die inneren Verhältnisse in Preußen und Livland gewirkt, wo er die ständischen Bewegungen stärkte.

Die erstarkten preußischen Stände, der Adel und die Städte unterstellten sich dann in der Urkunde anno 1454 dem polnischen König, mit 64 Siegeln wurde dies besiegelt. Alle hatten den Orden im Stich gelassen, sie unterstellten sich dem Polenkönig. Er hatte ihnen weniger Steuer- und Abgabenzahlungen versprochen und für Geld waren sie zu allem bereit. Sie nannten sich das königliche Preußen, damit war der Polenkönig gemeint. Dieser befreite die Deutschen vom Kriegsdienst im polnischen Heer. Nachdem es ums große Geld ging, hinderte sie niemand, zumindest gegen den Deutschen Orden 13 Jahre lang Krieg zu führen. Der Orden ging dann restlos zugrunde, dies geschah mit dem zweiten Thorner Frieden. In diesem Kampf blieb dem Orden nur ein einziger Verbündeter, der Bischof von Ermland hatte Preußen verlassen und unterstützte den Orden. Diese für Polen günstigen Urkunden befinden sich natürlich alle in den Archiven von Warschau und Krakau.

Der Landmeister in Livland konnte dem Hochmeister in Preußen auch nicht helfen. Der Hochmeister zog sich in sein restliches Herrschaftsgebiet zurück und verlegte seinen Sitz nach Königsberg. Der Hochmeister in Königsberg und der Landmeister in Wenden gingen notgedrungen eigene Wege, denn eine Verbindung über Samaiten bestand auch nicht mehr.

Der livländische Orden wird nicht nur alleine gelassen, weil der Hochmeister in Preußen zunehmend in Abhängigkeit von Polen geriet, der aber immer noch der höchste Meister, über dem livländischen und dem deutschen Meister im Reich, war. Als aber der Hochmeister sich 1525 dem Polenkönig unterwerfen mußte, er hatte vom Reich keine Unterstützung mehr gehabt, da war der Orden ohne obere Führung, weil der Hochmeister den Deutschen Orden in Königsberg auflöste.

Es wäre nun ein leichtes gewesen, den verbleibenden livländischen Landmeister, das Hochmeisteramt anzutragen. Dafür können die Deutschmeister im Reich sich auch wieder nicht erwärmen. Livland stand immer ein bißchen im Schatten Preußens. Ordensgeschichte wurde in Preußen geschrieben, und bis ins 16. Jahrhundert waren hier die geschichtsrelevanten Kräfte wirksam: Polen und Litauen vor allem, die im Ordensstaat ihren Gegner sehen. An Livland sind sie nicht in dem Maße interessiert.

Wirklich gefährlich wird es für den Deutschen Orden in Livland erst, als Rußland sich allmählich von der Mongolenherrschaft befreien kann und sich westwärts zu orientieren beginnt. Als der Großfürst Ivan III. von Moskau das Land Nowgorod 1478 erobert und sein Nachfolger Wasilij 1510 Pleskau seinem Staat einverleibt, ist Rußland direkter Nachbar von Livland. Schon vorher hatte Ivan III. kurzerhand Livland zu seinem Eigentum erklärt, das ihm von Rechts wegen zustehe. Die Livländer aber, die dies heftig bestreiten macht er herunter: "Wißt Ihr denn nicht, daß der Großfürst der mächtigste Herr unter der Sonne ist... Ihr aber alle in Livland sitzt wie die Schweine in einem Schweinetrog. Ihm gehört das Land, und er wird alle Ritter mit Ruten aus dem Lande jagen". So wurde den livländischen Rittern gedeutet und die Livländer zeigten sich beeindruckt ... und da schlug Ivan III. los. Es ist der erste Waffengang Moskaus mit dem Abendland.

Natürlich waren die Deutschen Ritter abendländische Krieger und der Ordensstaat bestand als ein abendländischer Staat, trotz allem für und wider des Volkes in Livland und Estland, das man nicht gefragt hatte. Sieht der national gesonnene Este heute diesen Obrigkeitsstaat des Deutschen Ordens, einer der vielen Obrigkeiten im Abendland, nicht als den Ausgangspunkt seiner abendländischen Geschichte an, so stellt er den Entscheid dieses Landes für die westliche Kultur in Frage. Für Europa, für das ganze Abendland ist diese erste schicksalshafte Auseinandersetzung mit Rußland der Beginn einer völlig neuen historischen Periode des Geschichtsablaufs. Der livländische Ordensstaat wird das Opfer sein. Der Großfürst von Moskau begann einen Kampf, der heute erst ein Ende gefunden hat, so hoffen die Menschen zumindestens, besonders in Estland und dem heutigen Lettland. Damals aber endete der Waffengang Rußlands mit dem Deutschen Orden 1502 mit einer Niederlage für den Großfürsten.

Für das nächste halbe Jahrhundert herrschte Ruhe, dann aber entbrannte der Kampf nur um so heftiger. Zar Ivan IV., der Schreckliche, Enkel Ivans III., machte den Krieg gegen Livland zur Aufgabe seines Lebens. Der Krieg Rußland gegen den Orden zog sich fünfundzwanzig Jahre lang hin, von 1557 bis 1582, ohne aber für Ivan den ersehnten Erfolg zu bringen, den Durchbruch zur Ostsee nämlich. Die beiden ersten Kriegsjahre bereiteten hingegen dem livländischen Ordensstaat das Ende.

Läßt man an dieser Stelle den Historiker und Hochmeister Marian Tumler zu Wort kommen: "Livland brachte kein Heer auf, um den Russen entgegenzutreten. So konnten diese Stadt um Stadt und Burg um Burg erobern. Nur einmal kam es zum Einsatz einer kleinen Ordensmacht von hundertzwanzig Brüdern und fünfhundert Landsknechten. Diese überfielen bei Ermes das russische Lager, in dem nach Angaben der Späher nur der feindliche Vortrab stand – es war die gesamte Macht der Russen. Das kleine Aufgebot des Ordens wurde nach heldenmütigem Widerstand aufgerieben. Als auch die Hoffnung auf Hilfe von seiten der Dänen und Schweden fehlgeschlagen war, warf sich Gottfried Ketteler, der letzte Landmeister, 1561 den Polen in die Arme und legte das Ordenskleid ab. Seine Hoffnung, Herzog von Livland zu werden, erfüllte sich aber nicht. Polen überließ ihm nur das kleine Kurland und behielt das übrige Gebiet für sich."

Der Deutsche Orden im Reich ließ seine Brüder im Stich, es war nicht ihr Land und der Kaiser und Papst als die Protektoren sahen keinen Zwang zum handeln. Für wen sind denn nun die letzten Ordensbrüder gestorben, für ein fremdes Land? ..es war ihr Land, sie hatten kein anderes mehr.

WOLTER VON PLETTENBERG, LANDMEISTER VON LIVLAND

Bereits im Jahre 1494 hatte Wolter von Plettenberg Regierungsverantwortung übernommen. Ein Jahr vorher war Kaiser Friedrich III. gestorben, dessen Leistungen für sein Stammland Österreich gewaltig waren, der aber in der Reichspolitik inaktiv gewesen war. Man sagt, er habe vom Stuhl aus regiert. Er verließ Österreich nur, um sich in Rom die Krone beim Papst abzuholen, dabei ließ er sich auch noch die Reisespesen bezahlen, da er die Kaiserkrone zum Wohle der Christenheit tragen würde. Der Reichsadler, so war seine Ansicht, müsse zwei Köpfe haben, um die beiden Kronen tragen zu können, die deutsche Königskrone und die römische Kaiserkrone, seitdem gilt als Symbol für die Habsburger der Doppeladler.

In die Hauptstadt Wien konnte Kaiser Friedrich nicht, da regierte der ungarische König Matthias Corvinus, Sohn des legendären Türkenbezwingers vor Belgrad, zu dessen Ehren heute noch die Mittagsglocken läuten. Die böhmische Krone war auch wieder in weite Ferne gerückt, der erstarkte Polenkönig wollte Böhmens Krone auch recht gerne, der Ungarnkönig hatte noch die Hand darüber, aber den Habsburgern stand das Erbrecht auf die böhmische Krone zu. Die Politik Kaiser Friedrichs hieß daher “Abwarten”, irgendwann löst sich alles von selbst, und er hatte recht, denn durch die 53-jährige Regierungszeit überlebte er einfach alle seine Widersacher.

Für den Deutschen Orden in Preußen bedeutete dies völlige Auslieferung des Ordensstaates an die polnisch-litauische Großmacht. Seit dem zweiten Thorner Frieden zwischen dem Orden und Polen 1466 hieß dies für den Hochmeister Unterwerfung unter die polnische Krone. Die Probleme sind vielfältig, denn auf der einen Seite wurden die Hochmeister ermahnt, daß er als geistlicher Orden auf den Papst zu hören habe und aufgrund der Privilegien des Papstes und des Kaisers, auch dem Kaiser verpflichtet sei. Andererseits gebot die Tagespolitik, sich mit den mächtigen Nachbarn zu arrangieren, wie im Friedensvertrag von Thorn, der aber von Kaiser und Papst nicht anerkannt wurde. Hilfe kam auch keine vom Westen, doch ergaben sich für einige Zeit Hilfen vom ungarischen König Matthias Corvinus, dem das Machtpotential der Polen auch nicht so recht behagte, doch König Matthias starb bereits 1490.

Durch Erbverträge gingen Ungarn und Böhmen bald ganz an die Habsburger in Österreich, an Kaiser Friedrich III. und nach seinem Tode im Jahre 1493 an seinen Sohn Maximilian. Wie wir wissen einigte sich Kaiser Maximilian mit den Polen im Preßburger Ausgleich, wo Polen auf Erbrechte bezüglich Ungarn und Böhmen verzichtete, bei dieser vereinbarten großen Ordnung im Südosten Europas blieb es dann auch wesentlich bis zum Jahre 1918. Für den Orden war es mit den jahrhundertelangen Hilfen aus Böhmen und später auch aus Ungarn vorbei. Der Kaiser überließ die Politik im Baltikum dem Orden selbst, aber der hatte keine eigene Kraft mehr alleine dem polnischen Druck auszuhalten.

Ein Beispiel war das Problem mit dem Bischof von Ermland. Die Privilegien des Papstes besagten eine Aufteilung der Gebiete die der Orden dem Stuhle Petri zugewinnt, man kann aus unserer Sicht auch sagen, es ging um Gebiete, die der Orden dem lateinischen Christentum gewann. Was vom Deutschen Orden gewonnen war, war der römischen Kirche gewonnen. Diese Dualität der christlichen Kirchen, in die römische und byzantinische Kirche, gab es schon von Anfang an. Kaiser Konstantin hatte Konstantinopel aus Sicherheitsgründen als zweite Hauptstadt, aber als seine rechte Kaiserhauptstadt, gegründet. Er war nach Überwindung seiner drei Mitkaiser der alleinige Herr des römischen Reiches mit Sitz in Konstantinopel, dem späteren Byzanz und in Italien herrschte das Chaos unter den wechselnden Barbarenherrschaften der Germanen. Der Papst war nur ein bedeutungsloser Bischof in Rom. Der gotische König Theoderich herrschte im Auftrage des byzantinischen Kaisers über Italien in der oberitalienischen Stadt Ravenna. Die Goten hatten zeitweilig auch die Oberherrschaft über das bayerische Herzogtum bis sie von den mächtig werdenden Franken abgelöst wurden. Aquileja bei Venedig war ein byzantinisches Patriarchat, das später auch von bayerischen Patriarchen besetzt war, da gehörte es aber schon zu Rom. Den Patriarchen gibt es heute noch, Papst Johannes XXIII. war Patriarch von Venedig bevor er zum Papst gewählt wurde, und er vertrat von 1934 an zehn Jahre lang die römische Kurie in dem früheren Byzanz, dem heutigen Istambul.

Erst als der Bischof von Rom beim fränkischen König Pippin einen weltlichen Schutzherrn fand, vergab er an Pippins Sohn, Karl, die römische Kaiserkrone. Ob dies rechtens war, stand auf einem anderen Blatt, denn mit Karl dem Großen hatte der Papst in Rom endlich wieder einen mächtigen Schutzherren, der noch dazu "scheinbar" sich dem römischen Papst unterordnete, hatte er die Krone doch von ihm erhalten. So begann die Auseinandersetzung zwischen den beiden christlichen Glaubenszentren, in

Byzanz saß der Patriarch, was auf griechisch Erzvater heißt, ein Ausdruck der Septuaginta des Alten Testaments, und in Rom saß der Papst, was spätalthochdeutsch babes, mittelhochdeutsch babest und im Latein schlicht und einfach, Papa, heißt.

Diese beiden Väter der Kirchen wetteiferten anfangs und später stritten sie. Wir wissen, daß Kaiser Karl der Große sich noch vom oströmischen Kaiser die Anerkennung geben ließ, da das byzantinische Kaisertum traditionell ererbt und das römisch-fränkische, sowie später das römisch-deutsche Kaisertum anfangs ernannt worden war. Otto der Große, der zweite Sachsenkaiser, verheiratete sogar seinen Sohn mit einer byzantinischen Prinzessin, um die beiden Kaiserhäuser in Verwandtschaft zu bringen. Kaiser Otto III. hatte also eine byzantinische Mutter, er machte daher ganz legitim den ungarischen und den polnischen Fürsten zum König ihrer Reiche. Dann erhielten sie vom Papst die christliche Königskrone verliehen. Im gleichen Zuge erhielt dann auch Böhmen durch Protektion der Stauferkaiser die Königskrone.

In Böhmen und Mähren gab es schon eine byzantinische Tradition und der berühmte mährische Komponist Janacek komponierte noch 1926 seine Glagolitische Messe aufgrund dieser alten Tradition. Dies erklärt auch das manchmal gebrochene Verhältnis der Böhmen zur römischen Kirche, die Hussiten, wer hat noch nicht von ihnen gehört, in Bayern verwüsteten sie ganze Landstriche, vierhundert Jahre nach den Ungarn und zweihundert Jahre vor den Schweden. Auch im südlichsten Baltenland Preußen kämpften die Hussiten auf polnischer Seite gegen den deutschen Ordensstaat, was die Historiker eigentlich verwirren müßte, über die Möglichkeit eigenartiger Kombinationen.

Ungarn und Polen waren die unbestrittenen Eckpfeiler der Römischen Kirche, Kaiser Otto III. begab sich sogar persönlich nach Polen und bestätigte dort im Jahre 1000 die polnische Erzdiözese in Gnesen. Das Gleiche geschah auch in Ungarn, dessen erster christlicher König Stephan mit dem jungen Kaiser Otto sogar verwandt war. Die Ungarn hatten nach der Slowakei im Norden und nach Kroatien im Süden ihren Einfluß geltend gemacht, fast tausend Jahre waren diese Länder unter ungarischer Obhut oder auch Herrschaft. Heute ist die Slowakei zu achtzig Prozent katholisch, in Mähren sind es nur noch sechzig Prozent und in Böhmen, der heutigen Tschechischen-Republik, wäre eine Prozentzahl von vierzig schmeichelhaft.

Auch Polen war nicht untätig, gerade auch wegen des christlich gewordenen Litauens, dies geschah aber erst im Jahre 1386. Auch schon früher hatte der polnische König 1025 Podolien und Kiew erobert, doch Gewalt in der Bekehrung hat bekanntlich an den

Völkern Schaden verursacht, siehe in Böhmen die Hussiten oder auch in Deutschland, die Sache mit den Sachsen. Außerdem war das Kiewer Reich schon zur gleichen Zeit zu einem christlichen Fürstentum geworden, wie das benachbarte Ungarn und Polen, nur war Kiew zur anderen Fakultät gegangen. Der Kiewer Fürst hatte schon den Großvater Otto III., den großen Kaiser Otto, gebeten, er solle ihm einen Bischofsmissionar schicken. Otto mußte zuerst einmal die bösen Reiterheere der Ungarn abwehren und die Ungarn bekehren, als dies erledigt war, hatte sich der Fürst von Kiew schon bei der Konkurrenz in Byzanz umgesehen und die waren dem westlichen Rom zuvorgekommen. Als dann Bischof Bruno in Kiew eintraf, war schon alles entschieden, so pilgerte er zum polnischen König und berichtete ihm dieses Mißgeschick.

Es gab aber für Bruno noch "Gott sei Dank", die Baltenstaaten als einzigen heidnischen Freiraum, um als christlicher Missionar sterben zu können, so kam es dann auch. Ein später Erfolg für Polen stellte sich dann doch in Litauen ein. Ab dem 14. Jahrhundert bildet das christliche Litauen zusammen mit Polen, sowie Ungarn mit der Slowakei und Kroatien, eine Abgrenzung zum rechten, urväterlichen Christentum im Osten, dem orthodoxen Christentum in Kiew. Wer diese Urgründe einer Glaubensgrenze in Europa nicht zur Kenntnis nehmen will, löst keine Probleme und versteht den Konflikt im heutigen Bosnien nicht.

Die Existenz eines christlichen Litauens untergrub die Existenzberechtigung des preußischen Ordensstaates, er war des Missionsauftrages entledigt. So sehr der Orden in den Wald hineinrief, daß die Litauer doch noch keine Christen seien, zumindest keine richtigen, so hallte es nutzlos für den Orden zurück. Wie schaute es im übrigen Abendland denn aus, mit den christlichen Tugenden, wir haben sie auch heute noch nicht erlangt, so unerreichbar weit oben schweben sie, unsichtbar für uns.

Ganz anders war die Situation für den livländischen Teil des Ordensstaates, für den Landmeister. Nachdem das geistliche Zentrum von Kiew in die Gegend von Moskau und dann nach Moskau verlegt worden war, füllte die orthodoxe Kirche das Großfürstentum Moskau mit mystischen Inhalten aus. Auch der Fürst von Kiew hatte sich mit Byzanz verheiratet, wenn auch nur mit einer Verwandten des byzantinischen Kaisers. So geschah die Erklärung Moskaus zum dritten Rom einer tatsächlichen Tradition folgend gleichfalls legitim, so glaubte man es zumindest. So stand nun die russische Großmacht im Osten gegen den livländischen Ordensstaat und nun formierte sich eine römisch-katholische Front. Nicht mehr Polen kämpfte allein an der Kiewer Front gegen den Osten, sondern die Erzfeinde Orden und Litauen kämpften nun gegen den Großfürsten von Moskau. Dies führte dann auch zu dem großartigen Sieg des Ordensheeres unter Wolter von Plettenberg und dem Heer der Litauer, über die Russen. Doch die Zeit arbeitete gegen den Orden und das lag an der Situation des Ordens und des Hochmeisters in Preußen.

Das abtrünnige Ordensland Preußen

Das Bistum Ermland am Frischen Haff, weit hineinreichend ins preußische Land, war ringsum von Ordensland umgeben. Entstanden war dieses Gebiet aus dem Vertrag heraus, daß ein Drittel des eroberten und christianisierten Landes Bischofsland sein sollte, wörtlich heißt es in der Urkunde es unterstehe dem St. Petrus. Es war ein geistliches Fürstbistum, so wie es viele im Fleckerlteppich des Reiches gab. Es gab um das bayerische Herzogtum herum nur geistliche Fürstbistümer, sie waren für die höchste weltliche Autorität, den Kaiser, gleichfalls unantastbar, weil er mit dem Papst in Konflikt gekommen wäre. Der Papst und die ihn beratenden Kardinäle waren sozusagen übernational, zumindest sollten sie es sein. Nachdem der Papst fast immer Italiener war oder Franzose, stand er jedenfalls den Interessen der deutschen Fürsten distanziert gegenüber.

Die geistlichen Fürstentümer wurden also nicht angetastet und selbst waren sie auf die Hilfe der weltlichen Fürsten ringsumher angewiesen, da sie keine reguläre Armee hatten. Für Bayern waren sie eher ein Schutz, ein Puffer gegen aggressive Fürsten außerhalb der Bistumsgebiete. Man muß auch sagen, es waren um Bayern herum keine feindlich gesinnten Gebiete und heute gehören sie alle zum Freistaat Bayern. Dies ging nicht einmal auf wundersame Weise vor sich, sondern die Einwohner der Bischofsherrschaften wollten lieber beim katholischen Bayern sein, wegen seiner Toleranz. Die anderen deutschen Fürsten hatten die Reformation dazu benützt, die Bischöfe zu verjagen, um die Bistumsgebiete dann ganz brutal einzuverleiben.

Im Ermland lagen die Verhältnisse ähnlich denen in Süddeutschland, die weltlichen Fürsten hatten ein Vorschlagsrecht für einen neuen Bischof und der Papst bestätigte den Fürsten oder auch nicht. So war im Ermland der Bischofsstuhl freigeworden und das Ordenskapitel hatte den Deutschen Nikolaus von Thüngen zum neuen Bischof im Bistum Ermland gewählt. Damit ist der polnische König Kasimir aber nicht einverstanden, er will einen Bischof seiner Wahl und einen polnischen Bischof. Nikolaus von Thüngen war den Polen bereits zuvorgekommen, er hatte schon von Papst Paul II. die Bestätigung seiner Wahl erhalten. Dann beeilte er sich seinem Erzbischof den notwendigen Treueeid zu leisten, dies tat er nicht gegenüber dem polnischen Erzbischof, sondern gegenüber dem Erzbischof im Ordensstaat, nämlich dem Erzbischof von Riga. So war er durch den Erzbischof investiert, gegen den polnischen König, mit dem der Orden unablässig gestritten hatte.

Nikolaus Coppernicus

Der polnische König kam mit Truppen, eine Streitmacht hatte der Bischof von Ermland nicht, dem Orden fehlte das Geld mit einem Heer dagegenzuhalten. 1472 begann der Streit und 1478 mußte sich der nach Königsberg geflüchtete Bischof Nikolaus von Thüngen dem polnischen König beugen, er und der Hochmeister mußten dem polnischen König den Huldigungseid leisten. Damit war der sogenannte Pfaffenkrieg zu Ende, der Bischof hatte sein Bistum gerettet und der Hochmeister war machtlos. Als 1489 Bischof Nikolaus von Thüngen starb, starb ein Freund des Ordens und sein Nachfolger war im Gegensatz zu ihm ein ausgesprochener Feind des Ordens. Es war Lukas Watzenrode, der nun Bischof vom Bistum Ermland wurde. Natürlich war Watzenrode kein Pole, doch wieder standen die Deutschen gegeneinander.

Bischof Lukas Watzenrode war ein hochgebildeter Geistlicher. Das Ermland bildete zu dieser Zeit praktisch ein eigenes Fürstentum, das, obgleich vom Ordensstaat umgeben, mit der polnischen Krone verbunden war. Der Bischof herrschte auch als weltlicher Fürst im Ermland. Er residierte im alten Ordensschloß von Heilsberg rund 65 Kilometer südlich von Königsberg, vom Hochmeistersitz des Ordens. Seine Kathedralkirche stand in Frauenburg am Frischen Haff und dieser Ort sollte Berühmtheit erlangen und mit dem Ort der Bischof.

Zwei Jahre nach der Übernahme des Bischofsamtes im Jahre 1491 war sein Schwager gestorben, der aus Schlesien stammende und in Krakau und Thorn wirkende Kaufmann Nikolaus Koppernigk. Seine Schwester stand mit vier Kindern alleine da und Bischof Nikolaus Watzenrode nahm sich der Kinder an. Die Katharina Koppernigk verheiratete er mit einem deutschen Kaufmann, die Barbara Koppernigk wurde Abtissin des Klosters zu Kulm und seine beiden Neffen Andreas und Nikolaus Koppernigk ließ der Bischof studieren und beide wurden Domherren in seinem Bistum Ermland.

Besonders sein Neffe Nikolaus war sehr begabt und durfte an den berühmten italienischen Universitäten Bologna, Ferrara und Padua studieren. Als er ins Ermland 1503 zurück kam, war er Doktor des Kanonischen Rechts. Er fungierte bei seinem Onkel als Sekretär bis Bischof Watzenrode 1512 starb. Als Kanzler des Domkapitels hielt er sich zumeist in Frauenburg auf, residierte zeitweise von 1516 bis 1521 in Mehlsack und Allenstein als Statthalter des Kapitels und war 1523 Bistumsverweser von Ermland. Als Deputierter vertrat er das Domkapitel 1522 bis 1529 auf den preußischen Landtagen.

Nicolaus Copernicus schreibt sich der Domherr aus Frauenburg, der eine neue sensationelle Entdeckung gemacht hatte, die Erde

NICOLAI CO
PERNICI TORINENSIS
DE REVOLVTIONIBVS ORBI-
um cœlestium, Libri VI.

Habes in hoc opere iam recens nato, & ædito, studiose lector, Motus stellarum, tam fixarum, quàm erraticarum, cum ex ueteribus, tum etiam ex recentibus obseruationibus restitutos: & nouis insuper ac admirabilibus hypothesibus ornatos. Habes etiam Tabulas expeditissimas, ex quibus eosdem ad quoduis tempus quàm facillime calculare poteris. Igitur eme, lege, fruere.

Ἀγεωμέτρητος οὐδεὶς εἰσίτω.

Norimbergæ apud Ioh. Petreium,
Anno M. D. XLIII.

Nikolaus Coppernicus: ‘De revolutionibus orbis”- Nürnberg 1542 sei eine Kugel und drehe sich um die Sonne. Er wurde nach Rom eingeladen und 1533 trägt der päpstliche Sekretär Johannes Widmanstad dem Heiligen Vater und den Kardinälen die neuen Theorien vor und erläutert sie. Nikolaus widmet die Schriften Papst Paul III.. Niemand ahnt auch nur im entferntesten, daß mit dieser Theorie das ganze bestehende Weltbild zusammenstürzt.

In Königsberg regierte bereits seit acht Jahren Herzog Albrecht von Brandenburg, der den geistlichen Ordensstaat auf Empfehlung seines Freundes Martin Luther aufgelöst und ein weltliches vererbliches Herzogtum errichtet hatte. Im gleichen Zuge hatte sich Albrecht von Rom losgesagt und die Wittenberger Reformation eingeführt. Er und seine Protestanten in Wittenberg beeilten sich zu behaupten, daß die Theorien des Copernicus falsch seien, dabei blieb es auch noch zweihundert Jahre lang, die Theorien seien mit einer Interpretation der Heiligen Schrift schlechthin unvereinbar.

Im Jahre 1494 hatte Copernicus sein Studium begonnen, im gleichen Jahr war der Landmeister Wolter von Plettenberg in die Regierung des Ordens-Teilstaates in Livland gelangt. Fünfundvierzig Jahre später schrieb Nicolaus Copernikus an den 1525 an die Regierung in Preußen gekommenen Herzog Albrecht nach Königsberg. Er kam darin einem Hilfsersuchen nach, scheinbar unterschied man damals den Doktor des kanonischen Rechts nicht vom Arzt:

"Durchlauchtiger, hochgeborner Furst, genediger Herr! Ich hab gestern ersten von koniglicher Maiestät zu Polen Doctori Joanni Benedicto ein Brif und auf mein Schreben von wegen des erenvesten Georgen Kunhaim, Hauptmann zcu Tapiau etc, Antwort ubirkomen. Dieweil aber an das nichts von andern besondern adder fremden Sachen berurt wirt, hab ich Euer furstlichen Gnaden den selbigen Hauptbrif zcugeststaldt, aus welchem Euer fürstliche Gnaden des selbigen Doctoren Rat und Dunken wirt vernehmen. Wost ich doneben was bessers zcuzcuschissen, domit dem gutten Herren, Euer fürstlichen Gnaden Amptsmann, behulflig sein zcu seiner Gesundheit Erstatung, solten mir kein Arbeit, Mue und Surge, Euer fürstlichen Gnaden zcu wolgefallen, deren ich mich thue vleissig bevehlen, vordrislich sein,

Datum Frauenburg am XXI. Junii im MDXLI Jore.
Euer furstlichen Durchlaucht underteniger Diner
Nicolaus Copernicus"

Auf der Rückseite stand unten: "Dem durchlauchtigen und hochgebornen Fursten von Gotes Gnaden Albrechten Margraven zcu Brandenburg, zcu Preußen und Wenden Herzcogen, burgrefen zcu Norimberg und Fursten zcu Rugen, meinem gnedigsten Herren."

Vermerk der herzoglichen Kanzlei: "Doctor Cuppernick uberschigt einen Brif den ehr von Königlicher Maiestät Doctoren bekhommen. Datum den 21. Junii Anno 1541."

Daß sich der ehemalige Hochmeister Albrecht, Markgraf von Brandenburg und Burgherr zu Nürnberg, nunmehr seit 1525 weltlicher Herzog von Preußen, von Polen anerkanntermaßen, sich auch noch Herzog von Wenden, also von Livland nennen ließ, entsprach nicht der historischen Wahrheit. Mit der Auslöschung des preußischen Ordensstaates und der Ablegung der Hochmeisterwürde, des Heiratens und des Vererbens des nunmehr weltlichen Preußens willen, war seit 1525 Wenden die Hauptstadt des Restordensstaates Livland, dem damit selbständigen Gebiet. Der Landmeister mußte nun nicht mehr Order vom Hochmeister in Königsberg einholen, sondern er konnte selbständig handeln, und das tat auch Wolter von Plettenberg.

Der Sieg des livländischen Ordens über die Russen

Schon bei den Friedens- und Waffenstillstandsverträgen im Jahre 1509 mit den Russen, die Wolter von Plettenberg gemeinsam mit den Litauern besiegt hatte, handelte er selbständig. Die Vertragsurkunde für den Waffenstillstand war in russisch und deutsch gehalten und galt für sechs Jahre, die dann aber um vierzehn Jahre bis zum Jahre 1531 verlängert wurde. Zu diesem Zeitpunkt hatte Wolter bereits seit vier Jahren, seit 1527, resigniert und war von seinen Ämtern zurückgetreten. Er überlebte diese Vertragsverlängerung auch nur mehr vier Jahre.

Zuerst war Wolter daran gegangen seine Position in Livland zu stärken. Er hatte sich den Waffenstillstand mit dem übermächtigen Moskauer Reich nur sichern können, weil er auf Hilfe von Seiten Litauens verzichtet hatte. Nun war nach dem Erlöschen des preußischen Ordensstaates 1525 auch von dort keine Hilfe mehr zu erwarten, auch keine ideelle Hilfe, denn Preußen war kein geistlicher Ordensstaat mehr, wogegen Kaiser und Papst protestierten, was aber wirkungslos blieb.

Nun wäre es an der Zeit gewesen, endlich den Landmeister Wolter dadurch zu stärken, daß man ihn, den im Krieg so erfolreichen Mann, zum neuen Hochmeister gewählt hätte. Wolter hatte 1525 den Anspruch auf dieses Amt geltend gemacht, aussichtsreichste Kandidaten waren der Landmeister Wolter in Livland und der Deutschmeister im Reich.

In jene Auseinandersetzung um das Hochmeisteramt gehörte die Herausgabe eines Schautalers. Schon Kaiser Friedrich II. hatte zum Zeichen seiner besonderen Macht Münzprägungen vorgenommen und das Staufische Reich war das Fundament des Ordens. Auf dem Augustalis Kaiser Friedrichs 1231 war die Umschrift aufgebracht: IMP(ERATOR) ROM(ANORUM) CESAR AUG(USTUS) und FRIDERICUS.

Waffenstillstandsvertrag zwischen Zar Vasilij III. von Moskau und dem Deutschordensmeister in Livland, Wolter von Plettenberg, 25. März 1509

Die Münzprägung des livländischen Ordenszweiges fiel aus dem Rahmen:

Der vollgerüstete Meister hält in der Rechten ein erhobenes Schwert; er hält die Linke in die Hüfte gestützt, sein linkes Bein wird von einem mit dem Ordenswappen in Verschränkung mit dem Personalwappen bedeckten Schild verstellt. Das Ordenskreuz liegt dem Brustpanzer auf. Die Umschrift auf der Münze lautet: MONE(TA) NOVA MAG(IST)RI LIVONI(AE). Die Rückseite zeigt die Maria im Strahlenkranz mit dem Kind auf dem linken Arm und rückwärts sieht man die Umschrift: S(ANCTA) MARIA CONSERVA POPVLVM TVVM.

Die Rückseite findet sich bereits Anfang des 16. Jahrhunderts in hochmeisterlichen Prägungen, ebenso ein ähnlicher Text; sie muß also nicht auf Plauens Golddukat zurückgehen. Bei der Vorderseite scheint dies jedoch der Fall zu sein. Diese Darstellungsform hatte es seit dem Hochmeister Heinrich von Plauen nicht mehr gegeben. Sie unterscheidet sich im wesentlichen nur in der Schwerthaltung nach oben statt nach unten und in den Wappen. Plauen war bereits Hochmeister, als er den Gulden prägen ließ, Plettenberg wollte es erst werden.

Auch der barhäuptige Kopf, der bis an den Münzrand ragt, ebenso die in das Umschriftfeld hineinragenden, bei Plettenberg gar abgeschnittenen Füße zeigen die Analogie der Darstellung herrscherlicher Pose. Der Schautaler des livländischen Meisters ist ebenfalls in Gold ausgegeben worden, wobei unklar ist, welches Material Priorität hat. Bezeichnenderweise ist kein livländisches Stück bekannt, er scheint bewußt als "Werbestück" im Reich verteilt worden zu sein und stellt ein ungewohntes, aber für die Zeitgenossen beredtes Zeugnis im Kampf um die Führung im Orden im Jahre 1525 dar.

Der Schautaler Wolters von Plettenberg sollte den Anspruch des livländischen Meisters auf das Hochmeisteramt herausstellen. Eine Münze dieser Art befindet sich in Hamburg, im Museum für Hamburgische Geschichte, in dem Münzkabinett.

Auch Schrifttum ist über Wolter von Plettenberg vorhanden, eine Handschrift in Papier 95 Blatt, aus der Zeit Anfang und Mitte des 16. Jahrhunderts, die in der Universitätsbibliothek von Uppsala aufbewahrt wird. Da heißt es in dieser schönen Historie von den Herren von Livland: "Eynne schonne hysthorye van unnderlyken gescheffthen der heren tho Lyffflanth myth den Rüssen etc."

Den Hauptteil der in niederdeutscher Sprache geschriebenen Handschrift, die verwandte Züge mit den skandinavischen Sprachen vorweist, bildet ein Traktat, der im Zusammenhang mit den Bemühungen des livländischen Ordensmeisters Wolter von Plettenberg um päpstlichen Ablaß entstanden ist. Es handelt sich um eine Propagandaschrift für den zweiten Livlandablaß von 1508 in Niedersachsen und Westfalen, die vermutlich von Christian Bomhower, Sekretär Plettenbergs und Gesandter beim päpstlichen Stuhl, verfaßt wurde.

Geschildert werden die Ereignisse der Jahre 1491 bis 1507 zwischen den Russen und dem Orden in Livland, aus unmittelbarer Anschauung, so daß hier nicht nur Ablaßpropaganda, sondern auch eine verläßliche historische Quelle für die angegebenen Jahre vorliegt. Grundtendenz ist dabei die Sicht auf den Orden als Vormauer der Christenheit gegen den Erbfeind Moskau. Wie konnten aber die Fürsten im Reich in den Russen einen potentiellen Feind erkennen, wenn sich der habsburgische Kaiser mit dem russischen Großfürsten verbündete, um seinen österreichischen Machtbereich gegenüber Polen abstecken zu können.

Wieder einmal wirkt sich die große Politik des Kaisers im Reich negativ auf den Deutschen Orden aus. Seit 1438 der Habsburger Herzog Albrecht II. in Wien die deutsche Königskrone trägt, regieren die Habsburger im Reich. Albrecht beerbte durch die Vermählung mit der Tochter Elisabeth, den letzten luxemburgischen Kaiser Sigismund. Das Erbe war noch nicht sicher, denn Polen hatte noch irgendwelche Erbrechte auf Böhmen und Ungarn, dann heiratete König Kasimir IV. von Polen 1454 die Tochter König Albrechts. Albrecht von Habsburg hatte auch keinen Sohn, aber die habsburger Linie aus Kärnten setzte sich mit Kaiser Friedrich III. durch. Auch wenn dieser von Innsbruck und Linz aus das Reich regieren muß, weil der ungarische König Matthias Corvinus von Wien aus Ungarn und Österreich regiert. Auch der Ungar hatte keinen Erbsohn, so daß die Habsburger wieder an der Reihe waren.

Kaiser Friedrichs Sohn Maximilian I., der ab 1493 die Krone im Reich trug, konnte auf Kosten des Ordens in Preußen 1515 den bedeutsamen Ausgleich mit Polen in Preßburg vereinbaren. Der Ordensstaat war am Ende und löste, gegen Anerkennung als weltliches Herzogtum durch den polnischen König, den Ordensstaat in Preußen 1525 auf. Gleichzeitig ging wie ein Sturm die Reformation über Preußen, Livland, Estland, Finnland und Schweden in den Jahren 1524 bis 1526 hinweg.

Kaiser Maximilians Enkel Karl V. war 1519 zum Kaiser gewählt worden und er, der Burgunder, war gegen die Reformation. Dies hinderte ihn, den Habsburger nicht, sich mit Moskau gegen das katholische Polen und Litauen zu verbünden. So erlangte er die endgültige Anerkennung des österreichischen Besitzes von Ungarn, Böhmen, Schlesien und der Lausitz durch Polen. Dann konnte sich der Kaiser seinen westlichen Interessen zuwenden, dem Erwerb Spaniens zu Burgund hinzu, und damit die Besitzungen in Amerika.

Der eine Pfeiler, auf dem sich also der livländische Restorden im Osten hätte stützen können, der Kaiser, sah die Dinge im Osten als geregelt an, zumindest soweit sie in sein Blickfeld fielen und dem Habsburger Hause dienten. Der zweite Pfeiler des Ordens im Abendland, der Papst, hatte Beschäftigung erhalten durch die Sachsen. Dieser deutsche Stamm, der "deutscheste" aller deutschen Stämme, hatte immer noch nicht verwunden, daß er den Römischen Glauben eingebläut bekommen hatte. Die Franken waren damals im 8. Jahrhundert die führende Macht in Europa. Das Frankenreich sah sich als Nachfolgerin des untergegangenen Römischen Reiches und sah sich somit in der Verpflichtung, auch den Römischen Glauben zu pflegen; im Gegensatz zum oströmischen orthodoxen Glauben von Byzanz, also den Römisch-katholischen Glauben.

Soweit das Römische Reich einst reichte, von England und Irland bis nach Rom, vom Westen bis zum Rhein und vom Süden bis zur Donau, gab es mit der Römischen Kirche keine Probleme. Das die Bayern und Langobarden, die Verwandten in Norditalien wohl arianische Christen, doch noch nicht römisch-katholisch waren, ließ sich durch die Franken noch mit Leichtigkeit in Bayern regeln. Durch Heirat der bayerischen Prinzessin Theodolinde, die bereits katholisch war und somit an Jesus Christus als Gottes Sohn glaubte, wurde der langobardische König Authari und sein Volk in Italien zum katholischen Glauben bekehrt. In Bayern gibt es heute noch einen Spruch für eine gewaltsame Überzeugung des Anderen, "Ich mach' dich noch katholisch", vielleicht stammt er noch aus der Zeit von damals.

Solchermaßen waren nun alle ehemaligen Gebiete der Römer freiwillig beim römisch-katholischen Glauben und alle anderen Stämme des Reichs wurden von den Franken mit mehr oder weniger Druck zum Christentum gezwungen. Die Alemannen (Schwaben), die Niedersachsen und Obersachsen, die sächsischen Ost- und Westfalen, die mit den Sachsen verwandten Thüringer, die Friesen und die zwischen Sachsen und Schwaben lebenden Hessen, sowie der im heutigen Nordbayern lebende Teil der Franken, sie alle schüttelten das noch zu wenig geliebte katholische Christentum ab. Diesen Vorgang nannten die Protestanten in der ihr eigenen Selbstdarstellung - die Reformation. Es war aber mehr eine Rücknahme der ihnen aufgedrückten christlichen Tugenden Roms in der fränkischen Verpackung. Besser bezeichnet man den Vorgang damals, der von den Wittenbergern in Sachsen unter

Luthers Führung vonstatten ging, als die Deutsche Konfession. Dieser Interpretation dürften die skandinavischen lutherischen Länder und auch die baltischen Lutheraner, aber auch die Esten und Letten zustimmen. Es handelte sich im Grunde um puren Nationalismus, versteckt hinter Glaubenszweifeln. Es war ein Affront der Germanen gegen die Romanen, auch die germanischen Niederländer und die angel-sächsischen Engländer trennten sich von Rom.

Karl der Große, der in der Nähe von München zur Welt gekommene König der Franken, war der Herrscher über Romanen und Germanen, was in der europäischen Einigungsbewegung besonders zum Ausdruck kommt. Die Franken als germanischer Stamm bildeten die Urzelle ihres gewaltigen europäischen Reiches dort im Gebiet vom heutigen Belgien aus, dort wo sich Germanen und Romanen begegneten. In Belgien gibt es heute drei Amtssprachen: Französisch, Flämisch und Deutsch. Auch das Zahlungsmittel, der Franc, erinnnert noch an sehr frühe Zeiten; so auch in Frankreich, in Andorra, in Monaco und in der Schweiz, wo der Franken als Zahlungsmittel gilt, aber auch in Lichtenstein und Luxemburg.

Zu Weihnachten anno 800 war Karl der Große vom Papst zum römischen Kaiser gekrönt worden, er war der erste Kaiser Karl. Zu der Zeit der sogenannten Reformation gab es den fünften Karl und wieder war dessen Geburtsheimat die Gegend, wo einst die Urzelle des Reiches Karls des Großen gewesen war. Kaiser Karl V. war im flanderischen Gent im Jahre 1500 geboren, genau 700 Jahre nach Karls des Großen Krönung in Rom. Karls V. sein Erzieher Adrian Florisz war nicht weit von Gent, in der Stadt Utrecht geboren und der Dritte zu der Zeit in ihrem Bunde, um es mit Schiller zu sagen, war der große Erasmus aus Rotterdam, gleichfalls aus den Niederlanden.

Dieser Erzieher des Kaisers und Vertreter des Kaisers in Spanien, Kardinal Hadrian wurde 1522 Papst in Rom. Auf Papst Hadrian VI. wurden große Erwartungen gesetzt, denn sein Vorgänger Papst Leo X. hatte 1521 gegen den Rebellen Luther, dem abtrünnigen Augustinermönch Martinus, die Bannbulle erlassen und auch Kaiser Karl hatte den Aufrührer in die Reichsacht gelegt, und diese Probleme harrten einer Lösung. Doch der Papst starb bereits im folgenden Jahr.

Die Lage in ganz Europa war explosiv und es hätte nun endlich eines Papstes bedurft, der schnell und entschieden zu handeln in der Lage war. Als 216. Nachfolger auf dem Stuhle Petri in Rom wurde Giulio de' Medici 1523, ein persönlich untadeliger Papst, aber ein Zauderer. Noch dazu stellt er sich auf die Seite des französischen Königs gegen Kaiser Karl, da ihm der Kaiser zu mächtig erscheint. In unnützen Kriegen mißt der französische König Franz I. seine Kräfte, da er sich Hoffnung auf die Römische Krone machte, doch immer wieder verlor er gegen den Kaiser und geriet in des Kaisers Gefangenschaft. Inzwischen geht im Reich alles drunter und drüber, und das Schlimmste für Kaiser Karl, die Türken besetzen den restlichen Balkan und 1526 ganz Ungarn. Die Türken stehen nun für 170 Jahre an der Grenze des Habsburger Stammlandes Österreich, Österreich-Ungarn wehrt sich und der Kaiser greift die Türken in Tunis an. Da paktiert der Papst mit den Türken, eine unglaubliche Situation. Während der Kaiser an allen Fronten den katholischen-römischen Glauben verteidigt, fällt ihm der Papst in den Rücken.

Dies kam dem kaiserlichen Feldhauptmann Georg von Frundsberg aus dem bayerisch-schwäbischen Mindelheim gerade recht. Er hatte vom Kaiser in Italien den Oberbefehl des Heeres gegen die Franzosen erhalten, 1522 bei Bicocca und 1525 bei Pavia war er Sieger gewesen, so holte er sich mit seinen Mannen den verdienten Lohn beim Papst selbst. Er zog 1527 in Rom ein, der Papst zahlte nicht, so wurde Rom von den wackeren Bayern und Schwaben geplündert - in den Geschichtsbüchern ist dieses Ereignis unter dem Begriff "Sacco di Roma" verzeichnet.

Der Papst war plötzlich freundlich zum Kaiser, schickte einen Legaten zum Friedensschluß nach Barcelona in Spanien und das Jahr darauf seinen Vertreter mit der Römischen Kaiserkrone 1530 nach Bologna. Zu diesem Zeitpunkt war das nördliche Europa nicht mehr das, was es vorher gewesen war. Überall waren "Lutherische Nationalkirchen" entstanden, die sich vom Papst losgesagt hatten: Zürich und die Schweiz 1522, Wittenberg und Sachsen, Hessen und Preußen 1522 bis 1525 und Schweden und Finnland 1527. Der Kaiser konnte nur noch nach Augsburg eilen und sich das Diktat Luthers anhören, dies mußte er als Augsburger Bekenntnis 1530 anerkennen.

Ein Jahr später hat der Kaiser bereits den Schmalkaldischen Bund aller lutherischen Länder im Reich gegen sich. Siebenhundert Jahre des Bestehens des Römisch-Deutschen Reiches mußten vergehen, nun war das Reich nicht nur der Glaubensspaltung erlegen, sondern der Norden stellte sich gegen die katholische Majestät des Kaisers, das war das Ende dieser grandiosen Kaiseridee. Was so großartig mit Karl dem Großen im Jahre 800 begann, in seiner fränkischen Hauptstadt Aachen, das endete nun im Jahre 1530 im bayerischen Augsburg. Fortan dümpelte dieses Reich unter Habsburger Führung dem endgültigen Ende, der Zeit Napoleons, entgegen, nur daß man sagen konnte, es war mehr als tausend Jahre alt geworden.

Inzwischen konnte der Großfürst von Moskau Wasilij III. Iwanowitsch seine Macht weiter ausbauen, ungestört mit westlicher Hilfe, denn Rußland war der Schutzschild Europas gegen die Tataren; zunehmend auch ein Verbündeter gegen die vorrückenden Türken und die standen nun tatsächlich bereits kurz vor Wien.

Nach der anfänglichen Niederlage Wasilijs 1502 am See Smolina gegen Litauen und das Ordensheer unter dem Landmeister Wolter von Plettenberg, entzweite er durch den Waffenstillstandsvertrag mit Wolter von Plettenberg die Litauer und den Orden. Dies war die Bedingung des über sechs Jahre vereinbarten Vertrages, daß der Orden die Unterstützung für die Litauer einstellt. So konnte Wasilij seinen Krieg von 1506 bis 1508 gegen Litauen führen, das nun keinen Verbündeten hatte. Im Jahre 1509 verlängerte der Großfürst Wasilij den Waffenstillstandsvertrag mit Meister Wolter um weitere vierzehn Jahre, und schon war er 1510 im Besitz von Pleskau, das fast zweihundert Jahre von Nowgorod unabhängig gewesen war. So war der Großfürst von Moskau direkter Nachbar des livländischen Ordensstaates, war es bereits 1478, als er das Fürstentum Nowgorod einverleibte und drohend gegenüber der Hermannsfeste des Ordens 1492 die Russenfeste Iwangorod errichtete. Damals hatte Moskau 1488/89 die Oberschicht Nowgorods in weiter östlich liegende Städte zwangsumgesiedelt und durch Moskauer Familien ersetzt - damals schon! Die Geschichte wiederholt sich immer wieder und niemand heute soll sagen, nach den schrecklichen Geschehnissen in der neueren Zeit in Sibirien, er hätte es nicht geahnt. Die Schließung des Handelskontors 1494 in Nowgorod, der nicht kriegerischen Zielen diente, war nur noch die logische Folge.

Am Berührungspunkt Narva wachte der Orden und südlich des Peipus- und Pleskauer-Sees hatte der Bischof von Dorpat seine mächtige Schutzburg Vastseliina stehen. Zwischen dem Bischofsland des Erzbischofs von Riga im Süden bewachte der Orden die Straßenverbindung von Pleskau her zu dem Landmeistersitz in Wenden und dem Sitz des Erzbischofs in Riga. Aber noch herrschte der Vertrag über den Stillstand der Waffen zwischen dem Orden und Moskau. Zehn Jahre lang bekriegt der Großfürst Wasilij die Litauer, von 1512 bis 1522, und 1514 kann er die wichtige Festung von Smolensk gewinnen, 1521 gewinnt er Rjasans und 1522 Nowgorod Sewersk hinzu.

Im Jahre 1523 lief die vierzehnjährige Vertragsverlängerung des Waffenstillstandes zwischen Großfürst Wasilij und Landmeister Wolter ab. In der vertragslosen Zeit war niemand an irgendwelchen Auseinandersetzungen gelegen. Im Reich hatte sich Wolter von Plettenberg um die Hochmeisterwürde beworben, seinen Sekretär Christian Bomhower hatte er überall hingeschickt, zuletzt als Gesandten beim päpstlichen Stuhl. Zu dem was man sich im Reich noch aufraffen konnte, in Gedanken an die bedeutende Aufgabe des Ordens in Livland gegen die drohende russische Macht, dies berichtet die "hysthorye" von dem "heren tho Lyfflanth". In der Chronik "...der hermeisters in Lifflandt" wird berichtet, von der Erhebung des Landmeisters Wolter von Plettenberg 1526 zum Reichsfürsten. So sollte der Meister Gelegenheit erhalten, zumindest auf den Reichstagen sich persönlich von der Machtlosigkeit der einstmals den Ordensstaat stützenden Mächte, dem Papst und seine Kirche, sowie den Kaiser und sein Reich, zu überzeugen. Resigniert zog sich Wolter, der größte Ordensmeister Livlands im Jahre 1527 zurück, wie er erklärte aus Altersgründen, doch mehr noch aus Sorge um Livland.

Die Handschrift die von der Universitätsbibliothek Uppsala im Jahre 1800 erworben wurde, heißt es in der "Chronicka" zum Schluß in einem bemerkenswerten Satz: "Thor tith syneß forstliken reigementheß hefft de stath Riga 2 fine gelerde menner averkamen de erstlich dat billige worth gades bynnen Riga gepredigeth hebben dat de lofflicke forste befft angenamen unnde dem worde nicht weddergestanden. Er ist de erste kristlike forste gewesen" – "Zur Zeit seines fürstlichen Regiments bekam die Stadt Riga zwei feine gelehrte Männer, die erstmals das heilige Gotteswort in Riga gepredigt haben, welches der löbliche Fürst angenommen und wobei er dem Wort nicht widerstanden hat. Er ist der erste christliche Fürst gewesen."

Dies war ein Hinweis darauf, daß auch schon in Riga die lutherischen Prediger angekommen waren. Ob der Landmeister Wolter von Plettenberg diese neue Lehre billigte ist fraglich, aber aufhalten konnte er die Reformation, die zwischen den Jahren 1524 bis 1527 über die Länder Schweden, Finnland, Estland und Livland hinwegging, keineswegs. In manchen Konventen lebten katholische und protestantische Ordensritter zusammen. Er versuchte nur noch die Ostgrenze gegen Moskau zu schützen und die Neutralität zwischen Moskau und Polen-Litauen zu bewahren.

Genügend Spekulationen gibt es im Zusammenhang mit dem großen Landmeister von Livland Wolter von Plettenberg, der faktisch seit 1525 Hochmeister des Ordens im Baltikum war. Seit diesem Jahr war der Hochmeister nicht mehr in Königsberg ansäßig, Albrecht war inzwischen zum Herzog umgewandelt worden. Das Hochmeisteramt konnte auch nicht im Reich vergeben werden, der Hochmeistersitz wurde von Venedig nach der Marienburg verlegt, war also vorher nicht im Reich.

Der Ordensmeister, so wird behauptet, habe die Reformation eingeführt. Die Reformation war für den katholischen Orden wie eine Seuche, sie griff um sich in der Eigendynamik völliger Destabilisierung der Macht. Wolter von Plettenberg hätte das Angebot der Städte Reval und Riga annehmen können, auf Alleinherrschaft und Säkularisation des Ordens. Er mußte die Reformation dulden, blieb aber selbst beim katholischen Glauben. Das Territorium wandelte er nicht in ein weltliches Fürstentum um, sondern unterstellte 1525 das Ordensland unmittelbar dem Reich, worauf er ein Jahr später Reichsfürst wurde. Insoweit kam das Angebot der Städte zu spät, aber der neuernannte Reichsfürst hatte die nötige Autorität, mit dem Großfürsten Wasilij von Moskau eine weitere Verlängerung des Waffenstillstandes im Jahre 1531 zu erreichen. Weitere dreißig Jahre sollte Frieden sein, die es zu nutzen galt, doch ringsum warteten die Feinde darauf, dem Ordensstaat ein Ende zu machen, am eifrigsten waren dabei die Kräfte im Lande selbst.

Innerhalb zweier Jahre traten beide bedeutende Männer von der Weltbühne ab, Großfürst Wasilij Ende 1533 und Wolter von Plettenberg nur zwei Jahre später. Warum der vereinbarte Friede tatsächlich zum tragen kam, lag an dem Umstand, daß der Nachfolger Wasilijs, sein Sohn Iwan, erst drei Jahre alt war. Der kleine Großfürst Iwan IV., Wassiljewitsch, genannt der Schreckliche, wartete die dreißig Jahre nicht mehr ab. Im Jahre 1558 fiel er in Livland ein, um einen Zugang zur Ostsee zu erkämpfen, dies war das Ende für den Orden.

Die livländischen Territorien wurden 1561/1562 säkularisiert und zwischen Schweden und Polen aufgeteilt, die gegen Iwan zu Hilfe gerufen worden waren. Der Süden des Ordenslandes wurde in ein polnisches Lehnsherzogtum Kurland, nach dem Muster des ehemaligen Ordensstaates Preußen, verwandelt.

Ebenso wie im preußischen Falle blieben auch hier – nach über 325 Jahren – die Folgen der Ordensherrschaft spürbar, vor allem in den sozialen und ethnischen Strukturen, wobei das bleibende Übergewicht der deutschen Adligen und Bürger, die sich als Landeskinder verstanden, besonders charakteristisch war. Es blieb auch die untergeordnete Stellung der lettischen, kurländischen und estnischen Bauern, und es blieben nicht zuletzt die Ruinen der Burgen, die deutschen Ortsnamen und die historiographische Tradition.

Segewold - Sigulda/Livland
Die Ruinen der alten Ordensburg

Tuckum eine alte kurländische Stadt

Pope - Es ruht der Wald, der alte Friedhof auch

Pope - Ein alter Hof, ein Pferd und ein Wagen

Einsame Landschaften an der Küste Kurlands

Kolka Mauerreste an der Nordspitze Kurlands

Das gewaltige Herzogsschloß in Mitau

Mitau - Schlösser zeugen von herzoglicher Macht

Atlettische Häuser im Rigaer Freilichtmuseum

Katholische Wallfahrtskirche Aglohn/Lettgallen

Burgruine Wenden - Residenz der Ordensmeister

Burg Wenden - Gewaltiges Symbol der Ordensmacht

Lais - Ordensschloßruinen vom 14. Jahrhundert

Lais - 1700 Residenz des schwedischen Königs

Rappin - Park und Gutshaus am Stausee

LIVLAND LEBT IM DEUTSCHEN ORDEN WEITER

Die letzten Landmeister von Livland

Der Ordensstaat in Preußen hatte das Vorrecht einen Hochmeister zu stellen, dem der Landmeister in Livland und der Deutschmeister im Reich unterstellt war. Nun hatte Albrecht von Brandenburg den Orden in Preußen 1525 aufgelöst und regierte dort als weltlicher Herzog mit Erbrechten seiner Nachkommen. Der Papst und der Kaiser verurteilten dieses Vorgehen, der Kaiser erklärte deswegen Albrecht in die Reichsacht, doch die Reformation hatte die Struktur der Reichsgewalt so sehr geschädigt, daß dies ohne Wirkung blieb.

Man erkannte das Tun Albrechts in Königsberg nicht an und wollte deshalb im Reich keinen neuen Hochmeister wählen, denn die Wahl eines neuen Hochmeisters hätte bedeutet, daß der Deutsche Orden den Staatsstreich Albrechts und den endgültigen Verlust Preußens anerkennt. Daß aber in Livland immer noch ein Teil des Ordensstaates bestand, so daß man dem livländischen Landmeister ohne Bedenken den Hochmeistertitel zugestehen hätte können, dafür war man zu eigensüchtig.

Nach langem Bemühen einigt man sich darauf, den 1526 gewählten neuen Deutschmeister Walter von Cronberg, als Ordensoberhaupt auf Zeit und damit als Administrator des Hochmeisters innerhalb und außerhalb des Ordens zu ernennen. Kaiser Karl belehnt 1530 Walter von Cronberg mit den hochmeisterlichen Rechten und mit dem Land Preußen. Sitz des Hochmeisters ist jetzt Mergentheim. Der Wunsch, damit Preußen wieder in den Herrschaftsbereich des Ordens zu bekommen, bleibt auf ewig ein frommer Gedanke.

Die Landmeister in Livland lassen sich trotz allem nicht beirren. Durch das Geschick Wolters von Plettenberg war ihnen noch eine Friedenszeit beschert worden und man ließ nicht einen Funken der Hoffnungslosigkeit aufkommen.

Wenn die livländischen Landmeister nur einen eingeschränkten Anspruch auf die livländische Territorialhoheit ausübten, so pflegten sie ungetrübt die Symbole der Macht, solange es ihnen noch erlaubt war. Die Wiener Schatzkammer des Deutschen Ordens bewahrt Schautaler der letzten Landmeister in Livland. Nachfolger des großen Landmeisters Wolter von Plettenberg war Hermann von Bruggeney, von 1535 bis 1549. Ein Jahr nach seinem Amtsantritt ließ er einen Taler herstellen, der den Meister in Ganzrüstung zeigt mit Füßen, im Gegensatz zum Plettenberg-Taler, die Linke ebenfalls in der Hüfte, mit der Rechten auf ein großes Schwert sich stützend, ohne Ordenskreuz auf dem Panzer. Das Wappenschild ist in der Grundform wie beim Plettenberg Taler zwischen die Füsse gerückt. Die Umschrift lautet: HERMAN BRVG (E)NA(Y) MAGIS(TER) LIVO(NIAE). Die Rückseite zeigt das Revaler Kreuz, darüber die Jahreszahl 1536, links daneben M und rechts daneben G, mit der Umschrift: MONETA NOVA ARGENTEA REVALIENSIS.

Die Darstellung des Meisters auf der Münze lehnt sich in ihrer Statik, der Schwerthaltung und der Stellung des Personalwappens eindeutig an den Dukaten des Hochmeisters Heinrich von Plauen vom Beginn des 15. Jahrhunderts an und verläßt damit die lebendigere, bei fehlenden Füßen aber auch künstlerisch nicht vollendete Form des Plettenberg-Talers. Sie steht in der Tradition der kaiserlichen Prägungen, wie sie bei Kaiser Maximilian I. um 1500 zu finden sind, reduziert jedoch den damit verbundenen Herrschaftsanspruch offenbar nur noch auf Livland - der Streit um die Führung im Orden spielte keine Rolle mehr.

Schautaler Hermanns von Bruggeney, Landmeister von Livland (1535 - 1549)

Das Symbol des Talers wird zum Typ beim Taler Wilhelms von Fürstenberg, livländischer Landmeister von 1557 bis 1559. Die Prägung vom Jahre 1557 zeigt den stehenden, gerüsteten Meister mit erhobenem Arm über der rechten Schulter, die Linke in die Hüfte gestützt. Die untere Körperhälfte ist voll von seinem Wappen verdeckt, davon rechts und links die Jahreszahl 15-57. Die Umschrift lautet: WILHELM VORSTENBERG D(EI) G(RATIA) M(AGISTER) LIVON(IAE). Die Rückseite zeigt das große Stadtwappen von Riga und die Umschrift: MONETA NOVA RIGENSI(S).

Bereits der Vorgänger Fürstenbergs, Heinrich von Galen, der von 1551 bis 1557 regierte, prägte ähnlich gestaltete Münzen und griff damit die von Plettenberg 1525 geprägte Darstellungsform mit erhobenem Schwert wieder auf. Das Wappen gewann an Größe und nahm eine zentrale Stelle ein. War Plettenbergs Taler noch ein mit hohem Anspruch verbundenes Symbol, so stieg die Darstellung ein Vierteljahrhundert später herab zum Typ, der seinen ausgesprochenen Symbolgehalt verloren hatte.

Prägungen, die später kamen, dienten der imperialen Symbolik der Hochmeister im Reich. Der Orden in Livland hatte im Jahre 1561 zu bestehen aufgehört. Wir stellten bereits fest, daß die Ordensleute für den Deutschen Orden anfangs aus Bremen und Lübeck, dann aus ganz Niederdeutschland kamen. Dazu gesellten sich später Ordensritter aus dem Südwesten; vom Niederrhein, aus Franken, Hessen, Sachsen und Thüringen. Jedenfalls kamen sie fast ausschließlich aus Gegenden die später protestantisch wurden.

Der erste Hochmeister aus dem katholischen österreichischen Kaiserhaus war der Hochmeister Maximilian I. von 1585 bis 1618 im Amte. Ihm folgte als Hochmeister Karl von Österreich, der endgültig die römische Liturgie einführte. Aus dem katholischen Bayern kam der erste Hochmeister erst mit Clemens August von Bayern im Jahre 1732 an die Spitze der Mergentheimer Ordensregierung.

Mit Franz Ludwig von Wrede kam 1746 sogar ein lutherischer Ritteraspirant für die hessische Ordensballei. Die hochmeisterliche Genehmigung erteilte der bayerische Hochmeister Clemens August. Der Aspirant konnte seine Ahnenprobe mit 16 adligenVorfahren vorweisen, da spielte die andere Konfession im katholischen Deutschen Orden keine Rolle mehr.

Neben dem mit Sitz in Wien in sechs europäischen Staaten wirkenden katholischen Deutschen Orden gibt es einen Deutschen Orden in den Niederlanden. Es ist der protestantische "Riderlijke Duitsche Orde, Balije van Utrecht mit Sitz in Utrecht. Er ist aus dem im 13. Jahrhundert begründeten Ordensballei des Deutschen

Ritterordens in Utrecht hervorgegangen, die sich im 17. Jahrhundert verselbständigte. Das Kapitel der Ballei Utrecht besteht aus dem Landkomtur und 10 Komturen von Dieren, Maasland, Tiel Rhenen, Leiden und Katwijt, Schoten, Doesburg, Schelluinen, Middelburg und Schoonhoven. Alle Mitglieder müssen Niederländer sein, Protestanten und Adlige, deren Adel bis 1795 zurückgeht.

Auch Ordensschwestern gab und gibt es heute noch. Besonders im 19. Jahrhundert wurde die Ordensgemeinschaft der Schwestern neu belebt und gefördert. Sr. Agnes Weber, Oberin in Troppau, Schlesien trägt das Ordenskleid der Barmherzigen Schwestern von Zams in Tirol. Die Schwestern sind in Lana Südtirol und mit dem Deutschordens-Schwestern-Provinzialat in Passau ansäßig. Sie tragen seit 1869 das Deutschordenskreuz. Der Orden erbrachte im ersten Weltkrieg beachtliche Leistungen im Sanitätswesen. Der Wahlspruch des Ordens lautete “Helfen und Heilen.”

In Sterzing in Südtirol befindet sich eine Prozessionsfahne aus weißem Seidendamast und einem Ölgemälde auf Seidentuch. Nur als ein Beispiel vieler Erinnerungsstücke an den Deutschen Orden. In gotischen Buchstaben die Fürbitten: “Hl. Evangelisten bittet für uns!” und “Hl. Georg und Hl. Hedwig bittet für uns!”, welche eingestickt sind. Die Fahne hat drei Bahnen, deren mittlere das schwarze, silbergesäumte Kreuz des Deutschen Ordens trägt. In einfacher Landschaft , vor einer Stadtmauer stehend, triumphiert Georg mit gebläutem Harnisch mit rosafarbenem Mantel und roter Helmzier über dem Drachen, in der Rechten die Lanzenfahne mit dem Deutschordenskreuz. Die weibliche Heilige in Zisterzienserinnenkutte verpflegt einen verwachsenen Bettler mit Brot und trägt das Deutschordenskreuz auf der Brust.

Dieses Deutschordenskreuz gab es als Brustkreuz des Hochmeisters, als Brustkreuz der Ordensbrüder, als Halskreuz der Ehrenritter, als Halskreuz der Altmarianer und als Halskreuz der Marianer. Am Ordensmantel finden wir das Kreuz, als Auszeichnung das Deutsche Kreuz und als Kriegsauszeichnung gab es das Eiserne Kreuz und das Ritterkreuz. An den unzähligen Kriegerdenkmälern und Gefallenengedenkstätten finden wir das Kreuz des Ritterordens ... und wir finden sie auf den Friedhöfen im Baltikum.

Ordenspriester im Deutschen Orden

Den Ordenspriester dürfte es bereits im Hospital zu Akkon gegeben haben. Da der Orden schon sehr früh Pfarreien übereignet erhielt, sind die Ordenspriester auch immer mit Aufgaben des Weltklerus betraut gewesen. Besonders deutlich sehen wir das in Preußen und in Livland, wo ein Teil des Domkapitels dem Orden inkorporiert war, also aus Deutschordenspriestern bestand. So konnten sie bis zum Bischofsamt aufsteigen.

Der bewegte Lebenslauf Edmunds von Wörth ist ein nicht ungewöhnliches Beispiel für das 13. Jahrhundert. Woher er stammt, läßt sich bei dem unspezifischen Beinamen nicht ausmachen, denn Wörth, Werth heißt Insel. Er scheint ein gutes Verhältnis zu Hochmeister Anno von Sangershausen gehabt zu haben, der von 1256 bis 1273 Hochmeister war. Auf dessen Intervention beim Papst wurde Edmund 1263 zum Bischof von Kurland ernannt. Doch Kurland war keine gesicherte Diözese, erst recht nicht, als die für den Orden verlorene Schlacht bei Durben 1260 sich auch die Kuren erhoben hatten. Außerdem war das Gebiet ständig von den Litauern bedroht. So wechselte Edmunds Vorgänger bereits in das Bistum Chiemsee, ein Bistum um den Chiemsee herum, dem bayerischen Meer, dessen Bischof in Salzburg saß. Der Erzbischof in Salzburg fürchtete einen zu großen Einfluß durch den bayerischen Herzog, so daß er lieber den Bischof bei sich hatte und das Bistum dann ganz einverleibte.

Das Domkapitel existierte auch in Kurland nicht mehr, so daß der Hochmeister diese Gelegenheit nutzte, um durch die Ernennung eines Ordenspriesters die Diözese zu inkorporieren. Doch Edmund war offenbar einkünftelos, da gab ihm der Hochmeister 1272 das Haus in Andernach am Rhein. Edmund war dann als Weihbischof des Bistums Lüttich tätig, wo er 1289 nachweisbar war. Er ging in seine Diözese zurück wo er 1292, am 13. Dezember starb.

Auf seinem Grabstein in Altenbiesen können wir einen Text lesen, in lateinischer Schrift: “Im Jahre 1292 entschlief heiter am Fest Luciens nach mühevollem Ende der fromme Herr Emundus, sehr weise, von reinem Wesen, auffallender Gestalt, eine glänzende Leuchte der Sitten und gelehrt in der Regel der Bruderschaft des Deutschen Ordens, eifernd in löblichen Taten sich ergehend, die Paulskirche in Lüttich renovierend. Du schuldvoller Tod, du bist grausam und kühn! Man hat ihn erhoben zum Bischof von Kurland und geschmückt, ausgestattet mit Stab und Mitra.”

Edmund von Wörth bietet ein Beispiel der vielfältigen Möglichkeiten eines Deutschordenspriesters des 13. Jahrhunderts, der gleichzeitig in Diensten der Weltkirche stand. Sein Andenken wurde im Orden auch im Altenbiesen-Maastrichter Nekrolog aus der Mitte des 14. Jahrhunderts bewahrt, das in einer Randnotiz auch auf seinen Begräbnisort verweist.

Wilhelm von Fürstenberg stammte aus einem westfälischen Adelsgeschlecht, das mehrere Söhne im Laufe der Zeit im Orden hatte. Wilhelm war eigentlich der letzte "richtige" Landmeister in Livland, da sein Nachfolger Gotthard Ketteler den Rest des Ordenslandes als Herzog von Kurland von Polen zu Lehen nahm, er heiratete und trat zum lutherischen Glauben über. Wilhelm gehörte zu den Ordensbrüdern, die während der Kriegshandlungen gefangen genommen, nach Moskau abgeführt wurden und dort starben.

Man sieht an diesen Vorkommnissen, daß die Deportation auf nimmer Wiederkehr eine lange, bis ins 16. Jahrhundert zurückreichende Tradition in Rußland hatte. Dies sollten jene bedenken, die auch jetzt wieder nach dem Zusammenbruch des kommunistischen Regimes in Rußland verwundert tun, angesichts der Geschehnisse in Sibirien. Die Verschleppungen waren in Rußland schon zu einem üblichen Mittel der Politik geworden. Mißliebige Bevölkerungsschichten wurden seit Großfürst Iwan dem Schrecklichen in Rußland umgesiedelt. Mitte Juni begehen die Baltenstaaten den Gedenktag an die Zehntausenden, die nach Rußland verschleppt wurden. Tausende von Fahnen mit Trauerflor an den Straßen mahnen in Estland. Ist es ein rein politisches Ereignis? In der Kirche waren nur wenige zum gemeinsamen Gebet - pardon Gedenken versammelt.

Der livländische Landkomtur Wilhelm von Fürstenberg starb in Moskau, zusammen mit seinen livländischen Leidensgenossen. Für wen mußten sie sterben und wer betrauert sie? Ach ja, Livland war eine Erfindung des Deutschen Ordens in diesem sagenreichen Land. Ein Jahrhundert später berichtete darüber der Paderborner Bischof Ferdinand von Fürstenberg in seinem Monumenta Paderbornensia (Amsterdam 1672). Auch im Orden widmete sich Johann Caspar Venators Historischer Bericht vom Marianisch Teutschen Ritter-Orden (Nürnberg 1680) ausführlich jenen Ereignissen, und ein Franz Wilhelm von Fürstenberg war Landkomtur der Ballei Westfalen von 1671 bis 1688. Auf diesem Hintergrund war eine Gedenkbüste vom letzten Landmeister Wilhelm von Fürstenberg entstanden.

Die vollplastische Marmorbüste zeigt Wilhelm von Fürstenberg. Unter dem Prunkharnisch trägt er einen Rock mit großem umgeschlagenen Kragen. An einer Kette fälschlich das Kreuz des Hochmeisters, vielleicht doch absichtlich, denn den Livländern kam eigentlich die Würde des Hochmeisters zu, als Rest des Ordensstaates im Baltikum. An der Büste ist die damals übliche Glorifikation zurückgenommen und trotz einer gewissen Steifheit und Erstarrung zur Pose, wird der Dargestellte menschlich nahegebracht. Das Anlitz mit seiner feinen Mimik strahlt eine gewisse Milde aus, ein leises Lächeln spielt um die schmalen Lippen. Dieser milde Ausdruck rührt von einer eher fließenden Modellierung, die den Materialcharakter einzelner Partien, die Gesichtsfläche, Locken und Bart, Stoff und Harnisch eher verschleiert. Die Büste stammt aus dem Jahre 1685 und befindet sich im Westfälischen Landesmuseum für Kunst und Kulturgeschichte in Münster.

Der heilige Michael, der Erzengel Michael, ist bekanntlich der Patron der Deutschen. Madame de Stael, die durch Deutschland reist, will die deutschen Männer in ulkigen Zipfelmützen gesehen haben. In ihrem Buch über Deutschland "De l'Allemagne", will die französische Schriftstellerin, schweizerischer Abstammung, den deutschen Mann in der Zipfelmütze hinter gardinen-verhängten Stuben gesehen haben – so wird der Deutsche in der Karikatur dargestellt. Die protestantischen Deutschen erkennen keine Heiligen an, so daß sie statt des heiligen Michaels Heiligenschein, eben mit dieser recht praktischen Schlafmütze vorlieb nehmen müssen.

In München war die Madame leider nicht, sie hätte an der mächtigen Kirche St. Michael, der Kirche des Jesuitenordens, inmitten der Front des Gotteshauses den St. Michael in Augenschein nehmen können. In einer Kirche der südlichen Niederlande in Bilzen/Rijkhoven, in der "Kerk van Onze-Lieve-Vrouw Geboorte" – "der Kirche zur Geburt Unserer Lieben Frau" ist ein Gemälde des berühmten Malers Gaspar de Crayer. Der heilige Michael, in einer blauen römischen Soldatenuniform und rotem Mantel, erscheint dem mit einer Ritterrüstung bekleideten heiligen Georg auf den Wolken. Der Erzengel legt seine linke Hand, die Hand die vom Herzen kommt, auf die Schulter des heiligen Georg, der mit seiner Rechten die ihm dargereichte Standarte annimmt. Sowohl das Banner des siegreichen Engels als auch der Rock des ängstlichen Ritters tragen die rote crux quadrata.

Während am Hauptaltar den geistlichen Patronen des Ordens gehuldigt wird – der Muttergottes in einer Hirtenanbetung von Gerard Douffet von 1640 – stellen die Seitenaltäre in gegenreformatorischer Weise die Patrone der Caritas, die heilige Elisabeth, und die leidende Kirche, die Pieta, sowie den Patron der Ritter, den heiligen Georg, und die kämpfende Kirche, den Erzengel Michael, dar. Für den Orden im Reich waren sie alle noch Patrone, denen man sich anvertraute. In Livland und in Estland aber schon lange nicht mehr, der Orden war dort erloschen und der St. Georgstag hatte eine ganz andere Bedeutung erlangt.

KURLANDS WEG VOM ORDENSLAND ZUM HERZOGTUM

Gotthard Kettler letzter Landmeister in Livland

Gotthard Kettler letzter Herrmeister von Lieffland und erster Hertzog zu Curland/Lieffland und Semgallen gestorben 1587 A(nn)o d(omini) 17. May. G. G. Christian Hohl pinxiz., so steht es auf der Rückseite eines Bildes geschrieben, das Kettler im fortgeschrittenen Alter zeigt, nach rechts blickend, mit weißen, bis zur Mitte der Ohren herabreichenden Haaren und mit Schnurr- und Kinnbart. Er trägt bereits eine weltliche Tracht, die aus einem schwarzen, vorne zugeknöpften Unterkleid mit weißer Halskrause und einem Umhang mit Pelzkragen besteht.

Gotthard Kettler wurde um 1517 in Westfalen geboren, wie seine Vorgänger Wolter von Plettenberg, Heinrich von Galen und Wilhelm von Fürstenberg stammte er aus dem sächsischen Gebiet, das im Zuge der Teilung des Reiches Heinrichs des Löwen durch Kaiser Barbarossa 1180 an das Erzstift Kurköln kam. Im gleichen Zuge wurde bekanntlich auch Sachsen und Bayern wieder getrennt und vom bayerischen Herzogtum die Markgrafschaft Österreich abgespalten.

Viele Familien im Reich schickten über Jahrhunderte ihre Söhne in den geistlichen Stand, um nicht das Erbgut durch ununterbrochene Erbteilung unter sämtliche Söhne allmählich zu zerstören. So gingen sie in die Klöster, wurden Priester oder traten im Deutschen Orden ein. Kettler war zuerst Hofjunker des Erzbischofs von Köln Hermann Wied. Dann kam er unter ungeklärten Umständen nach Livland und trat dort in den Deutschen Orden ein.

Seit Anfang der fünfziger Jahre bekleidete er nacheinander hohe Ämter im Orden. 1553 war er in seiner Eigenschaft als Schäffer, also oberster Finanzbeamter beim Landmeister Heinrich von Galen auf der Burg Wenden, nach Deutschland gereist. Dort war er wahrscheinlich in Wittenberg mit dem lutherischen Glauben in Berührung gekommen, nicht aber mit Luther, der schon 1546 gestorben war.

Im Jahre 1554 wurde Kettler auf den Posten des Komturs von Dünaburg berufen. Landmeister Wilhelm von Fürstenberg berief Kettler zum Komtur von Fellin und obwohl, angesichts der bedrohlichen Lage im Jahre 1558 von Rußland her, seine ganze Kraft und Einsatz in Livland notwendig gewesen wäre, war er gerade deshalb ununterbrochen in Ordensangelegenheiten in Deutschland unterwegs.

Man kann vermuten, daß Kettler bereits in Richtung der Deutschen Konfession dachte, während Landmeister Wilhelm von Fürstenberg noch seinen Dienst für den Orden tat. Bereits beim Erzbischof Hermann V. von Wied, dem geistlichen Kurfürsten von Köln machten sich reformatorische Tendenzen bemerkbar. Beim

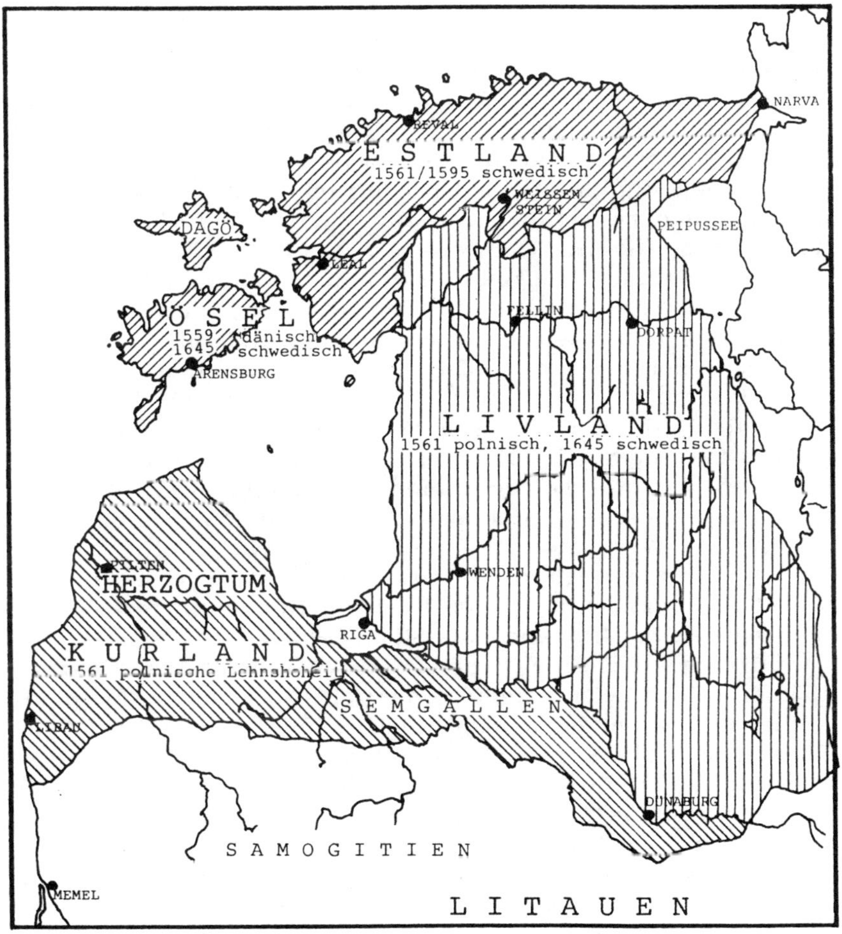

Die Reformation im Ordensland 1524–1645

Erzbischof war Martin Bucer als Hofprediger tätig, er war ein Mann Luthers. Zusammen mit Melanchton hatte er dem Erzbischof geraten 1542/43 in Köln die Reformation einzuführen. Das Domkapitel und die Stadt Köln waren dagegen, so daß der Erzbischof abtreten mußte.

Sein Nachfolger 1547 war Gebhard Truchsess von Waldburg, der gleichfalls der Reformation zuneigte, ein vererbbares Fürstentum Köln schaffen wollte und auch gleich in Bonn die evangelische Gräfin Agnes von Mansfeld heiratete. Dies geschah gegen den Willen des Kaisers, des Papstes und der Bayern. Ein bayerisch-spanisches Heer unter Führung Herzog Ferdinands von Bayern verjagte den Erzbischof Gebhard und sorgte dafür, daß in dem folgenden Kölner Krieg die damals noch unbekannten Städte Bonn und Bad Godesberg in die Geschichtsbücher gelangten. Dort nämlich errangen die Bayern Siege gegen die Protestanten, Herzog Ernst von Bayern wurde neuer Erzbischof in Köln und für zweihundert Jahre regierten in Köln bayerische Prinzen. Dadurch wurde der Katholizismus am Niederrhein und im Münsterland gerettet und der Erzstuhl wurde zum Zentrum der Wittelsbacherherrschaft am Rhein.

Schon bei seiner Tätigkeit in Köln und dann in Wittenberg holte sich Gotthard Kettler die Kenntnisse, wie voher Albrecht, der bereits Herzog in Preußen war, unangefochten und unter polnischen Schutz. Kettler trat bereits 1556 während der Auseinandersetzung mit dem Erzbischof von Riga für eine Anlehnung an Polen ein.

Bereits 1557 hatte Ivan der Schreckliche den Livländischen Ordensstaat angegriffen,1558 wurde von den Russen eine Ordensburg nach der anderen genommen. Die Städte im Osten Livlands fielen den russischen Eroberern in die Hände. 1559 war der letzte Landmeister Wilhelm von Fürstenberg gestorben. Kettler als sein Nachfolger war eine führende Persönlichkeit des Ordens und nun versuchte er, der gerade um diese Zeit den Höhepunkt erreichende politische Krise Altlivlands, die Stirn zu bieten.

Er hatte im Reich, auch beim Ordensteil in Deutschland, der seit 1530 den Hochmeister stellte, keinerlei Hilfe erhalten. Es erging Kettler so, wie dem letzten Hochmeister in Preußen, Albrecht von Brandenburg, der sich in der Not an seine eigentlichen Kriegsgegner wenden mußte, um irgendeine Hilfe zu erlangen. Wenn auch der polnische König Sigismund in Krakau Albrechts Onkel war, er mußte sich der polnischen Krone unterwerfen und dies galt über den Tod des Königs Sigismund hinaus. Albrecht löste den Ordensstaat, der auf Privilegien des Papstes und des Römisch-Deutschen Kaisers beruhte auf und erhielt das Land Preußen als weltliches Herzogtum von der polnischen Krone zu Lehen.

Dieses Vorgehen löste natürlich im Reich helle Entrüstung aus. Nachdem der Deutschmeister Walter von Cronberg 1530 zum Hochmeister gewählt worden war, gelang es ihm 1532 die Reichsacht gegen Albrecht in Preußen zu erwirken, was aber nicht viel nützte, da Albrecht von Polen gestützt wurde. Hochmeister Walter von Cronberg konnte an den Reichstagen teilnehmen, seit 1494 war dem Deutschmeister die Reichsfürstenwürde verliehen worden, dort brachte er beim Reichstag 1550 die Probleme des Ordens in Erinnerung, dem Kaiser, sowie dem hohen und niederen Adel. Der Kaiser hatte eigene Probleme in Ungarn mit den Türken. Er fand nirgend Gehör. Andererseits stand die Reichsfürstenwürde der päpstlichen Privilegierung des Ordens des 13. Jahrhunderts entgegen, auch hier hatten die regionalen Entwicklungstendenzen über die ursprünglich auf Exemption gebauten, also vom Gesetz befreiten, Ordensgedanken obsiegt. Der Orden hatte sich der allgemeinen reichsständlichen Entwicklung angepaßt.

Selbst der Bund der Hanse, dem in Livland und Estland eine Reihe von Städten angehört hatte, sah sich trotz allen Mitgefühls mit "den guten luden in Lifflandt" zu keiner entscheidenden Hilfe mehr in der Lage. So blieb das Land auf sich allein gestellt. Im Jahre 1560 wurde das Ordensheer durch die Russen vernichtend geschlagen. Der Ordensstaat fiel auseinander, und über längere Zeiträume hinweg machten seine bisherigen Bestandteile eine getrennte Entwicklung durch.

Estland, nördlichster Teil Alt-Livlands, unterwarf sich mit der Stadt Reval im Jahre 1561 der glaubensverwandten schwedischen Krone, denn die Reformation war über das Land gegangen. Die schwedische Krone trug damals König Erik XIV.. Die Insel Ösel hatten die Dänen besetzt und über das übrige Livland verhandelte Gotthard Kettler mit den Polen.

Gotthard Kettler erster Herzog von Kurland

Mit gleicher Leidenschaft und Euphorie zertrümmerte man in Königsberg, Wittenberg, Riga und allen anderen Städten des Baltikums Heiligenbilder und alles was es sonst noch zu zertrümmern gab. Als alles zerstört war, rechnete sich deshalb bei den Kaufleuten immer noch alles, hauptsächlich in den Städten. Die Bilderstürmer suchten Befreiung von den Zwängen der Papstkirche. Diese Befreiung suchten auch die Ordensbrüder mit gleichem Recht, dies kann man aus einer Versdichtung von damals herauslesen:

"Man spurts aus allen iren Sachen
Bald feierabend wollen sie machen ...
Das schwerdt hengen sie an die wandt,
Die klapkannen nemen sie in die handt."

Die Reformation hatte verheerende Auswirkungen auf den Bestand des Deutschen Ordens in Livland und auf die Verfassung des Staatenbundes, denn es gab die vier geistlichen Stifte, Riga, Dorpat, Ösel-Wiek und Kurland, die Städte Riga, Reval und Dorpat, sowie der Ordensmeister mit seinen Gebietern, den Komturen. Dem Landmeister Wolter von Plettenberg, als hervorragenden Politiker, gelang es noch durch einen langen Frieden die Existenz der livländischen Kleinstaaten zu sichern. Bedingung für das Stillhalten der Russen war die Absage an einem Zusammenwirken Livlands und Litauen. Diese Vereinbarung wurde verletzt, da der letzte Landmeister Verträge mit Litauen schloß, um sein Herrschaftsgebiet als weltliches Herzogtum für die Zukunft zu retten.

Des letzten Landmeister Kettlers Streben galt der Säkularisierung des Deutschen Ordens in Livland und der Umwandlung seiner Besitzungen in ein Lehnsherzogtum nach dem Vorbild Preußens unter der polnischen Krone. Schon vorher hatte Kettler auf der Burg Bauske eine Verfassung ersonnen. Nun verhandelte er mit den Polen, wobei er die Hoffnung hegte, erblicher Herzog von ganz Livland zu werden. Er schloß nach dem Einfall der Russen in Livland ein Schutzbündnis mit König Sigismund II. August und unterwarf sich ihm als Großfürst von Litauen. In Wilna wurde 1561 die Unterwerfungsurkunde unterzeichnet und am 5. März 1562 wurde im großen Remter der Burg Riga die zeremonielle Eidesleistung Kettlers vom Vertreter des polnischen Königs, Fürst Radziwill, angenommen. Dieser Vorgang beendete die Existenz des Deutschen Ordens in Livland - sowohl als Landesherr wie auch als geistliche Institution.

So war die altlivländische politische Struktur in Trümmern gesunken. Der ehemalige Landmeister und nunmehrige Herzog hatte seinen neuen Oberherren fortan im polnischen König zu sehen. Die Reichsstandschaft mit Sitz und Stimme im Reichstag des sogenannten"Heiligen Römischen Reiches deutscher Nation" hatte damit ein Ende. Livland war nicht mehr Reichsprovinz des Reichs der Deutschen, sondern wurde nun zur Provinz des schwedischen und polnischen Reiches, die sich in mehreren Kriegen stritten. Zur Enttäuschung Herzog Gotthard Kettlers erhielt dieser nur das Kurland zum Herzogtum.

Das Herzogtum Kurland-Semgallen entwickelte sich zu einem stabilen Staat. Der Herzog trat zum Luthertum über und heiratete im März 1566 Anna von Mecklenburg, die Tochter des Herzogs Albrecht VII. und der Markgräfin Anna von Brandenburg. Er regierte trotz ungünstiger Umstände ziemlich erfolgreich bis zu seinem Tode 1587.

Eine Blütezeit erlebte das Herzogtum unter Herzog Jakob von 1642 bis 1682, er stammte noch aus der Kettler-Dynastie. Jakob verstand es, mit einer starken Wirtschaft und mit strikter Neutralitätspolitik, die wirtschaftlichen und politischen Verhältnisse in Europa während des Dreißigjährigen Krieges erfolgreich auszunutzen. Er fand im kriegführenden Europa einen breiten Absatzmarkt, seine Schiffe segelten auf den Ozeanen der Welt und er besaß sogar Kolonien.

Der letzte der Kettler-Dynastie war Herzog Ferdinand, er hatte keine Nachkommen. Zar Peter I. setzte die Heirat seiner Nichte Anna Iwanowna mit Herzog Friedrich Wilhelm 1710 durch, doch auf dem Wege zur Hochzeit verstarb der Hochzeiter plötzlich, wir kennen dieses Phänomen aus der Geschichte! Der einzige Erbe Ferdinand war auch mehr auf der Flucht vor dem kurländischen Adel, wurde Gesandter Rußlands in Danzig.

Im Jahre 1737 starb Herzog Ferdinand, der letzte aus dem Geschlecht der Kettler. Anna Iwanowna war 1730 Kaiserin von Rußland geworden, nun setzte sie ihren Favoriten Reichsgraf Birow auf den Herzogsstuhl. Reichsgraf Ernst Johann von Birow stand in der Gunst der Kaiserin Anna Iwanowa und die Zarin hatte den Herzog in Kurland zu bestimmen. Um auf den sozialen Aufstieg vorbereitet zu sein und dies auch standesgemäß zu unterstreichen, begann er sich einen repräsentativen Sommerpalast zu bauen. Als Vorbild hatte er das Petersburger Winterpalais der Zaren und durch die förderliche Beziehung zur Zarin konnte er den berühmten italienischen Hofbaumeister gewinnen. Mit den Steinen der alten Burg von Rundale begann man die Erstellung einer gewaltigen Schloßanlage, die insgesamt nicht weniger als 138 Zimmer hatte. 1500 Arbeiter waren am Bau beschäftigt. Es wurden im Park 328185 Lindenbäume gepflanzt, Wasserspiele, Pavillons und Laubengänge angelegt.

1737 wurde der Traum des Grafen wahr, er wurde Herzog von Kurland. Von dem Titel und von der erlangten Machtfülle berauscht begann er sofort im benachbarten Jelgava, dem Amtssitz der Kettler in Mitau, vom Hofbaumeister Rastrelli ein noch größeres und noch verschwenderischer ausgestattetes Schloß zu errichten. Als die Zarin 1740 starb, war der Graf seiner Lobbyistin, der Zarin, beraubt. Er fiel in Ungnade, wurde verhaftet und in die Verbannung geschickt. Erst 22 Jahre später wurde er von der Zarin Katharina II. begnadigt und er konnte nach Kurland zurückkehren. Nun ließ er sein schon wieder halb verfallenes Sommerschloß, 33 Jahre nach Baubeginn, endlich zu Ende bauen. Doch lange konnte sich Graf von Birow seiner Schlösser nicht erfreuen, denn 1795 wurde das Herzogtum Kurland endgültig an Rußland angegliedert. Graf Birow mußte fliehen, weil in das Schloß ein anderer Günstling der Zarin einzog, Graf Subow.

Ein anderer Graf und Vertrauter der Zarin Anna Iwanowa hatte mehr Glück. Er wurde als russischer Gesandter nach Dresden in Sachsen geschickt und begegnete dort dem großen Meister Johann Sebastian Bach. Es war Graf Keyserlingk, der bei Bach ein Musikstück bestellte, eine Schlafmusik, die nicht den edlen Grafen, sondern seinen Diener Goldberg weltberühmt machte.

Mit dem Ende der Ordensherrschaft begann eine neue Zeit, die Zeit der Fürstenherrschaften. Eigentlich war die Neuzeit mit der Entdeckung Amerikas durch Kolumbus im Jahre 1492 angegangen oder das Mittelalter war zu Ende mit der Fertigstellung einer der letzten gotischen Dome, nämlich der Münchner Liebfrauenkirche 1488. Ein Element der neuen Zeit war in Altlivland der Wechsel des Herrschers von der Burg hinweg in die Schlösser. Brüder im Orden waren auch nicht mehr zeitgemäß, nachdem Luther in der Bibel entdeckte, daß es in der Schöpfung unseres Gottes ein oben und ein unten gibt. Unser Schöpfer hat dem Fürsten den Platz oben angewiesen und den Untertanen den Platz unten, damit hat es seine Ordnung. Ein freier Wille dies zu ändern ist im Schöpfungsplan nicht vorgesehen, dies bestritt er zumindest energisch gegenüber Erasmus.

In katholischen Gegenden blieben sie Brüder in Klöstern, in Litauen, Polen, Böhmen, Ungarn, Österreich und Bayern. Die Obrigkeit ließ sich gerne privilegieren, es entstand der Absolutismus, bis in Frankreichs Revolution die Obrigkeit gestürzt wurde, dann gab es für einige Zeit wieder Brüder - Liberté, Egalité, Fraternité.

Albrecht Herzog von Preußen

Alles was der Deutsche Orden in über dreihundert Jahren nach Livland getragen und geschaffen hatte war dahin, vier Länder mit gekrönten Oberhäuptern stritten sich um dieses Land. Es waren Polen, Dänen, Schweden und Russen im Lande, doch eine Enklave gab es noch -Riga.

Der Deutschmeister des Ordens mit Sitz im nordwürttembergischen Mergentheim, der nun auf dem Reichstag 1530 kommissarisch die Hochmeisterwürde erhalten hatte, bis das preußische

Ordensland wieder aus der polnischen Lehnshoheit befreit und der abtrünnige Herzog Albrecht von Preußen wieder abgetreten sei. Dann würde Preußen wieder in die Obhut des Deutschen Ordens, diesmal des Ordens im Reich zurückkehren. Um dem die nötige Schubkraft zu geben, wurde Herzog Albrecht von Preußen 1532 in die Reichsacht genommen. Dies wäre in der Reichweite der kaiserlichen Macht für jeden Fürsten tödlich gewesen, warteten doch immer irgendwelche Nachbarn im Reich auf solche Gelegenheiten, wo einem Fürsten, der nicht parierte, das Land genommen und ihnen zugeschlagen wurde.

Hier lagen die Verhältnisse in Preußen ganz anders, der Arm des Kaisers reichte einfach nicht so weit bis nach Königsberg, so konnte Albrecht sich relativ sicher fühlen. Herzog Albrecht verkroch sich keineswegs in seinem Herzogtum, sondern er schuf Verbindung zur Außenwelt, wie sie die Brüderwelt des geistlichen Ordensstaates nicht bot. Was ihm die Wittenberger Konfession gebracht hatte, er konnte sich persönliches Eigentum verschaffen und bald sollte das ganze Preußen das Eigentum des Herzogs sein, einschließlich der Menschen. Bei den weltlichen Herrschaften entwickelte sich der Absolutismus, die absoluten Fürsten strebten danach, über Menschen und Sachen frei zu verfügen. Die Hauptstadt seines Herzogtums wurde zur Geburtsstätte des Absolutismus, der sich von Königsberg nach Berlin und über das Reich ergießen sollte.

Der zweite Vorteil des preußischen Herzogs, der ihm aus dem Konfessionswechsel erwuchs, war die Möglichkeit, sein Eigentum zu vererben. Die Wittenberger Konfession, die schon lange nicht mehr nur eine neue deutsche Konfession war, sondern die bereits in Schweden, Finnland, Dänemark und Norwegen um sich gegriffen hatte und auch bereits den livländischen Ordensstaat völlig untergraben hatte, brachte den Staaten und ihren Fürsten reichen Gewinn. Wenn man bedenkt, daß das Kurfürstentum und auch die Herzogtümer in Sachsen nur eine Ansammlung von verstreut liegenden Besitzungen waren. Das Land wurde von den Bischöfen erschlossen und von den Brüdern in den Klöstern. Die weltlichen Herren, die überall ihre Grafschaften ausgebaut hatten und vom Kaiser zu Herzögen und Kurfürsten erhöht worden waren, hatten sich bereits mehr oder weniger vom Kaiser losgelöst. Er war die katholische Majestät und sie waren evangelisch. Indem die Fürsten sich das Land der Bischöfe aneigneten, wurden sie mächtige Staaten, die dem Kaiser die Stirn bieten konnten, was sie auch taten.

Die deutsche Konfession Luthers erhob die Fürsten zugleich zu Oberhäuptern ihrer Kirchen, zu Notbischöfen. Das Land der ehemaligen katholischen Bischöfe ließ zusammen mit dem weltlichen

Ermland und Ordensgebiet um 1500

kurfürstlichen Besitz, das Kurfürstentum Sachsen zum führenden protestantischen Land im Reich aufsteigen. Auf Einverleibung des Kircheneigentums in Schweden gründete sich der gewaltige Machtzuwachs der schwedischen Könige, was das Altlivland, zuerst aber Estland bald erfahren sollte.

Dem Herzog von Preußen in Königsberg gehörte das Land, es war so groß wie heute Estland. Herzog Albrecht stammte aus dem fränkischen Ansbach, im heutigen fränkischen Nordbayern gelegen. Die Ansbacher hatten vom luxemburgischen Kaiser Sigismund, der aus Böhmen stammte, die Markgrafschaft Brandenburg erhalten, die Sigismunds Vater Kaiser Karl IV. von den Bayern für teures Geld gekauft hatte. Die Ansbacher, und somit Herzog Albrecht in Preußen nannte sich Markgraf von Brandenburg und Herzog von Preußen. Albrecht war als rechtschaffener protestantischer Fürst verheiratet und zeugte viele Kinder. Diese Kinder verheiratete er überallhin, wie es damals üblich war, und wer viele Kinder hatte, erbte auch viel.

So gehörten auch bald die rheinischen Herzogtümer Jülich und Berg zum Herzogtum Preußen. Das Erben ging weiter und was nicht auf dem Erbwege erreicht werden konnte, wurde erschlichen oder erobert. Der Teil Polens, der zwischen Preußen und Brandenburg lag, wurde aus der Teilung Polens erworben – so vornehm drückt man Diebstähle in den Schriften aus. Das ganze Land von Königsberg bis Berlin hieß man dann Königreich Preußen, nachdem sich der Brandenburger in Königsberg selbst die Königskrone aufsetzte. So einfach konnte man sich im protestantischen Norden selbst erhöhen, man brauchte dazu nicht den Kaiser und Papst, wie es bei den Katholiken erforderlich war. Im 19. Jahrhundert kassierte man noch schnell alle Länder zwischen den rheinischen Herzogtümern und dem Königreich Preußen, den größten Teil besaß man ohnehin schon. So wurde aus dem Kernland Preußen, dem einstigen machtlosen Ordensstaat, am Ende der mächtigste Staat in Europa – das Preußen-Deutschland. Auf dem Siegestor in Berlin kann man heute noch sehen, das Kreuz des Deutschen Ordens im Lorbeerkranz, darauf der preußische Adler mit der Königskrone.

Herzog Albrecht von Preußen dachte vielleicht an eine ähnliche Entwicklung im livländischen Teil des Ordensstaates. Albrecht als polnischer Lehensmann half eifrig dem letzten Landmeister in Livland Kettler, ein ähnliches Herzogtum zu schaffen, wie er es schon in Preußen hatte. Es scheiterte jedoch an den Interessen der Polen.

Auch für Riga, dem Hauptstützpunkt in Livland hatte Albrecht eigene Pläne. Die Bischöfe von Riga waren bereits 1255 zu Erzbischöfen ernannt worden und einige Zeit danach zu Reichsfürsten. Diese Erhöhung erreichte der livländische Landmeister erst 1526 und Albrecht hatte als Hochmeister, schon vor der Unterwerfung unter die polnische Krone für sich den Rang im Reich erreicht, der Sitz und Stimme im Reichstag bedeutete. Der Hochmeister kam im Rang demnach vor den Bischöfen, aber der Erzbischof kam noch vor dem Hochmeister. So erklärt sich auch, daß der Papst den Orden in Livland dem Erzbischof untergeordnet erklärte.

Diesen wichtigen Erzbischofstuhl wollte Albrecht unter seinen Einfluß bringen. Bereits 1530 hatte Albrecht seinem Bruder Wilhelm den Stuhl des Erzbischofs von Riga verschafft, wenn auch zunächst nur als Koadjutor, als Titularbischof. Er hatte damit seinen Einfluß auf Livland gesichert. Was dem preußischen Ordensstaat über dreihundert Jahre lang verwehrt war, das Land gehörte dem Orden nicht, dies konnte Albrecht nun als Eigentümer tun – Familienpolitik. Er hatte als Gemahlin Dorothea von Dänemark und verheiratete seine Tochter Sophia mit Herzog Johann Albrecht I. von Mecklenburg. Dieser griff an der Seite seines Schwiegervaters in die livländischen Differenzen zwischen Orden und dem Erzbischof ein.

Überhaupt war das de facto noch vom Orden regierte Altlivland zu einem Vakuum geworden, denn schon lange war die Macht des Ordens durch die Reformation zersetzt worden. Die Dänen und Schweden als neue Freunde unseres Herzogs Albrecht hatten sich an vergangene Zeiten erinnert, als ihre Politik in Estland gescheitert war, nun blies der Wind dem Orden vollends ins Gesicht, es lohnte sich nun wiederzukommen. Auch mußten sie nicht als Machtpolitiker kommen, sondern als Befreier, gemeinsam beseelt von dem neuen evangelischen Glauben. Lange hielt die Gemeinschaft im Geiste unter den evangelischen Verbündeten des preußischen Herzogs Albrecht nicht. Als alle Hilfe nichts fruchtete, bat Albrecht seinen katholischen Lehnsherrn, den polnischen König Sigismund II. August, seine Truppen in Livland einrücken zu lassen. Er sollte den Orden zwingen, seinen Bruder Herzog Johann Albrecht von Mecklenburg als Nachfolger des noch amtierenden Erzbischofs Wilhelm anzuerkennen.

Eine besondere Leistung Albrechts bestand darin, den letzten Landmeister des Ordens von Livland, Gotthard Kettler, bei der Sekularisierung des dortigen Ordensteiles zu unterstützen. Dank seiner Mithilfe am polnischen Hof erhielt Gotthard Kettler 1561 seine Belehnung als weltlicher Herzog von Kurland. Damit war der letzte Zweig des deutschen Ordens im Osten verweltlicht. Schon diese Verhandlungen brachten nun endgültig Iwan auf den Plan, nämlich Iwan den Schrecklichen. Seitdem ist “Iwan” zum Begriff geworden, wenn die Russen gemeint waren.

Riga blieb noch bis 1581 eine “freie” Stadt, dann kam auch sie unter polnische Herrschaft und damit erlosch endgültig die letzte Reichsstandschaft beim Reichstag des Heiligen Römischen Reiches Deutscher Nation. Nur vierzig Jahre dauerte die polnische Herrschaft in Riga, in der Stadt, in der das Abenteuer Baltikum vor genau vierhundert Jahren mit einigen bremischen Missionaren begonnen hatte. Nun rückten die Schweden 1621 in Riga ein und der schwedische König Gustav Adolf machte Riga zu seiner zweiten Hauptstadt.

Mit dem Beginn der polnischen Herrschaft über Riga war der Livländische Krieg zu Ende gegangen, der für die weiter südlich lebenden Menschen ein sogenannter Nordischer Krieg war. Über neunzig Jahre lang regierten die Schweden das Baltikum. Aber auch in der Zeit der russischen Herrschaft war Riga die Regierungshauptstadt über das ganze baltische Land und Sitz der Gouverneure.

Der letzte schwedische König, der Riga erfolgreich gegen die Russen verteidigte, war eigentlich ein Bayer. Er stammte aus der bayerischen Pfalz, König Karl X. Gustav, er folgte Königin Christine auf den schwedischen Thron. Die bayerische Pfalz war in der Reformation evangelisch geworden, so konnte Karls Vater sich eine hübsche Blondine vom hohen Norden zur Frau nehmen. Karl X. kämpfte im Dreißigjährigen Krieg bereits mit den Schweden gegen seine katholischen bayerischen Vettern und erhielt nach dem Tode des Königs Gustav Adolf den Oberbefehl über die schwedische Armee in Deutschland.

Günstig war auch, daß ihn seine Mutter bereits in Nyköping in Schweden geboren hatte. Er war der erste König in Livland und Estland in der schwedischen Zeit. Was er gegen Polen und Rußland erfolgreich verteidigte und sein Sohn König Karl XI. für Schweden bewahrte, konnte der Enkel König Karl XII. nicht mehr erfolgreich halten. Unter dem Enkel kam 1721 das ganze Baltikum an Rußland.

Die Nachkommen der Bayern auf dem Schwedenthron, die in der bayerischen Pfalz verblieben waren, wurden, wie Pfalzgraf Johann Casimir, der “Schwede” genannt. Der letzte wittelsbachische Schwede war Gustav-Samuel Leopold, der 1723 zum katholischen Glauben übertrat. So konnte er kein Schwede mehr sein, aus dem katholischen Schweden wurde wundersam wieder ein Bayer.

DER LIVLÄNDISCHE KRIEG

"Es gibt nur eine Geschichte, die beachtenswert bleibt: Die der freien Völker. Die Geschichte von Völkern, die der Gewalt unterworfen sind, ist nur eine Anekdotensammlung."
Chamfort

Der Urgrund des Krieges war die angebliche Befreiung eines seit Jahrhunderten unterdrückten Volkes im Baltikum. Der Befreier waren zu viele, weshalb sie sich in die Haare bekamen und zum Schluß ein verwüstetes Land hinterließen. An diesem Geschehen waren nun einmal die Deutschen nicht beteiligt, was die komplizierte Situation von damals etwas einfacher betrachten läßt.

Das Reich der Deutschen, durch die Reformation total verwirrt, war lange mit sich selbst beschäftigt, so daß sich im Norden neue Kraftfelder auftun konnten, die für lange Zeit nicht nur den Nordosten in Europa, sondern ganz Europa beschäftigten.

Rußland hatte sich seit 1480 mehr und mehr aus der Herrschaft der sogenannten "Goldenen Horde" und deren kosakischen Nachfahren befreien können, war zu großer Macht herangewachsen und forderte nun die Einlösung des alten Traumes - den Zugang zum Meer, den Zugang zum Westen. Daß an der interessierten Stelle gerade der Ordensstaat regierte, war Nebensache, es ging nur noch um den Zeitpunkt, wann dieser weichen mußte.

Iwan der Schreckliche, Großfürst von Moskau, seit 1547 zum Kaiser ausgerufen, zum Cesar, zum Zar Iwan. Erst 1560 übernahm er die Staatsgeschäfte, doch schon 1558 griffen die Russen an und nahmen den Osten Estlands und Altlivlands mit den wichtigen Stützpunkten Narva, Rakvere, Polsamaa und Tartu des Ordens und des Bischofs ein.

Ein halbes Jahrhundert relativen Frieden hatten die Landmeister in Livland durch Verzicht auf das Bündnis mit der Union der Litauer und Polen. Nun verhandelte der letzte Landmeister Gotthard Kettler über einen neuen Bündnisvertrag mit Polen. Der Ordensstaat war am Ende, nach der Reformation gab es zunehmend evangelische Brüder im Orden, in einem Orden dessen Struktur und lange Tradition katholisch war. Der Deutsche Orden hatte es sich nicht erlauben können auch Brüder polnischer Nationalität aufzunehmen, es wäre sehr bald ein polnischer Orden daraus geworden. Andererseits versiegten die Hilfsleistungen aus dem Reich. Die Reformation hatte Wirren ausgelöst und ein Ringen um die stärksten Positionen, und dies nicht nur im Reich.

Dem ehemaligen Hochmeister und nunmehrigen Herzog Albrecht von Preußen, schwebte eine Verweltlichung des livländischen Ordensstaates vor, wie sein preußisches Herzogtum unter der Lehensherrschaft des polnischen Königs. Es ist für ihn ein Teil des Kampfes gegen den Ordensteil im Reich, der ihm, dem Abtrünnigen, den Kampf angesagt hatte. Albrecht interessiert seinen Lehnherrn an diesem politischen Geschäft. Der Landmeister Kettler sieht die Möglichkeit des Überlebens und willigt ein, weil er glaubt, seinen Gesamtstaat in Form eines evangelisch-weltlichen Herzogtums retten zu können. Den polnischen König störte die neue

Ivan der Schreckliche,
Stich 1580

deutsche Konfession weniger, er hatte sich in Preußen bereits daran gewöhnt. Bei ihm ging in einer so günstigen Situation die Machtpolitik vor.

Die Verhältnisse überstürzten sich, denn der Bündnisvertrag mit dem polnischen König gegen Rußland löste den Livländischen Krieg bereits ein Jahr später durch den Einmarsch der russischen Heere aus. Es wurde ein langer und verlustreicher Krieg für die Russen, die schon zu Anfang das Ordensheer in einer entscheidenden Schlacht bei Helme bezwungen hatten. Das war der Anfang vom Ende des Ordensstaates.

Die westliche Welt nahm nicht sehr Anteil an diesem Geschehen. Nach einem Jahrhundert Krieg zwischen England und Frankreich, und etwa einhundert Jahren Frieden, verliert 1558 England seinen letzten Stützpunkt, Calais, auf französischem Boden. Die englischen Herrscher werden noch bis zum Frieden von Amiens 1802 den Titel Könige von Frankreich führen.

Kaiser Karl V. stirbt 1558 im Kloster San Yuste in Spanien, in schwerer Resignation. Sein Reich ist im deutschen Teil in zwei Konfessionen zerbrochen. Sein Sohn Philipp II. regiert nur noch den spanischen Teil des Reiches seines Vaters, den deutschen Teil regiert sein Onkel Ferdinand von nun an in Wien. Philipp bestimmt Madrid zur Hauptstadt seines Reiches beiderseits des Atlantik.

Der Spanier Ignatius von Loyola, Gründer des Jesuitenordens, ist 1556 in Rom gestorben. Dieser Orden hatte die Gegenreformation eingeleitet und in allen Ländern kommt nach der überschwänglichen Euphorie für die neue deutsche Konfession, in einer Phase der Ernüchterung, eine Rückbesinnung auf den alten Glauben. Die Jesuiten sind kein Klosterorden, die Jesuiten leben in Kollegs und sind Lehrer. Auch nach Livland werden die Jesuiten im Gefolge der Polen ihre segensreiche Tätigkeit verpflanzen. Nur der Protestantismus läßt dieses Ereignis in Vergessenheit geraten.

In Augsburg war 1555 der Religionsfrieden geschlossen worden. Augsburg gehörte damals noch nicht zu Bayern und auch sonst berührte der Gegensatz der Konfessionen das bayerische Herzogtum nicht, es war die ganze Zeit katholisch geblieben. Zur Belohnung durften bayerische Herzogssöhne als Fürstbischöfe die Bastionen des Katholizismus in Süd- und Westdeutschland regieren, wie zum Beispiel das größte Erzbistum in Deutschland, das Erzbistum Köln. Kein Zweifel konnte beim bayerischen Herzog aufkommen, ganz klar hatte der regierende Herzog Albrecht V., der Großmütige, zu erkennen gegeben, Bayern bleibt katholisch. Doch aus Neugierde, auch ein Fürst darf normal menschliche Bedürfnisse haben, hört sich der Herzog bei seinem pfälzischen Verwandten in aller Heimlichkeit eine protestantische Predigt an. Seine pfälzischen Vettern haben keine Probleme mit dem neuen Glauben, sie sind aus Opposition zu München Luther und Calvin zugetan.

Reformatorische Bilder und Schriften als Waffe

Im gleichen Jahre 1561 kursieren im Reich der Deutschen Flugschriften über den livländischen Krieg. Die in Nürnberg gedruckten Schriften berichten über Grausamkeiten der "Moscoviter" an Gefangenen: Christen aus Livland, und zwar Männer und Frauen, Jungfrauen und kleine Kinder erleiden die Grausamkeit der Russen. Ferner soll von dem täglichen Schaden die Rede sein, den er im Land anrichte, und von der Not der Livländer. Das solle allen Christen zur Warnung und als Anlaß dienen, das sündhafte Leben zu bessern.

Wie schon in den Jahrzehnten zuvor drangen Nachrichten davon ins Reich. Bereits um 1500 hatten die Ablässe, die zugunsten des Ordens in Livland im Reich vertrieben wurden, dem damals von Landmeister Wolter von Plettenberg regierten Land Publizität verschafft.

Auf den folgenden Seiten der Flugschrift steht ein Bericht über die Kriegsereignisse von 1560. Ein Holzschnitt zeigt die Belagerung einer Stadt, doch widerspricht dem die Darstellung der Fröhlichkeit innerhalb der Mauer. In einer Wolke erscheint Gott. Das ist ein apokalyptisches Bildmotiv.

Auf einer weiteren Flugschrift wird auf einem Holzschnitt das Schicksal gefangener Frauen und Kinder gezeigt. Die nackten Frauen und die Herzen der Kinder dienen Bogenschützen als Ziel. Die getöteten Kinder liegen unter einem Baum, an dessen Ast die Frauen und die Herzen hängen. Die Bogenschützen sind betont exotisch dargestellt. Gemeint sind sicherlich nicht nur Russen, sondern auch Tataren, die auf russischer Seite kämpften. Die Darstellung von Grausamkeiten, die von heidnischen, schismatischen, das heißt ostkirchlichen, und insbesondere von tatarischen Kriegsgegnern verübt wurden, war in Nordosteuropa seit langem üblich. Sie war von polnisch-litauischer Seite auch gegen den Orden eingesetzt worden. Die Grenze zwischen dem, was wirklich geschehen ist, und dem, was verbreitet wurde, läßt sich im einzelnen nicht bestimmen.

Der Holzschnitt enthält folgenden Originaltext: "zu Nürnberg bey Georg Kreydlein M.D.LXI. - Sehr grewliche erschröckliche/vor

Sehr grewliche/erschröckliche/vor vnerhörte/warhafftige Newe zeyttung/was für grausame Tyranney der Moscouiter/an den Gefangnen/hinweggefürten Christen auß Lyfland/beydes an Mannen vnd Frawen/Junckfrawen vnd kleinen Kindern/begeht/vnd was täglichs schadens er jnen in jrem Land zůfüget/Beyneben angezeygt/in was grosser fahr vnd not die Lyflender stecken. Allen Christen zur warnung vnd besserung jhres Sündelichen lebens/auß Lyfland geschriben/vnd in Druck verfertiget.

Zů Nürnberg bey Georg Kreydlein. M.D.LXI.

Flugschrift über den livländischen Krieg, 1561

vnerhörte/warhafftige Newe zeytung/was für grausame Tyranney der Moscouiter/an den Gefanguen hinweggefürtin Christen auß Lyfland/Beydes an Mannen vnd Frawen/Junckfrawen vnd kleinen Kindern/begehet /vnd was täglichs schadens er innen in irem Land züfüget/Beystecken. Allen Christen zu warnung vnd besserung ihres Sündelichen lebens/auß Lyfland geschußen/vnd in Druck verfertiget."

Diese Aufrufe zur Hilfe der Menschen in Livland zeitigten keine Wirkung in Form irgendeiner Hilfe. Im Reich war sich jeder selbst der Nächste. Selbst die Aufrufe des Kaisers zum Zug gegen die Türken, die auf dem Balkan immer mehr vorrückten, Ungarn bereits besetzt, alle venezianischen Stützpunkte genommen hatten und vor der Hauptstadt des Reichs, Wien, standen, blieb bei den protestantischen Ländern in Norddeutschland ohne Gehör, obwohl beim Reichstag dem Kaiser Hilfe zugesagt worden war. Der protestantische Glaubensgegensatz gegen die katholische Majestät des Kaisers Karl V. ging soweit, daß der Kaiser mit einem Heer in das protestantische Hessen und Sachsen einrücken mußte und den hessischen Landgraf und den sächsischen Kurfürsten nach der Schlacht bei Mühlberg 1547 gefangennehmen mußte.

Dieses Ereignis, das Durchgreifen des Kaisers, machte in Europa soviel Eindruck, daß ein Jahr später der große venezianische Maler Tizian, den Kaiser als Sieger auf dem Pferd auf die Leinwand bannte. Natürlich ließ es sich der Kaiser nicht nehmen, mit seiner spanischen Truppe nach Wittenberg zu ziehen. Angesichts des Gemäldes mit Darstellung Luthers im Kreise seiner reformatorischen Mitstreiter zog ein Spanier den Degen, Luthers Konterfei zu durchstechen. Der Kaiser gebot dem zornigen Offizier energisch halt und sagte: "Ich kämpfe nicht gegen Tote, sondern nur gegen Lebendige."

Fortan erschütterten die Glaubenskriege das Reich, fremde Mächte wie Frankreich, die Niederlande, Dänemark und Schweden fanden später ein bequemes Schlachtfeld auf dem Boden des Reichsgebietes, bis 1648 das ganze Land umher verwüstet, die Hälfte der Menschen gemordet und ganz Europa in einer Erschöpfung an den Verhandlungstisch gezwungen wurde. Dies war der Grund, daß man im Baltikum nichts mehr an Impulsen in Form von Hilfen irgendeiner Art erwarten konnte. In der Bezeichnung Livländischer Krieg und Nordische Kriege ist daher auch bereits klar der lokale Charakter dieser Vorgänge gekennzeichnet.

Krieger aus Schweden, Dänemark, Polen, Rußland

Die geschichtsträchtigen Vorgänge im Ostseeraum stehen unter dem Zeichen des Erstarkens des schwedischen Reiches. Die Ostsee der Lübecker Kaufleute, das Mare Baltikum, wird zunehmend zum "Schwedischen Meer", besonders am finnischen Meerbusen waren die Schweden auf Expansionskurs. Zwischenzeitlich verhandelt der Konkursverwalter des Deutschen Ordens mit den Polen mit dem Ziel, das gesamte Livland und Estland den polnischen Interessen zuzuführen.

Bis zum Jahre 1523 waren die drei Königsländer Dänemark, Norwegen und Schweden in der Kalmarer Union unter einer Krone vereinigt. Dann stieg ein Mann an die Spitze Schwedens auf, Gustav Erikson Wasa, seit 1521 Reichsverweser, der sich 1523 zum schwedischen König wählen ließ. Den Aufstieg zur höchsten Macht hatte König Gustav Wasa der Hilfe Lübecks zu verdanken. Der König spaltete sich von der Kalmarer Union ab, führte die Reformation ein und schuf durch Einziehung der Kirchengüter die Grundlage der schwedischen Großmachtstellung. Die Einziehung des Kirchengutes begründete er mit Lehrsätzen der deutschen Reformation.

Natürlich galt dies auch für die schwedische Provinz Finnland. Provinzen haben bekanntlich im Staate eine dienende Funktion, so mußte auch Finnland mit seinem Kirchensilber und anderem die wachsende Großmachtpolitik Schwedens bezahlen. Michael Agricola war in Wittenberg gewesen und kannte sogar Luther und Melanchthon persönlich. Die Reformation bot die Möglichkeit in sich, den finnischen Eigenheiten näherzukommen. Bereits im 12. Jahrhundert war das Christentum in Finnland von Schweden her verwurzelt worden und seit Ende des 14. Jahrhunderts kamen die Bischöfe von Turku, der Bistumshauptstadt, aus Finnland. Michael Agricola hatte bereits sieben Jahre, nachdem die Bibel in schwedisch übersetzt war, im Jahre 1548 das Neue Testament in Finnisch herausgegeben, dem 1551 bis 1552 die Psalter, Teile des Alten Testaments und weitere Schriften in finnischer Sprache folgten.

Der Höhepunkt in seinem Leben war die Weihe zum Bischof von Turku, als Nachfolger des sich 1554 vom Bischofsamt zurückziehenden Martin Skytte. Bischof Agricola hätte die Reformation gerne etwas langsamer angegangen, bedeutete sie doch auch ein Anwachsen des schwedischen Einflusses. Er ließ sich in scharfen Randbemerkungen über den Kirchenraub des schwedischen Königs aus und rügte ihn als gierigen Tyrannen. Obwohl Agricola die Reformation betrieb, demonstrierte er für die Bischofswürde und zelebrierte seine Bischofsmesse in vollem katholischen Ornat am traditionellen Tag der Pfarrsynode 1554 in Turku, der König hatte sich sehr geärgert.

Der schwedische König Gustav Wasa richtete 1554 ein zweites finnisches Bistum in Wiborg ein und teilt das bisherige Bistum Turku, worüber Bischof Agricola nicht sonderlich erfreut war, so antwortete eben der König. Gleich danach gab es Krieg zwischen Schweden und Rußland, der Bischof mußte 1557 nach Moskau zu Friedensverhandlungen, auf der Rückreise von Moskau im April des Jahres starb der Bischof. In Livland setzten die Russen den Krieg wieder fort, der Ordensstaat war schwächer und Narva kam bald in russische Hände, damit blieb nur noch die Handelsrivalität Wiborgs mit der unabhängigen Hansestadt Reval übrig.

Es gab nicht nur das Bestreben Polens Livland zu beherrschen und dies mit Zustimmung des letzten Landmeisters, sondern auch Dänemark hatte ein Interesse an den Gebieten des zusammenbrechenden Ordensstaates.

Nach König Christoph III. von Bayern, der König über alle drei Königreiche in der Kalmarer Union war, aber keinen erblichen Nachfolger hatte, folgten dänische Könige aus dem Hause Oldenburg. Unter König Christian II. zerbrach die Kalmarer Union mit Schweden und im Thronstreit mit seinem Vetter Christian III. unterlag er, der verbündet mit der Hansehauptstadt Lübeck war. Auch Lübeck verlor dadurch seine Vormachtstellung in der Ostsee, so ging es zwischen Schweden und Dänemark in den Auseinandersetzungen nicht nur um Machtpolitik an der Ostsee, sondern auch um die Handelsinteressen der Hanse.

König Christian III. von Dänemark stand mit Luther und Melanchthon in Wittenberg unter anderem im Briefwechsel und er führte 1536 in Dänemark die Reformation ein. Christian war zugleich norwegischer König und Herzog von Schleswig und Holstein. Um bei der Aufteilung des livländischen Ordensstaates nicht leer auszugehen, landen die Dänen 1559 in Estland und nehmen die Insel Ösel in Besitz. Bischof und Ordensmeister teilten sich die Insel, die Grenze bildete ein Fluß, der Zwischenländerfluß, die Öselaner sagten “Maadevahejögi”. Nun war die Insel in dänischer Hand, dazu der Teil Festland, der zum Bistum Ösel-Wiek, Saaremaa-Lääne gehörte, die Bischofsburg von Haapsalu und die Arensburg. Der Bischof verkaufte die ihm noch verbliebenen Gebiete an die neuen Herren. Der letzte Bischof von Ösel war dann Herzog Magnus von Holstein. Er unterstand dem dänischen König, denn 1575 war Ösel dänische Provinz geworden.

Die Dänenstadt Reval, die hundert Jahre lang dänischen Oberherren diente, hatte über ihrem Stadttor 1532 das dänische Wappen angebracht, auf der Burg ist es gleichfalls noch zu finden. Die

Einnahme der estnischen Ansiedlung 1219 durch die Dänen mußte für den Dänenkönig ein besonderes Ereignis gewesen sein, denn aus dem gleichen Jahr stammt das dänische Wappen, der Danebrog, was in friesisch rotes Tuch heißt, und darauf haben die Dänen das silberschillernde Kreuz des Christentums gesetzt. Einer Sage zufolge soll der Danebrog bei der Eroberung Revals 1219 vom Himmel gefallen sein. Aber auch Reval haben die Dänen diese Stadt nicht genannt, das waren die Deutschen, die der Stadt den Namen des Landkreises gegeben haben. Heute aber heißt die prächtige Hauptstadt Estlands wieder Stadt der Dänen - Tallinn.

Im Süden des Landes fand 1560 die letzte Feldschlacht zwischen dem Deutschen Orden und den Russen statt und der Orden unterlag, womit der Ordensstaat sich endgültig auflöste. Im Jahre 1561 entschied sich die Ritterschaft von Harrien und Wierland, sowie die Stadt Reval für das stärkere Königreich damals an der Ostsee, für die Schweden und unterstellten sich in ihrer Not dem damaligen Schwedenkönig Erik XIV.. Die Schweden segelten unter ihrer Fahne aus blauem Tuch, darauf das goldene Kreuz des christlichen schwedischen Landes wehte.

Ganz klar hatten die vier Mächte die Grenzen ihres Machtbereiches nicht gezogen. Die Polen stießen bis in schwedisches Gebiet bei Ruunavere vor und streckten zweitausend Schweden nieder. Auf der anderen Seite belagern die Dänen 1570 sieben Monate lang ihre ehemalige Stadt Reval. Dann waren wieder die Russen auf Erfolgkurs und belagerten zur Abwechselung im Jahre 1572 und 1577 die Stadt Reval, erfolglos, doch dafür zerstören sie das Birgittenkloster vor der Stadt. Im Süden stießen die Russen nach dem von den Polen vereinnahmten Livland vor.

Die Schweden etablierten im Norden das "Fürstentum Esten in Livland", die bestandenen Privilegien in Reval bestätigten sie. Die Russen riefen 1570 ihrerseits im Osten Herzog Magnus zum König von Livland aus, mit Sitz in Poltsamaa-Oberpahlen. Das wichtigste Relikt des livischen Königreiches war danach ein prächtiges Königsschloß. Die ganze Liwonische Konföderation schien gleichmäßig aufgeteilt. Dänemark hatte den Westen, Schweden den Norden, Rußland den Osten und Polen den Süden.

Die Schweden schlossen zur Abgrenzung nach Osten mit Rußland einen Friedensvertrag, es war der 21.Juni 1661. Der polnische König war jedoch nach wie vor der Meinung, Livland sei der Krone Polens unterstellt. König Sigismund hatte es mit Landmeister Kettler vereinbart, der seit 1561 polnischer Lehnsherzog war, "in Livland Herzog von Kurland und Semgallen". Der König schuf auf dem Reichstag zu Lublin 1569 die Realunion zwischen Litauen und Polen. Die vollständige Gewinnung Livlands erlebte er nicht mehr. Mit ihm starben die Jagiellonen aus und es folgte in der polnisch-litauischen Union das Wahlkönigtum.

Neuer polnischer König wurde der Fürst von Siebenbürgen, Stephan IV. Bathory, der Erfolge gegen die Russen nachweisen konnte. Seine Heimat war das Land der sieben Burgen, ein Land des Deutschen Ritterordens in Ungarn, das sie wieder verließen, um ins prußische Baltikum zu gehen. Nun fand der König im baltischen Raum noch Burgen ohne Zahl, die er noch seinem Besitz einverleiben konnte. Im Jahre 1582 gelang es ihm das russische Heer zurückzuwerfen. Die Städte Fellin, Pernau und Dorpat kamen unter polnische Oberherrschaft, Schweden nahm 1581 Wesenberg ein. In den folgenden Friedensschlüssen 1582 mit Polen und 1583 mit Schweden mußte Ivan der Schreckliche seine Niederlage eingestehen und auf seine Eroberungen verzichten.

Zuerst waren noch vier, nun waren noch drei Eroberer: Dänemark verlor bald seine die Bistümer Ösel-Wieck und Kurland, dann waren es nur noch zwei. Schweden beherrschte Estland, und Polen Livland bis die Russen wieder kamen, dann gab es nur noch einen Herrscher - Rußland. Sieger waren eigentlich die rücksichtslosen Städte Riga, Reval und Dorpat mit ihrer Handelspolitik. Die Ritterschaften, Stadträte und Kaufleute, sie überlebten nur unter fremden Herren.

König Stephan IV. Bathory, Fürst von Siebenbürgen, Großfürst von Litauen und König von Polen, war ein hervorragender Feldherr, Anhänger der Gegenreformation und sparsamer Administrator, doch humanistisch gebildet. Er führte eine gerechte Regierung und reformierte das Bildungswesen. Er gründete 1579 die Alte Universität in Wilna als Jesuiten-Akademie. Auch nach Eroberung von Dorpat-Tartu durch die Polen begann für die Stadt die Entwicklung zum geistigen Zentrum des ganzen Baltikums, da die Jesuiten dort 1583 ein Kollegium eröffneten.

Der polnische König gründete in seinen neuen Ländern zahlreiche Städte. Weiter südwestlich von Dorpat lag ein Ort, an dem sich einst der Bischof von Dorpat und die Schwertbrüder trafen, um ihre Streitigkeiten friedlich zu bereinigen. Der Papst schickte 1224 den Bischof von Modena, als Sonderbevollmächtigten und er bestimmte einen Bach als Staatsgrenze zwischen den beiden Kontrahenten. Im Jahre 1584 verfügte der König aus dem fernen Sieben-Burgen-Land, Stephan Bathory, die Stadtrechte für diesen Ort - der Ort heißt heute Valga bei den Esten und Valka bei den Letten.

Dieser Ort hat eine bewegte Geschichte, es ist ein Ort auf der Grenze. Einen Bach als Grenzwasser hatten schon die Polen und Russen anerkannt. Der Bach bildete auch die Grenze zwischen den jungen Republiken Lettland und Estland, und was vierhundert

Jahre Bestand hatte, hätte 1920 fast zum Krieg geführt. Ein Historiker berichtete 1627 habe durch die kriegerischen Zeiten der Ort nur noch drei Einwohner gehabt, unter den drei zurückgebliebenen Einwohnern waren neben dem einen, nur noch der Pastor und eine Witwe.

DAS DOMINIUM MARIS BALTICI

Schweden hatte sich nicht nur gegenüber Dänemark zu sichern, das die Sundlandschaften beherrschte und damit die Zufahrt zur Ostsee, dem Baltischen Meer. Außerdem bedrohte Dänemark über Norwegen, das im dänischen Reichsverband verblieben war, die schwedischen Grenzen. Als weitere Bedrohung mußte Schweden der russischen Expansion in Finnland entgegentreten. Aber das bei weitem wichtigste Problem bestand in der erdrückenden Wirtschaftskraft der Hansestadt Lübeck.

Gustav Wasa hatte sogleich mit Rom gebrochen, um nicht nur an die Kirchengüter heranzukommen, sondern um alle Einnahmequellen im Lande in den Griff zu bekommen. Bei den Unabhängigkeitskriegen hatte er sich von Lübeck helfen lassen, wofür er den Hanseaten in Lübeck das Monopol des Außenhandels überlassen mußte. War Gustav Wasa mit Hilfe der Handelsmacht Lübeck gegen Dänemark zum König der schwedischen Länder um Stockholm aufgestiegen, so konnte er mit Hilfe Dänemarks gegen Lübeck das Handelsmonopol gleich wieder brechen.

Kaufmännischer Sachverstand hatte Lübeck zu ungeahnter Macht und großem Reichtum gebracht. Politischer Unverstand ließ die evangelische Kaufmannsschaft mit ihrem Bürgermeister Wullenweber alle Macht - und Seligkeit verspielen. In Parteienkämpfe um die Reformation verwickelt, setzten sie 1533 auf den falschen Kandidaten für die dänische Krone. Dann wieder, auf Seiten Dänemarks im Dreikronenkrieg 1563 bis 1570 gegen Schweden, verlor Lübeck den Rest seiner Größe und Schweden gewann die endgültige Selbständigkeit.

Schweden konnte mit der Ostexpansion beginnen. Von den rasch zerfallenden Territorien des Deutschen Ordens südlich des Finnischen Meerbusens konnte Estland mit dem bedeutenden Hafen Reval-Tallinn erworben werden. Der Vorgang ist so einmalig, weil im Falle Estlands ein Eroberer von den Esten willkommen geheißen wurde, der Estland zur schwedischen Provinz machte, das estnische Volk den fremden Herren hundertsechzig Jahre dienen mußte und trotzdem heute vom Goldenen Zeitalter gesprochen wird.

Allmählich wachsende Spannungen unter den Söhnen von Gustav Wasa störten den Aufstieg Schwedens, das seit dem Jahre 1581 die herrschende Macht im Ostseeraum war. In diesem Jahre wurden die letzten Gebiete in Estland genommen, da die Russen sich im Kampf um Livland völlig verbraucht hatten. Zum Unter-

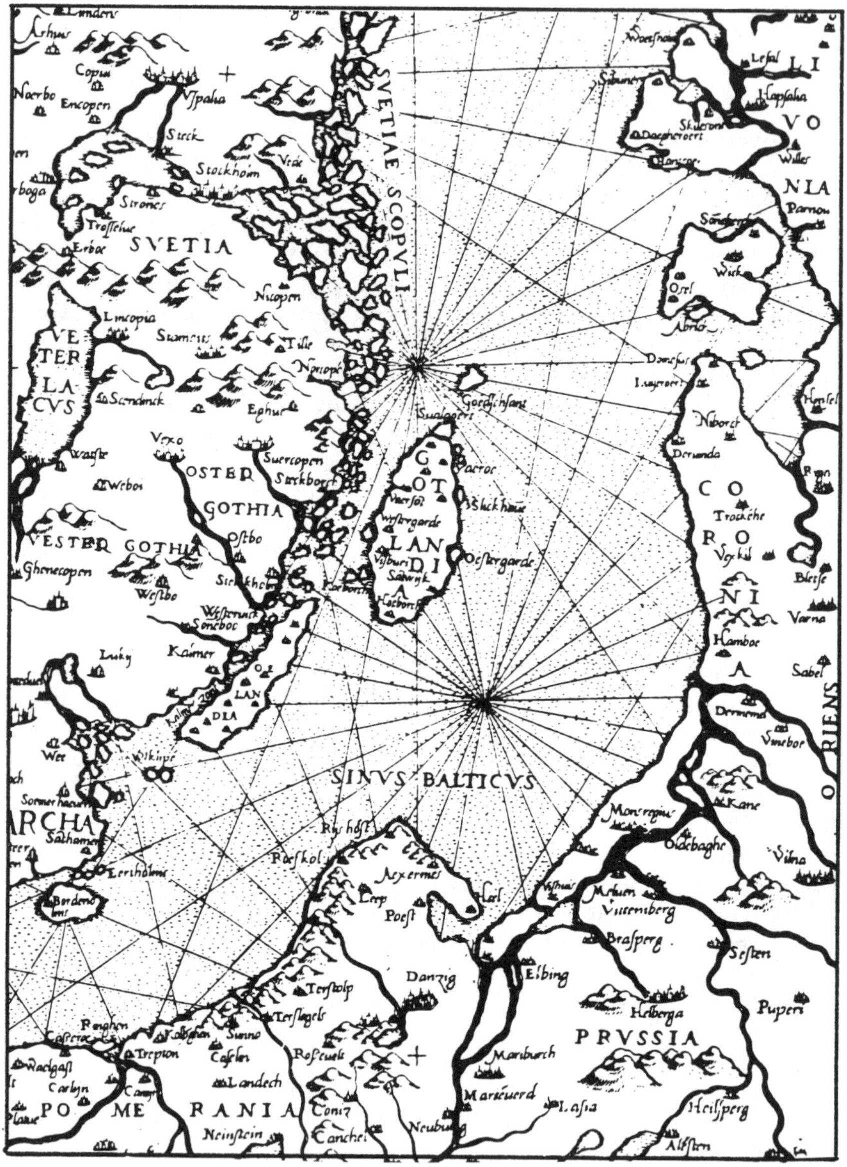

Karte nach Tramezinni/Lafreri Venezia 1562
(Ausschnitt)

gang der Russenherrschaft hatten nicht so sehr die Schweden, sondern die polnische Streitmacht vom Süden her beigetragen. Schweden und Polen waren im Land der Ordensbrüder zu Waffenbrüdern geworden, so konnten sie in brüderlicher Eintracht regieren, wenn nichts dagegen stand. Und was dagegen stand, die ganze Welt des Glaubens! Zuerst gelangte noch ein Schwede auf den polnischen Thron, so daß alles schwedisch war. Der Sohn des Schwedenkönigs Johann III. wurde als Sigismund III. polnischer König. Schweden war protestantisch und Polen katholisch, so ging die Verbrüderung tragisch aus, weil beide Völker nicht brüderlich im Glauben sein wollten. Dieses Problem, welches sich immer mehr über den ganzen Kontinent ausweitete, Kriege hervorbrachte, Tod und Vernichtung in ganz Europa, ging von Schweden aus. Danach war die Welt nicht mehr was sie vorher gewesen war.

Symbolhaft brannte 1631 Magdeburg völlig ab, das sächsische Recht, das die Welt von Magdeburg empfangen hatte, brannte lichterloh, nur vor dem Haus des Herrn machte das Feuer halt und so reckten sich nur noch die Türme des Domes wie mahnende Finger Gottes gen Himmel. Das baltische Riga war gleichfalls ein Symbol, 1621 rückte König Gustav Adolf in Riga ein, 1631 stand er vor dem brennenden Magdeburg. Magische Zahlen in der Geschichte Rigas: Gründung der Stadt 1201, Gründung der Domschule 1211, Schwedenherrschaft im Baltikum 1561, Großmacht der Schweden 1611 und 1621 Gustav Adolf in Riga. Will man fortsetzen, so folgen 1721 die Russen, 1921 die Freiheit, 1941 die Russen und die Deutschen, sowie 1991 endgültig die Freiheit!

Endlich konnten sich die Menschen des Baltikums und Bayerns zum ersten Male in der Geschichte begegnen, als Untertanen im schwedischen Heer die einen und im bayerischen Heer unter Feldmarschal Tilly die anderen. Außerdem hatte Bayern auch die schwedische Krankheit, die wittelsbachischen Vettern in der bayerischen Pfalz waren auch protestantisch und sie standen dann auch prompt zusammen mit ihren schwedischen Glaubensbrüdern in München. In Magdeburg begegnete man sich an einem Tag im Mai und in München ein Jahr später, an einem Sonntag im Mai.

Bayern spielte damals bei den Glaubensauseinandersetzungen und Glaubenskriegen die führende Rolle. Die österreichischen Vettern schickten ihren Albrecht von Wallenstein mit seinen Böhmen. Estland und Altlivland waren die Juniorpartner der gegnerischen Großmacht Schweden. Sie haben einen großen Teil der Kosten aufzubringen für Schwedens Großmachtpolitik und auch Menschen muß das Baltikum für den Krieg stellen. So wie sie einst mit den deutschen Ritterbrüdern kämpften, auch mit den Polen, kämpften sie nun für die Schweden. Deutsche und Polen starben für die Baltenlande, zum Unterschied, die Schweden starben für ihre wachsende Großmacht.

Der erste Sohn des Königs Gustav Wasa, Erich XIV., hatte Estland erworben. Der zweite Sohn, Johann III., folgte 1569 auf den schwedischen Thron, er heiratete 1561 die polnische Königstochter Katharina. Ihr gemeinsamer Sohn Sigismund wurde 1587 als Zygmunt III. Wasa polnischer König, seine Mutter hatte ihn in Vorbereitung auf dieses Amt katholisch erzogen. Als aber sein Vater Johann III. 1592 starb, erbte Zygmunt zu der polnischen Krone die schwedische hinzu.

Polen hatte sich bereits in der Zeit König Kasimirs unzweideutig zum Westen Europas bekannt und dies auch durch Heiraten in das Habsburger Haus in Wien und 1475 ins Wittelsbachische Haus in Landshut-Bayern dokumentiert. Dieser Vorgang wurde im Süden des Reichs als bedeutendes Ereignis gewertet, selbst Kaiser Friedrich III. und König Maximilian kamen aus Österreich zu dieser bedeutendsten Hochzeit des Mittelalters. Der Kaiser durfte die polnische Königstochter Jadwiga in die Martinskirche führen, dann saß ganz Europa zu Tisch und es liefen 337 000 Maß die Gurgel der Gäste hinunter, das sind 337 000 Liter Bier. Im Heiratsvertrag war diese Hochzeit als "eine Schickung Gottes zum Nutzen der Christenheit und des Reiches" bezeichnet worden. Die ganze Stadt Landshut feiert in historischen Gewändern heute noch dieses große Ereignis alle vier Jahre.

Die Polen waren im alten Glauben so gefestigt, daß die Reformation in Polen und Litauen keinen fruchtbaren Boden fand. Auch in dem besetzten Livland erhielt der alte katholische Glaube wieder einen Rückhalt durch die Jesuiten, die nicht in einem üblichen Orden wirkten, sie errichteten Kollegien in ganz Europa, so auch in Dorpat. Die Jesuiten waren Lehrer und die bedeutendste gegenreformatorische Universität war die bayerische Universität in Ingolstadt, von hier aus wurde Luther in Wittenberg und die ganze Reformation bekämpft. In Ingolstadt wirkte auch der Jesuit Petrus Canisius, der der katholischen Welt den Katechismus schuf, der bis zu diesem Jahre 1993 Gültigkeit hatte. Der neue katholische Katechismus für die ganze Welt wurde wieder unter der Leitung eines bayerischen Kirchenmannes, dem Leiter der katholischen Glaubenskongregation im Vatikan, Kardinal Ratzinger, geschaffen.

Schweden war dagegen ein Hort des neuen lutherischen Glaubens und die Esten wünschten sich auch den glaubensverwandten schwedischen König als neuen Herrn, umsomehr, als die Russen auch schon vor der Türe standen. König Erich XIV. machte sich auf den Weg und nahm 1561 Reval und Estland unter seinen Schutz. Seine Mutter war Katharina von Sachsen-Lauenburg. Vater Gustav heiratete aber ein weiteres Mal, Bruder Johann war demnach ein Halbbruder zu ihm. Dies war nicht der Grund, daß er ihn 1563 inhaftieren ließ, auch nicht weil er zwei Jahre vorher die polnische Katharina geheiratet hatte, sondern wegen angeblich hochverräterischer Beziehungen zu Polen – also doch die Katharina, ein frommes katholisches Weib.

Im Jahre 1567 kam Johann wieder frei und konnte sogleich seinen ein Jahr alten Sohn in den Arm nehmen. Er innerhalb der Mauern; seine polnische Schöne außerhalb, war trotzdem der kleine Sigismund oder polnisch Zygmunt zur Welt gekommen. Johann wurde 1569 zum schwedischen König gewählt, weil man zur Abwechslung Erich einsperrte. König Johann III. war der neue königliche Herr in Estland. Er bezwang zusammen mit Polens König Stephan IV. Bathory die Russen, die sich im Osten des Deutsch-Ordenslandes festgesetzt hatten. Der Friede mit den beiden Königen Johann und Stephan zwang die Russen grimmig für die nächsten hundertvierzig Jahre abzuziehen. Erst dann kam Zar Peter I. von Rußland und die Russen blieben genau zweihundert Jahre lang im Baltikum.

Der polnische König Stephan Bathory starb im Jahre 1586 im litauischen Grodno. In Polen gab es das Wahlkönigtum und man erhob den einundzwanzigjährigen Zygmunt, Sohn des Königs Johann von Schweden zum neuen Polenkönig. Damit hatte König Johann, der vorher lediglich Herzog von Finnland gewesen war, eine gewaltige familiäre Machtfülle in Händen. Als 1592 König Johann starb, erbte Sohn Sigismund auch Schweden. König Sigismund war für den polnischen Thron katholisch erzogen worden und so war es naheliegend, daß er die Jesuiten in ihrem gegenreformatorischen Bestreben unterstützte.

König Sigismund II.von Polen, ein Enkel des großen polnischen Königs Kasimir, hatte 1569 in der Union von Lublin die Umwandlung der Personalunion zwischen Polen und Litauen in eine Realunion vollzogen. Kurland und Livland waren bereits acht Jahre bei Polen und hatten die lutherische Konfession in diesen Staatsverband eingebracht. Das polnisch-litauisch-baltische Staatsgebilde war also multinational und multikonfessionell. Es waren die katholische, orthodoxe, calvinistische und lutherische Konfession in Polen vertreten, genügend Platz auch für die Schweden unter ihrem polnisch-schwedischen König Sigismund III. Wasa.

Gustav I. Eriksson Wasa, der Stammvater der Wasa-Familie, hatte mit einem weiteren erbberechtigten Sohn Karl für genügend Unruhe gesorgt. Vater Gustav hatte seinem jüngsten Sohn Karl in die Verwaltung des Wärmlandes, des größten Teils des Södermanlandes und in das Herzogtum Närke eingesetzt. Er unterstützte seinen

Bruder Johann gegen den ältesten Bruder Erich und verhalf ihm zur schwedischen Krone. Johanns Sohn Sigismund aber, der nun eben diese Krone ererbte, bekämpfte er, da er für den Erhalt der lutherischen Konfession in Schweden fürchtete, dabei neigte Karl zum Calvinismus. Nur die Katholiken waren sich klar über ihre Glaubensform, sonst wurden die Glaubensalternativen gepflegt wie eine Mode. Calvinistische Fürsten gab es damals in Siebenbürgen, in Brandenburg und in der bayerischen Pfalz, den wittelsbachischen Vettern der Münchner Herzöge.

Karl bemühte sich, die lutherische Reformation und die nationale schwedische Selbständigkeit gegenüber dem katholischen König Sigismund von Polen-Schweden, zu sichern. Im Jahre 1599 schaffte er es zum Regenten gewählt zu werden und im Jahre 1600 wurde er als schwedischer König anerkannt. Ganz wohl war ihm auch wieder nicht, gegen den eigenen Neffen gehandelt zu haben. Doch 1604 nahm er den Titel eines Königs an, 1609 ließ er sich auch zum König Karl IX. krönen.

Im gleichen Zuge mit der Wahl seines Onkels Karl von Södermanland zum schwedischen König Karl IX., hatte Sigismund die schwedische Krone verloren und die polnisch-schwedische Union zerbrach. Die formelle Abtretung Estlands im Jahre 1600 an Polen-Litauen veranlaßte den neugewählten noch ungekrönten König Karl zum Kriegszug gegen Sigismund im Baltikum. Der Södermanländer Herzog Karl stieß weit ins litauisch-polnische Livland vor, machte Beute und richtete schwere Zerstörungen im Lande an, das teils erst eine zwanzigjährige Aufbauphase nach dem Livländischen Krieg erlebt hatte.

Bis zum Jahre 1629 dauerte der schwedisch-polnische Krieg, der sich dann auch noch zum Krieg gegen Rußland und Dänemark ausweitete. Im Raume Livlands, der sogenannten "Provincia Livoniae trans Dunensis" waren die Jesuiten tätig gewesen. In der ehemaligen Residenzstadt des Ritterbrüderordens Wenden richteten die Jesuiten ein Bistum ein. Die Ideen einer Wiederherstellung des Katholizismus traf nicht auf Ablehnung. Nachdem sich der deutsche Adel durchwegs für die Schweden entschied konnte sich die Bauernschaft auch wieder für den alten Glauben erwärmen. Die Wiederaufrichtung des Landes in der polnischen Zeit, zeigte auch positive Entwicklungen. So entschied sich Riga, auf seine Handelsinteressen bedacht, für die Herren aus dem Süden und blieb den Polen treu.

Entschieden wurde alles in dem achtundzwanzig Jahre währenden Krieg unter verwandten Herrschern. Darüber starb 1611 der inzwischen gekrönte König Karl IX. von Schweden. Er hinterließ einen 17jährigen Sohn, den der schwedische Reichstag für mündig erklärte, es war König Gustav Adolf von Schweden. Vater Karl hatte dem jungen König ein Land hinterlassen, umgeben von feindlichen Staaten. Schwedens innere Schwäche ließ das Ziel, die Ostsee zu einem schwedischen Meer zu machen, als unmöglich erscheinen. Der junge König begann seine Regierung mit Rückschlägen, so daß die in knapp vierzig Jahren entstandene schwedische Großmacht verwundern muß.

König Gustav Adolf von Schweden und sein Kanzler Oxenstierna

Bewirkt hat diesen stetigen Aufstieg Axel Gustafson Graf von Oxenstierna, schwedischer Reichsrat und Reichskanzler. Er hatte studiert in Rostock, Wittenberg und Jena, Staatsrecht und Theologie. Er hielt sich in Mecklenburg und Estland auf, 1613 schloß er den Frieden von Knäred mit Dänemark und 1617 folgte ein Frieden zu Stolbowa mit Rußland, der Schweden den Besitz Estlands sicherte, sowie den Gewinn des Flusses Newa, das Ingermanland und Karelien, so daß Rußland und Nowgorod von jeglichem Zugang zur Ostsee abgeschnitten war.

Schweden hatte nur noch einen Feind, das polnische Königreich mit einem König aus dem schwedischen Hause Wasa, König Sigismund III. Wasa. An der Stadt Dorpat kann man ablesen, was die unglückliche Politik Polens und die konsequente Politik Schwedens bewirkte. Im Jahre 1558 wurde Dorpat von den Russen besetzt, dann kam es 1582 unter polnisch-litauische Oberherrschaft, 1600 von Schweden erobert, 1603 wieder polnisch und seit 1625 wieder schwedisch.

Oxenstierna war zum Regentschaftsrat für Gustav Adolf berufen, der ihn 1612 zum Reichskanzler ernannte. Er schloß 1613 den Frieden mit Dänemark, Reichskanzler Oxenstierna führte den Feldzug gegen Polen. Schon 1621 kapitulierte Riga, nach dem Waffenstillstand von Altmark, im Jahre 1629 mußte Polen das frühere überdünische Fürstentum an die Schweden abtreten, nur Teile des ehemaligen Altlivlands im Osten blieben bei Polen. Gustav Adolf hatte während des Krieges dem Land eine Kontribution auferlegt, die er dann in eine regelmäßige Steuer umwandelte. Er zögerte nie Steuern einzuführen, der Stadt Riga wurden Steuern auferlegt und Abgaben eingeführt. Auf die Proteste antwortete der König: “Sollte jemand zugrunde gehen, so sollen es besser die Rigaer Bürger sein, nicht das Schwedische Reich.”

Zur Belohnung für treue Dienste für den König wurden dem Kanzler Axel Oxenstierna große Ländereien übertragen. Polen verlor in der Nachfolge das Lehnsherzogtum Preußen, das ehemalige Gebiet des Ritterordensstaates, Oxenstierna wurde Generalgouverneur. Er schuf den Freiraum für die Unternehmungen König Gustav Adolfs im Dreißigjährigen Krieg. Noch zwei schwedische Staatsmänner aus dem Adelsgeschlecht der Oxenstierna wurden Generalgouverneure in Livland, Bengt Bentson 1634 und Bengt Gabrielsson 1662.

Mit der Landung in Pommern am 4.7.1630 begann König Gustav Adolf von Schweden die Offensive durch das in die beiden Konfessionen gespaltene nunmehr unheilige Römisch-Deutsche Reich. Der Duldung seines Tuns und auch der tatkräftigen Mithilfe der protestantischen deutschen Länder war er gewiß. Auch von Frankreichs Staatsmann Kardinal Richelieu bekam er Hilfe zugesagt, so zog er quer durch Deutschland von Ost nach West und besiegte die kaiserlichen Truppen in allen Schlachten. Er verzichtete auf eine kostspielige Söldnerarmee und bewaffnete seine Untertanen. Aus der anfänglichen Abwehr der Thronansprüche des polnischen Königs Sigismund, entstand der Wille zum weiteren Ausbau der schwedischen Machtstellung am Südrand der Ostsee, mithin die Erkämpfung des - Dominium maris baltici - als Bestandteil einer schwedischen Großreichbildung.

König Gustav Adolfs bayerische Verwandten

Im Herbst 1631 erreichte der schwedische König Mainz am Rhein. In Sachsen hatte Gustav Adolf Mitstreiter für seine Sache gefunden, glaubensverwandte Mitstreiter. Die traf er hier in der Rheinpfalz auch, aber nicht nur Glaubensverwandte traf der König hier, sondern auch Verwandte. Hatte doch ein wittelsbachischer Pfalzgraf bei Rhein eine schwedische Prinzessin zur Gemahlin erwählt, die Katharina Wasa. Dieser Pfalzgraf Johann Kasimir von Pfalz-Zweibrücken und Katharina Wasa hatten einen Sohn, Karl Gustav. König Gustav Adolf war sein Onkel und wie das Schicksal es so wollte, sollte dieser Karl Gustav schwedscher König werden. Doch Karl Gustav kam nicht wegen diesem zehnjährigen Buben in die Pfalz, sondern er kam zum Führer der protestantischen Union, dem pfälzischen Kurfürsten Friedrich V..

Die pfälzischen Wittelsbacher in Heidelberg und die bayerischen Wittelsbacher in München waren traditionell zerstritten, dies reichte noch in die Zeit Kaiser Ludwigs des Bayern zurück, dessen Vater noch Pfalzgraf bei Rhein und bayerischer Herzog in einer Person war. München und Heidelberg waren seine zwei Hauptstädte. Danach trennte man sich, stritt miteinander und die Wittelsbacher Vettern führten Krieg gegeneinander. Schon im bayerischen Erbfolgekrieg und nun, im Jahre 1620.

Das geistige Zentrum des Katholizismus war die bayerische Universität in Ingolstadt, das geistige Zentrum der Lutheraner war die Universität Wittenberg. Der Intimus Luthers, Melanchthon, geriet in Streit mit den Wittenbergern und ging zum pfälzischen Kurfürsten nach Heidelberg und baute dort ein Zentrum des Calvinismus auf, die Heidelberger Universität, an der Melanchthon lehrte.

Die deutschen Fürsten hielten die Pfälzer Kurfürsten für so bedeutend, daß sie bei der Gründung der protestantischen Union 1608 im ehemaligen Benediktinerkloster Auhausen, den Kurfürsten von der Pfalz als ihren Führer wählten. Kurfürst Friedrich V wurde von den protestantischen Stände Böhmens zum böhmischen König gewählt, sie hatten einfach ihren König Ferdinand von Habsburg abgesetzt. Er saß in Wien und war zugleich deutscher König und Kaiser des Reichs. Er rief seinen wittelsbachischen Vetter in München, den Herzog Maximilian zu Hilfe. Beide waren in der bayerischen Universität in Ingolstadt in die Schule gegangen, wo sie von den Jesuiten streng katholisch gelehrt worden waren. Maximilian hatte auch gegen die Protestantische Union, seinerseits die Katholische Liga gegründet.

Kurfürst Friedrich, der Wittelsbacher von der Pfalz, war gerade beim Krönungsschmaus in Böhmens Hauptstadt Prag, als Maximilian, der Wittelsbacher aus Bayern, anrückte und es kam 1620 zum Kampf am Weißen Berge bei Prag. Die Hügel vor Prag sind wohl eher dunkelgrau, doch die bayerischen Farben sind weiß und blau und unter diesen weiß-blauen Fahnen beider Heere sollte nun der Kampf stattfinden. Man einigte sich darauf, weil die Pfälzer bereits weiß-blaue Armbinden trugen, so sollten die Truppen des Maximilian aus München auf der Brust weiß-blaue Schleifen tragen. Wie immer siegten die Bayern über ihre pfälzischen Vettern, Friedrich mußte flüchten, Ferdinand in Wien war wieder König in Böhmen und Maximilian kehrte nach München zurück. Es war ein Familienstreit mit bösen Folgen, man hätte es einfacher haben können. Als nämlich später die Linie der bayerischen Kurfürsten in München ausstarb, erbten die Pfälzer zu ihren umfangreichen Besitzungen, auch noch das große bayerische Kurfürstentum. Sie regierten das ganze Land fortan nur noch von München aus, auch waren sie längst wieder katholisch geworden. Damals faßte man die späte Versöhnung in die Worte: “Bayern und Pfalz, Gott erhalt's.”

Wie umfangreich die Besitzungen der Pfälzer waren, zeigt uns zum Beispiel das Wappen des Franz Ludwig von Pfalz-Neuburg, Bischof von Breslau, Kurfürst und Erzbischof von Mainz, somit Erzkanzler des Heiligen Römischen Reiches Deutscher Nation, der 1694 zum neuen Hochmeister des Deutschen Ordens gewählt wurde, weil aber der Deutsche Orden in Preußen, Livland und Estland nicht mehr bestand, seine Residenz im fränkischen Mergentheim hatte. Das Hauptschild seines Wappens zeigte die wittelsbachischen Besitzungen, wie das Herzogtum Bayern, die Pfalzgrafschaft bei Rhein, das Herzogtum Jülich, die Herzogtümer Kleve und Berg, die Grafschaften Veldenz und Mark, die Herrschaft Ravensberg und die Grafschaft Mörs. Über dem ganzen Wappen war das Kreuz des Deutschen Ordens angebracht.

Die Besitzungen der Pfälzisch-Bayerischen Fürsten reichten über das ganze Rheinland und in der Teilhauptstadt Düsseldorf steht heute noch das Denkmal des Kurfürsten aus wittelsbachischem Hause, der beliebte "Willem". Danach sang man wehmütig erinnert an die Zeiten, als noch Bayern dort im Norden regierten: "Als man noch trug blau und weiß, lebte man wie im Paradeis (Paradies)." Nachfolger als Hochmeister wurde 1732 Clemens August von Bayern, der auch Erzbischof und Kurfürst von Köln war, dieses Amt besetzten die Bayerischen Fürstensöhne hundertfünzig Jahre lang, so dankte der Papst den Bayern für ihr festes Eintreten für den römisch-katholischen Glauben.

Dieser katholische Glaube war in Bayern in Gefahr, denn der schwedische König Gustav Adolf traf sich mit dem Führer der protestantischen Union, zog mit ihm im Frühjahr 1632 vom Rhein in Richtung München, denn der Kurfürst Friedrich V. von der Pfalz wollte sich dafür rächen, daß ihm sein Vetter aus München die böhmische Krone wieder nahm und er nun vor der Geschichte als der "Winterkönig" dastand, weil er nur einen Winter lang König sein durfte.

König Gustav Adolf in München

Nördlich von Augsburg bei Rain gelang es König Gustav Adolf über die Donau zu gelangen. Die bayerische Armee unter dem Feldmarschall Terclas Tilly mußte zurückweichen und weil Graf Tilly verwundet wurde, gelang der Durchbruch der protestantischen Heere. Der bayerische Kurfürst Maximilian war nach der Festung Ingolstadt gezogen, wohin auch sein Feldmarschall gebracht wurde, und Tilly verstarb in Ingolstadt. Es gab nicht mehr viel Hoffnung für die Hauptstadt München, die Stadtväter Münchens flehten den schwedischen König bereits weit vor den Toren der Stadt um Gnade an, da Gustav Adolf die Stadt abzubrennen drohte. Ganz besonders der Kurfürst Friedrich, der Winterkönig, forderte entschieden eine Bestrafung seiner wittelsbachischen Vettern, man solle München anzünden und die kurfürstliche Residenz in die Luft sprengen - der Tag der Rache sei gekommen. Gustav Adolf aber wollte mehr.

Der Schwedenkönig war mit vierzigtausend Mann von Donauwörth herangerückt und hatte sich erst der ehemaligen niederbayerischen Herzogshauptstadt Landshut angenommen. Der letzte Herzog, Georg der Reiche, hatte hier vor Jahren die polnische Königstochter Hedwig geheiratet, die berühmte Landshuter Hochzeit war es gewesen. Fast ganz Europa war eingeladen, der Kaiser und der deutsche König waren gekommen und die Kurfürsten von Sachsen und Brandenburg, König Gustav Adolfs Mutter war ja auch eine Brandenburgerin, deren Urmutter aus Landshut stammte, die sogenannte "schöne Els", die schöne Elisabeth.

Auch des bitterbösen Kurfürsten Friedrichs Vorfahren stammten von hier und der Kurfürst Ottheinrich, der den berühmten Philipp Melanchthon an seine Heidelberger Universität geholt hatte, war sogar ein direkter Nachkomme von Herzog Georg dem Reichen. Nach dem Schiedsspruch des Kaisers Maximilian zu Köln fiel das Landshuter Erbe größtenteils an den Herzog in München. Bayern war damit wieder vereint,

Am 10. Mai 1632 quartierten sich die Schweden in Landshut ein und nach fünf Tagen, als alles ausgeraubt und gebrandschatzt war, zog man in die Stadt des bayerischen Erzbischofs. Diesen Erzbischofsstuhl nahm einst der Vater des pfälzischen Kurfürsten Ottheinrich in Freising ein. Da kein Erbe mehr lebte, mußte er ins weltliche Leben zurückkehren. Zu seinen Nachkommen aus dem Hause Pfalzneuburg-Zweibrücken zählte Karl Gustav in der Pfalz, der Königin Christine auf dem schwedischen Thron folgen sollte, als König von Schweden, Finnland, Estland, Livland und der vielen Besitzungen an der deutschen Otseeküste.

Nachdem Freising ausgeraubt war, machte sich der riesige Haufen Kriegsvolks unter der Führung des schwedischen Königs Gustav Adolf auf den Weg nach der schönen bayerischen kurfürstlichen Residenzstadt München, die wie ein goldenes Kleinod auf dürrer Mähre vor ihm lag, wie sich der König ausdrückte. Erhebend der Gedanke für Gustav Adolf, daß er nun endlich die Hochburg des Katholizismus, die Hauptstadt des Führers der katholischen Liga des bayerischen Kurfürsten Maximilian in die Hände bekam. Maximilian hatte nach Salzburg flüchten müssen, von dort suchte er um Hilfe beim kaiserlichen Generalissimus Wallenstein in Böhmen an. Die Hilfe von Wallenstein aber blieb aus.

Auf dem Wege nach Salzburg hatte man aus Altötting die Schwarze Madonna mitgenommen und in Salzburg sichergestellt, fällt diese bayerische Muttergottes in die Hände der Schweden, so dachte man, sei Bayern restlos verloren. Bezeichnend auch, daß der Kurfürst beim Weggang aus München nicht vergaß, bei dem Wenigen was er mitnehmen konnte, neben dem Kronschatz, auch die Gebeine des heiligen Benno einzupacken. Er war doch der Stadtheilige, man hatte die Gebeine von den evangelisch gewordenen Sachsen, die ihren Heiligen aus Meißen verachteten, auch noch kaufen müssen. Nun lagerte alles auf der Hohensalzburg und das übrige war dem schwedischen König und seinem gierigen Haufen ausgeliefert.

Dreimal waren die Räte zum König gegangen und flehten ihn an, die Stadt und ihre 20 000 Einwohner zu schonen. Sie wurden abgewiesen; doch endlich ließ sich der Sieger herbei, gegen ein Lösegeld in der phantastischen Höhe von 300 000 Talern davon abzulassen die Stadt München abzubrennen. Diese Summe war so groß wie die Hälfte des gesamten jährlichen Steueraufkommens des schwedischen Staates, wovon die schwedischen Provinzen Livland und Estland die Hälfte aufbringen mußten. Niemals würde man eine so hohe Auslösesumme beschaffen können.

Die Drohung des Königs - München wird brennen

Beschwörungen und Bitten halfen nichts, München sollte brennen. Auf der östlichen Isaranhöhe, wo heute das Gasteigkircherl steht, sah man über die schöne Stadt, vielleicht zum letzten Mal. Dort übergaben die entgegenkommenden Stadtväter die Schlüssel für die Stadttore, um einen tödlichen Sturm auf die Stadt abzuwenden. Es war der 16. Mai 1632, ein Sonntag, und während des Gottesdienstes rückte die erste Eskadron in München ein. Unter dem Glockenläuten der Kirchen der Stadt München, dem “deutschen Rom”, mischte sich das Trommelgerassel der schwedischen Armee, als am 17. Mai, morgens um 10 Uhr, die Truppen durchs Isartor, übers Tal zum Schrannenplatz und vor die Residenz zogen.

Vor dem prächtigen Stadtschloß des bayerischen Kurfürsten läßt König Gustav Adolf alles Floßholz, das sich bei der Isarlände findet, aufschichten, ganze Fuhren Stroh hinzubringen und Kriegsknechte mit brennenden Lunten Posten beziehen.

Die Stadt wird geplündert. Aus der Residenz und der Liebfrauenkirche nimmt der Sieger die besten Goldgeräte, Meßkleider, Silberleuchter und die wertvollen Gemälde. Sie sind für die Ausschmückung Stockholms bestimmt. Am liebsten, sagte der König, würde er die ganze Residenz auf Räder stellen und gen Stockholm rollen. Das war nicht möglich, so raubte er wenigstens Mobiles - Kunstschätze, Manuskripte und Möbel, dies schickte er in seine Residenz nach Stockholm.

In der Residenzkapelle wird das Pflaster auf der Suche nach verborgenen Schätzen aufgerissen. Schloß Schleißheim, vor den Toren Münchens, wird bis fast zur Ruine verwüstet. Auf den Straßen sieht man Frauenzimmer aus den Badhäusern und Vorstadtschenken, mit gebauschten, bunten Röcken und hohen Federhüten, am Arm der finnländischen Reiter und Dalekerle aus den schwedischen Gebirgstälern. Dann sieht man himmellange gotländische Reiter und krummbeinige Litauer, so berichtet die "Monumenta Boica:" Unterschiede zwischen Finnen und Esten, sowie zwischen Litauern und Letten , auch Altpreußen, machte man wegen des ähnlichen Aussehens nicht, so wissen wir nicht, wer am schlimmsten geplündert und geraubt hat.

Es gibt auch keine Angaben über die Anzahl der Soldateska aus dem Gebiet des heutigen Estlands. Bis dahin war den Bayern Estland nur aus der Urkunde bekannt, die das Land als Heiratsgut der dänischen Königstochter Margarethe auswies, als sie den bayerischen Herzog und Markgrafen Ludwig von Brandenburg heiratete. Ludwig wollte aber kein Land regieren, das so kalt und so nahe an Mitternacht lag. Schon Brandenburg, auf halbem Wege zwischen Bayern und Estland gelegen, war ihm ein Graus. Er wollte nicht unbedingt heim nach Fürstenfeld, wo sein Großvater das bedeutende Zisterzienserkloster errichtet hatte, jedenfalls wollte er heim nach Bayern. Als seine dänische Frau gestorben war, gab er die Markgrafschaft Brandenburg seinem Bruder, nahm das Geld von seinem Schwager, dem dänischen König, welches der Orden für die Überlassung Estlands bezahlt hatte: In harter Kölnischer Währung.

Wollten die Esten in dem Handel etwas unrechtes gesehen haben, damals war so etwas üblich. Jedenfalls war die erste Begegnung der Bayern mit den Esten im schwedischen Heer im Jahre 1632 keine erfreuliche. Der Haufen Soldateska, der mit dem Schwedenkönig über die Stadt München hinwegflutete, war doppelt so groß wie die gesamte Bevölkerung der Stadt. Auch wenn dieses Ereignis schon mehr als dreieinhalbhundert Jahre zurückliegt, vielfach kann man heute noch lesen, was über das unsagbare Leid der Menschen geschrieben wurde, und in Bayern wurde zu der Zeit schon tausend Jahre lang geschrieben.

Überall ist Tod und Verderben

Der Abt vom Heiligen Berg Andechs berichtet: Die Schweden "tyrannisierten alle Gegend grausam durch...". Gleich am Anfang liessen sie ihre ganze Wut an Kloster und am Markt Dießen aus, wo sie marterten und quälten, plünderten und raubten...

Städte, Klöster und Kirchen werden nicht geschont.

Überall brennen Häuser und fallen Mauern, einmal wird ein Priester während des Gottesdienstes von hinten ermordet, Mönche umgebracht, weil sie das Allerheiligste nicht herausgeben, was für die evangelischen Krieger nur einen Metallwert besitzt. In Maria Birnbaum wird die Kirche geschändet und das Kruzefix verbrannt und ins Moor geworfen. Als die Schweden abgezogen waren, fand man das geschändete Kreuz und es geschahen dort Wunder. Heute steht an der Stelle eine Wallfahrtskirche, eine Barockkirche von seltener Schönheit mit einem byzantinischen Aussehen.

Die flehenden Hilferufe verhallen, die der geflüchtete Landesherr Kurfürst Maximilian von der Hohensalzburg an den Generalissimus Wallenstein in Böhmen sendet: "Der Schwede haust in meinem Lande ärger als der Türke mit Brennen und Niederhauen der Weiber und der Kinder von fünf und sechs Jahren. Das hat er bislang in anderen Ländern nicht getan. Es ist daraus zu spüren, wie er gegen mich gesinnt ist."

An seinen Bruder geht ein Schreiben: "...was aber das arme Bayerland belangt, würde es Euer Liebden nicht wiedererkennen und es ohne Mitleid nicht ansehen können, dergleichen Grausamkeit ist in diesem Kriege nit erhöret worden. Ich muß gleich dem Sprichwort das Bad austrinken, hoffe, Gott werd mir's wieder ersetzen, weil mir alles odio Religionis et justitiae widerfährt."

Aber nicht die Fürsten sind es, die das "bad auszutrinken" haben. Ihre Verluste in dem großen Spiel der Siege und Niederlagen sind Würden, Länder, Einnahmen und Ansehen. Keiner von ihnen erlebt, was mit den Menschen geschieht, auf deren Boden die hohe Politik ihre Kämpfe ausficht.

Bei Grimmelshausen, in seinem "Simplicissimus", kann man dies nachlesen: "Das kleine Dorf ist ringsum von lichtem Walde umgeben, alte, knorrige Baumriesen recken ihr Geäst zu einem wolkenlosen Himmel. Vor der weiten Blöße hängt, hoch am dürren Baume, ein halbnackter Leichnam; im Hintergrund - dort, wo sich die kleinen, schindelgedeckten Höfe ins Wiesengelände schmiegen - flackern prasselnde Flammen, ballt sich gelber Qualm von brennenden Strohscheunen.

Unbeschreiblich ist die wirre Woge des Getöses, die über dem Platz lagert, ein sich verschlingendes, an- und abschwellendes Jammern, Brüllen und Klagen. Schüsse patschen dumpf aus dem Walde, wo gellende Schreie einer Frau einen Augenblick selbst das Toben und Brausen der Kämpfenden übertönen.

Aus den Baumkronen fahren die Feuerblitze von Musketen herab, dorthin haben sich Bauern geflüchtet und unterstützen die anderen, die sich mit Dreschflegeln, mit Sensen und Mistgabeln wehren.

Ein kleiner Junge mit struppigem Haar, barfuß und verlumpt, läuft wie ein Traumwandler durch all die Greuel. Er sieht Menschen umfallen, am Boden röcheln, sieht, wie Soldaten den Leichen die Stiefel herabzerren oder sie aus den armseligen Röcken beuteln – aber er kann es nicht fassen was er sieht.

Als er das väterliche Haus erreicht, erblickt er mit fassungslosem Entsetzen, daß auch hier die fremden Reiter am Werke sind. Etliche durchstechen Stroh und Heu mit ihren Degen, als hätten sie nicht Schweine und Schafe genug zu erstechen gehabt, andere schütten die Federn aus den Betten und füllen dafür Speck, Dörrfleisch und sonstige Dinge hinein, als wäre darauf besser zu schlafen; andere schlagen Fenster und Ofen ein, als hätten sie einen ewigen Sommer zu verkünden. Kupfer und Zinngeschirr schlagen sie zusammen und packen die verbogenen und verderbten Stücke ein. Bettladen, Tische, Stühle und Bänke verbrennen sie, obwohl doch mehrere Klafter dürren Holzes im Hofe liegen, Häfen und Schüsseln müssen auch entzwei.

Die Magd im Stall wird dermaßen traktiert, daß sie nicht mehr herausgehen kann... Den Knecht legen sie gebunden zur Erde, stecken ihm ein Sperrholz ins Maul und schütten ihm einen Melkeimer voll garstigen Mistlachenwassers in den Leib, das nennen sie einen "schwedischen Trunk!..."

Alles geschieht unter der Wolke des Jammerns und Schreiens, langsam überdeckt sich das Blau des Himmels mit Qualm, über die Bäume zieht der braune Rauch.

Tränenlos, mit weit aufgerissenen Augen schwankt ein kleiner Bub aus dem Dorf, er flüchtet dem Walde zu, vielleicht ist Erbarmen unter den Tieren...

Unterdessen sitzt der Herrscher der Länder des Nordens, der König von Mitternacht, bequem in München. Weiß er was seine Truppen im Lande anrichten? Das Land mit tausend Jahren katholischer Kultur war den Kriegern aus Schweden, Finnland, Estland, Livland, Litauen und Preußen fremd, ihre Heimat lag zweitausend Kilometer weit im Norden. Die Balten unter ihnen kannten aus dem Reich nur die Sachsen im Norden, die auf halbem Wege zu ihrer nördlichen Heimat lebten und die einst in ihrer Heimat das Christentum predigten und Burgen bauten. Es konnte vielleicht einer von dort gewußt haben, daß der Orden im Baltikum auch mit dem Schwerte focht - nicht immer mit dem Worte Gottes.

Die Motive, die König Gustav Adolf hatte - protestantischer Glaubenseifer oder politisches Machtstreben - es ist unklar geblieben. Er wußte jedenfalls aus der religiösen Auseinandersetzung machtpolitische Vorteile zu ziehen.

So saß der König in München beim Gastwirt Frothammer am Schrannenplatz, wo er auch wohnte. Er sah auf den Platz hinaus, auf dem der bayerische Kurfürst Maximilian nur einige Jahre später, als der Schwedenkönig schon unter der Erde lag, aus Dankbarkeit die Mariensäule errichtet, aus Dankbarkeit, daß die Patronin und besonders in ihren Armen das Gotteskind Jesu die Segenshand über München gehalten hat. Danach hieß dieser Platz auch Marienplatz und jeder bayerische Herrscher, der danach den bayerischen Thron bestieg, versäumte nicht, erneut mit gebeugten Knien der Gottesmutter zu danken, bevor er an die Regierungsgeschäfte ging.

Dort am Marienplatz schrieb König Gustav Adolf einen Brief an seinen getreuen Reichskanzler Oxenstierna, einen Brief voll schwerer Gedanken, als ahne er seinen baldigen Tod. Gerade jetzt, wo er auf der Höhe seines Triumphes war, kannte er die Gedanken seines Kanzlers, der einmal weise sagte: "Weißt du denn nicht mein Sohn, mit wie wenig Geist die Welt regiert wird." Und die Tochter Gustav Adolfs wird auch in nicht mehr so fernen Jahren durch diese Stadt München zum fernen Rom eilen und Christine wird etwas südlicher von München, in Innsbruck, dem Glauben abschwören, für den ihr Vater so viel Leid über Bayern gebracht hatte. Dies konnte der König noch nicht wissen, als er den Brief an seinen Reichskanzler schrieb, aber geahnt muß er es haben, wenn er schreibt:

"Unser Andenken und das Wohl der Meinen laßt Euch aufs beste befohlen sein. Handelt gegen mich und die Meinen, so wie ihr wollt, daß Gott gegen Euch und die Euren tut, und wie ich gegen Euch und Euren handeln werde, wenn Gott mich so lange leben läßt. Zwanzig Jahre lang habe ich nun mit viel Mühe - und Gott sei's gedankt -, auch mit viel Ehre unser Vaterland regiert, habe es und all seine treuen Bewohner geliebt und geehrt und für seine Ehre Leben, Besitz und gute Tage aufs Spiel gesetzt. Keinen anderen Schatz habe ich in dieser Welt gesucht, als die Pflichten meines Amtes zu erfüllen, zu dem mich Gott berufen hat..."

Historiker billigen dem König aus dem nördlichsten Norden eine edle Gesinnung zu. Doch wie vereinbart sich diese mit dem, was in der Praxis bei seinem edlen Handeln herauskam. Tod und Elend breiteten sich über das ganze Land und der Schrei 'die Schweden kommen', ging durch Mark und Bein. Und doch handelte König Gustav Adolf im Glauben nichts Unrechtes zu tun, die toten Menschen, die Alten, die Frauen und die Kinder - sie waren eben ein Nebenprodukt des Krieges. Dies erlaubte die Konfession des Königs und in der Geburtsgegend dieser Konfession hatte man immer schon eine Rechtfertigung parat, und wo gehobelt wird, da fallen eben auch Späne. Das Rechtsbewußtsein war gestört, ob es in der Reformation um die Bauern ging, ob es um andere Rassen im Nazi-Staat ging und ob es um Gegner im Stasi-Staat ging.

Den gerechten Krieg jedenfalls führte der Schwedenköng. Ob der Kriegsmann auch in seligem Stande sein könne - er könne es, sagte Luther. Gleich schickte er eine Begründung dafür an Kriegsleute, die darauf warteten, denn sie wollten mit einem Heer evangelischer Soldaten auf Eroberungszug von Thüringen und Hessen nach dem schwäbischen Württemberg ziehen und sie zogen dorthin. In der Tasche den Freibrief für ein gerechtes Töten, denn die Gebote ließen es nicht zu - du sollst nicht töten.

Was sagt also Luther: "Gnade und Friede in Christo ..."

"Wer mit gutem wohlberichtetem Gewissen streitet, der kann auch wohl streiten; sintemal es nicht fehlen kann, wo gutes Gewissen ist, da ist auch großer Mut und keckes Herz: wo aber das Herz keck und der Mut getrost ist, da ist die Faust auch desto mächtiger und beide, Roß und Mann frischer und gelingen alle Dinge besser, und schicken sich auch alle Fälle und Sachen desto feiner zum Siege, welchen denn auch Gott gibt. Wie Moses zu seinen Juden sagt: Wenn du ungehorsam bist, so wird dir Gott ein verzagtes Herz geben, daß, wo du eines Weges wider deine Feinde ziehst, sollst du durch sieben Wege zerstreut werden und kein Glück haben."

"Dennoch schicke ich euch nun diesen meinen Unterricht, so viel mir Gott verliehen, damit ihr und andere, so gerne wollten wohl Krieg führen, auf daß sie auch Gottes Huld und das ewige Leben nicht verlören, sich wissen zu rüsten und unterweisen. Gottes Gnade sei mit euch! Amen. Dem gestrengen und ehrenfesten Assa von Kram, Ritter usw. meinen günstigen Herrn und Freunde."

"Martinus Luther."

Dann erläutert Luther: "Ein Amt oder Werk ist nicht gut und recht, wenn die Person oder Täter nicht gut oder recht ist. Ein Richteramt ist ein köstliches, göttliches Amt es sei der Mundrichter oder der Faustrichter, welchen man den Scharfrichter heißt. Aber wenn's einer vornimmt, nach Geld oder Gunst ausgerichtet, so ist's bereits nicht mehr recht noch gut. Aber wenn's einer vornimmt, dem es von der Obrigkeit befohlen ist, so ist es recht und gut. So ist es auch mit dem Kriegerstand, -amt oder -werk: das an ihm selbst recht und göttlich ist."

"Summa, man muß im Kriegsamt nicht ansehen, wie es würgt, brennt, schlägt und fängt usw... Denn das tun auch die Ärzte, um den ganzen Leib zu retten. Also muß man auch dem Kriegsamt oder Schwertamt zusehen mit männlichen Augen, warum es so würgt und greulich tut, so wird sich's selbst beweisen, daß es ein Amt ist an ihm selber göttlich und der Welt so nötig und nützlich, als Essen und Trinken, oder sonst ein anderes Werk."

Darauf gebaut, tat der schwedische König sogar ein gutes Werk, ein göttliches Werk und mit jedem ermordeten unschuldigen Menschen ein weiteres göttliches Werk. In Berlin, der Hauptstadt Preußendeutschlands, sprach man vom gerechten Krieg und von den Mitteln, die den Zweck heiligen. Das Mittel war Krieg, und man war allezeit mit Luther in guter Gesellschaft.

Zum gerechten Krieg gehört auch die Geiselnahme

Gerecht war auch die Geiselnahme in München. Es ist recht, wenn es von der Obrigkeit befohlen ist und es war befohlen. Schon am ersten Tage, nachdem der König in München eintraf, ließ er verkünden: "...ihre khinigliche Mayestätt für Mordt, Brandt und Blinderung drei mal hunderttausend Reichsdaler begere...", der König verlangt es, entweder dreihunderttausend Taler oder es gibt Mord, Brand und Plünderung. Es ging den Bürgern in München um ihr bißchen Leben, schon plünderten die Hilfstruppen aus Finnland, Estland, Livland und Litauen, sowie die Soldaten aus dem schwedischen Mutterland und der König sah sein Lösegeld gefährdet. Er ließ kurzerhand zwei Soldaten am Galgen aufhängen.

Jeder Bürger in München lebte in panischer Angst und brachte das Geld, das er hatte: Der Beck von der Au 3 Gulden, und der Weber Schindel seine 2 Gulden, der Kampelmacher (Kämmemacher) 1 Gulden und die Witwe Unterdorfferin 15 Kreuzer etc. etc. Der Gastgeber zum Metzgerwirt zahlt 10 Gulden, und der Branntweinbrenner Furter Hans stiftet 15 Gulden, der Lebzelter 10 und der Klachebräu sogar 20 Gulden. In den städtischen Archiven befinden sich fein säuberlich die Kontributionslisten, doch es konnten beim besten Willen und bei der großen Angst nur 200 000 aufgebracht werden. So verlangte der König Geiseln als Pfand, wolle man nicht ihren Tod, so müsse man sie einlösen.

Zweiundzwanzig Geistliche waren unter den Geiseln, die der König mitschleppte, der Stadtpfarrer von der Kirche "Unserer Lieben Frau", drei weitere Weltgeistliche, sechs Jesuiten aus dem Jesuitenkolleg, je vier Brüder aus den Klöstern der Augustiner, der Franziskaner und der Kapuziner; zwanzig Geiseln waren weltliche Ratsherren und wohlhabende Bürger.

Einen besonders dicken Fisch glaubte König Gustav Adolf in der Hand zu haben, das hieß als Geisel zu haben, für den ein schönes Lösegeld herauszupressen war, Melchior Camerloher, berühmter Musiker seiner Zeit in Bayern. Man verschleppte sie erbarmungslos mit unbekanntem Ziel und ungewissem Schicksal.

Drei Jahre und zwei Monate betete man für die Gefangengehaltenen zur Muttergottes: "Sihe an o Muetter der Barmherzighkeit, der welt Hoffnungg, Beschützerin der Vunschuldigen, aller Betruebten Nothelfferin, deine verpflichtete Diener vnd Pfleg Khinder 40 Geysel fallen dir zu fueßen.."

Und Maria hat geholfen, vierzig Geiseln hatten überlebt. Im gleichen Jahre gelobte Kurfürst Maximilian eine Statue der "Jungfrau, Gottesgebärerin, der mildreichsten bayerischen Herrin, der mächtigsten Beschützerin..." des Vaterlandes und der Stadt, auf dem Marienplatz aufzustellen. In der Urkunde heißt es dann weiter "...das mindeste Pflegkind Maximilian gesetzt, Pfalzgraf bei Rhein, in Ober- und Niederbayern Herzog, des Heiligen Römischen Reiches Erztruchseß und Kurfürst." Seitdem ist die Mutter Maria als die bayerische Patronin, als die "Patrona Bavariae" verehrt. Sie ist der Mittelpunkt Bayerns, der ganze Freistaat Bayern hat in der Mariensäule auch ihren Ausgangspunkt der Landesvermessung, sie ist sozusagen der Nullmeridian Bayerns.

Während der schwedische König Briefe schreibt, das Lösegeld zählt, die Möbel für Stockholm zusammenpackt und die Geiseln für den Abmarsch zusammentreiben läßt, – die Bedingungen für die Unversehrtheit der Residenzstadt München vor dem Feuerteufel – sind seine Soldaten aktiv. Dürfen sie es nicht in München sein, so in der Umgebung Münchens. Der König hat Plünderungen versprochen, aus welchem anderen Grunde sind sie zweitausend Kilometer marschiert, sie interessieren die Sonderhändel des Königs in München nicht. Die umliegenden Dörfer mußten daher leiden. Die schwedischen Truppen zogen mordend und plündernd durchs Land: So wurden zum Beispiel in der zweiten Maihälfte alle Moosacher Häuser, damals noch aus Holz gebaut und mit Stroh gedeckt, ein Raub der Flammen. Nur die aus Stein gebaute Kirche blieb stehen – und diente der Soldateska als Pferdestall, der gotische Altar wurde zu Brennholz gemacht.

König Gustav Adolf zog dann weiter nach dem Norden Bayerns, Nürnberg war seine nächste große Station, wo er sich auch noch Zeit nahm, die inzwischen angefallenen Schreibarbeiten des Regierens zu erledigen, wo eben auch die Urkunde für Dorpat darunter war. Dann aber ging es nach dem sächsischen Lützen, wo ihn in der Schlacht der vorausgeahnte Tod einholte. Er war aus unserer Sicht überfällig, doch für die Schandtaten die weiterhin geschahen, war er nur mehr bedingt verantwortlich.

Viele Jahre zogen noch schwedische Mörderbanden durchs Land, bis in die letzten Ecken bayerischen Landes drangen sie vor. So erreichten sie auch die letzten Winkel hinten im Bayerischen Wald, wo sich die Hasen und Füchse Gute Nacht sagen. Sie mordeten und plünderten, dies auch mehrmals nacheinander.

Dann erreichte eine Streitmacht der restlichen Schwedenarmee nochmals München. Sie konnten nach dreißig Jahren vom Krieg nicht mehr lassen und im Westen, zwischen München und Dachau, hatten sie sich einquartiert. Der Anführer war der Schwedengeneral Wrangel, der nach dem Tode des Königs Gustav Adolfs den Oberbefehl in Deutschland erhalten hatte. Der General ging in der wildreichen Gegend zur Jagd, abgesichert durch sechs Schwadronen, denn es war das bayerisch-kurfürstliche Jagdgebiet. Trotzdem gelang es dem bayerischen Reiterführer Johann von Werth in einem Überrumpelungsangriff 700 Mann und tausend Rösser zu kassieren, Wrangel konnte noch im letzten Augenblick fliehen, aber sein goldener Degen war unter der Beute, die die Bayern machten. Es war die letzte Schlacht des Dreißigjährigen Krieges, in achtzehn Tagen wurde dann der Westfälische Frieden geschlossen.

Carl Gustav Graf von Wrangel stammte aus einem deutsch-baltischen Geschlecht im Bistum Dorpat, seit 1277 zuerst urkundlich erwähnt und stammesgleich den 1299 erstmals erwähnten de Levenwalde. Heute noch begegnet man dem Namen im Norden Estlands auf einem Friedhof, nahe einer Jaani Kirikus, steht abseits ein großes Kreuz mit dem Namen Wrangell.

DIE REFORMATION ODER DIE DEUTSCHE KONFESSION

Wir wollen alle gern Einigkeit haben, aber das Mittel zur Einigkeit sucht niemand, welches wäre gegenseitige Liebe, dies schrieb Martin Luther, der jederzeit für einen schönen Spruch gut war.

Es ist bezeichnend für Luther, daß er von Einigkeit sprach und kein Mensch auf Gottes Erdboden soviel Uneinigkeit verursacht hat wie er. Für ihn lag Liebe und Haß so nahe beieinander, wie bei

Martin Luther

keinem anderen Menschen. Jeder der sich an Luther versucht, ihn zu erklären, ihn zu beschreiben, mußte scheitern. Es gibt nicht einen Luther, er hatte zumindest zwei Seelen in seiner Brust. So muß jeder Versuch scheitern der diesen Mann in eine bestimmte Form hineininterpretieren wollte.

Wie soll man eine inständig vorgegebene Liebe Luthers verstehen, wenn er in der Schrift: "Von den Juden und ihren Lügen", 1543, sieben Ratschläge erteilt:

"Erstlich, daß man ihre Synagoge oder Schule mit Feuer anstecke und was nicht verbrennen will mit Erde überhäufe und beschütte, daß kein Mensch einen Stein oder Schlacke davon sehe ewiglich. Und solches soll man tun unserem Herrn und der Christenheit zu Ehren, damit Gott sehe, daß wir Christen sind."

"Zum anderen, daß man auch ihre Häuser desgleichen zerbreche und zerstöre. Denn sie treiben eben dasselbige drinnen, was sie in ihren Schulen treiben. Dafür mag man sie etwa unter ein Dach tun oder Stall wie die Zigeuner, auf daß sie wissen, sie seien nicht Herren in unserem Lande..."

"denn sie haben nichts auf dem Lande zu schaffen, weil sie nicht Herren, noch Amtsleute, noch Händler oder desgleichen sind. Sie sollen daheim bleiben." "Und dies ist die Ursache. Alles was sie haben, haben sie uns geraubt und gestohlen durch ihren Wucher, weil sie sonst keine andere Nahrung haben."

Das ist der Stoff, aus dem abgrundtiefer Haß entsteht. War dieses Schema nicht auf die Dänen und Deutschen im Estland des Mittelalters anwendbar, wie auf jedes andere Land. Die Dänen im Jahre 1219 und der Deutsche Orden kamen als Feinde der eingeborenen Esten, warum sollen wir die Dänen und Deutschen lieben, fragten sich damals schon die Menschon in Estland? Man zerbreche ihre Häuser sie sind nicht Herren in unserem Land – alles was sie haben, haben sie uns geraubt und gestohlen! Diese Zitate Luthers und die Wirklichkeit im Lande der Esten heute gehen einher. Mit Ausnahme der Hauptstadt Tallinn, dort sind die Mauern nicht gebrochen und wahrscheinlich auch nicht die Herzen.

Der Reformator Luther als Retter in der Not? Im Jahre 1523 verfertigte Martin Luther eine Schrift: "An die hern Deutschs Ordens das sie falsche keuscheyt meyden und zur rechten ehlichen keuscheyt greyffen Ermahnung." Diese Schrift war mit Sicherheit von Hochmeister Albrecht gewünscht worden, da er den Orden auflösen und weltlicher Herzog werden wollte, was auch 1525 gelang. Die Antwort Luthers war dieses Schreiben von 1523, in der er nicht nur die Aufgabe des Keuschheitsgebotes anrät, sondern aller Gelübde der Ordensbrüder und die Säkularisation, also Auslöschung des Ordens.

An die Christen zu Riga in Livland

Auch zum neuen Glauben in Livland hatte Luther etwas beizutragen. 1524 schreibt Martin Luther: "Der hundert und XXVII Psalmen außgelegt an die Christen zu Rigen in Lifflandt." Erstmals in Wittenberg wurde diese Auslegung des 127. Psalms mit der Widmung an die Christen zu Riga 1524 gedruckt. Es ist jener Psalm mit dem Eingangsvers 'Wo der Herr das Haus nicht baut, so arbeiten die umsonst, die daren bauen' und der aus ihm abgeleiteten Redensart 'den Seinen gibt's der Herr im Schlaf'. Luther benutzt den Psalm, um sich bei seinen Anhängern bitter über ihre mangelnde finanzielle Unterstützung der verheirateten Pfarrer und der von ihm geforderten Schulen zu beklagen.

Dieser in Nürnberg hergestellte Druck hatte eine Vorgeschichte. Im August 1522 schrieb der aus Danzig stammende Rigaer Stadtschreiber Johannes Lohmüller einen Brief an Martin Luther, in welchem er im 'Namen der ganzen livländischen Kirche' um einen Gruß Luthers, wenn nicht eine eigene Widmungsschrift bat. Ein Jahr zuvor hatte die offizielle Auseinandersetzung mit der Reformation begonnen, wo die altkirchliche Partei der Prälaten unter dem alten Rigaer Erzbischof Kaspar Linde, beziehungsweise seinem energischen Nachfolger Johann Blankenfeld, einer rasch wachsenden städtischen und ritterschaftlichen Anhängerschaft Luthers unter dem Bugenhagen-Schüler Andreas Knopken, Prediger an St. Peter in Riga, gegenüberstand.

Aus einem Brief Luthers an Spalatin wissen wir, daß Lohmüllers Schreiben durch einen jungen Rigaer persönlich überbracht worden ist, wozu Luther bemerkt: "Magister Livoniae quoque ex me petiit per muntium et per cancellarium eruditum virum ut libellum at suos populos scriberem de re christiana" – "Auch der Meister von Livland bat mich durch den Boten und den Kanzler, einen ausgezeichneten Mann, seinem Volk ein Büchlein über die christliche Sache zu schreiben." Ob wirklich Wolter von Plettenberg auf diese Weise persönlich an Luther herangetreten ist, muß angezweifelt werden; eher handelt es sich um eine eigenmächtige Handlung Lohmüllers oder des Boten. Diejenigen, welche die Reformation betrieben, hatten ihr Ziel klar vor Augen, die Mittel dieses zu erreichen, waren nicht immer wahrheitsgemäß. Die Reformation hielt sich bereits an den späteren Grundsatz: "Der Zweck heiligt die Mittel."

Im Jahre 1523 erschien zunächst Luthers gedruckter Brief an die Christen zu Riga, Reval und Dorpat. Im Jahr darauf folgte dann dieser Druck über den Psalm.

Do. Mart. Luth. Wittenberg, der Hundert und XXVII. Psalmen ausgelegt an die Christen zu Rigen im Lifflandt

Wolter von Plettenberg hat als Meister des livländischen Ordenszweiges den Säkularisierungsschritt des Hochmeisters von Preußen abgelehnt. Auch vollzog er die Reformationsansätze, die in Livland wie in Preußen Eingang gefunden hatten, weder für seine Person, noch für den livländischen Ordenszweig nach. Trotz Disziplinierungsmaßnahmen gegen Ordensbrüder, die evangelisch werden wollten, bildete sich im livländischen Ordenszweig etwas wie eine schwebende Konfession. In den 28 Jahren noch verbleibender Ordensexistenz an der Ostsee nach dem Tode Plettenbergs, 1535, lebten alter und neuer Glaube nebeneinander unter einem Dach.

Ein Beweis dafür, daß der neue Glaube – wohl nach Plettenberg – intensiver als bisher angenommen sogar in der Hauptburg des Ordens Einzug hielt, ist eine Ofenkachel, ein Bodenfund von der Ordensburg Wenden. Ein Reliefbild auf einer Kachel zeigt Martin Luther im Profil, umrahmt von der Namensnennung "Martinus Luter" und einen Lorbeerkranz.

Im Jahre 1526 erschien in Wittenberg ein aus Holzschnitt-Illustrationen und Versen bestehendes Buch, in dem die geistlichen Ränge und Orden in Gestalt je eines Vertreters vorgestellt wurden. Die Holzschnitte lassen eine Zusammenstellung von Kostümen vermuten; die polnischen Verse geben eine reformatorische Kampfschrift zu erkennen. Dies gilt erst recht für das Vor- und Nachwort Martin Luthers. Er schreibt über die Repräsentanten der Papstkirche. "Sihe si recht an! Da findestu keynen, der sich des glaubens und der liebe rhüme... Das sind die hausschrecken, rauppen..., die alle land gefressen und geraubet haben."

Es gibt zwei Versionen und beide vermischen in ihren Angaben über die Orden Richtiges mit Falschem. Einfache Bruderschaften werden mit Orden zusammengeworfen; daß die Johanniter und die Rhodesier ein- und derselbe Orden sind, wird nicht erkannt.

Die Vorstellung des Deutschen Ordens, "Der Teutscher herrn orden", beginnt mit einer falschen Jahreszahl. Seine Stiftung wird damit begründet, daß es für die einer fremden Sprache nicht mächtigen Deutschen eines besonderen Ordens bedurft habe. Diese unsinnige Angabe läßt erkennen, daß dem im ganzen keineswegs kenntnislosen Autor über die Anfänge des Deutschen Ordens nichts bekannt war und daß er in diesem, wie aus dem folgenden hervorgeht, entsprechend der zeitgenössischen Polemik nur eine Gemeinschaft adeliger Pfründengenießer sah. Es ist unverkennbar darauf angelegt, die Orden zu verunglimpfen und man scheut vor nichts zurück, auch vor bewußt falschen Angaben nicht. Dabei ist Luther ein Hauptakteur.

"Der Teutscher heren ord. vnderm Babst Grego. 9. um 1216

In Teutschland warn nicht secten gnug
Sie wurden auch eins ordens klug
Das musten Teutsch herrn sein genadt
Ander Sprach war in un bekand
Und mußten nur Edellewt seyn
Drugen lang berdt; zu fursten scheyn
Weiß Mantel in dracht und schwartz
Können nur wolleben un deutsch creutz

Auch der Brigittenorden wird nicht geschont, das schmutzige Spiel soll komplett sein – "Sanct Brigitten ord. vnderm Babst Urbano 5. um 1370

"Sancta Brigitta hat gemacht
Das diser orden ward erdacht
Mit irer grossen wunder that
Dem teuffel ist ihr wol gerathe
Gantz graw muß nur ir kleydt sein
Eyn rinck und eym creutz mitten dreyn
Schwarz von farb mitte auff der brust
Bedeut alleyn zu Gott iren lust

Während die vorangegangenen Schimpfblätter von Hans Sebald Beham in Nürnberg erstellt waren, ist ein weiteres Blatt in Augsburg bei Martin Schrot entstanden mit dem Titel: "Von der Erschrocklichen Zurstörung unnd Niderlag deß gantzen Bapstumbs." Ursprünglich als Komödie 1546 in Augsburg aufgeführt, gehört das Stück zu den protestantischen Tendenzdramen, die die Schande der alten Kirche aufzeigen sollten. In einer Personengruppe treten auf "verworffene Geistlichen", dann folgt nach Papst Kardinal, Bischof, Legat und Cortisan der Deutsche Orden. Was neben anderen Negativdarstellungen neu erscheint, ist die abschätzige Bezeichnung "teuscher Michel."

Luther stand dem Humanismus, auch dem deutschen, völlig fremd gegenüber, aber desto gemütstiefer versenkte sich das Luthertum in die deutsche Mystik. Es kam, was Erasmus vorhergesagt hatte, entsetzliches Blutvergießen im Glaubenszwist, Bartholomäusnächte, der Dreißigjährige Krieg, Deutschland entvölkert und in der Kultur zurückgeworfen, für viele Jahre. So schreibt Thomas Mann: "Dreimal so viel das hätte der stiernackige Gottesbarbar bereitwillig auf seinen gedrungenen Hals genommen".

"Hier stehe ich, ich kann nicht anders."

Die Freiheit eines Christenmenschen

Bei der Diskussion über die Freiheit eines Christenmenschen widersprach der große Erasmus, er sagte, der Mensch habe einen freien Willen. Luther behauptete starr und fest, der Mensch habe keinen freien Willen, er sei auf die Gnade Gottes angewiesen, so formulierte er: "Ein Christenmensch ist ein freier Herr aller Dinge und niemand untertan. Ein Christenmensch ist ein dienstbarer Knecht aller Dinge und ist jedermann untertan."

So meinten die Bauern sie seien frei und die Fürsten legten es anders aus. Die Bauernerhebungen waren die Folge dieser, von Luther aufgeworfenen, Unsicherheit. Luther gab nun den Fürsten recht und hatte für die aufrührerischen Bauern den Tod gefordert: "Man mochte sie erschlagen, wie die tollen Hunde."

Der Untergang des livländisch-estländischen Ordensstaates hatte viele Gründe. Die beiden wichtigsten Gründe waren aber das Erstarken des russischen Reiches und die Reformation.

Über dreihundert Jahre lang war der Orden ein Schutzschild gegen den Osten gewesen, geschwächt und untergegangen durch die Reformation, mußten danach die herbeigerufenen neuen Schutzmächte wie Schweden, Polen und auch Dänemark diese Funktionen übernehmen. Die Esten entschieden sich schon früh für die neue Glaubenslehre gemeinsam mit den glaubensverwandten Schweden, daher wurden die mit den Schweden dynastisch-verwandten, aber im Glaubensgegensatz lebenden Polen nach und nach auch aus Livland verdrängt.

1523 richtete Martin Luther ein Sendschreiben "An die auserwählten lieben Freunde Gottes, alle Christen zu Riga, Reval und Dorpat in Livland ", worin es heißt: "...Also lehret und thut, meine Liebsten, und lasst Euch keinen anderen Wind der Lehre bewegen, er wehe von Rom oder von Jerusalem... Ablass, Heiligendienst und was für Werk auf uns und unsere Seelen Nutz gezogen werden, das meidet wie todtlich Gift..."

Es gab bald danach Massenkundgebungen und wie im protestantischen Deutschland geschehen, waren auch in Reval die Bilderstürmer sehr schnell bei der Hand. In der Olai- und Heiligengeistkirche wurden Altäre, Heiligenbilder und Skulpturen zerstört.

Überall im Lande waren evangelische Kirchengemeinden entstanden, deutsche und auch estnische. Man druckte Luther-Katechismen und dann auch Lutherbibeln. Der Propst des Revaler Domes, Heinrich Stahl, gab für die Pastoren des ganzen Landes das "Hand- und Hausbuch für das Fürstentum Liffland" heraus, zweisprachig, in deutsch und estnisch. Darin sind der Katechismus, die Evangelien und die Psalmen enthalten. Erste Regungen zur Schaf-

Von der Freyheyt eyniſz Chriſten menſchen.

Martinus Luther.

Vuittembergae. Anno Domini 1520.

Titelblatt einer lutherischen Flugschrift

fung einer estnischen Schriftsprache gingen einher mit dem Bestreben, auch den Bauern die neue Lehre verständlich zu machen, wie in der in estnisch verfaßten Schrift "Kurtze und einfällige Fragen, die Grundstücke des Christentums betreffend."

Der Ordensstaat , der im livisch-estnischen Raum über so lange Zeit Bestand hatte, war also nicht eigentlich dem äußeren militärischen Druck erlegen, sondern wurde von innen durch die Reformation oder der "Deutschen Konfession" zur Auflösung gezwungen. Zuerst entstanden weitere Gegensätze in Reval, als die Kaufleute der Unterstadt die lutherische Reformation annahmen und die Oberstadt, die Burg, katholisch blieb. In Riga hatte man auch bereits begonnen die Heiligenbilder zu zertrümmern. Die Reformation kehrte zum frühesten Zeitpunkt in Estland und Livland 1524 ein, nur ein Jahr nach Königsberg, das den Vorreiter machte. Wittenberg und Sachsen wandten sich gleichfalls 1524 der Reformation zu, dann kam Preußen 1525, Schweden 1527, Dänemark 1536 und dann erst schlossen sich mehrere deutsche Länder dieser Bewegung an. Nach der Eroberung der Stadt Reval und des umliegenden Landes 1561 kehrt endgültig das Luthertum überall ein. Die Angreifer gegen die Stadt Reval, 1570 die Dänen, 1577 die Russen und 1710 endgültig die Russen, sind alle nicht katholischen Glaubens. Nachdem im Süden auch die Polen weichen mußten, waren die Konfessionsverhältnisse so klar, daß in unseren Tagen die Letten ihr Land so interpretieren: Lettland ist zu allererst lutherisch.

Bauern - Burgen - Baltikum

Der Protestantismus verbuchte einen besonders großen Erfolg in Ländern, in denen ein starker Nationalismus und der Wille der Befreiung aus der Abhängigkeit von Rom herrschte. Die Aufgabe der von Rom geführten Bischöfe übernahmen die Fürsten als Notbischöfe, danach gerieten die protestantischen Bischöfe in völlige Abhängigkeit von den Fürsten. Es gab durch Luther eine neue Art von Obrigkeit und ein neues Elend der Untertanen, besonders der Bauern. Auch im ehemaligen Ordensstaat blieb die untergeordnete Stellung der lettischen, kurländischen und estnischen Bauern als Folge der Reformation, der von Luther abgesegneten und geforderten Bauernverfolgungen.

An einem Beispiel kann man diese unselige Entwicklung von Untertanengeist deutlich machen. Da hatte man auf der Insel Ösel dem Dichtersoldaten Walter Flex auf dem Peuder Friedhof, gleich neben der Ordenskirche, ein Grabkreuz gesetzt, dort beim Gutshaus Peudehof hatte ihn am 16. Oktober 1917 die todbringende Kugel getroffen. Für Kaiser und Reich fiel der königlich-preußische Leutnannt, er starb nicht, sondern gefallen ist er, auf dem Felde ist er geblieben heißt es auch häufig, und dort hinzugehen wo man fallen kann, ist die Pflicht des Untertanen.

Darunter heißt es dann: "Wer auf die preußische Fahne schwört, hat nichts mehr was ihm selber gehört."

Dreißig Jahre jung war dieser Dichter, ein Mann der sprechen wollte und nun stumm war, weil es die Obrigkeit so wollte. Am 6.7.1887 in Eisenach geboren, wo Luther vor etwa 400 Jahren in die Schule ging. Vierzig Jahre später hatte Luther die Schrift verfertigt "Ob Kriegsleute im seligen Stande sein können." Luther, von dem der große deutsche Dichter Thomas Mann sagte: Was durch Hitlers Deutschland in der Vernichtung endete, begann schon im Preußen Friedrich des Großen, ja, nahm seinen Anfang bereits bei Martin Luther. Thomas Mann war kein Katholik, er lebte nur gerne in seinem Haus in München und auf der Kurischen Nehrung, mit der altfinnischen Bevölkerung des Altpreußens.

Aus Eisenach kam auch ein Mann, der reichen Segen über die Welt brachte, Johann Sebastian Bach, auf die Mitte der Zeit der beiden obengenannten geboren, war er ein strenger Lutheraner. Seinem Herrn, dem sächsischen Kurfürsten und polnischen König, komponierte er trotzdem die gewaltige Musik der katholischen h-moll Messe. Mehr als vierhundert seiner Kompositionen basieren auf einem Liedtext und einem Kirchenlied welches damals schon gesungen wurde: "Großer Gott wir loben dich..."

Dieses Lied hatte den Text von einem Tedeum des 4. Jahrhunderts, war also zu Bachs Zeiten schon tausend Jahre alt und erhielt nun im 18. Jahrhundert die Melodie, mit der beide Konfessionen dieses Lied heute noch singen.

Um alle beim Wort zu nehmen und wer will schon ein unchristlicher Barbar sein, den Wortlaut des Liedes: Großer Gott wir loben dich, Herr, wir preisen deine Stärke; vor dir neigt die Erde sich und bewundert deine Werke. Wie du warst vor aller Zeit, so bleibst du in Ewigkeit.

Alles, was dich preisen kann, Cherubim und Seraphinen stimmen dir ein Loblied an; alle Engel, die dir dienen, rufen dir stets ohne Ruh: Heilig, heilig, heilig! zu.

Heilig, Herr, Gott Sabaoth, heilig, Herr der Himmelsheere, starker Helfer in der Not! Himmel, Erde, Luft und Meere sind erfüllt von deinem Ruhm; alles ist dein Eigentum!

So schließen wir das zweite christliche Jahrtausend mit dem Bekenntnis, daß die ganze Schöpfung Gottes Eigentum ist, die uns vom

Schöpfer in die Hände gegeben wurde, wir, die wir selbst seine Geschöpfe sind.

Was soll auch der hirnrissige Irrsinn, daß der Schwur auf die Fahne zum Verlust der von Gott den Menschen gegebenen Güter führen soll. Diese Ideologie hatte in Berlin, in Brandenburg, in Großpreußen einen fruchtbaren Boden gefunden. Wittenberg gehörte ja zu Brandenburg, und dort saßen auch keine guten Ratgeber, so schrieb Luther in Wittenberg 1529 das Kampflied: "Ein feste Burg ist unser Gott, ein gute Wehr und Waffen...", nach dem Psalm 46/2 und 46/8, aus dem Buch der Bücher.

Es ist eine der vielen Selbstdichtungen, der die Bibel so oft erlegen ist, die Bibel, die doch das Wort Gottes darstellt. Im Psalm 46 steht unter 2. "Gott ist unsre Zuflucht und Stärke...", in der Zwingli-Bibel. Selbst in Luthers Originalübersetzung heißt es im Psalm 46: "Gott ist unsere Zuversicht und Stärke..." und unter 8. heißt es "... der Gott Jakobs ist unser Schutz."

In der Vulgata, Psalmi 46/2 heißt es: "Omnes populi plaudite manibus iubilate Deo in voce laudis" und unter 8: "quia rex universae terrae - Deus canite erudite.", das heißt in der vom Heiligen Stuhl autorisierten Übersetzung des Psalmes 46/2: "Gott ist unsere Zuflucht und Stärke" und Absatz 8: "Der Herr der Heerscharen ist mit uns, unsere Zuflucht ist der Gott Jakobs."

Gott ist die Wahrheit und das Leben, dies glauben alle Christen gemeinsam. Wo kann aber hier Wahrheit sein, wenn in der Bibel kein Sterbenswörtchen von Burg, Wehr und Waffen vorkommt. Wie kann so mit Gott der Frieden ins Haus kommen, woran jeder aufrichtige Christ fest glaubt: In Deutschland, wo es je zur Hälfte Menschen der alten und der neuen Kirche gibt, ist der Gegensatz zwischen den beiden Gemeinschaften so ausgeglichen und mit Ausnahme der Kampflieder im evangelischen Gesangbuch, sind fast alle Lieder auch im katholischen Gesangbuch enthalten. Im katholischen Gotteslob steht das Lied, Großer Gott wir loben dich, unter "Lob und Dank."

Wenn in den heute oftmals üblichen ökomenischen Gottesdiensten beide Gemeinden gemeinsam singen: "Heilig, Herr Gott Zebaoth, heilig, Herr der Himmelsheere, so singen die Protestanten, der Kriegesheere. Das ist es, was von Luther auf uns gekommen ist. Dessen haben sich die Obrigkeiten bedient, so wurde in Berlin der Krieg verherrlicht und während in München anläßlich des Friedens mit Frankreich 1871 eine Friedenssäule errichtet wurde, wo ein Friedensengel dies noch symbolisiert, mußte die zum gleichen Zweck und gleichzeitig errichtete Säule in Berlin, eine Siegessäule sein - ganz oben thront der Siegesengel, den es biblisch garnicht gibt. Der Erzengel Gabriel sagt im Gegenteil zu den Hirten auf dem Felde: Fürchtet euch nicht, ich verkünde euch eine große Freude...

In der Nazizeit gingen viele Menschen in die innere Emigration, nicht alle. Während die lutherische Amtskirche mit der menschenverachtenden Obrigkeit zusammenarbeitete, gut lutherisch, stellte sich der abgespaltene Teil, die sogenannte bekennende Kirche, gegen das Regime Hitlers. Sie landeten in den Gefängnissen, auch in der kommunistischen DDR waren die Gefängnisse voll von Pastoren, neben vielen anderen.

Der Jesuitenpater Rupert Mayer saß im Konzentrationslager und man konnte ihn soweit befreien, als er im Kloster Ettal gefangengesetzt wurde, doch er konnte zumindest immer wieder ausbrechen und gegen das Verbrecherregime predigen, bis er während der Predigt zusammenbrach und starb.

Der evangelische Theologe Dietrich Bonhoeffer wurde auch in ein Konzentrationslager gesperrt, ihn holte niemand wieder heraus. Er war seit 1935 Direktor des Predigerseminars der Bekennenden Kirche in Finkenwalde. Er wurde 1943 verhaftet und am 9.4.1945, einige Tage vor der deutschen Kapitulation, im KZ Flossenbürg hingerichtet. Die lutherische Kirche, die zu der lutherischen Obrigkeit hielt, half ihrem Sohn und Bruder im Glauben nicht.

Bonhoeffer klagte die lutherische Amtskirche an - sie schweigt, wo sie hätte schreien müssen!

Ein anderer Mensch der aber den Nazischergen entrann, Ernst Wiechert, er war als entschlossener Gegner der Nazis gleichfalls im KZ Buchenwald, mit der Häftlingsnummer 7188. Ernst Wiechert war ein geborener Ostpreuße und lebte nach dem Kriege, wie die meisten Balten, in Bayern. Er schrieb ein Buch “Missa sine nomine” - “Namenlose Messe”. Es ist ein stilles Buch voll tiefer Menschlichkeit, geduldiger Güte und gelassener Weisheit. So könnte unser Schöpfer und Herrgott sich seine Geschöpfe - den Menschen - vorstellen, er hätte seine Freude an uns und nicht Sieg, sondern Frieden kann der Engel Gabriel verkünden bis an das Ende aller Tage.

Ernst Wiechert stammte aus der Gegend östlich von Königsberg in Altpreußen. Östlich von Helsinki in Finnland liegt die alte Bischofsstadt Wyborg, wo der finnoschwedische Schriftsteller Göran Erik Stenius herstammt. Er war Attaché an der finnischen Vertretung beim Vatikan, schrieb den Roman “Klock orna i Rom” -”Die Glocken von Rom”, danach auch religiöse Lyrik, da er zum katholischen Bekenntnis konvertiert war.

Sein Landsmann Mika Toimi Waltari stammt bereits aus der finnischen Hauptstadt Helsinki. Er meldet sich aus dem Nordland am Rande des ewigen Eises zu Wort, mit dem Roman aus: wärmeren Zonen "Sinuhe der Ägypter" und mit "Michael der Finne", einem Roman, in dem er die Kulturgeschichte Europas beschrieb. Waltari hat mit seinen Romanen von Weltruf, Finnland in der Welt bekannt gemacht, wie kaum jemand zuvor.

Da wirbt dieser Finne um Verständnis für sein Land und die Reformation. Was Heidentum und Aberglauben anbelangt, sagt er, so bedenke man, daß Finnland Jahrhunderte der wahren Kirche angehörte. Dann unter der Zuchtrute des hartherzigen und räuberischen Königs Gustav Luthers Lehre angenommen hat und bereits als verlorenes Schaf der Christenheit gilt. Ist es da ein Wunder, wenn das Volk wieder in Wildheit, Unwissenheit und Sünde verfiel?

So schrieb er also seine Romane, um seine Landsleute aus der Unwissenheit wieder herauszuführen. Und der Fischfang, sagt Waltari, der Handel mit Dörrfisch und Pökelheringen bildet eine so reiche Einnahmequelle, daß das Finnland sich eine Irrlehre, die keine Fasttage an denen man Fisch ißt, auf die Dauer nicht leisten kann, denn die strenge Einhaltung, wie es die katholische Kirche anordnet, ist für den Wohlstand so manchen frommen Bürgers unerläßlich.

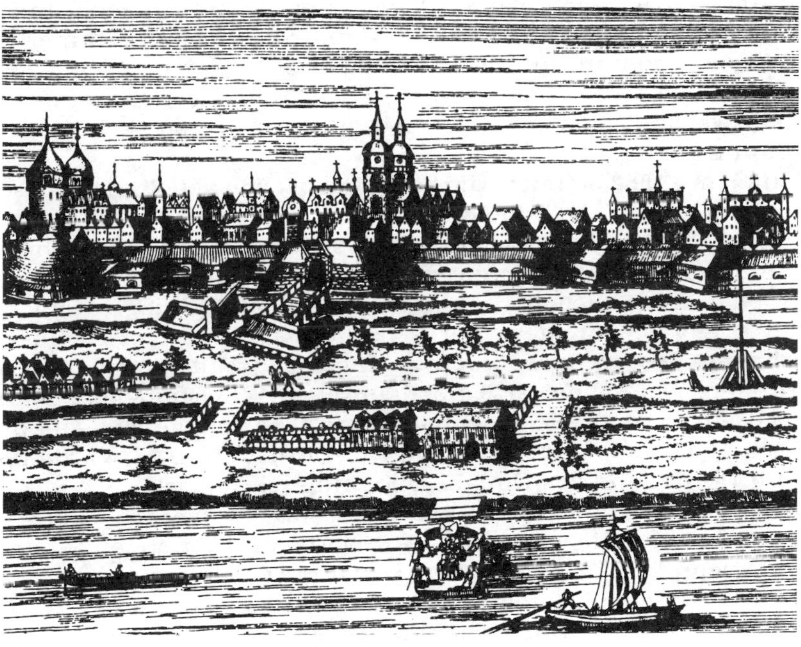

Wittenberg zu Luthers Zeiten

ACADEMIA GUSTAVIANA - DIE UNIVERSITÄT IN DORPAT

Genau so bewegt wie die Geschichte Estlands ist auch die Geschichte der Universität in Tartu. Als Tartu 1558 von den Russen besetzt wurde, war es nicht das erste Mal, schon in der Vorzeit Estlands war 1030 eine Besatzung des Kiewer Fürsten auf der Burg. Als der Schwertbrüderorden 1215 die Burg eroberte, waren Russen und Esten verbündete Waffenbrüder. Dann begann 1224 die Bischofsherrschaft über mehr als dreihundert Jahre. Die Stadt wurde von den Deutschen Dorpat genannt, nach der ältesten estnischen Siedlung Tarpatu. Aus dem Tarpat wurde Dorpat, da die Niederdeutschen und die Dänen ein offenes "a" sprechen, welches wie "o" klingt. Der deutsche Taler wurde so zum Dollar in den Vereinigten Staaten von Amerika, da sie gleichfalls nach dem Gehör schreiben.

Die Abneigung ist offenbar, wie bei der Wahl des Städtenamens Reval nach der estnischen Bezeichnung des Landkreises bei Reval, wurden eifrig beide Namen Reval und Dorpat umkonstruiert. Sollten dreihundert Jahre Bischofskultur keine Spuren hinterlassen haben, so muß zumindest der Bischof Hermann aus der Bremer Familie der Buxhoeveden ein langer Mann gewesen sein, weil unausweichlich der höchste Festungsturm der lange Hermann sein muß.

Im Jahre 1582 befreiten die Polen Dorpat von den Russen, dieses Ereignis scheint nicht die Bedeutung erlangt zu haben, die normalerweise Befreiungen haben. Das von den Polen eingerichtete Gymnasium der Jesuiten zwecks Ausbildung von Verwaltungsbeamten und Geistlichen, hat keine nachhaltige Wirkung gehabt, da den Polen und Litauern der Makel des katholischen Glaubens anhaftete. Was in Dorpat nicht gelang, eine Jesuiten-Akademie zu gründen, war schon 1579 im litauischen Wilna möglich. Dann wechselten sich die Schweden im Jahre 1600 und dann wieder die Polen 1603 in der Oberherrschaft in Dorpat ab. 1625 wurde die Stadt Dorpat und das Umland endgültig schwedisch.

Der von König Gustav Adolf eingesetzte Gouverneur General Jakob de la Gardie war mehr an Erwerb von Ländereien interessiert. Dann kam aber Johann Skytte und er wurde zum Generalgouverneur von Livland, Ingermanland und Karelien ernannt, der seinen Wohnsitz in Dorpat nahm. Es begann die Zeit, die "die gute schwedische Zeit" genannt wurde. Die verhältnismäßig abendländische und demokratische Herrschaft der Schweden, hatte seinen Ursprung in diesem Johann Skytte.

Skytte war zum Lehrer des jungen Gustav Adolf bestimmt worden. Er war ein Kaufmannssohn aus Nyköping und er studierte an verschiedenen Universitäten Europas. Als Gustav Adolf an die Regierung kam vergaß er seinen Lehrer nicht, Johann Skytte wurde in den Adelsstand erhoben und wurde Generalgouverneur. Eine seiner ersten Vorhaben war die Wiedergründung eines nunmehr akademischen Gymnasiums im Jahre 1630 in Dorpat und desgleichen ein Gymnasium 1631 in Reval.

1631 richtet Skytte die Bitte an den König Gustav Adolf, der sich gerade auf Kriegszug in Süddeutschland, bei seinen Verwandten in der Rheinpfalz aufhielt. Erst im Frühjahr setzte der König seinen Zug fort, in Richtung Augsburg und dann gegen München. In seinem Gefolge waren viele Offiziere des baltischen Adels und die Soldaten aus der bäuerlichen estnischen und lettischen Bevölkerung, standen den brutalen Soldaten der österreichischen Armee, die zumeist aus slawischen Slowaken und Kroaten bestanden, in keiner Hinsicht nach. Anfang Juni des Jahres 1632 befand sich König Gustav Adolf noch in seinem Gasthaus am Marienplatz in München und schrieb Briefe. Der bayerische Kurfürst erwartete ihn in seiner Universitätsstadt Ingolstadt an der Donau und der kaiserliche Generalissimus Wallenstein wollte den König bei Nürnberg in die Zange nehmen, der König mußte sich beeilen, sonst wäre es zu spät gewesen. Wir wissen aus dem dreiteiligen Theaterstück von Friedrich Schiller "Wallenstein", das der Generalissimus ein Zögerer war, so daß König Gustav Adolf noch eine Gnadenfrist im bayerischen Franken vor Nürnberg eingeräumt bekam. Dies reichte gerade noch zu der Unterschrift unter die Gründungsurkunde für die Universität in Dorpat.

Am 30. Juni 1632 unterzeichnete der König die Urkunde, am 15. Oktober wurde die Universität Dorpat, die Academia Gustaviana eröffnet und drei Wochen später der König in der Schlacht von Lützen fiel. So war die freudige Prozession vom Domberg hinunter zum Gottesdienst in der Maarja-Kirche fast noch zum Trauerzug für König Gustav Adolf geworden.

Bleibende Spuren hat Gustav Adolf in Livland und damit im heutigen Estland, durch die Gründung der Universität Dorpat hinterlassen. Weil es die einzige Hochschule im Lande war, ist sie besonders prägend gewesen für das geistige Leben der Deutschbalten zunächst und dann von der zweiten Hälfte des 19. Jahrhunderts an, auch für das der Esten und Letten.

Bei der Eröffnung der Academia Gustaviana gab der Generalgouverneur Johann Skytte die Wünsche Gustav Adolfs wie folgt bekannt: "Der König wolle nicht geduldet wissen, daß die Professoren die Wahrheit mit metaphysischen Spekulationen umhüllen, sondern die Professoren sollten die Jugend, ohne sie in theoretischen Labyrinthen aufzuhalten, gerade zur Praxis führen, damit sie in allen Dingen Gott und den Menschen nützlich sein können."

Was der König mit metaphysischer Spekulation meinte, darüber können wir nur spekulieren. Doch es gab in der Renaissance eine rationelle Metaphysik, die versuchte das Absolute als das wahre Sein aus bloßer Vernunft in einer Lehre "von den letzten Dingen" zu erkennen, besonders Gott zu erkennen, in allen Dingen, wie der König meinte. Aber wo war Gott, es war alles wohlgeordnet und dann kam Luther. Nun war Gott "ein feste Burg und Wehr und Waffen", man suchte Gott wegen der Gnade, auf die man in Gebeten hoffen sollte. Man kann diese Gnade nicht verdienen, sagte Luther, man ist in der Gnade oder auch nicht... und wenn es gar keinen Gott gibt? Waren dieser Art die metaphysischen Spekulationen in theoretischen Labyrinthen, wie sich König Gustav Adolf ausdrückte? Dachte er an die schwedische Universität in Uppsala oder an seine Tochter Christine, die Nachfolgerin auf dem schwedischen Thron?

Ein französischer Philosoph machte sich über alles dies seine Gedanken. Er war in Kriegsdiensten des bayerischen Kurfürsten Maximilian, es war Renatus Descartes. Er verließ die Truppe, die später sich dem Heer Gustav Adolfs entgegenstellte, weil er einen wichtigen Einfall hatte. Er hatte die Existenz Gottes bewiesen. Der einzige Satz, der für ihn unzweifelbar am Anfang stand, war der Satz, "Cogito, ergo sum" - "Ich denke, also bin ich".

Alles was Descartes sodann "clare et distincte", also "klar und deutlich", unmittelbar intuitiv und rational unterscheidbar erkannte, wie jener Satz, gilt als wahr. Nun prüft Descartes auch die Idee "Gott", die er unter seinen Vorstellungen findet. Diese Idee kann er sich nicht selbst gegeben haben, da sie vollkommene Realität einschließt als ihm selbst zukommt; sie muß also von Gott stammen, dessen Existenz Descartes damit für bewiesen hält.

Nachdem für Descartes Gott bewiesen war, hatte er die Garantie für die mit seiner Methode gefundenen Ergebnisse, aus einer rein rationalanalytischen Denktechnik heraus. Er hat damit Kant beeinflußt und damit die ganze Denkschule in Königsberg. In Königsberg, der Hauptstadt des südlichsten Baltenlandes, pflegte man die Liebe zur Weisheit, sie wurde zur Stadt der Philosophen. Der metaphysische Dualismus der Zweisubstanzenlehre des Descartes wurde im neuzeitlichen Denken zur Grundlage der idealistischen Unterscheidung von Objekt und Subjekt. Man hatte dann auch eine klare und deutliche Vorstellung von der Körperwelt "extensio" und vom Bewußtsein oder der Seele "cogiatio".

Königin Christine von Schweden wollte gleichfalls Gott finden und bat den bei den Jesuiten geschulten Descartes 1649 nach Stockholm. Ihr Erzieher Johannes Mathie konnte die Fragen nicht beantworten, so zog sie neben Descartes auch noch den französischen Botschafter in Stockholm Pierre Chanut zu Rate. Durch diese beiden bedeutenden Persönlichkeiten lernte Christine den Katholizismus kennen und übte Kritik an der lutherischen Religion.

Noch im gleichen Jahr setzte die Königin im schwedischen Reichstag durch, daß ihr Vetter Karl Gustav von Pfalz-Zweibrücken zu ihrem Nachfolger gewählt wurde. Einige Jahre vorher hatte Descartes auch der Prinzessin Elisabeth von der Pfalz eine Schrift geliefert, die 1649 in Paris herauskam. Christine entsagte dem Thron zugunsten Karl Gustavs, ging nach Frankreich und dann nach Rom. Vorher trat sie 1655 in Innsbruck, der alten Hauptstadt der Habsburger Kaiser Friedrich III. und Maximilian I., öffentlich zur katholischen Kirche über. Was hätte wohl ihr Vater König Gustav Adolf gesagt? Es war alles anders gekommen, als er es noch in der Gründungsurkunde der Dorpater Universität gewünscht hatte. Doch einen Wunsch erfüllte ihm seine Tochter: Sie war in allen Dingen Gott und den Menschen nützlich.

Christine stiftete in Rom eine Akademie, sie brachte kostbare Sammlungen von Handschriften, Münzen und Gemälden zusammen, lebte im Kreise von Künstlern und Wissenschaftlern und lobte vielfältig Gott ihren Schöpfer und dies in sieben Sprachen die sie beherrschte.

DIE WITTELSBACHER AUF DEM SCHWEDISCHEN THRON

Reich ist man nicht durch das, was man besitzt, sondern mehr noch durch das, was man mit Würde zu entbehren weiß, und es könnte sein, daß die Menschheit reicher wird, indem sie ärmer wird und gewinnt, indem sie verliert. So schrieb Immanuel Kant, der Königsberger Philosoph, hundert Jahre später.

Königin Christine von Schweden gewann durch den Verzicht auf das Königreich nicht nur Freiheiten. Nach dem Tode ihres Vaters Gustav Adolf regierte Reichskanzler Oxenstierna – nicht der Himmelstierna, den gab es in Estland – denn die Christine war erst 6 Jahre alt. 1644 war sie volljährig und übernahm selbst die Regierung für zehn weitere Jahre. Den Krieg mit Dänemark beendete Christine 1645 mit dem Frieden von Brömsebro. Schweden gewann von Dänemark die Insel Gotland und die estnische Insel Ösel,und die kleineren Inseln an der Ostsee sowie Jämtland, Härjedalen und Halland.

Inzwischen war der Dreißigjährige Krieg zu Ende gegangen. Der pfälzische Vetter der Königin Christine, Karl Gustav, war zum Generalissimus der schwedischen Heere in Deutschland ernannt worden. Nach dem dreißigjährigen Krieg gab es den sogenannten Westfälischen Frieden. Es gab 62 Kriegsbeteiligte, die durch Unterschrift und Siegel dem Friedensschluß zustimmten, davon 27 die mit Frankreich zu Münster verhandelt hatten und 35, die mit den Schweden in Osnabrück am Friedenstisch saßen. Die Sieger, das katholische Frankreich und das protestantische Schweden, hatten große Landgewinne zu verzeichnen. Verlierer des Krieges waren die katholischen Parteigänger unter der Führung des bayerischen Kurfürsten und des Kaisers in Wien, ganz besonders aber die protestantischen Parteigänger in Mittel, Nord- und Ostdeutschland.

Das schwedische Königshaus war, wie es damals so üblich und auch vorteilhaft war, mit den meisten norddeutschen Dynastien verwandt und so knöpfte die Großmacht Schweden jedem Verwandten in brüderlicher Eintracht und verwandtschaftlicher Liebe ein Stück Land ab. Ohne eigens einen Krieg zu führen, gewann Schweden zu den Gebieten rings um die Ostsee noch dazu: Vorpommern mit dem wichtigen Hafen Stettin, Wismar in Mecklenburg und die Herzogtümer Bremen und Verden. Mit der Zugehörigkeit des ehemaligen Erzbistumsgebietes zum schwedischen

Reich kam es zu einer Art von Wiedervereinigung der Erzbistümer Bremen und Riga, wenn man den Papst auf dem Heiligen Stuhl als ehemaligen Oberherren ansieht, nun hatte Königin Christine die Nachfahren im bremischen Erzbistum und die Menschen der ehemaligen livisch-estnischen Bistümer in ihrem Reich vereinigt. Sie waren nun gemeinsam Untertanen in schwedischen Provinzen.

Karl Gustav von Pfalz-Zweibrücken als König Karl X. von Schweden

Während Vetter Karl Gustav als Generalissimus des schwedischen Siegerheeres in Nürnberg einen diplomatischen Kongreß abhielt, verhandelte Königin Christine beim Reichstag darüber, daß Karl Gustav ihr Nachfolger wird. Nach sechsmonatigen Verhandlungen hielt man in Nürnberg am 25.9.1649 ein Friedensmahl ab, noch fünf Jahre blieb Christine im königlichen Amte, dann übergab die jungfräuliche Königin das Königreich an Karl Gustav von Pfalz-Zweibrücken, der 1654 als Karl X. den schwedischen Thron bestieg.

König Karl X. von Schweden entstammte der Dynastie der Wittelsbacher. Durch besondere Verdienste hatte Graf Otto von Wittelsbach von Kaiser Barbarossa das bayerische Herzogtum erhalten. Dies geschah zu der Zeit, als die ersten Chorherren aus Bremen in Riga landeten. Dort in den Baltenländern begann damit parallel zur Christianisierung die Fremdherrschaft des Deutschen Ordens und in Bayern hörte die Fremdherrschaft der Deutschen Stämme aus dem Norden auf - aus dem Norden, aus dem sich die Ritter des Ordens rekrutierten. Die Sicht aus Bayern über die dann folgenden Geschichtsabläufe in den baltischen Ländern ist daher besonders interessant, sozusagen im neutralen Part.

Mehr als dreihundert Jahre wurde Bayern von fremden Herren aus den Stammesdynastien der Franken, Sachsen und sächsischen Welfen regiert. Livland und Estland hatten mehr als dreihundert Jahre eine Herrschaft von fremden Herren in ihrem Lande zu ertragen, bis die von den Esten gepriesene goldene Zeit anbrach. Diese sogenannte goldene Zeit brach in Bayern mit den Wittelsbachern im Jahre 1180 an. Das letzte bayerische Geschlecht der Agilolfinger war im Jahre 788 vom Frankenkaiser Karl dem Großen ausgerottet worden. Die Wittelsbacher stammten wieder aus dem Stammland der Bayern von Kehlheim an der Donau und von der Stammburg Wittelsbach bei Augsburg. Hauptstädte der Teilher-

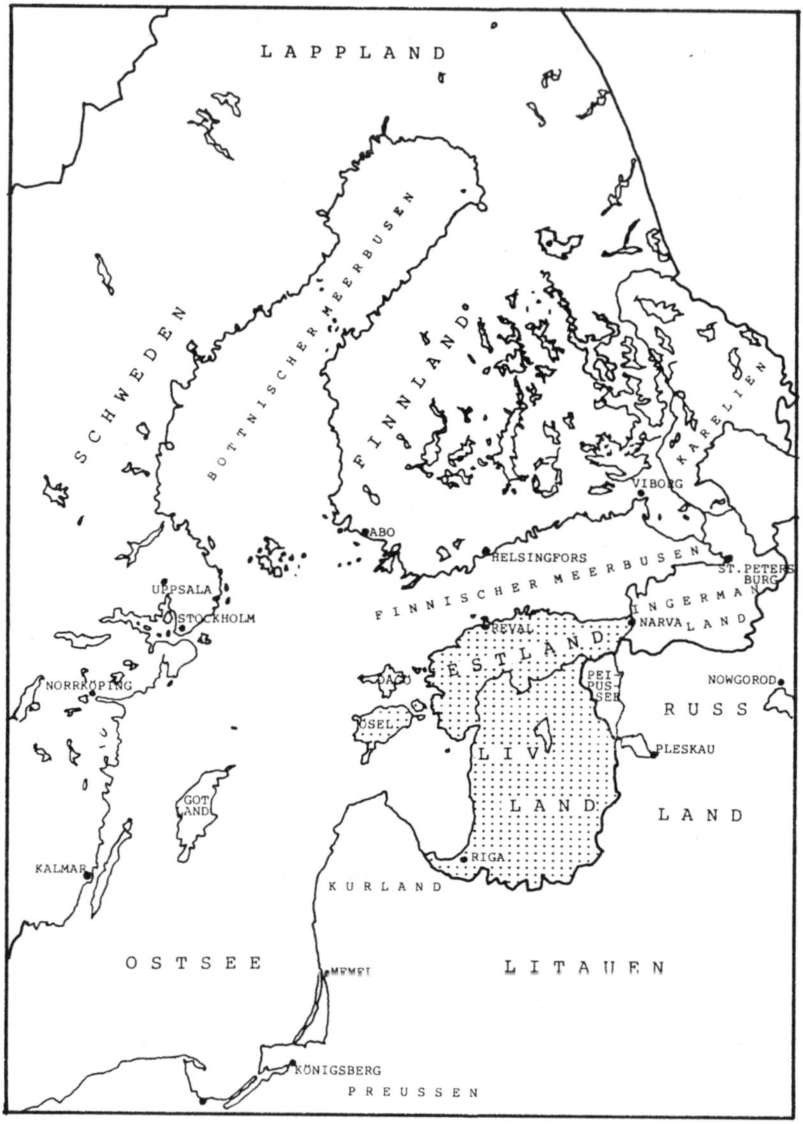

Das schwedische Reich im Jahre 1645

zogtümer Altbayern waren Ingolstadt, mit der Jesuitenuniversität; Straubing, mit zeitweisen Besitzungen in Holland und Hennegau; Landshut, von wo aus die Rheinpfalz erworben worden war und München, dessen Herzog Ludwig II. seine Geburtsstadt Heidelberg zur Hauptstadt gemacht hatte, jedoch aus familiären Gründen München zur Residenzstadt erhob, als Riga zur Stadt des Erzbischofs erhoben und Königsberg vom Böhmenkönig Ottokar gegründet wurde, nämlich im Jahre 1255.

Der dem gestrengen Herzog Ludwig folgende Ludwig IV. war Kaiser Ludwig der Bayer, dessen Sohn brandenburgischer Markgraf wurde. Durch die dänische Gemahlin und deren Erbschaft, entstand eine Verbindung von Estland zu Bayern, wenn auch nur eine im Geiste, aber in klingender Münze. In dieser Zeit verselbständigte sich die bayerische Rheinpfalz mit der Hauptstadt Heidelberg und entzweite sich in der Reformation. Sogar zu kriegerischen Handlungen kam es zwischen den protestantischen Pfälzern und den katholischen Altbayern. Als der schwedische König Gustav Adolf in München einzog, er war ja auch der König der Liven und Esten, da waren den Bayern vielfältige Feinde erwachsen. Im schwedischen Heereshaufen gab es nicht nur livische und estnische Soldaten, die das schöne Bayernland verwüsteten und die Menschen mordeten, sondern es waren auch pfälzische Soldaten dabei, die Rache an ihren bayerischen Landsleuten nahmen, verbunden durch die weiß-blauen bayerischen Farben, unversöhnlich getrennt durch den Glauben.

Die seltsamste Ironie der Geschichte ergab sich dadurch, das 1777 die bayerischen Wittelsbacher ausstarben und die wieder katholisch gewordenen Pfälzer nach München kamen und von hier aus nach 500 Jahre Trennung, das ganze Land regierten. Es gibt die Wittelsbacher heute noch in reicher Anzahl im Lande. Sie sind im bayerischen Volke sehr beliebt und vielleicht erleben wir noch das Wiedererstehen des bayerischen Königreiches.

In unserer Schilderung wurde einer dieser Rheinpfälzer König von Schweden. Es war wohl nicht zum ersten Male, daß ein wittelsbachischer Pfälzer König von Schweden geworden war, in diesem Falle im Jahre 1654 war Karl X. zugleich auch König in den schwedischen Provinzen Estland und Livland. Dies ist auch für München über zweitausend Kilometer hinweg nach Tallinn-Reval nicht ohne Interesse.

“Große Geister machen auch große Fehler”, so kommentierte der Philosoph Max Müller die Sache mit dem Philosophen Heidegger, der zu einer Zusammenarbeit mit den Nazis bereit war und dabei seine Kollegen verdrängte. Obwohl er Heidegger deshalb hätte hassen müssen, vergab Müller als gläubiger Katholik dem großen Philosophen, denn große Männer machen auch große Fehler.

Schweden war eine Großmacht und so hatte Schweden auch große Fehler gemacht, wir lesen dies heute noch in unzähligen Chroniken bayerischer Städte, Klöster und Kirchen. Die kleinen Staaten mögen also dies bedenken und nicht von vornherein eine böse Absicht unterstellen, wenn der übergroße Nachbar den kleinen Nachbarstaat einfach übersieht. Damit dies aber nicht Schule macht und zum Schutze auch des kleineren Staates wurde damals, als man beim Abschluß des Westfälischen Friedens zusammensaß, das Naturrecht als Völkerrecht proklamiert. Da hatte nun Schweden den großen Fehlern eine große gute Tat hinzugesetzt.

Königin Christine von Schweden

Noch zur Zeit Königin Christines wurde der Jurist, Staatsmann und Historiker Hugo Grotius schwedischer Gesandter in Paris und wurde natürlich zu den Friedensverhandlungen hinzugezogen. Grotius gab ein Werk 1625 heraus mit dem Titel "De iure belli ac pacis". Mit diesem Werk über das Recht des Krieges und des Friedens stellte er ein Völkerrecht als Naturrecht zur Diskussion. "Ein Volk, welches das Natur- und Völkerrecht verletzt, reißt damit für die Zukunft die Schutzwehr seines Friedens nieder". Dies einfach nur auszusprechen war damals neu.

Grotius entwickelte das Völkerrecht aus naturrechtlichen Voraussetzungen, als einen Teil, der alle Staaten und Menschen auffassenden (positiven) Rechtsordnung, die ihren Grund in der natürlichen Anlage des Menschen als geselliges Wesen hat und inhaltlich durch die Vorschriften der Vernunft bestimmt ist. Damit beendete er die Kontroverse vom gerechten Krieg, wie sie Martin Luther in die Welt setzte, der Kriegsmann sei ein göttliches Wesen, wenn er noch dazu ein Fürst ist. So fühlte sich Gustav Adolf auch, nach Grotius war es nicht mehr möglich.

Beim Friedensschluß 1648 wurden diese Gedanken von Grotius aufgegriffen. Sie stützten eine Regelung der internationalen Beziehungen im Krieg und Frieden auf die Souveränität, eine von den Grundsätzen der Staatengleichheit und der Gegenseitigkeit geprägte Rechtsordnung. Grotius stellte neben das natürliche Recht, das "ius voluntarium" oder "ius gentium" also das Völkerrecht, ein alle Völker verbindendes Recht, das auf Bewußtseinsinhalten beruhte. Er hatte richtig erkannt, daß die Lehre vom Völkerrecht nur dann Gewicht haben konnte, wenn sie in Inhalt und Form sowohl für Katholiken, wie für Protestanten annehmbar war.

Ironie der Geschichte – auf das Jahr genau, vor hundert Jahren hatte der Wittenberger Luther in schwärmerischer Freude und im Angesichte der ermordeten Bauern, den Krieg und den Kriegsmann als göttliche Notwendigkeit dargestellt und den Mord an den Bauern auch noch gefordert und begründet. Grotius wischt dieses den Fürsten gewährte verbrecherische Recht vom Tisch und schafft dafür die humane Rechtsordnung.

Es war nicht einfach für so einen Mann etwas zu fordern, was uns so selbstverständlich ist. Heute ist er für uns der "Vater des Völkerrechts" und gerade den schwachen Staaten war geholfen worden, denn "das Recht sollte zuerst immer das Recht des Schwächeren sein." Grotius, der eigentlich Huigh de Groot hieß, mußte für seine Überzeugung leiden, einmal verurteilt zu lebenslanger Haft, der er sich durch Flucht nach Frankreich entziehen konnte.

Noch heute leiden Menschen wegen der gleichen Überzeugung, trotz des damaligen Rechtstitels, der inzwischen bekannt geworden sein sollte. Vaclav Havel, späterer Präsident der Tschechen und Slowaken, ließ in Frankfurt bei der Preisverleihung verlesen, er konnte nicht dabei sein, da er mehrmals für seine Überzeugung im Gefängnis saß: "Das Wort hat nicht immer nur ein Gewicht, wenn man mit Gefängnis dafür bezahlt."

Grotius beschrieb sein Dasein auf dieser Welt, die nach Gerechtigkeit schrie und heute nicht leiser schreit mit folgenden Worten auf seinem Grabstein: "Holländer, Gefangener und Flüchtling, zuletzt Gesandter des großen Reichs Schwedens."

Dieses große Reich der Schweden durfte seit 1654 König Karl X. führen, der ein Wittelsbacher aus der Rheinpfalz war, deren Mitglieder sich Pfalzgrafen, Kurfürsten und Herzöge von Bayern nannten. Karl war einer der hervorragendsten Feldherren seiner Zeit. Er suchte die Stellung Schwedens als Ostseemacht zu halten, nach dem Thronverzicht Christines kam erwartungsgemäß wieder die Forderung Polens nach der schwedischen Krone. Nun verbündeten sich aber mit Polen gegen Schweden, die Russen und die Brandenburger, sowie im Rücken Schwedens das dänische Königreich. Es kam 1655 zum sogenannten Nordischen Krieg.

König Johann II. Kasimir von Polen erhob als letzter Wasa Anspruch auf Schweden, so griff Karl X. Gustav Polen an und nahm die alte und die neue Hauptstadt Polens, Krakau und Warschau, in Besitz. Es erhob sich der polnische Adel, so daß für Brandenburg der Zeitpunkt gekommen war in die große Politik einzugreifen. Gemeinsam blieben Schweden und Brandenburg am 28./30.7. 1656 bei Warschau über Polen siegreich.

Nun sah Kaiser Leopold I. in Wien das Gleichgewicht in Europa gestört, außerdem war Polen ein wichtiger Verbündeter gegen die Türken, es war die Zeit der Türkenkriege. So verbündete sich der Kaiser mit Polen und Dänemark, was nur symbolische Bedeutung hatte, Wien war weit weg vom Geschehen an der Ostsee. So konnte der schwedische König Karl das ganze dänische Reich mit Ausnahme Kopenhagens besetzen. Er verleibte Schweden Schonen, Halland, Blekinge und Bohus dauerhaft ein, im Frieden von Roskilde mußte Dänemark darauf verzichten. Drontheim und Bornholm dagegen mußte Karl den Dänen im Friedensvertrag von Kopenhagen 1660 wieder herausgeben, da ein brandenburgisch-österreichisch-polnisches Heer von Holstein her anrückte und dies erzwang.

Schweden hatte doch immerhin die Gebiete von Dänemark erobert, die vorher nie schwedisch aber auf dem Festland Schwedens gelegen, waren. Das Recht auf Durchfahrt in die Ostsee konnte durchgesetzt werden, Schweden verzichtete auf weitere Versuche die Durchfahrt zu schließen. Dänemark, die einzigartige Macht der Ostsee spielte keine große Rolle mehr im Kräftespiel. Einige Zeit ist es noch Schweden, das den Ton angibt, dann drängen Brandenburg vor und ...Rußland.

Den Frieden von Kopenhagen im Juni 1660 hatte König Karl X. Gustav nicht mehr erlebt, da er bereits im Februar gestorben war. Er war noch der Enkel des Wasakönigs Karl IX. von Schweden gewesen, des jüngsten Sohnes von Gustav Wasa, dem Begründer der Dynastie.

König Karl XI. von Schweden - Sohn des Wittelsbachers

Der Sohn von Karl X. Gustav, Karl XI. war beim Tode seines Vaters erst im sechsten Lebensjahr, so daß Frankreich bei den anderen Feinden Schwedens vermittelte, mit ihnen den Frieden von Oliva am 3.5.1660 abschloß, der die Verhältnisse für Schweden mit Stand 1655 wieder herstellte. Unter der Vormundschaftsregierung des Reichsrates geriet Schweden außenpolitisch in Abhängigkeit zu Frankreich.

Die negative Außenpolitik Schwedens in der Zeit der Minderjährigkeit König Karl XI. drückte sich dadurch deutlich aus, im unaufhörlichen Aufstieg Brandenburgs zum stärksten Staat im Römisch-Deutschen Reich, gleich hinter dem habsburgischen Österreich.

In Brandenburg regierte seit 1640 Kurfürst Friedrich Wilhelm. Wie der Schwedenkönig Karl X. Gustav einen Vater hatte aus dem

Hause der Wittelsbacher von der Pfalz, so hatte Friedrich Wilhelm von Brandenburg als Mutter die Elisabeth Charlotte von der Pfalz. Von dort her wurde er auch calvinistisch erzogen, so daß er an Stelle der gedemütigten Pfalz die calvinistische Opposition gegen Habsburg übernahm. Der Kurfürst versuchte Brandenburg zu einem calvinistischen Modellstaat zu machen, nach dem Vorbild Frankreichs die Staatsräson durchzusetzen und durch eine Schaukelpolitik Gewinne zu machen.

Die Kurfürsten von Brandenburg waren aus dem fränkischen Hohenzollernhaus in Nordbayern. Sie waren dynastisch verbunden mit den Herzögen von Preußen, die wiederum Besitzungen im Niederrheingebiet besaßen, so daß Kurfürst Friedrich Wilhelm als Erbe dieser gesamten Gebiete bereits sagen konnte – von der Maas bis an die Memel. Das kommt auch im Deutschlandlied vor, der deutschen Nationalhymne, in der 1. Strophe, die nicht mehr gesungen werden darf, weil an der Memel heute die Russen sitzen.

Wie angesehen das Kurfürstentum Brandenburg war, sieht man auch daran, daß der schwedische König Gustav Adolf sich mit Marie Eleonore von Brandenburg verheiratete. Livlands und Estlands Landesmutter war bereits eine Landesmutter aus Brandenburg. Der Siebenbürger Fürst Gabriel Bethlen, ein Nachfolger des polnischen Königs Stephan Bathory, der in Dorpat 1583 die erste Schule Estlands gründete, war mit Katharina von Brandenburg vermählt, der Schwägerin Gustav Adolfs und auch der Herzog von Kurland nahm sich eine Frau aus Brandenburg.

Im Zuge des Nordischen Krieges hatte König Karl X. Gustav das preußische Herzogtum besetzt, seit 1525 war dieser ehemalige Ordensstaat ein polnisches Lehen. Mit Vertrag vom 7.1.1656 zu Königsberg gibt der König das Herzogtum samt dem katholischen Bistum Ermland den Brandenburgern als schwedisches Lehen. Es sind die Rechtspositionen der Sieger über Polen und so muß Polen auch im Vertrag zu Oliva ganz auf Preußen verzichten. Diese Vorgänge sind Schritte Brandenburgs zur europäischen Macht durch Mithilfe der Schweden. Es war daher nicht verwunderlich, daß der Schwedenkönig Karl XI. 1675 die denkwürdige Schlacht bei Fehrbellin gegen Brandenburg verlor und damit einen Teil seiner pommerschen Besitzungen.

Sofort nahm Dänemark die schwedische Schwäche zum Anlaß 1676 in Schonen einzufallen. Der französische Verbündete Ludwig XIV., König von Frankreich, bewahrte Schweden vor einem Gebietsverlust. Als Verbündeter Frankreichs war Karl XI. noch bis 1679 in Kämpfe mit Brandenburg-Preußen verwickelt, doch unangenehm hatte sich die Auseinandersetzung mit den Russen im Baltikum gestaltet.

Bei Beginn des Nordischen Krieges stieß der schwedische König tief nach Polen hinein und vernachlässigte dadurch Livland und Lettland. Der Livländer Patkul, ein abtrünniger schwedischer Untertan, wußte die Allianz der Dänen, Polen und Russen zustande zu bringen - gegen Schweden.

Die Jesuiten im Baltikum

Wieder einmal sind lokale Ereignisse, wie die Eroberung von Dorpat 1656 durch Zar Alexei Michailowitsch, das Ergebnis weitreichender europäischer Interessenkonflikte. Der Konfliktherd ist die Niederlande, wo sich germanische und romanische Völker einst begegneten und wo das Frankenreich Kaiser Karls des Großen seine Urzelle hatte.

Von dort aus Holland holte sich Kaiser Ludwig der Bayer seine holländische Gemahlin Margarethe und verpflanzte die Herrschaft der bayerischen Wittelsbacher in die Niederlande, deren Erben die burgundischen Herzöge waren. Die einzige Erbin Maria von Burgund wurde die Gemahlin Kaiser Maximilians von Habsburg, so begann der Streit zwischen Habsburg und Frankreich um das Erbe des Burgunderreiches, der eigentlich seinen Urgrund schon im Vertrag von Verdun 843 hatte. Nachdem Maximilians Enkel Kaiser Karl V. - auch ein Burgunder - Spanien erbte, war das französische Königreich in die Zange genommen.

Nicht nur der Kaiser kam aus den spanisch-habsburgischen Niederlanden, sondern auch der große Erasmus von Rotterdam und der Papst Hadrian. Die Städte Tournai und Cambrai gelten als die Geburtsstätten der Messegesänge und von den Niederlanden stammte Orlando di Lasso, der größte Musiker seiner Zeit, der am Herzoghof in München wirkte. Der große Maler Jan van Eyck stand am Anfang der einzigartigen Blüte der holländischen Malerei, unter deren Einfluß Meister Bertram in Hamburg und die Lübekker Meister Bernt Notke und Hermen Rode ihre großartigen Werke schufen, deren einige zu besitzen auch Reval-Tallinn das Glück hat. Als die Hanse ihrem Untergang entgegenging, blieben von den vier bedeutenden Hansestädten, deren Wappen im Schwarzhäupterhaus in Reval hängen, Brügge, Nowgorod, Bergen und London, nur noch London und Brügge aus Flandern. Als die Hanse in den letzten Zügen lag, blühte der Handel in den Niederlanden auf, das Zentrum war Antwerpen.

Aus den Niederlanden kamen die wichtigsten Feldherren der Habsburger, auch der größte bayerische Feldherr Johann Tserklaes von Tilly kam aus den Niederlanden, man nannte ihn den "Muttergottesgeneral." Die Mutter Tillys stammte aus dem ehemaligen Ordensland Preußen und schon sein Elternhaus geleitete ihn in eine kämpferisch-katholische Gesinnung. Sein Landesherr war Kurfürst Maximilian von Bayern und für ihn und für den Kaiser in Wien erkämpfte er den Sieg am Weißen Berge 1620 westlich von Prag, es war der militärische Durchbruch der Gegenreformation. An der Spitze der vom bayerischen Kurfürsten gegründeten Katholischen Liga, zog Tilly mit seinem Heer in die protestantischen Sachsenlande nach Westfalen, Niedersachsen und Magdeburg in Sachsen-Anhalt. Südlich von Hamburg, bei Lutter am Barenberge, besiegte er 1626 den Dänenkönig Christian, den sonst tapferen Führer der englisch-dänisch-niederdeutschen Koalition. Damit begann der Niedergang des dänischen Reiches an der Ostsee und Schweden wurde zur Großmacht am Baltischen Meer.

Als einzige unabhängige protestantische Macht sah sich Schweden zum Eingreifen genötigt, König Gustav Adolf regelte zuerst seine Besitzstände im Baltikum und setzte dann ins schwedische Pommern über. Mit seinen überlegenen Waffen und mit seinen motivierten Soldaten aus Schweden, Finnland, Estland, Livland, Litauen und Preußen kam er zum Zentrum des Katholizismus nördlich der Alpen, bis nach München. Beim Kampf um den Übergang über die Donau bei Rain wurde Tilly tödlich verwundet. Seine letzte Ruhe fand Tilly, dessen Fahne bei der Schlacht am weißen Berge die Madonna von Altötting zeigte, mit der Aufschrift "Santa Maria" in einer Gruft in Altötting, nahe seiner Madonna.

Es ging in Europa um die Art und die Mittel der Glaubensüberzeugung, das Schwert war in den baltischen Ordensländern von Estland bis Preußen gescheitert. Doch schreibt Luther dem Sekretär seines Fürsten, an Spalatin: "Ich beschwöre dich, wenn du recht vom Evangelium denkst, glaube nur nicht seine Sache könne ohne Lärmen, ohne Ärgernis und Aufruhr betrieben werden. Du wirst aus dem Schwert keine Feder, aus dem Krieg nicht Frieden machen; das Wort Gottes ist das Schwert, ist Krieg, ist Zerstörung, ist Ärgernis, ist Verderben, ist Gift, und wie der Bär auf dem Wege und die Löwin im Walde, so begegnet es den Söhnen Ephraims."

Luther beruft sich auf Jesus, um den Beschwichtigungen Spalatins zu begegnen:

"Ich bin nicht gekommen, den Frieden zu predigen, sondern das Schwert."

Erasmus bringt es in Zorn und er entgegnet in seinem "Colloquia": "Die Heilige Schrift ist das Opfer der Ausleger geworden, die schließlich bei dem schamlosen Gegenteil dessen angekommen sind, was der Text meint..."

"Diese Leute sind versessen auf ihre Logik, aber die Philosophie Christi wendet sich ans Gemüt, sie will erlebt, nicht disputiert sein. Gelehrte sind immer wenige; Christen aber können alle sein, die Theologie steht jedem offen. "

Der Begründer der Jesuitengemeinschaft Ignatius von Loyola sagt: "Es ist nicht genug, daß ich Gott diene, es müssen alle Herzen ihn lieben und alle Zungen ihn loben." "Du ahnst nicht, was Gott aus dir machen wird, wenn du dich ihm ganz überlassen würdest."

Und als Gefesselter und Gefangener der Inquisition sagt Ignatio: "Nehmt Gottes Melodie in euch auf und stimmt an den Chor Gottes."

Dem Jesuitenpater Rupert Mayer vom Primizprediger mitgegeben als Leitbild:

"Mögen Sie am Ende Ihres Lebens sprechen können: Ich habe mich der Armen und Verlassenen mit besonderer Liebe angenommen, ich habe zu den Kranken meine Schritte gelenkt, so oft ich konnte, habe ich die Gnaden, die mir anvertraut waren, ausgespendet, ich habe nie geschwiegen, wo ich reden sollte und nie geredet,

STEPHAN BATHORY
Fürst von Siebenbürgen
König von Polen
Großherzog von Litauen,
Livland und Polozk
Stich, 1576

wo ich schweigen sollte, Menschenfurcht war nie von Einfluß auf mein Tun und Lassen, mein Streben ging einzig und allein dahin, das zu tun, wozu ich von Gott gesandt bin." Pater Rupert Mayer widerlegte die Zeitungsmeldungen der Nazis von der Kanzel herab und sagte: "Die Zeiten sind vorbei, wo wir geglaubt haben, was in der Zeitung steht. Was über religiöse Dinge in der Zeitung steht, glauben wir grundsätzlich nicht, hört nicht darauf!"

Im Jahre 1937 wurde der von allen verehrte Pater Rupert Mayer in seiner Kirche St. Michael verhaftet, dazu sagte er später:

Ich war ganz glücklich, daß ich um des Glaubens willen eingesperrt war, die Domglocken hörte ich jetzt ganz wunderbar herübertönen."

Das war der Stoff, dachte sich der Papst in Rom, aus dem man gute Christen macht. Er schickte den Jesuiten Antonio Possevino auf Mission zu den Schweden 1577/78 und 1579/80. Possevino konnte den König Johann III. aber nicht das Land für den katholischen Glauben zurückgewinnen. König Johann heiratete die katholische Katharina von Polen, die schöne und kluge Polin erlangte das Einverständnis des Königs, Schweden wieder in den Schoß der alten Kirche zurückzuführen. Doch Katharina starb und die evangelische Gemahlin König Johanns zerstörte das klug errichtete Gebäude. Was blieb war nur der von den Jesuiten erzogene Thronerbe Sigismund, der polnischer König wurde.

So bekämpfte sich das protestantische Schweden und das katholische Polen solange bis beide völlig geschwächt untergingen. Es sind Kämpfe wegen der Ablehnung der Kultur des anderen, um die Ablehnung der Glaubenskultur. Verstärkt wurde es noch durch den Nationalismus - von der Reformation hervorgebracht - und den Interessen der Großmächte im europäischen Kräftespiel.

In Schweden hatte man sich endgültig entschieden. Für den Jesuiten Possevino war "des Bleibens kein Grund mehr" vorhanden, so ging er in die Provinz. Zwischen König Stephan Bathory von Polen und Ivan IV. von Rußland vermittelte er 1582 den Waffenstillstand, der es ermöglichte, Jesuitenkollegs einzurichten, Kloster-Eliteschulen für das Volk. Ein Kollegium gründete er in Wilna-Vilnius 1579, Dorpat-Tartu folgte 1583, weitere wurden in Braunsberg/Preußen, in Olmütz/Mähren, in Klausenburg/Ungarn und unter weiteren, auch ein zweites in Livland in Riga eingerichtet.

Schweden befand sich unter dem Einfluß des französischen Königs Ludwig XIV. und unterstützte Frankreich auch in dessen Interesse in der habsburgischen Niederlande. Deshalb veranlaßte der habsburgische Kaiser in Wien, Leopold I., die Russen, in das schwedische Livland einzufallen. Die junge Universität in Dorpat löst sich unter der russischen Besetzung wieder auf, Riga konnte sich verteidigen, denn seit der Eroberung durch die Schweden 1621 hatte man Befestigungen angelegt. Nach dem Friedensschluß von Oliva 1660 wurde die Stadt zur zweiten Hauptstadt Schwedens erklärt.

Nun gelang es den Schweden mit den Russen einen Frieden abzuschließen. Am 21. Juni 1661 gab es einen Friedensvertrag, und man errichtete ein Friedenshäuschen und einen Friedenspark in Kardis-Kärde, im Bezirk Dorpat, wo Schweden und Russen den Vertrag unterschrieben. Weil dies einige Zeit in Anspruch nahm, beschäftigte man die Krieger mit der Erstellung eines Grabens, so gibt es auch einen Friedensgraben.

Die europäischen Mächte garantierten den Schweden den Besitz von fast ganz Livland, Estland und Ösel. Außer einer Auseinandersetzung mit Dänemark hatte der schwedische König Karl XI. nur noch den Krieg 1675 gegen Brandenburg zu führen, den er verlor, dafür hatte er aber auch vom französischen König entsprechend bezahlt bekommen, denn die Brandenburger mußten für den Krieg ihre Truppen aus dem Elsaß abziehen und dann gehörte das schwäbisch-deutsche Elsaß den Franzosen, auch heute noch.

Im Jahre 1682 erhielt König Karl XI. vom schwedischen Reichstag in der Souveränitätserklärung die unumschränkte Macht übertragen, es war das gleiche Jahr, in dem der Thronfolger Karl XII. geboren wurde, der letzte Sproß der Wittelsbacher auf dem schwedischen Thron.

Die restliche Regierungszeit König Karl XI. gewährte Schweden mit seinen Provinzen noch eine Atempause, als aber 1697 der König starb, begann sich das Blatt der Geschichte verhängnisvoll gegen Schweden zu wenden. 1689 war Königin Christine in Rom gestorben, die noch friedlichere Tage in Schweden gesehen hatte. Nachfolger des alten Königs, der 42 Jahre alt geworden war, wurde sein 15-jähriger, brillanter und ungestümer Sohn Karl XII. und drei Jahre später brach bereits der nächste Nordische Krieg aus, der, wie konnte es anders sein, eine Auseinandersetzung mit Polen beinhaltete. Im Laufe von 20 Jahren waren Schweden und Polen ihrer Großmachtstellung beraubt.

Karl XII. letzter Wittelsbacher auf dem Schwedenthron

In Livland erhoben sich die Stände zum Widerstand gegen die Einziehung entfremdeter schwedischer Krongüter, einer der Anlässe zum zweiten Nordischen Krieg. Dänemark und Sachsen hatten 1698 ein Bündnis geschlossen. Kurfürst August der Starke war zugleich König von Polen, sollte er Livland gewinnen können, so würde es seine Stellung in Polen gegenüber seiner Opposition stärken. Dänemark rückt in Holstein ein und Karl XII. landet im dänischen Seeland, es ist Februar 1700, da greift Sachsen-Polen Riga an, August der Starke glaubte Livland leicht gewinnen zu können.

Dänemark zwang König Karl XII. im August 1700 zum Frieden von Travendal. 1699 hatte Kaiser Leopold mit den Türken Frieden geschlossen und Rußland einen Riegel am Schwarzen Meer vorgeschoben, so richtet sich der Blick zur Ostsee und Peter der Große von Rußland rückt mit 40 000 Mann vor die Stadt Narva, die sein Großvater an die Schweden abtreten mußte. Im November trifft Karl XII. mit nur 11 000 Mann bei Narva ein und schlug die weit

König Karl XII. von Schweden

überlegenen russischen Kräfte. Auf dem Schlachtfeld bleiben 10 000 tote Russen und 700 tote Schweden. Die gefangenen Russen mußte Karl wieder laufen lassen, weil er sie nicht ernähren konnte.

Nach der Schlacht zieht sich König Karl XII. zurück ins Winterquartier nach Laiuse. In dieser Gegend waren schon die Deutschen, die Russen, die Polen, die Schweden, dann wieder die Russen und es wurde im nahegelegenen Kärde der Friedensvertrag zwischen Russen und Schweden 1661 geschlossen, nun waren wieder die Schweden da und bald waren es wieder die Russen. Als sich Karl XII. von Laiuse am 29.5.1701 wieder verabschiedete, pflanzte er am Friedhof noch eine Linde.

Sofort zieht er nach Riga und schlägt dort die sächsische Armee, zieht weiter nach Krakau und Lemberg, dort erfährt er von dem Angriff der Russen auf Estland und Livland, Karl hatte zu geringe Kräfte zurückgelassen. Nachdem König Karl den Polenkönig als seinen Hauptfeind ansah, zog er weiter nach Sachsen und erzwang im Frieden von Altranstädt 1706 die Abdankung August des Starken als polnischen König. Dann erst beschließt er gegen Peter den Großen zu ziehen. Auf dem Wege nach Moskau ändert er seinen Weg in Richtung Ukraine, da die Russen die Taktik der "verbrannten Erde" anwenden. Durch den Winter war das Schwedenheer geschwächt, dann erhielt Karl noch dazu einen Schuß in den Fuß. Diese Schlacht im Jahre 1709 gewinnen die Russen, denn Schlachten hatte Karl immer nur durch seine Anwesenheit gewonnen.

Die verlorene Schlacht am 28.6.1709 bei Poltawa verändert das östliche Europa und als Napoleon hundert Jahre später mit seiner 500 000 Mann Armee Wilna einnahm und einen Russen nach dem Weg nach Moskau fragte, so bekam er die Antwort, es gäbe viele Wege nach Moskau. Der Russe verwies darauf, daß der Schwedenkönig Karl XII. auch nach Moskau wollte und er den Weg über "Poltawa" nahm - wir wissen nun was er meinte.

Nach der Schlacht konnte sich Karl nach Bessarabien zu den Türken retten, die aber keine Lust verspürten zu einem Angriff auf die Russen. So kehrte Karl zurück, verteidigte 1715 noch Stralsund in Pommern und bei der Belagerung Fredrikshald fiel er am 11.12.1718. Man vermutet, daß es eine feindliche Kugel war, die ihn tötete.

In der "Histoire de Charles", 1731 nennt Voltaire ihn einen kriegerischen Abenteurer, die schwedische Literatur nennt ihn einen Nationalhelden.

PETER, DER GROSSE ZAR VON RUSSLAND

Die “Große Gesandtschaft” von 1697-98 führte Peter nach Holland, England und an den kaiserlichen Hof in Wien. Auf der Rückreise traf er sich vom 31. Juli 1698 bis zum 10. August 1698 mit König August dem Starken von Polen in Rawa Ruska bei Lemberg. Dort besprach er den Plan zum gemeinsamen Vorgehen gegen Schweden, dem förmliche Bündnisvereinbarungen mit Dänemark und Polen-Sachsen folgen sollten.

Nach der Niederlage von Narva sammelt Peter der Große neue Kräfte und fällt in Estland und Livland ein und verwüstete die Länder. Im gleichen Zuge legt er am 16.5.1703 den Grundstein für eine Festung an der Newa und einer Stadt Sankt Petersburg, einer der merkwürdigsten aller Städtegründungen, als Fenster nach Europa. Im Jahre 1712 wurde die neu errichtete Stadt Sankt Petersburg die Hauptstadt Rußlands.

Noch von Poltawa aus befahl Peter die Unterwerfung Estlands und Livlands. 1704 kapituliert Dorpat, gleichzeitig wird Narva von Russen erobert. 1710 fallen die Städte Rakvere, Reval, Pernau und Riga in die Hände der Russen. In Harku bei Reval wurde 1710 von der schwedischen Garnison die Kapitulations-Urkunde unterschrieben. Die schwedische Zeit war damit zu Ende, die russische Zeit begann in Estland und Livland. In den Friedensverträgen 1719/21 gewann Peter ganz Ingermanland, Karelien und Südostfinnland. 1730 wurde Livland in die beiden estnischen und lettischen Distrikte geteilt. 1772 kam bei der ersten Teilung Polens, Polnisch-Livland an Rußland. 1801 wurden die Provinzen Estland, Livland und Kurland sowie Ösel zu einem General-Gouvernement. Gouverneure gab es schon seit zweihundertfünfzig Jahren, seitdem die dreihundertfünfzigjährige Ordensherrschaft zu Ende gegangen war.

Seit 1682 war Peter Zar gewesen, damals war er durch den Tod seines Halbbruders in die Erbfolge gelangt, erst zehn Jahre alt. Um die Handlungen Peters zu verstehen, muß man die Ausgangssituation ansehen, in der Rußland sich befunden hat. Die östlichen Grenzen gingen zur Zeit seines Vaters Aleksej bis an die Grenzen Chinas. Bei dieser gewaltigen Ausdehnung wurden die Fragen aktuell, ob Rußland nicht eigentlich ein asiatisches Land sei. Bis 1480 hatten im südrussischen Raum die Mongolen regiert und Rußland war der sogenannten “Goldenen Horde” lehnspflichtig.

Erst 1654 war mit den nachkommenden Kosaken ein Vertrag zum "ewigen Frieden" geschlossen worden.

Andererseits hatten die Auseinandersetzungen zwischen Schweden und Polen um die römische oder deutsche Konfession Polen so geschwächt, daß sich Rußland mühelos polnisches Land einverleiben konnte. Die linksufrige Ukraine mit Kiew kam 1654 zu Rußland und 1667 die Provinzen Smolensk, Tschernigow und Sewersk. Eine Toleranz gegenüber Andersgläubigen gab es in Schweden nicht, auch im übrigen Europa nicht und Polen, das sehr tolerant war, konnte es auch nicht durchhalten. So war der orthodoxe Glaube der polnischen Ostvölker auch ein Argument der Angliederung der Ukraine an Rußland, wobei dann einfach auch solche Christen mit ihren Ländern vereinahmt wurden, die sich zum Papst in Rom bekannten. Polen war tolerant, Toleranz wurde und wird auch heute immer noch nicht belohnt. Es war im Gegenteil Polens Schwäche, was Rußlands Stärke ausmachte. Wie lehrt uns gleich der skandinavische Peer Gynt, wie ihn der Altbayer Werner Egk 1938 interpretierte: "Die Welt regiert nicht Mitleid, nur die Tat, und wer gewinnt hat Recht, und wer hat, der hat!" Henrik Ibsen schrieb dieses philosophisch symbolische Ideendrama um 1867, damals lebte er in München.

Mit den ehemals polnischen und litauischen Gebieten war Rußland bereits ein westliches Land, hatten doch die polnischen Könige seit Kasimir dem Großen ihr Land an den Westen angebunden, seit dem 15. Jahrhundert nach Europa orientiert und dynastisch mit Österreich, Bayern und Sachsen verbunden. Die ehemals polnische Ukraine war wegen der Ostkirche, die übrigens so alt war wie die polnische römisch-katholische Kirche, kein westliches Land, aber auch kein östlich-asiatisches Land. Die Türe zum Abendland war für Zar Peter offen, als er sich noch nach den alten Römern Cäsar nannte. Als er dann 1721 den im Westen erneuert gebräuchlichen Titel eines Kaisers annahm, wurde er im Westen nicht anerkannt.

Er hatte also die Prüfung für den Eintritt in das europäische Haus nicht bestanden. Er konnte also nur noch die baltische Karte ausspielen. Seit dem Vertrag zu Nystad 1721 waren die Länder Estland und ein Teil Livlands anerkanntermaßen russisch geworden, in Bayern würde man sagen es waren die "Musterländle", in Anspielung an das Land der Schwaben westlich von Bayern, wo vieles mustergültig ist. Die Kultur des Ordensstaates und auch die Kultur der Schweden, Dänen und Polen hatte dieses Land an der Ostsee geprägt, und für Rußland wurde es zunehmend zu einem bevorzugten Gebiet.

Dessen nicht genug, baute Peter in aller Eile eine neue Stadt mit voller Absicht an die Newa, um den Kreis russischer Geschichte zu schließen und neu zu eröffnen. Dort waren es die ersten erfolgreichen Regungen russischer Macht unter dem Fürsten Alexander Newskij gewesen, der die Schweden und den Deutschen Orden besiegt hatte, beide waren Herren in Estland und Livland, so mußten die Russen logischerweise die Befreier sein. Daß sie es nicht waren, ist ein anderes Kapitel, auch die Deutschen, von denen man es erwarten hätte müssen, waren es nicht.

Nicht nur der Bau von St. Petersburg im Jahre 1703 war der Beweis, daß Rußland in der europäischen Kulturgemeinschaft Platz nahm, schon 1686 war Rußland der "Heiligen Liga" im Kampf gegen die heidnischen Türken beigetreten. Mit der Vernichtung der polnischen Großmacht durch den Schwedenkönig Karl XII. und der Einverleibung der östlichen polnischen Gebiete an Rußland durch Peter, war Rußland nun zum Nachbarn der Türken geworden. Der polnische König Johann III. Sobieski hatte 1673 bei Hotin die Türken besiegt. Er galt von da an als polnischer Nationalheld und der Kaiser in Wien sah in ihm den einzigen Retter, denn die Türken waren bis nach Österreich vorgerückt und hatten Wien eingeschlossen. Den protestantischen Fürsten galt die Reichsidee nicht mehr viel, sie halfen dem Kaiser nicht. Nur der bayerische Kurfürst kam mit einer Streitmacht aus München und der gegen Türken erprobte Polenkönig führte den entscheidenden Schlag gegen die Türken am 12.9.1683 in der Schlacht am Kahlenberge. Die Waffenbrüderschaft zwischen dem bayerischen Kurfürsten Max Emanuel und König Johann III. Sobieski vor Wien hatte zur Folge, daß sich Bayern und Polen wieder dynastisch verbanden. Max Emanuel heiratete die Tochter des polnischen Königs, natürlich mit dem Gedanken die polnische Krone mit Bayern zu verbinden.

Es war aber schon ein anderer Bewerber da, Sachsen hatte als einziges protestantisches Land ein Truppenkontingent gegen die Türken nach Wien geschickt, so hatte Kurfürst August von Sachsen das besondere Wohlwollen des Kaisers in Wien. Im Jahre 1697 starb König Johann von Polen und der sächsische Kurfürst August konnte polnischer König werden. Man nannte ihn den Starken, ob er wegen der Bestechungsgelder den Beinamen erhielt, das war damals so üblich, oder wegen der Körperfülle und seinen mehr als 360 Kinder, die er von vielen Frauen hatte, man weiß es nicht. August der Starke trat zum katholischen Glauben über, so konnte er die polnische katholische Krone tragen. Vielleicht war es dies, was den schwedischen König Karl XII. so wütend machte und den König August nach der Schlacht bei Riga jahrelang bis nach Polen und Sachsen verfolgen ließ. Dadurch hatte Karl die Schlagkraft seines Heeres verbraucht, so daß er in Poltawa scheitern mußte.

Interessant wäre gewesen, der bayerische Kurfürst wäre polnischer König geworden, es hätte dann wieder einen Kampf der Wittelsbacher gegeneinander gegeben, die schwedischen Wittelsbacher gegen die in Polen.

August der Starke, Kurfürst und König

August der Starke, Kurfürst von Sachsen und katholischer König von Polen, hatte seine Residenz in Dresden. Dresden wurde zu einer der schönsten Barockresidenzen, worüber die benachbarten Brandenburger fast vor Neid vergingen. Der königliche Hof befand sich in einer Enklave im lutherischen Dresden. Die Mauern trennten die protestantische Stadt von der katholischen Residenz über dem Elbufer. Die unbedingt katholische Hofkirche mußte heimlich eingerichtet werden, da sonst ein neuer Bildersturm nach lutherischer Art eingesetzt hätte und die Kirchenglocken durften auch nicht läuten, sie hätten protestantische Ohren beleidigt. Johann Sebastian Bach durfte seine große h-moll Messe für seinen Fürsten und Herren komponieren, sein einziges großes lateinisches Werk, welches sogar Bach's betrübte lutherische Seele erleichterte.

Das Geschehen in Dresden hatte Auswirkungen auf ganz Europa, im Römisch-Deutschen Reich war es die Regel, daß es nur einen König geben könne und dieser gewählte deutsche König wurde mit der Kaiserkrone erhöht. Es war die Zeit, in der die Krone zu Ehren kam und diese Ehre hatte auf Dauer der Habsburger in Wien. Die Habsburger trugen auch die ungarische und die böhmische Königskrone, so war die deutsche Königskrone auch leichter zu erreichen, außerdem waren drei der Wahlmänner für die Königswahl katholische Erzbischöfe am Rhein, Bayern hatte die entscheidende Stimme für die Mehrheit. Die deutsche Königskrone war also nicht erreichbar gewesen für die beiden Wahlmänner, den sächsischen und den brandenburgischen Kurfürsten. Eine Lösung war natürlich die, eine Krone von außerhalb des Reichs zu erwerben, dies war dem sächsischen Kurfürsten mit der polnischen Krone gelungen.

Bayern war in Polen leer ausgegangen, doch hatte Bayern Freunde bei den Spaniern, so wurde der Kurfürst Max Emanuel Generalstatthalter für Spanien in den Niederlanden. Die Hauptstadt des bayerischen Kurfürsten in den Niederlanden war Brüssel und die französischen Freunde wollten dem Kurfürsten eine Königskrone für die Niederlande verschaffen. Es wurde leider nichts daraus, auch der schwedische König Karl XII. hatte die Franzosen zu Freunden, doch eine schlagkräftige Hilfsarmee blieb aus. Den Bayern aber halfen die Franzosen – was die Engländer auf den Plan rief, als Verbündete der habsburgischen Österreicher. Es kam zum Krieg Bayern und Frankreich gegen Österreich und England. Auf der Seite des österreichischen Kaisers kämpften aber auch noch Hannover/ Niedersachsen und Brandenburg, die sich in diesem Krieg gleichfalls die besondere Gunst des Kaisers erwarben, ihrerseits eine Königskrone zu erlangen. Dieser Krieg hatte für Peter in Rußland den Vorteil gehabt, daß er ungestört seine russische Großmacht ausbauen konnte.

Dort in der Nähe von Ulm entschied sich das Schicksal zu ungunsten Bayerns in der Schlacht von Höchstädt am 13. August 1704. Bayern, das von allen beteiligten Mächten das älteste ununterbrochen bestehende Staatswesen darstellte, wurde vernichtend geschlagen, zusammen mit den Franzosen, die sich dann in ihr Mutterland zurückzogen. Sieger waren all die protestantischen Fürstentümer, die dem Kaiser halfen und besonders die Engländer unter ihrem Heerführer Marlborough. Noch der englische Premierminister unserer Tage, Winston Churchill, erklärte: Marlborough sei sein Vorfahre gewesen und mit dieser Schlacht gegen Bayern sei England zur Kontinentalmacht aufgestiegen.

Wie Schweden einen pfälzischen Wittelsbacher mit Karl X., Karl XI. und nun den Karl XII. auf seinen Thron hob, so entdeckte das neugebackene Kurfürstentum Hannover/Niedersachsen eine pfälzische Großmutter, über die ein Verwandtschaftsverhältnis zwischen Hannover/Niedersachsen und England bestand. Nachdem der englische Thron ohne Erben war, gelangte Kurfürst Georg von Hannover zur englischen Krone und den Thron in London. Auch er war einer der Sieger über Bayern. Hatte der obersächsische Kurfürst und König von Polen seinen Johann Sebastian Bach, so hatte der niedersächsische Kurfürst und König von England seinen, im gleichen Jahr wie Bach 1680 geborenen, Georg Friedrich Händel. Händel komponierte seinem König das Dettinger Tedeum, als Siegesmelodie, symbolisch für den Sieg über Bayern, das in London vor dem König aufgeführt und mit sehr viel Jubel aufgenommen wurde.

Der dritte große Komponist, der gleichaltrig war und aus der gleichen mitteldeutschen Gegend stammte, war Telemann. Er war mit Händel befreundet und für Bachs Kinder war er Taufpate gewesen. Er hatte in seiner Wirkungsstätte Hamburg nichts zu lachen, ihm war außerdem die Frau fortgelaufen. Nun mußte er Dialoge mit seinem Kanarienvogel führen und dies tat er musikalisch, damit wir heute auch noch etwas davon haben.

In den bayerischen Landen stand es zum Schlechten, Österreich hatte das ganze bayerische Land besetzt. Kurfürst Max Emanuel schrieb an seine Frau, die mit dem Beichtvater nach Venedig flüchtete: "Wir haben heute alles verloren. Gott sei bei uns. Mit mir geht's dem Rhein zu." Seine Kinder wurden verschleppt. Besatzungstruppen sind alle gleich, wie die räuberischen Truppen zur gleichen Zeit in Livland und Estland. Gleichermaßen plünderten Kroaten, Slowaken und Ungarn als österreichische Hilfstruppen, verwüsteten und mordeten wo sie hinkamen.

Da geschah etwas völlig unerwartetes, die Bauern erhoben sich gegen diese Räuber und wollten Bayern für ihren Kurfürsten wieder befreien. Am Weihnachtstage 1705 standen die Bauern in Sendling vor der Hauptstadt München, die Österreicher versprechen freies Geleit, wenn die Bauern ihre Sensen und Dreschflegel weglegen, sie taten es. Nun wurden die völlig wehrlosen Menschen allesamt bestialisch gemordet. Man erinnert sich noch sehr gut an die Schweden unter Gustav Adolf, dies waren östliche Slawenvölker mit einer nicht zu überbietenden Grausamkeit, heute heißt diese Nacht die "Mordweihnacht".

Zar Peter der große Sieger

Die Geschehnisse im Westen ließen den Zaren im Osten Europas den Freiraum und die Gelegenheit, sein russisches Reich aufzurichten für alle Zeiten. Ähnlich wie in Bayern war es im Baltikum. Der russische General meldete seinem Zaren Peter, daß alles vernichtet sei. In Dorpat-Tartu wurde die gesamte Einwohnerschaft verschleppt und die Stadt dem Erdboden glattgemacht, das war die neue Kultur damals unter den Menschen.

Als die Schlacht von Poltawa entschieden war, wanderten die grauen Kolonnen der Gefangenen, die Überlebenden der Schwedenarmee, nach dem fernen Osten. Verlorene Söhne Europas gingen ihrem Schicksal entgegen - der Zar braucht Menschen für die ungeheuren Einöden Sibiriens.

Der Zar! Auf einem gewaltigen Rappen kam er geritten, der Sieger inmitten seiner Generale: Franzosen - Schotten - Deutsche und Russen. Als man ihm die gefangenen schwedischen Marschälle und Generale vorführt, hebt der Zar einen Pokal und trinkt auf das Wohl der Besiegten: "Ich ehre meine großen Lehrmeister der Kriegskunst."

Im Übermut des Siegers war Peter dem flüchtenden König Karl XII. in die türkische Moldauprovinz gefolgt, die Türken erklären dem Zaren den Krieg und schließen den Zaren und seine Armee ein. Undurchsichtig war, was dann geschah, denn die Russen konnten entkommen. Es heißt, Katharina, die Gattin des Zaren - ein Bauernmädchen aus Livland, Hausmädchen bei einem Pastor und in erster Ehe mit einem schwedischen Dragoner verheiratet gewesen - sei im Lager des Großwesirs erschienen und habe ihn durch reichliche Geschenke bestimmt, der Zarenarmee eine Lücke zu öffnen. So konnten sie den Weg in die Freiheit nehmen, entgegen der Kolonne der Schweden, die in die sibirische Unfreiheit ging und viele Söhne des Baltikums zogen mit ihnen und teilten das Leid.

Zar Peter kann sich nun seiner großen Pläne widmen, während sich die Schweden zurückzuziehen anschicken, um künftig aus dem Kreis der Großmächte auszuscheiden und ihre Armut in Zukunft mit Würde zu tragen. Peter regelt die Gouvernementsordnung, die Einführung des Senats, der Kollegialbehörden, des Generalprokurats, veranlaßte die Kalenderreform, die Schriftreform und 1721 die Kirchenreform. Dann trat der Frieden in Kraft und mit dem Friedensvertrag 1721 gehörte ihm Livland und Estland. Hundertfünzig Jahre vorher hatte Polens König Stephan Bathory 1583 die Kalenderreform eingeführt, um Livland an die westliche Kulturentwicklung anzubinden. Damals gab es Unruhen und zum zweiten Male gab es Sturm auf die Gotteshäuser und die Heiligenbilder. Nun aber waren sie willige Untertanen des Zaren.

In diesen Jahren hatte Kardinal Fénelon in Frankreich an seinem König Ludwig XIV. auszusetzen, er raube einfach Länder, ohne auf das Recht zu achten, was der Kardinal sagt, kann auch für Zar Peter, pardon Kaiser Peter dem Großen, gelten:

“Die großen Eroberer, die man so ruhmreich beschreibt, gleichen jenen über ihre Ufer getretenen , die majestätisch erscheinen, die jedoch all das fruchtbare Land verwüsten, das sie nur tränken sollten...”

Peter wurde der Ehrentitel angetragen “Vater des Vaterlandes, allrussischer Imperator, Peter der Große”. Zwei Tage später begründet während des feierlichen Staatsaktes in der Dreifaltigkeitskathedrale in St. Petersburg der Pleskauer Bischof Feofan Prokopovic, einer der engsten Berater des Zaren in kirchlichen Angelegenheiten, in einer Laudatio die Berechtigung dieser Ehrung:

“Euer Czaarischen Majestät glorieuse und tapfere Thaten, so wohl in Staats- und Militär Sachen und Dero unermüdete Bemühungen allein, haben”, und der Kanzler Graf Golovkin ergänzte:

“Uns deroselben getreue Unterthanen aus der Finsternis der Unwissenheit, auff den Schauplatz der Ehren vor der gantzen Welt gestellet, daß wir so zu sagen, aus nichts (et)was, und der Gemeinschaft policirter Völker einverleibet worden."

Die Eroberung der schwedischen Festung Nyenschanz 1703 an der Newamündung und der dann gegründeten Peter-Pauls-Festung war ein höchst symbolischer Akt. Peter baute die Festung noch aus und taufte sie dann St. Petersburg. Auf dem Wege nach Westeuropa 1697 war Peter auch durch Königsberg gekommen, auch dort rüstete man zu einer symbolträchtigen Tat. Der Kurfürst von Brandenburg wollte auch König werden, wie sein sächsischer Kollege August der Starke, der Neid war in ihn gefahren.

Königsberg - die königliche Stadt

Diese Stadt, die am ehesten noch den Titel einer Königshauptstadt verdiente, sie hatte noch keinen Herrscher gefunden, um ihn durch die Krone zu erhöhen. Es war die Krone Böhmens, von ihrem Gründer König Ottokar von Böhmen verliehen, und nun fand sich ein würdiger Herrscher.

Die Zeichen standen günstig, denn Polen hatte zum Zeitpunkt seiner größten Schwäche 1660 im Kloster Oliva, im Friedenssaal der Zisterzienser, den Verzicht auf die Lehnsherrschaft über Preußen erklären müssen. Als neuer Oberherr zeigte sich dann Kurfürst Friedrich Wilhelm von Brandenburg in Königsberg, das heißt man ließ ihn nicht ein, man hatte die Tore verschlossen. Früher schon hatte die fanatische lutherische Bürgerschaft den polnischen Oberherrn den Zugang zum Dom in Königsberg verwehrt, obwohl er unverkennbar einst als katholischer Dom in der Ordenszeit erbaut worden war. Friedrich Wilhelm ließ sich nicht abweisen, er baute vor den Mauern eine Festung, baute Geschütze auf und forderte die Übergabe der Stadt. Sesam, Sesam öffne dich! ...und siehe da, die Tore öffneten sich.

Waren die Königsberger und die preußischen Stände nicht mehr bereit gewesen, wegen ihres lutherischen Glaubens, das Knie vor Gott zu beugen, vor dem Fürsten taten sie es nun bereitwillig, das erlaubte ihnen ihr Glauben. Daß der neue Oberherr Kurfürst Friedrich Wilhelm Calvinist war, störte nun auch nicht mehr, er hatte sich eine Wittelsbacherin zur Gemahlin nach Berlin geholt, Sophie Charlotte von der Pfalz. Nicht zu verwechseln mit Elisabeth Charlotte, der Liselotte von der Pfalz, die mit dem Herzog von Orleans vermählt war, dem Bruder des französischen Königs. So war der bayerische Stamm der Wittelsbacher überall vertreten, in Frankreich, England, Schweden, Preußen bis über Polen, Österreich und allen anderen deutschen Ländern.

Nachdem der brandenburgische Kurfürst in Königsberg längeren Aufenthalt nehmen mußte, gebar Sophie Charlotte den Friedrich im preußischen Königsberg. Als Friedrich Kurfürst von Brandenburg wurde, erinnerte er sich gern seiner königlichen Geburtsstadt mit der Krone des böhmischen Königs im Wappen. So war es naheliegend, daß Friedrich, nachdem er dem Kaiser Waffenhilfe geleistet hatte und der Kaiser nichts mehr dagegen hatte, nach einer Krone strebte. Preußen war kein Reichsgebiet, keine Provinz des Römisch-Deutschen Reiches, wie es das Erzbistum Riga einst war, so daß ein preußischer König dem Kaiser keine Konkurrenz sein konnte.

So geschah es, daß Friedrich zum König "in" Preußen wurde, um den rein weltlichen Charakter seiner Würde zu betonen, setzte er sich selbst die Krone aufs Haupt. Ein ungeheurer Vorgang, der den Preußen keine glückliche Entwicklung bescherte. Dieses alles geschah am 18. Januar 1701, zu einer Zeit, wo der schwedische König Karl XII. noch im Winterquartier nördlich von Dorpat wohllebte. Erst Monate später verjagte er das Sachsenheer aus ganz Livland, um es den Russen unter Zar Peter zu überlassen. Im Jahre 1711 war Peter auch wieder in Königsberg und stand auf dem Turm des Schlosses. Wie der Chronist berichtet, schaute er unentwegt nach Westen.

Beschreibung Königsbergs von Andreas Cellarius, 1659

Im Jahre 1724 wurden die drei Städte, die Kaufmannsstadt Kneiphof, die Altstadt unter der alten Ordensburg und die Stadt der baltischen Ureinwohner der Preußen auf dem Löbenicht, zusammengeschlossen zu der einen Stadt Königsberg. Das Wappen trug von da ab alle drei böhmischen Kronen der drei Städte und der Adler auf dem neuen Wappen trug die neue preußische Krone. Königsberg blühte für kurze Zeit auf, man mußte die Krönungsstadt pflegen. Als später der Appetit Rußlands auf Polen nicht mehr zu stillen war und Brandenburg-Berlin schon gierig nach neuen Ländern Ausschau hielt, teilte man Polen, damit Österreich nicht dagegen war, bekam es auch ein Stück. Nun hatte Berlin eine direkte Landverbindung nach Königsberg und Friedrich der Große in Potsdam bei Berlin bezeichnete sich nicht mehr König "in" Preußen, sondern nun war er König "von" Preußen. Berlin und Brandenburg war auf einmal auch Preußen, ein zusammenhängendes Land. Die Rolle Königsbergs war ausgespielt, der Mohr hatte seine Schuldigkeit getan, der Mohr konnte gehen. Königsberg hatte zu Zeiten des Deutschen Ordens 40 000 Einwohner, Berlin aber nur 8 000, dann waren es 1945 in Berlin 4 Millionen und in Königsberg nur mehr 375 000 Einwohner. Das ehemalige stolze Ordensland Preußen war, wie Livland und Estland, zur Provinz geworden. Soll man sagen, gleiches Leid, halbes Leid!? Für Königsberg gilt heute ganzes Leid, weil die Stadt heute ausgelöscht ist.

Ein paar Ereignisse in Königsberg sind der Historie noch zu entlocken. Bei seinem Besuch in Königsberg erhielt Peter der Große vom preußischen Kurfürsten das berühmte Bernsteinzimmer geschenkt, das in Zarskoje Selo bei Petersburg, dem heutigen Katharinenpalast eingebaut wurde und heute verschollen ist. Zar Peter machte sich überhaupt nichts aus Bernstein, dies hat sich vererbt, denn als die Russen 1945 das Bernsteinland Preußen eroberten, wußten sie von dem kostbaren Preußischen Gold nicht mehr, als daß es gut brennt. So verbrannten die Russen Tonnen von diesem kostbaren Stoff, über den schon der König Theoderich im Italien der Römerzeit schwärmte.

Trotzdem machte Zar Peter dem Kurfürsten von Brandenburg ein Gegengeschenk. Der große Kurfürst suchte lange Männer für seine Armee. Er kam am Ende auf 80 000 Mann, es war sein Hobby und deshalb flüchteten viele große Männer damals in das sichere Sachsen. Peter verschaffte dem Kurfürsten 55 lange Kerle, von denen keiner kleiner war als zwei Meter. Woher hatte der Zar diese großen Sklaven zum verschenken, die größten gab es damals in Finnland und Estland. Der Enkel des Kurfürsten war Friedrich der Große, der tatsächlich klein war. Er hatte bereits ein gewaltiges

Heer von 200 000 Mann und er war nicht so wählerisch wie sein Großvater, nur ledig mußten alle sein, damit keine Frauen und Kinder um ihn weinen müssen. Soldaten hatten zu sterben und so dienten sie dem Preußenkönig in seinen immerwährenden Kriegen, wie in den Schlesischen Kriegen.

Rußland tritt auf der Seite Österreichs und Frankreichs gegen Preußen in den Krieg ein. In Rußland regiert die Tochter des Zaren Peters des Großen und sie läßt ihre Truppen nach Preußen in Königsberg einmarschieren. Es war das erste Mal, seit dem fünfhundertjährigen Bestehen Preußens, die Besetzung dauerte fünf Jahre von 1757 bis 1762. Im Jahre 1945 erobern wieder russische Truppen Königsberg, es war in siebenhundert Jahren nur fünf Jahre lang besetzt, lange genug um diese Stadt nach dem zweiten Weltkrieg als urrussischen Boden dem russischen Staat einzuverleiben.

Die Königsberger Philosophen

Im Jahre 1757 rückten russische Soldaten in die Krönungsstadt der preußischen Könige ein. Im Schlesischen Krieg standen die Adlersymbole gegeneinander, der preußische gegen den russischen Adler. Als erstes beeilten sich die Russen in Königsberg den preußischen Adler zu entfernen und das russische Staatssymbol, den russischen Adler zu montieren.

In Königsberg wirkte der Sohn eines Riemenmeisters. Er hatte gerade die Stelle eines Unterbibliothekars in der Schloßbibliothek übernommen. Es war der Privatdozent für Philosophie Immanuel Kant. Seine Vorfahren stammten vermutlich aus Schottland und waren ins Memelland eingewandert. Sein Vater ließ sich mit seiner bayerischen Frau in Königsberg nieder, so daß Immanuel Kant in Königsberg geboren wurde.

Preußens erster Herzog Albrecht, er stammte aus der Heimat von Kants Mutter, dem nordbayerischen Franken, hatte in seiner Hauptstadt 1544 eine Universität gegründet. Kant wirkte zeitlebens in Königsberg und strebte daher auch eine Stellung an der Königsberger Universität an.

Es war ein Kuriosum, daß Kant's Herr und König gerade nicht zu Hause war, König Friedrich der Große war gerade mit dem Kriegshandwerk beschäftigt und daher momentan die Kaiserin Elisabeth in St. Petersburg für Anstellungsschreiben zuständig, Kant schrieb ein Anstellungsgesuch nach St. Petersburg, übersetzt in die russische Sprache. Es wurde nichts mit der Professur und

1762 waren die Russen auch schon wieder abgezogen worden, denn Katharina II. war Kaiserin geworden. Den Brief hätte Kant besser nicht geschrieben, denn nun kam ein findiger Russe auf die Idee, Kant könnte ein Russe gewesen sein und er hätte möglicherweise Kantow geheißen. Doch diese sinnigen Schlüsse waren das Ergebnis unwahrheitsgemäßer kommunistischer Ideologie, die heute hoffentlich überwunden ist.

Einst waren die Schweden in Preußen und König Gustav Adolf hatte bei der Gründung der Universität in Dorpat 1632 den Wunsch geäußert, man möge sich nicht in metaphysischen Spekulationen ergehen.

Mit Immanuel Kant hätte Gustav Adolf seine Freude gehabt, denn er kritisiert die Metapysik und fragt, ob angesichts der Grenzen des menschlichen Erkenntnisvermögens die Metaphysik überhaupt eine Wissenschaft sein kann. Kant kritisiert nicht die Metaphysik überhaupt, sondern die Methoden die man bei der "tá metá tá physiká", wie es griechisch heißt: "das was hinter der Natur steht" anwendet. Ohne diese philosophische Grundwissenschaft und Erkenntnislehre von Gegenständen, die über die sinnlich körperlich erfahrbare Welt hinausgeht, wird Kant und werden die Philosophen nach Kant nicht auskommen können.

So wie Johann Georg Hammann, gleichfalls in Königsberg geboren, der wie Kant an der Universität in Königsberg studierte: Theologie und Philosophie. Er wurde Hofmeister auf baltischen Gütern und war 1755 in Handelsgeschäften tätig, im Jahre, in dem die Moskauer Universität gegründet wurde. Hamann wurde wegen seiner prophetischen Gedanken der "Magus des Nordens" genannt.

Hamann vertrat, im Gegensatz zu der kritischen Philosophie von Kant, die nach größtmöglicher Klarheit ausgerichtet war, die Ansicht einer Unwahrscheinlichkeit des konkreten Lebens. Er hob das Irrationale, das Doppelsinnige im Leben hervor und deutete dies aus der Religion heraus. Die Einheit von Leib, Seele, Geist und Sinnlichkeit offenbaren sich vor allem in der Sprache; menschliches Sprechen ist nur ein Abglanz göttlichen Sprechens, das zugleich ein Schaffen ist. Und weiter betont Hamann, die Poesie ist die Ursprache des Menschengeschlechts.

Die Philosophie, die Liebe zur Weisheit also, wie wir diese griechische Bezeichnung interpretieren, schuf bei Hamann Einsichten der Bestimmung mehr auf der Glaubensebene. Je mehr er sich dem Westen Deutschlands näherte, wo er Förderer fand, desto mehr näherte er sich den alten Glaubensgrundsätzen und damit dem Menschen. Bereits der Gedanke, daß das Wort, die Sprache und auch die Poesie von Gott sei, die eine ureigene Sache eines Volkes war, hätte in den Baltenvölkern neue Hoffnung wecken können, die nach Gerechtigkeit sannen. Die Rückbesinnung auf die Gerechtigkeit Gottes gründet auf den Worten von Paulus, der sagt: Nur der Glaube macht gerecht.

Daß Kant auch nach Lösungen suchte, weil sein weltlicher Oberherr und König Friedrich in seinen endlosen Kriegen sein ganzes Volk auszulöschen drohte, zeigte seine Bemerkung: Es kann doch nicht der Sinn allen Tuns sein, daß die Völker zuletzt auf dem Friedhof enden. Noch unter dem Einfluss von Descartes machte er sich 1746 Gedanken von der wahren Schätzung der lebendigen Kräfte. Man erkennt unschwer, daß den Entwicklungen der Menschheit immer Gedanken des Glaubens und des Geistes vorausgehen mußten, da sonst das verbrecherische Tun der Fürsten nicht mehr gestoppt hätte werden können. So macht sich auch Kant Gedanken über die einzig möglichen Beweisgründe der Demonstration des Daseins Gottes. Diese Gedanken kamen ihm 1763, als die Russen bereits wieder Königsberg verlassen hatten. Sogar über die "Geschichte in weltbürgerlicher Absicht" schrieb er 1784 und dann im Jahre 1795 über den Weg wie man "Zum ewigen Frieden" kommt.

Wie konnte man aber zum Frieden kommen, wenn Friedrich der Große in heuchlerischer Absicht den "Antimachiavell" schreibt und er es dann noch schlimmer treibt, als Machiavelli es in Florenz propagierte. Kant versucht es mit der Umdeutung von Religion in Moral. Da kommt er sehr dem deutschen Wesen nahe und auch Johann Wolfgang von Goethe verkörpert das deutsche Wesen, den typischen Deutschen in seinem Faust. Dem vorbehaltlosen Glauben an einen gerechten Gott weichen die großen in der deutschen Geschichte aus. Die großen Geister aber sperren unseren Gott und Schöpfer in die Enge der Moral und weisen ihm, dem Schöpfer des Himmels und der Erde, lediglich einen Platz in der Natur an. So fällt auch dem großen Goethe im Faust auch nicht mehr dazu ein. Auf die Frage seines Gretchens, ob Faust an Gott glaube, sucht er nach Ausflüchten und sagt dann, er glaube Gott ist in der Natur – oder Goethe glaubt es?

Hier fällt uns sogleich die Götterfamilie der Kalev's in Estland ein. Auch diese romantische Legendengeschichte sollte von der Not ablenken, in der sich die Menschen befanden. Diese Not erkannte ein Mann, der in der Gegend von Königsberg geboren war und in Königsberg durch Hamann und Kant gefördert wurde, Johann Gottfried Herder. Er entdeckte als ein Kirchenmann nichts geringeres als das Wort Gottes in der Bergpredigt:

"Selig, die arm sind vor Gott; denn ihnen gehört das Himmelreich.
Selig die Trauernden; denn sie werden getröstet werden.

Selig, die keine Gewalt anwenden; denn sie werden das Land erben.

Selig, die hungern und dürsten nach der Gerechtigkeit; denn sie werden satt werden.

Selig die Barmherzigen; denn sie werden Erbarmen finden.

Selig, die ein reines Herz haben; denn sie werden Gott schauen.

Selig, die Frieden stiften; denn sie werden Söhne Gottes genannt werden.

Selig, die um der Gerechtigkeit willen verfolgt werden; denn ihnen gehört das Himmelreich.

Selig seid ihr, wenn ihr um meinetwillen beschimpft und verfolgt und auf alle mögliche Weise verleumdet werdet. Freut euch und jubelt: Euer Lohn im Himmel wird groß sein.

JOHANN GOTTFRIED HERDER – PREDIGER IN RIGA

Auf einer Tafel an einem Gutshof in Estland steht geschrieben, in deutscher Schrift gut lesbar:

"Gott segne die Asche unsrer guten Altern und Voraltern zu ihrem Andenken..."

"Gott segne unsere Kinder von meinem Stamm bis in die spaetesten Zeiten ihren Ein- und Ausgang G. E. von F. U. F. J. von F. 1794."

Dieses Gutshaus, in dem nach Wunsch der Familie auch Gott wohnen sollte, wurde gebaut im Jahre 1765, wie die Jahreszahl stolz verkündet. In diesem gleichen Jahre weilte Johann Gottfried Herder bereits in Riga.

Nach seinem Studium bei Kant, weckte Hamann bei ihm das Interesse für Sprache, Dichtung und Literaturkritik. Herder wurde wegen seiner alle menschlichen Probleme übergreifenden Sicht, in norddeutschen Landen nicht hoch bewertet, er stand auch im Gegensatz zu vielen seiner Zeitgenossen. Seine vielen Titel die ihm durch die Ämter in der lutherischen Kirche zuteil wurden, waren: Oberpfarrer, Hofprediger, Konsistorialrat, Oberkonsistorialrat, Generalsuperintendent, Vizepräsident und 1801 Präsident des Oberkonsistoriums. Dies alles galt nur dem Ansehen und dem Broterwerb.

In einer Welt in der das Wort des Tasso galt:"Erlaubt ist, was gefällt" um dann doch zu korrigieren "nein, erlaubt ist, was sich ziemt!", hatte es Herder schwer. Es setzte sich die gottlose Aufklärung durch, wir erinnern uns noch daran, daß Voltaire Peter den Großen und Friedrich den Großen hoch verehrte. In Potsdam sollte es bald heißen:"Erlaubt ist was nützt."

Über die verschiedenen Konfessionen hinweg hatte er den Blick auf das Wesentliche gerichtet, das die Welt und die Völker versöhnt. Er kam auf seiner Italienreise durch Bayern, so konnte auch die Beschäftigung mit dem Katholizismus nicht ausbleiben. Er erneuerte das lateinische Werk des letzten großen bayerischen Jesuitendichters Balde, und faßte es in deutsche Verse. Bayern war immer so vom katholischen Glauben durchdrungen, es galt der Glaube an Gott mehr, als die zweifelnde Kritik der Philosophie in Norddeutschland.

In München gab es nur einen katholischen Philosophen, Franz Xaver Baader, der natürlich auch in seiner Heimat München starb.

Er lehrte die Selbstentwicklung Gottes im Menschen, als Selbstbefreiung aus einem dunklen Urgrund. Er wirkte nicht metaphysisch in höheren Regionen über den Menschen, sondern mit den Menschen und in den Menschen. Dies tat auch Herder, der in Königsberg Philosophie und Theologie studierte, der vom Philosophen weg immer mehr zum Theologen wurde.

In den Jahren 1764 bis 1769 hielt Herder geistvolle Predigten, schrieb literarische Aufsätze und Rezessionen. Schon damals beschäftigte ihn die Sprache. Mit dem Philosophie-Professor Klotz von Halle verstrickte er sich in Händel, ein Hinweis dafür, daß Riga nicht aus der Welt lag, sondern eingebunden war in die geistigen Auseinandersetzungen des damaligen Europa. Doch Herder wurde die Stadt Riga zu eng, und er wurde müde seiner zersplitterten Tätigkeit. Herder trat eine Seereise an, die ihn nach Frankreich führte, wo er in Paris Diderot begegnete. In Hamburg traf er Lessing und Chlaudius, in Straßburg begegnete er zum ersten Mal Goethe. Herder lehrte den späteren Freund sehen, daß die Dichtkunst überhaupt eine "Welt-und Völkergabe" sei, nicht ein "Privaterbteil" einiger feiner, gebildeter Männer. Er führte Goethe an die Poesie des Volksliedes heran.

Herder schrieb "Über den Ursprung der Sprache, 1771" und förderte die Sammlung von Volkslieder und ließ sie drucken. Er schrieb über die "Stimmen der Völker in Liedern", gedruckt 1807, als bereits Napoleons Heere über Europa hinwegströmten. Die Aufklärung als geistige Strömung, begleitet von den Heeren des Königs Friedrich II. von Preußen, wurde abgelöst von der Sturm- und Drang-Bewegung, begleitet von den Heeren Napoleons. Die Entwicklung in Europa schritt mit Soldatenstiefeln fort.

Entwicklung ist nicht Fortschritt, sondern eine Offenbarung des göttlichen Willens, der Gang Gottes in und über den Nationen. Dies sagte Herder damals und krasser hätte die geistige Richtung Herders mit den Realitäten auf den blutigen Schlachtfeldern, nicht zusammenprallen können. Doch soll der Sturm Napoleons vieles verändert haben. Herders Gedanken und Denkanstöße, ließen die Hoffnung zu einer menschlicheren und gerechteren Welt zu gelangen, nicht verstummen, und sie hatten ihre Wirkung in der deutschen und europäischen Geistesgeschichte bis in die Gegenwart. Von zukunftsweisender Bedeutung und weitreichender Wirkung war Herder besonders auf dem Gebiet der Sprachphilosophie und Geschichtsphilosophie.

Jedes Volk habe seine spezielle Dichtung, sagte Herder, sie sei von dem Stand seiner Sprache, diese wiederum von den natürlichen und sozialen Gegebenheiten abhängig. Herders ästhetische Grundforderungen sind Zeitgemäßheit und Verständlichkeit gewesen, aus der die Forderung nach Verwendung der Volkssprache, der "Muttersprache" als Sprache der Literatur, hervorging. Dies war vorher nicht gesagt worden und es waren die Eindrücke vom Beginn seines Schaffens in Königsberg und Riga, die dies endlich zur Sprache brachte.

Die Volkssprache - Muttersprache als Sprache der Literatur

Der Beginn Herders, Überlegungen über Gott und die Welt, fiel in die Zeit seines Studiums: in Königsberg. Herder war in Mohrungen geboren, im Süden Altpreußens, wo der Baltische Rücken an die Zeit erinnert, als die Balten noch bis an die Weichsel siedelten.

Im Andachtsbuch des Vaters findet sich folgender Eintrag: "Anno 1744 d. 25. August Dienstags Nachts zwischen 11 und 12 Uhr ist mein Sohn geboren, sein Name ist ihm beigeleget Johann Gottfried. Gott wolle denselben in seinem Taufbund erhalten und durch den Heyl. Geist leiten und führen, auf daß wir ihn nebst uns allen dermahleins für dem Throne des Lammes finden, einzugehen zur Hochzeit der ewigen Freuden. Gott hilf!"

Herders Frau Maria Karoline erzählte von der Mutter Herders:" ...Ebenso trug er seine Mutter wie eine Heilige im Herzen. Mehrmals erzählte er uns, mit wie sanfter Gemütsart und Liebe sie ihre Kinder behandelte."

Herders Vater war der Sohn eines Tuchmachers. Nach einer Prüfung durch den Pastor und Schulinspektor wurde er als Glöckner und Mädchenschullehrer angestellt, zugleich als Kantor der polnischen Gemeinde und mit der Verpflichtung, "das arme unwissene Gesinde, als Knechte und Mägde, im Christentum und Lesen" zu unterrichten.

Herder schrieb in "Über die Bildung menschlicher Seelen: "und Ich dachte frühe und frühe riß ich mich los von der menschlichen Gesellschaft und sah im Wasser eine neue Welt hangen und ging, um einsam mit der Frühlingsblume zu sprechen, um mich in Erschaffung großer Plane zu vergnügen, und sprach stundenlang mit mir selbst. Die Zeit war mir kurz; ich spielte, ich las. Ich sammelte Blumen, um nur meinen Gedanken nachzuhängen."

Mit den russischen Besatzungstruppen war ein Arzt nach Mohrungen gekommen, der den jungen Herder nach Königsberg zum Studium der Medizin mitnahm. In der Kanterschen Buchhandlung traf Herder dann auf Kant, der Privatvorlesungen an der

Universität gab. Herder studierte danach doch Theologie und Philosophie.

Entscheidende Anregungen erhielt Herder durch Immanuel Kant in Königsberg, doch lehnte er später Kants hohe Moral ab. In seiner Schrift "Vom Erkennen und Empfinden der Menschlichen Seele", die den Untertitel "Bemerkungen und Träume" trägt und die neun Jahre nach Herders Weggang, 1778 in Riga erschien, sagt er: "Jeder Mensch von edlen, lebendigen Kräften ist Genie auf seiner Stelle, in seinem Werk, zu seiner Bestimmung. In der Natur ist alles verbunden, Moral und Physik, wie Geist und Körper. Moral ist nur eine höhere Physik des Geistes." Er konnte leicht das von Kants Katheder herunter Gesagte ablehnen, seine Kirchenkanzel war höher, doch er wollte den Menschen näher sein.

Herders Geburtsstadt Mohrungen

Ein anderer Philosoph, Johann Georg Hamann, ein gebürtiger Königsberger, hatte Einfluß auf Herder. Er hatte seine Schrift "Kreuzzüge des Philologen" in dem Jahr in Königsberg erscheinen lassen, in dem Herder zum Studium in die Stadt kam. In seiner neuplatonisch-mystischen Naturphilosophie strebte er nach Weltdurchdringung mit Hilfe der Sinne und Empfindungen. Die Bibel war für ihn die "älteste Urkunde des Menschengeschlechts".

"Poesie ist die Muttersprache des menschlichen Geschlechts", er erklärte Gott zum "Poeten am Anfange der Taten". Alle menschliche Schöpfungskraft ist nur ein Abglanz dieser ursprünglichen Schöpfung und ihr immer analog. Wenig später kommt dann sein großer "Schüler" Herder mit seiner Idee der "Naturpoesie". Daß er mit Hamann erwachsen wurde und "von Kindheit auf in der Brust genährt war ...", bekannte Herder später.

Auf Hamanns Empfehlung wurde Herder als Inspizient in das Collegium Fridericianum in Königsberg aufgenommen. Dort wurde er auch an der Elementarschule angestellt und erteilte an Michael 1762 Unterricht im Rechnen, später auch in griechisch, französisch, hebräisch und in Mathematik, 1764 auch in Latein und Poesie. Privatunterricht konnte er auch den vielen dort weilenden reichen Russen, Kurländer, Livländer und Polen geben.

Hamann vergaß auch nicht Herder Grüße zu übermitteln, wenn er auf Reisen war. So schreibt er an seinen Vater: "Grüßen Sie ... namentlich Herrn Herder, den ich bald, statt der Antwort, zu umarmen hoffe ...Wenn er mit Miltons Hölle fertig ist, wollen wir gemeinschaftlich dem Dante ins Fegefeuer folgen". Auch Herders Berufung nach Riga besorgte Hamann und bald hatte Hamann im kurländischen Mitau zu tun, so gingen die Briefe eine Zeitlang zwischen Mitau und Riga hin und her. Einmal besuchte Hamann seinen Freund auch in Livlands Hauptstadt Riga.

Maria Karoline Herder erzählt: Ende November 1764 kam er zu Riga an, wurde am 7. Dezember als Kollaborator an der Domschule introduziert und 1765, 24. Februar, vor dem dortigen Stadtministerium theologisch geprüft.

... Seine vortreffliche Lehrmethode in der Schule und seine Predigten gewannen ihm bald alle Herzen. Mit Geist, Herz und wahrer Religiosität belebte er in den letztern die alte Form, aufmunternd zur Ausübung jeder menschlichen Tugend, zur Liebe zu Gott und den Menschen, erweckend das Gefühl der Unsterblichkeit; diese Themata, vorgetragen mit seiner seelenvollen Beredsamkeit, mit allem Schmuck seiner jugendlichen Phantasie, ohne Gepolter und Geschrei, in wohlklingender, anmutiger, würde- und gefühlvoller Sprache, ergriffen und bewegten die Herzen unwiderstehlich. So äußerte sich Herders Frau Maria Karoline.

Herder schreibt am Sonnabend, 4. Mai 1765 an Hamann: "...Ich bin eine Zeitlang totus in illo (ganz damit beschäftigt) gewesen, eine Menge meiner Lieblingsideen unter das Thema zu bringen: wie die Philosophie zum Besten des Volkes allgemeiner und nützlicher werden kann. Besinnen Sie sich dieses Problems?"

Hamann an Herder, "Königsberg, 18. Mai. 1765 – Herzlich geliebtester Freund! Denken Sie weniger und leben Sie mehr ... Überlassen Sie sich nicht der Menge Ihrer Lieblingsideen zu viel. Glauben Sie es mir zu Gefallen, daß es keine so allgemeine und nützliche Philosophie zum Besten des Volkes gibt und keinen so glücklichen Anfang der Weisheit als die Furcht des Herrn: denn sie hat die Verheißung dieses und eines künftigen Lebens ..."

Herder an Hamann, "Riga, den 21. Mai, Herzlich geliebtester Freund! ...Ihr Rat, den Sie mir in Ansehung der Maulwurfshügel geben, die ich nach meinen Lieblingsideen hier und dort aufwerfe, ist mir teuer... Ich will statt Bücher Menschen zu kennen mich bestreben... vielleicht sind im physischen und politischen Verstand meine Augen dazu zu kurzsichtig. – Wohl! Aber ich will mich aufs Lettische legen ..."

Riga am Ende des 18. Jahrhunderts

Herder führte über die fünf Jahre seines Schaffens in Riga bis zum Jahre 1769 ein Tagebuch, das erst 1846 in Erlangen veröffentlicht wurde. Die bedrückende Borniertheit seiner Lebensverhältnisse überdrüssig bricht er 1769 fluchtartig von Riga zu einer Seereise nach Frankreich auf. Als Grund des plötzlichen Aufbruchs aus der Stadt, wo er seit 1764 als Lehrer und Geistlicher tätig war, bezeichnete er, die "Einschränkungen" seiner "häuslichen Lebensart ... wenig wesentliche Nutzbarkeiten, und eine faule oft eklige Ruhe". Er sei nur noch ein "Repositorium voll Papiere und Bücher, das nur in die Studierstube gehört."

Selbstkritisch beklagt er das Versäumnis, nie "gründlich, reelle Wissenschaft" getrieben zu haben und nicht - anstelle eines sinnentleerten Brotstudiums - "französische Sprache, Geschichte, Naturkenntnis, schöne Mathematik, Zeichnung, Umgang, Talente des lebendigen Vortrages zum Hauptzwecke " des Lebens erhoben zu haben.

Hundert Jahre später sollte Richard Wagner mit seiner holden Gemahlin gleichfalls die Flucht übers Wasser antreten, wenn auch aus anderen Motiven heraus. Wagner war so überwältigt vom Meer, Sturm und von der Freiheit, und schreibt sogleich seine Oper der Fliegende Holländer. Herder ist überwältigt vom Anblick der unendlichen Weite des Ozeans und des Himmels. Der Philosoph auf dem Schiff sucht nach unausgeschöpften Möglichkeiten, die Erfahrung der Wirklichkeit zu revolutionieren und die Welt als unendlich zu erleben.

Befreit schreibt er " ... was gibt ein Schiff, das zwischen Himmel und Meer schwebt, nicht für weite Sphären zu denken! Alles gibt hier den Gedanken Flügel und Bewegung und weiten Luftkreis! Der enge feste, uneingeschränkte Mittelpunkt ist verschwunden, du flatterst in den Lüften, oder schwimmst auf dem Meere -die Welt entschwindet dir - ist unter dir verschwunden! Welch neue Denkart! aber sie kostet Tränen Reue, Herauswindung aus dem Alten, Selbstverdammung! -"

Herder zeichnete seine Überlegungen seit dem Jahre 1764 in Riga auf und brachte sie in der Schrift "Abhandlung über den Ursprung der Sprache" 1770 heraus. Anlaß zu dieser Veröffentlichung war die Ausschreibung einer Preisaufgabe für Berlin, an der unter anderen auch Hamann teilnahm.

"Verstand, Vernunft und Besinnung" - der Mensch erfährt die Welt als ein Ganzes und vermag darum, die Bilder der Welt sich zu merken, sie zur Anerkenntnis zu bringen. Erst im Gedächtnis des Menschen erhalten die Dinge der Welt ihre Bezeichnung: "Dies erste Merkmal der Besinnung war Wort der Seele! Mit ihm ist die menschliche Sprache erfunden!"

Herders Lieblingsideen, daß die erste Sprache ... eine Sammlung von Elementen der Poesie gewesen sei. "Der Mensch ist in seiner Bestimmung ein Geschöpf ... der Gesellschaft: die Fortbildung einer Sprache wird ihm also natürlich, wesentlich, notwendig." Kein Mensch ist allein für sich, vielmehr sei er "in das ganze Geschlecht eingeschoben". Die Verschiedenheiten der Sprachen beruhen auf den Unterschieden des Klimas und der Lebensgewohnheiten. Die Differenzierung in Nationalsprachen hebt indes nicht die einheitliche Entwicklung des ganzen Menschengeschlechts auf.

Und weiter erklärte Herder in seiner Schrift an die Akademie in Berlin: Die Entstehung der Sprache aus der geistigen Natur des Menschen und deutet sie als den höchsten Ausdruck dessen, was den Menschen vom Tier unterscheidet.

Herder ist mit diesem Thema noch lange beschäftigt. Als er 1764 nach Riga kam, hob die russische Kaiserin Katharina II. gerade das Verbot der Herrenhuter Brüdergemeinde auf, das die Vorgängerin Kaiserin Elisabeth verhängt hatte. Die Herrnhuter predigten den Bauern die Gleichheit aller Menschen vor Gott. 1736 besuchte Graf Zinzendorf, der in Dresden geborene Gründer der Brüdergemeinde, Lettland. Er war von pietistischen Geist, wie auch Herders Vater. Die Herrnhuter förderten die Enstehung des individuellen und nationalen Selbstbewußtseins der Letten und schufen damit die "Kirche des Volkes", die im Gegensatz stand zu der orthodox-lutherischen Kirche.

Herder schrieb in den Jahren in Riga "Kritische Wälder", entstanden im Jahre 1768, und 1769 in Riga im Druck erschienen. " ... die Poesie wirkt durch Kraft. Durch Kraft die einmal den Worten beiwohnt, durch Kraft, die zwar durch das Ohr geht, aber unmittelbar auf die Seele wirkt." Seele und Kraft sollten bei Herder die ganze Ästhetik bestimmen. "Begriffe von Ordnung, Übereinstimmung, Vollkommenheit" in der Seele ergreifen Platz, und Phantasie und Gedächnis erweitern den geistigen Horizont, schrieb er, "... wenn unsere Seele sich lange geübt hat, über Vollkommenheit und Unvollkommenheit der Dinge zu urteilen ... so ist der Geschmack da. Der Geschmack aber ist spezifisch und je nach Zeit, Sitten und Völker verschieden", Herder notierte dies und noch mehr, ließ es veröffentlichen und fuhr ab - nach Frankreich.

Die Fürsten beteuern die Freiheit des Geistes in der Zeit der Aufklärung. Ganz vorne der preußische König Friedrich II., doch wenn Immanuel Kant diese einfordert, bekommt er Schwierigkeiten mit eben demselben König. Johann Christoph Gottsched, der große Gelehrte und Schriftsteller mußte bereits früher vor den preußischen Werbern nach Sachsen fliehen. Die Kurfürsten der ehemals protestantischen bayerischen Pfalz traten die Erbfolge in

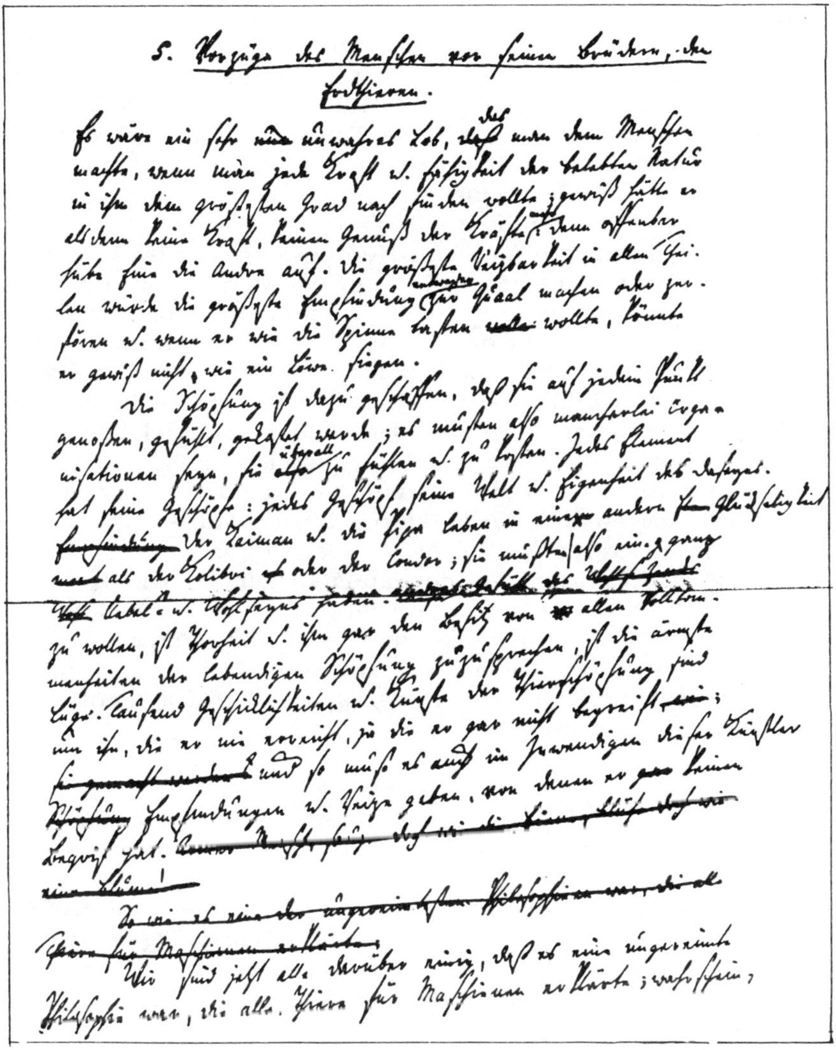

Herders Entwurf 1782 für die "Ideen zur Philosophie der Geschichte der Menschheit"

München an. Die strengen Fürsten, wie 1777 Karl Theodor, führten unter anderem die Zensur ein. Man mußte ins bischöflichliche Ausland gehen, dies begann bereits an der Stadtgrenze Münchens, um Zeitungen lesen zu können. Die Münchner meiden daher auch den nach Karl Theodor benannten Karlsplatz, das Zentrum der Stadt, ebenso zu nennen. Der Platz heißt eh und je im Volksmund "Stachus", nach einem ehemaligen Biergarten nahe dem Karlstor – Pardon, nahe dem Neuhauser-Tor!

In diesen Jahren veröffentlichte Herder seine Schrift "Auch eine Philosophie der Geschichte zur Bildung der Menschheit" im Jahre 1774 – anonym! Warum erschien die Schrift denn anonym? Natürlich wegen des Inhalts und der möglichen Nachteile, die dem Autor entstehen könnten. Herder polemisiert darin gegen seine Zeit, der er "Herz! Wärme! Blut! Menschheit! Leben!" abspricht."In Europa ist die Sklaverei abgeschafft, weil berechnet ist, wieviel diese Sklaven mehr kosteten und weniger brächten als freie Leute ..." Dies hält Herder ihnen vor und fragt dann, mit Sicht auf seine Forderung nach Verwendung der Volkssprache, der Muttersprache, als Sprache der Literatur der Völker.

"Wir sehen die reiche Ernte der Samenkörner, die wir aus einem blinden Sieb unter die Völker gestreut, so sonderbar keimen, so verschiedenartig blühen, so zweideutige Hoffnungen der Frucht geben – Fragment des Lebens was warest du? quanta sub nocte iacebat nostra dies! Wohl aber, wen sein Lebensfragment auch alsdann nicht gereuet!"

Das Wort Christi ist echte Humanität

Es war noch nicht aller Tage Abend, es war auch noch Hoffnung, was auch Herder in diesem Anonymus vom Jahre 1774 bekundet. Mit dem Christentum wird eine neue Dimension der Geschichte offenbar: eine Epoche, in der die verschiedensten Eigenschaften sich verbanden; "Tapferkeit und Möncherei, Abenteuer und Galanterie, Tyrannei und Edelmut!"

Er kritisierte den Rationalismus und Intellektualismus, als Herrschaft des Verstandes gegen die schöpferischen seelischen Kräfte. Als Vorstufe zu den späteren "Ideen" engagiert er sich für die "Geschichte des menschlichen Herzens". Der Mensch ist als Individuum Träger der Geschichte, und die Völker entwickeln sich ähnlich dem Lebensweg eines Menschen, sie haben eine Zeit des Wachstums, der Blüte und des Welkens. In der Zeit der Patriarchen, des frühesten Anfangs, sieht Herder die Kindheit des Menschengeschlechts. Hier verwirklicht sich in wunderbarer Harmonie "das Goldene Zeitalter". Analog zu dieser Bezeichnung Herders sieht man im Baltikum die Zeit des ersten Schrifttums in den Volkssprachen, unter schwedischer Abhängigkeit, als die goldene Zeit an.

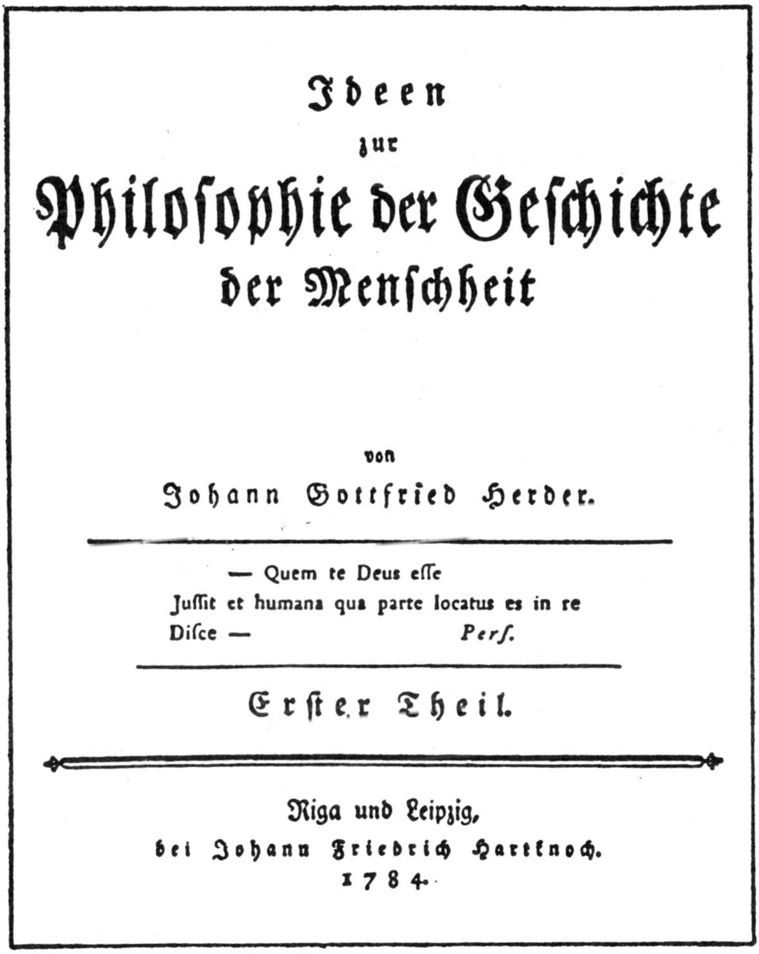

Ideen
zur
Philosophie der Geschichte
der Menschheit

von
Johann Gottfried Herder.

— Quem te Deus esse
Jussit et humana qua parte locatus es in re
Disce — *Pers.*

Erster Theil.

Riga und Leipzig,
bei Johann Friedrich Hartknoch.
1784.

Titelseite von Herders Erstausgabe

Gleichzeitig mit der anonymen Schrift gab Herder in Riga 1774 eine theologische Abhandlung heraus, bezeichnet mit "Älteste Urkunde des Menschengeschlechts". Es folgen weitere Teile 1776, widerum in Riga herausgegeben. Herder blieb noch lange der Stadt Riga treu, auch wenn er in ganz Europa unterwegs war und nunmehr verheiratet seinen letzten festen Wohnsitz in Weimar genommen hatte. In Weimar wirkte Goethe, den Herder vorher in Straßburg traf und der ihn nachhaltig beeinflußte. Im Gegenzug lehrte Herder den Geheimrat von Goethe in christlichen Dingen. Der Ausdruck für das Wesen Gottes sind "Macht, Weisheit und Güte", die Natur der Gottheit erscheint zugleich "als die weiseste, beste Notwendigkeit", deren höchste Gabe an den Menschen das "Dasein" sei. Dieses Büchlein Herders mit dem Titel "Gott", hat Goethe voll würdiger Gottesgedanken freundlich aufgenommen.

In seine Fliegenden Blätter bezieht er dann mit ein, was Goethe über das Straßburger Münster, über den gotischen Stil sagte und Europa erregte: "Babelgedanken der Seele ... ganz, groß, und bis in den kleinsten Teil notwendig schön, wie Bäume Gottes." Die Säulen der gotischen Kirchen und die Rippen der Gewölbe, wie Baumstämme und Geäst, so wollten es die Baumeister und die Gläubigen in dem europäischen abendländischen Kulturkreis bis hin zur baltischen Ostgrenze ... und drüberhalb, ist dort noch Europa?

Goethe sagt auch etwas ehrwürdiges zu den unzähligen Ordensburgruinen, bedeutende Ruinen aus der Zeit der Gotik, sie seien ein "stillmächtiges ehrwürdiges Menschenwerk". Manchmal hat auch Goethe recht, wenn er betont, daß die Gotik eine charakterische Kunst "wirkend aus starker rauher, deutscher Seele" sei – stark, rauh und die deutsche Seele. Dies ist Herders Bestreben in seinen fliegenden Blättern, wenn er abmildert und gleich wieder auf die poetischen Lieder kommt, er hat eine andere Sprache: Nicht "Fleiß und Geschmack" eines poetischen Textes zählen, sondern "die wunderthätige Kraft, die diese Lieder haben, die Entzükkung, die Triebfeder, der ewige Erb- und Lustgesang des Volks zu seyn!"

Herder vermißte in seiner Zeit die Humanität. Unter dem Eindruck der französischen Revolution hatte er die "Ideen zur Philosophie der Geschichte der Menschheit", nach dem vierten Teil abgebrochen. "Vom Himmel muß unsere Philosophie der Geschichte des menschlichen Geschlechts anfangen", beginnt der erste Satz der Ideen. Der einzelne Mensch ist Glied des Ganzen. "Der Bau des Weltgebäudes sichert also den Kern meines Daseins, mein inneres Leben auf Ewigkeit hin." Erst aus der Not und den Widrigkeiten des menschlichen Lebens wird also der Verstand geboren. Die spezifische, leibseelige Eigenart des Menschen faßt er zusammen in den Begriff der Humanität.

"Ich wünschte, daß ich in das Wort Humanität alles fassen könnte, was ich bisher über des Menschen edele Bildung zur Vernunft und Freiheit, zu feineren Sinnen und Trieben, zur zartesten und stärksten Gesundheit, zur Erfüllung und Beherrschung der Erde gesagt habe. Krönung und Humanität ist die Religiosität, die freiwillige Bindung an das göttliche Gebot." Herder arbeitet an diesen Ideen seit 1784 und verfolgt energisch den Gedanken an das Humane. So setzt er fort:

Die Ausbreitung des Christentums bewirkte in einer "geistlichen Eroberung" das die Humanität zu einem Ideal werden konnte, das Wort Christi ist für Herder "echteste Humanität", sie habe sich in der geschichtlichen Entwicklung in Religion verwandelt, mit allen Zeichen der Erstarrung und Institutionalisierung.

Nach der Darstellung des Mittelalters bricht dieses Hauptwerk Herders ab. Er hatte sieben Jahre daran gearbeitet, nun im Jahre 1791 holte ihn die politische Entwicklung der Revolution in Frankreich ein. Der Papst und die Priesterschaft in Frankreich lehnten die neue revolutionäre Verfassung ab, der König floh und es gab das "Blutbad auf dem Marsfeld". Konnte die Hinrichtungsmaschine mehr Humanität bringen? Es war zweifelhaft. Auch die Einführung der christlichen Lehre durch den Kult der Vernunft, wo ein höchstes Wesen etabliert wurde, irritierte Herder.

Revolution und Reformation

Nach Jahren erst setzt Herder seine Arbeit 1793 wieder fort, nun aber unter dem Titel "Briefe zur Beförderung der Humanität", in denen er zu seiner ersten Arbeit, besonders zu den kritischen Wäldern, zurückkehrt. Auch nach Riga kehrt er zurück, zumindest mit den weiteren Bucherscheinungen. Seine "Ideen zur Philosophie ..." und auch die "Briefe zur Beförderung der Humanität" ließ er in Riga erscheinen, voher waren aber bereits andere Schriften aus seiner Rigaer Zeit dort herausgekommen.

Herder setzt sich für die demokratisch-republikanische fortschrittliche Idee vorbehaltlos engagiert ein, doch lehnt er die Gewaltanwendungen ab. Nun kommt ihm der Gedanke des Vergleichs der Revolution mit der Reformation. Wie sich doch die Bilder gleichen, auch die Reformation brachte viel Elend und Blutvergießen trotz der damit verbundenen guten Absichten. Angesichts der Unruhen mit anschließenden Zerstörungen, müßte auch

Briefe

zu

Beförderung der Humanität.

Herausgegeben

von

J. G. Herder.

Erste Sammlung.

Riga, 1793.

bei Johann Friedrich Hartknoch.

Titelseite der ersten Ausgabe in Riga

Herder bewußt geworden sein, was viele Historiker meinen – die Reformation war eigentlich eine Revolution.

In der 5. Sammlung kommt Herder auf einen alten Bekannten zu sprechen. Es ist Hugo Grotius, niederländischer Rechtsgelehrter und Staatsmann, der nach dem verheerenden Dreißigjährigen Krieg, als Folge der groben rücksichtslosen Reformation und Gegenreformation in gleicher Art, wieder eine rechtliche Ordnung zwischen den Völkern schuf, weshalb er "Vater des Völkerrechts" genannt wird. Er war zugleich schwedischer Gesandter während der Regierungszeit von Königin Christine in Schweden. Herders Interesse galt auch in einer Sammlung von Aufsätzen dem schwedischen König Karl XII., König August von Polen, Stanislaus I. und dem Zaren Peter dem Großen, alle im Geschehen des Baltikums verwickelt.

Auch über den Grafen von Zinzendorf schrieb er einen Aufsatz in der Sammlung "Adrastea", die kurz vor Herders Tod entstand. Dieser Graf hatte seinen Besitz in echt brüderlicher Art den Resten der Böhmischen Brüder überlassen. Nach diesem Besitz nannten sich die Anhänger des Grafen, die Herrnhuter. Sie waren besonders aktiv in Wolmar und in Riga. Die Freifrau von Krüdener gehörte auch zu den Herrnhutern, machte als mystisch-pietistische Prophetin den bayerischen Philosophen Baader und den Zaren Alexander I. von Rußland ganz verrückt. Am Ende hatte sie noch mit ihrer Hartnäckigkeit Erfolg, die Herrnhuter predigten die Gleichheit aller Christenmenschen. Der Zar kam selbst nach Kurland in die Hauptstadt Mitau, um im Jahre 1818 den Bauern die Entlassung aus der Leibeigenschaft zu verkünden.

Zur gleichen Zeit am Ende des 18. Jahrhunderts wirkte in der baltischen Heimat als Hauslehrer und Publizist Garlieb Merckel. Er entstammte einer Pfarrerfamilie und schrieb das Buch "Die Letten, vorzüglich in Liefland, am Ende des philosophischen Jahrhunderts". Das Buch kam in Leipzig im Jahre 1797 heraus, berichtete über die herrschende deutsche Schicht, über die in Livland bestehende feudale Ordnung und erregte große Aufmerksamkeit in Deutschland. Merckel beschuldigte die deutschen Gutsbesitzer der Unmenschlichkeit gegen die lettischen Bauern, ihren Mitmenschen.

Hatte Merckel die Schriften Herders gelesen, die bis zum Jahre 1797 in Riga veröffentlicht wurden? In diesem Jahr gab er sein Buch in Leipzig heraus, fern seiner baltischen Heimat. Herder veröffentlichte seine Bücher zumeist in Riga, gleichfalls in weiter Ferne von Weimar. Schriftsteller mußten vorsichtig sein und mit der Entfernung nahm die Gefährlichkeit ab.

Das gleiche Problem hatte Kopernikus in Frauenburg im katholischen Bistum Ermland. Wegen seiner Behauptung, die Welt sei eine Kugel, konnte der Vatikan wegen zu großer Entfernung nichts erreichen. Als er mit dem Buch den Beweis antrat, glaubten es die Protestanten, voran die Reformatoren in Wittenberg, nicht. Die Erde sei eine Scheibe sagten sie, allen voran Luther, so mußte das Buch in Nürnberg, nahe dem katholischen Bayern, gedruckt werden. Der große protestantische Astronom und Mathematiker Johannes Kepler, sein Buch wurde "Das Weltgeheimnis" genannt, wurde aus der lutherischen Kirche ausgeschlossen, weil er bewies, daß Kopernikus recht hatte. Wegen der Kalenderreform befeindete man ihn, selbst im Baltikum gab es blutige Aufstände wegen dieser Kalenderberichtigung.

Die Großen dieser Welt hatten es schwer und dem armen Galileo Galilei, der auch nichts anderes tat, ging es ganz schlecht, er hatte den Vatikan zum Nachbarn. Er mußte widerrufen, was Luther, weit vom Schuß, erspart blieb. Erst heute nach dreihundertfünzig Jahren wurde er rehabilitiert.

Johann Gottfried Herder reiste in das Land Galileis, nach dem sonnigen Süden Italiens, dort gab es für ihn kein Verbot. Als er zurückkam, sagte er über die griechische Kunst, sie sei die "stumme Schule der Humanität", sie hat nicht nur Gedanken, sondern Gedankenformen, ewige Charaktere sichtbar gemacht, sie "liebte die Menschheit im Menschen".

Nach Sprache, Sitten, Gewohnheiten, nach dem Temperament und dem Klima verwandle die Poesie ihre Gestalt. Waren nur die Sprache und Sitte der Baltendeutschen gemeint, wenn Herder dies in Riga erscheinen ließ? Gewiß lasen dies auch die Aufklärer wie der Professor Georg Eisen vom Petri-Gymnasium in Mitau, Pfarrer Heinrich Johann Janau aus Estland, auch der Rektor der Rigaer Domschule Karl Philipp Michael Snell stand der Aufklärung nahe, der Rigaer Ratsherr Johann Karl Behrens, der Schauspieler und Schriftsteller Karl Friedrich Daniel Großmann, unter dem Einfluß der aufklärerischer Ideen stand auch Gutsherr Sunzel, Sekretär der livländischen Ritterschaften und der Landrat Karl Friedrich Schulz.

Sie und alle, die lesekundig waren, konnten Herder lesen: Zu allen Zeiten war der Mensch derselbe, insofern in den Werken der Dichter "eine vernünftige und humane Absicht" walte, gehen die Völker den Weg der "Wahrheit und der Sitten". Die höchste Aufgabe der Dichtung ist also wiederum die Verbreitung der Humanität, das aber taten die obengenannten ehrenwerten Herren im Baltikum.

Fast beschwörend wiederholt Herder, "Humanität ist der Zweck der Menschennatur", dies hatte er aber schon in den Ideen gesagt, und gleichermaßen ist ihm "die Religion die höchste Humanität des Menschen." Die Beschwörungen Herders deuten darauf, daß er als hohes Mitglied der lutherischen Kirche für etwas einzustehen hatte, was gar nicht von Anfang an von den Reformatoren in Wittenberg verfochten wurde. Keinen größeren Gegensatz gab es, als zwischen Luther und dem größten Humanisten der damaligen Zeit, Erasmus von Rotterdam. Ebenso standen bedeutende Humanisten wie Thomas Morus, ein Freund des Erasmus, gegen Luther. Selbst Philipp Melanchton ging aus Wittenberg weg, er war ein Humanist und ging an die pfälzisch-bayerische Universität von Heidelberg.

Die Nachwelt flicht den großen Geistern Kränze

Der Reformator Luther und seine Freunde im Herrn predigten für eine Obrigkeit. Diese Obrigkeit gab es im Baltikum, trotz Herders Humanismus und viele wußten, daß etwas nicht in Ordnung war. So gesehen hat sich der große Philosoph und Theologe Johann Gottfried Herder, der von Königsberg herauf kam, für die Stadt Riga verdient gemacht und erhielt dort ein Denkmal. Zum 100. Jahrestag seines Aufenthaltes in Riga entstand diese Büste, wie auch Tschaikowsky zum 100. Jahrestag seines Aufenthalts im estnischen Hapsal eine Gedenkbank erstellt bekam.

In Königsberg ist auch das Denkmal von Herders Lehrer und Philosophen-Kollegen Immanuel Kant erhalten geblieben. Mitten in einer riesigen Fläche steht die Ruine des Domes, neben dem angelehnt die kleine Grabhalle steht – unversehrt und eingedenk dessen, was sich rings umher unter der weitflächigen Grasnarbe befindet. Narben einer weltberühmten Altstadt, Fundamente der Städte Kneiphof, Altstadt, Vorstadt und Löbenicht. Die Fundamente der alten Universität nahe der Domruine, in der Immanuel Kant lehrte, Fundamente genau in der Tiefe, in der Kants Gebeine ruhen. Die Stadt ist gestorben. Die neuen Bewohner, die mit den Waffen erobernd heute in dieser Stadt vegetieren, sind ahnungslos. Sie kommen aus einer anderen Welt, die so fern zu sein scheint, daß wir uns in der Fremde bei den Baltenstaaten regelrecht wie daheim fühlen.

Immanuel Kants Gedanken befinden sich nicht nur in allen Bibliotheken der Welt, sondern sie sind auch zum Allgemeingut unseres täglichen Lebens geworden. Nach den Maximen Kants, die er für sich und die Welt aufstellte, wären die heutigen Bewohner nach diesen Grundsätzen eben nicht existent, rechtlich in der

Weltenplanung nicht vorgesehen. Sie sind aber da und dies widerspricht den Maximen des großen Philosophen.

Er aber ist immer noch präsent, wenn auch nur mit seinen toten Gebeinen, nahe der mächtigen Ruine des Domes, wie auch Herders Denkmal nahe dem Dom und der Domschule steht. Herder gedachte man 1864, auf Kant besann man sich erst an seinem 200. Geburtstag 1924. München vertrat bei dieser Feierstunde in Königsberg Professor Erich von Drygalski, er war stellvertretend für die vier Münchner Hochschulen anwesend. Drygalski war in Königsberg geboren, wirkte zweiundvierzig Jahre lang in München und wurde wegen seiner Verdienste als Polarforscher 1932 von der Universität Dorpat-Tartu mit der Ehrendoktorwürde ausgezeichnet. Dort in Königsberg, unweit von Kants Grab, wirkte sein Vater am Kneiphofschen Gymnasium als Direktor.

Nur noch ein großer Mann der Feder hat das Inferno in Königsberg, aber auch die fremde Geisteswelt, überlebt. Sein Denkmal steht noch verloren im Norden Königsbergs und auf russisch kann man lesen - Schiller. Diese drei großen Geister sind in einem Rhythmus gestorben, Herder 1803, Kant 1804 und Schiller 1805. So hätte also Schiller mit seinem Nachruf die beiden Kollegen gemeint haben können:

"Von des Lebens Gütern allen
Ist der Ruhm das höchste doch;
wenn der Leib in Staub zerfallen,
lebt der große Name noch."

Diese drei überragenden Gestalten decken das ganze Feld abendländischer Kultur, ganz besonders was die Freiheit und die Würde des Menschen angeht.

Kant, Herder und Schiller verkörpern neben ihrer untadeligen menschlichen Größe, die drei klassischen Disziplinen des europäischen Geistes: Die Philosophie, die Theologie und die Poesie. Besonders steht auch Schiller mit seinem Text der Europahymne, des Schlußchores von Beethovens 9. Symphonie, für die Freiheit der westlichen Kultur. Schiller steht aber im Osten Europas nicht nur auf verlorenem Posten in Königsberg. In Estland gibt es die bewaldete, aus dem Meer ragende Halbinsel, die bei hohem Wasser zur Insel wird. Dort in Puhtu hat die ehemalige Besitzerin Wilhelmine von Helvig aus Begeisterung für die Dichtkunst, Friedrich Schiller einen Gedenkstein errichtet.

Diese Frau hat Schiller einen Lorbeerkranz geflochten, es war der erste Gedenkstein der Welt für den großen Dichter. Diese Stätte gelangte mit dem Gutshof Puhtu in die Obhut des Philosophen und Naturwissenschaftlers Hermann von Keyserling, der in Könno/Livland geboren war, in Süddeutschland wirkte und in Innsbruck in Tirol 1946 starb.

Herder war der Erwecker des Nationalbewußtseins, der seither zur Selbständigkeit gelangten Völker im Osten. Als 1721 die Länder des Baltikum von Zar Peter dem Großen nach Rußland einverleibt wurden, konnte die Russifizierung nicht vorangehen, denn Rußland hatte nicht einmal im Mutterland eine geeignete geistige Elite. Die russischen Oberherren setzten daher die deutschen Herren wieder ein, soweit sie in der schwedischen Zeit nicht schon geblieben waren. Durch die zwischen den Russen und Deutschen im Lande entstandene Nische, konnte zum Beispiel bereits 1739 die erste vollständige Bibelübersetzung in estnisch erscheinen. In lettisch gab es die Bibelübersetzung schon früher

Zu den Stimmen Herders, Merkels, Petris und anderer die für die Bauern Gerechtigkeit verlangten, kam auch eine Stimme von weit her, nämlich aus Bayern. Der in Livland als Gemeindelehrer und Pastor tätige Johann Georg von Eisen-Schwarzenburg wies in seinen Forschungen im Jahre 1750 nach, daß die Leibeigenschaft auch dem Gutsherrn keinen Nutzen bringt.

Im Jahre 1793 wurde dann im Zuge der Eingliederung Livlands und Estland ins russische Reich eine Statthalterverfassung erlassen. Trotzdem war die vom deutschfreundlichen Zaren Alexander I. wiedergegründete Universität in Dorpat keine russische, sondern eine überwiegend deutsche Universität.

Im Jahre 1802 wurde nicht nur die Universität gegründet, sondern im gleichen Jahre beschloß der Landtag die Bauernverordnung, die noch nicht die ganze Freiheit brachte, aber doch einen Schritt in die richtige Richtung. 1807 wurde in Tilsit der berühmte Frieden zwischen Preußen und Napoleon geschlossen, die norddeutschen Länder hatte das gleiche Schicksal ereilt wie die Baltenstaaten, sie waren Generalgouverneuren unterstellt, nur in diesem Falle waren es Franzosen. Bayern und der Rheinbund waren ausgenommen, sie waren Verbündete der Franzosen. Wollte man böse sein, hätte man sagen können, die Deutschen herrschten nur noch in Livland und Estland, und die Polen in Litauen, unter russischer Oberhoheit.

Es war nicht so, es kam 1816 und 1819 die Bauernbefreiung, die Aufhebung der Leibeigenschaft der Bauern, dies auch in Riga. Es kam in der schlimmen deutschen Zeit 1829 zur Eröffnung der ersten Dampferverbindung zwischen Lübeck und Riga. Wir erinnern uns an die erste Schiffsverbindung vor mehr als fünfhundert Jahren, als Bischof Albert in Riga zum erstenmal anlegte, damit die Länder der westeuropäischen römisch-christlichen Kultur zugeführt würden. Nun wurde 1838 die “Gelehrte Estnische Gesellschaft” in Dorpat gegründet, 1847 fand die Gründung des Pharmakologischen Laboratoriums in Dorpat statt, des ersten seiner Art in der Welt, 1862 wurde das Baltische Polytechnikum eröffnet und 1870 wurde die Baltische Eisenbahn Reval - St. Petersburg in Betrieb genommen.

Von 1826 bis 1833 studierte der größte estnische Kulturschaffende, der Begründer der estnischen nationalen Dichtung und Verfasser des estnischen Nationalepos “Kalevipoeg”, an der Universität Dorpat. In dieser Zeit wirkten die bedeutendsten Männer in Estland, wie Johann Woldemar Jannsen, Vater der estnischen Journalistik und Schöpfer des Textes der estnischen Nationalhymne; Carl Robert Jakobson, eine Persönlichkeit der estnischen Nationalkultur; Johann Köler, estnischer Maler; Juhan Kunder, estnischer Schriftsteller; Jakob Hurt, Volkskundler und Gründer des estnischen Volksmuseums; Pastor Arnold Friedrich Johann Knüpfer, bedeutender Ethnograph; Carl Timoleon von Neff, berühmter deutsch-baltischer Maler, um nur einige zu nennen und die Frau Lydia Koidula, eine Dichterin, die Tochter von Jannsen, die 1870 das Theater eröffnete, in dem auch zum ersten Male estnische Stücke gespielt wurden.

Der weltberühmte Astronom Friedrich Georg Wilhelm von Struve wirkte zu dieser Zeit in Dorpat und der Biologe Karl Ernst von Baer, der Chirurg Ernst von Bergmann und der Historiker Theodor Schiemann. Auch der Dramatiker August von Kotzebue war früher schon von Königsberg vor dem Kaiser Napoleon nach Reval geflüchtet und focht von dort mit der Feder gegen den Kaiser der Franzosen. Im Jahre 1869 war das erste Sängerfest in Dorpat abgehalten worden, zwei Jahre früher, im Jahre 1867, suchte Tschaikowsky sich in Hapsal-Haapsalu zu erholen. In dem Jahre hatte er den Slawischen Marsch komponiert, der in seiner Brutalität nichts zu wünschen offen läßt, entweder war er mit den Nerven so am Ende oder er wollte die Wesensart der Russen herausstellen. Jedenfalls hat ihn das estnische Volkslied Kallis-Mari, Liebe Marie, wieder versöhnt. So erscheint es später zart und innig in seiner 6. Symphonie.

Eine großartige Zeit, alle scheinen versöhnt, sogar das evangelische Konsistorium ist im Jahre 1848 gut gestimmt gewesen, gab sie doch endlich die Kirche von Vana-Roosa für den Gottesdienst frei. Admiral Rosen hatte die Kirche auf Grund eines Gelübdes schon 1757 gebaut. Ein Gelübde mußte in Estland etwas teuflisches sein, 1848 dann nicht mehr. 1892 wurde sie dann doch wieder abgerissen. In dieser Zeit zwischen 1885 und 1892 befand man sich mitten in der Phase der Russifizierung der baltischen Länder, die 1902 abgeschlossen war. Nicht gegen die baltischen Elemente richtete sich der Zorn der beiden Zaren Nikolaus I. und Alexander III., sondern gegen die deutsche Sprache und die Deutschen im Lande, die doch das estnische Volkselement wachsen ließ. Die Deutschen saßen im gleichen Boot mit den Esten und Letten und müssen eigentlich dies eine Mal geliebt worden sein - auch Menschen großer Nationen wollen einmal geliebt sein.

Der preußische Staatsmann Karl Freiherr vom und zum Stein vermittelte zwischen Napoleon und dem preußischen König, zuletzt ging er auf Einladung des Zaren Alexander I. in dessen Hauptquartier nach Wilna als Berater und nach St. Petersburg. Er hatte als preußischer Minister umfangreiche Vollmachten und rief in Königsberg zum Widerstand gegen Napoleon auf, dem sich Zar Alexander anschloß. Es war das Ende Kaiser Napoleons.

Am 24. November 1808 schrieb von Stein sein "Politisches Testament". "Der letzte Rest von der Sklaverei, die Erbuntertänigkeit, ist vernichtet und der unerschütterliche Pfeiler jedes Throns, der Wille freier Menschen, ist gegründet! Das unbeschränkte Recht zum Erwerb des Grundeigentums ist proklamiert." Und weiter schreibt er:

"...werden die bisher oft mit seichter Gleichgültigkeit vernachlässigten Triebe, auf denen die Kraft und Würde des Menschen beruht, Liebe zu Gott, König und Vaterland sorgfältig gepflegt, so können wir hoffen, ein physisch und moralisch kräftiges Geschlecht aufwachsen und eine bessere Zukunft sich eröffnen zu sehen.."

Soweit hatten die Gedanken von Herder schon um sich gegriffen, wie sagte Herder, der die Menschheit liebte und für solche Liebe einstand: "Die Bildung zur Humanität ist ein Werk, das unbedingt fortgesetzt werden muß; oder wir sinken, höhere und niedere Stände, zur rohen Tierheit, zur Brutalität zurück," es gibt keine Brüderlichkeit, keine Freiheit, die auf Brutalität beruhen. Darum muß in uns "Abscheu gegen den Krieg" geweckt werden , darum müssen wir dem "Nationalwahn" in uns eine humane Gesinnung entgegenstellen, sie im ganzen Volk, endlich in der Menschheit wachrufen. Dies ist Politik, die sich zuerst und zuletzt in der Erziehung zeigen muß, denn "in allen Gestalten und Ständen der Menschheit kommt es auf Erziehung des Herzens an."

"Der Mensch, dies wunderbare Rätsel der Schöpfung," muß vom Menschen erzogen und geführt werden. "Alle Einrichtungen der Menschen, alle Wissenschaften und Künste können, wenn sie rechter Art sind, keinen anderen Zweck haben, als uns zu humanisieren, das ist den Menschen oder Halbmenschen zu Menschen zu machen."

Nach Napoleon ging es in ganz Europa wieder aufwärts. Die Welt war für alle eine bessere geworden. Auch für die Länder im Baltikum kam die Bauernbefreiung, die nationale Identität der Esten und Letten wuchs.

Nach den Erschütterungen an den Grundfesten der fürstlichen Obrigkeiten durch Napoleon, richteten sich diese bald wieder auf. Bei den Fürsten war alles wieder so wie vorher, bei den Völkern aber nicht. Anders im Baltikum, die fürstliche Obrigkeit war russisch. Diejenigen, die schwedische, polnische oder auch deutsche Obrigkeiten ablehnten, förderten die russische, sie kam zwangsläufig.

Wenn die Vorgänge im Baltikum die Aufmerksamkeit der anderen europäischen Mächte erregte, Deutschland ausgeschlossen, so schloß der fadenscheinige Protest nicht tätige Hilfe ein. Wenn das Baltikum russisch war, so war Rußland gegen Deutschland gestärkt. Heute ist Deutschland nach dem letzten Krieg geschwächt, was aufs gleiche hinausgeht. Für die anderen europäischen Mächte ist und war das Gleichgewicht der Gegner von Wichtigkeit. Das Baltikum brauchte aber Freunde, weil es Deutschland nicht sein konnte, hatten sie keine. Vielleicht ist heute alles anders?!

ALMA MATER DORPATENSIS

Lateinisch-schwedische Academia Gustaviana

"Die Milde der Fürsten ist oft nur eine Art von Staatsklugheit, um die Zuneigung der Völker zu gewinnen."
Francois VI., Herzog von La Rochefoucauld

Tatsächlich hatte Zar Alexander lautere Absichten bei der Wiedergründung der Universität in Dorpat im Jahre 1802 gehabt. Er mußte in seinem riesigen Reich Führungskräfte haben und sie studierten zumeist in deutschen Universitäten. Dort hatten ehrgeizige Fürsten unzählige Universitäten gegründet.

Die erste Universität auf dem Boden des "Heiligen Römischen Deutschen Reiches" befand sich in Prag, gegründet von Kaiser Karl IV. anno 1348. Dann folgte 1365 als älteste Universität im deutschen Sprachgebiet Wien. Die Heidelberger Universität folgte ihr 1386 nach, aus dem pfälzisch-bayerischen Raum. Die beiden städtischen Universitäten Köln und Erfurt folgten und dann Leipzig. Rostock entstand als Hauptausbildungsstätte für Skandinavien, dann Greifswald, Freiburg im Breisgau, Basel und als elfte deutschsprachige Universität, im bayerischen Ingolstadt, die spätere Jesuiten-Universität.

Die Universität Trier folgte, dann Mainz, Tübingen und Wittenberg, die Lutherstadt. Zählt man weiter, so kommen Frankfurt an der Oder, Marburg und dann Königsberg, als die 18. deutsche Universität. Es folgen die bayerische Jesuiten-Universität Dillingen, dann Jena, Braunsberg südlich von Königsberg, Helmstedt, Olmütz, Würzburg, eine bayerische Bistums-Universität, dann Herborn, Graz, Gießen, Paderborn, Straßburg, Rinteln, Altdorf im fränkischen Bayern, dann Salzburg, Osnabrück und Kassel. Reiht man Dorpat unter die deutschsprachigen Universitäten ein, so wäre sie an 35. Stelle.

An der Dorpater Gustaviana-Universität gab es mehr deutsche Professoren, als schwedische und finnische, aber mehr schwedische Studenten, gegenüber den deutschen. In der Carolina ab 1690 war es umgekehrt, der Mehrzahl schwedischer Professoren stand die Mehrzahl deutscher Studenten gegenüber. Man kann aber nicht von einer "Deutschen Universität" in der Schwedenzeit sprechen, genauso war die Neugründung 1802 keine Universität der russischen Baltenprovinzen, die Zusammenhänge sind weitreichender

Art. Auch lehrte man damals in Latein und das 1583 in Dorpat von den Polen gegründete Kollegium der Jesuiten war eines von hundertvierundvierzig, die dieser Orden unterhielt.

Bevor die schwedische Universität Uppsala 1477 gegründet war, mußten die Studenten aus dem skandinavischen und baltischen Raum in Rostock, Greifswald oder einer anderen der etwa 25 deutschen Universitäten studieren, später kam die Königsberger Albertus-Universität dazu. Erst nach der Gründung der Dorpater Gustaviana-Universität erhielt auch Abo/ Turku in Finnland und Lund im schwedischen Schonen eine Universität. Damit gab es im ganzen schwedischen Reich vier Universitäten. Wer durfte nun studieren? Um ein Beispiel zu nennen schauen wir einmal auf das bayerische Ingolstadt:

Die erste bayerische Universität wurde von Herzog Ludwig dem Reichen von Bayern-Landshut anno 1472 gegründet. Sein Enkel Georg der Reiche heiratete die polnische Königstochter Hedwig. In der Gründungsurkunde verkündete der niederbayerische Kanzler Martin Mair:

“Wenn Ihre Majestät sich der Ahnen erinnert, die ihre Herrschaft weithin ausgedehnt und vermehret hatten durch Klugheit und Tapferkeit, so erscheinen ihr doch alle diese Dinge hinfällig und vergänglich. Denn unser gnädiger Herr Ludwig ist der Meinung, daß es für einen sterblichen Menschen kein größeres Glück geben kann, als durch ständiges Studium die Perle der Wissenschaften zu erringen. Sie führt uns nämlich auf den Weg zu einem guten und glücklichen Leben, sie bewirkt, daß der Ungebildete sich vom Gebildeten weithin abhebe, sie macht den Menschen gottähnlich und läßt ihn die Geheimnisse der Welt erkennen; sie fördert ihn vor allen Ungelehrten und führt auch die Leute von geringer Geburt zu hoher Stellung...”

Dieser Hinweis ist wichtig, daß auch Leute von geringerer Geburt an dieser Universität studieren dürfen. Im Mittelalter gab es nämlich nur Klosterschulen und wer ins Kloster ging, mußte nur Glaubensbeweise bringen und vor Gott waren alle Menschen gleich. Die Universitäten entstanden aus einem Selbstbewußtsein der Fürsten und Städte heraus. Es waren auch sehr bald weltliche Schulen, besonders nach der Reformation, es galt nicht mehr der Gleichheitsgrundsatz als Geschöpf Gottes, es galt der Adelsrang oder die Kaufmannsregel: “Haste was, dann biste was!”

Als der Schwedenkönig Gustav Adolf fast zweihundert Jahre später den Weg von München nach Norden über Nürnberg nahm, kam es zur Unterzeichnung der Gründungsurkunde für die Dorpater Universität. Gustav Adolf war an der stark befestigten bayerischen Universitätsstadt Ingolstadt vorbeigezogen, denn er hatte vom ersten Vorbeizug noch schlechte Erinnerungen gehabt, hatte ihm nicht ein frecher bayerischer Soldat das Pferd unter dem Hintern weggeschossen. Bei der Unterschrift für Dorpat kam ihm bestimmt Ingolstadt wieder in den Sinn.

Des schwedischen Königs Zeit war abgelaufen, das Schicksal hatte über seinen Tod in der Schlacht von Lützen in Sachsen, entschieden. In einem Brief an seinen Reichskanzler schrieb er, als hätte er bereits Vorahnungen gehabt. Er saß in seinem Quartier in München am Schrannenplatz, zu deutsch Marktplatz. Er sah das friedliche Treiben draußen auf dem Platz, er hatte sich für Krieg und Gewalt entschieden, so mußte er auch blutig enden.

Während in Dorpat emsig auf den Beginn der Universität hingearbeitet wurde, konnte der bayerische Kurfürst Maximilan wieder den normalen Geschäften nachgehen. Neben der Universität Ingolstadt hatte er ein halbes Dutzend Gymnasien und Jesuitenkollegien gestiftet. In München kam eine katholische Schottin an, Maria Ward, die aus Glaubensgründen ihre Heimat verlassen mußte. Sie wollte nach dem Muster der Jesuitenkollegien, Mädchenschulen einrichten, was damals eine Sensation war. Frauenkloster ja, aber ein Kollegium für Frauen?

In Rom war man über diese Pläne entsetzt, so kam Maria Ward nach München und der bayerische Kurfürst Maximilian half ihr. Es entstanden analog zu den Jesuiten, bei denen die Lehranstalten "Kollegien" hießen, ebensolche für Mädchen, die "Institute der Englischen Fräulein" genannt wurden, weil Maria Ward aus Schottland kam. Die schlechte Geographiekenntnis war nicht so wichtig, als die nötige Hilfeleistung. Andere Frauenorden entstanden, wie der Orden der Ursulinen, der den Mädchen schulische Ausbildung vermittelte, dies war einmalig in Europa.

Inzwischen war der Universität in Dorpat ein wechselvolles Bestehen zugedacht, denn nach nur vierundzwanzig Jahren seit dem Bestehen, rückten die Russen unter dem Zaren Alexei Michailowitsch in Dorpat ein und die Universität wurde wieder aufgelöst. Bis 1661 blieb Dorpat in den Händen der Russen. So war der Hohen Schule nur etwa die Hälfte der Zeit beschieden, gegenüber der vorher bestandenen Jesuitenschule in der polnischen Ära. Gegen die polnisch-litauische Expansion seit dem Jahre 1779, wollte König Gustav Adolf nach dem Vorbild der bereits bestehenden Universität Uppsala, durch Gründung einer Universität in Dorpat den Protestantismus festigen. Nun aber hatte sich lediglich die katholische Konfession gegen die orthodoxe ausgetauscht.

Nach Abzug der Russen gab es Initiativen zur Wiedereröffnung von der Livländischen Ritterschaft und dem Generalgouverneur als Repräsentant der Krone. Sollte die Universität in Reval wiederentstehen, wohin viele Professoren geflüchtet waren, sollte sie in Pernau oder in Riga wiedererstehen? Den Ausschlag gab König Karl XI. 1687 wieder für Dorpat, er war der zweite Wittelsbacher auf dem Schwedenthron, dem die Balten die "Academia-Gustavo-Carolina" verdanken. Die Universität blieb bis 1710 bestehen, es war damals noch das vorpetrinische, moskovitische Rußland. Nach dem Jahre 1700 änderte sich die Beziehung zwischen Ost- und Westeuropa fundamental.

Das Abendland im 17. Jahrhundert war geprägt von der katholischen Welt, die im Mittelmeer von den Geschehnissen unberührt blieb. Die führende Rolle Schwedens in der skandinavischen Welt war geprägt durch die schwedisch-lutherische Orthodoxie. Die Bruchstelle der Konfessionen verlief seit fast zweihundert Jahren zwischen den bayerischen und pfälzischen Vettern der Dynastie der Wittelsbacher. Ihren Bruderstreit trug man bereits seit Kaiser Ludwig dem Bayern aus, dann nach der Reformation kämpfte das katholische Bayern gegen die protestantischen Pfälzer, die von ihren protestantischen Brüdern aus Schweden Unterstützung erhielten.

Damals war Gustav Adolf schwedischer König, nunmehr saßen die pfälzischen Wittelsbacher auf dem Schwedenthron. Durch ihre traditionell-konfessionelle Verbissenheit versäumten sie die Forderung Gustav Adolfs aus der Gründungsurkunde zu verwirklichen. So wie bei Gründung der bayerischen Universität in Ingolstadt gefordert, auch Leute von geringer Geburt studieren zu lassen, hat der schwedische König durch seinen Kanzler Skytte verkünden lassen, "daß auch die armen Bauern dieses hohen beneficii zu genießen haben". Es wurde nicht verwirklicht, nur Pietisten, schwedische und deutsche Landgeistliche oder höhere kirchliche Würdenträger wie Glück kümmerten sich auf unterster Ebene um das Volk - darüber verstrich die Zeit und der Nordische Krieg ließ die Hohe Schule in Dorpat untergehen.

Auch Herder erhob seine Stimme auf dem livländischen Landtag 1768, wo in der Versammlung der Plan der Wiedereinrichtung einer livländischen Universität zur Sprache kam. Herder schwebte der phantastische Plan einer livländischen Nationalschule vor Augen, lehnte aber den Universitätsplan als unausführbar ab, da er eine breite Beteiligung des Volkes an der Weiterbildung wünschte. “Die Wünsche von der Errichtung einer Universität in Livland sind wohl ... die größten”, sagte Herder. Doch weil “da in Lifland wenig Städte und fast kein Mittelstand ist, wer soll, wer wird darauf studieren?”

Das Baltikum ohne Universität

Im Jahre 1690 war die wegen der russischen Besetzung Dorpats aufgelöste Universität wieder eröffnet worden, mußte aber wegen neuerlicher Bedrohung durch die Russen 1699 nach Pernau verlegt werden. Auch dort ging sie in den Wirren des Nordischen Krieges unter. Die Reste transportierten die Schweden 1710 in ihre Heimat zurück, als hätte es nur eine schwedische Episode gegeben. Ähnlich den Engländern, die sich nach ähnlich langer Herrschaft auf dem französischen Festland befunden hatten und sich dann isoliert auf ihre Insel zurückzogen, schauten auch die Schweden nur noch mit nachdenklichen Blick hinüber.

Mit Gustav Adolf und seiner Tochter Christine hatte die schwedische Herrschaft drüberhalb des großen Wassers im Baltikum begonnen. Mit ihnen endete auch die Dynastie der Wasa-Könige, die sich in dynastischen Kriegen gegen Polen verbrauchte, die eigentlich Kriege wegen der verschiedenartigen Konfession waren. Als 1654 die Dynastie der Wittelsbacher aus dem Hause Pfalz-Zweibrücken auf dem schwedischen Königsthron folgte, sanken auch diese wieder in dynastische und religiöse Auseinandersetzungen gegen Polen zurück. Mit Königin Christine ging die Herrschaft das Hauses Wasa zu Ende, genauso wie das Herrscherhaus von Pfalz-Zweibrücken mit Ulrike Eleonore, also mit einer Frau, endete.

In der Zeit Christines wurden verdiente schwedische Staatsmänner und Generäle mit Ländereien abgefunden, der erste Schwede mit Landbesitz im Baltikum war Königin Christines Kanzler Oxenstierna. Er hatte noch sein Studium auf den Universitäten Rostock, Wittenberg und Jena absolviert.

Bei den Beratungen um die Wiedereröffnung einer Universität in den Baltenlanden beteiligten sich neben den deutschen Herren, auch schwedische und zunehmend auch russische Oberherren. Der erste Oberherr Zar Peter hatte schon 1710 der “Bewilligung des livländischen Gesuchs zur Beibehaltung der Universität” stattgegeben. Er hatte die Genehmigung einer betont deutschsprachigen Universität erteilt, doch er hatte eine Bedingung gestellt, so heißt es bei Reinhard Wittram, sollte man auch “einen besonderen Professor zur Einführung der slawischen Sprache anstellen". Dazu kam es aber nicht.

Es gab immer wieder Stimmen, die sich für die Wiedererrichtung der Universität Dorpat aussprachen, wie Baron Karl Friedrich von Schoultz-Ascheraden, der 1764 aktiv wurde und der sich auch für die Besserung der Lage der Bauern aussprach. Die gesetzgebende Kommission beschäftigte sich 1767 und der livländische Landtag 1768 mit dem Gedanken an eine Universität. Der spätere russische Diplomat Buchard Alexius von Kruedener, der gerade in Leipzig studierte, brachte von dort ein Gutachten mit, welches auch aus Halle und Göttingen eingeholt wurde, zwecks Unterstützung eines Gesuchs bei der Reichsregierung 1768.

In Moskau hatte Kaiserin Elisabeth 1755 die Moskauer Universität gegründet, mit Lomonossow hatte Rußland auch einen großen Gelehrten. Es schrieben sich wohl zu Anfang nur 100 Studenten ein, dreißig Jahre nach ihrer Gründung waren es dann nur noch 85, nur ein Zehntel der Dorpater Academia Gustaviana, aber diese Ereignisse gaben Anlaß zu weiteren Aktivitäten zu einer angestrebten Aktion für Dorpat.

Im Jahre 1775 schrieb Jacob Johann von Sievers Generalgouverneur von Nowgorod an Kaiserin Katharina II., wo es heißt: "Wäre es mir erlaubt einen Ihrer segensreichen Blicke auf eine Provinz zu lenken, die zwar nicht zu meinen ungeheuren Gouvernement gehört, deren Los jedoch, da ich dort das Licht der Welt erblickte, umso mehr meine Teilnahme erregt, als ihr Glück sie dem Kaisertum Rußland verknüpft." Und einige weitere schöne Worte führte er an, wie "...und verliehe Ihrer Regierung einen neuen Glanz."

Bei Einführung der Statthalterschaft 1783 in den Ostseeprovinzen sah Jakob Johann von Sievers Geldmittel freiwerden, er bat sie für eine Dorpater Universität einzusetzen, was nicht geschah. Auch Jakob Michael Reinhold Lenz vergeudete Gedanken über die Neueröffnung einer Landesuniversität in Dorpat, was auch 1792 Baron Ungern-Sternberg auf dem livländischen Landtag vergeblich zur Sprache brachte.

Die Universität in Dorpat

St. Petersburg war seit Peter dem Großen eine westlich ausgerichtete Stadt, ein kultureller Mittelpunkt Europas. Größtenteils hatten die Zaren deutsche Frauen, Katharina II. stammte aus Stettin in Pommern; Alexander I. war der Enkel der Katharina II. und vermählt mit Luise Marie von Baden; Nikolaus I. war mit Charlotte von Preußen vermählt; Alexander II. mit der Prinzessin von Hessen-Darmstadt. Die Künstler in St. Petersburg waren international, italienische Musiker und Architekten, es tummelten sich Schotten und Franzosen am Hofe, und natürlich Deutsche. Es muß nicht verwundern, wenn es in St. Petersburg ein deutsches Theater gab, wie in Dorpat. August Kotzebue war Direktor des Deutschen Theaters in St. Petersburg, lebte bei Narva und in Reval und ging als russischer Staatsrat nach Königsberg.

Nach dem Tode Katharinas erst änderte sich die Situation bezüglich einer Universität in Dorpat. Konnte es bei der Zentralisierungspolitik der Katharina unmöglich erscheinen, statt einer russischen, eine deutsche protestantische Universität als nationales Zentrum erstehen zu lassen, erschien die Ausgangssituation unter der Wirkung der französischen Revolution völlig verändert. Unter Paul I. reifte endlich der Plan einer Neugründung heran. Es war das Bestreben des russischen Kaisers westliche Einflüsse dem Rußland fernzuhalten, auch sollten die Studenten im russischen Reichsgebiet verbleiben, um schädliche Einflüße abzuwehren. In diesem Zusammenhang ist zu verstehen, daß im gleichen Zuge mit der Erlaubnis zur Begründung der baltischen Universität, am 9. April 1798 ein Verbot zum Besuch ausländischer Hochschulen erfolgte.

Als Zar Alexander 1802 die Universität Dorpat wieder gründete, war von der schwedischen Vorgängerin nichts mehr da. War es vorher eine Hohe Schule gewesen, bei der in deutsch und schwedisch unterrichtet wurde, so blieb nur noch deutsch als Unterrichtssprache übrig. Erst unter den Zaren Nikolaus I. und Alexander III. wurde russisch zur Unterrichtssprache von oben verordnet.

Zar Alexander I. war deutschfreundlich, daher gründete er die Universität nach deutschem Vorbild. Zu den Privilegien gehörten eigene Gerichtsbarkeit, freie Selbstverwaltung und deutsche Unterrichtssprache. Von den 209 Professoren, die in den acht Jahrzehnten an der Universität lehrten, stammten 64 aus den Baltenländern und 123 kamen der Berufung aus dem Reich nach.

Zar Alexander I. wurde im Jahre 1777 in St. Petersburg geboren. Seine Sympathien wollte die Hauptstadt Großpreußens Berlin, dadurch bekunden, daß man den Zentrumsplatz "Alexanderplatz" benannte, man sagt heute kurz Alex. Die Euphorie der Berliner ging manchmal so weit, daß sie den Alexanderplatz für den Mittelpunkt der Welt hielten, ohne dabei viel an den Zaren zu denken, von dem der Name stammte.

Im Geburtsjahr 1777 des Zaren Alexander starb in München Kurfürst Maximilian III. Joseph, der Vielgeliebte. Damit war die alte bayerische Linie der Wittelsbacher ausgestorben und nun erbte Kurfürst Karl Theodor das bayerische Kurfürstentum Bayern. Er tat viel für die Stadt München, seine neue Residenzstadt und der Hauptplatz in München wurde der Karlsplatz. Der Fremde wird lange nach diesem Platz fragen können, er heißt nämlich im Volksmund der "Stachus", nach einer ehemaligen Gastwirtschaft dort in der Nähe. Karl Theodor, der Pfälzer, war nicht so beliebt, er wollte nicht gerne seine prächtige Residenzstadt Mannheim aufgeben, wo die pfälzischen Kurfürsten von der alten Hauptstadt Heidelberg kommend, sich eingerichtet hatten. Es war dort eine große prächtige Hofhaltung, wir wissen viel davon, weil Wolfgang Amadeus Mozart dort oft Station machte, Mannheim hatte damals auch das bedeutendste Orchester Europas.

Der Kaiser in Wien meinte auch, daß Karl Theodor in Mannheim bleiben solle und dann endlich die beiden Brudernationen Österreich und Bayern zusammengeführt werden könnten. Über hundert Mal war Österreich und Bayern dynastisch verwandt, es war ein alter Traum des Kaisers in Wien, die beiden Länder wieder zu vereinigen, die getrennt waren seit der Zeit Herzog Heinrich dem Löwen. Damals fuhren die ersten Schiffe von Heinrichs Sachsen in die Düna ins baltische Land hinein. Nun waren die Russen in Riga an der Düna und ausgerechnet die Oberherrin der Balten sollte den Streit in der "altbayerischen" Gegend schlichten.

Kaiserin Katharina II. tat den Bayern den Gefallen, vermittelte in der Auseinandersetzung, die man historisch den Bayerischen Erbfolgekrieg nennt. Der Kaiser in Wien ließ von Bayern ab, dafür wollte Katharina dem Kaiser gegen die Türken Hilfe leisten, der Kaiser erhoffte sich durch den gemeinsamen Angriff gegen die Türken reichlich Landgewinn. Kaiserin Katharina kam aber dabei, durch österreichische Hilfe, zu dem vom Kaiser erhofften Sieg über die Türken, gewann die Krim und sicherte ihre Herrschaft am Schwarzen Meer. Der Kaiser verlor gegen die Türken, und Bayern war gerettet - dies verdankte man der russischen Kaiserin Katharina II..

Ähnlich erging es den Schweden, die 1787 St. Petersburg erobern wollten, um ihre alten Pfründe wieder zu erlangen. Doch die Zeit für eine schwedische Ostseemacht war endgültig dahin, sie mußten sich von St. Petersburg wieder abwenden, da die Dänen Norwegen angegriffen hatten. Es gab so eine Art von Sicherheitssystem, wodurch das Kräftegleichgewicht gehalten wurde. Andererseits aber vereinbarten die Großen die Verteilung der kleinen schwächeren Länder wie Polen.

In den Kriegen hatte Schweden den Großstaat Polen geschwächt, es waren eigentlich simple Glaubensgegensätze und dynastische

Gründe für die vielen Kriege. Der Nutznießer war Rußland, das sich durch die erste Teilung den polnischen Teil des Livlands einverleibte und dann bei der dritten Teilung Polens 1795 ganz Litauen angliederte.

So wie der atheistische großpreußische König Friedrich der Große von den Philosophen der Aufklärung schwelgte, so schwärmte auch Katharina von dem Philosophen Voltaire als ihren Lehrmeister und Diderots Enzyklopädie nannte die Kaiserin ihre "Heilige Schrift".

Kaiserin Katharina, hochgebildet, selbstbewußt, brutal und geprägt von einer erotischen Passion, hat sich auch in Livland und Estland in der ihr eigenen Art verewigt. Zum Beispiel gab sie nach dem großen Feuer in Dorpat 1775 einen Betrag von sechstausend Rubel für den Bau der steinernen Embachbrücke und ließ an den Brückenbogen die Inschrift anbringen:

"Siste hic impetus flumen; Catharina II. jubet 1783" – "Strom hemme hier deinen Lauf; Katharina II. gebot es".

Sonst lieferte sie die leibeigenen Privatbauern dem grundbesitzenden Adel aus, in der Ukraine führte sie die Leibeigenschaft ein. Die Kaiserin war gebildet im Geiste der zeitgenössischen Aufklärung, stand in Verbindung mit den französischen Enzyklopädisten und bediente sich der Sprache der politischen Reform, nur hatte dies keine Auswirkung im Sinne der französischen Revolution. Die Revolution in Frankreich hatte ein neues Zeitalter eingeläutet, es galten die Parolen:

"Liberté – Egalité – Fraternité."

Als Zar Alexander 1802 die Wiedereröffnung der Universität veranlaßte, war sie zunächst als wissenschaftliche Einrichtung der Ritterschaften gedacht. Schon vorher waren Vorbereitungen zu treffen, ein Kuratorium berief die ersten sieben Professoren. Am Eröffnungstag, dem 21. April 1802, hatten sich neunzehn Studenten eingeschrieben. Seit der Genehmigung durch Zar Paul waren vier Jahre vergangen. Wir lesen, die Hochschule der deutschbaltischen Großgrundbesitzer nahm ihre Tätigkeit auf.

An anderer Stelle lesen wir eine weniger schmeichelhafte Darstellung in estnischer Manier:

"Neu gegründet wird der Hort der Wissenschaft erst wieder 1805 von den deutschbaltischen Großgrundbesitzern, zu deren reaktionärer Kaderschmiede sie wird. Schlagende Burschenschaften feiern Urständ, unterrichtet wird in Deutsch, die wenigen Esten, die zwischen den Sprößlingen des deutschen Adels eingeschrieben sind, werden bestenfalls ignoriert. Das gesellschaftliche Leben, das aus exklusiven Adelsbällen, Jagdpartien und den seltsamen Ritualen der Burschenschaften besteht, bestimmen den Rhythmus der

Stadt. In diesem festen Hort deutschnationaler Gesinnung entwikkelte sich aber auch ein eigenständiges estnisches Kulturleben..."

Die Situation im damaligen Dorpat ähnelt der Situation an der Universität München. König Max II. hatte sich ausgerechnet eine preußische Prinzessin aus Berlin zur Frau genommen. Dem König erschienen die norddeutschen Wissenschaftler intelligenter und so verpflichtete er sie alle nach München. Er zahlte hohe Gelder und Pensionen auf Lebenszeit, so daß sich die Einheimischen als Menschen zweiter Klasse fühlten. Es war die Zeit, in der die Dorpater Universität bereits in reger Blüte stand. Der bayerische König starb 1864. In München war man damals sehr entrüstet und empört, aber zuletzt siegte die Vernunft.

Einer der wenigen einheimischen wissenschaftlichen Kapazitäten war Fraunhofer, der in der alten Herzogshauptstadt Straubing geboren worden war und in München wirkte. Ihm gelang die Herstellung einer Linse für Fernrohre und mit seiner Schleiftechnik konnte er Fernrohre von bisher unbekannter Güte herstellen. Das von Fraunhofer 1824 von München nach Dorpat gelieferte Fernrohr war damals das größte der Welt. Dem damit an der Sternwarte von Dorpat arbeitenden Friedrich Georg Wilhelm von Struve brachten die Erkenntnisse mit diesem Fernrohr Weltruhm ein.

Die Universität in Dorpat erfordete entsprechende Räumlichkeiten, so wurde 1804 bis 1809 vom Architekten Johann Wilhelm Krause im monumentalen klassischen Stil das Gebäude der Universität errichtet. In der gleichen Zeit wurde der Chor der Domruine zur Universitätsbibliothek ausgebaut. 1806 wurde das Monument der Nationen errichtet, was die Internationalität der Stadt Dorpat betonte. Dort im Domtal, dem ehemaligen Wallgraben der Burg, wurden die menschlichen Skelette aus den Grabkammern der Maarja Kirche umgebettet. Die Maarja Kirche mußte dem Universitätsbau weichen. Auf dem Denkmal befinden sich auf allen vier Seiten Inschriften: In estnischer Sprache; in Deutsch; in Russisch und in Latein.

Der Dichter und Jugendfreund Goethes, Maximilian Klinger, war der erste Kurator an der Universität Dorpat und der aus Württemberg stammende Physiker Georg Friedrich Parrot der erste Rektor, so wie es auf der Engelsbrücke in Dorpat verkündet wird: "Primo Rectori Universitates Dorpatensis". Einvernehmlich zwischen dem Zaren und dem Rektor sollte die Universität auch politischen Zielen dienen; sie sollte soziale Reformen vorbereiten und dabei auch den Esten und den Letten Bildungschancen eröffnen.

Schon bald hatte die Hohe Schule zu Dorpat, die "Alma mater Dorpatensis" einen guten Ruf, der über die Grenzen des Landes hinausreichte. Was einer der Gründe des Zaren war, die Universität in Dorpat zu gründen, ein Großteil der russischen Studenten gingen nicht mehr an die Universitäten im Reich, sondern studierten vor der Haustüre in Dorpat.

Hervorragende Wissenschaftler sind aus der baltischen Universität von Dorpat hervorgegangen oder haben an ihr gelehrt, so zum Beispiel der Biologe Karl Ernst von Baer, der auch in Süddeutschland wirkte und in Königsberg die Embryologie entwickelte; im Alter kehrte er dann wieder in seine Heimat Estland zurück. Dann der Chirurg Ernst von Bergmann, der in Riga geboren war. Er wirkte auch in Würzburg, in Nordbayern und er erwarb sich besonders durch die Einführung der Asepsis besondere Verdienste. Weiter wirkte der schon genannte Astronom Wilhelm von Struve in Dorpat, der auch zum Gründer und ersten Direktor der russischen Hauptsternwarte bei St. Petersburg wurde, er war der Schöpfer der Doppelsternastronomie. Weiter wirkte auch der in Gobin im Kurland gebürtige Geschichtsforscher Theodor Schiemann an der Universität Dorpat.

In der Anfangszeit der Universität Dorpat spielte der erste Rektor, Georg Friedrich Parrot, eine wichtige Rolle. Er stammte auch aus dem alemannischen Südwesten des Reichs, mit dem der Zar Alexander dynastisch verbunden war. Um den mit Zar Alexander I. befreundeten Parrot sammelten sich eine Anzahl von Professoren, von den Ideen der französischen Aufklärung beeinflußt, vom Humanismus und von der zeitgenössischen deutschen Philosophie: Die Professoren Lorenz Ewers, D. G. Balk, J. K. S. Morgenstern, G. Jäschke und J. W. Krause. Dem Philologen Karl Simon Morgenstern gelang es in dieser Zeit, aus geschenkten Büchern und Ankäufen, eine Bibliothek aufzubauen, deren Hauptbestandteil deutschsprachige Literatur war. Die Professoren hatten an namhaften deutschen Universitäten studiert.

Jede bedeutende Universität hatte ihre Besonderheiten. In Dorpat hatte das russische Reich die einzige protestantisch theologische Fakultät. Ein besonderes Verhältnis hatte die streng lutherische Theologie in Dorpat mit der Theologischen Fakultät in Erlangen, der bayerischen Universität für die fränkischen evangelischen Staatsbürger. Wir erinnern, daß der bedeutende Königsberger Philosoph Immanuel Kant in Erlangen einen Lehrstuhl angeboten bekam, er aber sein Leben lang nicht reisewillig war, daher nicht zum Bayern wurde. Jedoch seine Mutter stammte aus der Gegend in Nordbayern.

Was außerdem bemerkenswert erscheint, mit der Albertus-Universität in Königsberg gab es gute Beziehungen, beide Universitäten aber, in Dorpat und Königsberg, pflegten eine besonders enge Zusammenarbeit mit der Universität in Göttingen.

Den Dramatiker August von Kotzebue hatte es auch einmal nach Dorpat verschlagen. Er stand in russischen Staatsdiensten, zwischendurch wurde er nach Sibirien verbannt, dann wieder begnadigt und mit Gütern entschädigt. Er war Direktor des deutschen Theaters in St. Petersburg und dann sogar Präsident des Gerichtshofes in Reval. So konnte es in Rußland gehen, je nachdem ob einer die momentane Gunst des Zaren besaß. Dorpat hatte die Gunst eines Besuches des Gerichtspräsidenten. Daß Dorpat eine Universität hat, merkt man bald beim Hereinfahren, schreibt Kotzebue in seinen Erinnerungen, alle Augenblicke begegnet man einem Jüngling mit einem Helm... es sind keine Soldaten, trotz ihres kriegerischen Aussehens, sondern Studenten. Und er sagt weiter, daß auf allen Universitäten "die jungen Lief- und Ehstländer die Gesittetsten sind."

Nationale estnische und lettische Strömungen

Die Zahl der Studenten stieg bis zum Jahre 1890 auf etwa 1 700 an. Die Mehrzahl der Studenten entstammten dem aufstrebenden deutschbaltischen Bürgertum, ein großer Teil dem deutschbaltischen Adel und nur die geringe Anzahl von ca. 100 Studenten waren Esten. Von ausschlaggebender Bedeutung aber war, daß überhaupt eine, wenn auch kleine Gruppe estnischer und lettischer Intelligenz herangebildet wurde.

Die Unterrichtssprache war deutsch, man mußte dadurch keine Germanisierung befürchten, sondern fast siebenhundert Jahre Anwesenheit der Deutschen im Lande, die sich mehr oder weniger mit dem Land identifizierten, hatten eine Germanisierung bewirkt, nicht zuletzt auch durch Einflüsse von Dänemark und Schweden. Die Kultur Deutschlands wurde, wie es auch in anderen Ländern geschah, einfach übertragen.

Es war aber auch die Zeit danach, daß Volksgruppen in Europa mehr noch als bisher, ihre sprachliche Berücksichtigung forderten und auch erreichten. So geschehen in Ungarn, Böhmen und auch in Österreich. Dort wirkten die drei großen österreichischen Schriftsteller Ferdinand Raimund, Johann Nestroy und Franz Grillparzer. Die Erhebung der Sprache in Österreich, vom bayerischen Sprachstamm zur Schriftsprache, wurde früher und auch 1945 erwogen, jedoch wieder verworfen. So blieb die Sprache offiziell ein Dialekt, der gesprochen und auch dichterisch geschrieben wird.

Der österreichisch-bayerische Dialekt, der in Sprache, Literatur und Theater verbreitet ist, umfaßt eine Volksgruppe von etwa 14 Millionen Menschen und würde unter den 120 in Europa gesprochenen Muttersprachen die 12. Stelle einnehmen, die estnische Sprache dagegen nimmt die 36. Stelle ein. Die Völker des bayerischen Stammes in Österreich, Italien und Deutschland haben sich für die deutsche Schriftsprache entschieden, nur um die Größenverhältnisse darzulegen.

Acht estnische Studenten versammelten sich, um gemeinsam das estnische Nationalepos "Kalevipoeg" zu lesen. Es war der Kern einer heranwachsenden Studentenverbindung, dem "Verein der studierenden Esten". Sie wählten auch drei Farben als Symbol aus, angeregt durch die drei Farben der französischen Tricolore, die später zu den Nationalfarben Estlands wurden.

Weil die Zeit danach war, waren es auch in Deutschland die Studenten in Jena, nur etwas mehr Studenten. Sie hatten auch drei Farben als Symbol, entsprechend der Tricolore und es waren auch die drei deutschen Nationalfarben, die Deutsche Bundesrepublik hat diese Farben heute noch, die Farben Schwarz-Rot-Gold. Sie wurden 1848 von der Nationalversammlung in Frankfurt zu den Bundesfarben des Deutschen Bundes erklärt und endgültig 1892 förmlich zur Nationalflagge erlärt. Alles lief zuerst in Deutschland ab und machte dann Schule in Estland.

Auch bei der lettischen Volksgruppe machten sich Aktivitäten bemerkbar. Bisher war jeder Gebildete oder Besitzende zu einem Deutschen assimiliert, wenn er dem lettischen Volkstum entstammte. Mit einmal erklärte Kristians Valdemars, damals Student in Dorpat, daß er ein Lette sei und es auch bleiben wolle. Seit dieser Zeit gibt es die sogenannte "Jungletttische Bewegung". Waldemars hatte an die Türe seines Zimmers in Dorpat eine Visitenkarte mit der Inschrift angeheftet: "C. Woldemar. Stud. com. Lette", was sehr großen Eindruck machte.

Die Universitätsstadt Dorpat war in der Geschichte der baltischen Länder als geistiges Zentrum ein besonderer Gradmesser nationaler Strömungen. Der aus der Ordensgeschichte herleitende deutsche Einfluß in den baltischen Ländern war von zweierlei Art. Die slawische Einflußnahme drängte den deutschen Einfluß zurück. Dies war bei polnisch-litauischer Herrschaft der Fall und bei der Russifizierung im 19. Jahrhundert. Die schwedisch-russische Zeit gab den Deutschbalten mehr Raum.

Erstmals drängten ab 1579 die Polen mit ihrer katholischen Kultur ins Land und in ihrem Gefolge die Jesuiten. Sie gründeten in Dorpat ein Kollegium im Jahre 1583 als erste höhere Schule. Erschwerend war für die Deutschen die Konfession, was aber mit der schwedischen Herrschaft ab 1625 in Dorpat entfiel, im weiterhin polnischen Lettgallen aber bestehen blieb. Mit Gründung der Universität 1632 in Dorpat wuchs auch im Zuge der Reformation der Wille für Bibelübersetzungen in der Volkssprache. Zur gleichen Zeit wurde in Dorpat 1684 das erste estnische Lehrerseminar eröffnet.

Jahrhundertelang ging aber die Entwicklung der öffentlichen und volkstümlichen Art auseinander. Im Zuge des nationalen Erwachens im 19. Jahrhundert in ganz Europa, kam auch im Baltikum Bewegung auf. In Dorpat wurde 1831 die erste Druckerei eröffnet, 1838 wurde die estnische Gelehrten-Gesellschaft gegründet, 1869 fand das erste Sängerfest statt und das erste estnische Volkstheater entstand, 1870 wurde das erste Theaterstück in estnisch aufgeführt und Studentenvereine bildeten sich.

Das 19. Jahrhundert stand so in unmittelbarem Zusammenhang mit der Bauernbefreiung, im Zeichen des nationalen Erwachens des estnischen und lettischen Volkes, angeregt durch die deutschen geistigen Strömungen, wie Pietismus, Aufklärung und Romantik. Im Sinne Herders, der in seiner Predigerzeit in Riga die Fundamente gelegt hatte, arbeiteten deutsch-baltische Gelehrte und Pastoren gemeinsam mit Esten und Letten an der Erforschung der Volkssprachen und an der Sammlung von Volksgut. Sie beteiligten sich auch aktiv an den nationalen Veranstaltungen der baltischen Völker.

Nach der Bauernbefreiung 1816 in Estland, 1817 in Kurland und 1819 in Livland, wurden nach preußischem Vorbild Lehrerseminare eingerichtet. Sie sollten Volksschullehrer für den Unterricht teils in deutscher und teils in den Sprachen der Esten und Letten vorbereiten. Aus den Lehrerseminaren kamen auch meist Lehrer, Pastoren und Literaten, die ihre Zugehörigkeit zum estnischen und lettischen Volk unterstrichen. Damals mag der Text des lettischen Volksliedes entstanden sein:

"Viens gans nomira
Citi gani raudaja.
Dzenis kala krustu
Sausa priede.
Kaza kapa debesis
Dievam sudzet."

"Ein Hirt starb
die anderen Hirten weinten.
Der Specht hämmerte ein Kreuz
in die trockene Fichte.
Die Ziege stieg in den Himmel
Gott das Leid zu klagen."

Die Russifizierung der Baltenländer

Man weiß nicht wer sich über das Jahr 1721 freuen sollte, das in der schwedischen Geschichte von größter historischer Bedeutung war. Die Freude der Schweden über diesen Frieden war gepaart mit dem Verlust der Großmachtstellung. Die Freude Estlands und Livlands über den Frieden war getrübt durch die Besetzung des Landes durch die Russen. Über was sollten sich aber die Deutschbalten freuen, sie hatten am wenigsten zu lachen. Das Aufkommen des Nationalismus der Esten und Letten und die dadurch ausgelöste Russifizierung nahm die Deutschen in die Zange. Es gibt aber auch Stimmen, daß die deutschsprachigen Balten die alleinigen Nutznießer waren. Tatsache ist jedenfalls, daß sie ihre Heimat fast vollständig verlassen haben, sie leben heute fast zweitausend Kilometer entfernt bei uns, wir können sie immer noch fragen.

Im Jahre 1840 waren die Lehrerseminare entstanden, im gleichen Zuge erfolgte eine Konversionspropaganda der orthodoxen Kirche. Auf der einen Seite schwelgte man bei den Sängerfesten, denen die Polemik russischer Publizisten gegenüber stand. Der nationalen Entwicklungen folgten von russischer Seite entsprechende Gegenmaßnahmen, wie die Einführung der russischen Städteordnung 1878, die Justizreform 1889 und die Einführung der russischen Unterrichtssprache an Schule und Universität ab 1887.

Durch die zweite Russifizierungswelle unter dem Zaren Alexander III. erlitt die Entwicklung einen empfindlichen Rückschlag. Das öffentliche Leben in den baltischen Ostseeprovinzen Rußlands sollte an die innerrussischen Verhältnisse angepaßt werden. Dadurch waren alle Landeseinwohner Esten, Letten und die führende deutsch-baltische Oberschicht gleichermaßen betroffen.

Die bestehenden sozialen Gegensätze zwischen den Deutschbalten und der Mehrheitsbevölkerung ausnützend, machte man eine Reihe deutsch-feindlicher Gesetze und Erlässe, wobei sich viele Letten und Esten ihrem nationalen Anliegen nähergekommen glaubten. Russisch wurde zur Unterrichtssprache an den Schulen erklärt, der gesamte Behördenverkehr durfte nur noch in russisch abgewickelt werden, so war es auch mit der deutschen Gerichtsbarkeit. Gleichzeitig begann die russisch-orthodoxe Kirche mit staatlicher Unterstützung und Versprechungen auf die estnischen und lettischen Bauern einzuwirken, um sie von der Deutschen Konfession weg zum rechten Glauben hinzuführen. Die Symbole dieser Zeit stehen noch dort in Form der orthodoxen Kirchen.

Als Reaktion auf diese Russifizierungsversuche standen die deutschen Stände zunehmend allein da und zunehmend gewannen nationalistische Strömungen der Selbstverteidigung Raum. Es kam zu öffentlichen Streitgesprächen und scharfen Denkschriften. Eine davon war die sogenannte "Livländische Antwort" des Dorpater Professors Schirren, mit der dieser auf eine äußerst polemische Schrift des russischen Panslawisten Samarin reagierte. Schirren schrieb:

"Wir haben außer der Reichsgemeinschaft nichts mit ihrem Volke gemein. Alles ist anders an ihm und an uns. An seinem Charakter finde ich nichts, was zu herrschen berechtigt: weder Ernst, Mass, Ausdauer, noch eine gewisse Übung, Erfahrung zu nutzen... So ist es zu allen Zeiten gewesen und noch liegt nicht das entfernteste Anzeichen vor, daß seine Natur sich geändert habe... Schwerlich gibt es ein Volk, das sich über den Abstand zwischen Wollen und Können, Wünschen und Vollbringen in gleichem Grade täuscht."

Die Schrift Schirrens entstand als Antwort auf eine Provokation, nämlich der forcierten Russifizierung im Baltikum, aber der auf Ausgleich verpflichtete damalige Kurator der Dorpater Universität, Graf Keyserling, sah sich genötigt, die Amtsenthebung Schirrens anzuordnen.

Es kamen harte Angriffe aus der Feder des Russen Jurij Samarin. Die großartige "Livländische Antwort" Carl Schirrens 1869 war Anlaß dafür daß er seine Heimat verlassen mußte. Hatte er nicht auch für die estnische und lettische Bevölkerung gesprochen? Ihnen lag es an der Schwächung der deutschen Oberschicht, so ließen sich estnische Intellektuelle verschiedentlich vor den Karren der antideutschen Russifizierung spannen, was die estnische Selbständigkeit kein Stück näherbrachte. Der Zarenhof war keineswegs bereit, die deutsche Verwaltung im Baltikum gegen eine andere auszutauschen, die Alternative konnte nur die absolute Russifizierung aller Bereiche sein.

Universitas Jurjevensis

Dorpat war eine Stadt mit vielen Namen, nun hatte auch die Universität mehrere Namen. Es gibt eine reichhaltige deutsche Literatur über diese Stadt mit seiner Universität, daß wir uns ersparen können näher auf die einzelnen bedeutenden Persönlichkeiten an dieser Hohen Schule einzugehen. Das Schönste hat der Publizist Julius Eckhardt aus eigenem Erleben und eigener Kenntnis über Dorpat gesagt, die Stadt sei "das wahre Herz des Landes".

Gewiß gab es zumehmend Verbindungen, neben den deutschen Universitäten auch zu den russischen. Das Beispiel von Karl Ernst von Baer, der nach Königsberg und dann nach St. Petersburg ging oder Friedrich Georg Wilhelm von Struve, der von Hamburg nach St. Petersburg ging, dabei in Dorpat Station machte und mit seiner Arbeit dort weltberühmt wurde, sind alles Beweise für einen regen Austausch mit dem Osten.

Waren vorher ganze Scharen Forscher aus ganz Europa gerufen worden die russischen Weiten zu erforschen, so stand nach Aufhebung der beengenden schwedischen Grenze zur Zeit der kaiserlich russischen Universität, für Dorpater Gelehrte der Ural, der Kaukasus und die Halbinsel Krim offen. Etwa 50 aus Dorpat kommende Gelehrte beteiligten sich an diesen Unternehmungen. Beachtlich ist, daß zwischen 1802 und 1889 mehr als 1000 ausgebildete Mediziner, also mehr als die Hälfte nach Rußland gingen.

Vielleicht aus diesen Gründen und weil der große polnische Aufstand 1831 ausbrach, waren Tendenzen vorhanden, Rußland gegen westliche Einflüsse abzuschließen. Mit dem Grundsatz, alle Professoren müssen Protestanten sein, hatte man sich vor dem katholischen Süden abschließen wollen, was gleichzeitig eine Barriere zum russisch-orthodoxen Osten war, andererseits aber die Garantie für die deutschsprachige Universität in Dorpat.

Richtet sich der Blick des Kaufmanns nach Osten, sie entschieden auch über das Sein und Nichtsein des Deutschen Ordens, so muß die Wissenschaft folgen. Der erste russische Professor Nikolaj Pirogov, mit 22 Stimmen und 8 Gegenstimmen gewählt, war vier Jahre an der Universitas Dorpatensis, um dann nach St. Petersburg zu gehen. Nach radikalserbischer Einstellung, die Serben sind orthodoxe Brüder der Russen, hatten die Dorpater noch einmal Glück. Bei diesen Serben gilt die Einstellung, wo serbisches Blut fließt, dort ist Serbien, doch Nationalismus radikaler Art gab es damals noch nicht, außerdem lag der Wille einer Mehrheit vor, sich an Rußland anzulehnen.

Es wurde daraus ein Anschluß, der Weg des protestierenden Professors Carl Schirren ging nach Westen und die Universität blieb noch in der Mitte, weil 1855 Zar Alexander II. die Regierung antrat. Die Grundströmung der Dorpater Universität war durch den alten europäischen Humanismus geprägt. Durch Berührung mit der östlichen Welt entstand eine schärfere nationale Ausprägung des Gelehrtenstammes. Mit dem neuen Zaren bot sich die Möglichkeit eines Brückenschlages. Der damalige Kurator Graf Alexander Keyserling versuchte das Baltisch-Provinzielle abzubauen und der Universität einen internationalen Charakter zu geben.

Nach Schirrens leidenschaftlicher Kampfansage gegen die Russifizierung ging 1869 auch Keyserling.

Der langjährige Prorektor und Rektor der Universität, Georg von Oettingen, der 1859 bis 1875 im Amte war und später 1878 bis 1891 als Stadtoberhaupt fungierte, schildert in seinen Lebenserinnerungen wie die Russifizierung den endgültigen Sieg errang. 1889 verlor das Conseil das Recht der Wahl der Professoren und alle Dozenten wurden aufgefordert ihre Vorlesungen nur noch in russisch abzuhalten. Damit war das Ende der Universitas Dorpatensis gekommen. Die zaristische Regierung benannte die Stadt Dorpat in Jur'ev und die Universität zu Dorpat in die Kaiserliche Universität Jur'ev um.

Wenn sich zwei nicht einig sind, freut sich der Dritte. Die Zahl der Lehrkräfte von der Universität Dorpat, welche in den folgenden Jahren Mitglieder der St. Petersburger Akademie der Wissenschaften wurden, stieg wieder rapide an, nachdem 1889 ein Tiefpunkt erreicht worden war.

Eigentlich hätte alles harmonisch ablaufen können, denn zu dieser Zeit wirkte der Physiker und Musiktheoretiker Arthur Joachim von Oettingen in Dorpat und er beschäftige sich zeitlebens mit Harmonie in der Musik, mit dualer Harmonie. In Dorpat geboren, studierte er an den Universitäten in Dorpat, Berlin und Paris. Dann lehrte er in der unruhigen Zeit an der Dorpater Universität von 1863 bis 1894 und gab in Dorpat die Schrift "Harmonisystem in dualer Entwicklung" heraus. Er ging nach Leipzig wegen der fehlenden Harmonie, kam in zweiter Auflage wieder mit seinem Harmoniesystem heraus und blieb in Leipzig bis zu seinem Tode 1920. So ging es auch vielen anderen Balten, sie kamen nicht mehr nach Hause.

Die Mehrzahl der deutschen Professoren wanderten infolge dieser Entwicklung an der Dorpater Universität meist nach Deutschland ab. Der eisige Wind vom Osten und das Gefühl im eigenen Lande nicht gelitten zu sein, spielte eine große Rolle bei der generellen Abwanderung. Diejenigen, die gegen die Deutsche Universität opponiert hatten, sahen sich plötzlich als Verbündete des russischen Historikers und Gouvernementsbeamten Jurij Samarin und 1902 gab es in Dorpat eine russische Universität.

Der in Riga geborene Chemiker und Philosoph Wilhelm Friedrich Ostwald ging nach Leipzig. Er erhielt 1909 für seine Entdekkungen den Nobelpreis in Chemie.

In Dorpat war der bedeutende Kirchenhistoriker Adolf von Harnack geboren. Er ging nach der bayerischen Rheinpfalz, an die alte Universität Heidelberg, dort starb er.

Auch Erich Seeberg war in Dorpat geboren, er war 1920 als Professor in Königsberg an der Universität. Sein Vater Reinhold

Seeberg war in Pörrafer-Livland geboren, er war evangelischer Theologe. 1885 Professor für Theologie an der Universität von Dorpat, ging er 1889 nach Bayern an die Universität Erlangen.

In Reval war der Kunsthistoriker Georg Dehio geboren. Er ging nach Tübingen, wo er auch starb. Durch sein grundlegendes Werk kirchlicher Baukunst des Abendlandes wurde er bekannt. Für das ganze Gebiet von Bayern gab er den berühmten Führer der Baukunst in vier Bänden heraus.

Der in Reval geborene Wolgang Köhler ging 1893 nach Braunschweig, studierte in Tübingen, Bonn, Berlin und Frankfurt .

Johannes Haller, in Keinis/Estland geboren, erhielt 1902 in Marburg eine Professur, ging 1904 nach Gießen und 1913 nach Tübingen, wo er auch starb.

Der Chemiker Gustav Heinrich Johann Apollon Tammann, in Arensburg geboren, war 1892 Professor in Dorpat und ging im Jahre 1903 nach Göttingen, wo er auch starb.

Der Philosoph Nicolai Hartmann, gebürtig in Riga, erhielt 1920 in Marburg eine Professur, ging dann nach Köln, Berlin und nach dem Kriege 1946 nach Göttingen, wo er 1950 starb.

Der Historiker Reinhard Wittram wurde auf dem Bilderlingshof bei Riga geboren. Er wurde 1935 Professor in Riga, ging 1941 nach Posen und dann nach Göttingen. Er schrieb 1939 die "Geschichte der baltischen Deutschen", "3 Generationen, Deutschland, Livland, Rußland 1830 - 1914, 1949 und 1954 "Baltische Geschichte".

Die Aufzählung kann noch lange fortgesetzt werden. Zur Meinung über die Geschehnisse gibt es wie immer eine Gegenmeinung, und hier auch eine von russischer Sicht. Jede Seite fühlt sich im Recht und hat auch wieder teilweise Unrecht. Montesquieu hatte immer auf alles eine Antwort, sollte er auch diesmal recht haben, wenn er sagt:

"Es gibt keine grausamere Tyrannei als die, welche unter dem Deckmantel der Gesetze und mit dem der Gerechtigkeit ausgeübt wird."

Aber die Traurigkeit wird immer bleiben

Dies sagte Vincent Willem van Gogh, als er 1890 starb. Große Vorteile bringt es bei einer Übersiedlung in den reichen Westen, eine wahre Seligkeit für alle Berufsgruppen. Man läßt sich alles bezahlen, auch ein eventuelles Heimweh. Der Dichter dagegen lebt von der heimatlichen Erde und von der Sprache. So müssen ihre

Werke traurig ausfallen, wenn sie nicht in einer ihnen fremden Sprache sprechen wollen.

"Die Verdammten" schrieb 1923 Frank Thiess, der in Eluisenstein bei Üxküll, nahe Riga, geboren wurde. Er emigrierte nach Deutschland und mußte gleich wieder wegen den Nationalsozialisten nach Wien und dann weiter nach Rom emigrieren. Er prägte für diese Dauerbeschäftigung der Heimatlosen das Wort von der "inneren Emigration". Erst 1977 war er in Darmstadt an der Endstation seines Lebens angekommen.

Auf dem Schloß Padern in Kurland war der Schriftsteller Eduard Graf von Keyserling geboren. Er ging nach Wien als freier Schriftsteller und dann lebte er in Bayerns Hauptstadt München, wo er auch starb.

Hermann Graf von Keyserling war sein Neffe. Er war in Könno in Livland geboren und er ging nach Innsbruck in Tirol, wo er auch starb.

Der Schriftsteller und Historiker Otto Freiherr von Taube war in Reval geboren. Er lebte in Gauting, einem Vorort von München. Er schrieb ein Werk "Gottes Wort und die Geschichte" und eine Biographie "Zum alten Estland".

Der bekannte Schriftsteller Werner Bergengruen war in Riga gebürtig. Er ging 1936 ins katholische München und konvertierte zum katholischen Glauben. Er kam eigentlich nie zur Ruhe, er fand kein Land mehr, das er wieder seine Heimat nennen hätte können, er ging dann 1946 in die Schweiz und in Baden-Baden im Lande Baden starb er. Seine eigentliche Heimat fand er in seinem katholischen Glauben.

Von ihm soll ein Gedicht angeführt werden, das er in Anspielung auf die Erscheinung des Herrn und auf die Seligpreisungen schrieb:

"Die letzte Epiphanie"
"Ich hatte dies Land in mein Herz genommen.
Ich habe ihm Boten um Boten gesandt.
In vielen Gestalten bin ich gekommen.
Ihr aber habt mich in keiner erkannt.

Ich klopfte bei Nacht, ein bleicher Hebräer,
ein Flüchtling, gejagt, mit zerissenen Schuhn.
Ihr riefet dem Schergen, ihr winktet dem Späher
und meintet noch Gott einen Dienst zu tun.

Ich kam als zitternde geistesgeschwächte
Greisin mit stummem Angstgeschrei.

Ihr aber spracht vom Zukunftsgeschlechte
und nur meine Asche gabt ihr frei.

Verwaister Knabe auf östlichen Flächen,
ich fiel euch zu Füßen und flehte um Brot.
Ihr aber scheutet ein künftiges Rächen,
ihr zucktet die Achseln und gabt mir den Tod.

Ich kam als Gefangener, als Tagelöhner,
verschleppt und verkauft, von der Peitsche zerfetzt.
Ihr wandtet den Blick von dem struppigen Fröner.
Nun komm ich als Richter. Erkennt ihr mich jetzt?"

Von Werner Bergengruen. Entstanden und illegal verbreitet 1944. Erster Druck: Dies irae, 1945. Der Dichter spricht aus "was war, was ist und was sein wird" und spricht es aus, wodurch die Welt besteht, durch "Glaube, Liebe und Hoffnung", das Wichtigste aber ist die Liebe... und Estland, du hast mich nicht verstanden. 1939 schreibt Bergengruen "Der Tod von Reval" und "Am Himmel wie auf Erden" und leitet dieses Werk ein mit den Worten - Fürchtet euch nicht.

Bergengruen sah den Beruf des Dichters im Offenbarmachen ewiger Ordnungen, die sich ihm in Jahreszeiten und Weltaltern, Lebensläufen und Völkerschicksalen spiegelt.

Ein weiterer Schriftsteller vom Baltikum, der nach Süddeutschland und nach Bayern kam, Siegfried von Vegesack, war in Blumberghof in Livland geboren. Er kam nicht aus Weißenstein-Paide in Estland, aber er ging nach Weißenstein im Bayerischen Wald und lebte dort auf der Burg. Von dort hatte er die dem Dichter notwendige weite Sicht. Er schrieb die "Baltische Tragödie" und über seine alte baltische Heimat schrieb er:

Nirgends ist der Himmel so hoch und die Erde so groß,
Nirgends sind die Wälder so ohne Ende.
Nirgends die Birken so weiß und so grün das Moos
Und so rot am Abend die flammenden Sonnenbrände.

Nirgends ist die Erde so tief und das Wasser so stumm:
Tief im bemoosten Brunnenschacht liegt es versunken.
Knarrend hebt sich die Stange, verwittert und krumm
Aber nirgends habe ich so gutes Wasser getrunken.

Nirgends ist der Sommer so hell - und so kurz.
Schon dunkeln die Weidenstümpfe, die Stoppelfelder, die müden.

Über dem Moor, immer tiefer zum Horizont in flügelndem Sturz
Ziehen mit klagendem Schrei die Kraniche in den Süden.

Und weit spannt sich der Bogen zwischen der baltischen alten Heimat und seiner neuen bayerischen Heimat, wenn er schreibt:

Wolken, Wind und Wälder weit, Heimat ohne Grenzen.
Rund wölbt sich die Ewigkeit, wenn die Sterne glänzen.
Wolken sind mein Traumgefild, Wind und Sturm Genossen,
Wälder, Heimat, Urgebild, dem ich einst entsprossen.
Rund wölbt sich die Ewigkeit, wenn die Sterne glänzen,
Wind, Wolken, Wälder weit, Heimat ohne Grenzen.

Seinen Schöpfer vergaß Siegfried Vegesack nicht und als er 1974 in Weissenstein starb, stand auf dem im bayerischen Wald traditionellen Totenbrett die Inschrift:

Hier wo ich einst gehütet meine Ziegen,
Will ich vereint mit meinen Hunden liegen.
Hier auf dem Pfahle saß ich oft und gern.
0 Wandrer schau dich um und lobe Gott den Herrn.

In den Jahren wo Friedrich Reinhold Kreutzwald starb, war Siegfried Vegesack erst geboren worden. Auch er hatte das estnische Nationalepos gelesen, wo es am Schluß im "Kalevipoeg" heißt:

Kerran aika on tuleva
jolloinka pärehet kaikki
ilmiliekkiin leimahtavat.
Liekin loimut leikkoavat
käden irti kalliosta;
kotihinsa käy Kaleva,
kansallensa onnen tuopi,
ikionnen Eestin maalle.

Einmal wird die Zeit beginnen,
Wo die Späne von zwei Seiten
In gewalt'gen Flammen brennen
Und die off'nen Gluten schmelzen
Dann die Hand auch von dem Felsen.
Dann kehrt Kalev auf die Erde,
Seinem Volke Glück zu bringen,
Eine neue Zeit der Esten.

Siegfried von Vegesack wußte es, auch Friedrich Reinhold Kreutzwald wußte es, es stand im Buche der Bücher. “Ich habe dich bei deinem Namen gerufen, jetzt bist du mein”, sagt Gott der Schöpfer. Sie wissen es alle... kehrt Kalev auf die Erde, wird er Jesus Christus heißen.

Dieser Gedanke kam uns spontan, als wir in Voru vor dem Denkmal von Kreutzwald standen und unser estnischer Freund vom “Vanemuine teater” in Tartu die Schrift übersetzte, er war auch zustimmend überrascht. Nun wußten wir es alle!

DAS BALTIKUM UND DIE KÖNIGSBERGER PHILOSOPHEN

Immanuel Kant - Johann Gottfried Herder -E.T.A. Hoffmann

Am 27. März 1792 wurde E.T.A. Hoffmann in das Matrikelbuch der Universität Königsberg eingetragen. Er war damit zum Studium an der altehrwürdigen Albertus-Universität zugelassen. Er studierte zu einer Zeit, als der große Philosophie-Professor Kant auf der Höhe seines Ruhmes stand und in ganz Europa anerkannt und geehrt war. So kam selbst aus Würzburg der Philosophie-Professor Reuß zu Kant nach Königsberg und sagte nur, als er ins Zimmer trat, er komme "160 Meilen weit her, um ihn Kant" zu sehen und zu sprechen.

Es war eine besondere Ehre seinen Vorlesungen beiwohnen zu können. Auch war es eine obligatorische Gepflogenheit in seine Vorlesung zu gehen, auch wenn das Studienziel auf einem anderen Gebiet lag. So war es auch mit Hoffmann, doch er besuchte selten eine Vorlesung Immanuel Kants, obwohl er die Gedankenflüge des Philosophen bewunderte. Kant arbeitete gerade an der Schrift "Die Religion innerhalb der Grenzen der bloßen Vernunft".

Dies war es bereits, Religion und Vernunft war nicht Hoffmanns Fall, er, der ins bayerische katholische Bamberg ging und dort unter anderem katholische Kirchenmusik schrieb. Wir sind auf Hoffmann bis zum heutigen Tage recht stolz, hat er doch die Musikstadt Bamberg begründet. Die Bamberger Symphoniker sind in der Welt bekannt.

Es gab keinen größeren Gegensatz, als den zwischen Hoffmann und Kant, obwohl beide in Königsberg geboren waren, ihre Woh nungen nicht sehr fern lagen, lediglich Hoffmann oben auf dem Löbenicht wohnte und somit auf den Dom, auf die alte Universität, also auf Kants Wirkungsstätte herunterschauen konnte. Auch wenn der Höhenunterschied, die Bayern mit ihren Bergriesen werden lachen, nur einige Meter ausmachte. Doch auch Reval und Dorpat sind auf ihre Domberge stolz, die auch nicht höher sind - wir bitten die Alpenländer um Gnade.

Hoffmann gab seinem Freund Ludwig Devrient eine Erklärung, warum er die Vorlesungen Kants nicht so gerne hört: "Weiß Gott", sagte Hoffmann, "ich beherrsche ja immerhin vier Fremdspra-

Der Dom zu Königsberg um 1850

chen, Lateinisch, Französisch, Englisch und Polnisch. Eine fünfte wollte ich nicht mehr lernen ..." Das Gelehrtendeutsch war ihm also wie eine fremde Sprache. Er gab offen zu, daß er philosophischen Gedanken nicht folgen könne, Kant predigte die Vernunft und gerade dies wollte Hoffmann überhaupt nicht hören. Immerhin hat er mit seiner phantastischen Gedankenwelt sein Jahrhundert ganz verrückt gemacht, neben seinen vielen Begabungen ragte der Dichter stark heraus.

Trotzdem widmete sich Hoffmann mit großem Fleiß dem juristischen Studium, denn dieses war sein eigentlicher Beruf für den täglichen Broterwerb. Er brachte es bis zum preußischen Kammergerichtsrat, sonst betrieb Hoffmann viel brotlose Kunst. Bekannt ist sein Buch "Die Lebensansichten des Katers Murr", worin Hoffmann eigentlich seine eigenartigen Ansichten über seine Umwelt mitteilte. Bei Hoffmann schimmert hinter seinen abgründigen Dichtungen stets das Humanitätsideal hervor und sein Verlangen nach einem Reich der poetischen Menschlichkeit. Die Humanität hatten auch alle Königsberger Dichter und Denker im Sinn. Ganz vergaß Hoffmann den Philosophen Kant in Königsberg nicht. Als sein schreibender Kater Murr Ansichten zum Leben mitteilte, legte Hoffmann ihm einen von Kants Lehrsätzen in den Mund.

Kant begrenzte die Religion, die Sinne, einfach alles was Herzensangelegenheit war und die Sinne betraf, auf die reine Vernunft. Da hatten es die Frauen mit ihm nicht einfach, das heißt, er war garnicht verheiratet. Als ein Gelehrter ihn einmal auf die Ehelosigkeit ansprach, sagte Kant: "Damit ist es mir ergangen, wie es sich so recht für einen Philosophen schickt: In jungen Jahren, da ich eine Frau hätte brauchen können, konnte ich keine ernähren, und jetzt, da ich eine ernähren könnte, kann ich keine brauchen."

Immanuel Kant sprach von Vernunft und Hoffmann vertrat das andere Extrem, die Phantasie. Sowohl der Vernunft, als auch den Herzensdingen zugetan war ein anderer Schriftsteller, Philosoph und Theologe, Johann Gottfried Herder. Herder besuchte sehr wohl die Vorlesungen und war von Kants Gedanken fasziniert. Herder studierte dreißig Jahre vor Hoffmann an der Universität in Königsberg, Kant war noch als Privatlehrer an der Universität tätig.

Herder kam aus der Stadt Mohrungen im Süden Altpreußens. Es war eine Stadt wie es sie von Narva in Estland bis zur polnischen Grenze im Süden Preußens gab, um eine Burgruine des Deutschen Ordens herum gruppieren sich die Häuser der Stadt. Herders Vorfahren stammten aus Schlesien, wie auch die Vorfahren von Nikolaus Kopernikus, der im ermländischen Frauenburg wirkte, was auf halbem Wege nach Königsberg lag.

Herders Witwe schildert, mit welcher gespannten Aufmerksamkeit Herder jede Idee, jedes Wort des großen Philosophen aufnahm und zu Hause die Gedanken und Ausdrücke ordnete. Herder sagte selbst über seinen Lehrer: "Ich habe das Glück genossen, einen Philosophen zu kennen, der mein Lehrer war. Seine offene zum Denken gebaute Stirn war ein Sitz unzerstörbarer Heiterkeit und Freude; die gedankenreichste Rede floß von seinen Lippen; Scherz und Witz und Laune standen ihm zu Gebot, und sein lehrender Vortrag war der unterhaltendste Umgang. Mit eben dem Geist, mit dem er Leibniz, Wolff, Baumgarten, Crusius, Hume prüfte und die Naturgesetze Keplers, Newtons, der Physiker verfolgte, nahm er auch die damals erscheinenden Schriften Rousseaus ... auf und würdigte sie. Dieser Mann, den ich mit größter Dankbarkeit und Hochachtung nenne, ist Immanuel Kant."

Bemerkenswert ist dieses Bild, als Kant während Herders Studium jahrelang mit materiellen Sorgen zu kämpfen hatte. Bei aller Askese war Kant aber gesellig, verkehrte in der Oberschichte des bürgerlichen und adligen Königsbergs. Herder war noch ärmer, also durfte er die Vorlesungen kostenlos besuchen. Kant und Herder mußten sich mit Privatunterricht ihr Brot verdienen. Dadurch war Kant gezwungen auch außerhalb Königsbergs Hauslehrerstellen zu übernehmen. Drei Jahre war er Hauslehrer bei einem reformierten Pfarrer in einem Dorf in Litauen. Aus Litauen stammten auch seine Vorfahren, die deutsch-schottischer Abstammung waren.

Königsberg, alte Universität und Dom

Eine andere Stelle als Hauslehrer wurde ihm bei einem Rittergutsbesitzer Major von Hülsen geboten, in der Gegend von Herders Geburtsheimat. Neun Jahre lang war Kant als Hauslehrer bei verschiedenen Familien tätig, dann promovierte er 1755 an der Universität Königsberg, wurde Privatdozent für Philosophie und Unterbibliothekar der Schloßbibliothek. Weitere neun Jahre blieb es dabei und in diese Zeit fiel die Begegnung mit Herder. 1764 schlug Kant die Professur für die Dichtkunst aus und Herder ging im gleichen Jahr nach Riga.

Der Bekanntheitsgrad Kants im Reich stieg, so daß sich andere Universitäten für ihn interessierten. Erlangen bot ihm 1769 eine Professur an und ein Jahr später folgte Jena. Gerade Erlangen war die protestantische Universität in der Geburtsheimat seiner Mutter, der Anna Regina Reuter, Tochter des Nürnberger Sattlermeisters Caspar Reuter. Kant schlug trotzdem aus, andernfalls wäre er am Ende noch als würdiger Bayer gestorben. Es schien aber so, als hätte er von seiner Mutter gerade die Haupteigenschaft der Bayern geerbt, nämlich die Bodenständigkeit. Kant verließ Altpreußen nie, später auch Königsberg nicht mehr, es war bei Kant eine bayerische Erblast.

Unruhige Zeiten im baltischen Raum

Im Jahre 1525 hatte Albrecht von Brandenburg-Ansbach als letzter Hochmeister des Deutschen Ordens Altpreußen in ein weltliches Herzogtum umgewandelt, dessen erster Herzog Albrecht wurde. 1544 gründete er in Königsberg die Universität, die seinen Namen Albertina erhielt. Der Herzog wäre wahrscheinlich längst der Vergessenheit anheim gefallen, hätte nicht der Sohn eines Sattlermeisters die Universität weltberühmt gemacht, Immanuel Kant. Nun trägt die Universität seinen Namen und selbst nach dem Untergang Königsbergs, leben der Herzog, der Philosoph, die Universität und die Stadt in unzähligen Urkundsbeweisen weiter.

Der Herzog war in Ansbach geboren, seine Verwandten regierten Brandenburg, die gleichfalls aus der süddeutschen Dynastie stammten, daher nannten sich die Ansbacher Markgrafen von Brandenburg-Ansbach. In den Hauptstädten Berlin, Königsberg und Ansbach regierten Fürsten einer Dynastie. Zu Kants Zeit regierte in Berlin Friedrich der Große, der auch Landesherr in Altpreußen und Königsberg war. Im fränkischen Stammland Ansbach-Bayreuth regierte König Friedrichs Schwester Wilhelmine. Die Universität Erlangen gehörte damals noch zu Ansbach und kam 1806 zusammen mit Nürnberg zum Königreich Bayern. Bayern war wiederum ein Verbündeter Napoleons gegen Preußen und damit auch Kriegsgegner Großpreußens, der Länder Berlin-Brandenburg und Königsberg-Preußen.

Auch die Verhältnisse und die politische Lage im baltischen Raum ist zum Verstehen der Geschehnisse zur Zeit Kants unbedingt notwendig. Der königliche Vater Friedrich des Großen baute eine mächtige Armee auf, da er überzeugt war damit große Politik machen zu können. Man warb große Männer für den Dienst in der Armee, der König wollte lange Kerle in seiner Truppe haben. Nachdem der bedeutende Dichter Johann Christoph Gottsched auch ein Übermaß an körperlicher Größe besaß, mußte er nach Sachsen vor den Werbern fliehen, wo er in Leipzig lange Jahre Professor an der Universität war.

Ein anderer Königsberger Johann Georg Hamann, wegen seiner dunklen, tiefen philosophischen Gedanken "Magus des Nordens" genannt, wurde Hofmeister auf baltischen Gütern, war außerdem in Mitau in Riga tätig. Er hatte mit Kant, Herder und Hoffmann das Problem des täglichen Brotes gemeinsam, die Kunst und Wissenschaft ernährte nicht den Menschen. Hamann kam dann im Jahre 1764 nach Königsberg als Redakteur an die Königsberger Zeitung, eine Stellung die ihm Kant vermittelte. Hamann kam aus dem Baltikum, wo Herder im gleichen Jahr hinging, als Prediger nach Riga. Einer kam und der andere ging, Kant aber hielt seine Stellung durch alle Stürme hindurch.

Nach dreiundzwanzig Jahren zog es dann Hamann nach dem Westen, und er landete in den Armen einer fürstlichen Frau, der Fürstin Amalie Fürstin von Gallitzin. Die Fürstin tröstete viele Männer, Philosophen, Dichter, wie auch Goethe, und heute noch rätselt man darüber, ob Goethe im Nebenzimmer nächtigte oder...? Jedenfalls war Hamann in den katholischen Kreisen der Stadt Münster so gut aufgehoben, daß er in der Fremde blieb und dort auch starb. Zu dem Kreis der Fürstin gehörte auch der Schriftsteller und Philosoph Friedrich Heinrich Jacobi, der zeitlebens mit Herder und Hamann befreundet war, er ging nach München und wirkte dort als Professor der Philosophie. Er wurde Präsident der Akademie der Wissenschaften in München. Er war ein heißer Verehrer des großen Philosophen Kant in Königsberg, als er in München ankam, starb in der kalten Heimat Immanuel Kant. Durch seine Schrift, Kritik des Verstandes, würdigte er das Werk Kants: "Kant, diesem tiefdenkenden, aufrichtigen Philosophen", schrieb er, "galten die Worte Gott, Freiheit, Unsterblichkeit, Religion dasselbe, was sie dem bloß gesunden Menschenverstand von jeher bedeutet und gegolten haben."

Die männlichen Mitglieder der Familie der Fürstin von Gallitzin, waren bedeutende Staatsmänner an der Seite der Zaren, auch zur Zeit Kants. Es war ein altlitauisches Geschlecht, einer ihrer Mitglieder eroberte Finnland für Rußland, einer vermittelte den Ewigen Frieden mit Polen und wieder einer war der Berater Zar Alexanders I.. Er war Vertreter der mystischen Bewegung, wurde Minister für religiöse Angelegenheiten in der Zeit nach der Aufhebung der Leibeigenschaft für die baltischen Völker, also als Freund des Zaren an dieser humanen Aktion beteiligt.

Litauen war das nördliche Nachbarland Altpreußens, Kants Urgroßvater stammte aus dem zwischen Tilsit und Memel gelegenen Werden. Die Geschichte Litauens war mit Polen eng verbunden und hatte daher einen anderen Ablauf genommen, als die Geschichte Livlands und Estlands, aber auch Altpreußens. Litauen war ein Großfürstentum, aus seiner Dynastie kamen die polnischen Könige. Das Großfürstentum Litauen und das Königreich Polen bildeten über Jahrhunderte eine Einheit.

Livland und Estland waren unter dem Erzbischof von Riga Reichsland des Heiligen Römisch-Deutschen Reiches, des schwedischen Reiches und dann des russischen Reiches. Nach einem halben Jahrhundert Zugehörigkeit zu Rußland kamen nach der Teilung Polens die restlichen Gebiete des Baltikums an Rußland, Teile Livlands, Litauen, Teile Polens und auch Kurland.

Als Herder und Hamann nach Riga reisten, mußten sie durch Litauen reisen. Nachdem Litauen an Rußland kam, hatte Altpreußen mit Rußland eine gemeinsame Grenze, Verträge konnten in neutraler Zone auf dem Memelstrom abgeschlossen werden. Im Gegensatz zu den Baltenländern, die zum Römisch-Deutschen Reich gehörten, war Altpreußen kein Teil des Reichs. Nachdem sie es aber sein wollten und nicht konnten, andererseits die Balten konnten, aber nicht wollten, lag darin eine gewisse tragische geschichtliche Umkehrung. Die Balten gingen von einem Reich in das andere, in diesem Falle ins russische Reich. Die Altpreußens gingen dagegen nirgens hin und wurden daher erst 1945 russisch.

Wie man Geschichte auch sieht, ganz wahr ist nichts, denn die Altpreußen gingen ins preußische Königreich. Im Jahre 1660 vereinigten sich die Vettern von Brandenburg und Preußen, nur das Land war in zwei Teilen durch polnisches Gebiet getrennt. Kurfürst Friedrich von Brandenburg setzte sich 1701 die Königskrone auf, so war Altpreußen Königreich und Königsberg die königliche Hauptstadt. Der Kurfürst von Brandenburg-Berlin war mit dem Titel König “in” Preußen ausgestattet. Nach der Teilung Polens waren beide Teile verbunden und der König nannte sich nun König “von” Preußen, es war Friedrich der Große. Diese kleinen Unterschiede sind es, welche oftmals die Welt verändern. Das deutsche Riga machte über dem "i" einen Strich und welch ein Wunder, über Nacht lebten nur noch Letten in Riga!

Zur Zeit als Kant in Königsberg geboren war, wurden die drei Städte Altstadt, Kneiphof und Löbenicht zu einer Stadt Königsberg vereinigt. Nun hatte die königliche Stadt zu Recht seinen Namen, da die Gründung auf den Böhmenkönig Ottokar II. zurückging, so daß in jedem Wappen der drei Städte eine Böhmenkrone glänzte. Königsberg hatte nun drei Kronen im Wappen und darüber die vierte, die Preußenkrone. Diese große Würde reichte immer noch nicht für eine Mitgliedschaft beim Reich, erst mit Napoleon wurde dieses Problem gelöst.

Noch komplizierter war die politische Situation, als es im Siebenjährigen Krieg zu einer Art Vereinigung von Riga und Königsberg, nebst ihrer Länder kam. Zu diesem unglaublichen Kuriosum kam es, als König Friedrich der Große gegen ganz Europa Krieg führte. Eigentlich war es bereits der dritte Krieg infolge eines Diebstahls, des österreichischen Schlesiens. Friedrich hatte die Armee der langen Männer von seinem Vater geerbt und gewaltig aufgestockt und vergrößert. Was macht man schon, wenn man die größte Armee in ganz Europa hat?

Zarin Elisabeth ließ ihre Truppen nach Altpreußen einmarschieren. Königsberg und das Land hatten eine russische Besatzung. Herder verdankte diesem Umstand, daß er von einem Arzt der russischen Armee nach Königsberg mitgenommen wurde. Russisch ist gut gesagt, nationale Unterschiede waren damals nicht so fanatisch abgegrenzt wie heute. Der russische Arzt, der russische Kommandeur, die Berater beim Zaren waren zumeist Deutsche oder sie sprachen deutsch oder französisch. Der Unterschied zwischen Preußen und Russen war untrüglich der Adler. Also entfernte man in Königsberg, zum Zeichen daß die Stadt nun dem Heiligen Russischen Reich auf ewig angehört, den schwarzen Adler und befestigte den glänzenden russischen Adler. Die Ewigkeit dauerte zum Glück nur fünf Jahre. Fünf Jahre gemeinsames Schicksal aller ehemaliger Ordensgebiete und niemand hat etwas gemerkt!?

Kant saß als Privatlehrer in der Universität und stellte fest, daß unter den Zuhörern auch Russen waren. Für ihn muß sich die Hölle geöffnet haben, doch er machte das Beste daraus. Er schrieb an die Zarin einen Brief auf russisch. Dolmetscher gab es jetzt genug, ob sie ihn nicht als ordenlichen Professor brauchen könnte, als Privatlehrer war es ein zu hartes Los. Die Post brauchte so lange Zeit, Elisabeth starb, Katharina folgte ihr und sie versöhnte sich schnell mit dem König in Potsdam bei Berlin. Bald zogen die Russen ab und die Balten waren wieder allein.

Der preußische König und oberster Herr des Philosophen Kant hatte alles Geld verpulvert, so mußte eigentlich das Angebot aus Erlangen, aus seiner Mutter Heimat, sein Herz warm werden lassen. Von ihr schrieb er: Ich werde meine Mutter nie vergessen, denn sie pflanzte und nährte den ersten Keim des Guten in mir, sie öffnete mein Herz den Eindrücken der Natur, sie weckte und erweiterte meine Begriffe, und ihre Lehren haben einen immerwährenden heilsamen Einfluß auf mein Leben gehabt.

Riga und die Königsberger Philosophen

Die Geschichte kennt nur wenige Gestalten, die für die ganze Menschheit Kulturwerte von immer bleibender Wirkung geschaffen haben. Es gibt nur wenige große Männer, obwohl seit den alten Griechen und Homer Jahrtausende vergangen sind. Die Plastik eines Michelangelo, das Bild eines Rembrandt und die Musik von Bach, Mozart und Beethoven, es sind nur wenige Größen und zu ihnen gehört der Philosoph Immanuel Kant. Mit seiner Lehre schuf er für eine vernunftsbegabte Welt Ewigkeitswerte. Kein Philosoph ist an Kant vorbeigekommen, ohne sich mit ihm zu beschäftigen und die Beschäftigung mit den Gedanken Kants, zeugte immer wieder neue Werte. Im Jahre 1857 errichtete man in Königsberg ein Denkmal als Standbild für den großen Denker. Christian Daniel Rauch hatte die Kant-Figur geschaffen, er hat auch Bayerns ersten König Max-Joseph vor der Staatsoper in München geschaffen, nicht auf einem unruhigen Pferd mit dem Säbel in der Hand, sondern als Landesvater auf dem Stuhl sitzend, dies kann auch Größe sein. Kant schaute ruhig über die ganze Menschheit hinweg, er hatte ihr etwas zu sagen, aber heute nicht mehr. Die Russen wollten ihn 1945 zum Schweigen bringen und haben ihn verschwinden lassen. Er wird niemals schweigen, er wird die Menschen noch ansprechen, wenn alle diejenigen nicht mehr sind, die ihn verdammen wollen. Auf dem Sockel aus rotem Marmor brauchte man keine Erklärung geben, welche Bedeutung der Mensch hatte, der durch diese Statue verkörpert war, da stand nur ganz einfach: “Kant”.

Das Schaffen Kants begann in seiner besonderen Bedeutung in der Schrift “Beobachtungen über das Gefühl des Schönen und Erhabenen”, die 1764 in Königsberg erschien. Es ist der Versuch einer Philosophie der Ästhetik, bei Fast-Gleichsetzung von Ästhetik und Moral, beide Wurzeln im Gefühl der Schönheit und Erhabenheit. Moral ist gegründet auf dem Gefühl von Schönheit und

Critik
der
reinen Vernunft

von

Immanuel Kant

Professor in Königsberg.

Riga,
verlegts Johann Friedrich Hartknoch
1781.

Titelblatt von Immanuel Kants Hauptwerk, erschienen bei Hartknoch in Riga, 1781

Würde der menschlichen Natur. Ja, so ist es, würde jeder heute sagen, und ... So selbstverständlich wie alles heute ist, war es vor Kant nicht, er sprach dies erst mit Nachdruck aus und wir hatten zweihundert Jahre Zeit es zu lernen.

Im späteren Schaffen hält Kant den Frieden für das Wichtigste, er schreibt in Form eines Friedensvertrages 1795 die Schrift "Zum ewigen Frieden". Wir können bei ihm nachlesen, was in den heutigen Friedensverträgen steht, es gibt keine anderen Lösungen, als das "Alle Politik muß ihre Knie vor dem Recht des Menschen beugen, kann aber dafür hoffen, ob zwar langsam, zu der Stufe zu gelangen, wo sie beharrlich glänzen wird." Warum hörte die Menscheit nicht auf Kant, weil sie erst verbrecherische Kriege führen mußte, um dann aus dem Morast der Geschichte heraus in heroischem Glanze zu erscheinen.

Wahre rein moralische Religion heißt, daß wir Gott für alle unsere Pflichten als den allgemein und nicht nur durch besonderen Gottesdienst zu verehrenden Gesetzgeber ansehen. Wir müssen die ursprüngliche Reinheit des Sittengesetzes als des obersten Grundes aller Maximen gewinnen. Der so sprach und darüber seine Schrift "Die Religion innerhalb der Grenzen der blossen Vernunft" 1793 in Königsberg veröffentlichte, wurde vom König in Berlin gemaßregelt. Kant muß sich dafür auch noch entschuldigen: Als "Euer Majestät getreuer Untertan" werde er sich der weiteren Erörterungen der Religion enthalten. Kant aber fuhr fort, als der König starb, er fühlte sich nun nicht mehr gebunden.

Seine letzten Vorlesungen gibt er 1798 als "Anthropologie in pragmatischer Hinsicht abgefaßt" heraus. "Was die Natur aus dem Menschen macht" und "was er als freihandelndes Wesen aus sich selber macht oder machen kann oder soll". Als die Fakultäten sich streiten, so spricht er der schlichten Frömmigkeit das Wort, den "Stillen im Lande" und ihrem "reinen Religionsglauben."

In Königsberg gab es die Kantersche Buchhandlung und Verlag. Dort traf man sich, es lagen immer die neuesten Schriften auf, Schriften in der deutschen Sprache. Es gab diese Sprache noch nicht und der preußische König Friedrich der Große sprach in seinem Potsdam mit seinem Umgang, den französischen Philosophen, und auch am Hofe nur Französisch. Diese Sprache wurde "das Neulatein" genannt und in studierten gebildeten Kreisen verständigte man sich in der französischen Sprache, Tschaikowsky ebenso wie Liszt, und bis in unser Jahrhundert hinein. Als Lessing beim König von Preußen war, erklärte ihm dieser, die deutsche Sprache sei barbarisch. Lessing wollte diese Sprache veredeln, denn war das Französische gesprochen worden, weil im Umfang des sich Ausdrückens das Latein nicht mehr genügte, nun aber genügte das Französische auch nicht mehr. Man wollte sich präziser ausdrücken können, die Sprache Mitteleuropas sollte es sein, diese deutsche Sprache wurde von vielen Menschen in Europa gesprochen, in ihr wollte man sich artikulieren.

Die Philosophen brauchten eine Sprache, um auszudrücken, was sie für die Besserung der Menschheit dachten. Lessing, Gottsched, Klopstock und andere lieferten diese neue Möglichkeit, sie entwickelten eine zeitgemäße deutsche Sprache. Bei Kanter in Königsberg lagen die neuesten Erscheinungen aus und Kanter brachte in Königsberg die Schriften heraus, die Kant oder Herder der Welt mitteilen wollten. Kant und Herder trafen sich bei Kanter in Königsberg und Kanter brachte Herders erste Schrift heraus, noch anonym, da man sich für seine Gedanken noch immer fürchten mußte, verfolgt zu werden. Die Gedanken waren noch nicht frei!

Herder lernte auch seinen Verleger Hartknoch in Königsberg kennen, als Herder nach Riga ging, folgte ihm Hartknoch, er wurde Herders Freund auf Lebenszeit, ja regelrecht sein Lebensretter. Herder lebte in stetem Geldmangel, ohne Hartknochs laufende Zuwendungen wäre Herder noch verhungert. Herder lieferte seinem "liebsten Hartknoch" seine Ideen dafür. Seine bedeutendsten Werke, seine "Ideen" wie er es nannte, wie andere ihre Gedanken dann auch nannten, verkündete Herder von Riga aus in die Welt und die Welt hat es vernommen, wir leben heute nach den Ideen Herders. Johann Friedrich Hartknoch gab 1784 in Riga die "Ideen zur Geschichte der Menschheit" heraus und 1793 beförderte Hartknoch in Riga Herders Briefe der Humanität in Richtung der Menschheit, die Humanität, die heute in den Herzen der Menschen wohnt ... oder auch noch nicht!?

Aus Riga schreibt Herder Ende 1767 an Kant: "... ich kann nicht sagen, wie sehr mich der Brief erfreut hat. Das Andenken meines Lehrers, der so freundschaftliche Ton, der darin herrscht, der Inhalt selbst - alles machte mir denselben zum Geschenke ..." und zum Schluß: "Lieben Sie mich, mein liebster, hochgeachteter Kant, und nehmen Sie die Unterschrift meines Herzens an. Ihr Herder". Sie begegneten sich nicht mehr persönlich, doch die Ideen Herders und der Geist Kants gingen in einer Art Vereinigung aller großen Gedanken von Riga in die Welt hinaus. Hartknoch arbeitete auch für Kant - in Riga erschien das Hauptwerk Kants.

Das Land zwischen Weichsel und Memel war in seiner Abgelegenheit, mit der Weite seiner jungfräulichen Landschaft, auch die des Ausblicks und Horizonts der dort heranwachsenden Menschen zu fördern, also einer unbelasteten Humanität und größerer Freiheit des Geistes den Weg zu ebnen. So ist verständlich, daß Kant nie reiste, denn er war identisch mit dieser Landschaft und so blieb sein Denken immer ein geschlossenes Ganzes. Er ließ seine Überlegungen nicht von der Königlichkeit der Großmachtdynastie in Brandenburgs Berlin leiten, sondern durch die befördernde Kraft seiner königlichen Stadt Königsberg.

Hier in Königsberg gab er seine Schriften am Anfang seines Schaffens und seine reiche Ausbeute in späterer Zeit heraus. Nur einige Beiträge für die Akademie in Berlin schrieb er. Hamann und Herder waren an diesem Austausch der Meinungen beteiligt, es wurden alle großen Geister zu einer Stellungnahme aufgefordert. Die "Beantwortung der Frage: Was ist Aufklärung?" war ein solcher Aufsatz für Berlin. Schon wieder zeigt sich die Misere mit der Sprache. Schriebe es Kant in Latein oder Französisch, die Gebildeten wüßten was gemeint war. Schreibt Kant in Deutsch: Aufklärung ist der Ausgang des Menschen aus seiner selbstverschuldeten Unmündigkeit, so muß er sogleich erklären, was Mündigkeit ist und was man unter selbstverschuldet zu verstehen hat. Er schreibt es in Deutsch und erklärt es damit ausgiebig.

"Habe Mut, dich deines eigenen Verstandes zu bedienen!" ruft Kant nach Berlin den Fragenden entgegen, habt Mut, sie konnten es brauchen, bei diesem König! Auch in der Schrift "Muthmasslicher Anfang der Menschheitsgeschichte" ermutigt er die Berliner frei zu sein: "Die gleichzeitig mit der Sprache sich entwickelnde Vernunft ermöglicht dem Menschen die Freiheit, eine Lebensweise zu wählen. Das Erwachen der Vernunft ist der erste Freiheitsakt ... "

Über die Entfaltung des Menschen ..., was die Erreichung einer allgemeinen das Recht verwaltenden bürgerlichen Gesellschaft zum Ziel hat, zeigt Kant bereits deutlich nach dem Baltikum und nach Riga, dort soll der Welt verkündet werden, was sie künftig zusammenhält, in Vernunft und im Rahmen des Rechts, sonst wird die Welt zu Grunde gehen.

In der "Kritik der reinen Vernunft" beantwortet er die Frage: Was kann ich wissen? In der "Kritik der praktischen Vernunft" beantwortet er weitere Fragen: Was soll ich tun und was soll ich hoffen? Diese Fragen stellten sich alle Philosophen bis zum heutigen Tage auch, seit sie in Riga in der Öffentlichkeit von Kant gestellt worden waren, und man kam immer wieder auf die Antworten Kants zurück. Es gab Ausnahmen, die seiner unerschütterlichen Gedankenwelt widersprachen, sie stürzten die Menschheit ins Elend. Diese Stimmen erhoben sich später in Berlin, die sich nicht mehr soviel Kopfzerbrechen machen wollten und einfache Wahrheiten fanden, die zu schnellen Antworten führten. Sie kritisierten nicht mehr nur, sondern führten ihre Interpretation auch in Wirklichkeit aus – wobei der Mensch auf der Strecke blieb.

Die Antwort, die Kant gab in seiner "Grundlegung zur Metaphysik der Sitten" 1785 in Riga, lautete:

"Handle so, daß du die Menschheit, sowohl in deiner Person, als in der Person eines jeden anderen, jederzeit zugleich als Zweck, niemals zugleich als Mittel gebrauchst" und so, "daß der Wille durch seine Maxime sich selbst zugleich als allgemein gesetzgebend betrachten kann."

Der kategorische Imperativ, den Kant aufstellte und den sich jeder vorhalten lassen muß, formulierte er so: "Handle nur nach derjenigen Maxime, durch die du zugleich wollen kannst, daß sie ein allgemeines Gesetz werde." In Riga, im Baltikum hörte man dies wohl, aber man wollte es nicht verstehen, auch in der ganzen Welt hörten viele nicht hin. Hat man es heute wenigstens überall verstanden? In Riga verlernte man die Sprache Kants und im Russischen kam Kant scheinbar nicht vor. Herder veröffentlichte zugleich seine Werke in Riga, er wurde zum schlechten Gewissen der Deutschen. Der in Deutschland so hervorgehobene Goethe gaukelte den Menschen vor, daß sie alles erreichen könnten. Faust verbündet sich mit Mephisto, mit dem Bösen und alles ist erlaubt. Noch heute sagt man, du kannst alles erreichen: du mußt nur wollen!

Herder war das Gewissen, Kant das moralische Gewissen in der Vernunft. Was waren aber nun die anderen, der dritte Königsberger im Bunde, Hamann. Was mit Michelangelo, Rembrandt, Bach, Mozart und Beethoven. Sie waren Menschen, humane Menschen! Der Humanismus war es, den die Königsberger Philosophen für die Menschheit erreichen wollten. Ihr erster Ruf ging von Riga aus in die Welt hinaus und dies stellt die Stadt in die vorderste Reihe derer Städte, die heute die Humanität in der Welt vertreten.

Wohlgemerkt also – Kant übt Kritik, stellt Fragen nach dem Wissen, Tun und Hoffen, und gibt dann Antworten; indem er nicht Handlungen verlangt, sondern Handlungsmaximen prüft, als subjektive Leitvorstellung. Kant prägte die Formel für das oberste, "a priori" gültige Sittengesetz, den kategorischen Imperativ, als unbedingte und bedingte Aufforderung. Kategorisch im philosophischen Sinne, nicht im Sinne "wenn ... dann" verstanden, sondern als eine Befehlsform der Moral in der Relation.

Eine vierte Frage aber stellte Kant 1790 "Was ist der Mensch? In seiner "Kritik der Urteilskraft" versucht er diese Frage zu beantworten. Als Ort der Veröffentlichung wählt Kant nicht Riga, sondern Berlin. Nachdem er seine Anfangswerke in Königsberg und seine Hauptwerke "a la Serie" in Riga erscheinen ließ, sieht Kant scheinbar Berlin als den richtigen Ort an, diese Frage laut zu stellen. Das letzte Werk Kants in Riga kam 1788 heraus, dann gehen alle Schriften in Königsberg in Druck. Herder veröffentlichte seine Ideen 1791 und seine Briefe zur Humanität noch 1797 in Riga.

Man versteht Kant nur aus seiner Zeit heraus. Katharina II. hatte in Rußland und in ihren baltischen Provinzen eine Europäisierung, eine sprachliche Französisierung der Oberschichte, eingeleitet. 1785 hatte sie den Gnadenbrief für den Adel, eine Charta sozialer Privilegien, erlassen. Sie trieb Macht- und Interessenpolitik. Ihre Überzeugung von der Allmacht der Vernunft und Bildung, wo Kant mit ihr noch einiggehen konnte, führte zu Schulgründungen, die aber nur dem Adel zugute kam.

König Friedrich der Große, der auch uneingeschränkt im Glauben war, daß die Vernunft das ordnende Weltprinzip sei, starb 1786. Ihm folgte König Wilhelm II., der 1788 das Religionsedikt gegen die Aufklärung in Verbindung mit dem Zensuredikt erließ, was auch Kant traf.

Kant spricht in seiner Schrift von der "... Idee der moralischen Freiheit des Menschen ... die in der leleologischen (auf ein Ziel hin orientierten) Urteilskraft der Schlüsselbegriff zur Beantwortung der Frage" darstellt: Was ist der Mensch?

Zuerst mußten aber die Menschen zu Menschen werden, damit man diese Frage beantworten konnte. Dreizehn Jahre später schrieb Kant in der Schrift "über Pädagogik": "Der Mensch kann nur Mensch werden durch Erziehung" diese dient der Vervollkommnung der menschlichen Natur, ihr Prinzip ist "die Idee der Menschheit". Im Katechismus des Rechts sollten diese Pflichten gegen andere verdeutlichen, um "die Kinder das Recht des Menschen, diesen Augapfel Gottes auf Erden, kennen und zu Herzen nehmen lernen".

Vervollkommnung des Menschen durch Erziehung und Bildung, so konnten Menschen nur zu Menschen werden. Im Jahre 1802 wurde die Universität in Dorpat eröffnet, 1803 wurde die Universität in Wilna zur kaiserlich-russischen Universität. Im gleichen Jahr veröffentlichte Kant diese Schrift in Königsberg. Denkt man nicht unwillkürlich an diese Bildungsstätten, konnte dort jeder studieren und konnte demnach jeder im Sinne Kants Mensch sein? Er sagt weiter: "Die religiöse Erziehung endlich sollte an die bereits nahegebrachte Ordnung und Schönheit der Natur und an die Gewissenserfahrung anknüpfen können, sie sollte vor Fröhlichkeit und Frömmigkeit bei guter Laune, statt finsterer Andacht bestimmt sein."

Es waren nur noch fromme Hoffnungen Kants, in Frömmigkeit, ohne Fröhlichkeit, in finsterer Andacht, ein Jahr nach diesen Worten starb er.

Kant überlebte seine Königsberger Kollegen Herder, der in Weimar in krankem Zustand starb, Hamann starb gleichfalls als ein gläubiger Mensch im katholischen Münster. Hoffmann versteckte sich hinter "Kater Murr", dem er in Anspielung an die Philosophen in Königsberg "hohe Ideen" andichtete, sowie eine "höhere Bildung". Hoffmann gab Anweisungen wie man sich zum großen Kater bilden kann. Seinem Kater Murr gab er eine Katze "Miesmies", daß er nicht so allein sei, wie der einsame Kant. Hoffmann war nicht weiser geworden, er schaute etwas zu tief ins Weinglas. In Berlin starb er, auch fern seiner Heimat Königsberg. Bis zuletzt war er mit wenig Erfolg für die Gerechtigkeit eingetreten.

In Hoffmanns Haus in Königsberg wohnte ein weiterer Meister der Feder Zacharias Werner, der gerade wieder in seine Heimatstadt heimgekehrt war, als Kant 1804 starb. Er spürte als Romantiker bereits, daß eine Besserung der Menschenschicksale nur im

Glauben zu bewerkstelligen war. Er schrieb eine deutsche "Schicksalstragödie", wo er die christlich-fundierte Schuld-Durchbrechung von Schuld zu Sühne und Sühne zur Vergebung an einem tragischen Geschehen aufzeigte. Er schrieb auch das "Kreuz an der Ostsee", über das Christentum und Heidentum, in seiner mystisch-religiösen Auffassung. Er starb im fernen Wien, als katholischer Priester.

Der einzige, der in Königsberg blieb, war der große Philosoph Immanuel Kant. Was Kant noch 1783 in Riga in dem "vorher Gesagten", der Schrift "Prolegomena" verkündete, die Vernunftkritik führt zur Wiedergeburt der Metaphysik, die der Schwedenkönig bei Gründung der Universität Dorpat gar nicht mochte, davon ist auch der Dorpater Dom nicht wiedergeboren worden, der Königsberger Dom ist auch noch in Schutt und Asche versunken.

"Ich, der Dom zu Königsberg", heißt es bei der Dichterin Agnes Miegel,

"Ludger von Braunschweig
Mich zum Deutschherrn schlug,
Als Ludwig von Bayern
Des Reiches Krone trug."

Und in der Prolegomena sagt Kant weiter, " ... weder unser Ich noch das Ganze der Welt oder die Realität der Freiheit noch das Dasein Gottes lassen sich wissenschaftlich begreiflich machen", wir begreifen aber auch nicht, daß nach Vernichtung der Stadt Königsberg und nach Abzug des Rauches, die Sprache Kants verstummt ist, nur noch Fremde ringsumher. In Riga weht wieder der Wind der Freiheit, wie damals, als noch die Philosophen lebten und aus Paris die französische Revolution hinüberwehte, mit dem Ruf nach "Freiheit, Gleichheit, Brüderlichkeit." Für Riga waren es aber nur Worte aus der Ferne und Herders und Kants Sprache verstand man nicht mehr. So ging es der ehrwürdigen Stadt Riga wie der Iphigenie, als sie erfuhr, daß ihre Geschwister überlebten und sagte:

"Goldene Sonne, leihe mir die schönsten Strahlen,
lege sie zum Dank vor Jovis Thron.
Denn ich bin arm und stumm ..."

JOHANN SEBASTIAN BACH UND DER BALTISCHE BARON

Bachs Mitschüler Georg Erdmann

Am 21. März 1685 kam in Eisenach in Thüringen als achtes Kind ein Sohn auf die Welt. Am 23. März waren die Familie, Verwandte und Bekannte um den Taufstein in der Kirche versammelt, um den Buben auf den Namen Johann Sebastian zu taufen. Mit acht Jahren kam der Bub auf die Lateinschule. Mit neun Jahren stand der kleine Johann Sebastian bereits mit anderen Trauergästen am Grab seiner Mutter und bald verlor er auch seinen Vater. Der älteste Bruder Christoph , der Organist an der Kirche St. Michaelis in Ohrdruf war, nahm ihn bei sich auf.

Früh zeigte sich bei Johann Sebastian ein Interesse an der Musik. Damit es niemand bemerkte, schrieb er bei Mondenschein Noten bekannter Meister ab. In der Schule erreichte er mit vierzehn Jahren als Sekundus seiner Klasse die Prima. Ein Jahr später kommt er an die Michaelsschule im Michaelikloster in Lüneburg. Er geht aber nicht allein, sein Mitschüler, der zwei Jahre ältere Georg Erdmann, geht mit ihm. Sollten die beiden vor Freude gesungen haben, dann sangen sie mit ihren Sopranstimmen Simon Dachs und Heinrich Alberts Frühlingsliedchen, Lieder dieser beiden, in Königsberg als Professor und Organist Wirkenden, waren damals in aller Munde.

Johann Sebastian ging nun zu seinem großen Bruder und Georg Erdmann zu seinen Eltern nach Leina, um sich den Reisesegen geben zu lassen. Ende März 1700 treffen sie in die 300 Kilometer weiter nördlich gelegene Stadt Lüneburg ein. Dort gehörten sie als Alumnus dem Mettenchor an, der die Liturgische Musik den mit dem Michaelikloster verbundenen Ritterakademie, eines Alumnats für Adlige, anzuführen hatte.

Am Ostermontag 1701, schreibt Johann Sebastian aus Lüneburg an seinen Bruder Jakob: Lieber Jakob! Ich schreibe Dir heute diesen Brief, weil ich weiß, daß er Dich auch ganz bestimmt erreichen wird. Denke Dir meine Freude, als am vergangenem Palmarum dominus Kantor Elias Herda Ohrdrufiensis – Du kennst ihn ja von Deinen Besuchen bei Christoph in unsern Chorraum eintrat, in dem wir gerade als Chorus symphoniacus noch einmal die Kantate probierten – mit Deinem Bruder Sebastian auf der Bratsche und Erdmann im Chorbaß, was uns auch sonsten recht einträglich ist

- und wie uns Dominus Herda nach dem Gottesdienst in unserer Michaelskirche mit uns, dem Erdmann und mir, über den Kalkberg wandert und uns von Ohrdruf erzählt. Er will diesen Brief mitnehmen ... Dann schreibt er weiter: In der Schule ist der Erdmann schon eine Klasse vor mir aufgerückt, weil er ja auch viel älter ist als die Jungen in unserer Secunda, aber es wird nicht mehr lange dauern, dann komme ich auch in die Prima ...

Denke Dir, schreibt er weiter unten, wir lesen jetzt das Novum Testamentum in griechischer Sprache und lernen viel neues dabei, was wir in Ohrdruf nie erfahren haben. Denke Dir - das Ostern gibt es bloß bei uns - ich meine in Lüneburg und in Thüringen und sicherlich auch im Hessischen und in Sachsen. Eigentlich war es das Passahfest in Jerusalem. Luther, unser alter Schulgenosse in Eisenach, hat es mit "Ostern" übersetzt, weil wir ja kein Passah feiern wie die alten Israeliten zum Gedenken an ihren Auszug aus Ägypten, und wir essen daher auch kein Passahlamm und keine Matze, sondern -und nun höre mir gut zu oder lies es ganz genau - Ostern war ein altes Frühlingsfest, nach der Göttin Ostara genannt - und nun siehst Du, daß Passah und Ostern beides für uns ist: nach der Auferstehung das Fest für das Erwachen - aus der Todesnacht von Golgatha und auch aus der Todesnacht der Natur - aus der Winternacht. Also, lieber Jakob, ein frohes Passah!

Nun gehen dem Johann Sebastian Bach die Augen auf, auch für die Umgebung Lüneburgs. Im Norden gelegen Hamburg, wo er zu Fuß hinpilgert, kann er in der St. Katharinenkirche den berühmten Organisten Reinken hören. Nachdem Erdmann heimkehrt und einen Brief mitnehmen kann, muß Bach schon in Hamburg mit dem Schreiben beginnen: Hamburg, 2 Tage nach Exaudi 1702 abends, vor der Abreise nach Lüneburg, heißt es auf dem Brief, und bei einem anderen heißt es: Lüneburg, Donnerstag vor Pfingsten.

Mit siebzehn Jahren hatte Johann Sebastian Bach die Lateinschule absolviert, 1702 ging er nach Thüringen zurück, erhielt in Sangershausen eine Organistenstelle, zu Ostern 1703 eine Stelle als Violinist an der Hofkapelle in Weimar und im August 1703 wieder eine Organistenstelle in Arnstadt. Arnstadt gab damals geschichtlich das Bild einer deutschen Stadt ab. Drei Musikbereiche gab es gegeneinander abgegrenzt. Das Rathaus mit der Ratsmusik, den Stadtmusikus und die Stadtpfeifer. Dann die Stadtkirche mit dem Stadtorganisten, der Stadtkantorei und der Lateinschule. Zuletzt das Schloß mit dem Hoforganisten für die Schloßkirche und der Hofkapellmeister mit der Kammermusici.

Bach aber zieht es unruhig wieder nach der nördlichen Stadt Lübeck, wo der berühmteste Orgelspieler der Zeit, Dietrich Buxte-

Am Pleskauer See - im Hintergrund ist Rußland

Dorpats Rathaus hat Architekt Walter gebaut

Dorpats Universitätsgebäude von Architekt Krause

Schloßähnliche Gutshäuser wie hier in Kechtel

Die Bischofsburg in Hapsal

Gedrehter Wacholderstamm in Kirna

Typische Landkirche in Vigala

Grabkreuze wie heidnische Sonnenräder in Rappel

Gutshaus Raikküla Wohnsitz der Keyserlingk

Schöne Windmühlen - doch sie arbeiten nicht mehr

Mächtiger Kirchengiebel vom ehemaligen Kloster
der heiligen Brigitte von Schweden bei Reval

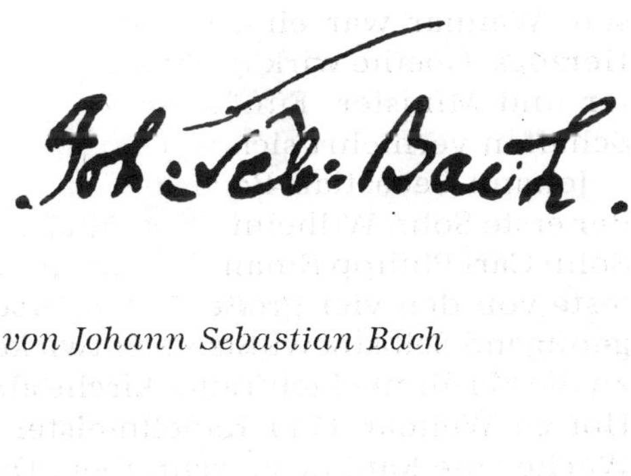

Notenhandschrift von Johann Sebastian Bach

hude, angestellt ist. Ihn muß Bach unbedingt hören. Bei seiner Tante Regine verabschiedet er sich und die Tante sagt ihm: Aber, Sebastian, willst du es deinem Bruder Jakob nachmachen? Etwa nach Polen? In den Schwedenkrieg? "Nein, nein", winkt er ab, "nicht nach Polen in den Krieg! Ich will nach Lübeck ..."

Von seinem Freund Georg Erdmann hörte er nichts mehr, nach langen zwanzig Jahren wollte das Schicksal, daß sie wieder zusammenkommen, aber unter völlig veränderten Verhältnissen. Schweden und Polen führen einen langen Krieg gegeneinander, als beide Großmächte erschöpft sind, setzt der russische Zar Peter der Große zu einem Siegeszug an und besetzt das ganze Baltikum, das zuvor schwedisch war. Auch auf Polen kann Rußland unter Zar Peter Einfluß ausüben und Polen wird zum Spielball der Machtpolitik. Rußland braucht Verwaltungsbeamte, Staatsmänner und Diplomaten, hier findet Georg Erdmann, der Schulfreund Bachs, ein vorteilhaftes Betätigungsfeld.

Johann Sebastian Bach in russischen Diensten?

Geschichte kann die Größe eines künstlerischen Schaffens, die Qualität, die Sinnfülle der Werke nicht erklären, aber sie ist auch im Falle Bach eine Instanz, die seine Größe in ihrer Art bedingt, was die Eigenart der Größe erklären hilft.

Arnstadt war für Bach noch lange nicht die Endstation. Er blieb in Lübeck drei Monate länger als er Urlaub hatte, dies sah niemand so gern. Im Sommer 1707 wurde er Organist an der Blasiuskirche in Mühlhausen. Als er im nächsten Jahr als Hoforganist nach Weimar wechselte, konnte er bereits 196 Kompositionen nachweisen. Weimar war eine kleine thüringische Residenzstadt eines Herzogs. Goethe wirkte erst siebzig Jahre später am Hofe als Dichter und Minister. Fünf Jahre hält es Bach in Weimar und sein Schaffen vermehrt sich wesentlich bis zur Werknummer 987.

Johann Sebastian Bach hatte sich inzwischen verheiratet und der erste Sohn Wilhelm Friedemann war drei Jahre alt, der zweite Sohn Carl Philipp Emanuel war unterwegs und sollte der berühmteste von den vier großen Musikersöhnen sein. Bach hatte auch genügend Selbstbewußtsein entwickelt, daß er den Ruf nach Halle an die berühmte Liebfrauenkirche ablehnen konnte. Er wurde am Hof zu Weimar 1714 Kapellmeister mit der Verpflichtung, jede Woche eine Kantate zu schreiben. Die Tage waren aber nicht alle ungetrübt, wie der 23. Februar 1713, wo seine Frau Barbara im Kindsbett Zwillingen das Leben schenkt, jedoch nur für Stunden.

Nach der Nottaufe starben beide Kinder und Bach tröstete seine Frau: Unser Herrgott weiß allein, warum er die Kinder zu sich genommem hat. Vertrauen wir ihm, liebe, liebe Barbara. In solchen Stunden klangen bei seinem Spiel die Themen seiner Trauerkantate durch, seines Actus tragicus:

"Gottes Zeit ist die allerbeste Zeit.
In Ihm sterben wir zur rechten Zeit.
Gloria, Lob, Ehr und Herrlichkeit
sei dir, Gott, Vater und Sohn bereit!"

Vier Wochen vor Advent bezieht der fürstlich Anhaltinisch-Cöthensche Hofkapellmeister Johann Sebastian Bach im Herzoglich-Weimarer Landrichterhaus Arrest. Auf allergnädigste Verfügung erscheint er am 6. November 1717 mit einem Stoß Notenblätter unter dem Arm, nach rührendem Abschied von der Familie, vor den Toren des Landrichterhauses und bittet um Kerzen und Tinte, die ihm genehmigt werden. Bach hatte sich eine neue Kapellmeisterstelle gesucht, ohne beim derzeitigen Brötchengeber um Genehmigung angesucht zu haben, da versteht der Fürst keinen Spaß.

Im Arrest geht Bach gleich an die Arbeit ein Orgelbüchlein zu schreiben, es sollte der vorläufige Abschluß seiner so erfolgreichen Laufbahn als Organist und ein Abschied von der Orgel sein. Da es dem Advent zugeht, eröffnet er die Sammlung sogleich mit Adventchorälen "Nun komm, der Heiden Heiland", "Gottes Sohn ist gekommen", "Herr Christ, der einig Gottes Sohn" und "Lob sei dem Allmächtigen Gott". Manchmal hörten die Haftbetreuer, weil es auf Weihnachten zuging, recht bekannte Melodien aus der Haftzelle herausklingen: "In dulci jubilo ... nun singet und seid froh!"

Seine neue Hofkapellmeisterstelle beim Fürsten von Anhalt-Köthen war von ganz anderer Art. Da der Hof calvinistisch geprägt war, gab es nicht viel Raum für Orgelmusik und Kantaten, sondern Kammermusik für Aufführungen vor dem Hof mit den achtzehn Musikern. In diesen Rahmen paßten auch die sechs Brandenburgischen Konzerte für Markgraf Christian von Brandenburg. In Königsberg, der Hauptstadt des Königreiches Preußen, das mit dem Kurfürstentum Brandenburg im Verbund regiert wurde, erblickte im Jahre 1724 Immanuel Kant das Licht der Welt. Im gleichen Jahr schuf Johann Sebastian Bach für eine Karfreitagsvesper die Johannespassion, er war in Leipzig gelandet, seiner letzten Arbeitsstelle.

Die Aufgaben als Director musices und Kantor der Thomasschule waren ganz andere, auch tauschte Bach die fürstlichen Herren mit den Herren der Stadt Leipzig ein, und es wird eine lange

Leidenszeit daraus. Er mußte seine Arbeit in immerwährendem Streit verrichten, nur in der musiklosen Fastenzeit vom 2. bis 4. Advent und von Aschermittwoch bis Gründonnerstag hatte er Gelegenheit für Komposition und Vorbereitung seiner besonderen Werke.

Die Thomasschule war im Jahre 1212 von Kaiser Otto IV. gegründet worden. Als dieser Sachsenkaiser regierte, gingen die Ritterbrüder im baltischen Riga an Land. Otto war ein Sohn des bayerisch-sächsischen Herzogs Heinrich des Löwen und Onkel des Herzogs Otto, das Kind, von Braunschweig-Lüneburg. In Lüneburg war Bach noch vor zwanzig Jahren mit seinem Schulfreund beisammen gewesen, das war aber im niederen Sachsen, er lebte im oberen Sachsen, dem Kurfürstentum Sachsen. In Leipzig gab es zur Zeit Bachs die berühmte Universität, dort hatte der sächsische Herzog 1519 bis 1520 zum Steitgespräch zwischen dem bayerischen Professor Eck von der katholischen Partei und den Reformatoren um Luther aufgerufen. Die Disputation wurde am 27. Juni 1519 mit einem Gottesdienst in der Thomaskirche eröffnet, wo Bach nun Kantor war. Am Beginn wurde die zwölfstimmige Motette "Missa de spiritu sancto" und nach der Eröffnungsrede zur Disputation sangen die Thomaner: "Veni creator spiritus" – Zweifel sind angebracht, ob die Herren damals vom Heiligen Geist erfüllt waren.

Die Stadtherren waren auch nicht recht vom Heiligen Geist beseelt, sie warfen Bach Vernachlässigung seiner Amtspflichten vor und drohten ihm mit Kürzung des Gehaltes. Eine "wunderliche, der Music wenig ergebene Obrigkeit", schrieb Bach seinem alten Schulfreund Georg Erdmann, den er wieder ausfindig gemacht hatte, "mithin fast in stetem Verdruß, Neid und Verfolgung leben muß", weshalb er sich nach einer anderen Stelle umsieht. Nicht Amt und Aufgaben haben Bach enttäuscht, sondern die
eipziger Verhältnisse, die ihm Drangsal bereiteten.

ach nahm seine Arbeit ernst und sah auch zwischen den Kate-
n "geistlich"und "weltlich" in der Musik keinen komposito-
Unterschied. Die Musik soll "aller Music ... Finis und End-
anders nicht, als nur zu Gottes Ehre und Recreation des
eyn". Doch auf der anderen Seite verdiente Bach das
für seine große Familie auch bei den Beerdigungen,
chäft lief überhaupt nicht gut, zwischen 1728 und
hl der Sterbefälle in Leipzig von 1269 auf 1194
hrieb voller Verzweiflung:

on belaufet sich etwa auf 700 rthl., und wenn
rdinairement, Leichen gibt, so steigen auch
lentia; ist aber eine gesunde Luft, so fallen

hingegen auch solche, die dem vorigen Jahr an ordinairen Leichen accidentien über 100 rthl. Einbuße gehabt."

In dieser Lage war für Bach die Drohung mit einer Gehaltskürzung geradezu tödlich. Sein Freund war seine Rettung, denn Georg Erdmann, Baron Georg Erdmann hatte eine wahrhaftige Karriere gemacht, denn er war damals kaiserlich russischer Agent in Danzig.

Seiner Frau erklärte Bach, welchen Ausweg er aus der Misere sieht: "Ich habe soeben meinem alten Freunde Georg Erdmann – dem Leinaer Wandergenossen nach Lüneburg – geschrieben, Erdmann ist heute ein Mann von großem Einfluß in seiner Position als Baron und Russisch-Kaiserlicher Regent in Danzig". So schreibt Bach dem nunmehrigen Baron:

"Es werden nunmehr fast vier Jahre verflossen sein, da Euer Hochwohlgebohren auf mein Ihnen Abgelassenes mit einer gütigen Antwort mich beglückten ... Von Jugend auf sind Ihnen meine Fata bestens bewußt, bis auf die Mutation, so mich als Kapellmeister nach Cöthen zog. Daselbst hatte einen gnädigen und Musik so wohlliebenden als kennenden Fürsten, bei welchem auch vermeinte, meine Lebenszeit zu beschließen." Dann fragt er den alten Freund, ob ihm eine bessere Stelle als vakant bekannt sei. Wir wissen, daß die Anfänge der russischen Musik eng mit der Tätigkeit ausländischer Musiker verbunden war. Schon im frühen 17. Jahrhundert waren westeuropäische Musiker ins Land geholt worden und gelegentlich hatten Aufführungen von deutscher Musik stattgefunden. Erst 1673 war das Ballett "Orpheus und Euridike" von Heinrich Schütz aufgeführt worden, dem großen Hofkapellmeister am Hofe des benachbarten Dresden vor Jahren.

Dem Baron Erdmann schildert Bach was ihn bedrückt und veranlaßt auch in russische Dienste zu treten: "Da aber nun 1) finde, daß dieser Dienst bei weiten nicht so erklecklich, als man mir ihn beschrieben, 2) viele accidentia dieser Station entgangen, 3) ein sehr theurer Orth und 4) eine wunderliche und der Music wenig ergebende Obrigkeit ..., als werde genöthiget werden mit des Höchsten Beystand meine Fortun anderweitig zu suchen."

Am Schluß des Briefes des Musikdirektors Bach heißt es: "...wenn Euer Hochwohlgeboren it mehreren incommodire; derowegen eile zum Schluß mit allem ergebensten Respekt zeitlebens verharrend Euer Hochwohlgeboren ganz gehorsamst ergebenster Diener Jo. Seb. Bach – Leipzig, d. 28. Octobris 1730.

Etwaige Schritte des Barons Georg Erdmann sind nicht bekannt, sie scheinen erfolglos gewesen zu sein. Der Baron starb sechs Jahre später, ohne daß er eine Möglichkeit gehabt hätte, Bach in seiner mißlichen Lage helfen zu können. Die Streitereien Bachs mit der

Obrigkeit gingen weiter, Bach konnte nur noch mit der Schulter zucken und den Ärger über sich ergehen lassen.

Bach und der baltische Baron von Keyserlingk

Der Schwede Lars Gustafsson macht aufmerksam auf "Die Stille der Welt vor Bach" und schreibt: "...Ein Europa der großen leeren Räume ohne Widerhall, voll von unwissenden Instrumenten, wo das "Musikalische Opfer" und das "Wohltemperierte Klavier" noch über keine Klaviatur gegangen waren. Einsam gelegene Kirchen, in denen nie die Sopranstimme der Matthäus-Passion sich in hilfloser Liebe um die sanfteren Bewegungen der Flöte gerankt hat..." So verehrt der Schriftsteller seinen Bach und im Nachfolgenden unsere baltische Ballade auf Bach.

Im Jahre 1733 wollte der neue sächsische Kurfürst und polnische König zwecks Abnahme des Treueeids der Stadt Leipzig einen Besuch abstatten. Bach soll für diesen festlichen Anlaß der katholisch-polnischen Majestät ein Kyrie und ein Gloria komponieren.

Diese ersten Teile der berühmten h-moll Messe konnten auf den König gar keinen Eindruck machen, weil er als Katholik an dem zu seinen Ehren veranstalteten evangelischen Gottesdienst garnicht teilnahm. Die majestätische Anrufung Gottes um Gnade, sollte als Trauermusik dem verstorbenen Herrscher zum Angedenken dienen und das Gloria freudig und kräftig den Ruhm des zu Besuch weilenden Erben symbolisieren. Diese beiden Teile der Messe überreichte Bach dem König, um ihm seine besondere Ehrerbietung und Ergebenheit auszusprechen.

Seine Freunde drängten Bach für den katholischen Hof in Dresden auch die anderen Teile der Messe, das Credo und das Sanctus mit dem Agnus Dei zu schreiben. Bach hält sich als überzeugter Protestant trotzdem streng an die für die katholische Liturgie feststehende Form. Im Jahre 1738 war er mit allen Teilen der Messe fertig. Nach dem bereits fertigen Kyrie mit dem Ausruf - Christe eleison -, dem Jubelschrei der drei Trompeten zum - Gloria -, mit abschließendem Jubelchor Cum sancto spiritu -, komponierte Bach das Glaubensbekenntnis - Credo in unum Deum -, hinzu. Der dramatische und zugleich musikalische Höhepunkt des Credo liegt im Crucifixus-Chor. Dann folgte in leuchtenden Farben das Sanctus mit der Jubelfuge - Pleni sunt coeli et terra gloria eius -, um dann mit der ergreifendsten Aria für Altsolo der h-moll Messe im - Agnus Dei, qui tollis peccata mundi - fortzusetzen und mit dem

Schlußchor – Dona nobis pacem – dem Gebet zum Frieden, das gewaltige Werk, wie mit einem großen feierlichen Amen, zum Ausklang zu bringen.

Bach unterteilt die Messe in 24 Musikstücke, die meist dem Chor übertragen sind. Albert Schweitzer bewunderte diese Messe, die das katholisch-Großartige mit dem protestantisch-Innigen verbindet. Die Messe gehört zu den größten Kompositionen dieser Gattung in der Musikgeschichte.

Bach wird in Dresden bewundert. Im Gegensatz zu Leipzig hat er dort Förderer, die dem König den Musikus Bach in Erinnerung bringen. So wird Bach wegen seiner Verdienste vom sächsischen Kurfürsten und polnischen König August III. schon am 19. November 1736 zum "Hofcompositeur" ernannt. Bach reiste nach Dresden mit weiteren vier kleinen, aus dem Kyrie und Gloria bestehenden Messen.

Am 28. November hatte Bach das kostbare Schreiben vom König unterschrieben erhalten, er möge sich in Dresden im Palais des Freiherren von Keyserlingk einfinden. Es war kein geringes Erstaunen bei dem neuernannten Herrn Hofkapellmeister und Musikdirektor Johann Sebastian Bach und der Madame Bachin, am 30. November, vom Gesandten der russischen Kaiserin Anna Iwanowna am Dresdner Hof, Freiherr Hermann Carl von Keyserlingk, empfangen zu werden.

Der Freiherr – obwohl in kaiserlich-russischen Diensten – war ein Nachkomme eines alten westfälischen Geschlechts, dessen Vorfahren im 15. Jahrhundert nach Livland übergesiedelt waren. Er stand im Dienste Anna Iwanownas, der Herzogin-Witwe von Kurland, seit 1730 Kaiserin Rußlands. Er war ihr im gleichen Jahr nach St. Petersburg gefolgt. Dort wirkte er mit Erfolg als Präsident der kaiserlichen Akademie der Wissenschaften, bis er im Jahre 1733 zum kaiserlich-russischen Gesandten am Dresdner Hof ernannt wurde. Keyserlingk war ein liebenswürdiger Kavalier von höfischer Eleganz, von heiterer Aufgeschlossenheit, von Geist und Anmut. Er war jünger als der fünfzigjährige Bach. Er sagte, er habe schon einigemale die Konzerte Bachs in der Sophienkirche hören können. Graf Keyserlingk überreichte Bach die Ernennungsurkunde in der es hieß:

"Decret Vor Johann Sebastian Bach, als Compositeur bey der Königlichen Hof Capelle, Demnach Ihro Königliche Majestät in Pohlen, und Churfürstliche Durchlaucht zu Sachßen etc. Johann Sebastian Bachen, auf dessen geschehenes allerunterthänigstes Ansuchen, und umb seiner guten Geschicklichkeit willen, das Praedicat als Compositeur bey Dero Hof Capelle, allergnädigst Decret, unter Ihro Königlichen Majestät höchst eigenhändigen

Unterschrift und vorgedruckten Königlichen Insiegel, ausgefertigt worden. So gesehen und geben zu Dreßden, den 19. Nov. 1736

G. W. Mentzel Augustus Rex (L.S.) De Brühl Mentzel

Mundiert, den 19. Novembris 1736

Dem 28. ejusdem ist das Original Sr. Exellenz dem Herrn Baron von Keyserlingk zugestellet worden..."

Danach folgte ein Hauskonzert. Diese Hauskonzerte des Freiherrn von Keyserlingk gehörten zu den Ereignissen der Residenz in Dresden und nachher sprach auch der Herr Premierminister Heinrich Graf von Brühl seine Glückwünsche aus. Am 1. Dezember 1736 spielte Bach auf der neuen Orgel in der Frauenkirche in Gegenwart des russischen Gesandten von Keyserlingk, sowie anderen Personen und Künstlern. Dann aber heißt es für Bach wieder zurückkehren nach Leipzig, wo der jahrelange Rechtsstreit mit dem Rektor der Thomasschule, wegen der Präfekten, weiterging. Erst ein Machtwort des Landesherrn läßt diesen Streit, unter den vielen Auseinandersetzungen Bachs mit der Leipziger Ratsherren-Obrigkeit, zu Ende gehen.

Zu dem 54. Geburtstag Bachs hatte sich der Leipziger Rat etwas besonderes ausgedacht. Bach hatte die Matthäus-Passion zehn Jahre nach der Uraufführung für den Karfreitag überarbeitet. Der Rat läßt ihn wissen, daß er die Aufführung unterbleiben lassen soll. Dieses Werk von Bach war die Krone dieser Gattung, fürchteten die Räte die Aufführung dieser Passion wegen der Szene der Gefangennahme Christi, wo es heißt: "Eröffne den feurigen Abgrund, o Hölle?"

Nein, die Räte der Stadt Leipzig waren engstirnig und borniert. Sie erkannten in Johann Sebastian Bach die Größe des Meisters nicht, der unter diesen schockierenden Vorgängen versucht seine Niedergeschlagenheit zu überspielen, so schreibt er an Agricola: "So nun vergessen wir die Passion ... ihr seid unser Gast ... zum bewußten 21. März des 54. Lebensjahres Eures wohlgeneigten Giovanni Bastiano Bach."

Im Oktober 1740 gab es ein Ereignis von großer politischer Tragweite und Bach war auf Reisen zu seinem Sohn Carl Philipp Emanuel am Berliner Hof, wo er auch mit dem Preußenkönig zusammentraf. Das hochpolitische Ereignis war der Tod des Kaisers Karl VI. in Wien, dessen Erbin seine Tochter Maria Theresia war. Erbin für die Habsburger Länder wohl, aber nicht für die Kaiserkrone, die bedarf eines männlichen Erben und den gab es in Wien nicht. Der nächste Verwandte zu den Habsburgern war der bayerische Kurfürst Karl Albrecht, ein Schwiegersohn zum Habsburger Kaiser Joseph I.. Es gab Krieg zwischen Bayern und Österreich, an dessen Ende der bayerische Wittelsbacher in Frankfurt zum Kaiser Karl VII. gekrönt wurde. Die Mutter Goethes sah den Kaiser in Frankfurt und schwärmte voller Entzücken über die prächtige kaiserliche Majestät aus München.

Da passierte etwas, das in Dresden und Leipzig ungeheuer überraschte: Der junge preußische König Friedrich, Freund der Musen, selbst leidenschaftlicher und gefühlvoller Musikant, junger Philosoph, überfiel am 16. Dezember 1740 das österreichische Schlesien. Er hatte die Schwäche Österreichs in brutalster Weise ausgenützt. Er war eben doch mehr als ein Flötenspieler und liebenswürdiger Gesellschafter. Der preußische König selbst äußerte sich so: "Es gibt für uns keinen anderen Weg. Das Schlachtfeld ist das Gericht; mit Waffen in der Hand müssen wir plädieren und den Gegner zwingen..."

Der Königsberger Johann Christoph Gottsched war jedenfalls im Heer der Preußen nicht dabei, er war bereits 1724 vor den preußischen Menschenfängern nach Leipzig geflüchtet, wie viele andere auch. In der Stadt Bachs war Gottsched vor den Preußen relativ sicher und lehrte an der Universität Poesie, Logik und Metaphysik. Mit seiner Frau Luise aus Danzig machte er sich in seinem Schaffen über vierzig Jahre, besonders um die Deutsche Sprache verdient. Im preußischen Berlin gab es keine deutschen Prioritäten, König Friedrich sprach Französisch, die deutsche Sprache sei barbarisch meinte er!

Damals hätte man schon gewarnt sein müssen, der Welt wären die Katastrophen mit den Deutschen erspart geblieben. Wie konnte ein König, der den Musen so hold war, solche Verbrechen begehen. Wie konnte die Geschichte diesem Friedrich, der andere Länder und Völker so hinterhältig überfiel und sich schwerster Verbrechen vor der Welt schuldig machte, auch noch den Ehrentitel "Der Große" verleihen. Dies machte Schule im zweiten Kaiserreich 1871 bis 1918, es wiederholte sich im Dritten Reich 1933 bis 1945 und in der kommunistischen Diktatur 1945 bis 1989. Die Welt fragt naiv wie immer: Und das vom Volke der Denker und Dichter? Ja, wer erinnert sich noch an Thomas Mann, der die Kontinuität von Martin Luther, über Friedrich den Großen, weiter über Bismarck bis zu Adolf Hitler behauptete. Die Tatsachen-Geschichte hat Thomas Mann recht gegeben.

Wer erinnert sich nicht an die Schulzeit, wo von dem lieben Familienvater Luther, vom gerechten König, dem alten Fritz und von Hitler dem guten Beispiel eines rechten deutschen Menschen, gelehrt wurde. Nichts davon, daß Luther zum Totschlag an den Bauern aufforderte und drei Hetzschriften gegen die Juden verfertigte, nach deren Rezept die Hitlerschergen ihr teuflisches Werk des Völkermordes begingen. Der Alte Fritz wurde als Hüter des

Rechts propagiert und dargestellt, nur konnte es seiner Armee, seinen Soldaten im Tode nichts nützen. Damit sie nicht einmal von Frau und Kindern betrauert werden konnten, durften sie nicht verheiratet sein. "Hunde wollt ihr ewig leben"! Mit diesem Ruf soll er seine Soldaten nicht in den Tod gehetzt haben, es war negativ, doch verbürgt ist, daß seine Untertanen nach seinem Sarg ausspuckten, als er gestorben war und der Leichenzug zur letzten Ruhestätte zog.

Niemand soll überrascht sein, daß bei den großen Deutschen "Gut und Böse" nahe beieinander lagen. Der größte Humanist unter den deutschen Dichtern, Johann Wolfgang von Goethe, weigerte sich als Minister einen Todgeweihten zu begnadigen und ließ ihn hinrichten. Edel sei der Mensch, hilfreich und gut, lernten wir einst von den Dichtern in der Schule, auf der anderen Seite zeigte sich die grobe, brutale, germanische Menschenart. Leicht erklärt sich so, daß die Ritterbrüder im Baltikum hart mit dem Schwerte auftraten, wo sie doch in der Nachfolge Christi handeln mußten:

"Meinen Frieden lasse ich euch, meinen Frieden bringe ich euch!'

Es gibt auch positive Beispiele wie Wolfgang Amadeus Mozart, doch er war Österreicher. Oder, eben unser Johann Sebastian Bach, er hörte den Kanonendonner, übertrug ihn aber nicht in seine Notenschrift. Er kommponierte "0 Haupt voll Blut und Wunden", "Wachet auf ruft uns die Stimme" oder "Jesu meine Freude", und er komponierte in diesen Jahren seine Klavierübungen in gefühlvoller Zärtlichkeit. Außerdem das "Wohltemperierte Klavier", 24 Präludien und Fugen, von denen der große Pianist und Dirigent Hans von Bülow sagte, sie seien für ihn das alte Testament, während Beethovens Sonaten das neue Testament seien.

Wieder begegnete Bach dem baltischen Grafen Keyserlingk. Bachs Sohn Friedemann, als Organist an der Sophienkirche in Dresden tätig, berichtet seinem Vater: Der Kurfürst hat den Freiherrn von Keyserlingk zum Reichsgrafen erheben lassen. Der Kurfürst verdankt ihm viel, viel, schreibt Friedemann: "...allein die polnische Krone, die ihm der Reichsgraf in Petersburg zugesichert hat."

Der Reichsgraf lädt Bach nach Dresden ein. Dort angekommen erhält er Gelegenheit als Musiklehrer für den Sohn Heinrich Christian und die Tochter Juliane Luise von Kaiserlingk tätig zu werden. Außerdem kann er den aus Danzig stammenden und in des Reichsgrafen Diensten stehenden Theophil Goldberg, der bereits bei Friedemann gelernt hatte, unterrichten.

Dieser Johann Theophilus Goldberg war es dann auch, den der Reichsgraf beauftragte, bei Bach ein Musikstück zu bestellen, das

Goldberg dem baltischen Grafen über Nacht vorspielen sollte, da er sonst wegen Schmerzen nicht einschlafen könne. So komponierte Bach dem Grafen eine Schlafmusik.

Am 12. Februar 1742 wurde der bayerische Kurfürst in Frankfurt am Main zum Kaiser gekrönt. Am 22. Februar fand ein privates Ereignis im Hause Bachs statt, die Tauffeier für die Regina Susanna, eines Prachtmädchens, und zu Ostern hatte Bach das Musikstück für den Reichsgrafen von Keyserlingk fertig: "Clavier-Übung bestehend in einer Aria mit verschiedenen Veraenderungen vors Clavicimbal mit 2 Manualen. Denen Liebhabern zur Gemüths-Ergötzung verfertigt von J. S. Bach." Bach erhielt ein Honorar von 100 Louis d'or in einem goldenen Becher. Für Bach und seine große Familie war es das erste "Frohe Ostern."

Das Variationswerk, gedruckt als Klavierübung 4. Teil, gilt als eines der größten Werke der Musikgeschichte. Weil es Goldberg bestellte, heißt es die "Goldberg-Variationen". Dies machte Goldberg, den Cembalisten des Reichsgrafen Carl Hermann von Keyserlingk, weltbekannt.

Nun hatte alles einmal ein Ende, so auch der Krieg. Unter dem Kanonendonner hatte Bach seine letzte Kantate "Du Friedensfürst, Herr Jesu Christ" komponiert. Wenn seine Söhne zu Besuch kamen, die auch bereits bekannte Musiker waren, mußte Bach von seinen Begegnungen aus früherer Zeit erzählen, von Telemann, Reinken, Buxtehude und dem Silbermann, der immer bessere Instrumente baute, als Anreiz fortwährend neue Musiken zu komponieren. Aber auch Andreas Werkmeister sorgte mit seiner musikalischen Temperatur für den geordneten Gleichklang. Auch in Leipzig gab es bedeutende Männer wie den Professor Gottsched aus Königsberg, mit seiner schönen Luise Adelgunde Gottschedin. Es wurde sein berühmtes Trauerspiel aufgeführt, wo der alte Cato sagt: "Ja, Plato, du hast recht, dein Schluß hat großen Schein. Wahrhaftig, unser Geist muß doch unsterblich sein... O Ewigkeit, du Quell entzückender Gedanken!"

Ein entzückender Gedanke Bachs war seinen Sohn in Potsdam zu besuchen, der bei der preußischen Hofkapelle Cembalist war und seinen kleinen Enkel wollte Großvater Bach sehen. Da traf es sich bestens, daß der preußische König begehrte, den großen Musikmeister zu sehen. Der König war neugierig auf Bach gemacht worden, durch den Grafen Keyserlingk. Der galante kluge Diplomat Graf Keyserlingk war von Zarin Elisabeth und ihrem Großkanzler, dem Grafen Alexy Bestushof, nach Berlin beordert worden. Nach der Kaiserwahl des bayerischen Kurfürsten und den Siegen des Preußenkönigs möchte die Zarin den bewährten Reichsgrafen am preußischen Hof haben.

Als Bach vor den preußischen König kam, sagte ihm dieser, daß unlängst Goldberg das "Italienische Konzert" des sächsischen Hofkompositeurs Johann Sebastian Bach gespielt habe. Bach fragte verwundert, wie denn Goldberg nach Potsdam komme, doch da erfuhr der Verwunderte, daß auch der russische Reichsgraf Keyserlingk in Potsdam sei. Der König wußte natürlich auch von dem großen Variationswerk Bachs, woraus Goldberg jede Nacht seinem Herrn vorspiele.

Auch König Friedrich von Preußen wollte eine Komposition vom Vater seines Cembalisten. So kam es zu Bachs Werk "Das Musikalische Opfer". Es war das reaktionärste Werk von Bach, auch hat Bach dem König in Potsdam das Verständnis des Werkes nicht leicht gemacht, war er doch der Kriegsgegner Sachsens gewesen. Trotzdem schrieb Bach am 7. Juli 1747 dem König: "Ew. Majestät aller unterthänigst gehorsamstem Knechte den Verfasser" des Musikalischen Opfers.

Dann arbeitete Bach noch an einem gewaltigen Werk der "Kunst der Fuge", die er nicht mehr vollenden konnte. Er hatte noch seinen Schwiegersohn kommen lassen und ließ ihn die Noten nach seinen Angaben schreiben, für seinen letzten Choral: "Vor deinen Thron tret ich hiermit...", wo es zum Schluße heißt:

"O Gott, und dich demütig bitt:
Wend dein gnädig Angesicht
Von mir blutarmen Sünder nicht.
Ein selig Ende mir bescher,
Am Jüngsten Tag erweck mich, Herr,
Das ich dich schaue ewiglich.
Amen, Amen, erhöre mich."

Beethovens baltischer Freund Amenda

Etwa ein Jahrhundert liegt zwischen den Hauptschaffenszeiten Bachs und Beethovens. Im Jahre 1723 entschloß sich Bach nach Leipzig zu gehen, wo er seine großen Werke wie die Passionen, die Klavier- und Orgelwerke und die große h-moll Messe, schrieb. Beethoven hatte im Jahre 1823 seine 9. Sinfonie, die größten Klavierwerke und seine Missa solemnis geschaffen.

Bach hatte seinen baltischen Baron, der ihn förderte und ihm wie ein Freund war. Beethoven hatte dafür seinen Amenda - Karl Ferdinand Amenda, evangelischer Pastor aus Kurland. Beethoven nannte ihn seinen besten Freund, er war 1798 als Violinspieler nach Wien gekommen und blieb etwa zwei Jahre in Wien. Amenda hatte die Erziehung der Kinder Mozarts übernommen, Constanze Mozart war bereits sechs Jahre lang Witwe. Der sanfte, schwärmerische neue Freund Beethovens war Theologe und Musiker. Nach dem Weggang aus Wien wirkte er im Baltikum, im kurländischen Talsen, war dort auch ein beliebter Mensch und Redner. Er wurde bald Probst und Konsistorialrat.

Unter dem 25. Juni 1799 steht auf der Kopie von Beethovens F-Dur Quartett Opus 18, Nr. 1, von des Meisters Hand geschrieben: "Lieber Amenda! Nimm dieses Quartett als ein kleines Denkmal unserer Freundschaft, so oft Du Dir es vorspielst, es erinnere Dich unserer durchlebten Tage und zugleich, wie innig gut Dir war und immer seyn wird Dein wahrer und warmer Freund Ludwig van Beethoven." Beethoven war damals in seiner schwersten Krise wegen seines Gehörleidens, so hatte er einen geistlichen Mann dringend notwendig, um nicht zu verzweifeln. Beethoven traute sich zudem niemand etwas von seinen Leiden zu sagen, da er große Nachteile für sich und seinen Lebensunterhalt fürchtete, er war einer der ersten freien Künstler, der weder in Diensten einer weltlichen, noch einer geistlichen Herrschaft stand.

Ludwig van Beethoven wurde im Jahre 1770 in Bonn geboren und am 17. Dezember in der Remigiuskirche getauft. Sein Großvater war Hofkapellmeister und sein Vater Johann van Beethoven war Hofmusikus. Auch der erste Großmeister der Wiener Klassik, Joseph Haydn, war bei einem Fürsten als Hofkapellmeister beschäftigt, selbst Wolfgang Amadeus Mozart konnte ohne fürstliche Aufträge nicht existieren. Als Mozart in München bei Hofe seine Oper "La finta giardiniera" am 14. Januar 1775 aufführte schrieb er nach Hause: "Gottlob! Meine Oper ist gestern in Scene gegangen ... am Ende ... hab dem Churfürsten und Churfürstin und den hoheiten die händ geküst, welche alle sehr gnädig waren ..."

Haydn war festbesoldet bei seinem Fürsten tätig und erhielt bis zu seinem Lebensende eine gute Jahrespension. Die Bachin, Bachs Ehefrau, erhielt nach dem Tode des Meisters das bereits verdiente Geld nicht, man entdeckte, daß Bach vor etwa zehn Jahren ein nicht zustehendes Geld erhalten haben soll. So war es der Obrigkeit in Leipzig egal, sollte Bachs Familie eben verhungern. Ganz so schlimm erging es Mozart nicht, der war immer in Geldnöten war, doch trotzdem immer froher Dinge. So schreibt er seiner Constanze in einem Brief vom 16. April 1789 aus Dresden, aus Bachs letzter Heimat: "Liebstes bestes Weibchen! ... 1. bitte ich dich, daß nicht traurig bist." Als 1787 Beethoven erstmals nach Wien kam, schrieb Mozart seiner Constanze über den Tod – dem wahren Endzweck unseres Lebens.

Geburtshaus Beethovens in Bonn, Gartenseite

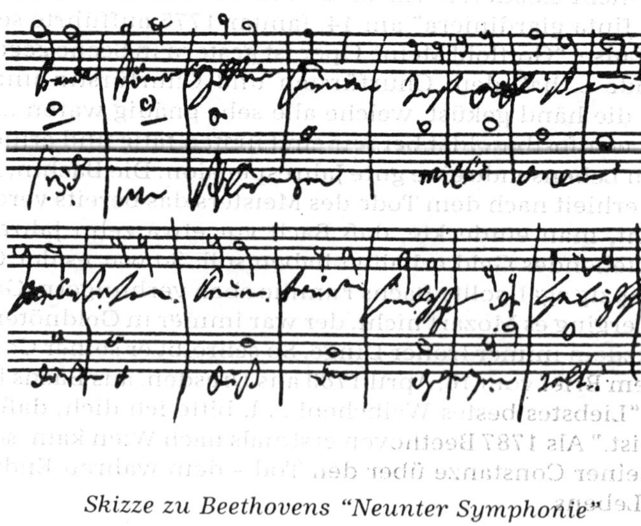

Skizze zu Beethovens "Neunter Symphonie"

Im Jahre 1774 schrieb Herder: "Das einzige Prinzipium des Glaubens ist Gottes Wort und ließ dies in Riga veröffentlichen. Unweit von Riga in der Stadt Talsen wurde im gleichen Jahr Beethovens Freund Amenda geboren. Nun schrieb Beethoven siebenundzwanzig Jahre später seinem inzwischen nach Kurland heimgekehrten Freund: Hätte ich nicht irgendwo gelesen, der Mensch dürfe nicht freiwillig scheiden von seinem Leben solange er noch eine gute Tat verrichten kann ... denn o so schön ist das Leben, aber bei mir ist es für immer vergiftet. Es können Herders tröstende Schriften gewesen sein, die Beethoven weiterleben ließ, mit weiterer Hoffnung für die Zukunft.

Beethoven wußte, daß er das Gehör nicht wieder erlangen konnte, diese Gewißheit wurde ihm so unerträglich und er wandte sich an seinen Freund Amenda in dem berühmten Brief vom 1. Juni 1800: "Dein Beethoven lebt sehr unglücklich im Streit mit Natur und Schöpfer ... Ja Amenda, wenn nach einem halben Jahr mein Übel unheilbar wird, dann mache ich Anspruch auf Dich, dann mußt Du alles verlassen und zu mir kommen." Diesen Satz hebt Beethoven besonders hervor, zwischen Gedankenstrichen gesetzt.

Der große Meister in Wien, der gefeiert wird, der den Sohn des Kaisers zum Gönner hat, er schreibt: Ich kann sagen ich lebe beinahe allein in dieser größten Stadt Deutschlands, aber es gibt nur ein Wien! Alles was Leben heißt sei dem Erhabenen geopfert und ein Heligtum der Kunst, dies schreibt Beethoven auf der Höhe seines Ruhms in sein Tagebuch: "Heilig, Heilig!"

Mit seinem Wissen um die Taubheit aber ist er allein und nur Amenda vertraut er sich an, ihm gibt er die Kunde von seinem Leiden, dem Pastor, dem Seelsorger und allen anderen versucht er es zu verheimlichen. Die Sache meines Gehörs bitte ich Dich als ein großes Geheimnis aufzuwahren und niemand, wer es auch sei, anzuvertrauen. Beethoven hatte nur noch zwei Freunde, sie waren aus Bonn nach Wien gekommen, sie wußten nicht von dem schweren Leiden Beethovens. Im Heiligenstädter Testament hatte Beethoven schon im Jahre 1802 geschrieben: "0h ihr Menschen ...", worin er beschreibt, welches Unglück über ihn gekommen sei, da er zunehmend das Gehör verlor. Erst später erfuhr die Welt von den Leiden des Meisters, als das Testament bekannt wurde.

" ... Tausendmal kommt mir der beste der Menschen, den kennen lernte, in Sinn", schreibt Beethoven, dann zählt er die drei Menschen auf, die seine Liebe besaßen, seine Mutter, seine Wahlmutter, "danach kommt Amenda!" Beethoven tröstet sich, er muß leben, er muß schaffen, wenn er seinen Gott und Schöpfer ehrt. Er fragt in seinem Brief Amenda: "Hast du schon von meinen großen

Große
musikalische Akademie
von
Herrn L. van Beethoven,
welche
morgen am 7. May 1824,
im k. k. Hoftheater nächst dem Kärnthnerthore,
abgehalten wird

Die dabey vorkommenden Musikstücke sind die neuesten Werke des Herrn Ludwig van Beethoven.

Erstens. Große Ouverture

Zweytens. Drey große Hymnen, mit Solo- und Chor-Stimmen

Drittens. Große Symphonie, mit im Finale eintretenden Solo- und Chor-Stimmen, auf Schillers Lied, an die Freude

Die Solo-Stimmen werden die Dlles. Sontag und Unger, und die Herren Haizinger und Seipelt vortragen. Herr Schuppanzigh hat die Direction des Orchesters, Herr Kapellmeister Umlauf die Leitung des Ganzen, und der Musik-Verein die Verstärkung des Chors und Orchesters aus Gefälligkeit übernommen

Herr Ludwig van Beethoven selbst, wird an der Leitung des Ganzen Antheil nehmen.

Die Eintrittspreise sind wie gewöhnlich.

Die Logen und gesperrten Sitze sind am Tage der Vorstellung an der Theaterkasse, in der Kärnthnerstraße Nro 1038, im Eckhause beym Kärnthnerthore, im ersten Stocke, zu den gewöhnlichen Amtsstunden zu haben

Freybillete sind ungültig

Der Anfang ist um 7 Uhr Abends

Das Programm zu Beethovens berühmtestem und erfolgreichstem Konzert

Werken dort gehört? Groß sage ich - doch gegen die Werke des Allerhöchsten ist alles klein."

Die politischen und kriegerischen Ereignisse in Europa lassen die süddeutschen Länder Bayern und Österreich mit den baltischen Ländern ganz nahe zusammenrücken. Napoleon siegt über Bayern, das zum Verbündeten Frankreich wird. Der Sieg Napoleons über Österreicher, Russen, Sachsen, Preußen und Beethovens Zorn über Napoleon, der ihn den Trauermarsch in der 3. Sinfonie komponieren läßt. Dies war das Jahr 1806 und sechs Jahre später steht Napoleons Armee vor Riga, die südlichen Vororte brennen und nicht sehr fern liegt Talsen, wo Amenda als Pastor für seine gläubigen Schäflein verantwortlich war. Als Napoleon zum Rückzug blasen ließ, dauerte es noch zwei Jahre und der Krieg war zu Ende.

Dann im Jahre 1815 kommt ein Brief aus Kurland von Amenda: "Nach langem schuldvollem Schweigen nähere ich mich mit einem Opfer Deiner herrlichen Muse, daß sie Dich mit mir versöhne und Du Deines fast entfremdeten Amenda wieder gedenkest. Oh! Jene unvergeßlichen Tage! Da ich Deinem Herzen so nahe war, da dies liebevolle Herz und der Zauber Deines großen Talents mich unauflöslich an Dich fesselte. Wie sollst Du aufgenommen werden! Dann eilt' ich in Deine Arme, führte Dich auf einige Tage zu mir - Oh! Ich Glücklichster! - Ich darf meinen innigst geliebten Beethoven in meinem Hause bewirten!"

Beethoven schreibt einige Tage später am 12. April 1815 zurück und vertraut Amenda sein Sehnen nach Heim und Familie, nach guten Menschen, nach ein bißchen Liebe und schreibt dann: "Du lebest glücklich, du habest Kinder, beydes trifft wohl bey mir nicht ein." Zum Schluß sagt Beethoven zu seinem alten Freund: "Leb wohl, mein lieber, guter Amenda, denke zuweilen Deines Freundes Ludwig van Beethoven."

Das Leben nimmt seinen gewohnten Gang, Amenda hat Pflichten gegenüber seiner Gemeinde und Beethovens Gemeinde ist die ganze Menschheit. Er schafft in fast taubem Zustand seine größten Werke. Im Sinne des Matthäus-Evangeliums: "Wer den Willen tut meines Vaters im Himmel, der ist mein Bruder, meine Schwester und Mutter." Beethoven sammelt alle Menschen und sagt es mit Schillers Worten im Schlußchor seiner 9. Sinfonie: "Alle Menschen sind Brüder, die Millionen der ganzen Welt." Er gibt seinem Gott und den Menschen die "Missa solemnis", sie ist der Gottesdienst der Welt.

Nur einen Teil der feierlichen Messe kann Beethoven in Wien Probe aufführen lassen. Für die Inthronisation des Erzherzogs zum Bischof war sie nicht fertig geworden. Nun konnte die deutsche Musikgesellschaft im fernsten St. Petersburg die "Missa solemnis", Beethovens großes Glaubensbekenntnis, uraufführen und Amenda konnte dort oben an der Ostsee eher noch das Erbarmen Beethovens im Kyrie und Miserere vernehmen, das Gloria, das Sanctus und Beethovens überlautes Credo!

Dreizehn Jahre später starb Karl Ferdinand Amenda im Jahre 1836, neun Jahre nach Beethoven. Unweit von Talsen-Talsi fand Amenda seine letzte Ruhe, nahe dem Gutshof Macitajmuiza wird sein Grab von Einheimischen sorgsam gepflegt - wissen sie noch von ihrem Pastor Amenda wer Beethoven war?

Beethoven ist nicht Vergangenheit, er lebt in seinen Werken weiter. Bettina von Brentano schrieb an Goethe was Beethoven einmal sagte: "Ich weiß aber wohl, daß Gott mir näher ist als den anderen in meiner Kunst, ich gehe ohne Furcht mit ihm um, ich habe ihn jedesmal erkannt und verstanden, mir ist auch garnicht bange in meine Musik, die kann kein bös Schicksal haben, wenn sie sich verständlich macht, der muß frei werden von all dem Elend, womit sich die anderen schleppen."

Dem Magistrat Czapka sagte Beethoven: "Seien Sie überzeugt, daß mir die Menschheit auch in ihrem Falle immer heilig bleibt." Und an Bettina schrieb Beethoven: "König und Fürsten können wohl Professoren machen und Geheimräthe und Titel und Ordensbänder umhängen, aber große Menschen können sie nicht machen ... Man muß was sein, wenn man was scheinen will ... Adieu, Adieu Beste, dein letzter Brief lag eine ganze Nacht auf meinem Herzen und erquickte mich da, Musiker erlauben sich alles. Gott wie liebe ich Sie! Dein treuester Freund und tauber Bruder Beethoven." Er hatte gelernt mit seinem Schicksal zu leben!

DIE BALTISCHEN BARONE

Ein Balte, der ein Bayer war

Die Macht, die uns gegeben ist, betrifft das Leben. Macht verpflichtet zu Gerechtigkeit. Gerechtigkeit gibt Freiheit. Freiheit gibt Freude. Freude an den großen und kleinen Dingen, Freude an der Arbeit, an der vertrauten Stadt, am verschneiten Wald, an Gärten und Tieren, an Büchern und Worten, an der Begegnung mit Menschen und schließlich Freude an der Neugier, an der Erwartung des Kommenden. Daß es gut und gesegnet sei, daß es nicht zu viel Mühsal enthalte und nicht mehr Trauer als Glück, daß das kommende, das neue Jahr 1964 den Einzelnen zufrieden und die Völker friedlich mache und daß es nicht das Letzte sein möge, das uns gegeben ist und denen, die wir lieben, das wünschen wir, ein jeder jedem und von ganzem Herzen.

An der Jahreszahl erkennt man sofort, daß wir dies dem Leser wohl wünschen, es aber das Zitat eines baltischen Barons ist: Walter von Cube. Er und sein Bruder Hellmuth wurden 1906 und 1907 in Stuttgart geboren. Daß er trotz seines schwäbischen Geburtsortes für einen Balten gehalten wurde, lag am Tonfall seiner Aussprache, tatsächlich fühlte er sich als Bayer. Er starb in der Schweiz. Wir widersprechen ihm nicht, wenn er auch eine Schrift verfertigte mit dem Titel: "Ich bitte um Widerspruch".

Walter von Cube war seit 1948 Chefredakteur und Kommentator, von 1960 bis 1972 stellvertretender Intendant und Programmdirektor des Bayerischen Rundfunks. Er berichtete, daß sein Vater schon Ende des 19. Jahrhunderts auswanderte, "da beschloß ein angesehener und begüteter baltischer Edelmann sich in unserem Lande ansässig zu machen. Er erwarb Besitz in Tegernsee." "Nun wächst schon die vierte Generation in München auf," schrieb 1964 Walter von Cube.

Wir hörten gerne seine Kommentare und wir verdanken ihm eine Wahrnehmung von größtem Wert. Er sagte einmal, die Völker richten ihre Interessen und ihren Blick immer dorthin, wo ihr Rasierwasser hinläuft. So simpel dieser Gedanke auch sein mag, er erklärt zum Beispiel die Tatsache, daß die württembergischen Schwaben nach Bonn schauen, sie sind Bundesschwaben. Alle Flüsse dort fließen in den Rhein und dieser fließt durch Bonn. Ab der Wasserscheide auf der schwäbisch-fränkischen Alb fließen die Flüsse nach Bayern in die Donau, dies sind auch die bayerischen

Schwaben und Franken. Dies erklärt auch, daß die Mainfranken mit Bonn liebäugeln und den Bayern androhen, von Bayern wegzugehen, sollte sich Bayern vom deutschen Bund trennen. Es wird aber dann wieder anders sein, wenn Berlin die deutsche Hauptstadt geworden ist. Damals zur Wahl gestellt, als noch Berlin die Reichshauptstadt war, entschieden sich die fränkischen Länder eindeutig für Bayern.

Was Walter von Cube sagte, ist auch interessant auf das Baltikum angewendet, ganz natürlich richtet sich das Interesse der Balten den Flüssen abwärts in Richtung der Westsee. Aber auch die Russen schauen von den Quellen der Flüsse abwärts in Richtung Westen und dort waren ihnen die Balten irgendwie im Wege. Wir wissen, daß die Quellgebiete der Flüsse in der Vergangenheit die Urheimat der Balten waren. Vielleicht leitete das östliche "Brudervolk" seine Ansprüche seit dem schrecklichen Ivan auf das Baltikum aus diesem Naturgesetz ab - man sollte es besser nicht zu laut sagen!

Am 22. Oktober 1993 war Bundespräsident Richard von Weizsäcker - ein Baron, aber kein Balte - zu Besuch in Riga. Im Rigaer Dom, der den deutschen Baronen nach 1934 unter anderem enteignet wurde, sprach unser Staatsoberhaupt zu seinen Landsleuten in Deutschland, sie mögen auch zu Besuch nach Riga kommen. Dann zeigte er zu den Gedächtniswappen an den Wänden und sagte "die brauchen nicht kommen." Diese Aussage war dumm-naiv. Auch unserem Bundespräsidenten muß man das sagen. Aber große Männer machen große Fehler - wenn sie es nur nachträglich einsehen! Kaiser Karl V. sagte in Wittenberg, als ein spanischer Offizier Luther im Gemälde symbolisch erstechen wollte und er ihn zurückrief, "ich kämpfe nur gegen Lebende, nicht gegen Tote". Möge sich der Bundespräsident ein Beispiel nehmen, denn das Thema ist zu ernst für Späße. Wir haben bisher keine nachteiligen Aussagen unserer bayerischen Balten über ihre alte Heimat gehört. Das Unrecht kam von allen Seiten, wir folgen hier der ostpreußischen Baronin Gräfin Dönhoff, die sagte: "Wir brauchen vor allem Versöhnung, nur Versöhnung."

Die bayerischen Barone aus dem Baltikum sind die Brücke in ihre alte Heimat, sie gehen nicht wieder von Bayern weg. Das ist ein Naturgesetz. Bei uns in Bayern gibt es keine Ersatzheimat, mag dies vielleicht für andere Länder zutreffen, Bayern ist die endgültige Heimat. Die letzten Barone haben 1939 das Baltikum verlassen, es hielt sie auch nichts mehr. Sie sind in die Heimat ihrer Urahnen vor 700 Jahren zurückgekehrt. Bayern ist nicht ihre Urheimat, aber sie sind alle hier in Bayern, die von Kruedener, von Wrangel, von Taube, von Stackelberg, von Tiesenhausen, von

Uexküll, von Vietinghoff, von Pahlen, von Ungern-Sternberg. Überschlägig findet man in München alleine schon mehr als siebzig erwachsene Personen mit den vorgenannten Namen. In Bayern werden es Tausende sein. Einst dienten im Heer des schwedischen Königs etwa 300 Offiziere mit diesen Namen. Im Dreißigjährigen Krieg vor 350 Jahren waren ihre Vorfahren mit dem schwedischen König Gustav Adolf in München und über 14 Generationen hat sich dieses Wissen weitervererbt, daß es in Bayern am Schönsten war.

Noch eins: Nicht alle die vom Baltikum weggingen, waren Adlige. Wir kennen hier auch Namen wie Liepins, Kask, Kuusela, Kuusik und Kull und niemand wird behaupten wollen sie seien nicht vom Baltikum. Wehe dem Volke, dem die Wahrheit nicht mehr heilig ist, sagte Fried. C. Schlosser und Kant fügt hinzu: "Es kann sein, daß nicht alles wahr ist, was ein Mensch dafür hält; aber in allem, was er sagt, muß er wahrhaft sein."

August von Kotzebue, der in Estland ein Gut besaß, mußte es wissen. Er legte tags die Kartoffeln aus, die die Leute nachts wieder ausgruben. Er gelangte zu der Lebensweisheit: "Dankbare Menschen sind wie fruchtbare Felder; sie geben das Empfangene zehnfach zurück." Ob dies auch für die Kartoffeln galt?

Die Barone vermittelten das Wissen vom Baltikum

Die baltischen Barone erst haben das Wissen über die Existenz der Baltenstaaten in die Welt getragen. Sie haben gute Stellungen bei der Massenpresse, bei Funk und Fernsehen. Wir hörten beim Rundfunksprecher den baltischen Akzent und lesen heute noch in unserer Tageszeitung den Fachkommentar eines baltischen Barons, mit der ihm eigenen Kompetenz für Fragen Osteuropas. Wenn der kompetente Wissenschaftler aus Riga heute darauf hinweist, daß mit den 3,5 % Balten die ihrer Heimat in Estland und Lettland den Rücken kehrten, ein wesentliches Stück der baltischen Kultur verloren ging, so möchten wir auf die tröstliche Tatsache hinweisen, daß doch Kotzebue recht behält. Die Balten hier im Westen bilden eine Lobby, sie sind die fruchtbaren Felder, von denen das Baltikum zehnfach zurückgewinnt.

Dem Königsberger Immanuel Kant haben die Balten die Erkenntnis zu verdanken, die sich mit dem Wissen der Christenmenschen aus der Bibel deckt: "...daß man sehr wohl gewinnen kann, indem man verliert." Wer Trost weder bei den Philosophen noch in der Bibel findet, es sind die Nationalisten – hier und dort – denen sei ein Dichterwort des großen Dichters Gottfried Keller, eines Schweizers, anheimgegeben.

"Nur dadurch, daß wir jeden guten Gedanken in uns aufnehmen, komme er, von wem er wolle, daß wir in unseren Gegnern nicht die Person, sondern nur die falschen Grundsätze hassen, und selbst während dem hitzigsten Kampfe die Versöhnung im Herzen tragen, dadurch, daß wir ohne allen Dünkel gerne anerkennen, daß auch der Bürger anderer Staaten glücklich sein könne, dadurch endlich, daß wir niemals den göttlichen Funken der Ewigkeit in unserer Brust ersticken und nie das heilige Vertrauen zu jenem verlieren, der die Sterne lenkt - nur dadurch können wir dem Sonnenaufgang und der allgemeinen Wahrheit ruhig und gefaßt entgegensehen."

Napoleon hatte schon bei seinem mißglückten Ägyptenfeldzug seinen Getreuen frischen Mut gemacht. Angesichts der Pyramiden verwies er auf die viertausend Jahre Geschichte, die auf die Soldaten herabschauten. Auch der Rußlandfeldzug mißglückte, obwohl er die Türme von Dünaburg und Riga sah. Mit dem Blick auf die alten Ruinen der am Wege stehenden Ordensburgen dürfte er tröstend gesagt haben: "Hier schauen siebenhundert Jahre auf euch herab ..."

Zahlreiche Balten haben ihre Heimat verlassen und haben diese Kultur hinausgetragen. Stellvertretend für das große Heer derer, die aus Livland, Estland und Lettland kamen, möchten wir einige bedeutende baltische Barone und solche, die es nicht waren aufführen:

Jakob Michael Reinhold Lenz geboren 1751 in Sesswegen/Livland war der Sohn eines Pfarrers. Nach dem theologischem Studium in Dorpat und Königsberg begleitete Lenz zwei Adlige nach Straßburg, wo er Goethe begegnete. 1776 ging er zu Goethe nach Weimar, wo im gleichen Jahr auch Herder eintraf, der Riga schon im Jahre 1769 verlassen hatte. Noch in Straßburg wurde Lenz neben Goethe als der zweite deutsche Shakespeare angesehen. Wegen geistiger Störungen führte er aber ein unstetes Leben. Dieses Leben war die Ursache, daß er nach Livland zurückkehren mußte. Er starb 1792 in Moskau, doch seine bedeutenden literarischen Werke haben Schriftsteller bis auf den heutigen Tag beschäftigt und angeregt.

In Riga wurde am 22.11.1764 Barbara Juliane Freifrau von Krüdener geboren, eine geborene Vietinghoff. Die Schriftstellerin war mit Freiherr Burchard von Krüdener verheiratet, von dem sich die emanzipierte Frau nach 14 Jahren Ehe scheiden ließ und 1801 zu Madame de Stael nach Coppet an den Genfer-See ging. Madame de Stael mochten sich die Historiker nicht merken! Die Tochter des französischen Finanzministers Necker stand in privater Fehde mit Napoleon, der ihre Bücher konfiszierte. Es gelang ihr, mit einem Gefährt über Sachsen und Polen nach Moskau zu kommen, bevor die Armee Napoleons dort war und dann über St. Petersburg Schweden zu erreichen. Dies war der nächste Weg um nach Schweden zu gelangen. Dort animierte sie Bernadotte dann gegen Napoleon in den Kampf einzugreifen. Dieser entschied die Völkerschlacht bei Leipzig und damit das Ende Napoleons - es war die Rache einer Frau!

Von solchem Schrot und Korn war Barbara von Krüdener natürlich nicht, doch als mystisch-pietistische Prophetin war sie mit Zar Alexander I. befreundet. In Paris schrieb sie 1803 die autobiographische Liebesgeschichte "Valerie ou lettres de Gustave de Linar á Ernest de G." in zwei Bänden. Als Predigerin der süddeutschen Erweckungsbewegung traf sie 1815 in Heilbronn mit dem Zaren zusammen, den sie in seinen mystischen Vorstellungen und in seiner Konzeption der "Heiligen Allianz" als christliches Bündnis bestärkte. Seit dem Jahre 1817 auf ihr Landgut in Livland zurückgekehrt, verfaßte sie geistliche Lieder. Durch den Briefwechsel mit dem fränkischen Schriftsteller Jean Paul, einem Freund Herders, war die fromme Frau auch mit den Bayern verbunden. Ihre baltischen Landsleute entsprachen nicht ganz ihrem Glaubensideal, sie wollte aber das "Heilige Land" auf der Halbinsel Krim errichten, darüber starb sie dort 1824.

Adam Johann von Krusenstern, aus einer verwegenen baltischen Familie stammend, wurde 1770 in Haggud/Estland geboren. Als Nautiker leitete er 1803 bis 1806 die erste russische Weltumsegelung. Dieser russische Admiral, deutscher Abkunft, starb in seiner baltischen Heimat im Jahre 1846 auf dem Gut Ass bei Reval.

Ein ähnliches Schicksal hat Ferdinand Petrowitsch Baron von Wrangel aufzuweisen, der 1797 im nahen russischen Pleskau zur Welt kam. Er entstammte einem deutschbaltischem Uradelsgeschlecht, das zuerst 1277 erwähnt, nach Schweden, Rußland, Holland und Preußen verzweigt war. Als Weltreisender und Forscher in Sibirien wurde von Wrangel 1829 zum Gouverneur von russisch Alaska ernannt, suchte aber seinen ewigen Frieden in Dorpat zu erlangen, wo er 1870 starb. Auch diese Familie konnte den Bayern, selbst den Münchnern, nicht fremd bleiben. Bereits in den Herbsttagen des Jahres 1648, achtzehn Tage vor Ende des Dreißigjährigen Krieges tummelte sich ein General in schwedischen Diensten vor den Toren Münchens. Sein oberster Herr, König Gustav Adolf, war noch vierzehn Jahre vorher in München eingeritten. Nun hatten die Bayern genug von den Nordländern und den Balten. Der bayerische Reitergeneral Johann von Werth schlug die frechen Feinde in die Flucht. Als Beute blieb Wrangels goldener Degen, 700 Mann und 1000 Rösser in München. Ein Jahr später feierte man im bayerischen Regensburg bereits wieder ein Friedensmahl.

Fabian Gottlieb von Bellingshausen – 1778 in Hoheneichen auf der Insel Ösel geboren – war wieder ein russischer Seeoffizier, dort als der Faddej Faddejewitsch Bellingshausen bekannt. Er führte 1819 die erste russische Südpolarfahrt durch, daher ist das Bellinghausenmeer nach ihm benannt. Er starb in Kronstadt bei St. Petersburg.

Mit Konstantin Alexander Karl Wilhelm von Benckendorff, dem 1781 in Reval geborenen General und Staatsmann in russischen Diensten, endet die Reihe der bedeutenden Haudegen baltischer Abstammung. Er diente seinem Zaren Nikolaus I. in St. Petersburg. Mit seiner Geheimpolizei kontrollierte er das geistige Leben Rußlands. Er starb 1844 in seiner estnischen Heimat auf der Insel Dagö.

Auch Bayern konnten Freunde des Zaren sein

Schon in der Regierungszeit Zar Alexanders I. hatte der bayerische Philosoph und Theologe Franz Xaver von Baader ein gutes Verhältnis zu St. Petersburg. Der Münchner Baader beriet den Zaren zusammen mit der baltischen Freifrau von Krüdener in Sachen des Friedens und der Heiligen Allianz.

Vielen Kennern der großen geistigen Zusammenhänge zwischen Deutschland und Rußland ist gerade noch bekannt, daß Hegel bei seinen umfangreichen Reisen auch in Rußland war und Herder jahrelang in Riga arbeitete, wobei man fragen muß, was Herder und das damalige Riga mit Rußland zu tun hatte. Riga war damals deutschsprachig und von Rußland einverleibt, was sich in der Zeit als Baader in Rußland weilte, änderte.

Zusammenhänge politischer, diplomatischer und geistesgeschichtlicher Natur gibt es zwischen Moskau und Wien, sowie zwischen Petersburg und Berlin. Über Verbindungen zwischen München und der Hauptstadt St. Petersburg ist kaum etwas bekannt – und wer kennt Baader? Dostojewskij und Tolstoj haben eine Wirkung auf die deutsche Literatur gehabt, lesen wir nur einmal bei Tolstoj nach. Er schreibt in "Krieg und Frieden" über das pietistische Zirkelwesen Petersburgs: "Früher mußte man ein Deutscher sein, jetzt muß man mit der Tatarinova und Frau Krüdener tanzen und Eckartshausen und die Bruderschaft lesen."

Schon haben wir wieder einen Bayern, den bayerischen Hofrat Eckartshausen aus München, Baader aber war sein Schüler und setzte dessen Arbeit in Bayern und Rußland fort. Der Münchner Hofrat Carl von Eckartshausen war Bücherzensor und geheimer Hausarchivrat des Kurfürsten Karl Theodor in München. In ihm brannte das Feuer einer neuen Hoffnung, einer neuen Erwartung.

"Wir nähern uns aber der Zeit, wo der Geist den Buchstaben lebendig machen muß, wo die Wolke verschwinden wird, die das Heiligtum deckt... Die Krone der Weltherrscher wird reine Vernunft, ihr Zepter tätige Liebe sein; und das Heiligtum wird ihnen Salbung und Kraft geben, den Verstand der Völker von Vorurteilen und Finsternis zu befreien." Diese Erwartung, die viel von den Gedanken Kants und Herders in Königsberg und Riga enthielt, machte Eckertshausen mit dem berühmten Theosophen Saint-Martin bekannt, der auch zahlreiche Anhänger in Rußland hatte .

Die Gedanken des bayerischen Hofrats drangen natürlich auch an Zar Alexanders Ohr und dieser stellte die Schriften Eckartshau sens neben die der Madame Guyon und des heiligen Augustinus. Welche Bedeutung diese Gedanken auch für das Baltikum hatten, kann man der Schrift Eckartshausens entnehmen, wo es heißt: "Die Religion muß zur Basis genommen werden; darauf müssen Fürsten ihre Gesetze, ihre Konstitutionen gründen; darauf müssen Wissenschaften und Volksbildung, Aufklärung und Menschenerziehung ihre Grundsätze feststellen." Danach gründete der Zar eine ganze Serie von Universitäten im russischen Machtbereich.

In Gontscharows "Langeweile" und in Gogols "Tote Seelen" sind Hinweise auf Eckartshausen. Die Philosophen Aksakow und Tschaadajew haben sich mit dem Martinisten Eckartshausen beschäftigt, auch Alexander Herzen und der Architekt Witbert studierten ihn. Witbert sollte auf den Sperlingsbergen vor Moskau eine Kolossalarchitektur des Dreieinigen Gottes und des kaiserlichen Knechtes errichten. Sevyrew kam als Anhänger Eckartshausen nach München, um mit Baader aufs engste zusammenzuarbeiten, was Baader dann politisch zu verwirklichen suchte.

An den vielen theosophisch-mystischen Druckwerken waren auch der Schriftsteller Görres, der Philosoph Schelling und der Historiker Freiherr von Aretin aus München beteiligt. In einer Schrift erscheint ein Aufruf der Russen an die Bayern: Kommt zu uns! Helft mit, in Rußland das lang ersehnte Tausendjährige Reich zu begründen. Zar Alexander erscheint als Friedensbringer und Messias einer neuen Welt, so heißt es 1805 in der "Aurora": "Nächst London ist Petersburg die merkwürdigste Stadt in Europa, weil sie das Glück hat, den größten Regenten in Europa zu besitzen!"

Zar Alexander war Schirmherr über dem neuen Himmel und der neuen Erde. So gingen auch Gemeinden aus Bayern, die in Glaubensnot geraten waren, mit Hab und Gut, wie Ignaz Lindl mit seinen Leuten bis an die Wolga oder Johannes Evangelista Goßner, Benefiziat an der Münchner Frauenkirche, der aber in St. Petersburg scheiterte.

Scheitern mußten auch gute Beziehungen auf der Ebene vom bayerischen König zum Zaren, König Max Joseph war ein Verbündeter Napoleons und der ging wie eine Furie über Europa hinweg bis nach Moskau. Im Gefolge von Napoleons Heer sein Stiefsohn mit den bayerischen Soldaten, die nichts dafür konnten, daß der bayerische König der Schwiegervater dieses Stiefsohnes war. Sie standen an der baltischen Front, Bayern gegen die Soldaten des Zaren. Bayerns großer Staatsmann Montgelas schwenkte dann doch noch vor der Völkerschlacht von Leipzig auf die österreichisch-russische Seite über, so verbesserte sich die Freundschaftslage Bayern mit dem Zaren.

Einen Freundschaftbeweis gab der russische Gesandte Woronzeff in München. Der im bayerischen Königreich akkreditierte Russe wußte, daß in Bayern der Namenstag einen hohen Stellenwert einnahm und gar wenn der König diesen feierte. Der bayerische König Max Joseph hatte seinen Namenstag Maximilian am 12. Oktober und man schrieb das Jahr 1825, der russische Gesandte gab einen Ball in der Herzogspitalgasse in München zu Ehren des Königs. Der König aber hatte sich zu sehr angestrengt, kehrte frühzeitig heim und verstarb.

In der Nachfolge bestieg der Sohn Ludwig den bayerischen Königsthron. Er war ein ausgesprochener Napoleongegner. Nun konnte ein ganz neues unbeschwertes Verhältnis des gegenseitigen Verständnisses geschaffen werden. Darüber starb aber nach knapp zwei Monaten auch der russische Zar, so daß mit dessen Bruder und Nachfolger Nikolaus eine gute Zusammenarbeit zustande kam.

König Ludwig I. hatte bereits gute Beziehungen zu der Gegend am finnischen Meerbusen unterhalten. Den aus Reval in Estland stammenden Otto Magnus Freiherr von Stackelberg, einen Maler und Archäologen, hatte der König in Griechenland beschäftigt. So manche griechische Statue hat der Balte ausgegraben und teils stehen sie heute in der Glyptothek in München, dem Museumsgebäude. Baron von Stackelberg begab sich nach getaner Arbeit in seine Geburtsstadt Reval, wo er 1837 starb. Der Dank des Vaterlandes und Bayerns war ihm bisher nicht gewiß!

König Ludwig von Bayern erhielt dann vom Zaren in St. Petersburg Unterstützung für die Wahl seines Sohnes Otto zum ersten griechischen König. Dafür schickte Ludwig seinen Hofbaumeister, der in München die architektonisch bedeutsame Glyptothek baute, nach St. Petersburg. Es war die "Goldene Zeit" in München und

Bayern, und aus Begeisterung änderte König Ludwig den Namen des Königreiches. Tausend Jahre lang schrieb man Baiern, nun wurde das "y" verordnet. Weil das Volk die Könige liebte und verehrte, leben wir heute im hundertsechsundfünfzigsten bayerischen Jahr!

Leo von Klenze, des bayerischen Königs Hofbaumeister, baute zwischen 1839 und 1851 dem Zaren gleichfalls ein Museum für seine kostbaren antiken Kulturgüter: die berühmte Eremitage. Eine große Zahl von Künstlern war in diesem Zusammenhang aus München kommend in St. Petersburg tätig. In dieser Zeit prägte König Ludwig das metaphysische Wesen Münchens, die Stadt wurde, wie St. Petersburg, zur Sehenswürdigkeit, eine Schöpfung kunstsinniger Fürsten.

Noch war ein Kommen und Gehen

St. Petersburg zog viele Künstler und Wissenschaftler an, wie die deutschen Forscher Peter Simon Pallas, Gerhard Friedrich Müller, Daniel Gottfried Messerschmitt, Johann Georg Gmelin und Samuel Gottlieb Gmelin. Den Direktor des Observatoriums Heinrich Wild, der aus der Schweiz kam, Wiktor Romanowitsch Baron von Rosen, der in Reval geboren wurde und in St. Petersburg starb. Der Braunschweiger Johann Christian Martin Bartels kam nach Dorpat, wo er auch starb. Matthias Jakob Schleiden kam von Hamburg nach Dorpat, Martin Heinrich Rathke kam von Danzig nach Dorpat, war dann Nachfolger von Karl Ernst von Baer in Königsberg und folgte ihm auch nach St. Petersburg.

Wilhelm Lexis, aus Eschweiler stammend, kam nach Dorpat, ging dann nach Freiburg im Breisgau, Breslau und Göttingen. Der Hannoveraner Johann Heinrich von Mädler kam an die Sternwarte von Dorpat. Friedrich Maximilian von Klinger war in Frankfurt am Main geboren, war ein Jugendfreund Goethes und wurde bis 1817 Kurator der Universität Dorpat, er starb 1831 in Dorpat. Dies nur einige Beispiele der ganz natürlichen Wanderbewegung, es war ein Kommen und Gehen, wie auch nachfolgende Wissenschaftler beweisen.

Casimir Ulrich Boehlendorf wurde 1775 in Mitau/Kurland geboren. In Jena studierte er 1794 Jura, war Dichter und ein Freund Hölderlins. Von dem schwäbischen Süddeutschland ging er zurück in seine Heimat nach Marggrafen in Kurland, wo er Selbstmord beging.

Christian Heinrich Pander wurde 1794 in Riga geboren. Sein Weg ging nicht nach Deutschland, sondern nach St. Petersburg, wo er in der Regierungszeit Zar Alexanders als Anatom, Embryologe und Paläontologe, 1821 an der St. Petersburger Akademie als Zoologe tätig war.

Dorthin folgte ihm Karl Ernst von Baer im Jahre 1829. Von Baer wurde in Piep/Estland im Jahre 1792 geboren. Er studierte Medizin in Dorpat und ging dann zu anatomischen Studien nach Bayern. In Würzburg dienten diese Studien der Vorbereitung seiner Lehrtätigkeit an der Albertus-Universität in Königsberg. Von dort wechselte er zweimal nach St. Petersburg, war aber in Königsberg Professor für Zoologie, Direktor am Anatomischen Institut und Gründer des Zoologischen Museums in Königsberg. Dieser überaus bedeutende Wissenschaftler kehrte im Alter in seine Heimat nach Dorpat zurück.

Heinrich Friedrich Emil Lenz stammte auch aus Dorpat, er wurde dort im Jahre 1804 geboren, war Physiker und begleitete den deutsch-russischen Kapitänleutnannt Otto von Kotzebue auf dessen dritter Reise um die Welt in den Jahren 1823 bis 26. Danach war er erfolgreich in der Forschung tätig. Im "Ewigen Rom" ist Lenz 1865 gestorben.

Peter Ivan Jürgenson wurde 1836 in Reval geboren. Er gründete in Moskau 1861 einen Musikverlag, desgleichen 1885 in St. Petersburg. Er war mit Peter Tschaikowsky befreundet und verlegte auch seine Werke. Als er 1904 in Moskau starb, gingen die Verlagsrechte nach Leipzig und sind heute in Bonn-Bad Godesberg.

Der aus Lettland stammende Jakob Wilde kam vom Studium in Königsberg und war Professor in Pernau. Der spanische Philosoph und Essayist Angel Ganivet fand 1898 in Riga seine letzte Ruhestatt.

Die Einbahnstraße Richtung Deutschland

Ein baltischer Baron eröffnete die Auswanderungswelle aus dem Baltikum. Alexander Freiherr von Ungern-Sternberg, im Jahre 1806 auf dem Gut Noistfier bei Reval geboren, ging nach Dannenwalde bei Stargard, wo er 1868 starb. Er griff als Schriftsteller den Staat und die Kirche in seinen Romanen "Die Zerrissenen" 1838, "Der Missionar" 1842 und "Die Royalisten" 1848, scharf an. Das Jahr 1848 war ein Revolutionsjahr in den deutschen Ländern, wo wieder ein General Wrangel mit vierzigtausend Soldaten in Berlin einmarschierte und dann die Erhebung mit Gewalt niederschlug.

Johann Eduard Erdmann wurde 1805 in Wolmar/Livland geboren. Er war, als Philosophiehistoriker und Religionsphilosoph, seit 1839 Professor in Halle und forschte über Spinoza und Leibnitz. In Halle starb er auch im Jahre 1892.

Georg Schweinfurth, Afrikaforscher, im Jahre 1836 in Riga geboren, bereiste Ägypten, den östlichen Sudan und die Küsten des Roten Meeres. Im Auftrag der Preußischen Akademie erforschte er 1869 den Nil aufwärts das Innere Afrikas. Er berichtete erstmals über die dort lebenden Völker und belegte als erster die Existenz der Pygmäen. 1925 ist er in Berlin gestorben.

Der Althistoriker Otto Seeck wurde 1850 in Riga geboren. Er lehrte seit 1881 als Professor in Greifswald und nach 1907 in Münster, wo er auch 1921 starb. Von ihm stammt das sechsbändige Werk "Geschichte des Untergangs der antiken Welt".

Der Chemiker und Philosoph Wilhelm Ostwald wurde 1853 in Riga geboren und wirkte seit 1881 als Professor der Chemie in Riga, dann ab 1887 bis 1906 in Leipzig. 1888 entdeckte er das nach ihm benannte Verdünnungsgesetz für organische Säuren, 1909 erhielt er den Nobelpreis für Chemie. Er verfaßte Lehrbücher, gab umfangreiche Schriften heraus und entwickelte die "energetischer Monismus" genannte Lehre.

Der Anatom Ludwig Stieda wurde 1837 in Riga geboren. Er war von 1885 bis zu seiner Emeritierung 1912 an der Universität Königsberg als Anatom tätig, wo er auch das Anatomische Institut leitete. Auch war er mit der Geschichte der Anatomie beschäftigt, so veröffentlichte er eine Biographie seines livischen Landsmanns und Vorgängers Karl Ernst von Baer. Im Jahre 1916 wurde er von der Philosophischen Fakultät der Albertina-Universität in Königsberg zum Ehrendoktor ernannt.

Arthur Joachim von Oettingen wurde 1836 in Dorpat geboren, er war Physiker und Musiktheoretiker, studierte an den Universitäten Dorpat, Berlin und Paris, Physik und Astronomie. Er lehrte 1863 bis 1894 an der Universität Dorpat, als Professor und ging dann nach Leipzig wo er 1920 starb. Er wurde in der Musikwissenschaft durch das Konzept eines dualen Harmoniesystems bekannt, er gab in Dorpat 1866 die Schrift heraus "Harmoniesystem in dualer Entwicklung", in zweiter Auflage 1913 als "Das duale Harmoniesystem".

Gustav Heinrich Johann Apollon Tammann war Chemiker und wurde 1861 in Arensburg auf der Insel Ösel geboren. Er wurde 1892 Professor in Dorpat, lehrte 1903 in Göttingen, wo er 1938 auch starb. Nach ihm sind die Tammann-Regeln und der Tammann-Ofen benannt.

In uns Deutschen war Vergangenheit ...

Die deutsche Sprache war Vergangenheit in der Zeit des nationalen Aufbruchs in Estland und Lettland, in der russischen Sprache lag die Zukunft und ... in Süddeutschland!

Adolf von Harnack wurde 1851 in Dorpat geboren, war der bedeutendste protestantische Theologe des ausgehenden 19. und beginnenden 20. Jahrhunderts. Er lehrte Kirchengeschichte an den Universitäten Leipzig, Gießen, Marburg und von 1888 bis 1921 in Berlin. Harnack war der Führer der liberalen Schule. Seine Lehre wurde aber nach dem ersten Weltkrieg abgelehnt, nachdem die dialektische Theologie aufgekommen war. Der führende katholische Theologe Karl Rahner, Jesuit und Professor in Innsbruck und München, stand entschieden im Gegensatz zu ihm. Harnack gab in Tübingen eine Dogmengeschichte in drei Bänden heraus. Im Jahre 1930 ist Adolf von Harnack im pfälzischen Heidelberg gestorben. Bedeutend war auch sein Einfluß auf Karl Barth, der sein Schüler war und der zum geistigen Führer der "Bekennenden Kirche" wurde.

Johannes Haller wurde im Jahre 1865 in Keinis/Estland geboren und sein Weg führte ihn auch nach Tübingen, wo er 1947 starb. Er wirkte 1902 als Professor in Marburg, 1904 in Gießen und 1913 in Tübingen. Er erforschte die mittelalterliche Kaiser- und Papstgeschichte. Zu der vielgelesenen, mit viel Pathos geschriebenen deutschen Geschichte, schrieb er über tausend Jahre deutsch-französische Beziehungen und über das Papsttum, Idee und Wirklichkeit.

Der Schriftsteller Eduard Graf von Keyserlingk wurde im Jahre 1855 im Schloß Paddern in Kurland geboren. Seine Schritte lenkte er nach München, hier blieb er bis zu seinem Tode 1918. Er war der überaus feinsinnige, kluge und ironische, baltische Romancier, ein stilsicherer Schilderer der kurländischen Landschaft und des baltischen Adels. Bezeichnend sind auch die Titel seiner Bücher, wie "Die dritte Stiege". "Abendliche Häuser", "Feiertagskinder", "Frühlingsopfer"oder "Schwüle Tage". Sein bester und treuester Freund war der Danziger Schriftsteller Max Halbe, in dessen Haus am Starnberger See das Portrait von Keyserlingk entstand, das heute in der Staatsgalerie in München hängt. Maler war der nahe Königsberg geborene Lovis Corinth, der ein Haus in den Alpen besaß.

Der Philosoph Hermann Graf Keyserlingk war ein Neffe des Schriftstellers in München. Er wurde im Jahre 1880 in Könno/ Livland geboren und ist erst 1945 in Innsbruck gestorben, 27 Jahre nach seinem Onkel, der in München seine letzte Ruhe fand. In seiner "Schule der Weisheit" wollte er den Menschen durch schöpferische Erkenntnis zur Selbstverwirklichung führen und damit auch eine Erneuerung des modernen Lebens bewirken.

Ein weiterer Balte in München-Schwabing war Rolf von Hoerschelmann, der nur 1,40 Meter groß war und der Zwerg aus Dorpat genannt wurde. Er wurde dort im Jahre 1885 geboren und kam zur Zeit der Entstehung des Jugendstils nach München . Er war Buchillustrator, Maler und Sammler, Bühnenbildner und Dekorateur. Ihm schien die Münchner Zeit ein "Leben ohne Alltag" zu sein. Piper, der den bekannten Verlag gründete, bezeichnete Hoerschelmann als: "Einen der ganz Berufenen, einen der letzten echten Schwabinger". Von Hoerschelmann stammt die Beschreibung Schwabings in den ersten Jahren des 20. Jahrhunderts, es sei kein geographischer, sondern ein Gemütszustand. Den Balten schilderte man auch als einen epigonalen Graphiker, hochgebildeten Bibliophilen und einen Unterhalter von beißend-sarkastischem Witz. Lebenslustig spielte er auf einer Miniatur-Mandoline, dabei gab seine kleine Gestalt wenig Anlaß zu ausgelassenem Humor.

Rolf von Hoerschelmann war auch an der Entstehung des Buches "München leuchtete" beteiligt, so dankte er München, seiner Stadt. Später ging der baltische Baron ins Stift Neuburg am Neckar und starb 1947 im Schloß Donaumünster. Hoerschelmann über Kandinsky, der Hauptvertreter der Gruppe "Der blaue Reiter" in München: "Kandinsky war wesentlich beteiligt an der unblutigen Revolution der Kunst, die aus der wilhelminischen Epoche in die Moderne führte."

Ein Namensvetter, Fred von Hoerschelmann, wurde 1901 in Hapsal/Estland geboren. Als Schriftsteller, Hörspielautor, Dramatiker und Erzähler, beschäftigte er sich mit Themen aus Geschichte und Gegenwart, was die Titel auch beweisen: "Flucht vor der Freiheit" 1931 und "Was sollen wir denn tun?" 1950. Er wirkte beim Rundfunk und lebte in Tübingen, wo er auch 1976 starb.

Der Psychologe Wolfgang Köhler wurde im Jahre 1887 in Reval geboren. Er kam 1893 nach Braunschweig, studierte in Tübingen, Bonn, Berlin und 1910 in Frankfurt. Lehrte als Professor ab 1922 in Berlin und ging 1935 in die USA.

Jakob Freiherr von Uexküll wurde 1864 auf dem Gut Keblas in Estland geboren. Er studierte an der Universität Dorpat Zoologie, ging dann ins pfälzische Heidelberg, dann nach Neapel und starb auf der Insel Capri.

Der Historiker Carl Erdmann stammt aus Dorpat, wo er 1898 geboren wurde. Er trat 1926 als wissenschaftlicher Mitarbeiter in das Preußisch-Historische Institut in Rom ein, wo er unter anderem sein heute noch grundlegendes Werk "Die Entstehung des Kreuzzugsgedankens" erarbeitete. Außerdem wurde er 1934 Mitarbeiter bei den “Monumenta Germaniae Historica”. Im Jahre 1945 ist er in Zagreb gestorben.

Der Schriftsteller Frank Thiess, in Eluisenstein bei Riga im Jahre 1890 geboren, lebte in Wien und Rom. Er prägte 1933 das Wort von der “inneren Emigration”, zu der er sich bekannte, worüber es nach Kriegsende zu nachhaltigen Auseinandersetzungen mit Thomas Mann kam. Thiess schrieb publikumswirksame Novellen, Dramen und Romane und er starb 1977 in Darmstadt.

Der Kunsthistoriker Georg Dehio stammte aus Estland, er wurde 1850 in Reval geboren. In den Jahren von 1884 bis 1901 schrieb er ein grundlegendes siebenbändiges Werk “Die kirchliche Baukunst des Abendlandes”, wirkte bis 1918 als Professor in Straßburg und wurde in ganz Deutschland mit dem “Handbuch der deutschen Kunstdenkmäler” bekannt. Im Jahre 1932 starb er in Tübingen, seine Kunstbände haben ihn unsterblich gemacht.

Der Verhaltensphysiologe Erich von Holst wurde im Jahre 1908 in Riga geboren. Als Zoologie-Professor ging er 1946 nach Heidelberg, war 1949 Mitbegründer des Max-Planck-Instituts für Meeresbiologie und ging 1954 endgültig nach Bayern als Direktor des Max-Planck-Instituts für Verhaltensphysiologie. Er wirkte in Seewiesen bei Starnberg und starb 1962 in Herrsching am Ammersee.

Der Schriftsteller, Jurist und Kunsthistoriker Otto Freiherr von Taube, stammte aus Estland und wurde 1879 in Reval geboren. Seit 1910 als freier Schriftsteller tätig, wandte er sich einem betont traditionsbewußten, protestantisch-christlichen Humanismus zu. Seine Bücher entsprechen den typisch baltischen Themen, wie “Vom Ufer da wir abstoßen”, “Selig sind die Friedbereiter”, “Wanderjahre”und “Stationen auf dem Wege”. Am Starnberger See in Tutzing starb er 1973, dort wo sich nahe Münchens der Adel der Literaten aus dem Baltikum und Altpreußen trafen.

Ein deutsches Requiem ... aber nicht von Brahms

Es gingen die Barone, sie waren Balten! Es gingen die Deutschen, sie waren Deutschbalten! Es gingen diejenigen, die keine Barone und keine Deutschen waren ... in alle Richtungen.

Der Leiter der “Baltischen Zentralen Bibliothek” in München, Otto Bong, fand in einer noch im Mai 1940 aus der Sowjetunion angekommennen Kiste den Nachlaß des ehemaligen Dozenten der Dorpater Universität Reinhold Guleke, der von 1834 bis 1927 lebte. Das Hauptwerk des Gelehrten “Altlivland” erschien 1896 in einer Auflage von nur 200 Stück und blieb unvollendet. Es enthält bedeutende Forschungsarbeiten zur mittelalterlichen Baukunst des Baltikums, der der Verfasser sein ganzes Leben gewidmet hatte, es war also nicht umsonst. Neben wertvollen geschichtlichen Aufzeichnungen enthält der Fund auch eine Menge Handzeichnungen baltischer Bauwerke, die zum Teil bis in den Anfang des 19. Jahrhunderts zurückreichen. Wir zitierten Heft 92, "Der Europäische Osten."

Der evangelische Theologe Reinhold Seeberg stammte aus Livland und wurde im Jahre 1859 in Pörrafer geboren. Er wirkte ab 1885 als Professor für systematische Theologie in Dorpat, dann ging er 1889 ins fränkische Bayern nach Erlangen, später lehrte er in Berlin. Er prägte das Schlagwort einer "modern-positiven" Theologie.

Sein Sohn war der evangelische Theologe Erich Seeberg, der im Jahre 1888 in Dorpat geboren wurde. Seit 1919 war er als Professor für Dogmen- und Kirchengeschichte in Breslau tätig, ging 1920 in die altpreußische Hauptstadt Königsberg, dann wieder zurück nach Breslau, nach Halle und Berlin. Dort wurde er Dekan der Theologischen Fakultät.

Der Pianist und Komponist Eduard Paul Ernst Erdmann stammt aus Wenden und wurde dort 1896 geboren. Bis 1914 war er in Riga Harmonie-und Kontrapunktschüler. Er war ein glänzender Interpret und Vorkämpfer für die Moderne. Im Jahre 1950 lehrte er als Professor an der Musikhochschule in Hamburg, dort verstarb er auch im Jahre 1958.

Der Philosoph Nicolai Hartmann wurde im Jahre 1882 in Riga geboren. Er lehrte als Philosophie-Professor seit 1920 in Marburg, ab 1925 in Köln, ab 1931 in Berlin und ab 1946 in Göttingen, wo er im Jahre 1950 auch starb. Hartmann schuf eine eigenständige Philosophie, die ihren Ausgangspunkt in einer realistischen Ontologie hatte.

Max Hildebert Boehm wurde 1891 in Birkenruh in Livland geboren. Er ging als Professor 1933 nach Jena und 1958 nach Göttingen.

Friedrich Zander wurde 1887 in Riga geboren. Er ging als Raketenforscher und nach Rußland starb 1933 in Kislovodsk.

Der Historiker Reinhold Wittram stammt aus der Gegend von Riga, er wurde 1902 auf dem Bilderlingshof geboren. Im Jahre 1935 lehrte er als Professor in Riga, ab 1941 in Posen und dann endgültig 1954 in Göttingen. Aus seiner Feder kam die "Geschichte der baltischen Deutschen", "3 Generationen Deutschland, Livland, Rußland" und "Baltische Geschichte".

Eduard Tisse wurde 1897 in Libau geboren und starb 1961 in Moskau. Er war ein bekannter Kameramann in Eisensteins Filmen.

Michael Eisenstein, der Sohn des bekannten Architekten Eisenstein in Riga, wurde am 28.1.1898 in Riga geboren. Er studierte bis 1920 Architektur, doch man fand seine Zeichnungen und Karikaturen gut, so zeichnete er Karikaturen zu Hoffmanns Erzählungen. Er zeichnete die Symbole, die ihm die Zeit aufgab: Macht, Blut und Tod! Noch besser fand man ihn als Regisseur. Er drehte den Film "Panzerkreuzer Pontemkin", der ihm Weltaufmerksamkeit einbrachte. Er bereiste die ganze Welt und drehte danach den Heldenfilm "Alexander Newskij" als ersten Tonfilm mit der eindringlichen Musik von Sergij Prokofjew. Es kämpfen die Guten unter Alexander Newskijs Symbol dem Löwen gegen die Bösen unter des Deutschen Ordens Symbol dem Adler. Da rufen die Guten: "Sie sollen sie niemals betreten, die heilige russische Erde" und "Nieder mit den Deutschen, schlagt sie, bringt sie um."

Man schrieb das Jahr 1938 als Eisenstein den Lenin-Orden erhielt und im Jahre 1939 gingen die Deutschen in Richtung Westen. Eisenstein starb einige Tage nach seinem 50. Geburtstag in Moskau eines natürlichen Todes? Er nahm sich kein Blatt vor den Mund und auf das autoritäre Regime in Rußland angesprochen sagte er: "Ich bin in der Lage eines reichen Mannes mit etwas Rheumatismus. Ich kann mir allerlei erlauben, ich habe die Mittel, meine Träume Gestalt werden zu lassen - nur gewisse Bewegungen, die darf ich eben nicht machen das wäre denn doch zu schmerzhaft!"

Erinnerung ... eine Reliquie aus dem Baltikum

Der Geist weht nicht, wohin er nicht will! Die Menschen, die im Baltikum geboren sind, vergaßen ihre alte Heimat nicht. Besonders nachdem die Baltenstaaten ihre relative Freiheit erhalten hatten, gingen die Gedanken derer, die überlebt haben, nach Estland und Lettland. Die Gedanken wehten nicht irgenwo hin. Es gab Besuche und die Erinnerungen wurden in Wort und Bild festgehalten - auch Musik klingt hinauf bis zu den menschenleeren Weiten.

Elmar Arro wurde 1899 in Riga geboren. Er war estnischer Musikforscher und Musikwissenschaftler. Promovierte 1928 mit: "Über das Musikleben in Estland im 19. Jahrhundert". Er habilitierte 1933 an der deutschen Luther-Akademie in Dorpat am Lehrstuhl für Musikwissenschaft und Slawistik, war 1933 Mitglied der deutschen Luther-Akademie und des Herder-Instituts in Riga. Die Dorpater Stadt Musici 1587 bis 1809, die Geschichte der estnischen Musik und andere Schriften stammen aus dieser Zeit. 1939 ging er nach Deutschland, hatte 1955 einen Lehrauftrag in Heidelberg,

1968 in Kiel, gab zahlreiche Schriften heraus, unter anderem: “Die deutsch-baltische Liedschule und Richard Wagners Rigaer Wanderjahre”.

Joseph Wihtol wurde im livländischen Wolmar im Jahre 1863 geboren. Er ging zum Studium von 1880 bis 1886 nach St. Petersburg, war bis 1918 auch Mitarbeiter an der St. Petersburger deutschen Zeitung. 1918 wurde er Direktor der lettischen Oper, 1919 war er Gründer und Leiter des staatlichen lettischen Konservatoriums in Riga, ging aber 1944 nach Deutschland. An Bedeutung war er ein über das national-lettische hinausragender Komponist seiner Heimat Lettland. Er starb 1948 in Lübeck.

Rudolf Tobias wurde in Kaina in Estland geboren. Er studierte 1897 in St. Petersburg. 1905 bis 1908 förderte er mit Läte zusammen die estnische Musikkultur. Aus dem estnischen Nationalepos Kalepoeg vertonte er die Melodramen-Fragmente “Johannes aus Damaskus” und “Ecclesia”. Er gilt als der Begründer der symphonischen Musik in Estland. Bis 1909 wirkte er in St. Petersburg, ging dann nach Leipzig und 1910 nach Berlin; dort starb er 1918.

Janis Medins gilt als der Begründer der lettischen Oper. Er wurde 1890 in Riga geboren und starb im Jahre 1966 in Stockholm.

Ilmar Tammelo wurde 1917 in Narva geboren, er ging an die Universität Salzburg und ist dort seit 1973 Ordinarius für Rechtsphilosophie, Völkerrecht und Rechtslogik.

Gidon Kremer wurde 1947 in Riga geboren. Er war Schüler von David Oistrach und ging 1981 nach Deutschland. Der Weltklasse-Violinist veranstaltet unter anderem die Festwochen in Lockenhaus im Burgenland.

Der Architekt Henrik Fischer wurde 1911 in Riga geboren und beschäftigt sich mit der Architektur-Geschichte Rigas; er lebt in München.

Der Schriftsteller Roger Anderson wurde 1930 in Tallinn geboren und lebt heute in München. Von seiner Feder stammen: “Wir Heimatlosen” 1984 geschrieben und “Lesen statt bellen” vom Jahr 1986. Er wurde 1977 mit dem Erwin-Egon Kisch Literaturpreis ausgezeichnet.

Der Journalist und Politiker Olaf von Wrangell wurde 1928 in Tallinn geboren. Er war seit 1954 Bonner Korrespondent des Norddeutschen Rundfunks, dann Chefredakteur und stellvertretender Programmdirektor. Seit 1965 Mitglied des Deutschen Bundestages.

Bernd Nielsen-Stokkeby, geboren 1920 in Tallinn, studierte in Wien und Hamburg und war Korrespondent in Moskau. Er war beim zweiten deutschen Fernsehen tätig und kommentierte die Ostpolitik. Er hat nach der Öffnung des Baltikums zum Westen

Reisen unternommen und darüber Bücher geschrieben. Er sagte: "Heute haben Deutschbalten, Esten, Letten und Litauer gleichermaßen Tränen in den Augen, wenn in nordisch-hellen Sommernächten des Juni am gemeinsamen Johannifeuer die alten, vertrauten Lieder der Heimat erklingen.

Aller Wehmut über den Gang der Dinge in den Ländern an der Ostsee ist umsonst, man wußte damals nur, daß es ein Leben nur in der deutschen oder russischen Kultur geben kann. Die Menschenschicksale aber aus der neueren Katastrophenzeit lehrt uns, daß es sehr wohl auch anders möglich gewesen wäre, in der einheimischen Kultur zu leben und trotzdem daneben eine weitere Sprachkultur zu haben. Heute muß auch gehen, was das Russische betrifft, auch noch mit einer zweiten Schriftkultur.

Man sieht heute, daß es nur mit Vernunft geht. Vernunft predigte Herder und ganz besonders Immanuel Kant. Nietzsche verkündete, "Gott ist tot", nein Gott lebt - Kant ist tot!

In München sei er geboren, sagte der jüdische Münchner Fritz Rosenthal, heute wegen der Naziherrschaft bedingt in Israel lebend. Nicht geografisch, sondern im übertragenen Sinne sagt er: "In mein Herz münden Jordan und Isar." Und sein Landsmann Chorin in Israel, der gleichfalls aus Deutschland stammt, sagte: "Meine Heimat ist im Deutschen, in der deutschen Sprache, aber nicht in Deutschland." Wir müssen noch viel lernen - wir können wieder lernen!

Noch ein Baron ...

Ein Baron, wenn auch kein baltischer, war Karl Friedrich Hieronymus Freiherr von Münchhausen. Geboren am 11.Mai 1720 in Bodenwerder an der Weser, zur der Zeit, als Peter der Große gerade die baltischen Länder einsammelte. Gestorben ist er im Jahre 1797, als es beschlossene Sache war, die Dorpater Universität wiederzugründen, damit der Wahrheitssuche wieder der Weg geebnet wird. Es handelt sich um den Lügenbaron. Er hatte direkt mit der Zarin zu tun. Er war Page des Erbprinzen von Braunschweig, der auf russischer Seite an den Türkenkriegen teilnahm und der erst zehnjährige Freiherr war mit von der Partie. Wer so tapfer für Rußland kämpfte, konnte auch die Gunst der Zarin gewinnen, er gewann dieselbe und wurde Rittmeister.

Wer in Rußland war, der kann was erzählen! Dies dachte auch Baron von Münchhausen. Lange zwanzig Jahre hatte er in Rußland gedient, lange Jahre davon in der Garnison in Riga. Da fielen ihm die abenteuerlichsten und phantastischen Geschichten ein. Geschichten ... vom Standpunkt eines Landjunkers, der gegen die barocke, wie die moderne Gelehrsamkeit, hier konnte er Kant gemeint haben, ebenso aber auch gegen die französischen Scheingeister, polemisierte.

In seiner frappierenden Phantasie und prahlendenÜbertreibung übersprang er alle Schwierigkeiten, hatte nicht auch Rußland die potjomkinschen Dörfer? Die Geschichte mit dem russischen starken Frost, der die Töne im Posthorn einfrieren ließ. Als das Instrument auf dem Ofen auftaute, fing das Horn von selbst zu blasen an, da die Töne auftauten. Auch seine Geschichte mit seinem Pferd, daß er bei dem vielen Schnee an ein Grabkreuz festband, dann gab es plötzlich Tauwetter, als er in der Frühe hinausschaute, hing sein Pferd am Kirchturm, er hatte es an die Kirchturmspitze angebunden.

Eine Geschichte aber ist so wahrscheinlich, daß sie sich auch wirklich in Riga zugetragen haben kann. In einer Stadt sah der Baron eine Frau mit einem Kind auf den Stufen einer Kirche sitzen und weinen. Sie klagte ihm, der Geistliche wolle ihr Kind nur gegen zwei Rubel Bezahlung taufen und die Rubel hätte sie nicht, so könne das Kind nicht in den Himmel kommen. Münchhausens Reichtum waren nur noch fünf Rubel und diese gab er der verzweifelten Mutter.

Er hatte die Frau fast vergessen, als sie freudestrahlend mit dem getauften Kind ankam und mit drei Rubel. Er steckte das Geld ein und wies den überschwenglichen Dank zurück und sagte: "Das Kind ist getauft, der habsüchtige Geistliche hat seine zwei Rubel und ich bin mein falsches 5 Rubelstück los!"

HILFE, DIE BAYERN KOMMEN

Dies bezieht sich weniger darauf, daß man Angst haben muß vor den Bayern, wenn sie kommen. Doch weil sie so selten kommen, kommt es mehr einem Überraschungsschrei gleich. Der Bayer geht nicht gern nordwärts, er hat alles was er haben kann und mehr Kultur gibt es ohnehin nur im Süden. Viele Nordlichter schimpfen über die Bayern, weil sie anders sind. Kommen sie einmal nach Bayern, gehen sie nicht wieder. Ja, die Konfession ist anders, doch dies ist es nicht allein. König Max II. von Bayern hat sogar eine Protestantin aus Berlin geheiratet, dies und ein lutherischer Bischof für München, waren eine wahre Sensation. Was Bayern so anders macht, ist mehr noch die Tatsache, daß die meisten Ereignisse einen religiösen Hintergrund haben. Hier unterscheidet der Bayer nicht zwischen evangelisch und katholisch, auch das Heidnische wird christlich religiös vereinnahmt.

Als der Berliner Schriftsteller und Buchhändler Christoph Friedrich Nicolai sich auch vor dem Napoleonischen Krieg ins sichere München begab, fiel ihm an den Bayern auf: "Das weibliche Geschlecht in München ist schön... Es ist etwas ruhiges katholisches, etwas herziges bayerisches in ihren kleinen Manieren."

Das fand aber auch König Ludwig I.von Bayern an seinen Münchnerinnen und er ließ die Schönsten malen. So hängt das Konterfei einer jeden heute noch zur Ansicht im Nymphenburger Schloß. König Ludwig war der Vater von König Max II. und sein Vater Max I. Joseph war als Verbündeter und Freund Napoleons mit einem Heer in Rußland, das heißt genauer gesagt, an der baltischen Front dabei. Drüberhalb der Düna waren die russischen und baltischen Feinde und im Rücken waren es die unberechenbaren preußischen, nicht gerade Bayerns Freunde. Viele bayerische Soldaten kamen nicht mehr in die Heimat zurück. Weil Napoleon aus dem ägyptischen Feldzug erfolgreich mit Beute, auch mit Obelisken, zurückkehrte, errichtete man zeitgemäß einen Obelisken auf dem Karolinenplatz, zum Gedenken der in Rußland gefallenen Soldaten.

König Ludwig war mit dem Krieg überhaupt nicht einverstanden. Wohl war er im französischen Straßburg geboren, der französische König, den die Revolution hinrichtete, war sein Taufpate und auch den Namen Ludwig hatten Franzosen und Bayern häufig gemeinsam – doch er mochte den gewaltsamen Napoleon nicht. Napoleon hatte auf seinen Feldzügen auch antike Skulpturen der alten Griechen zusammengestohlen. Diese in Paris zu besichtigen konnte den Kronprinzen Ludwig niemand abhalten. Seine Begeisterung war auch sehr groß, weil im türkischen Griechenland der Freiheitskampf tobte: Der Kronprinz war viel in Italien und in einem Künstlerkreis in Rom. Ludwig verheiratete sich mit der sächsischen Therese, so daß die bayerischen Wittelsbacher rundum mit allen Ländern verwandtschaftlich verbunden waren. Mit den Sachsen hat Bayern einiges gemeinsam, beide Länder setzen sich stärker vom Norden ab, beide sind kultureller, traditioneller, selbstbewußter und beide Völker haben eine unverkennbare Mundart.

Im Jahre 1810, dem Beginn seines Eheglücks, treibt es Ludwig wieder nach Rom, dort erkundigt sich der Bayernprinz ob es griechische Skulpturen zu kaufen gibt, er erwirbt Werke von Canova und Thorvaldsen, ein italienischer und ein dänischer Bildhauer, sie arbeiteten für Ludwig. Er wird Ehrenmitglied der Künstlerakademie di San Luca, die Deutschrömer des Café Greco betrachteten ihn als Freund und Beschützer und die Verbindung zu diesem Kreis führt zu einer Erwerbung von außerordentlicher Bedeutung. Der Künstlerkreis wollte nicht mehr von Griechenland schwärmen, man wollte selbst sehen, zeichnen, messen.

Otto Magnus Freiherr von Stackelberg

Diese Neugier nach der griechischen Antike war so groß und drang bis nach Reval, zu Otto Magnus Freiherr von Stackelberg, der am gleichen Tage und Jahr wie Kronprinz Ludwig, am 25. 8.1786, geboren war. Schon lange beschäftigte sich das kulturelle Europa mit Themen der Antike. Christoph Willibald Ritter von Gluck, der Bayer aus der Oberpfalz, Kapellmeister am Hofe des Kaisers in Wien hatte bereits 1762 Orpheus und Eurydike, 1767 Aceste, 1770 Paris und Helena, 1774 Iphigenie in Aulis und 1779 Iphigenie auf Tauris nach antiken Themen komponiert und in Wien und Paris aufgeführt. Auch Mozarts erste große Oper Idomeneo, die er 1781 in München für den Kurfürsten komponierte und dirigierte, hatte ein antikes griechisches Textbuch zur Grundlage. Wenn das Thema auch den Gehorsam betrifft, zur Opferung seines Sohnes, wo Gott dann auf die Erfüllung verzichtet, ein Geschehen aus dem Alten Testament. Hier ist das Thema auf die griechische Antike umgelegt, weil es Mode war.

Die Aktualität der Türken vor Wien ließ Mozart dann 1782 "Die Entführung aus dem Serail" komponieren, gefolgt von Figaros Hochzeit und Don Giovanni 1787. Diese bedeutendste Oper von

Mozart wurde 1791 in München, 1793 in Königsberg, 1794 in Danzig und nur zehn Jahre nach der Uraufführung in Prag wird sie 1797 in Reval aufgeführt. Zwei Jahre später wurde Don Giovanni auch in der Musikstadt Riga aufgeführt. Die russische Hauptstadt St. Petersburg erreichte der Frauenverführer erst in der Aufführung im Jahre 1807.

In diesem Jahre tobten gerade die Schlachten zwischen den französisch-bayerischen Truppen und russisch-österreichischen Truppen, an den östlichen Grenzen des Königreiches Bayern. Die bayerischen Truppen waren natürlich nicht so gewaltig gegenüber der Grande Armee Napoleons. Eigentlich müßten wir dann auch die baltischen Soldaten in der russischen Armee erwähnen, die nach Bayern hinein wollten. Die Berichterstatter erwähnen regelmäßig die langen blonden Kerle der "Finnen". Es mußten nicht unbedingt alles Finnen gewesen sein, aber lang und blond war das Besondere an ihnen und jeder weiß, was er sich unter "finnisch" vorzustellen hatte.

Als es im Jahre 1810 in Europa etwas ruhiger wurde, bevor Napoleon den Rußlandfeldzug begann, packte auch einen Sohn der Stadt Reval, von Stackelberg, die unbändige Sehnsucht nach Griechenland. So kam es, daß sich der bayerische Fürstensohn und der baltische Baron in Rom trafen.

Des Kronprinzen Mann war der bayerische Baron Carl Freiherr Haller von Hallerstein, er erhielt finanzielle Unterstützung vom Kronprinzen, später dann 70 000 Gulden Blankovollmacht für Ankäufe. Baron Haller von Hallerstein war Baumeister, Bauforscher und Zeichner. Er hatte Kronprinz Ludwig Pläne für einen Aufbewahrungsort in München, einer Glyptothek, entworfen, bevor dieser die antiken Skulpturen hatte. Der bayerische Kronprinz Ludwig war jedenfalls schon voller Ungeduld.

Die führenden Köpfe der "griechischen Expedition" waren Haller von Hallerstein und der Balte von Stackelberg. Athen war um diese Zeit noch ein gottverlassenes türkisches Provinznest, dort trafen sie mit dem Engländer Cockerell zusammen und eine Gruppe machte einen Ausflug auf die Insel Ägina, während von Stackelberg 1811 in die Türkei geht. Ein Jahr später treffen sie sich bei den Ruinen des Tempels von Bassai, dem Apollontempel von Phigalia, und legen ihn frei. Dann wurde gezeichnet und gemessen, man wollte dem griechischen Original nacheifern und nicht immer den schlechten Kopien. Später hatte Ludwig als König in München nach griechischem Vorbild Museen und Denkmäler errichtet, das man München das Isar-Athen nannte.

Auf abenteuerliche Art kam Ludwig zu seinen antiken Marmorschätzen. Nichts war ihm für sein Bayern zu teuer. Nach dem Tode seines Vaters wurde Ludwig 1825 zum bayerischen König gekrönt. Statt Kriege zu führen sammelte und baute er, er sagte: "Die Welt soll sagen können, daß sie Deutschland nicht kennen, wenn sie München nicht gesehen haben." Seinem Wirken begegnet man heute auf Schritt und Tritt. Er gönnte sich keinen persönlichen Luxus, auf sein verschlissenes Taschentuch angesprochen, sagte er: Deswegen konnte ich die prächtige Ludwigstraße bauen. Seine Gemahlin Therese beklagte sich, daß sie sich nicht die neuen Kleider leisten könne, die die Frau des Bierbrauers Pschorr trug.

Der Baron Haller von Hallerstein bieb noch in Griechenland, hinterließ zahlreiche Zeichnungen und starb 1817 in Larissa in Griechenland. Otto Magnus Freiherr von Stackelberg lebte noch bis 1828 in Rom und war Mitbegründer des Kreises der Römischen Hyperboreer, 1827 nahm er die neuentdeckten etruskischen Gräber von Tarquinia auf. Die in Griechenland gefertigten Zeichnungen veröffentlichte er 1826, er war ein feinsinniger Interpret der griechischen Landschaft und des neugriechischen Lebens, antiker Bauten und Bildwerke. Er war eigentlich der Maler, der Griechenland erst entdeckte. Nach ihm kamen noch viele aus München, unter ihnen Ludwig Lange, Peter von Hess und 1834 Karl Rottmann. Zu diesem Zeitpunkt war von Stackelberg schon wieder in seiner Heimatstadt Reval und gab 1837 das Buch "Die Gräber der Hellenen" heraus. Im gleichen Jahr starb er auch in seiner Geburtsstadt Reval. Er gehört damit zu den wenigen Balten, die nach großen Erfolgen ihre alte Heimat nicht vergessen hatten. Zu denen gehörte auch der Weltumsegler Adam Johann von Krusenstern, der neun Jahre nach Stackelberg auf seinem Gut bei Reval starb

Es ist unruhig geworden am Finnischen Meerbusen. Es ist ein Kommen und Gehen. Als Otto Magnus Freiherr von Stackelberg als angesehener Archäologe und Maler im Jahre 1837 in Reval von dieser Welt abtritt, kommt im benachbarten St. Petersburg ein Berliner Architekturmaler an und zeichnet naturgetreue Ansichten. Richard Wagner kommt im gleichen Jahr in Riga an. Der in der Nähe von Reval geborene Alexander Freiherr von Ungern-Sternberg war an die deutsche Ostseeküste gezogen und schrieb Bücher wie "Die Zerrissenen, Der Missionar, Die Royalisten", alles Themen des Baltikums. In St. Petersburg schlossen sich zu dieser Zeit Borodin, Balakirew, Mussorgski und später Rimski-Korsakow zu dem sogenannten "Mächtigen Häuflein" zusammen. Sie wollten die echten Russen sein, was sie bei Tschaikowsky bezweifelten.

Dreißig Jahre später, im Jahre 1867, kam Tschaikowsky durch Reval auf dem Weg nach Haapsalu, wo er seine schönen Eindrücke in Melodien festhält, der Gesang eines Mädchens hatte es ihm angetan. Er merkte sich die Töne der lieben Marie und zeitlebens hatte er diese Melodie im Kopf. Sie kommt in seiner 6. Symphonie genauso vor, wie in seinem Klavierkonzert. Ein Lied, das um die Welt ging.

König Ludwig I. von Bayern war inzwischen auf die Suche gegangen nach einem Baumeister, sein erster von Hallerstein war gestorben. In Wien, wo man beim Wiener Kongress um die Aufteilung Europas gefeilscht hatte, traf Kronprinz Ludwig auf den ehemaligen Hofbaumeister des Königs Jérôme von Westfalen. Der Bruder Napoleons hatte abtreten müssen, so war sein Architekt Leo von Klenze arbeitslos geworden. Ludwig nahm ihn nach München und er baute das Museum für Ludwigs griechische Marmorhelden, Jünglinge und Göttinnen. Klenze wurde zum Hofbauintendanten ernannt, baute entlang des Königsplatzes, der Ludwigstraße und der Briennerstraße, sowie die Walhalla bei Regensburg.

Als sich dann Griechenland später von der Türkenherrschaft befreien konnte, berieten die drei Mächte der Heiligen Allianz über einen König für Griechenland. Jeder der drei schloß den anderen aus und weil man sich nicht anders einigen konnte, erinnerte man sich des Ludwig, König von Bayern. Er hatte einen tüchtigen Bruder Max, doch der wollte zu den wilden Menschen um keinen Preis übersiedeln. So kam man auf des Königs Sohn Otto, er wurde 1832 zum ersten König der Griechen erhoben und gekrönt.

Frankreich, England und Rußland waren wie der bayerische König bemüht, ihre Antikensammlungen anwachsen zu lassen – sie standen im Wettstreit. Zar Nikolaus fühlte sich besonders verantwortlich für das was im orthodoxen Glaubensraum passierte, dazu gehörte auch Griechenland. Natürlich hatte auch er sich zahlreiche antike Museumsstücke gesichert. Außerdem hatte er eine wertvolle nackte Venus noch von Zar Peter dem Großen geerbt, die auf abenteuerlichem Wege nach St. Petersburg gelangt war.

Die Reliquien im Birgittinenkloster

Den unschätzbaren Besitz dieser lieblichen Venus verdankte Zar Peter eigentlich seinen estnischen Untertanen. Der Zar wollte eigentlich nur seine nach Rom geschickten Studenten kontrollieren lassen, ob sie auch fleißig lernten. Sein Sonderkurier war Hauptmann Kologriwow, der sich im Jahre 1719 auf den Weg machte und dann sollte er sich auch unauffällig umsehen, ob nicht antike Stücke in Rom zu beschaffen seien. Der Zar war der Meinung, wenn der Schöpfer den Menschen schon mit zwei Händen versehen hat, kann er auch zwei Geschäfte zugleich tun.

Zar Peter hatte am 13. Februar 1718 einen Ukas erlassen, der in Rußland die Archäologie begründete. Er wollte auch antike Statuen, Büsten, Reliefe und sonstiges aufkaufen, wie sie in den Palästen und Schlössern Westeuropas standen. Erschwerend war das Ausfuhrverbot, das Papst Klemens XI. erlassen hatte, denn dem russischen Hauptmann hatte man eine Venus aus weißem Marmor angeboten.

Es wäre völlig hoffnungslos gewesen, die Statue nach Rußland zu bringen, auch mit viel Geld nicht, wenn nicht einem Angehörigen der russischen Botschaft in Rom eine zündende geniale Idee gekommen wäre. Die Russen hatten gerade von den Schweden das Baltikum erobert und hielten es besetzt. Im Vorort von Reval hatten die Russen in einem Kloster ein berühmtes katholisches Heiligtum entdeckt, das in traurige Vergessenheit geraten war, die Reliquien der heiligen Birgitta, der "Bekehrerin der Esten",wie Rom sie nannte.

Diese Reliquie war völlig vergessen worden. Die Esten waren schon 1524 Lutheraner geworden, die bekanntlich keine Heiligen verehrten. Das Kloster bei Reval verfiel, die Mönche verliefen sich oder heirateten. Die Heirat befahl sogar der lutherische Glaube ausdrücklich. So kam es, daß die deutschen Glaubensmänner, die sich zum Glück der Esten immer mehr verminderten und langsam ausstarben, durch Heirat und Familienbildungen zu großer Zahl vermehren. Es konnten aber noch so viele sein, niemand interessierten irgendwelche Überbleibsel von Heiligen.

Auch die russische Kirche hatte an fremden Heiligtümern kein Interesse. So waren die Reliquien der Birgitta einfach "herrenlos" geworden, von allen vergessen. Die äußere Gestalt von Birgittas Wirken war in der Reformation verschwunden, andere Formen des religiösen Lebens waren an diese Stelle getreten. Seitdem folgte die Zeit eines unaufhörlichen Suchens nach Quellen des Glaubens, die Birgitta bereits erschlossen hatte. Ein Volk kann zwar vergessen, vergißt aber nicht die tiefen geistlichen Impulse, die es einmal empfunden hat.

Dem Russen in der Botschaft in Rom war nur das Geschäft vor Augen, vielleicht war er ein verkappter Katholik, dem es nur darum ging, die Gebeine der Birgitta nach Rom zu bekommen. Und an dieser Stelle war der Papst zu treffen, auch wenn sein Herz blutete, er stimmte zu, daß die Statue nach St. Petersburg gebracht werden konnte. Der Papst wußte sehr wohl um den weltlichen Wert dieser Statue, sie war unbezahlbar, deshalb ging die Kunde von diesem Tauschhandel um die ganze Welt.

In Rom zog die Karawane mit dem sündhaften nackten Götzenbild, der weiß-marmornen Teufelin, an der Villa Borghese vorbei auf der Via Flaminia nach Norden. Über den Ponte Milvio wurde der Tiber überquert, dort wo im Jahre 312 Kaiser Konstantin unter dem Zeichen der Christen über Maxentius siegte, dies zum Urereignis des geschützten christlichen Glaubens wurde und über Konstantinopel die ganze Welt erreichte.

Über die gleiche Brücke aber stadteinwärts durch die Porta Flaminia nach Rom, in die ewige Stadt, trug man ein zweifelhaftes Häuflein, von verrotteten Lumpen umhüllte morsche Knochen, die Reliquien der heiligen Birgitta, der Mutter des Christentums in Schweden und Estland. Im 4. Jahrhundert war Konstantin der Sieger, das wissen wir, wer war aber bei diesem Tauschhandel der Sieger? Christus gab die Antwort - die Liebe!

Der wunderliche Zug mit der marmorenen Venus ging durch ganz Europa, um sie nicht den Gefahren auf dem Meer auszusetzen. Vor ihr her ritten Kuriere, die teilweise Wege auszubessern und Brücken zu schlagen hatten, bevor man die teilweise in einer Wiege liegenden, an Seilen befestigte Fracht der Venus, transportieren konnte. Von zwei Pferden getragen ging es durch ganz Italien, über die Tiroler Alpen, über die Felder des freundlichen Österreich, über die Pußta Ungarns, durch die Karpaten nach Polen, über Weißrussland, hinauf in die Gegend von Pleskau. Dunkle Gerüchte durcheilten die russischen Dörfer, die bartigen geistlichen Männer von Pleskau bekreuzigten sich vor Entsetzen: Der Zar sei endgültig vom rechten Glauben abgefallen. Er beförderte die nackte gotteslästerliche Dirne mit Ehren, wie man sie der heiligen Mutter Gottes nicht einmal zuteil werden ließ!

Wohlbehalten war die Venus in St. Petersburg angekommen, Zar Peter stellte sie im Sommergarten auf, wo sie viel Verwirrung stiftete. Für manche war sie ein verführerisches Wunder, an dem sie sich die Augen aussahen, andere aber, alte Raskolniki, waren bereit für den Glauben zu leiden, wollten die zu Stein gewordene Schande stürzen und zerstören. Doch die Statue hatte alles überlebt und nun wollte Zar Nikolaus ihr ein endgültiges Haus bauen. Er erinnerte sich des Königs Ludwig von Bayern, dessen Sohn durch russische Zustimmung auf dem griechischen Thron gelangt war. Nun sollte der Bayernkönig ihm auch einen Gefallen tun und ihm seinen Baumeister Leo von Klenze ausleihen.

Der bayerische Hofbaumeister Leo von Klenze in St. Petersburg

Klenze hatte in München die Glyptothek gebaut, eine Architektur die sehr bewundert wurde. Klenze war schon an einem Auftrag durch den Zaren in St. Petersburg interessiert, es sollten dort die antiken Nackten nicht in der russischen Eiseskälte stehen müssen. Der bayerische König war einverstanden, nur Klenze wußte noch nicht was ihn im kalten Norden erwartete. Er hatte nun einmal in Bayern Wurzeln geschlagen und ungern vertauscht auch ein Neubayer die herzenswarme Stadt München.

Baron von Stackelberg, der mitgeholfen hatte, dem bayerischen König die Glyptothek in München zu füllen, war zwei Jahre vorher in Tallin gestorben, da wagte Klenze im Juli 1839 die erste Reise in das benachbarte St. Petersburg, dem Zaren ein Museum zu bauen. Schrecklich an die Strecken zu denken, die Napoleon zurücklegte, bis Moskau und flugs wieder zurück. Napoleon benötigte von der Beresina bis Paris zwölf Tage. Wer war schon alles nach St. Petersburg gereist, in die nach Westen geöffnete Hauptstadt Rußlands, die eine Kulturmetropole war. Die Städte, die am Wege lagen, wie Königsberg und Riga profitierten davon. Musiker wie Robert Schumann und seine Frau Clara Wieck, Franz Liszt, Hector Berlioz, Hans von Bülow hatten den Landweg genommen. Politiker, Dichter, Professoren, Dirigenten und viele andere kamen vom Lande her. Sie kamen aber alle erst später, Klenze konnte sich nur auf schauerliche Berichte stützen und abenteuerliche Erzählungen.

Unser Klenze will daher den Seeweg nehmen, er fährt nach Lübeck und dann berichtet er: Drei Tage nur Wasser und Himmel. Dort angekommen verläßt ihn die Skepsis nicht und er schreibt, ohne mein Wollen bin ich in St. Petersburg und er berichtet von einem fremden Volk in der russischen Hauptstadt. Doch die Russen geben sich Mühe den Architekten aus München in Stimmung zu bringen. Dann war da noch die baltische Familie Krüdener, die mußte den mißmutigen Klenze in Stimmung bringen. Man mußte bis nach St. Petersburg davon gehört haben, daß in München das Bier zünftig macht. Schon als der bedeutende Schriftsteller aus der Schweiz, Gottfried Keller, nach München kam teilte er sogleich seiner Mutter mit: "Endlich bin ich angekommen in dem gelobten Lande .." Um dann zu berichten, daß "sogar die nobelsten Damen ins Kaffeehaus gehen und trinken da nicht Kaffee, sondern so zum Spaß eine Maß Bier ..."

Wir konnten uns davon überzeugen, im heutigen Tallinn hat man auch schon davon gehört. Es gab zur Auswahl: Estnisches Bier, finnisches, schwedisches, dänisches, niedersächsisches und sogar Bier von Löwenbräu in München, wir kamen uns vor wie daheim. So war es auch 1839 in St Petersburg. Die Familie Krüdener hatte zu einem Empfang geladen, jeder Besucher mußte im Frack erscheinen und es gab bayerisches Bier. Schon war Klenze mit der Welt wieder versöhnt und kehrte nach München zurück, und er kam wieder. Im August 1840 kam er das zweite Mal nach St. Petersburg, er wollte nun aber einen Vertrag haben und wollte auch Geld sehen, man gewährte ihm alle Wünsche.

Nun ging Leo von Klenze in München an die Arbeit, der Zar sollte seine gewünschte neue Eremitage haben. Als Modell für den mächtigen Treppenaufgang in St. Petersburg diente die Treppenanlage in der Staatsbibliothek in München, die sich König Ludwig bauen hat lassen. Als Modell für die Sitzmöbel, Konsolen, Tische, Vitrinen und andere Einrichtungsstücke, dienten die Einrichtungen in der Residenz von München.

Diese Kopien in St. Petersburg sind heute von unschätzbarem Wert, da die Originale in München im letzten Krieg zerstört wurden. Das vormalige Leningrad wurde von deutschen Granaten völlig zerstört, doch dieses Inventar hielten die Russen für so kostbar, daß sie es schützten. So war den ehemaligen Feinden der Dank des deutschen Vaterlandes gewiß und wir ließen danach auch die Russen im wiederentstandenen St. Petersburg nicht verhungern - wir müssen auch noch an den Möbeln Maß nehmen.

Bis zum Jahre 1851 war eine ganze Flut von Künstlern aus deutschen Ländern nach St. Petersburg gekommen. Es gab in St. Petersburg das Deutsche Theater mit einem Opernensemble, schon in früheren Jahren 1835 war Beethovens Fidelio aufgeführt worden. 1840 bis 1850 gab es die “Symphonische Gesellschaft” mit Beethovenkonzerten, 1844 spielte Clara Schumann und 1847 dirigierte Hector Berlioz in St. Petersburg, 1847 wurde auch Carl Maria Webers Freischütz aufgeführt. Im Jahre 1850 kam aus dem bayerischen Nördlingen der Musiklehrer Rudolf Kündinger, Musiklehrer Tschaikowskys, der auch die Kinder des Großfürsten lehrte.

Klenze war also keineswegs allein in St. Petersburg als er nun schon zum sechsten Male anreiste. Er war nicht mehr allein gekommen, er hatte seinen Bruder Polyklit dabei, dann den Johann Halbig aus München, der die Fassadengestaltung, die Ornamente und die Figuren machte, Ludwig Schwanthaler lieferte aus München Figuren-Modelle, nach denen die Russen die Bildhauerarbeit machten. Georg Hiltensberger, ein Maler aus München, stellte die Wandgemälde her, in Fresco und der Münchner Heinrich Hess wurde von Klenze für die Herstellung der großen Glasfenster empfohlen.

Der Zar zeigte sich seinem Baumeister Leo von Klenze gegenüber sehr aufgeschlossen und liebevoll. Als Klenze 1851 in St. Petersburg eintraf, ging der Bau der neuen Eremitage bereits der Fertigstellung entgegen. Klenze wurde vom Zaren freundschaftlich empfangen und ihm wurde der Wladimir-Orden verliehen. Dann sagte der Zar zu Klenze: "Mein lieber Klenze, sie haben ein wahres Denkmal geschaffen, für sie und für mich!"

ERINNERUNGEN AN HAAPSALU

Die Landschaft im Nordwesten Estlands ist von zurückhaltender Schönheit. Es ist ein endlos flaches Land, die Esten nennen es Läänemaa. Die Deutschen brachten ihre Bezeichnung für eine kleine Bucht aus ihrer Heimat mit und nannten diese Gegend ganz einfach Wiek. Es ist die Westküste Estlands und von Haapsalu sieht man in die westliche See, zur fernen schwedischen Küste. Haapsalu ist mit dem finnischen Turku zu vergleichen, das einmal die alte Hauptstadt der schwedischen Provinz Finnland war und eine Art Brücke nach Schweden.

Haapsalu war auch einmal Brücke von und nach Schweden. Schon im Jahre 600 nach Christus soll der schwedische König Ingvar in der Umgebung gelandet sein, er verwüstete das Land, wurde aber von den estnischen Vorfahren zurückgeschlagen, wobei der König zu Tode kam. Nun sucht man bei Ridala sein Grab, doch bis heute vergebens. Im Jahre 1220 soll wieder ein schwedischer König aufgekreuzt sein. Er hat die Estenfestung Lihula erobert. Und wieder schreiben estnische Historiker von der Tapferkeit der estnischen Bewohner, mit der sie die Schweden vertrieben. Waren es aber nicht Dänen, die seit 1219 in Tallinn gelandet waren und nach Westen hin das Land eroberten. Egal, am Ende waren die deutschen Ritterbrüder die dritten Eroberer und die anderen hatten das Nachsehen.

Bereits 1221 war Lihula Bischofssitz, die Lage Haapsalus war vorteilhafter und so siedelte der Bischof 1265 an die Westküste. Zu seinem Bistum gehörte auch die größte Insel Estlands, Saaremaa, die Deutschen nennen sie Ösel. Der Bischof von diesem Bistum Saare-Lääne baute sich eine Residenz, die wie eine mächtige Ritterburg ausgefallen ist. 1279 wurde sie fertig, was für die Menschen außerhalb der Mauern nicht zum Nachteil gereichen sollte, denn die Stadt Haapsalu erhielt im Jahre 1279 auch zugleich das Stadtrecht verliehen. In ganz Europa wurden zu dieser Zeit Städtegründungen vorgenommen und Haapsalu war schon von Anfang an dabei.

Seltsam erscheint uns die Bischofsburg aber doch, da bei uns der Bischof Milde walten läßt, im Gegensatz zu den räuberischen Rittern. Bistumszentren und Klöster waren bei uns mildtätige Stätten, in Estland vermutet man hinter den Mauern eine düstere Ritterburg. Es ist der Dom, das Gotteshaus, das hier geschützt werden mußte. Der Dom selbst ist Teil der Burgbefestigung, an der Nordseite fehlen die Fenster aus Gründen der Verteidigung. Das

Burggelände hat mit seiner 800 Meter langen Ringmauer eine so gewaltige Ausdehnung, daß es eine Stadt in der Stadt gewesen sein muß. Später brauchte man diese Burgen eigentlich nicht mehr, denn der Reformator Luther sagte: “Ein feste Burg ist unser Gott...”

Vor wem mußte sich dann der schwedische General Jakob de la Gardie schützen, der die Bischofsfestung 1641 von König Gustav Adolf erhielt? Zu der Zeit lebte man nicht mehr in Burgen, längst war die Neuzeit angebrochen. Trotzdem war das Schloß wieder eine Schutzburg. Nur in der Taufkapelle war die Sanftmut der heiligen Maria geblieben, der weißen Dame, die bei uns die “Liebe Frau” genannt wird. Nachdem es aber in eine estnische Mystik gehüllt sein muß, ist es die “Weiße Frau von Haapsalu” und einer Legende nach die Geliebte des Domherren. In den hellen Mondnächten des August kommen Menschen aus allen Landesteilen und gedenken ihrer in einem Fest. Wir haben aber doch Maria, die Mutter Gottes, gesehen. Sie steht auf dem Altar der Kapelle. Überlebende Esten haben sie aus Sibirien mitgebracht. Nun dankt man ihr in einem Gottesdienst für die wunderbare Rettung.

Wunder gab es überall! Als der Arzt Carl Abraham Hunnius die heilende Wirkung des Haapsaluer Schlammes entdeckte, kamen viele Fremde in die Stadt. Sie kamen nicht als Eroberer, denn längst hatte Haapsalu einen zivilen Bürgermeister, sondern als heilsuchende Kurgäste. Peter der Große, der Zar selbst war es, der bei seinem Besuch am 22. Juni 1715 den ersten Bürgermeister Wiedemann ernannte. Es war der erste Bürgermeister des unter russischer Vorherrschaft befindlichen Estlands, davon zeugt heute noch die Wiedemannstrasse.

Später baute man 1805 das erste Badehaus. Nachdem man sich in der russischen Hauptstadt St. Petersburg von dem liederlichen Leben bei Hofe erholen wollte, baute man 1906 einen Bahnanschluß nach Haapsalu und die Russen kamen.

Peter Iljitsch Tschaikowskys Erinnerungen

Schon früher, im Jahre 1867, war ein Gast aus Richtung St. Petersburg gekommen, Peter Iljitsch Tschaikowsky . Er war weit im Osten Rußlands gebürtig, weil sein Vater in Votkinsk bei Kasan eine gute Stellung innehatte. Er hatte in St. Petersburg als Justizbeamter gearbeitet, dann war er Musiker geworden. Er erklärte seiner Gönnerin Frau von Meck den Vorgang so: “Die Musik des Don Giovanni war die erste Musik, die auf mich einen großen Eindruck machte. Sie erweckte in mir eine heilige Begeisterung die späterhin auch ihre Früchte trug ... Durch ihn gelangte ich in das Reich der schönen Musik." Wir können Tschaikowsky nur beipflichten, kommt Wolfgang Amadeus Mozart doch aus dem bayerischen Stamm und seine Lebensstationen waren Augsburg, Mannheim, München, Salzburg und Wien.

Eine künstlerische Ader zeigte sich schon bei Peter Iljitsch als er Gedichte schrieb. 1848 ein Gedicht "Gebet zu Rußlands Gott" in russischer Sprache, sonst schrieb er französisch, wie es sich damals bei den vornehmen Menschen in Europa ziemte. Mit acht Jahren schrieb er das in französischer Sprache verfasste Poem "L'Univers":

"Ewiger Gott! Du hast alles geschaffen.
Kind! Betrachte diese Blumen, die so schön sind,
Betrachte diese Rosen und Veronikas: sind sie nicht schön?
Die strahlende Sonne beleuchtet die ganze Welt,
Er aber hat sie erschaffen.
Mond und Sterne beleuchten unsere Nacht.
Ohne Dich könnte der Roggen nicht gedeihen
Noch auch die Wogen dieser herrlichen Wasser...
Sterben würden wir ohne sie.
Die Meere, deren Flächen so groß sind
Und die die Flüsse umringen.
Der gute Gott hat sie erschaffen.
Allmächtiger Gott, Dich bete ich an."

Sommerpalais der Frau von Meck zu Brailov,
wo Tschaikowsky Gast war

In einem anderen Gedicht über das Vaterland Rußland schreibt er: "Doch wenn ich unter fremden Menschen leben sollte, Da wär' ich traurig." Dann aber verließ er sein russisches Vaterland, bereiste später die ganze Welt und war glücklich unter fremden Menschen, weil sie zu seinen wahren Freunden wurden. Das erste Mal ging er ins fremde Estland, an die Ostseeküste. Dort in der baltischen Gegend in Hapsal suchte sich Tschaikowsky zu erholen. Dort, wo in einer prachtvollen landschaftlichen Szenerie sich die alten Ruinen der Burg in Hapsal erheben.

Er wandelte am Strand und setzte sich ins hohe Gras. An der Stelle wurde später eine Gedenkbank zur Erinnerung an diese Begebenheit errichtet. Vielleicht kamen ihm Dichterworte in den Sinn, wie:

"Ich ruhe still im hohen, grünen Gras
und sende lange meinen Blick nach oben,
von Grillen rings umschwirrt ohne Unterlaß,
von Himmelsbläue wundersam umwoben.

Und schöne weiße Wolken zieh'n dahin
durchs tiefe Blau, wie schöne stille Träume;
mir ist, als ob ich längst gestorben bin
und ziehe selig mit durch ew'ge Räume."

Großes Theater in Moskau, wo Werke Tschaikowskys aufgeführt wurden

Dies ist kein Gedicht von Tschaikowsky, sondern von Hermann Almers, doch wir können bestätigen, daß die Wolken und der Himmel in Estland immer noch wunderschön sind. Und dann hat jemand gesungen, was Peter Iljitsch sofort notierte. Es war das estnische Volkslied "Kallis Mari" "Liebe Marie" es wurde zur weltbekannten Melodie.

In Erinnerung an diese Ferieneindrücke schrieb er sein "Souvenir de Hapsal", dessen erstes Stück die "Ruines d'un château-Ruinen einer Burg" bildet. Dann folgt an zweiter Stelle ein bereits in St. Petersburg konzipiertes Scherzo und als drittes Stück kommt das Lied der Lieben Marie, das "Chanson sans paroles - Lied ohne Worte" in F-dur. Es gehört zu den bekanntesten Melodien der musikalischen Weltliteratur.

Tschaikowsky war gerne in der familiären Wärme bei seiner Schwester, die in Kamenka bei Kiew lebte. Dort hatte er ein ukrainisches Volkslied von einem Bauernmädchen singen gehört. Diese Melodie verarbeitete er in einem Quartett in B-dur und das gleiche Volksliedmotiv liegt auch seiner Komposition für Klavier Opus 1 "Scherzo á la russe" zugrunde. Die Bezeichnung "á la russe" ist insoweit nicht ganz richtig, da es kleinrussisch, also ukrainisch heißen müßte. Tschaikowsky hat viele Volksmelodien verwendet, doch selten großrussische. Das ukrainische Volksliedthema bildet des Meisters erstes Opus und die estnische Volksmelodie wurde zum Opus 2.

In Tschaikowskys Leben wiederholte sich alles, wie in der historischen Geschichte, nur immer in veränderter Form. Einst werden wir Deutschen wieder die besonderen Freunde der Baltenstaaten sein, die Zeit heilt Wunden, nur werden dort keine deutschen Herren mehr sein. Damals war das Baltikum, diese Bezeichnung haben wir vereinfachend von den Russen übernommen, unter russischer Herrschaft. In Bayern ging es den Menschen nicht anders, als den Esten. Als die Russen sich an dem baltischen Meer erholten und in St. Petersburg vergnügten, herrschte in Bayern der deutsche Krieg. In St. Petersburg dirigierte 1862 Richard Wagner seine Werke und Symphonien von Beethoven. Der Walzerkönig Johann Strauß aus Wien dirigierte im Kurort Petro Pavlovsk mehrere Konzerte. Tschaikowsky lernte den berühmten Meister kennen, denn seine Komposition "Tänze der Mägde" zur Aufführung brachte, damit war Strauß der erste Tschaikowsky-Dirigent.

Der deutsche Krieg im Jahre 1866 spielte sich zwischen Großpreußen einerseits, sowie Bayern und Österreich andererseits ab. Österreich wurde vom deutschen Bund ausgeschlossen, was bis zum heutigen Tage noch fortbesteht. Bayern hatte gleichfalls den Krieg verloren, mußte nach Berlin Reparationen zahlen und die bayerische Armee kam unter einen preußischen Oberbefehlshaber. Nicht nur die Überlegenheit im wirtschaftlichen und militärischen Bereich war für Preußen gesichert, sondern auch der preußische Protestantismus war nach dem Ausschluß Österreichs in der überwältigenden Mehrheit. Als nächstes strengte der preußische Kanzler Bismarck einen Kulturkampf an, um die Identität des bayerischen Volkes, der ältesten deutschsprachigen Kulturnation zu zerschlagen. Was war daran anders gegenüber dem Baltikum? Dort gab es die faschistische und dann die kommunistische Diktatur, in der DDR gab es dies auch. Dort waren es Fremde und bei uns die eigenen Leute. Bayern ist heute im wiedervereinigten Deutschland wieder in der Minderheit. Dies verbindet Bayern mit den Baltenstaaten, beide kämpfen um die kulturelle Identität ihrer Völker, politisch ist es für kleine Nationen ohnehin schwierig.

Peter Iljitsch Tschaikowsky ging nach Moskau an das neu errichtete Konservatorium als Lehrer. Dort komponierte er seine zweite Oper Udine, die Musik zu Romeo und Julia, sowie sechs Romanzen, die erst die Opuszahl 6 trugen. Wie in seinen Erinnerungen von Hapsal Opus 2 drückte bei Tschaikowsky die Melodie die Stimmung des Liedes aus, während bei Mussorgskij, dem bedeutendsten Musiker des "Mächtigen Häufleins" in Petersburg, das Hauptgewicht auf der Gesetzmäßigkeit der Intonation und Deklamation des Textes lag.

Chant sans Paroles - das Lied ohne Worte

Und überall ist Hapsal... das Chant sans Paroles - das Lied ohne Worte. Wahrscheinlich hat Tschaikowsky die Worte, die Sprache der estnischen Marie gar nicht verstanden. So griff er die Erfindung des Meisters der "schönen Form", des Felix Mendelssohn-Bartholdy auf, der unzählige Lieder ohne Worte schrieb, weil diesen Romantiker ersten Ranges einfach die Texte störten. So machte auch Tschaikowsky aus der Not eine Tugend. Er sprach bereits eine Fremdsprache perfekt, das Französische.

Diese Sprache brauchte er auch notwendig, denn er wurde von einem Freund nach Paris eingeladen. Dann reiste er in die bayerisch-pfälzische Residenzstadt Mannheim, die in Mozarts Tagen das bedeutendste Orchester Europas besaß. Dort erlebte Tschaikowsky anläßlich des hundertsten Geburtstags Beethovens die Aufführung der großen feierlichen Messe - Missa solemnis. Das Orchester bestand aus mehreren Kapellen verschiedener rheinischer Städte. Der Chor zählte vierhundert Mann, so einen ausgezeichneten Chor habe er in seinem Leben noch nie gesehen, berichtete er seinem Bruder. Die Missa solemnis sei eine der genialsten Schöpfungen...

Dirigent war der Schubertfreund Franz Lachner, der Generalmusikdirektor aus der königlich-bayerischen Hauptstadt München. Wer die Messe bei der Uraufführung dirigierte wissen wir nicht, sie fand in St. Petersburg im Jahre 1824 statt. Die Messe war so gewaltig, daß das österreichische Kaiserhaus diese Messe nicht in der Kirche aufzuführen wagte, der Liebe Gott mag lieber die sanften Töne. Schon früh konnten die Russen die Botschaft Beethovens vernehmen. Am Beginn der Partitur hatte der Meister geschrieben: "Von Herzen - Möge es wieder zu - Herzen gehen und im "Agnus Dei" schrieb er dann über dem "Dona nobis Pacem" die Worte: "Bitte um innern und äußern Frieden."

Für Tschaikowsky gab es in der Hinsicht keine Probleme. Er konnte in seiner Musik laut und brutal sein, wie auch Beethoven, wenn die Welt es laut und deutlich hören soll, Beethoven hatte damals sein Gehör verloren. In der Messe aber wollte er es zum Schluß leise gespielt haben und er wollte den Frieden.

In Mannheim war noch Frieden, aber draußen rüstete man zum Krieg 1870 Preußen-Deutschland gegen Frankreich. Tschaikowsky mußte nach Wien weiterreisen. Die Römische Kaiserkrone war von Napoleon nach Frankreich verpflanzt worden. Tausend Jahre lang war sie die Krone des "Heiligen Römisch-Deutschen Reiches" gewesen, bis man von Berlin aus das Reich zerstörte und Österreich mit dieser Krone ausschloß. In der Stadt Wien, von der Tschaikowsky sagte, sie gefalle ihm "fast mehr als irgend eine andere Stadt in der Welt", in Wien durften sich die Habsburger nur noch "Österreichische Kaiser" nennen. Damit hatten die Berliner die Option frei auf die Kaiserkrone für ihren König. Am 18.1.1701 wurde in der Hauptstadt Altpreußens, Königsberg, der erste König gekrönt, der in Königsberg gebürtig, trotzdem nach Berlin ging. Am 18.1.1871 wurde in einer die Franzosen demütigenden Weise im Schloß Versailles bei Paris, der König aus Berlin zum Kaiser gekrönt.

Der bayerische König Ludwig II. konnte nicht verhindern, daß bayerische Söhne gegen Frankreich kämpfen mußten, unter dem Oberbefehl aus Berlin. Die bayerischen Könige verdankten Napoleon die Krone und auch die Größe Bayerns, wie es heute noch besteht. Der Urgroßvater des Königs hatte noch als General im französischen Heer gedient, denn die bayerische Pfalz war durch die Heirat Liselottes von der Pfalz mit Frankreich dynastisch verbunden. Von dem besonderen Verhältnis der Bayern zu Frankreich wissen sogar die Balten, denn die Nachhut in Napoleons Heer bestand aus bayerischen Soldaten. Sie mußten die Versorgungswege sichern. Eine Einheit der bayerischen Armee grüßte damals im Jahre 1812 freundlich zu den Balten über die Düna hinüber. Dies steht natürlich nicht in den Büchern!

Auch Tschaikowsky, nach Moskau zurückgekehrt, durchlebte eine trübe, verworrene Zeit voll Lebensangst. Wieder waren ihm die "Erinnerungen" ein Schaffensquell, wenn er seinem Bruder schreibt: "Ich lebe von meinen Erinnerungen und Hoffnungen. Worauf soll man denn noch hoffen? Aber ohne Hoffnungen auf Zukunft kann man auch nicht leben und so träume ich denn schon jetzt davon, wie ich zu Ostern nach Kiew reisen und einen Teil des Sommers mit Dir in Kamenka zubringen werde." Und dort während des glücklichen Sommers 1872 in der Ukraine, komponiert er seine zweite, die ukrainische Sinfonie.

In den Jahren nach dem Aufenthalt in Hapsal hatte der Meister keine Symphonie geschrieben und mit Mühe nur seine zweite Oper. Die erste Symphonie hatte er in Hapsal dabei, weil er sie auf Anraten seiner Freunde überarbeitete, sie hatte den Untertitel "Winterträume". Dies geschah ausgerechnet im Sommer in Hapsal. Auch die Partitur seiner ersten Oper schrieb er in diesen Ferien um und arbeitete die "Tänze der Mägde" als Ballettmusik ein. Das Klima in Moskau ließ ihn erst zehn Jahre nach Hapsal an seinem Opus 24 schreiben - seiner bedeutendsten Oper "Eugen Onegin".

Tschaikowskys leidvoll-gefühlvolle Symphonie

Noch einmal erinnert sich Tschaikowsky in der Musik, als er aus Italien zurück war schrieb er, "Souvenir de Florence", ein Streichsextett. Die Erinnerung an Estland, an "Chant sans Paroles" aus dem "Souvenir de Hapsal", erschien im letzten großen Werk, in der Symphonie "Pathétique". Diese 6. Symphonie schuf er im letzten Lebensjahr. Diese Symphonie ist viel gedeutet worden, sie stellt eine Autobiographie Tschaikowskys dar. Er, dessen Wahlspruch lautete: "Die Vergangenheit bedauern, auf die Zukunft hoffen und nie mit der Gegenwart zufrieden sein...", sagte: "Das ist mein Leben" und er konnte jetzt sagen das war mein Leben!

Er schaute zurück in die Zeit der Anfänge, so klingt der erste Satz im "allegro non troppo" nach Schmerz und Leid. Der dritte Satz "allegro molto vivace" symbolisiert seine musikalische Entwicklung und die bitteren Enttäuschungen. Der vierte Satz drückt den Seelenzustand und den tiefen Schmerz aus in einem ungewöhnlich langsamen Satz mit der Tempobezeichnung "Adagio lamentoso". Dieser Schluß der 6. Symphonie wird als Requiem gedeutet und selbst der Komponist machte entsprechende Andeutungen. Das "Requiem aeternam dona eis, Domine-Herr, gib ihnen die ewige Ruhe" hatte Tschaikowsky für das Ende des Lebens gedacht und das "Dies irae, dies illa", für das Denken an den "Jüngsten Tag".

Tschaikowsky war ein Musiker westlicher Kultur. "Wir"- nämlich Rußland - "sind ein Teil Europas", sagte er einmal. Und er war auch ein tiefgläubiger Mensch, der den Zweifeln seiner Freundin und Förderin entschieden entgegentrat:

"Ich kann verstehen, daß Sie sich vom Glauben an religiöse Dogmen entfernt haben und daß Sie sich nach langen Jahren des Nachdenkens einen eigenen religiös-philosophischen Katechismus zurechtgelegt haben. Trotzdem scheint es mir, daß Sie sich irren, wenn Sie behaupten, einen dauerhaften Ersatz für den ehemaligen Glauben gefunden zu haben. Gerade darin besteht die Tragödie des skeptischen Menschen, daß er nach dem Verlust des überlieferten Kinderglaubens auf der Suche nach einem gleichwertigen Ersatz für die Religion von einer Theorie zur anderen rennt, ohne doch jene unbesiegbare Kraft im Lebenskampfe zu finden, wie sie nur die Gläubigen besitzen."

Und weiter wirkt er mit seiner Ansicht auf Frau Meck ein, indem er sagt:

"Ein kluger und zugleich gläubiger Mensch (und solche gibt es viele!) trägt einen unwiderstehlichen Panzer, gegen den alle Schicksalsschläge der Welt machtlos sind. Die Religion ist ja Erlösung? Sind Sie erlöst? Ich sage: nein. Denn sonst hätten Sie diesen Brief nicht geschrieben..." Dann zählt Tschaikowsky auf, was ihm Hinweis dafür war. Die Sehnsucht, Unzufriedenheit, Suche nach einem Ideal führt er an. "Ich betrachte die Kirche ganz anders als Sie", schreibt er dann, sie hat für mich ihren poetischen Reiz nicht verloren. Ich gehe oft zur Messe. Die 'Johannespassion' ist für mich eines der größten Kunstwerke. Wenn ich den Gottesdienst aufmerksam verfolge, so bin ich von unserer orthodoxen Liturgie innig gerührt."

Bei dem Bekenntnis Tschaikowskys ohne Einschränkung zu der Kultur seines Landes ist es unverständlich, daß die fünf des Mächtigen Häufleins, "Mussorgski , Balakirew, Borodin, Kjui und Rimski-Korsakow" ihm vorangestellt wurden. Dies veranlaßte Klaus Mann, den Sohn von Thomas Mann in München, zu folgender Aussage: "Tschaikowsky ... war ein Emigrant, ein Exilierter, nicht aus politischen Gründen, sondern weil er sich nirgends zu Hause fühlte, nirgends zu Hause war. Er litt überall." In Rußland galt er als zu "westlich", unecht, nicht urwüchsig genug. In Deutschland warf man ihm "asiatische Wildheit"vor, in Frankreich hielt man ihn für zu germanisch. Er war kosmopolitisch, vaterlandslos, ein Außenseiter.

Vielleicht hat Tschaikowsky in Estland ein Stück Heimat behalten. Ihm kam beim Schreiben des zweiten Satzes der 6. Symphonie wieder seine Erinnerung an Hapsal in den Sinn und schon die Tempobezeichnung "Allegro con grazia" ist eine Liebeserklärung an Haapsalu. Das Liedchen der Marie hatte eine Eigenart, die scheint den Meister nicht losgelassen zu haben. Sein Bruder Modest erklärt es so: "Der zweite Satz stellt meiner Meinung nach die flüchtigen Freuden seines Lebens dar - Freuden, die den gewöhnlichen Vergnügungen anderer Menschen nicht zu vergleichen sind und die infolgedessen in dem ganz ungewöhnlichen Fünfvierteltakt ausgedrückt werden."

Die anderen Sätze sind nachdenklich und schicksalhaft, eher traurig. Nur dieser zweite Satz in Tschaikowskys 6. Symphonie - allegro con grazia - hat diesen ungewöhnlichen Fünfviertel-Takt. Diese unregelmäßigen Metren kommen oft in der Volksmusik vor. Nur dieser Teil der Musik mit Maries Lied ohne Worte ist beschwingt und graziös, einfach ein Kompliment des großen Meisters an Haapsalu.

Nur einmal noch hatte Tschaikowsky auf die Form eines Liedes ohne Worte, ohne Unterlegung eines Textes, zurückgegriffen. Auch dieses Klavierstück fand er so wichtig, um es in den zweiten Satz seines Violinkonzertes einzuarbeiten, sein bedeutendstes Konzert.

Haapsalu erinnerte sich am hundertsten Geburtstag des berühmten Meisters und großen Menschen Peter Iljitsch Tschaikowsky, der einst sein Gast gewesen war. Dort wo der Meister einst am Strand spazierte, errichtete man ihm eine Gedenkbank, eingemeißelt in die Rücklehne Noten aus der 6. Symphonie. Die Symphonie wurde am 28. Oktober 1893 in St. Petersburg unter Leitung Tschaikowskys aufgeführt. Am Tag darauf gab der Meister der Symphonie den Beinamen "Pathétique" leidend, leidenschaftlich.

Die estnischen Menschen haben doch bekanntlich eine Begabung für überirdische Vorgänge. Jeder Stein und jeder Baum hat seinen Namen und seine Geschichte. Seitdem es die Tschaikowsky-Bank gibt, braucht niemand mehr im Gras zu sitzen. Nun soll es vorgekommen sein, daß einer spürt, es sitzt jemand neben ihm - dann ist es der Geist Tschaikowskys!

Hapsal und die Erinnerungen an Anton Bruckner

Erinnerung und Hoffnung waren Leitmotive von Tschaikowsky. Nicht nur die Erinnerung an Hapsal in seinem Opus 2 "Souvenir de Hapsal" weist darauf hin, daß die Erinnerungen bei Tschaikowskys Musikschaffen eine Rolle spielten. In seinem Opus 42 "Souvenir d'un lieu cher" erinnert er sich an einen lieben Ort, an den Wohnort seiner Schwester "Kamenka" und an den Herrensitz "Brailov" seiner Gönnerin Frau von Meck. In diesem Opus mit 12 Klavierstücken kommt auch das zweite Lied ohne Worte vor, das erste Lied der Marie Opus 2 aus Hapsal hatte auch keine Worte, schon im zweiten Lied aus Opus 6 hat das Lied den Titel "Nicht Worte".

Erinnert hat sich Tschaikowsky dagegen gerne an das Lied eines Knaben in Florenz, dieses italienische Volkslied "Pimpinelli" hörte er im Dezember 1877, es gefiel ihm so gut, daß er es voller Bewunderung in die Sammlung, sechs Lieder Opus 38 aufnahm, und im Opus 70 erinnert sich der Meister im "Souvenir de Florence" in d-moll gerne noch an das sonnige Italien.

In seinen Erinnerungen schreibt Tschaikowsky auch 1888 von seiner Begegnung mit dem "Schuftkomponisten" 1887 in Leipzig, so hatte er Brahms in einem Brief an Frau von Meck bezeichnet. "Brahms ist nicht groß gewachsen und etwas beleibt. Sein hübscher, grauer Kopf erinnert mich an einen seelenguten, älteren, russischen Geistlichen..."

Der am 7. Mai 1833 in Hamburg geborene Brahms hatte mit Tschaikowsky den gleichen Geburtstag, geht man nach dessen russischer Zählung. Der kühle Brahms aus dem Norden war Wiener geworden und sah sich in seiner Auffassung als Gegner Bruckners an. Anton Bruckner arbeitete 1887 gerade in Wien an seiner 9. Sinfonie, die er nicht mehr vollendete. Viele seiner Sinfonien vermitteln den Eindruck des Feierlichen oder des Mysteriösen, was der Art von Brahms überhaupt nicht entsprach. Die Nachwelt zählt Bruckner zu den Großen des Jahrhunderts neben Beethoven und Brahms als Symphoniker und hält ihn für ebenbürtig mit Wagner.

Bruckner verehrte Wagner sehr. Er schrieb in seiner 7. Sinfonie die Trauermusik für den verstorbenen Wagner, nachdem er ihm bereits die 3. Sinfonie gewidmet hatte. Diese beiden Musiker komponierten sinnliche und übersinnliche Musik und standen daher harmonisch zueinander - nur Wagner war schon im Jahre 1838 in Riga und dann wieder 1862 in Rußland, zu dieser Zeit hatte Tschaikowsky mit seiner Musikerlaufbahn noch nicht begonnen. Liszt war 1842 in St. Petersburg und Tschaikowsky zweijährig noch an

Mutters Brust in Votkinsk. 1844 kamen Clara und Robert Schumann nach St. Petersburg. Tschaikowsky komponierte seine ersten Werke, wie das für gemischten Chor a capella "Traumvision".

Ganz bestimmt erschien dem jungen russischen Komponisten, wie Stravinsky sagte " ... der am meisten Russische", am allerwenigsten Bruckner in seinem Traume. Anton Bruckner wirkte noch als Domorganist in Linz, hatte bereits hundert Werke geschrieben, sein Requiem, das Magnificat, die Missa solemnis, zwei Messen und drei Sinfonien, als Tschaikowsky mit seiner Musikerlaufbahn begann - da soll ihn der Geist Bruckners erfaßt haben.

Bruckner stand im krassen Gegensatz in seiner Art Musik und doch gab es Übereinstimmungen. Anton Bruckner war im Jahre 1824 in Ansfelden bei Linz in Oberösterreich geboren, in dem Jahre der Uraufführung von Beethovens unvergleichlicher Feierlichen Messe in St. Petersburg. Nach genau dreißig Jahren komponierte Bruckner seine Missa solemnis. Er stammte aus einer Bauernfamilie und war fest verwurzelt im Glauben.

In Glaubensdingen trafen sich die beiden Musikerseelen. Wir wissen was Tschaikowsky aus Paris am 15. März 1881 seiner "teuren lieben Freundin" schrieb, nachdem er sich von dem in Paris verstorbenen Nikolaj Rubinstein verabschiedet hatte: "Die Kirche war vollkommen überfüllt. Hier sah ich ihn zum letzten Male. Mein Gott, wie schrecklich sind solche Augenblicke im Leben. Ich bete jetzt oft mit Tränen zu ihm und bitte ihn, mir Ergebenheit und Liebe zu verleihen, mir zu verzeihen und mich zu läutern. Wo und wer er ist, weiß ich nicht, doch ich weiß, daß er ist."

"Vor allem ist es mir süß, ihm sagen zu dürfen: Herr Dein Wille geschehe - denn ich weiß, daß dieser Wille heilig ist. Ihnen aber, liebe Freundin, kann ich sagen, daß ich, wenn ich mein Leben überblicke, den Finger Gottes deutlich spüre, der mir meinen Weg klar vorzeichnet und mich vor dem Bösen bewahrt. Ich weiß nicht, warum der allerhöchste Wille gerade mich schützen soll. Jedenfalls will ich demütig sein und mich nicht für einen Auserwählten halten, denn Gott liebt alle seine Geschöpfe ... Ich weiß nur, daß ich von Gott beschützt werde und vergieße Tränen der Dankbarkeit für seine unendliche Güte."

Als wenn es Bruckner gesagt hätte, identisch ist der Christenglauben trotz der verschiedenen, orthodoxen und katholischen Glaubenswelten dieser beiden Komponisten. So konnte der Schicksalslenker bei den beiden wirken; als sie zur gleichen Zeit in eine schwere Lebenskrise gerieten. Tschaikowsky sagte: "Ich will mich an den Gedanken gewöhnen, daß jedes Unglück eigentlich zum Guten führt. Ich will Gott immer lieben, auch dann, wenn er mir eine Prüfung auferlegt." Diese Prüfung kam schon sehr früh, bei beiden Komponisten, die der Schöpfer ausersehen hatte, ganz große Menschen zu werden.

Bruckner war 1867 durch angestrengte Arbeit in Linz, durch private und berufliche Enttäuschungen in seiner Gesundheit so geschädigt, daß er an den Rand geistiger Verwirrung geriet. Er mußte zur Kur gehen und Tschaikowsky ging auf Anraten der Ärzte zur gleichen Zeit zur Kur, da er seine Nerven durch Nachtarbeit so sehr überanstrengt hatte, daß er an Schlaflosigkeit, Halluzinationen und Neurosen litt. Dagegen half nur die gute Luft an der Ostsee und die sehnsüchtige Weite des Meeres. Aus der Erinnerung schrieb er nach solchen Krisen Lieder mit Texten wie: Oh, möchtest du noch einmal singen. Oh, sieh die Wolke. Durch die Gefilde des Himmels. Gesegnet sei mir, Wald und Au. Oder auf einen deutschen Text: Oh, du mondhelle Nacht und Sonne ging zur Ruhe.

Tschaikowsky hatte damals seine erste Symphonie geschrieben und vollendete sie bei seiner Schwester im ukrainischen Kamenka. Sie gefiel ihm nicht. Deshalb nahm er die Partitur mit in die Sommerferien ins estländische Hapsal und dort passierte es, der Musikprofessor Zagiba in Wien schildert es so:

“Die im Titel (Träumerei auf winterlicher Fahrt) ausgedrückte Stimmung kommt wohl nur selten eindeutig zur Geltung ... Interessant sind die natürlich unbewußten - Anklänge an die Eigenart anderer Meister des 19. Jahrhunderts. So erinnert gleich der Beginn an Bruckner.”

Im ersten Satz “das Hauptthema erscheint zuerst in der damals schon bewährten Kombination Flöte - Fagott, aber begleitet von wallendem Tremolo der Violinen. Schon das ist ein Anklang an die Brucknersche Art zu beginnen. Besonders gemahnt das Fortspinnen des Themas auch in der Art der Wendung zur Durparallele an Bruckner.” Und dann schreibt der Herr Professor aus Wien: “Diese Takte könnten ‘wörtlich’ einer Brucknerschen Symphonie entnommen sein.”

Unbewußte Anklänge der Musik Tschaikowskys in seinem ersten großen Werk an Brucknerische Symphonik in einer Art übersinnlicher Übertragung - von Linz nach Hapsal? Diese Sphärenklänge wiederholen sich dann in der zweiten, der “Ukrainischen” Symphonie, wo man wieder an Bruckner, an die aus dem Wandel der Taktgliederung entwickelte eigenartige Gegensatzmetrik, erinnert wird. Später kommt Tschaikowsky nochmals eine Konzeption in den Sinn, in der Musik zu Shakespeares romantischem Märchendrama “Der Sturm”, wo eine Hornmelodie nach Bruckner klingt. In der Aufführung dieses Musikstückes, im Dezember 1873, saß eine reiche Dame der Moskauer Gesellschaft im Konzertsaal,

Nadeshda von Meck, die tief beeindruckt und zu Tränen gerührt war. Diese Frau gab Tschaikowsky neuen Lebensmut, als er wieder einmal völlig gescheitert war und sie veränderte sein Leben nachhaltig .

Frau von Meck schrieb: "... die elende Akkustik im Saal ... als die ersten Känge ihres Sturmes erklangen, da vergaß ich wieder alles und alle. 0h mein Gott, ich kann Ihnen garnicht sagen, was ich fühle, wenn ich Ihre Kompositionen höre. Ich bin dann bereit, Ihnen meine Seele zu opfern - sie werden mein Gott!"

Bruckner gab die Inspiration zu dieser Musik und alles fing in Hapsal an, doch wer war der Übermittler, die beiden Meister waren sich nicht begegnet. Zweitausend Kilometer trennte sie, das Schicksal vereinte sie und ihr Glaube an den einen Gott! Bruckner widmete seine größten Schöpfungen, die drei letzten Sinfonien, dem König von Bayern, dem Kaiser von Österreich und ... dem Lieben Gott, wobei Bruckner hinzusetzte - wenn er sie annimmt!? Jetzt können wir uns vorstellen, woher Tschaikowsky seine Ispirationen bezog!

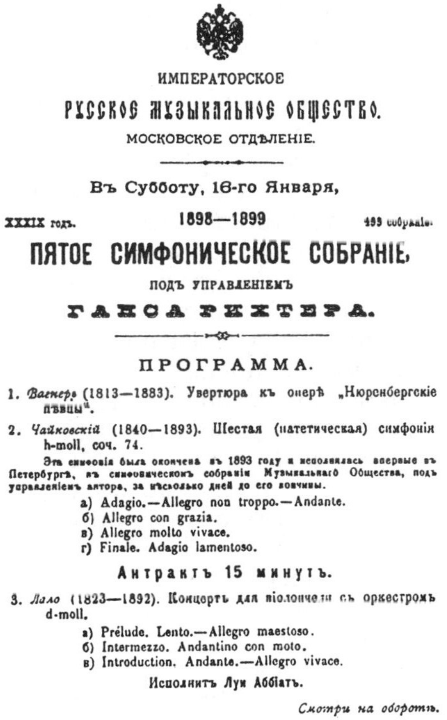

ИМПЕРАТОРСКОЕ

РУССКОЕ МУЗЫКАЛЬНОЕ ОБЩЕСТВО.

МОСКОВСКОЕ ОТДѢЛЕНІЕ.

Въ Субботу, 16-го Января,

XXXIX годъ. 1898—1899 499 собраніе.

ПЯТОЕ СИМФОНИЧЕСКОЕ СОБРАНІЕ,

ПОДЪ УПРАВЛЕНІЕМЪ

ГАНСА РИХТЕРА.

ПРОГРАММА.

1. *Вагнеръ* (1813—1883). Увертюра къ оперѣ „Нюрнбергскіе пѣвцы".

2. *Чайковскій* (1840—1893). Шестая (патетическая) симфонія h-moll, соч. 74.

Эта симфонія была окончена въ 1893 году и исполнялась впервые въ Петербургѣ, въ симфоническомъ собраніи Музыкальнаго Общества, подъ управленіемъ автора, за нѣсколько дней до его кончины.

а) Adagio.—Allegro non troppo.—Andante.
б) Allegro con grazia.
в) Allegro molto vivace.
г) Finale. Adagio lamentoso.

Антрактъ 15 минутъ.

3. *Лало* (1823—1892). Концертъ для віолончели съ оркестромъ d-moll.

а) Prélude. Lento.—Allegro maestoso.
б) Intermezzo. Andantino con moto.
в) Introduction. Andante.—Allegro vivace.

Исполнитъ Луи Аббіатъ.

Смотри на оборотъ.

Konzertprogramm Tschaikowskys "Pathétique". Dirigiert von Hans Richter in Moskau 1899

FREIHEIT - GLEICHHEIT - BRÜDERLICHKEIT

Diese drei Forderungen für die Menschen gelten heute immer noch. Für die osteuropäischen Länder dauerte es zweihundert Jahre länger, bis die Signale der Französischen Revolution verwirklicht wurden. Sie hoffen heute immer noch, ihre ganze Freiheit zu erhalten, und die Gleichheit, die das Recht für sie fordert, und die Brüderlichkeit, derer es noch so sehr mangelt.

Die Marseillaise, die ein Franzose in der Nacht vom 24. zum 25. April 1792 in Straßburg schuf, sollte ein Kampflied für die Rheinarmee sein. Weil aber das Bataillon, das beim Umsturz des Königtums nach Paris gekommen war, aus Marseille stammte, wurde es nach deren Heimatstadt benannt. Heute singt man diese französische Nationalhymne noch: "Allons, enfants de la patrie! ... Kommt, Kinder der Heimat, der Tag des Ruhmes ist gekommen! Gegen uns die blutige Fahne der Tyrannei gehißt! Hört ihr auf dem Land die wilden Soldaten brüllen? Sie kommen bis in unsere Arme, unseren Söhnen, unseren Frauen die Kehle durchzuschneiden..."

Die heute im 20. Jahrhundert noch gesungene Nationalhymne unserer französischen Freunde hört sich gar schauerlich an. Es war die grausame Kampfesart der Esten vor 800 Jahren, als sie sich mit Recht wehrten. Hier aber lagen der französischen Rheinarmee gegenüber die Soldaten der Württemberger und Bayern, die späteren Verbündeten der Franzosen, des Kaisers Napoleon. Relikte einer längst vergangenen Zeit, die uns gegenüber den rührenden Hymnen der Nordländer regelrecht bestialisch vorkommen. Aber es ist noch nicht lange her und man singt diese Texte immer noch.

Napoleon zog aus, um uns die Freiheit zu bringen, die Gleicheit und auch die Brüderlichkeit. Wir wußten von Napoleon nur, daß er der ärgste Feind der Deutschen war! Beim Rheinbund war es aber etwas anders, sie waren Verbündete Napoleons, auch die Bayern und er wurde in München freudig begrüßt. Bayerns König in München wollte den Frieden, in Berlin die Preußen und in Wien die Österreicher wollten ihn nicht. Österreichische Truppen standen auf dem Boden des Königreichs Bayern und Napoleon half dem bayerischen Heer gegen die Österreicher, das heißt, gegen die Truppen des Vielvölkerstaates.

Österreich hatte sich mit Rußland verbündet und an der bayerischen Grenze stießen vom Inn her die Russen vor. Ihr Armeeführer war der Fürst von Smolensk Kutusow. Die französische Armee unter General Murat drängte die Russen nach Österreich ab und errang einen Sieg über die russische Nachhut unter dem General Bagation. Die dritte russische Armee wurde von dem russischen Feldherrn Friedrich Wilhelm Graf von Buxhöwden befehligt. Diesen Namen trug bereits der erste Bischof Albert von Livland, er kam unter den Bischöfen vor und vererbte sich auch in den baltischen Baronen bis zum heutigen Tag. Ein Sproß dieser Adelsfamilie leistet heute geistige Aufbauhilfe in Estland, auf dem Gut seiner Väter. Im russischen Heer gab es noch weitere Namen deutscher Herkunft, wie etwa General Graf Bennigsen, der später die Teilarmee Buxhöwdens mitbefehligte oder der russische Marschall Ludwig Adolf Peter Graf von Sayn-Wittgenstein-Ludwigsburg der später an der Düna das Baltikum gegen Napoleon verteidigte.

Im Jahre 1805 waren die Marschälle der russischen Armee vom bayerischen Territorium nach Böhmen und Österreich abgedrängt worden. Napoleon konnte dem Schwiegervater seines Sohnes, dem bayerischen König, melden:

“Wir haben die Truppen des Hauses Österreich verjagt und unseren Verbündeten (Bayerns König) wieder in den Besitz seiner Staaten eingesetzt.” In der Schlacht von Austerlitz schlug Napoleon am 2. Dezember 1805 die russische Armee, die dann fliehen mußte.

Napoleon schloß nach seinen Siegen Verträge in Schönbrunn, in Brünn und am 26. Dezember 1805 in Preßburg mit den beteiligten Kriegsparteien, was für Bayern von großer Wichtigkeit war, weil sie die Existenz des bayerischen Königreichs garantierten.

Hochinteressant war das Treffen zwischen Napoleon und Kaiser Franz II., Napoleon verlangte vom Kaiser, keine gemeinsame Sache mehr mit Rußland zu machen. “Rußland”, sagte Napoleon, “sei gegenwärtig der einzige Staat Europas, der nach Belieben Krieg führen kann. Wird er besiegt, dann zieht er sich in seine Steppen zurück und Sie (der Kaiser) müssen die Kriegskosten bezahlen.” Ein guter Ratschlag, den er, Napoleon gleichfalls hätte beherzigen sollen, dann hätte es die spätere Niederlage 1812 in Rußland nicht gegeben.

Sieg und Untergang der Grande Armee

Diesem Ereignis ging der Übertritt des preußischen Generals Phull voraus, der 1807 in russische Dienste ging. Er entwickelte ein Konzept Napoleon erfolgreich zu begegnen. So empfahl er dem russischen Feldmarschall Fürst Michael Barclay de Tolly, sich mit Napoleon nicht in größere Kämpfe einzulassen, sondern hinzuhalten und zurückzuweichen. Diese Taktik entschied letztlich den Krieg und führte zu Napoleons Niederlage.

Die russische Armee erlitt aber dann unter dem Fürsten von Smolensk Kutusow eine für die Russen vernichtende Niederlage. Es war bei Borodino am 7. September 1812. Der Zar hatte Barclay abgesetzt, weil er dem Balten nicht traute. Dafür hatte er den Russen Kutusow als Nachfolger eingesetzt. Doch der war gescheitert. In der Endschlacht gegen Napoleon 1814 am Rheinübergang und auf dem Marsch nach Paris war Barclay wieder dabei, neben den deutschstämmigen Feldmarschällen Ferdinand Freiherr von Winthingerode und Fabian Gottlieb Osten Sacken.

Auch in St. Petersburg hatte der Zar deutsche Berater. So schrieb Zar Alexander dem Reichsfreiherrn vom Stein in sein Prager Exil, er möge ihm Ratschläge geben, wie er dem drohenden Angriff Napoleons begegnen könne. Vom Stein verließ am 27. Mai 1812 Prag und konnte schon am 12. Juni mit dem Zaren, im Hauptquartier in Wilna zusammentreffen, um in russische Dienste zu treten. Vom Stein konnte den Zaren dazu bewegen, auch Ernst Moritz Arndt, den Professor und Dichter, zu berufen, der sogleich in die russische Hauptstadt St. Petersburg folgte. Die unnachgiebige Haltung des Zaren war auf die Beratung dieser beiden Herren zurückzuführen, was auch den erhofften Erfolg brachte. Sodann organisierten sie mit russischer Unterstützung den Befreiungskrieg Preußens gegen Napoleon.

Arndt entwickelt sich zum feurigen Freiheitsdichter und er sagte in einer Schrift: "...das Vaterland ist in Gefahr. Deutschland ist dein großes heiliges Vaterland, auf ewig ein unglückliches, geschändetes und mißhandeltes Land. Du sollst das einzelne ganz vergessen und nicht daran denken, ob du ein Sachse, Bayer, Öterreicher, Preuße, Pommer, Hesse, Hannoveraner heißest, sondern allein gedenken, daß du ein Deutscher heißest..."

Als das Heer Napoleons auf dem Rückmarsch war, hieß es nur noch über die Beresina gelangen, denn wer noch jenseits der Beresina war, hatte sein Leben verwirkt. Es waren vier Schweizer Regimenter, die den Übergang sicherten. Die Feldherren des Zaren, Kutusow, Diebitsch und Wittgenstein, griffen von allen Seiten an und beim Appell am Abend des 28. November 1812 waren von 1300 braven Schweizer Soldaten nur noch 300 am Leben. Aber von Schweizern hatte Arndt nicht gesprochen - sie waren also keine Deutschen.

Wie hieß es bei Ernst Moritz Arndt in seinem glühenden Freiheitsgedicht:

“Was ist des Deutschen Vaterland?
So nenne endlich mir das Land!
So weit die deutsche Zunge klingt
Und Gott im Himmel Lieder singt,
Das soll es sein!
Das, wackrer Deutscher, nenne dein!”

Die Berater des Zaren mehren sich, neben vom Stein und Arndt, sind die deutschen Offiziere Karl von Clausewitz und der Mitarbeiter Scharnhorsts, Hermann von Boyen und ein Dutzend andere, von Sieg, Rache und wilder Erwartung erfüllt, sie treiben den Zaren ungeduldig an. Auch die deutschen Emigranten drängen die russischen Feldherren zu Verfolgung, Angriff und Generalsturm auf die letzten Bastionen des Feindes: Sie verstanden sich untereinander recht prächtig – man sprach allseits die Sprache des gemeinsamen Feindes, Französisch.

Aus Verzagtheit auf russischer Seite waren bei zunehmenden Siegen Haßgesänge entstanden. Der junge Alexander Puschkin dichtete:

“Erzittere, Tyrann, du mußt uns unterliegen:
der letzte Fußsoldat bedräut dich als Gigant!
Und sterben wollen wir im Schlachtfeld oder siegen
für Gott und Zar und Vaterland!
Sie kämpfen – Sieger sind die Reußen!
Der hochmuttrunkne Franke fleucht...”

Puschkin nannte Napoleon einen Franken und dieser Franke war nach Paris geeilt, um das Letzte noch zu retten. König Joachim Murat von Neapel, der Schwager Napoleons, versammelte in der ostpreußischen Stadt Gumbinnen die Chefs seiner Korps und sagte sich von Napoleon los. Er rettete seine Haut genauso wie Napoleons Bruder Jérôme, der König von Westfalen. Der ehemalige französische Marschall Bernadotte, jetzt Kronprinz von Schweden, verhandelte mit dem Zaren, genauso der preußische Befehlshaber Graf Yorck, der zu den Russen überging. Geblieben war Prinz Eugen Beauharnais, der mit seinem bayerischen Heer die Stellung hielt.Vor vier Monaten war Napoleon noch unter stürmischem Jubel der Bevölkerung in das befreite Wilna eingezogen. Die Begeisterung, die er in Litauen erhoffte, diese Erwartungen erfüllten sich nicht. Von wem wollten die Litauer denn befreit werden, wenn nicht von Napoleon? Aber da waren Puschkin und Arndt, sie riefen zu Haß und Kampf auf, waren es nicht vielleicht die falschen Propheten?

Ernst Moritz Arndt hatte sein Kampfgedicht weitergeführt:

"Was ist des Deutschen Vaterland?
Ist's Preußenland? Ist's Schwabenland?
Ist's wo am Rhein die Rebe blüht?
Ist's wo am Belt die Möwe zieht?
0 nein, nein, nein!
Sein Vaterland muß größer sein.

Was ist des Deutschen Vaterland?
Ist's Pommerland? Westfalenland?
Ist's wo der Sand der Dünen weht?
Ist's wo. die Donau brausend geht?
0 nein,.nein, nein!
Sein Vaterland muß größer sein."

Freiherr vom Stein ist begeistert, das Bayernland wird nicht mehr genannt, es ist bereits wie das Schweizerland ausgegrenzt. Die alte Mutter des Zaren, eine geborene Herzogin von Württemberg, meinte dem Freiherrn vom Stein gegenüber: "Wenn jetzt noch ein französischer Soldat durch die deutschen Grenzen entrinnt, so werde ich mich schämen eine Deutsche zu sein." Dies war selbst vom Stein zuviel und er verwies darauf, daß es sich um unschuldige Soldaten handele. Es handelte sich bei dem Restheer nicht nur um die Reste der Schweizer Regimenter handelte, sondern daß auch Württemberger dabei waren, die Reste der bayerischen Armee unter Eugen Beauharnais, Napoleons Sohn und des bayerischen Königs Schwiegersohn, und natürlich andere Resttruppenteile, die sich allesamt in Richtung Heimat bewegten. Mehr als 30 000 brave bayerische Soldaten mußten in fremder Erde ruhen. Ihr Oberbefehlshaber Eugen Beauharnais kam mit wenigen bayerischen Söhnen in der Heimat an und man errichtete ihm ein mächtiges Grabmal in der Jesuitenkirche St. Michael in München.

Freiherr vom Stein und Arndt verließen die russische Hauptstadt am 5. Januar 1813. Zwölf Tage dauerte die abenteuerliche Fahrt und auf den Zwischenaufenthalten dichtete Arndt diese Verse seines berühmten Freiheitsgedichtes, das seinen Siegeszug durch deutsche Lande machte und am Anfang des allmächtigen Preußen-Deutschlands stand. Die letzte Strophe lautet:

"Das ganze Deutschland soll es sein!
0 Gott vom Himmel sieh darein!
Und gib uns rechten deutschen Mut,

daß wir es lieben treu und gut.
Das soll es sein!
Das ganze Deutschland soll es sein!"

Als Arndt in Königsberg ankam, war das Kampfgedicht fertig. Bei welchem Zwischenaufenthalt hat er wohl dieses Gedicht erdacht, in Dorpat oder in Riga? Wir erinnern uns nur, daß wir die Strophen in der Schule in Königsberg auswendig lernen mußten, in allen deutschen Schulen mußte man von dem ganzen, von dem größeren Deutschland lernen.

Arndts Sehnsucht nach dem größeren Vaterland stand aber im Gegensatz zu den Fürsten, den Vorrechten des Adels und der Kirchen. Sie sollten alle zugunsten liberaler Gedankengänge beseitigt werden. Er nannte es kirchlichen Glaubenszwang, was den Bayern ihre Glaubenseigenart aber erst ausmachte. Die Kirche in Bayern war es, der König und der Adel, die das Überleben der kulturellen Eigenart des bayerischen Volkes, ja der bayerischen Nation, ausmachte. Die preußischen Truppen begannen 1814 gegen das Napoleon-Heer zu marschieren und 1866 marschierten sie dann in Bayern ein. Dann war der Zustand hergestellt, damit Ernst Moritz Arndts Strophen stimmten. Österreich schloß man aus, dann stimmten die Verse wieder nicht mehr - das ganze Deutschland soll es sein?

Napoleon sagte später: "Ich hatte in bezug auf die Deutschen große Absichten, allein sie scheiterten, und deshalb habe ich unrecht." Da kann man nur hinzusetzen - was für ein Mensch! Napoleon hatte die Sitten und das Leben in Europa für immer verändert, aber besonders auch das ganze Denken.

Er propagierte die Freiheit, die Gleichheit und die Brüderlichkeit, die Grundtugenden der Revolution, wenn er sagt:

"Der Glaube unterliegt nicht dem Zugriff des Gesetzes. Er ist das am tiefsten wurzelnde persönliche Eigentum der Menschen." Er sah in der Religion das Geheimnis der sozialen Ordnung, sie verbindet mit dem Himmel eine Idee der Gleichheit. Napoleon stand mit dem Klerus begreiflicherweise auf Kriegsfuß, so sagte er:

"Der Klerus soll sich angelegen sein lassen, uns mit dem Himmel zu versöhnen, unsere Frauen zu trösten und uns selbst, wenn wir alt werden..."

Napoleon blieb Katholik aus Gründen der Tradition: "...ich bin der Meinung, daß jeder bei dem Bekenntnis bleiben soll, unter dem er erzogen ist, bei dem seines Vaters."

Die Sieger, der österreichische Kaiser, der Zar und der König von Preußen verkündeten in Heiliger Allianz einen Aufruf der Menschlichkeit. Sie wollten es besser machen als der unterlegene Napoleon. "Im Namen der hochheiligen und unteilbaren Dreieinigkeit Ihrer Majestäten ... die infolge der großen Ereignisse ... die innere Überzeugung erlangt haben, daß es notwendig ist, den von den Mächten in ihren wechselseitigen Verhältnissen zunehmenden Gang auf die erhabenen Wahrheiten zu gründen, welche uns die heilige Religion des Gott-Heilands lehrt, erklären feierlich, daß gegenwärtige Akte nur zum Gegenstand hat, angesichts der ganzen Welt Ihre unerschütterliche Entschließung zu erkennen zu geben, sowohl in der Verwaltung ihrer Staaten als in den politischen Verhältnissen mit jeder anderen Regierung nur die Vorschriften dieser heiligen Religion zur Regel zu nehmen; Vorschriften der Gerechtigkeit der christlichen Liebe und des Friedens, die, weit entfernt, einzig und allein auf das Privatleben anwendbar zu sein, im Gegenteil direkt auf die Entschlüsse der Fürsten einwirken und alle ihre Schritte leiten müssen, wie sie allein das Mittel sind, die menschlichen Institutionen zu konsolidieren und ihren Unvollkommenheiten abzuhelfen."

War die Welt nun sanftmütig geworden? In München schuf man dem König und Landesvater Max Joseph ein Denkmal, wo er sitzend sein Volk begrüßt, während andererorts die kriegerischen Reiterdenkmäler nur so aus dem Boden schossen.

Nach Napoleon gingen viele den Weg nach Rußland

Den Weg nach Rußland, den Napoleon vorgegangen war, gingen nun viele aus dem Westen. In St. Petersburg gab es die von deutschen Musikern gegründeten Musikvereinigungen und Musikgesellschaften. Hervorragende Musiker waren dort tätig wie Raupach, Häßler, Palschau, Tietz, Vogler und der Bachschüler Johann Christian Kittel. Weiterhin Nehrlich, Steibelt, Mayer, Henselt, Euler, Stählin und dann konnte die "Petersburger Philharmonische Gesellschaft", der zahlreiche deutsche Musikliebhaber angehörten, im Jahre 1824 Beethovens Missa solemnis uraufführen.

Schon 1807 war in St. Petersburg Mozarts Don Giovanni aufgeführt worden, 1847 folgte Webers Freischütz und 1848 Mendelssohns Oratorium Elias. Im Jahre 1844 waren Clara und Robert Schumann in St. Petersburg, Clara hatte mit großem Erfolg Konzerte gegeben, auch in das "asiatisch wirkende" Moskau hatten sie einen Abstecher gemacht.

Giuseppe Verdi hatte eine Pause eingelegt, seine zwanzig bisher geschriebenen Opern waren auf den berühmtesten Bühnen aufgeführt worden, besonders an der Mailänder Scala oder in Paris, wo

Rossini nach vierzig vollendeten Opern seinen Lebensabend genoß, dann noch das "Stabat mater" und die "Petite messe solenelle" komponierte. Er wollte nicht mehr komponieren, er nannte die Kompositionen "Alterssünden", es sollten die jüngeren Komponisten ihren Teil leisten, wie Saint-Saens, der damals seinen Totentanz schrieb.

Dann raffte sich Giuseppe Fortunino Francesco Verdi noch einmal auf und schrieb die Oper "La forza del destino", die Macht des Schicksals. Wie es das Schicksal so wollte, schrieb er die Oper ausgerechnet für St. Petersburg. Dort wurde diese viertletzte Oper des italienischen Großmeisters am 10. November 1862 uraufgeführt, so konnte auch er sich im russischen Norden einmal umsehen. Um Luthers Schicksal ging es in der Oper nicht, aber die Völker an der Ostsee feierten Luthers 379. Geburtstag!

Aber viel früher noch - im Jahre 1839 - wagte sich auch ein anderer Großmeister nach St. Petersburg, Franz Liszt. Alte Bekannte traf Liszt in St. Petersburg, wie Lenz, den er von Paris her kannte. Der irische Komponist und Pianist John Field war vor zwei Jahren erst in Moskau gestorben. Sehr früh war er schon mit Muzio Clementi nach Petersburg gekommen und hatte zwanzig Jahre als Klavierlehrer gewirkt. Seine Nocturne waren unmittelbares Vorbild für Chopins Kompositionen. Einen anderen Bekannten traf Liszt noch an, Adolf Henselt. Der geborene Bayer, der seine Ausbildung in München erhalten hatte, war die offizielle Seele des russischen Musiklebens, Musiklehrer der Prinzen und Töchter des Zaren und Kaiserlich Russischer Reichsrat.

Eine Vielfalt von Palästen mit ihren europäischen Fassaden, altrussische Kirchen mit ihren zwiebelförmigen Kuppeln und dazu die ungewohnten Gesichtstypen der Bevölkerung, mit einer unbekannten Sprache und an den Aushängeschildern die kyrillische Schrift, dies waren die Eindrücke Franz Liszts. Der Zar war freundlich und fragte wie es in Berlin und Weimar ginge, in den Städten seiner Verwandtschaft, die Zarin war die Schwester des preußischen Königs - und Zar Nikolaus war der tyrannische Vater aller Reußen.

Auch Graf Wielhorski traf Liszt in St. Petersburg, den er von Rom her noch kannte. Liszt konnte nicht beim Konzert zugunsten der Opfer von Borodino mitwirken. Bei Borodino hatte die Schlacht stattgefunden, die von den Franzosen unter Napoleon noch gewonnen wurde. Liszt sagte: "Ich verdanke meinen Ruf und meine Erziehung zum größten Teil den Franzosen", er könne sich nicht mit den Russen identifizieren, die später die Franzosen besiegt hätten. Dem Zaren gefiel dies Selbstbewußtsein Liszts nicht und Fürst Galizyn sagte zu Liszt, daß dem Zaren die langen Haare und seine Politik nicht zusage. Darauf entgegnete Liszt: "Mein Haar lasse ich mir nur in Paris schneiden, weil es dort auch gewachsen ist und Politik treibe ich auch nicht, weil ich keine Armee dazu habe." Liszt war für seinen lauteren Charakter und seine noble Art in ganz Europa bekannt, so verübelte man ihm nichts.

Tschaikowsky war der russischste Komponist, er komponierte die in ganz Europa berühmt gewordene Ouvertüre 1812, zur Erinnerung an die Schlachten Napoleons in Rußland im Jahre 1812. Darin erklingt die Marseillaise scheinbar siegreich, doch dann kommt der Sturz und siegreich bleibt die Hymne des Zaren. Noch im Jahre 1880, als dieses Werk entstand, waren die Erinnerungen an Napoleon wach.

Im Jahr 1847 kam Hector Berlioz nach St. Petersburg, 35 Jahre nach dem großen Kaiser Napoleon, aber in friedlicher Absicht. Honoré de Balzac hatte neben Romane schreiben Zeit gefunden für eine Rußlandreise. So berichtete er Berlioz und prophezeite gewaltige Geldeinnahmen. In St. Petersburg begegnete Berlioz Wilhelm von Lenz und Heinrich Romberg, der ihm voll Freundlichkeit den musikalischen Führer durch die Stadt machte. Sonst brauchte er wenig Mühe mit der Verständigung, denn die französische Sprache war bei den gebildeten Russen weit verbreitet. Berlioz dirigierte in St. Petersburg und auch in Moskau, wo er Glinkas "Ein Leben für den Zaren" sah. "Fast bei jeder Szene", so berichtet er, "...schneebedeckte Tannenwälder... ich zittre noch in der Erinnerung vor Kälte."

Berlioz muß große Hoffnungen an die Zukunft in St. Petersburg geschöpft haben, dies geht aus einem Brief an den General Alexej F. Lwow, Adjutant des Zaren und Kapellmeister der Hofkapelle, hervor: "... daß ich mich eines Tages bei Ihnen niederlassen könnte. Ich will mir diese Idee nicht in den Kopf setzen; alles hängt vom Kaiser ab. Wenn er wollte, wir würden aus St. Petersburg in sechs Jahren das Zentrum der musikalischen Welt machen." Doch erst nach 20 Jahren kam Berlioz wieder nach Rußland. Es war das Jahr 1867, Tschaikowsky kam von den Ferien im estnischen Haapsalu nach Moskau zurück, dort konnte er den von ihm so verehrten französischen Meister erleben. Er, Tschaikowsky, sprach bereits mit sechs Jahren fließend Französisch.

Die bayerische Invasion in Rußland

Im Jahre 1850 kam der Musiklehrer Rudolf Kündinger in St. Petersburg an. Er stammte aus dem bayerischen Nördlingen und zählte im Jahre 1855 Tschaikowsky zu seinen Schülern. Er begleitete den fünfzehnjährigen angehenden Komponisten vier Jahre lang. Nachdem sich die finanzielle Lage bei Tschaikowskys Vater zunehmend verschlechterte, konnte der kostspielige Klavierunterricht nicht mehr weitergeführt werden. Der Musiklehrer aus Bayern lehrte dann eben die Kinder des Großfürsten Konstantin Nikolajewitsch, er hatte das nötige Kleingeld. Später nahm auch die Zarin Maria Feodorowna bei ihm Musikunterricht.

Vorher war bereits Georg Martin Adolph Henselt aus Bayern an den Zarenhof in St. Petersburg gekommen. 1838 nimmt er seinen endgültigen Wohnsitz in St. Petersburg, nachdem er durch seine Konzerte außerordentliche Erfolge erziehlt hatte. Er wurde zum Kammervirtuosen der Zarin und zum Musiklehrer der Kinder ernannt. Später wurde er Inspektor des Musikunterrichts an den Töchtererziehungsanstalten des Reichs. Durch die Verleihung des Wladimirordens wurde er geadelt und erhielt den Titel eines Kaiserlich Russischen Staatsrates.

Der Zarenhof war gerade auf der bayerischen Welle. Bereits mit Adolf Henselt war ein bayerischer Musiklehrer am Petersburger Zarenhof beschäftigt, währendessen des bayerischen Königs Baumeister Leo von Klenze die neue Eremitage baute. Kaum war Klenze im Jahre 1851 mit dem Bau fertig, war auch schon der neue Musiklehrer Kündinger in St. Petersburg eingetroffen, er lehrte am Zarenhof den Großfürsten Konstantin. Am Zarenhof hatte man auch die kostbaren Glaserzeugnisse aus dem bayerischen Wald entdeckt. Man tat der Königen Therese, König Ludwig I. Gemahlin, einen Gefallen und bezog die Gläser für den Zarenhof von der Glashütte Theresienthal, die der Königin ihren Namen trug.

Die Verbindungen zwischen München und St. Petersburg waren auch danach vielfältig. Zuerst aber kam der Walzerkönig Johann Strauß aus Wien, dirigierte im Sommer 1856 in Pawlowsk und dann zehn Jahre lang bis 1866. Aber 1870 kam der berühmte Dirigent Hans von Bülow, der in München die großen Wagneropern uraufgeführt hatte, denn auch Wagner landete in München. Hans von Bülow blieb vier Jahre in Rußland auf Tournee und Tschaikowsky verehrte den großen Dirigenten sehr. In Moskau wurde auch der Komponist der Oper "Palestrina" Hans Pfitzner geboren, dessen Vater 1869 am Moskauer Operntheater als erster Geiger tätig war. Hans Pfitzner wirkte lange Jahre in München.

Nach Bülow und Pfitzner schickten die Bayern den bedeutenden Dirigenten Max von Erdmannsdörfer nach Rußland. Der aus dem fränkischen Bayern, aus der Stadt Nürnberg stammende Erdmannsdörfer,wirkte am Moskauer Konservatorium als Professor und viele Jahre als beliebter Dirigent. Tschaikowsky vertraute ihm die Aufführung seiner Werke an, auch wenn er auf Reisen war. Erdmannsdörfer pendelte so zwischen Moskau und St. Petersburg hin und her, bis ihn der bayerische König endgültig nach München holte.

Für die russischen Musiker war im gleichen Maße das Tor in entgegengesetzter Richtung zu den Musikzentralen Europas offen. Der Gründer und Leiter des Petersburger Konservatoriums Anton Rubinstein und sein Bruder Nikolaus Rubinstein, Leiter des Moskauer Konservatoriums, wo Tschaikowsky als Lehrer tätig war, reisten 1844 zum Studium nach Berlin und dort traf auch Tschaikowsky den bedeutendsten Komponisten aus München, Richard Strauss. Tschaikowsky hörte ein Konzert mit einer eigenartigen Symphonie, die von Bülow dirigiert wurde. Er lernte Richard Strauss persönlich kennen - ein neu aufsteigender Stern am musikalischen Himmel. Richard Strauss überlebte noch um Jahre das Ende des letzten Weltkrieges, er lebte in Garmisch-Partenkirchen, so daß es uns nicht schwer war ihn sechzig Jahre nach dem Berliner Konzert 1888 zu begegnen. Er fuhr als Achtzigjähriger noch Fahrrad.

Napoleon ließ auch die russischen Schriftsteller nicht ruhen. Nikolaj Gogol schrieb sein erstes Versidyl 1829 mit dem seltsamen deutschen Titel "Ganc Kjuchel'garten", das ihm aber keinen Erfolg brachte. Als er dann 1835 die "Toten Seelen" geschrieben hatte, wurde die Welt auf ihn aufmerksam.

"Der Teufel hat mir eingegeben, in Rußland zur Welt zu kommen, mit einer Seele und einem Talent!" Dies schrieb Aleksandr Sergejewitsch Puschkin, Rußlands größter Dichter in einem Brief. Der Kaiser sei an allem nicht schuld, sondern seine Umgebung. Damit meinte er den für rigorose Zensur bekannten Grafen Benckendorff, den Liszt so freundlich schildert, weil er ihn bei seinem Besuch in St. Petersburg eingeladen hatte. Der Graf war für die "Dritte Abteilung" zuständig, eine harte Antwort auf die in Paris verkündeten guten Vorsätze der "Heiligen Allianz". Auch die Österreicher hatten sich zu diesen in Paris verkündeten Grundsätzen bekannt und die Künstler in Wien klagten über die Zensur durch Metternich.

Puschkin hatte 1824, als die heilige Messe Beethovens in St. Petersburg uraufgeführt wurde, atheistische Äußerungen gemacht, was ihm zwei Jahre Verbannung aus St. Petersburg einbrachte. Dort bei seiner Mutter schrieb er den Boris Godunov. Diese Äußerungen waren es nicht allein, schon in der Schule war er für Napoleon begeistert, sein Schulkamerad hieß ausgerechnet Küchelbecker, was regelrecht bayerisch klingt. Gorkij nannte Puschkin den Anfang aller Anfänge, Dostojevski hielt ihn für die Allmenschlichkeit und Weltoffenheit und Tvardovskij sagte, er sei die lebendige Seele des Volkes.

An Napoleon dachte Puschkin, als er 1827 in seinem Sendschreiben nach Sibirien schrieb:

"Die Ketten fallen Stück um Stück,
Die Freiheit winkt, die Mauern weichen,
Sie grüßt am Tor, und freudig reichen
Die Brüder auch das Schwert zurück.

Ein Denkmal baut ich mir, wie Hände keins erheben,
Des Volkes Pfad zu ihm wächst niemals zu; es wagt
Unbänd'gen Hauptes höher himmelan zu streben
Als Alexanders Säule ragt...

Und lang wird liebend mich das Volk im Herzen tragen,
Weil Edles ich erweckt mit meiner Leier Klang,
Weil ich die Freiheit pries in unsern strengen Tagen
Und Nachsicht mit den Opfern sang.

RIGA IM FADENKREUZ DER MUSIKSTÄDTE

Für die klassische Musik war Wien der überragende Kristallisationsort. Alles was Rang und Namen hatte strebte zu der Kaiserhauptstadt hin. Mit Napoleon wurde alles anders, nicht nur in der Musik. Die strenge klassische Form löste sich auf in eine romantische Vorstellungswelt, wobei die politische Lage eine Rolle spielte, besonders die Dichter befanden sich in einer Art innerer Emigration. Die romantische Musik hatte viele Zentren in den nationalen Hauptstädten.

Ein Hauptvertreter der Romantik war der Königsberger Ernst Theodor Amadeus Hoffmann. Er verkörpert in Reinnatur den Ganzheitskünstler der Romantik, was mit dem Jurastudium in Königsberg begann. Die Welt stand nur noch in der klassischen Architektur gerade in den Grundfesten. Bei Hoffmann war alles Karikatur, so zeichnete er seine Vorgesetzten. Das kostete ihn die Stellung als Jurist, so wurde er Musiker. Er begründete das Musikleben in der bayerisch-fränkischen Stadt Bamberg, war Musikdirektor in Dresden und Leipzig, betätigte sich als Plakatmaler und dichtete im großen Umfang. Damit ist etwas wesentliches aufgezeigt, der Musiker und Textdichter in einer Person, dies trifft besonders auf Richard Wagner zu, ein Tonkünstler auf dem Höhepunkt der Romantik.

Das Wirken in der inneren Emigration blieb in vielen Ländern Europas bestehen, bedingt durch die Unterdrückung der Freiheitsbewegungen, die von Napoleon geweckt, nun mit Zensur belegt wurden. In Wien war es Fürst Metternich, der mit seinem System das ganze Feld beherrschte. Der entsprechende Staatsbeamte in St. Petersburg war der in Reval geborene Graf Benckendorff, der die Freiheitshelden in Rußland etwas dämpfte, doch das Musikleben nicht beeinflußte, gerade in seiner Zeit entwickelte sich das Musikleben in St. Petersburg. Dies blieb für die Regierungshauptstadt des Baltikums, Riga, nicht ohne Wirkung.

Das Musikleben in den baltischen Städten begann schon viel früher, in Reval mit dem Jahre 1583, die Dorpater Stadt-Musici im Jahre 1587, in Riga gab es bereits die mittelalterliche Turmmusik, seit 1699 aber stellte der aus Königsberg gekommene berühmte Domorganist Johann Valentin Meder einen Höhepunkt im Musikleben von Riga dar.

Richard Wagner über Königsberg nach Riga

"Ahnest du den Schöpfer, Welt?", heißt es voller Ergriffenheit im Adagio divoto von Beethovens 9. Symphonie, im Schlußchor aus dem Jahre 1824. Freude erstrahlt aus Schillers Dichtung: "Seid umschlungen Millionen! ... Diesen Kuß der ganzen Welt!"

Nur drei Jahre später, im Jahre 1827, komponierte Franz Schubert seinen Liederzyklus "Die Winterreise". In dumpfer Resignation am Schluß der Folge deutet "Der Leiermann" auf den Schluß der Reise hin, auf das Tor des Todes. Da heißt es im 24. Lied: "Wunderlicher Alter, soll ich mit dir gehn. Willst zu meinen Liedern deine Leier dreh'n?"

Nur neun Jahre später schuf der 23jährige Richard Wagner seine dritte Oper "Das Liebesverbot". Katastrophen begleiteten Wagner bereits, als er diese Oper in Magdeburg aufführte. Er schaffte es, die Künstler zum Spielen zu veranlassen, obwohl er sie nicht bezahlen konnte. Dann nahm die Polizei in letzter Minute Anstoß an dem Titel der Oper. Wagner änderte in den weniger anstößigen Titel "Die Novize von Palermo". Das Publikum klatschte auch, schon aus Höflichkeit, denn niemand verstand so recht die Handlung. Bei dem Durcheinander merkte auch niemand in der Prügelszene, daß tatsächlich einer den anderen verprügelte, weil der Ehemann der ersten Sängerin bei der günstigen Gelegenheit, an seinem Nebenbuhler echte Rache nahm. So endete alles in einem Fiasko. Wagner war bereit überall hin zu gehen um seinen Lebensunterhalt zu verdienen, nur weit weg.

Er nahm den Weg in Richtung Königsberg, den Napoleon schon früher gewählt hatte, nur deshalb, weil seine Frau Minna dorhin vorausgeeilt war. Sie hatte dort ein Engagement als Sängerin angenommen weil der dortige Theaterdirektor versprach, die Musikdirektorenstelle für ihren Mann, Richard Wagner, freizuhalten. Die Stelle war noch nicht frei, wäre aber bereits frei gewesen, wenn der amtierende Kapellmeister Louis Schubert, ein tüchtiger Musiker, seine Stelle in Riga rechtzeitig antreten hätte können. Der Bau des neuen Theaters in Riga hatte sich verzögert, er konnte nicht an seinen Platz zurückkehren.

Retter in der Not war Wagners Freund Schindelmeißer, der Wagner die Musikdirektorenstelle am Theater in Riga, mit einer Gage von tausend Silberrubel und einen Mehrjahresvertrag, vermittelte. Mitte August 1837 machte sich Wagner auf die beschwerliche Reise nach Riga. Es war eine Stadt, die nur zur Hälfte einen westlichen Eindruck auf ihn machte. Ein buntes, und wie ihm schien, ein reiches Leben herrschte dort. Karl von Holstei, der schlesische Dramatiker, war Direktor des Theaters. Im Theater fand Wagner Partituren des üblichen Repertoires aus Opern von Donizetti, Bellini, Rossini, Adam und andere. Das Orchester bestand aus vierundzwanzig tüchtigen Musikern und einer Gruppe von Sängern, die sich als brauchbar und anstellig erwiesen.

Was fehlte, war die erste Sängerin, so daß Wagner Minnas Schwester Amalie bat von Magdeburg nach Riga zu kommen. Am 19. Oktober trafen beide Frauen in Riga ein. Wagner konnte nun Opernaufführungen bringen, wie Mozarts "Don Giovanni", "Figaros Hochzeit", Bellinis "Norma", Webers "Oberon", "Die Stumme von Portici" von Auber und Mehuls "Joseph in Ägypten".

Die Zeit in Riga war für Wagner von großer Bedeutung. Er hatte sich in die Lektüre des Romans "Rienzi" von Lord Lytten Bulwer vertieft und wollte erstmals eine "Große tragische Oper in fünf Akten" schreiben. Den szenischen Entwurf und die Ausarbeitung der Dichtung vollendete er im Frühjahr 1838. Er war völlig gefangen von diesem Vorhaben. "Dieser Rienzi mit seinen großen Gedanken im Kopf und Herzen machte mir alle Nerven vor sympathischer Liebeserregung erzittern" äußerte sich Wagner später.

Schwarzhäupterhaus und St.Petri in Riga

War Wagner damals bewußt, daß dieses Thema des Rienzi ein heißes Thema im Baltikum war. Das Thema des benachteiligten Volkes auf der einen, die herrschende Adelspartei auf der anderen Seite. Nicola di Lorenzo war Sohn eines Schankwirtes und einer Wäscherin, wurde Notar, erwarb sich literarische und historische Kenntnisse. Er war ein glänzender Redner, errang im öffentlichen Leben Roms bald Ansehen als Gegner der Adelspartei und Sprecher der handelstreibenden wirtschaftlich aktiven Bürgerschicht. Rienzi stellte sich der Volkspartei zur Verfügung als 1343 eine Volksregierung in Rom die Macht übernahm.

Wagners Rienzi - fast eine estnische Nationaloper

Genau auf das Jahr 1343 fiel die Jüriöö-Nacht in Estland, der Aufstand des Volkes gegen die christlichen Besatzer und die Ernennung Rienzis vom Volke Roms als Gesandter beim Papst in Avignon, der ihn auf Empfehlung Petrarcas zum Notar der städtischen Kammer in Rom ernannte. Am 20. Mai 1347 nahm Rienzi in einem Handstreich das Kapitol ein, vertrieb mit Hilfe des Volkes die Adligen und Senatoren. Er nahm als revolutionärer Volksführer den Titel "Tribun" an. Brandheiß war dieses Thema im Baltikum, die Revolte von 1343 ging als "St.-Georgs Aufstand" in die Landesgeschichte ein und 1345 gingen die Deutschen Ordensherren als Sieger hervor.

Zum Glück stellte Wagner die große tragische Oper Rienzi, der letzte der Tribunen erst fern von Riga fertig, wahrscheinlich hätte er sonst keine weitere Oper mehr geschrieben. So blieben aber auch die Menschen im Baltikum unwissend des Gebetes, das Rienzi, der letzte der Tribunen zum Himmel spricht: "Allmächtiger Vater blick herab..."

Richard Wagner wurde am 22. Mai 1813 in Leipzig geboren, am 21. Mai schlug Napoleon die Preußen und Russen bei Bautzen und rückte dann wieder in Leipzig ein. Wagner wurde so unter Kanonendonner in der Thomaskirche in Leipzig getauft, in der Kirche Johann Sebastian Bachs. Im Jahre seiner Geburt war Ernst Theodor Amadeus Hoffmann als Musikdirektor in Leipzig und komponierte seine phantastisch-romantische Oper Undine, er kam aus der bayerisch-fränkischen Stadt Bamberg und Richard Wagner ging als Zwanzigjähriger als Chordirektor in die bayerisch-fränkische Stadt Würzburg. Dies war seine erste Stellung der Beginn seines schaffensreichen Lebens und am Lebensende war es wieder eine bayerisch-fränkische Stadt, Bayreuth.

Wagner war ein Revolutionär. Scharen polnischer Flüchtlinge kamen nach Leipzig, geflüchtet vor den Russen, die 1831 Polen besetzt hatten. Chopin komponierte die Revolutionsetüde und Wagner notierte auf die Partitur einer Ouvertüre den Namen "Polonia". In Riga kam es zum Glück zu keiner Revolution, Wagner mußte Riga aus rein persönlichen Gründen verlassen, wegen seiner notorischen Schulden.

Wann wird es Wagnerfestspiele in Riga, wenn auch in kleinem Umfange, geben? Wagner schrieb an dem Rienzi in Riga und auch der Fliegende Holländer war geistig schon konzipiert, die Seereise, weg von Riga, war dann Auslöser für die Niederschrift. Riga beherbergte noch weitere Opernkomponisten wie Conradin Kreutzer und Eugen d'Albert in seinen Mauern, die nicht mehr abreisten, sondern in Riga starben, obwohl d'Albert doch eine erfolgreiche Oper "Die Abreise" geschrieben hatte. Beide Komponisten sind auch bei uns schon ein bißchen vergessen, doch ihr Geist schwebt immer noch über den Wassern - und über Riga.

Zuerst entwickelte sich der Aufenthalt Wagners in Riga recht positiv. Er traf auch einen alten Bekannten aus Leipzig wieder, den Kapellmeister Heinrich Dorn, der seine Ouvertüre mit dem erheiternden Paukenschlag aufgeführt hatte. Dorn war in Riga städtischer Musikdirektor der Kirchen und Schulen, er nahm Wagner bereitwillig auf. Doch die Freundschaft zwischen den beiden Musikern hinderte Dorn nicht, sich über Wagner negativ auszulassen. Er machte sich in der "Neuen Zeitschrift für Musik" über Wagners Ouvertüren "Kolumbus"und "Rule Britannia" lustig, die dieser in den Symphoniekonzerten drigiert hatte.

Doch Wagner war intensiv beschäftigt und schrieb fleißig an seiner großen Oper Rienzi. Am 6. Februar 1839 hatte der Komponist den ersten Akt vollendet, in der Mitte des Monats Mai schaffte er die Fertigstellung des zweiten Aktes. Er war so sehr mit dem Komponieren beschäftigt, daß er garnicht das Verschwinden seines Vertragsdirektors bemerkte. Direktor Holstei war geflüchtet, sein Nachfolger war der Sänger Johann Hoffmann, der Wagner sogleich mitteilte, daß seine Dirigententätigkeit am Rigaer Theater mit der laufenden Spielzeit beendet sei. Dann erfuhr Wagner noch, daß sein Nachfolger ausgerechnet sein angeblicher Freund Dorn sein würde.

Wagners Künstlerleben glich ohnehin einer fortwährenden Flucht vor seinen Gläubigern. Das Geld reichte nicht. Er gab ein Benefizkonzert und Minna sang an vier Gastvorstellungen, doch ihre Gage reichte auch nicht. Auch der Erlös aus dem Verkauf ihrer Wohnungseinrichtung war nicht genug, um die Schulden abtragen zu können. Der Gläubiger verlangte die Ausweispapiere, um eine Flucht Wagners und seiner Frau Minna auszuschließen. Er kannte Wagner nicht, der hatte schon Erfahrung mit dem Schuldenmachen - in Leipzig und Königsberg wußte man es.

Wagners Flucht aus Riga

Freunde hatte Wagner immer irgendwo. So war auch sein Freund Möller in der Zeit höchster Not zur Stelle. Richard Wagner und seine Frau Minna fuhren in Richtung der russisch-preußischen Grenze. In einem genügenden Abstand von den Grenzposten mußten sie aussteigen und zu Fuß durchs Gelände dem Posten ausweichen, dann stand wieder der Freund mit einer alten Kalesche bereit. Er schaffte es auf geheimnisvollen Pfaden um die preußische Hauptstadt Königsberg herumzukommen, so erreichten sie den Hafen von Pillau. Der Kapitän des Segelschiffes "Thetis" nahm sie heimlich an Bord. Bei der stürmischen See fiel Wagner die Geschichte vom "Fliegenden Holländer" ein, die er bei Heinrich Heine gelesen hatte, ein Anstoß für die sogleich komponierte romantische Oper.

Wie bei seinem Volkstribunen Rienzi, so hatte auch der Fliegende Holländer einen Bezug auf sein tatsächliches Erleben. Der zu ewiger Unrast verdammte Holländer entsprach Wagner, die Tochter eines norwegischen Kapitäns, Senta, entsprach Wagners Frau Minna "das Weib, das bis in den Tod Treue ihm hält".

Es folgten für Wagner jahrelange Notarbeiten, seine Minna opferte sich für ihn mit letzter Kraft auf. Der in Paris erfolgreiche Meyerbeer arrangierte die Uraufführung des Rienzi in Dresden, Wagner beteiligte sich an der Revolution in Dresden und war auch schon wieder auf der Flucht nach der Schweiz. Die Stationen waren Luzern, Venedig, Paris, Karlsruhe, Weimar und Wien, um dann 1864 in München zu landen. Noch in München verfaßte der deprimierte Wagner für sich eine Grabinschrift, er war am Ende:

"Hier liegt Wagner, der nichts geworden,
Nicht einmal Ritter vom lumpigsten Orden;
Nicht einen Hund, hinter'm Ofen entlockt' er
Universitäten nicht 'mal 'nen Dokter."

Dabei hatte er 1862 bis 1863 eine erfolgreiche Konzerttournee nach St. Petersburg und Moskau erlebt, wo er drei Konzerte mit seiner Tannhäuser-Ouvertüre und Bruchstücken eigener Werke gab. Am Anfang stand für Wagner hoffnungsfroh Riga und am Ende war es München, das seine erfolglose Karriere beendete, weil dann Wagners zweites Leben begann. Die Rettung war für ihn der schwärmerische bayerische König Ludwig II., der Enkel des ersten König Ludwig.

König Ludwig II. von Bayern, war ein Sohn Königin Marie von Preußen und des bayerischen Königs Max II.. Ihm war vom Schicksal aufgetragen den Untergang des stolzen bayerischen Königsreiches zu erleben. Nach 700 Jahren Herrschaft der bayerischen Dynastie der Wittelsbacher, die im 14. Jahrhundert einmal Herren über Berlin waren, unterlag Bayern im Deutschen Krieg 1866. Der übermächtige Militärstaat von Berlin Preußen, besiegte Österreich, Bayern, Hannover und die anderen deutschen Staaten. Unter preußischen Oberbefehl wurde Bayern gezwungen mit Preußen in immer neuen Kriegen, 1870-71, 1914-18, 1939-1945, dem Untergang entgegenzugehen. König Ludwig II. von Bayern hatte keine echte Macht mehr, er konnte nur noch über einen Märchenstaat herrschen und Wagner kam dem König insoweit entgegen, als er in seinen Opern die Märchen lieferte. Die Nibelungen waren ohnehin altes bayerisches Kulturgut.

König Ludwig schenkte Richard Wagner ein Haus in München. Er plante auch ein großes Richard-Wagner-Festspielhaus auf der Isarhöhe an der Stelle, wo heute der Friedensengel heruntergrüßt. Als Architekten hatte der König Gottfried Semper ausersehen, einen gebürtigen Hamburger, der beim Münchner Architekten Friedrich von Gärtner studiert hatte und nach Dresden gegangen war. Dort baute er die berühmte Dresdner Semper-Oper. Das Sempersche Modell für das Festspielhaus in München ist noch erhalten. Der König wollte in München das bedeutendste Operntheater schaffen, im Sinne seines Großvaters König Ludwig I.: niemand kennt Deutschland, der nicht München gesehen hat.

König Ludwig II. war ein unglücklicher König. Er war am 25. August 1845 im Nymphenburger Schloß am gleichen Tage geboren, wie sein Großvater König Ludwig I.. Der 25. August war der Tag des heiligen Königs Ludwig IX. von Frankreich und somit zugleich Namenstag der beiden bayerischen Könige. Der Namenstag hatte im katholischen Bayern eine größere Bedeutung als die Geburtstage. Im Jahre 1864 wurde Ludwig zum König gekrönt und bereits zwei Jahre später, wurde ihm von Berlin anheim gestellt, sich zu unterwerfen oder Krieg zu führen. Seine Dynastie der Wittelsbacher hatte sich noch nie in der siebenhundert Jahre langen Geschichte unterworfen, so kam es zum Krieg.

Im Jahre 1866 rückte das preußische Heer in Nordbayern ein, es war damals die größte Militärmacht Europas. Österreich kapitulierte, es war mit Bayern verbündet. Das Königreich Hannover, die Staaten entlang dem Rhein, kapitulierten nachdem sie überrannt worden waren. Bayern war nunmehr allein und mußte sich dem Berliner König beugen. Der bayerische Ministerpräsident wollte über einen Frieden verhandeln, doch der Ministerpräsident Preußens, Otto von Bismarck, sagte: Der Sieger verhandelt nicht, er diktiert. So mußte Bayern zutiefst erniedrigt Reparationen nach Berlin zahlen.

Otto von Bismarck muß auch im Baltikum kein Unbekannter gewesen sein, zumindest in St. Petersburg nicht, denn vom Jahre 1859 bis 1862 war er preußischer Gesandter in St. Petersburg. Im Krieg Preußens gegen Frankreich mußten junge bayerische Soldaten unter preußischen Oberbefehl kämpfen, obwohl König Ludwig Frankreich und den französischen Hof sehr verehrte. In schicksalhaften Kriegen hatten Bayern und Franzosen gemeinsam gekämpft, nun wurden sie durch Preußen in drei vernichtenden Kriegen zu Erzfeinden. Der Krieg von 1870 gegen Frankreich war noch im Gange, da gründete Bismarck und sein König von Berlin in Versailles am 18. Januar 1871 das zweite Kaiserreich, wofür Bismarck die Unterschrift des bayerischen Königs benötigte, die Ludwig auch verweigern wollte. Man nötigte ihm diese ab, Bismarck schrieb dem König als "untertäniger Diener", in Anspielung darauf, daß die Dynastie der Wittelsbacher einst in Berlin geherrscht hatte und man bot dem bayerischen König hohe Geldsummen, die Berlin vorher bei den Hannoveranern gestohlen hatten. Letztendlich willigte König Ludwig ein, wenn ihm die Reparationszahlungen zurückbezahlt würden. Die Kaiserkrone für Berlin war erschachert worden.

König Ludwig II. wurde von seinen Untertanen sehr geliebt, bis heute hat sich daran nichts geändert. Die bayerische Königspartei tritt für einen bayerischen König ein, sollte Bayern wieder Königreich werden, so geht ein beträchtlicher Teil auf die Verehrung für diesen König zurück. Die Preußenpartei in München errang die Mehrheit; man setzte den König ab, er wurde im Schloß Berg gefangen gehalten und kam dort mysteriös durch Ertrinken im See ums Leben. Doch bis heute sind die Gerüchte nicht verstummt, Berlin habe die Hände im schmutzigen Spiel um den Tod des Königs gehabt. Die Vorgänge waren von dem Stoff eines Kriminalstückes, nur sind die Verbrecher noch nicht gefaßt.

Vor diesem Hintergrund ist die Handlungsweise König Ludwigs verständlich, sein Reich konnte nicht auf politischer Ebene sein, sondern in der Kunst, im Musikalischen Schauspiel. So kam ihm der begnadete Musiker Richard Wagner gerade zur rechten Zeit. Der Sachse konnte sorglos Schulden machen, es ging alles auf

Rechnung des Königs. In München wurden Wagners Opern “Siegfried”, “Tristan und Isolde” “Rheingold” und “Walküre” uraufgeführt. Für ein Festspielhaus in Bayreuth gab der König 100 000 Taler Zuschuß und er übernahm auch die gesamten Restschulden, in diesem Punkte des Schuldenmachens war der Meister von Bayreuth immer schon erfolgreich gewesen.

Zum Jahrhundertfest der Aufführung des ganzen Ringes der Nibelungen war die ganze Musikwelt im Mai 1876 zusammengekommen. Auch Tschaikowsky war aus Rußland angereist, er schrieb:

“Im August wird ein Musikfest von epochaler Bedeutung stattfinden. Der berühmte, solange mit Ungeduld erwartete Opernzyklus Richard Wagners “Der Ring der Nibelungen” soll in einem eigens dafür erbauten Theater in der bayerischen Stadt Bayreuth endlich aufgeführt werden...”

Eigentlich sollte alles anders kommen, der König hätte Wagner auch in München gerne gesehen, er hätte eine Pension auf Lebenszeit erhalten und kostenloses Wohnen im eigenen Haus. Doch neben Schuldenmachen, Revoltieren, Flüchten und einigen anderen Untugenden, besaß Wagner die unrühmliche Eigenschaft, auf verheiratete Frauen einzuwirken und sie für sich zu gewinnen. Herr Wesendonk schlug Wagner in die Flucht, der Generalmusikdirektor in München Hans von Bülow hatte weniger Glück, seine Frau Cosima lief zu Wagner über. Wagner hatte das Glück in München zu sein, das bekannt war als Eldorado von Künstlern und Revolutionären. Er konnte aber unmöglich mit einer Frau zusammenleben, die zu einem anderen Ehemann gehörte, das war der Grund warum er München verlassen mußte. König Ludwig hatte auf der Isaranhöhe das riesige Festspielhaus geplant, damit war es natürlich aus. Wagner vergnügte sich dann eben woanders und der König zahlte alles.

Den Münchnern aber hatte er “das Kraut ausgeschüttet”, wie man hier zu sagen pflegt und als der König dem abreisenden Wagner noch einen hohen Scheck als Reisegeld ausstellte, zahlte man dem Schwerenöter Wagner das Geld in schweren Säcken voll Pfennigen aus, das der Kapellmeister nur mit einem Fuhrwerk abtransportieren konnte. Dies geschah natürlich unter dem Spott der Leute. Trotzdem ließ König Ludwig seinen Künstlerhelden nicht im Stich, und als der Prinzregent Luitpold in München in die Regierung kam, baute er das geplante Wagner-Festspieltheater doch noch. Es war nur der ursprüngliche Platz durch den Friedensengel auf der Isarhöhe schon belegt, auch der Friede war wichtig genug. Einige hundert Meter weiter steht das Wagner-Festspieltheater und daneben hat man Richard Wagner ein Denkmal geschaffen, damit alle miteinander wieder versöhnt sind. Dieses Prinzregenten-Theater kennen unsere estnischen und lettischen Freunde, denn dort gastierten bei der "Europa musicale" im Novenber 1993 das Orchester aus Tallinn und das Orchester aus Riga. Damit dürften auch die versöhnlichen Bande zwischen Riga und Richard Wagner wieder hergestellt sein.

Liszt in Königsberg - Mitau - Riga -Dorpat

In Riga war nach dem fluchtartigen Verlassen der Stadt durch Richard Wagner allerhöchster Besuch wieder im Jahre 1842 zu verzeichnen. Es war der spätere Schwiegervater Wagners, Franz Liszt. Nachdem Wagner und Liszts Tochter Cosima 1870 geheiratet hatten, war diese Verwandtschaft entstanden. Von diesem seltenen Glück, um es zynisch zu sagen, hatte der große Pianist und Komponist Franz Liszt noch nicht die leiseste Ahnung.

Franz Liszt war mit der Kutsche von Berlin in Richtung St. Petersburg abgefahren. In seiner Begleitung befand sich Graf Teleki. In jeder Stadt machte man halt und der vorgereiste Belloni hatte jeweils ein Konzert vorbereitet, so daß Liszt gleich in Aktion treten konnte. Der Ruf des besten Klaviervirtuosen seiner Zeit hatte auch den letzten Winkel im europäischen Osten erreicht. In der königlichen Haupt- und Residenzstadt Königsberg war Liszt natürlich ein gerngesehener Gast und die Universität erwartete ihn. Nach dem Konzert in Königsberg wählte die Albertus-Universität Franz Liszt zum Ehrendoktor. Der ungarische Staatsangehörige Liszt wurde Ehrenbürger der deutschen Universität Königsberg. Graf Teleki war auf diese Urkunde noch stolzer als der Meister.

Es war im frühlingshaftem März des Jahres 1842, der in westlichen Landen schon recht warm sein konnte, doch auf der Fahrt von Altpreußen ins russische Litauen lag noch Schnee. Über Tauroggen ging es zuerst nach Mitau und dann nach Riga. Es wurden Konzerte gegeben, aber von großen Ereignissen und besonderen Ehrungen wie in Königsberg ist nicht die Rede. In Königsberg war Liszt neben der Ehrendoktorwürde auch der Titel eines Hofkapellmeisters verliehen worden. Es gab überall starken Applaus und weil das Ziel dieser Tournee St. Petersburg war ging es bald weiter. Doch in Dorpat machte man noch einmal Station und dann kam die Kutsche in St. Petersburg an.

Der Zar empfing Liszt freundlich, Nikolaus war als der eiserne Zar respektiert und gefürchtet. Lange hielt dennoch die Freundlichkeit beim Zaren nicht an, denn Liszt war wohl ein liebenswürdiger hilfsbereiter Mensch, doch der Zar verlangte von dem Meister zuviel, was seinen Stolz herausforderte. Zar Nikolaus bat Liszt bei einem Wohltätigkeitskonzert mitzuwirken zugunsten der Invaliden der Schlacht von Borodino und da lehnte Liszt ab. Er könne nicht für die Feinde der Franzosen spielen, erklärte er bedauernd. Das gefiel dem Zaren nicht.

Franz Liszt war einer der Menschen des 19. Jahrhunderts, denen die Grenzen der Staaten garnichts bedeuteten, er war mit seinem deutsch-ungarischen Stammbaum, im Geburtsland Österreich genauso zu Hause wie in Ungarn, in Italien, in Frankreich, in den deutschen Ländern oder auch in der Ukraine, wo er 1847 seine neue Lebensgefährtin, die ukrainische Fürstin Carolyna Sayn-Wittgenstein kennenlernte. Die Fürstin folgte Liszt von Kiew nach Weimar, wo Liszt zum Kapellmeister ernannt wurde. Sie beeinflußte Liszt entscheidend und hier war dem Meister recht, was er beim Zaren ablehnte. Der Zar war eben für Liszt nur ein Russe im fernen St. Petersburg, die Fürstin aber kam aus Kiew, das seiner ungarisch-österreichischen Heimat sehr viel näher lag.

Liszt lebte in der Zeit der großen geistig-geistlichen Auseinandersetzungen. Er war auch ein Kind der Romantik, wo man sich in das Gefühlvolle, Wunderbare, Märchenhafte und Phantastische, in der Auffassung über die Dinge in der Welt flüchtete. Das Zentrum waren die protestantischen nord- und ostdeutschen Länder. Man hatte noch einen Grund für die Flucht in eine innere Emigration während der Unterdrückung durch Napoleon, doch als man die Freiheit erlangt hatte, fehlte den Menschen scheinbar immer noch etwas zum Lebensinhalt.

Betrachtet man die präromantischen Erscheinungen in Frankreich, so waren es okkultistische und theosophische Unterströmungen, also Dinge die nicht von dieser Welt waren. Die Sehnsucht nach Dingen die nicht von dieser Welt sind, stillte Liszt durch seinen christlichen Glauben. Der Streit mit den Neudeutschen in Weimar war der Grund warum er nach Rom ging. Nachdem er die Erlaubnis zur Ehe mit der Fürstin nicht erhielt, nahm er die niederen Weihen eines Abbés.

Liszts Kollegen waren noch auf der Suche, seit Luther sie der zauberhaften Mystiken entledigt hatte. Scharen von Philosophen waren dabei, den Geheimnissen des Glaubens und der letzten Dinge dieser Welt auf die Spur zu kommen. Nach den klaren kritischen Gedanken des Königsbergers Immanuel Kant war ohnehin nicht mehr viel Überlegenswertes vorhanden, so dachte man! Arthur Schopenhauer, der sich als "Thronerbe" Kants verstand, bekam nicht die Möglichkeit in München hinzuzulernen, man lehnte eine Stellung für den Danziger ab. So versenkte er sich in die altindische Vedanta-Philosophie. Die Glückseligkeit liege in der Befreiung des Menschen auf dem Wege einer Erlösung, mit dem Ziel der endgültigen Verneinung des Willens auf den Stufen Keuschheit, Entsagung und Askese. Man braucht sich dies nicht merken, der Christenglauben kannte dies alles schon längst. Nur hatte man dies in Norddeutschland aus Gründen der Einfachheit im Zuge der Reformation abgeschafft.

Mit dieser Suche befaßte sich aber auch Wagner. In der Oper Tannhäuser, nach einem Text von Tieck und dem großen Romantiker E.T.A. Hoffmann, konnte man mit Tannhäuser auf Bußfahrt nach Rom gehen. Wagner dirigierte besonders auch auf der Tournee 1863 in Rußland mit Vorliebe die Ouvertüre zu Tannhäuser mit der gewaltig sich steigernden Musik des nach Rom ziehenden Pilgerchores. Mit dem letzten sogenannten Weihefestspiel "Parsifal" versuchte sich Wagner an einer Ersatzreligion. Doch trotz "Abendmahlskelch und Kreuzlanze" reicht dieses Werk nicht zu dem gesuchten "christlichen Mysterium". Aber Wagners Philosophen-Freund Friedrich Nietzsche fühlte sich von Wagner verraten und es entstand eine tiefe Feindschaft zwischen ihnen.

Nietzsche stand in der philosophischen Strömung Schopenhauers. In der Nähe von Lützen geboren, wo vor zweihundert Jahren der schwedische König Gustav Adolf sein Leben aushauchte, also aus sächsischer Erde entwachsen, so wie sein gewesener Freund Wagner, hatte er eine ungeheure Wirkung auf seine Zeit. Seine Generation glaubte den neuen Messias gefunden zu haben. Bis nach München zu Richard Strauss drang die Faszination von Nietzsches "Also sprach Zaratustra", und Strauss schuf daraufhin seine gleichnamige Musik, die mit dem Anfangsthema gewaltig ansteigender Bläser den Sonnenaufgang charakterisiert – wer kennt diese Musik nicht? Die erste Aufnahme in der neuen aufsehenerregenden Stereotechnik wurde von dieser Musik geschaffen..

Das, was Dostojewski im Großinquisitor meint, sagte Nietzsche: "Im Grunde gab es nur einen Christen, und der starb am Kreuz." Dann sagte er: "Was ich erzähle, ist die Geschichte der nächsten zwei Jahrhunderte. Ich beschreibe, was kommt, was nicht mehr anders kommen kann: die Heraufkunft des Nihilismus." Er hatte die Zukunft gesehen, technisch-wissenschaftlichen Zivilisation, die Möglichkeit ihrer alles Leben bedrohenden Selbstvernichtung. Und er hat den ungeheuerlichen Grund gekannt: "Gott ist tot."

Was Nietzsche sagte, welches uns heute betrifft, verdrängen wir, aber er macht ernst mit der Einsicht, daß in einer entgöttlichten Welt, in der es kein Jenseits gibt, auch keine unserer überlieferten Anschauungen mehr stimmen kann, daß Wahrheit und Lüge, Wissenschaft und Kunst, Völker und Vaterländer ihren bisherigen

Sinn verloren haben und die Rolle der Menschen in der Welt neu durchdacht werden muß.

In einem Nachlaßfragment findet sich der Satz, der sich heute wie ein Requiem auf das nukleare Zeitalter liest:

"Es ist alles glatt und gefährlich auf unserer Bahn, und dabei ist das Eis, das uns trägt, so dünn geworden: Wir fühlen alle den warmen unheimlichen Atem des Tauwinds - wo wir noch gehen, da wird bald niemand mehr gehen können."

Robert und Clara Schumann in Riga

Die nächsten Reisenden kamen wieder aus Sachsen, Clara und Robert Schumann machten eine Kunstreise nach Rußland, doch ein eisiger Wind wehte ihnen entgegen, nicht wie es ihr sächsischer Landsmann versprochen hatte, schicksalhafte Wärme.

Anfangs des Jahres 1844 läßt Clara Schumann es nicht bei den Leipziger Erfolgen und geht in Begleitung ihres Mannes Robert Schumann auf Tournee über Berlin und Tilsit, nach Riga. Die für Clara so ruhmreiche und für die Pianistin so förderliche Konzertreise, stellte Schumanns Kräfte auf eine harte Probe.

Überall gab es Festlichkeiten und viel Beifall für die große Pianistin, doch Robert Schumann fühlt sich mutlos und vereinsamt. Von Januar bis Mai 1844 reisten die Schumanns von Riga nach St. Petersburg und Moskau weiter, in Moskau nahm Robert nur den prächtigen Kreml positiv zur Kenntnis, dann kamen sie wieder nach Leipzig zurück. Bleibt nur noch anzumerken, daß Heinrich Dorn, der falsche Freund Richard Wagners in Riga,vor Jahren Schumanns Musiklehrer in Leipzig war.

In Leipzig war Schumann zehn Jahre tätig. Nachdem er aus Rußland völlig entnervt und erschöpft zurück war, erhoffte er sich die freiwerdende Stellung von Mendelssohn-Bartholdy, der von Leipzig wegging. Doch die Stadtväter bevorzugten den Dänen Gade, so mußte er es in Dresden probieren, aber Dresden war gegenüber Leipzig eine musikalische Wüste. In dieser größten Not schrieb er einem Freund, "ich fand zur Kirche zurück". Unschwer erkennt man positive Veränderungen bei Schumann. In Rückbesinnung auf den großen Leipziger Johann Sebastian Bach komponierte Schumann Kanonische Studien und sechs Fugen über den Namen Bach, dann weiter die zweite Symphonie und deren Adagio mit einem Thema von Bach.

Den Posten eines Städtischen Musikdirektors im katholischen Düsseldorf, der ehemaligen pfalz-bayerischen Hauptstadt, wollte er anfangs nicht antreten, doch dann sprudeln in der fruchtbaren Atmosphäre am Rhein eine Unzahl seiner Werke hervor, unter anderen die dritte Symphonie, im dritten Satz die Szene im Dom, ein Thema aus Goethes Faust, dann die vierte Symphonie, ein Requiem und eine Missa sacra. Seit Schumann aus Moskau zurück war, beschäftigte er sich mit dem Faust. Er komponierte drei Szenen aus Goethes Faust: Der Garten, Gretchen vor der Mater Dolorosa und im Dom, mit dem Dies irae und am Schluß mit Faust, dem der Tod verkündet wird und die Vergänglichkeit. Hier heißt es darin im Text so schön: "Verweile doch, es ist so schön."

Ein anderer Komponist beschäftigte sich auch intensiv mit dem Faust, Hector Berlioz. Sonst interessierten sich die Komponisten hauptsächlich für den ersten Teil, da kommt Faust noch gut weg. Für Berlioz scheint es doch wichtig zu sein, daß Faust in der Hölle landet. Daher schrieb er "Fausts Verdammnis". Er machte sich auf Rußlandtournee drei Jahre nach Schumann. Am 14. Februar 1847 reiste er von Paris ab und war bereits nach zwei Wochen in St. Petersburg. Berlioz war finanziell abgebrannt, man hatte ihm gesagt, daß in Rußland gutes Geld mit Konzerten zu verdienen sei. So nahm er gerne jede Beschwernis auf sich und fuhr von der russischen Grenze in Tauroggen in einem eisernen Schlitten, den er trotz der Kälte nicht verließ bis St. Petersburg. Drei Wochen lang dirigiert Berlioz eine Reihe von Konzerten, die begeistert aufgenommen wurden. Manchmal gab es auch Widerspruch, denn Berlioz war ein eigenwilliger Musiker. Zwanzig Jahre vergingen bis Berlioz sich ein zweitesmal auf Tournee bis nach St. Petersburg machte.

Louis Hector Berlioz in Riga

Auch in Riga hat Berlioz Halt gemacht. Ein großer Philosoph und Glaubensmann scheint ihn zu einer großen Komposition angeregt zu haben, der vor Jahren in Riga lebte und wirkte: Gottfried Herder. Als eine Reminizenz an Herders "Kindheit Jesu" komponierte Berlioz seine Opera de Concert, die Triologie "L'Enfance du Christ" im Jahre 1854. Es ist eine "heilige Triologie", die von einer besonders starken religiösen Einstellung von Berlioz zeugt. Er sagte dazu: "In diesem Schlußchor wird der ganze Inhalt des Werkes zusammengefaßt. Es liegt darin, scheint mir, ein Gefühl des Unendlichen, der göttlichen Liebe, die religiöse Ekstase, die ich beim Schreiben träumte und fühlte."

Hector Berlioz, der seine politisch freizügigen Anschauungen nicht verleugnete, auch seine Sympathien für die Freiheit der Polen und Balten, entwand sich auch als europäischer Virtuose jeglicher nationalistisch-künstlerischer Begrenzung. Überrascht war er aber doch darüber, daß man ihn sogar in den Baltenlanden kannte. Der Schaffner des Postwagens nach Tilsit und der dortige Stationsvorsteher "sind Musikliebhaber", berichtete er, "sie kannten den Namen Berlioz, in Frankreich wäre mir das nicht passiert." Ganz geheuer scheint es Berlioz aber angesichts der letzten Rußlandreise nicht gewesen zu sein, denn er schreibt vorher in den "Mémoires - die letzten Worte. Die Vergangenheit ist nicht ganz vergangen. Mein Himmel ist nicht mehr leer. Gerührten Auges betrachte ich meinen Stern, der mir aus der Ferne zuzulächeln scheint ... Stella! Stella! Jetzt könnte ich sterben ohne Bitterkeit und ohne Zorn."

Wir wissen noch, daß Schumann glaubte, Rußland nicht zu überleben. Im Rheinland, dem katholischen Düsseldorf, das einst die Wittelsbacher regierten, erholte sich Schumann rasch wieder. Auch der Franzose Berlioz überlebte, obwohl es ihn beim ersten Aufenthalt in Rußland so bitterlich gefroren hatte. Es war auch kein Wunder, denn die Bühnenbilder von Glinkas Oper "Das Leben für den Zaren" waren voller Winter. Johann Strauß, der in Rußland weilte, schrieb dort den Walzer "Schneeglöckchen" und auch Tschaikowsky, den Berlioz in Moskau traf, schrieb die Symphonie "Winterträume", die Bühnenmusik "Schneeflöckchen", das Klavierstück in den Jahreszeiten "Schneeglöckchen" und das Stück "Winterabendlied". Wäre doch Berlioz im wärmeren Riga geblieben, doch er starb dann bald nach der Rußlandtournee in Paris.

Nachdem Johann Leopold Fuchs 1830 das erste Lehrbuch in russischer Fassung herausgegeben hatte, entwickelte sich die russische Musik. Michael Glinka komponierte 1842 die erste russische Nationaloper "Ruslan und Ludmilla". In St. Petersburg bildete sich in nationaler Richtung die Gruppe russischer Musiker die sich "das mächtige Häuflein" nannte. Noch bis 1844 gab es das Deutsche Theater mit einem Opernensemble in St. Petersburg. Das sogenannte Mächtige Häuflein in St. Petersburg um den Komponisten Balakirew setzte national-russische Bestrebungen seit 1862 fort. Der Wagnerfreund Serow und Anton Rubinstein orientierten sich dagegen an der westlichen Musik.

Die deutsche Prinzessin aus Württemberg, Großfürstin Helena Pawlowna war eine Gönnerin und Förderin der russischen Kunst. Sie war die Schwägerin des Zaren Nikolaus I. und Protektorin der Russischen Musikgesellschaft. Von diesen Aktivitäten profitierte auch das kulturelle Riga.

Seit dem Ende des 17. Jahrhunderts gab es in Riga Konzertvereine, 1760 Abonnementkonzerte. Im Deutschen Theater traten von 1742 bis 1914 Schauspiel-, Opern- und Ballettgruppen auf. Seit Anfang des 19. Jahrhunderts trafen sich in Riga die prominentesten Persönlichkeiten der europäischen Musikgeschichte.

Conradin Kreutzer in Riga

Einer der Musikgrößen, die nach Riga gelangten, war der schwäbische Komponist Conradin Kreutzer, der im Jahre 1848 nach Riga kam. Er wurde in Meßkirch geboren, welches im badischen Großherzogtum liegt. Er erhielt seine Ausbildung in einem Benediktiner-Kloster seiner Heimat. Er schrieb insgesamt dreißig Opern, sowie geistliche und weltliche Musik aller Art. Den größten Erfolg hatte er mit seiner Oper "Das Nachtlager von Granada", die er in Wien am Theater in der Josephstadt uraufführte und die sein größter Triumph war. Dort schrieb er auch die Musik zu Ferdinand Raimunds berühmtem Stück "Der Verschwender". In Wien traf er den durch die Oper "Die lustigen Weiber von Windsor" weltberühmt gewordenen Königsberger Otto Nicolai, und er wechselte sich mit ihm in der Kapellmeisterstelle am Kärntnerthortheater in Wien ab.

Nicolai war aus seiner kalten Heimat Königsberg nach dem Süden gegangen und Kreutzer ging von seiner warmen schwäbischen Heimat nach dem kühlen Riga, es sollte sein letzter Weg sein. Bekanntlich sind die Schwaben der Stamm der innigen deutschen Dichtung, sie sind sehr familiär und haben ein reiches volkstümliches Liedgut. So konnte es nicht ausbleiben, daß auch Kreutzer in seinen romantischen Opern schöne Chöre und Sologesänge komponierte, die einen merkwürdig beruhigenden Zauber ausüben. In der Oper das Nachtlager von Granada kommt das weltberühmte Stück vor, mit dem Chorgebet: "Schon die Abendglocken klangen!" Die Oper wurde im Jahre 1834 in Wien uraufgeführt, nur zehn Jahre nach der Uraufführung Beethovens 9. Symphonie.

Die ersten Opern "Feodora"und "Die Alpenhütte" komponierte Kreutzer nach Texten August von Kotzebue und führte sie in Stuttgart nach dem Jahre 1812 auf. Der erfolgreiche Verfertiger von 200 Dramen war zu dieser Zeit gerade als russischer Generalkonsul in Königsberg beschäftigt. Er hatte sich noch vor einem Jahr vor Napoleon auf sein Gut in Estland geflüchtet und hatte so sein

Leben gerettet. Sieben Jahre später wurde er dann von einem Fanatiker in Mannheim, unweit von Stuttgart ermordet.

Den Weg nach Riga hatte Kreutzer nicht wegen einer Kapellmeisterstelle genommen, sondern wegen rein familierer Gründe, die mit dem Theater in Riga zusammenhingen. Kreutzer hatte seine älteste Tochter Cäcilie zur Sängerin ausgebildet und er begleitete sie erfolgreich auf Tournee durch ganz Europa.

Nun meinte der Vater, daß auch seine zweite Tochter Marie ein musikalisches Talent geerbt hätte und verwendete alle Mühe auf einen Erfolg. Nachdem Marie in Jahre 1848 in Riga ein Engagement erhalten hatte, reiste er mit ihr nach Riga. Doch seine Hoffnungen und Wünsche erfüllten sich nicht. Die Tochter versagte und ihr wurde gekündigt, worauf Kreutzer am 13. Dezember 1849 einen Gehirnschlag erlitt und den Tag darauf verstarb. So wurde der Stadt Riga die traurige Ehre zuteil, auf dem "Gottesacker" in Riga einem braven schwäbischen Komponisten die letzte Ruhe zu gewähren.

Bülow - Rubinstein - Busch in Riga

Am Anfang war das Wort - für die Musik gilt dieses entsprechend "Am Anfang war Bach". Dies galt für Hans Guido Freiherr von Bülow, der Bach sehr verehrte. Seit er Wagners Lohengrin gehört hatte, entschied er sich für die Laufbahn als Musiker. Er studierte bei Wieck, dem Vater Clara Schumanns, und bei Liszt. Im Jahre 1867 wurde er Hofkapellmeister des bayerischen Königs in München und Direktor der königlichen Musikschule in München. Er leitete die Uraufführungen der Wagneropern, setzte sich auf Konzertreisen für Wagner, Brahms und Tschaikowsky ein, während Wagner ihm seine Ehefrau Cosima abspenstig machte. Der Dank der Ehefrau und auch des Vaterlandes war ihm nicht mehr gewiß. Als ihn 1870 Cosima verließ, brach er auf und ging für vier Jahre auf Tournee durch Rußland.

Seit dem Revolutionsjahr 1848, in dem in Riga Mendelssohn-Bartholdys "Elias" aufgeführt wurde, gab es außer Conradin Kreutzer keine bedeutenden ansässigen Musiker mehr. Die großen Romantiker unter den Musikern starben; vom mächtigen Häuflein in St. Petersburg Mussorgski im Jahre 1881, Borodin 1887, Rimski-Korsakow 1908, Balakirew 1910 und Tschaikowsky bereits 1893. Liszt starb 1886, Wagner schon 1883 und Clara Schumann im Jahre 1896.

Auch die reisenden Pianisten und Dirigenten, wie Anton Rubinstein sterben 1894, sein Bruder Nikolai bereits 1881 und Hans von Bülow im Jahr 1894. Da machte sich der neunzehnjährige Fritz Busch aus dem nassauischen Siegerland auf den Weg nach Riga zu seiner ersten Stelle am Stadttheater. Er wirkte zwei Jahre in Riga als Kapellmeister am Deutschen Theater, ging dann nach Aachen, Stuttgart, Dresden, nach Argentinien, Stockholm, Kopenhagen und in die Vereinigten Staaten. Er war ein in aller Welt begehrter Dirigent.

Fritz Busch hatte in seiner Jugend zusammen mit seinem Vater und Bruder Adolf, der ein berühmter Violinist wurde, in den Dörfern des Sauerlandes zum Tanz aufgespielt. Er spielte auf allen Instrumenten, und als er in Riga Kapellmeister geworden war, gastierte der österreichische Pianist Artur Schnabel in Riga. Nachdem der dritte Hornist ausgefallen war, bat Schnabel Busch den Hornpart zu übernehmen, was dieser tat. Als sich beide zwei Jahrzehnte später trafen, erinnerte sich Schnabel noch mit Grauen an das Spiel, bei dem ihm der Atem stockte. Ob sich wohl noch jemand in Riga daran erinnert oder leben sie heute alle nicht mehr?

Es gibt über das Musikleben in Riga ganz bestimmt genügend Stoff für ein eigenes Buch, bedeutende Musiker waren in Riga zu Gast, wie die beiden Großen unter den Dirigenten, Otto Klemperer und Wilhelm Furtwängler aus Deutschland, sowie aus Rußland Igor Stravinsky, der als Elfjähriger noch die Aufführung von Tschaikowskys sechster Symphonie erlebte. Der berühmte Sänger Fjodor Schaljapin war Gast in Riga, er, der an der berühmten Mailänder Scala und an der Metropolitan-Opera in New York sang. Er trat auch in Riga auf und war dafür bekannt, daß er eine mächtige Stimme hatte. Er erzählte daher auch gerne von seinem Konzert 1894 in St. Petersburg, im gleichen Jahre starb dort Anton Rubinstein. Schaljapin soll aus Leibeskräften weitergesungen haben, als der Zeremomienmeister des Kaisers aus den Kulissen heraus Zeichen machte etwas leiser zu singen, seine Majestät der Zar sei eingeschlafen.

Eugen d'Albert - Endstation Riga

Am Ende fand sich in Riga noch im Jahre 1932 ein großer Meister der Musik ein, der deutsche Komponist und Pianist Eugen d'Albert. Der Vater war ein deutscher Ballettkomponist französisch-italienischer Herkunft, die Mutter war Engländerin und in Glasgow wurde Eugen Franz Karl, auch Eugéne Francis Charles d'Albert genannt, geboren.

Eugen d'Albert nach der Nationalität befragt, er fühlte sich als Deutscher, nur weil er nicht gut englisch sprechen konnte. Er sprach aber gut französisch, man nannte ihn in Paris trotzdem "le petit allemand" obwohl sein Großvater Fancois Bénédicte d'Albert persönlicher Adjutant Napoleon I. war. Eugen d'Albert wurde bei Pauer in London, Richter in Wien und Liszt in Weimar ausgebildet, er war der bedeutendste Schüler Liszts und wurde ein weltberühmter Pianist. Anton Rubinstein sagte schon dem fünfzehnjährigen Weltgeltung voraus. Rubin hieß eine der 21 Opern, die d'Albert komponierte, eine Oper "Die Abreise" war ein starker Erfolg, die Oper "Tiefland" war ein Welterfolg. Die Uraufführung fand in Prag statt. Später konnten sich nur noch "Die toten Augen" durchsetzen, diese 1916 geschriebene Oper beginnt mit der sinkenden Sonne, Richard Strauss läßt den Zaratustra zumindest mit der aufgehenden Sonne beginnen.

Eugen d'Albert war dafür auf allen Gebieten ungewöhnlich. Seine Opern "Die verschenkte Frau", "Liebesketten" und "Die Witwe von Ephesus", lassen bereits das weibliche Geschlecht im hellen Lichte erscheinen. Seine Opern "Die Witwe von Ephesus" und "Mister Wu" wollte der Meister ausgerechnet in Riga schreiben - er starb darüber - und sie blieben unvollendet.

Da d'Albert viel herumkam und sehr schlagfertig war, gab es viele interessante Vorkommnisse, wie beim Konzert bei einem sehr geizigen Fürsten, der ihn fragte: Ob er als Honorar lieber tausend Mark haben würde oder einen Hausorden. Nachdem sich d'Albert um den Wert des Ordens erkundigt hatte, meinte er: Er würde um das Großkreuz bitten und um Auszahlung der restlichen achthundertfünfzig Mark in bar.

D'Albert war sechsmal verheiratet, die erste Ehefrau Louise Salingré, dann Teresa Carrena, Tochter des Finanzministers von Venezuela, als nächste Hermine Fink, eine Sängerin, Ida Theumann, Fredrik Zauner und Hilde Fels. Eine Frau aus Riga schaffte er nicht mehr, schon bei den bisherigen Gemahlinnen kann man lesen, daß die fortgesetzten Ehekrisen seine Schaffenskraft zunehmend lähmten, nur durch die übersinnliche Erscheinung der jungen Holländerin Margit Labouchére erhielt er noch ein letztes Mal Antrieb für seine Arbeit.

Mit seiner zweiten Frau, der südamerikanischen Teresa, war d'Albert schon genügend bedient. In einer Zeitung in Berlin spielte man darauf an, daß sie d'Albert als ihren vierten Gatten geheiratet hatte, dort hieß es: Es war das erste Auftreten der Frau Carrena, im zweiten Philharmonischen Konzert der Saison, wo sie die dritte

Klaviersonate, ihres vierten Gatten spielte und zwar in allen fünf Teilen. Sechsmal wurde sie hervorgerufen.

Dieser Musiker Eugen d'Albert mußte ausgerechnet in Riga am 3. März 1932 sterben, doch seine letzte Ruhestätte war das schönste Plätzchen, das es in Europa für diesen Europäer gab, nämlich am Luganer See in der Schweiz. Es ergab sich, daß im Jahre 1937 der Dirigent und Komponist Leo Blech das nationalsozialistische Deutschland verlassen mußte, er ging nach Riga. Dort sorgte er für die Vollendung der letzten Oper "Mister Wu" von Eugen d'Albert, sowie deren Uraufführung. Leo Blech ging 1941 an die Königliche Oper Stockholm, so war auch sein Gastspiel in der Musikstadt Riga zu Ende.

Heute ist Riga keine deutsche Musikstadt mehr, auch keine russische. Es gibt kein Deutsches Theater mehr, eine deutsche Musik gab es ohnehin noch nie, auch keine russische oder lettische Musik. Die Musik ist eine Kunstgattung, die sich bisher noch nicht in eine nationale Enge drängen ließ, solange sie reine Instrumentalmusik war, konnte sie nur grenzenlos sein.

Wir begannen mit Wagner, der viele Jahre in Riga wirkte und dann nach Paris ging, sein Eintreffen am 16. September 1839 schildert Heinrich Laube, der bekannte Wortführer des jungen Deutschlands und des jungen Europas, so: "Das war doch die Verwegenheit eines Künstlers! Mit einer Frau, mit ein und einer halben Oper, mit kleiner Börse und einem furchtbar großen, furchtbar vielfressenden neufundländischem Hunde durchs Meer und Sturm von der Düna stracks bis an die Seine zu fahren, um in Paris berühmt zu werden!"

Wir endeten mit Eugen d'Albert, auf ihn den großen Pianisten konnte es gemünzt gewesen sein, was jemand bedauernd sagte: Es ist eine Tragödie, daß es zwölf Töne gibt, der Mensch aber nur zehn Finger hat.

Am Anfang steht immer noch Bach. Es war Eugen d'Albert, der Bachs wohltemperiertes Klavier aus der Tiefe der Musikgeschichte heraufholte, diese unvergänglichen Präludien und Fugen, zweimal zwölf an der Zahl, dann nochmals im zweiten Teil zweimal zwölf Klavierstücke. Er hat sie im Jahre 1906 bis 1907 veröffentlicht und der Welt neu geschenkt, dies war eine Großtat, wie die Wiederaufführung der Matthäus-Passion durch Felix Mendelssohn-Bartholdy. Diese Passion ist das Leiden unserer heutigen Welt. Wenn wir in diesen Werken, dazu zählt die Hohe Messe in h-moll, die Botschaft Bachs endlich verstehen wollten kann Friede auf Erden sein ...

Karl Georg Otto von Meck

Die Musikstadt Riga hatte eine enorme Zu- und Abwanderung. Ein Bürger dieser Stadt, der wohl kein Musiker war, machte im übertragenen Sinne Musikgeschichte, es war Karl Georg von Meck. Er war der älteste Sohn der Linie der Ordensritter von Meck in Riga. Auch in jedem russischen Geschichtswerk werden die Ordensritter beschrieben, die von Riga nach Norden vordrangen und die baltischen Länder eroberten.

Jahrhundertelang war die Familie von Meck im Besitz des Rittergutes Zunzel. Doch das verschwenderische Leben seines Vaters hatte das Erbgut verzehrt, das Rittergut mußte verkauft werden und als der Vater starb, verfügte der Bub Karl Georg über keine einzige Kopeke. Der Adel in Riga zahlte für seine standesgerechte Erziehung. Als er nach dem Besuch des Gymnasiums studieren wollte, die technische Hochschule sich aber im sechshundert Kilometer entfernten St. Petersburg befand, mußte er sich erstmals in seinem Adelsstand bewähren. Ihm fehlte das Geld für die Bahnfahrt dorthin. Als Ritter zu Riga hatte er Charakter und ging zu Fuß nach St. Petersburg.

Nach Abschluß seines Studiums nahm er eine Stellung bei Smolensk an, wo er die siebzehnjährige Nadeshda Philaretowna kennenlernte, die ihn lebenshungrig heiratete und mit ihm von Ort zu Ort zog, wie es sein Beruf erforderte.

Für Karl von Meck war seine Tätigkeit als Bahningenieur eine Offenbarung, er zeichnete in die Landkarte Rußlands künftige Bahnlinien ein. Als stolze deutsche Edelleute aus Riga war der Wesenszug derer von Meck, zu befehlen, was bekanntlich viel Geld kostet. So war es fast schon Tradition, daß Karl von Meck beim ersten Bahn-Unternehmen alles verdiente Geld verlor. Als dann bei dem Bau der einzigen Privatbahn von Moskau nach Kasan seine Frau die finanzielle Seite übernahm, wurde die Familie von Meck sagenhaft reich. Frau von Meck hatte ihre ersten fünf Kinder, jedes in einem anderen Ort zur Welt gebracht. Es waren am Ende zwölf Kinder die sie am Hals hatte, dann noch das Geschäft und außerdem hatte sie, wie sie sagte: “Die Familie meines Mannes auf dem Halse!”

Als im Jahre 1876 der tatkräftige, hochgeachtete Edelmann Karl Georg Otto von Meck, aus dem baltischen Riga, starb, führte Frau von Meck ein Matriarchat, umgeben von Diener, Haushofmeister, englische Erzieherinnen für die Kinder, deutsche und französische Lehrer und, vor allem Musiklehrer. Sie beschloß nach dem Tode ihres Mannes Einsiedlerin zu werden, so mußten alle zu ihr in ihr Domizil kommen. Der Cellospieler Daniltschenko, der polnische Geiger Pahulsky und eigens aus Paris, Claude Debussy. Nikolaj Rubinstein hatte Zugang zu ihrem Hause und mußte Frau von Meck Klavierauszüge von Tschaikowskys Musik vorspielen.

Der bayerische König Ludwig II. durfte diese Musiken ganz in ihrer Nähe anhören, nicht wirklich, sondern als Portrait hing der König über ihrem Schreibtisch, aber sie stand mit ihm im Briefwechsel. Sie hatte das Bild bei Kaulbach in München bestellt und bezahlt, und der König hatte gnädig eingewilligt, dem Künstler für das Gemälde zu sitzen.

Mit dem Klavierauszug unter dem Arm eilte Nikolaj Rubinstein zu Frau von Meck, um ihr den Sturm von Tschaikowsky vorzuspielen. Sie schickte dann Tschaikowsky eine Geldsumme. Als die Weltausstellung in Paris stattfand, war Rubinstein schon wieder unterwegs, spielte Tschaikowskys b-moll Klavierkonzert und passend zur Weltausstellung die Weltmelodie, das Lied der estnischen Marie, bei Tschaikowskys Erinnerungen an Hapsal mit "Chant sans paroles" bezeichnet. Dann schickte Frau von Meck Tschaikowsky wieder hohe Geldsummen oder bezahlte den Verleger Tschaikowskys, den aus Riga stammenden Peter I. Jürgenson. Die bedeutendsten Männer kamen aus dem Baltikum, Jürgenson wurde zum größten russischen Musikverleger.

Der Verleger ebnete Glinka, Rimskij-Korsakow und Tschaikowsky den Weg ins westliche Ausland. Einmal klagte er dem Stadtarchivar Batka von Preßburg: "Unlängst lief die Oper 'Schreckliche Rache' mit Text von Gogol und Musik von Kotschetow vom Stapel mit riesigem Erfolg! Schon sechs volle Häuser – aber den Klavierauszug kauft man nicht – Ist das nicht sonderbar? Und da soll man Verleger sein!" Bei dem Titel wundert es uns aber nicht, doch Jürgenson blieb Verleger.

Frau von Meck war ein Mensch von ungewöhnlichem Seelenreichtum und außerordentlicher Intelligenz. Die Seelenkraft dieser Frau, war der rettende Weg für Tschaikowsky, bei dem sich die geistige Krise ins gefährlich Krankhafte steigerte. Noch am Wladimirstag, dem Namenstag ihres Bruders hatte sie Tschaikowsky geschrieben: "... Bleiben Sie gesund und vergessen Sie mich nicht, die Sie von Herzen liebt."

Frau von Meck starb nur drei Monate nach Tschaikowsky am 13. Januar 1894 in Wiesbaden. Sie fand ihre letzte Ruhe auf dem Friedhof des Klosters des heiligen Alexej in Moskau, an der Seite ihres Mannes, des kühnen Ritters Karl Georg Otto von Meck. Damit endete eines der seltsamsten vertrauten Bündnisse. In Rußland sagte man: So segne denn Gott ihre Seele.

DER SCHELM DER NATION

.. ein echt rigisch Kind

Die Deutschen! Sie hatten nichts zu lachen. Die Kreuzzüge ins Heilige Land, gegen die Türken, in die wilden Slawenländer und ins Baltikum, sie waren doch so gut gemeint und brachten nur Ärger ein. Die deutsche Seele, die Gutes tat und Übles erzeugte, kann nicht ruhen. Einst befreiten sie Belgrad von den Türken und werden heute von dort am meisten gehaßt und wie war es in den baltischen Landen?

Auch in der Deutschen Konfession zum Untertanentum ermahnt, wo alle Menschen vor Gott gleich sein sollten, überläßt auch der größte deutsche Geist, Goethe, in deutscher Untertanentreue dem Fürsten das Feld. So mußte München mit seinem Sohn Richard Strauss einschreiten, er komponierte "Till Eulenspiegels lustige Streiche", nach alter Schelmenweise und Riga bescherte uns Heinz Erhardt.

Noch'n Gedicht... Wenn man dies im bundesdeutschen Rundfunk hörte, das Fernsehen war damals erst im Kommen, dann war man auf der heiteren Welle. Es war der Humor eines Heinz Erhardt, der in den fünfziger und sechziger Jahren die ganze Nation von Hamburg bis München einte.

Heinz Erhardt kam in der damaligen russischen Provinz Lettland gleich zweimal auf die Welt. Nur das Geburtsjahr 1909 und der Geburtsort Riga waren sicher. Der Tag war der 9. Februar nach der russischen Welt, das heißt nach der julianischen Zeitrechnung und nach der gregorianischen war es der 20.Februar.

Erhardt berichtete über die kleine Welt in Riga als er geboren wurde. Es wehte ein kalter Wind von St. Petersburg, ein steifer, frostiger Nordostwind vom Zarenreich herüber. Das Thermometer zeigte 11 Grad um 11 Uhr vormittags, als das Hauptwasserrohr platzte. Schnell war eine Eisbahn auf der Straße gefroren und die Kinder kamen zuhauf', um auf ihren "Schuhen schlittzulaufen".

Im Jahre seiner Geburt komponierte der Münchner Richard Strauss seine Elektra. Der Münchner Carl Orff machte die ersten Komponierversuche und dessen Schüler Werner Egk war erst acht Jahre alt, das Hexenballett "Abraxas" machte ihn später berühmt-berüchtigt. Die Königsbergerin Käthe Kollwitz, die nach München ging, arbeitete an ihren Lithographien "das tote Kind" und "der Bauernkrieg". In ihrem Tagebuch schrieb sie: "Ich will wirken in dieser Zeit" und "Ich sah die Welt mit liebevollen Blicken."

Es war die Zeit Thomas Manns in München. Er, der kalte, nüchterne Lübecker nahm sich eine rassige, dunkelhaarige Münchnerin zur Frau, die Tochter eines Universitätsprofessors. Mit seinen sechs Kindern und seinem berühmten Bruder Heinrich, war die ganze Sippe in München. Sein Sohn Golo Mann wurde im gleichen Jahr wie Heinz Erhardt geboren. Thomas Mann schrieb damals, in den glücklichen Jahren des Königreichs Bayern, die "Königliche Hoheit". In seiner Novelle "Gladius Dei" schrieb er über die Stadt München der Jahrhundertwende: "Die Kunst blüht, die Kunst ist an der Herrschaft, die Kunst streckt ihr rosenumwundenes Zepter über die Stadt hin und lächelt ... München leuchtete.

Wir wissen, daß in dieser sogenannten Prinzregentenzeit in München das Künstlerviertel Schwabing blühte. Aus aller Herren Länder kamen Künstler, wie Wasilij Kandinsky aus Rußland, der mit Franz Marc, Alfred Kubin und Gabriele Münter die Gruppe "Blauer Reiter", als historisch folgenreichste Künstlergemeinschaft in Deutschland gründete. In deren Almanach Arnold Schönberg, Alban Berg und Anton von Webern mit Kompositionen vertreten waren. Mitglieder wie Klee, Macke, Campendonck, Jawlensky und Marianne von Werefkin kamen hinzu. Kandinsky wurde mit einigen anderen Wegbereitern zu Begründern der reinen Abstraktion.

Nicht abstrakt malte Lovis Corinth, der ostpreußische Maler aus Tapiau bei Königsberg. Er schuf damals in München ein Porträt von dem aus Kurland stammenden Grafen von Keyserlingk, das sich in der bayerischen Staatsgemäldesammlung befindet. Graf Keyserlingk wirkte als Schriftsteller in München und schrieb im Jahre 1909 gerade an den Erzählungen "Bunte Herzen".

Heinz Erhardt schrieb von der kulturellen Bindung der Balten mit Deutschland:

"Was wäre Goethe ohne Lenz(en)
und Bismarck ohne Keyserlingk,
Sie waren beide Exzellenzen,
was wohl nicht ohne Balten ging!"

Die "kalte Heimat" des Knaben Heinz Erhardt war von warmherzigen und lebenslustigen Menschen bevölkert. Der "baltische Hang zum persönlichen Behagen und geselligen Lebensgenuß" war schon fast sprichwörtlich. Die Deutschbalten bestimmten das kulturelle Leben in Riga und im Geburtsjahr von "Rigas bestem Humoristen" wurde fleißig gebaut. So wie in ganz Europa entstanden auch in Riga ganze Viertel Mietshäuser. Heute noch sieht man im matten Glanze die wunderschönen Jugendstilhäuser und Bauten im Gründerstil, woran der Architekt Eisenstein besonders beteiligt war.

Bald gingen Erhardts Eltern auseinander, der Vater Gustl Erhardt war ein renommierter Kapellmeister, er ging auf Deutschlandtournee. So kam der Bub zu den Großeltern. Großvater Paul Neldner war der gut gestellte Inhaber des großen Musikhauses Neldner. Er hatte mit seinem Kinnspitzbart ein Aussehen wie Lenin, der zu dieser Zeit gerade in München-Schwabing seine revolutionären Studien trieb.

Der Wind von Petrograd war kalt, manchmal kam er sogar bis München-Schwabing und der Bub mußte oft wegen Erkältung das Bett hüten. Als er 7 Jahre alt war, entführte ihn die Mutter sogar noch nach Petrograd, weil sie dort einen Stiefvater Numero 1 gefunden hatte. Auf dem Konterfei aus dieser Zeit ist der Bub mit einer bayerischen Lederbundhose bekleidet, mit passenden Hosenträgern und einer Krawatte mit einem Edelweiß darauf. Durch die Vororte von Petrograd fuhr damals eine dampfbetriebene Straßenbahn, die übelriechenden Rauch an die Umgebung abgab und an die benachbarten Häuser drückte. Es wohnten arme Leute in den Häusern, die Heringe an die Fensterkreuze gehängt hatten, so daß nach mehrmaliger Vorbeifahrt der Straßenbahn daraus Räucherheringe wurden.

Der Bub durfte bald wieder zurück nach Riga. Dann kam Lenin nach der Stadt, aus der Leningrad wurde. Es war Revolution und Krieg, und Riga war voller Soldaten. Die Stadt war unsicher, die Letten kämpften um ihre Selbständigkeit und der deutsche Bevölkerungsanteil schmolz auf 16 Prozent zusammen.

Der Vater holte den kleinen 10jährigen Heinz Erhardt nach Deutschland. Dort geht es von Stadt zu Stadt, von Theater zu Theater und auch von Schule zu Schule. Der Vater war dreimal verheiratet, der Kleine kam zu Mutter Numero 2, sie war nur neun Jahre älter als der elfjährige Bub. Das Jahr 1919 verbrachten sie in Osnabrück, dann in Hannover und in Barsinghausen ging der Sprößling aufs Realgymnasium. Dort war er bereits Außenseiter mit seiner Dreisprachigkeit - Deutsch - Lettisch - Russisch. Ab 1919 war Lettland autonom, 1924 war es ruhig, so wurde er von seiner Mutter wieder geraubt, wie einst nach Petrograd, nun ging es zurück in die Heimat - nach Riga.

Das gesellig-heitere Leben in Riga, in dem “Paris des Ostens”, ging weiter. Der Einfluß der deutschen Balten ging zurück, ebenfalls schrumpfte ihre Anzahl. “Es waren schöne Jahre” erinnert sich Erhardt, “wenn es auch nicht einfach war, seit der lettischen Autonomie, die Probleme für die Deutschbalten häuften sich, viele zogen westwärts.”

Riga war inzwischen unter reger Anteilnahme der ganzen Welt, zur Hauptstadt Lettlands geworden. Alles Deutsche wurde nun ausgemerzt. Aus dem deutschen Riga wurde das lettische Riga. Die baltische Küche mit der Rassolnik-Suppe war geblieben (Schweinenieren, Suppengrün, Graupen, Zwiebeln, saure Gurken, Kartoffeln, saure Sahne) - und der klare Schnaps. Drei Mütter und drei Väter hatte Heinz Erhardt gehabt, weil jeder Elternteil ebensooft heiratete. Die erste Lehrerin in Riga, deutsch geschrieben, hatte wilde rote Haare und hieß Fräulein Daß. Bald entdeckte ein Lehrer das komödiantische Talent von Heinz Erhardt und es wurde Theater gespielt. Lesen mochte er weniger Karl May - da kam wieder seine besondere Liebe zu den Bayern zum Vorschein - sondern den bayerischen Bauerntragiker Ganghofer.

Der Großvater hatte neben dem Musikalienhandel, eine internationale Konzertdirektion, sowie einen Musik- und Bühnenverlag. Der Musikverlag des Letten Peter I. Jürgenson in Moskau und St. Petersburg, der auch die Werke Tschaikowskys verlegt hatte, war 1903 nach Jürgensons Tod an seine Kinder übergegangen und 1917 verstaatlicht worden. Großvater Neldner vertrieb daher musikalische und dramatische Werke bis über ganz Rußland. Er selbst machte sich um das Musikleben Rigas, Lettlands, ja des ganzen Baltikums verdient. Durchreisende Berühmtheiten wie Caruso und Rubinstein verkehrten auf ihren Gastspielreisen im Hause Neldner. Der Großvater beabsichtigte dem Enkel das Geschäft zu übergeben, so schickt man ihn zur Ausbildung nach Leipzig. Dort lernt er die Unterschiede des gesellschaftlichen Lebens kennen.

In Deutschland ist die Familie das Privateigentum des Einzelnen, in Riga ragt die Familie in die Öffentlichkeit hinaus, sie liegt aller Gesellschaft zu Grunde und bildet den Hauptgegenstand allen Interesses. In einem livländischen Salon sitzen die Damen, wenn nicht getanzt wird, regelmäßig in einem Zimmer zusammen und machen Konversation. Die Männer disputieren im Nebenzimmer oder spielen Karten, unter allen Umständen aber rauchen sie. Jeder kennt sich und interessiert sich füreinander.

Lokalanekdoten machten in Riga die Runde, wie:

"Was schert mich Hume, Rousseau und Kant
hab ich nur einen Topf mit Schmand..." oder
"Ein echt rigisch Kind tut Gott nur loben,
weil er's baltische Meer so nah geschoben..."

Humorige Geschichten und Verse, wie die des Volksdichters Petersen, waren in der Rigaer Gesellschaft äußerst beliebt. Diese spaßigen Sprüche führten zu Heinz Erhardts humoriger Ballade aus Estland:

"Im alten Schloß zu Wesenstein,
da soll es nachts ganz finster sein;
warum's dort finster ist bei Nacht,
das hat noch keiner rausgebracht..."

Im Jahr 1928 war Heinz Erhardt aus Leipzig zurück und konnte am Caféhausleben teilnehmen. Die beiden Cafés Schwarz und Reiner wurden bevorzugt von den Deutschbalten besucht. Man sagte: "Bei Reiner ist der Kaffee schwarz, doch bei Schwarz ist er reiner."

Lettland hieß Latvija und die Währung war der Lat. Der Wert lag bei 50 Pfennig, doch die Kaufkraft war weit höher. So verdiente sich der Enkel Heinz Erhardt in der Musikalienhandlung ein eigenes Geld, als sein Großvater im Sommer 1929 im Alter von 77 Jahren starb. Erben tat aber zuerst einmal seine Mutter mit ihrem dritten Mann Zastrow.

Heinz Erhardt der Humorist

Heinz Erhardt mußte sich allmählich nach einer neuen Beschäftigung umsehen. Er entdeckte seine humoristische, künstlerische Ader. Der erste Auftritt in Riga mit selbstgemachten "humoristischen Liedern zur Laute" wurde in der Zeitung erwähnt. Da das Publikum der Deutschbalten immer das gleiche war, mußte er sein Programm laufend erweitern. Dann stand fett gedruckt in der Rigaer Rundschau als Programm im "Verband der deutschen Angestellten" im Sängersaal des Rigaer Gewerbevereins angekündigt.

In schneller Folge kamen die Auftritte mit dem "humoristischen Allerlei", bei Jubiläums- und Jahresfeiern, bei Gartenfesten. Der "Lettländische Verein zur Bekämpfung der Tuberkulose" kündigte ein "Kabarettprogramm mit dem Humoristen Heinz Erhardt" an. Die Rigaer Rundschau sah ihn schon als Nachwuchs großer Unterhaltungskünstler. Humoristische Einlagen im Weihnachtsmärchen im Rigaer Gewerbeverein und beim "Verein zum Schutze der Kinder vor Mißhandlungen" 1931 wurden angekündigt. Im Kurhaus Bad Baldohn wurde "zum Abschluß der Saison" der immer heitere 22 Jahre alte Heinz Erhardt angekündigt. Beim Maskenball in Tockum hieß es: "Heinz Erhardt wird durch humoristische

Vorträge für die nötige Stimmung sorgen." Das war der Anfang von "Rigas bestem Humoristen".

Auf einem Plakat wurde in zwei Sprachen angekündigt:

Asaru kurmaja Sestdien, 27 Augusta plkst. 8 vakara slzonas slegsana Piedalas jemijotais Rigas humorists Erharda kgs Abschluß der Saison im Asserschen Kurhaus am Sonnabend den 27. August Anfang 8 Uhr abends Mit Programmen unter der Beteiligung des beliebten rigaischen Humoristen Herrn Erhard und so weiter.

Anfang 1932 öffneten sich sogar für den 23 Jahre alten Heinz Erhardt die Türen des Deutschen Schauspiels in Riga. Es begann mit einem Tanzabend mit ernstem Hintergrund. Neben der Musik von Ravel und Debussy hörte man auch drei Kompositionen "unseres jungen einheimischen Komponisten Heinz Erhardt". Dann stand ein Lustspiel auf dem Programm, als Laienspieler auf der Liebhaberbühne im Haus des Frauenbundes und als Mime im Deutschen Schauspiel, spielte er den lustigen Tunichtgut Birnstiel. Im Februar 1932 hat Heinz Erhardt unerwartet Unterstützung, sein Vater war zufällig in Riga und in der Lokalpresse heißt es:

"Es muß eine besondere Freude für Heinz Erhardt gewesen sein, daß sein erstes größeres Werkchen, das an die Öffentlichkeit gelangt, von keinem anderen als seinem Vater aus der Taufe gehoben wird. Gustav Erhardt, der verdiente Kapellmeister, weilt augenblicklich in seiner Heimat, und er hat es sich nicht nehmen lassen, dem Erstling seines Sohnes zum ersten Erfolg zu verhelfen."

Im Herbst ist er bereits wieder im Programm des Deutschen Schauspiels, neben Gerhart Hauptmanns "Ratten", kommt wieder ein Lustspiel mit einer musikalischen Bearbeitung durch Erhardt, der jetzt auch als Dirigent mitwirkte. In der nächsten Saison kam dann eine Verwechslungskomödie, worüber die Rigaer Rundschau und die Rigaer Post berichteten. Nochmals trifft es sich, daß Vater und Sohn gemeinsam auftreten. Da heißt es:

"Der Vater des Komponisten, manchem Älteren in Riga wohlbekannt als Gustl Erhardt, der muntere Musiker, der vor langen Jahren ins Ausland ging und sich dort als Kapellmeister einen Namen von beachtlichem Klang erworben hat, wird nun die neue Operette seines Sohnes dirigieren..." und weiter eine Bemerkung wegen der anfänglichen Ablehnung der Musik seines Sohnes: "Als ernsthafter Musiker ist er mit diesen Melodien, die durchwegs volkstümlich gehalten sind, nun doch einverstanden."

In diesem Jahr war der bekannte Pianist und Komponist Eugen d'Albert in Riga. Er war ein angesehener Pianist, hatte außerdem eine Symphonie, zwei Klavierkonzerte und zwanzig Opern geschrieben, unter ihnen die bekannte Oper "Tiefland". An einer neuen Oper arbeitete er gerade, als er in Riga war. Sie blieb unvollendet, da d'Albert am 3. März 1932 in Riga starb. Als 1937 Leo Blech Deutschland verlassen mußte und nach Riga kam, vollendete er die Oper "Mister Wu" und besorgte auch die Uraufführung.

Unser Heinz Erhardt hatte in familiären Dingen keinen Erfolg. Im Geschäft der Mutter und des Stiefvaters Numero 3 hatte er immer noch nur eine Nebenarbeit. Es gab deshalb bald Krach und so ging er von Riga nach Deutschland, versagte dort aber jämmerlich. In Berlin hatte er es versucht, doch das Glück war ihm nicht hold und er mußte wieder heimkehren. Auch in Lettland verschlechterten sich die politischen Verhältnisse. Beim Schulsportfest der lettischen Schulen kam es zu Tumulten. Es gab Verhaftungen bei den Deutschbalten. Dann enteignete das "Kabinett der nationalen Einheit" das deutsche Gymnasium in der Börsen-Commerz-Schule. Die Rigaer Domkirche wurde aus den Händen der Deutschbalten in lettische Hände überführt.

Die Baltendeutschen wurden immer weniger, sie rückten zusammen und wo sie waren, war Heinz Erhardt. "Zum Besten des deutschen Schülerferienwohnheimes", im Seepavillon "Majorenhof", im "Alhambra", beim "Gesellschaftsabend des Verbandes der deutschen Angestellten", überall trat er auf, ob im "Hotel de Rome" zum Tanztee des Rigaer Tierasyls oder in der "Resource" zum 5 Uhr-Tee des "Rigaer Ruder-Damen-Vereins", überall war er der "Conférencier".

Dann aber wünschte sich Heinz Erhardt eine Frau fürs Leben und fand sie für die nächsten 46 Jahre in der Konsulstochter Gilda Zanetti . Sie war in St. Petersburg aufgewachsen, die Eltern stammten aus Italien. Am Anfang war ein perfektes Sprachengewirr – man einigte sich auf Deutsch. Gilda Erhardt-Zanetti sprach aber zeitlebens auch ihre russisch-lettische Mundart. Man zog in eine Wohnung an der Elisabethstraße. Die Jahre 1936/37 konnte Erhardt noch beim Schauspiel arbeiten und seine Frau als Sprechstundenhilfe bei einem Zahnarzt. Als ein Kind kam, brauchte er ein festes Einkommen. Noch einmal spielte er in Riga vor Kindern den "Bäcker Zuckerschaum" und dann führte sein Weg über Danzig geradewegs nach Berlin. Diesmal hatte er Erfolg.

Die Rigaer Rundschau verfolgte Heinz Erhardt auf Schritt und Tritt und berichtete von seinem Erfolg beim Kabarett und im Rundfunk. An Weihnachten 1938 kam er zu seiner Familie nach Riga. Dann kam im August des darauffolgenden Jahres der Exodus.

Der Exodus aus Riga

Die Abwanderung in einer Gesamtheit im wörtlichen Sinne wie es schon in den Geschichten des Moses steht: Am Anfang stand das Werden, die Jugend und die Berufung. Waren die Deutschen berufen dort im Baltikum zu wirken. Diejenigen, die über den Auszug erleichtert waren und sich freuten, taten dies nicht lange. Dann kamen bei Moses die Plagen, Passah und Auszug durch Schilfwanderung und Wüste. Zum Schluß folgt bei Moses am Horab/Sinai der Bundesschluß mit der Gesetzesoffenbarung. Sind wir durch die Hölle hindurch, so sind wir beim Bund. Nach der Läuterung der Neue Bund des Lebens mit Jesus Christus im Rahmen der Gesetzmäßigkeit!?

Heinz Erhardt ging mit seiner Familie den Weg, den wahrscheinlich auf dieser Welt jeder einmal gehen muß. Zuerst von Erfolg zu Erfolg und dann kam der Krieg. Im Jahre 1943 schrieb er:

"Gedanken an der Ostsee.
Wie wär die Welt so wunderbar
umspült vom blauen Meer
wenn diese Welt, wie's einstmals war
ganz ohne Menschen wär.

Dann gäbs kein Hoffen, kein Verzicht
kein Hassen und kein Morden -
dann wär bestimmt auch dies Gedicht
nicht hingeschrieben worden."

Seine Familie wohnte bei Verwandten in Polen und hatte keine Heimat mehr. Dann kamen 1944 die Russen und er schrieb an Weihnachten 1944:

"Die Berge, die Meere, den Geist und das Leben
hat Gott zum Geschenk uns gemacht
doch uns auch den Frieden, den Frieden zu geben
hat er nicht fertig gebracht."

Dies gehörte auch nicht zur Schöpfung, dies war Menschenwerk. Erhardt war auf der Flucht von Osten nach Westen, ganz Europa flüchtete und er fragte nach der Heimat - wo?

"Wir tasten und irren, vergehen und werden
wir kämpfen mal so und mal so
vielleicht gibt's doch richtigen Frieden auf Erden
vielleicht gerade jetzt - aber wo!?

Nein wir haben nichts zu rauchen,
was da rauchte waren Trümmer.
Und dann rauchten wir Machorka,
und der Hunger wurde immer schlimmer."

Er hatte eine Heimat in Hamburg gefunden, an der Nordsee, in Lübeck. Von dort hätte er zumindest hinüberschauen können. Er hatte großen Erfolg im Rundfunk und wer hörte ihn nicht gerne z. B. mit: Noch'n Gedicht! Im Jahre 1971 sollte er ein Gedicht in ein Buch schreiben, er war trotz seines großen Erfolges ein geläuterter Mensch geworden und so schrieb er:

"Ich würde gern noch ein Gedicht
hier vorn ins Büchlein schreiben.
Doch weil es mir an Zeit gebricht,
auch küßt mich meine Muse nicht,
drum lasse ich es bleiben..."

"Nicht immer war ich schon so alt
das machten erst die Jahre.
Die Stirne wuchs mit dem Verstand
im Laufe meiner Haare.
Nun wünsch ich mir, daß, was ich schrieb,
auch frohe Leser findet,
dann möge dieser Band das Band
sein, welches uns verbindet."

Seitdem Heinz Erhardt nicht mehr unter uns weilt, haben wir das Farbfernsehen und noch mehr bekommen, aber den Humor haben wir dabei verloren. Seine Heimatstadt Riga hätte ihn heute so notwendig, heute, wo die Menschen dort nichts mehr zu lachen haben.

In München war er nur über den Äther zu hören, er hatte aber immer schon Sympathie bewiesen für bayerische Trachtenkleidung und bayerische Literatur und er liebte die heitere Gilde in München. Unter ihnen waren Wilhelm Busch, Joachim Ringelnatz, Christian Morgenstern und Eugen Roth. Vom Münchner Eugen Roth hätte am Anfang der Vers aus dessen "Ein Mensch" - Gedichte stehen können.

"Ein Mensch erblickt das Licht der Welt
Doch oft hat sich herausgestellt
Nach manchem trüb verbrachtem Jahr,
Daß dies der einzige Lichtblick war."

Schriftsteller, die Erhardt liebte

Von diesen Schriftstellern, die Erhardt liebte, wollen wir einige Verse vorstellen, die von einem Humor in München geprägt sind, bei dem man trotzdem lacht.

Christian Morgenstern war gebürtiger Münchner, dessen Großvater noch aus Hamburg stammte, der neuen Heimat Heinz Erhardts. Er war als Redakteur, Schriftsteller und Dramaturg in München beschäftigt, hatte Ibsen, Strindberg und Hamsun übersetzt. Er stellte die sinnlos gewordene Welt auf den Kopf und gelangte so in seinen Galgenliedern zu grotesker Komik. Bekannt machten ihn auch die Palmström-Gedichte:

"Palmström steht an einem Teiche
und entfaltet groß ein rotes Taschentuch:
Auf dem Tuch ist eine Eiche
dargestellt, sowie ein Mensch mit einem Buch.

Palmström wagt nicht sich hineinzuschneuzen.
Er gehört zu jenen Käuzen,
die oft unvermittelt - nackt
Ehrfurcht vor dem Schönen packt.

Zärtlich faltet er zusammen,
was er eben erst entbreitet.
Und kein Fühlender wird ihn verdammen,
wenn er ungeschneuzt entschreitet."

Der Niedersachse Wilhelm Busch starb, als Heinz Erhardt geboren wurde. Er arbeitete in der Residenz- und Hauptstadt des königlichen Bayern am "Münchner Bilderbogen", brachte Bildergeschichten als Satire, die die Selbstgerechtigkeit, Scheinmoral und falsche Frömmigkeit entlarvten. Er versteckte sich hinter einer Maske am Pessimismus eines Schopenhauer. Busch's letzte Schrift war demnach auch "Schein und Sein". Jeder kennt seinen Max und Moritz oder die "Fromme Helene".

"Wie der Wind in Trauerweiden
Tönt des frommen Sängers Lied,
Wenn er auf die Lasterfreuden
In den großen Städten sieht.

Kaum trank man die letzte Tasse,
Putzt man schon den ird'schen Leib.

Auf dem Walle, auf der Gasse
Wimmelt man zum Zeitvertreib.

Schweigen will ich von Lokalen,
Wo der Böse nächtlich praßt,
Wo im Kreis der Liberalen
Man den heil'gen Vater haßt.

"Komm Helenchen!" sprach der brave
Vormund - "Komm mein liebes Kind!
Komm auf's Land, wo sanfte Schafe
Und die frommen Lämmer sind."

Joachim Ringelnatz war ein Obersachse und im Geburtsjahr unseres Komikers aus Riga, war er Hausdichter im Kabarett des "Simplizissimus" in München. Ringelnatz reiste gern und kam bis nach Königsberg. Dort schrieb er:

"...Und sollte es hier einen Sarg
So krumm, wie ich bin, geben,
So möcht ich gern in Königsbarg
Begraben sein und leben."

Einen Zyniker mit dem Heiligenschein nannte man ihn, einen Dichter von Unsinn und Tiefsinn, wie es in seinem Vers Bumerang zum Ausdruck kommt:

"War einmal ein Bumerang;
War ein weniges zu lang.
Bummerang flog ein Stück,
Aber kam nicht zurück.
Publikum - noch stundenlang
Wartete auf Bumerang.

Der derbe bayerische Frohsinn in München war auch Heimat für den Musiker Richard Strauss, hier war der fruchtbare Boden für den Münchner und sein Musikstück "Till Eulenspiegels lustige Streiche", sein bedeutendstes Werk.

Um den Bogen von Riga über München zum Baltikum zu schließen noch einige Verse vom Münchner Eugen Roth, bei denen einem sofort die ewige Ruine des Dorpater Domes in den Sinn kommt, an dem der Orden baute und den in der Nacht die Heiden wieder abbauten. Später wurde der Dom dann doch abgetragen, zu einer Zeit, als die Menschen schon längst Christen waren. Der

Dombau zog sich jahrhundertelang in einer Art von geistiger Besessenheit und geistlicher Hoffnung hin. Unserer Zeit sind die geistigen Inhalte längst abhanden gekommen und wir stehen nachdenklich vor der Ruine:

Eugen Roth - Gotischer Dom - Der Bau

"Wir bauen schon an diesem Haus
Seit tausend, abertausend Tagen,
Und sehn es wachsen hoch hinaus
Und steigend in die Sterne ragen.

Verloren ging des Meisters Wort,
Und keiner ahnt: Wann wird es enden;
Wir aber bauen immerfort
Mit müdem Sinn und regen Händen.

Wir haben keine Zeit zum ruhn,
Als ob wir es vollenden müßten,
Wir unsre harte Arbeit tun
Und sterben hoch in den Gerüsten.

Kaum, daß von Sehnsucht jäh geschwächt,
Wir innehalten mit dem Fronen:
Wann kommt das selige Geschlecht,
Bereit zu ruhen und zu wohnen!?"

ARCHITEKTUR IN RIGA UND MÜNCHEN

Historizismus - Eklektizismus

Im München der Jahrhundertwende wurde die Bezeichnung eines Baustils geprägt, der im Gegensatz zu den Bauten im Gründerstil des 19. Jahrhunderts, ganz einfach "jung" sein wollte. Dies hieß, er sollte sich von allen Elementen der alten Stile, der Romanik, Gotik, Renaissance, Barock und so fort, absetzen, deren Formelemente bis zum Exzeß nachgeahmt worden waren.

Zum besseren Verständnis können wir ein paar leichtverständliche Begriffe nennen, dazu auch Beispiele in München. Nachdem Riga, dank der schon im frühen Mittelalter gelandeten Ritterbrüder, in etwa so alt ist wie München, gibt es auch entsprechende Beispiele in Riga. Vom romanischen Baustil sind in beiden Städten nicht mehr als Fundamente oder einige Mauern vorhanden. Vielleicht gibt es hier und dort einen Rundbogen oder eine Kirche als Basilika, zwei typische Bauelemente der Romanik, die noch von den Römern übernommen wurden. Die Gotik, ein in Frankreich geschaffener Stil, mit Spitzbogen und hohen spitz zulaufenden Gewölben, kommt schon in allen ältesten Kirchen in Riga und München vor. Man wollte so viel es geht den Himmel in die Kirche einschließen, daher baute man Jahrhunderte daran. In München errichtete man die Liebfrauenkirche noch 1480 in gotischer Ziegelbauweise, wie in den Städten im Baltikum, obwohl es im Süden und Westen Europas üblich war mit Naturstein zu bauen.

Die Renaissance zog in Europa spät ein. In Italien war diese Bauepoche bereits zu Ende, als Herzog Ludwig von Bayern-Landshut von einem Kriegszug mit dem Kaiser aus Italien zurückkam und italienische Bauleute mitbrachte. Er baute sich in Landshut als Residenz den ersten Renaissancebau nördlich der Alpen. Dann war aber auch gleich der Barockstil entstanden. In den Kirchen war die Lebensfreude eingekehrt, wenn vielleicht auch das ewige Leben gemeint sein konnte. Die Heilige Familie war in den Kirchen versammelt, die Gläubigen wollten sie alle um sich haben. Von Gott Vater, dem Heiligen Geist, der Gottesmutter mit dem Jesuskind, bis hin zu den Heiligen der Gilden und Zünfte und den Heiligen des übrigen Volkes.

Wir haben diese freundlichen Kirchen überall in Europa wo man das fröhliche südländische Christentum auch wünschte. Aber nicht nur Gotteshäuser wurden gebaut, auch die weltlichen Herren bauten sich ihre prächtigen Häuser im Renaissance- und Barockstil. Es kam dann noch eine Steigerung des Barockstiles, eine Verfeinerung in Stuck und Farbe, das Rokoko. Paris und München waren die Zentren dieses prächtigen Baustiles, der sich über ganz Bayern ausbreitete, nach Franken und Prag, nach Dresden und Potsdam, und anderen Orten. Der Rokokostil endete etwa 1780, dann fegte nach der französischen Revolution Napoleon alles hinweg.

Die weitere Entwicklung läßt sich in der folgenden Zeit geordnet in München nachverfolgen. König Ludwig I. ließ seinen Hofbaumeister Klenze im klassisch-griechischen Stil den Königsplatz gestalten und seinen Hofbaumeister Gärtner im florentinischen Renaissancestil die Ludwigstraße. Die Kirche St. Bonifaz aber, wo er begraben werden wollte, ließ er im byzantinischen Stil bauen. Sein Sohn König Maximilian II., ließ seine Maximilianstraße im zeitgemäßen nationalen Stil, einer Art Spätgotik und Frührenaissance, erbauen. Dessen Sohn Ludwig II. baute seine Schlösser in Neuromanik, Neugotik und Neubarock, während der folgende Prinzregent Luitpold sich in seiner Prinzregentenstrasse mehr an den Barockbaustil in erneuerter Form hielt.

Man baute in einem heillosen Durcheinander. In München auf der Giesinger Höhe grüßt die neugotische Heilig-Kreuz-Kirche nach der Höhe in Sendling hinüber, wo die Kirche St. Margret im erneuerten sogenannten "Jesuitenstil" steht. Der Jesuitenstil entstand in der Spätrenaissance während der Gegenreformation. Diese Stilrichtung wird auch Manierismus genannt und findet sich in Riga am Erker des Schlosses, sowie am Konventsgebäude wieder. In München steht neben dem Renaissancebau der alten Akademie, dem Kollegium der Jesuiten, die mächtige Kirche St. Michael. In der manieristischen Fassadengliederung ist der Erzengel Michael im Kampf mit dem Höllendrachen dargestellt. Die gesamte übrige Fassadengliederung mit ihren Nischen ist nicht nur Heiligenfiguren vorbehalten. In den Nischen stehen auch die drei bayerischen Herzöge unter denen die Christianisierung des Landes vor sich ging, dann bedeutende Kaiser, Herzöge und sonstige Regenten. Es ist einfach eine Darstellung national-bayerischer Art. So paßte sich der Jesuitenstil der nationalen Eigenart der Länder an.

Beispiele für den Barockbaustil finden wir besonders in den katholischen Kirchen in Lettgallen, dort gibt es auch prächtige Kirchen im Rokokobaustil. Dieser Baustil bedeutet für Bayern weit mehr, mit ihm charakterisiert man das bayerische Lebensgefühl. Insoweit können sich die Bayern im Gebiet von Lettgallen sehr wohl wie zu Hause fühlen.

Für den Klassizismus gibt es Beispiele vom Rigaer Baumeister Haberland in Lettlands Hauptstadt, so wie es Beispiele des Baumeisters Klenze in München und St. Petersburg gibt. Die Baustile kannten bis dahin eine große Übereinstimmung über alle Grenzen hinweg. In der dann folgenden Zeit des Eklektizismus oder Historizismus wurde aus den Baustilen ausgesucht: Öffentliche Gebäude wurden bevorzugt in Neurenaissance, evangelische Kirchen in Neugotik und katholische Kirchen in Neubarock gebaut. Bald geriet alles in eine systemlose Verwirrung. Als die Architektur immer mehr zur seelenlosen Repräsentation verkam, wollten junge Künstler die natürliche Beziehung zwischen Mensch und Architektur wieder herstellen.

Die Jugendbewegung

Der Ruf "Zurück zur Natur" geht bis auf Jean-Jaques Rousseau zurück und der Bogen spannte sich weit bis zu den Naturalisten unter den Schriftstellern, wie dem Ostpreußen aus dem Memelland Hermann Sudermann, der am Ende seine Autobiographie schrieb: "Das Bilderbuch meiner Jugend."Der Danziger Max Halbe vertrat gleichfalls naturalistische Thesen und schrieb das lyrisch-melancholische Drama "Jugend".

Bertel Thorvaldsen schuf als Bildhauer in Rom anmutige Gestalten von "jugendlicher" Schönheit. Thorvaldsen schuf für König Ludwig in München eine Büste, ein Reiterstandbild und das mächtige Grabmal des Vizekönigs Eugen Beauharnais, dem Schwiegersohn des bayerischen Königs, in der Münchner Kirche des Jesuitenkollegiums, St Michael. Er, der Feldherr, der im Napoleonischen Rußlandfelzug an der baltischen Front stand und einst von der anderen Seite der Düna die Türme Rigas sah. Der baltische Heerführer Barclay de Tolly ließ noch zur Abwehr die außenliegenden Häuser Rigas abbrennen. Schuld daran war eigentlich das bayerische Heer. Doch dort entstanden dann die neuen Wohngebiete.

Thorvaldsen war von des Vaters Seite Isländer und sein isländischer Landsmann und weltbekannter Schriftsteller Jon Svensson schrieb in den "Jugenderlebnissen auf Island": "Die ganze Jugend des Städtchens hatte sich schon lange ins Freie hinauslocken lassen. Denn Sonne, Wärme und Licht flossen da draußen zusammen zu einem unbeschreiblichen goldenen Schimmer, der alles umgab und durchdrang, Land und Meer und Himmel, auch der Menschen Seele und Herz."

In diesen Anfangszeilen seines Buches ist alles gesagt was man damals in den Jahren vor dem ersten Weltkrieg unter Jugend verstand. Als Leitwort für sein Buch wählte Svensson ein Wort des großen französischen Schriftstellers und Politikers Chateaubriand:

"Das Schönste, was ein Schriftsteller in ein Buch schreiben kann, sind die Gefühle, die in seiner Seele aufsteigen bei der Erinnerung an die ersten Tage seiner Jugend."

Beide Männer des Wortes sahen die katholische Konfession als etwas "Jugendliches" an, über tausend Jahre alt und immer noch jung. Jon Svensson trat in das Jesuitenkollegium ein und Chateaubriand konvertierte, ihn erfaßte die Sehnsucht nach einer von der Zivilisation unberührten Kultur und mit ihm fand der Weltschmerz Eingang in die französische Literatur.

Das Freiheitsdenkmal im Zentrum von Riga hat auch etwas mit Weltschmerz zu tun. Die Gestalt Lettlands mit den Kettenreißern, die die Jugend zum Kampfe aufruft, entstand in den Jahren 1931 bis 1935. Zu dieser Zeit schrieb der zwischen Idee und Wirklichkeit zerrissene Ernst Toller seine Autibiographie: "Eine Jugend in Deutschland". Er stand kurzzeitig an der Spitze der ersten Räterepublik auf deutschem Boden, der "Sowjetrepublik Bayern". Nachdem die Roten das Telegraphenamt in München besetzt hielten und Grüße an die Sowjetrepubliken Ungarn und Rußland entsandten, gratulierte Lenin nach München in einem Telegramm"... mit besten Grüßen und Wünschen ..."

Diese Jugend meinte man nicht im damaligen Schwabing, als Max Halbe mit seinem Drama "Jugend" im Jahre 1895 nach München kam. In München steht, im Gegensatz zu dem aus gleichem Anlaß errichteten Siegesengel in Berlin, ein Friedensengel, überlebensgroß, 23 Meter hoch und am Marienplatz steht eine Säule mit der Gottesmutter und dem Jesuskind.

Die Zeitschrift »Jugend«

Der jugendliche Friedensengel wurde im gleichen Jahr 1896 errichtet, als der Verleger der "Münchner Neuesten Nachrichten" Georg Hirth die Zeitschrift "Jugend" gründete. In seinem Gefolge war der Maler, Innenarchitekt und Kunstgewerbler Otto Eckmann Mitarbeiter der Zeitschrift Jugend. Er zeichnete den Titel und die Ornamente für die Zeitschrift und entwarf 1899 die nach ihm benannte Druckschrift, die "Eckmannsschrift", als meistgebrauchte Schrift des Jugendstils.

Der schweizer Kunstgewerbler Hermann Obrist hatte ein Jahr vorher seine Kunststickerei von Florenz nach München verlegt. Im Jahre 1897 war er an der Gründung der "Vereinigten Werkstätten für Kunst und Handwerk" beteiligt und wurde zu einem der theoretischen Führer des Jugendstils. So bestimmte er Geist und Richtung einer Kunstschule in der Schwabinger Hohenzollernstrasse, die er mit Wilhelm von Debschitz zusammen führte, die er aber in Ablehnung der etablierten Schulen, Lehr- und Versuchsateliers für angewandte und freie Kunst nannte.

Für freie angewandte Kunst trat auch der Schriftsteller Michael Georg Conrad ein, der bayerische Franke, der aus Paris nach München kam, die Zeitschrift "Die Gesellschaft" gründete und naturalistische Erzählungen und Romane schrieb, mit dem Titel "Was die Isar rauscht". Man verschmähte historische Formen und suchte das Ornament "aus der Natur herauszureißen." Die Zeitschrift war die Stimme der jungen deutschen Literatur, vom Realismus zum Naturalismus. Gerhart Hauptmann und Thomas Mann ließen hier ihre modernen Werke veröffentlichen.

Real waren die Etablierten, die in oberen Etagen alle Plätze vergeben hatten und dagegen rebellierten die "Jungen". Auffallend viele Stücke komponierte Schumann im Jahre 1848/49: Opus 68 Klavierstücke für die Jugend, Opus 79 Lieder für die Jugend und Opus 118 Klaviersonaten für die Jugend. Kurz vorher war Schumann mit seiner Frau Clara in Riga und St. Petersburg gewesen. Um 1855 begann die "junglettische Bewegung" und 1862 erschien in St. Petersburg die Zeitung der "Jungletten". War alles nur reiner Zufall oder sind doch Zusammenhänge mit der 1830 aufgekommenen Bewegung liberal-nationaler Schriftsteller im "jungdeutschen Kreis" sowie den "la jeune Allemagne", die sich 1834 bemerkbar machten.

Ferdinand Raimund, Sohn eines Drechslermeisters aus Böhmen protestierte und schlug in seinem "Hobellied" kräftig zu, als er am 30. September 1835 das letzte Mal nach München kam und sein letztes und größtes Werk den "Verschwender" aufführte. Raimund sang selbst den Valentin:

"Da streiten sich die Leut' herum
Oft um den Wert des Glücks,
Der eine heißt den andern dumm,
Am End' weiß keiner nix.

Da ist der allerärmste Mann
Dem andern viel zu reich.
Das Schicksal setzt den Hobel an
Und hobelt's beide gleich..."

Dieses ewig gleiche Lied vom Leben kam und ging in einer Stetigkeit wie das Wellenrauschen der Ostsee an der baltischen Küste. In München hatte Raimund nichts bewirkt. Die Etablierten waren noch alle in Amt und Würden, wie der Malerfürst Franz von Lenbach, der sich eine Stadtresidenz gleich neben der Glyptothek von Gabriel von Seidl bauen ließ. In Berlin war Bismarck als Reichskanzler entlassen worden. Im Künstlerkreis Münchens fühlte er sich als Gast des Malerfürsten Lenbach besser als zu Hause. Ein Jahr später 1891 kam auch Bismarcks ehemaliger Chef, Kaiser Wilhelm nach München. Er schrieb einen lateinischen Spruch ins Gästebuch:

"Suprema lex regis voluntas" – Das höchste Gesetz ist der Wille des Königs. Diese Zeiten waren aber schon längst vorüber!

Es war das Jahr 1891 in dem der Dichter Stefan George, der große Formerneuerer nach München kam. Er rief den Schriftsteller Karl Wolfskehl nach München, den Gütigen und Hilfsbereiten, der in der Sehnsucht nach den Ursprüngen mit dem Philosophen Ludwig Klages verbunden war. Mit dem Kulturhistoriker Friedrich Wolters bildeten sie den Kreis der Kosmiker, mit der Erklärung: "Zum Urgrund dringend". Mit "Tränenleid des Schicksals" ihres Buches behaftet stieß Ricarda Huch dazu. Sie sagte:

"Warum, wenn ich schön bin, muß ich vergehen, und wenn ich schrecklich bin, warum bin ich?" Das Denken um die Urgründe waren in diesen Schriften deutlich. Wer über die Erde geht, ist des Zeitlichen überantwortet und damit dem Vergehn. Aus dem Sein können und Sein müssen heraus, kam Ricarda Huch wieder zum Grundklang ihres Romans: "Vita somnium breve"- 0h Leben, oh Schönheit, das Leben ein kurzer Traum.

Der Jugendstil

Diese Gedanken und das Programm trugen die Schwabinger, die inzwischen nach München eingemeindet wurden, in die weite Welt hinaus, um die Gedanken Münchens umzusetzen – im Werkbund, im Jugendstil und dann im Bauhaus. Auch Ricarda Huch ging zu ihren Ursprüngen zurück, nach Braunschweig, ihrer Geburtsstadt, wo sie ihren Jugendgeliebten heiratete, doch kam sie bald nach München zurück und schrieb an Maria Baum: "Gestern nach dem Mittagessen ging ich in die Frauenkirche, und denke Dir, sie ist wunderschön..."

Stefan George sprach von München, der Stadt in Schwingungen des geistigen Lebens und er schrieb aus Sympathie zum "Jungen" alles klein:

Unsere Frau, die Gottesmutter, ist auch beim ihm aus Respekt ausgenommen:

"Mauern wo geister noch zu wandern wagen,
Boden vom doppelgift noch nicht verseucht:
Du stadt von volk und jugend! heimat deucht
Uns erst wo Unsrer Frauen türme ragen."

Aus dem Verein "Jung-München" entstand der "Orden der Nachtschwärmer", wo sich Wilhelm Busch artikulierte, er schrieb Maria Andersen "Frei ist der Anfang und frei das Ende; was dazwischen liegt ist notwendig: Diese Welt, unser Werk, ist ohne Frage mangelhaft; sie besteht durch und durch aus einem unersättlichen Begehren, aus lauter Wünschen, die niemals vollkommen befriedigt werden können."

Zur gleichen Zeit weilte der bedeutende schweizer Schriftsteller Conrad Ferdinand Meyer in München. Er konnte schon ein interessantes Geschehen registrieren: "Ich wurde mit einer schöpferischen Schicht in München bekannt, zu der mein Weg mich bisher noch nicht geführt hatte: mit einer Reihe der besten wirkenden Kräfte im Bauwesen, Kunstgewerke und Handwerk der damaligen gestaltungsfreudigen Zeit. Ein Form- und Farbensinn, eine Begeisterung und Hingabe, ein künstlerisches Können..."

Wilhelm Busch wurde von der Zeitschrift "Jugend" gebeten einige Zeilen zu schreiben, als er in seiner Geburtsheimat seinen Lebensabend verbrachte, er war resigniert. Einst schrieb er in München:

"Es sitzt ein Vogel auf dem Leim,
Er flattert sehr und kann nicht heim.
Ein schwarzer Kater schleicht herzu,
Die Krallen scharf, die Augen gluh.

Am Baum hinauf und immer höher,
Kommt er dem armen Vogel näher.
Der Vogel denkt: weil das so ist
Und weil mich doch der Kater frißt,
So will ich keine Zeit verlieren,
Will noch ein wenig quinquilieren
Und lustig pfeifen wie zuvor.
Der Vogel, scheint mir, hat Humor."

Und dann will er München noch ein Gedicht widmen, die Wachtel möge Grüße überbringen:

"...Wohlan, so mach dich auf die Füße
Und trag die allerschönsten Grüße
Nach München, der berühmten Stadt,
Die mir so gut gefallen hat.

Das ich seit längst vergang'nen Tagen
Bis heute noch mit Wohlbehagen
Und sicher bis zum Lebensschluss
Getreu an sie gedenken muß."

Auch die Etablierten hatten die Zeichen der Zeit längst erkannt, selbst Prinzregent Luitpold hielt sich unter Künstlern auf - es war die goldene Prinzregenten-Zeit. Der Benediktiner-Abt Hugo Lang, bei dem die Exzellenzen Rat und geistlichen Beistand suchten, erzählt von seinem größten Tag bei der Exzellenz des Prinzregenten als Schulbub am 12. Dezember 1901. Seine Mutter hatte mit ihm eine Einladung für die Huldigung zum 80. Geburtstag bekommen. Die einzige Enttäuschung war, der Jubilar sah wie ein gewöhnlicher Soldat aus. "Ich hatte mir vorgestellt, er trage die Königskrone selbst im Bett", erinnerte sich Hugo Lang. Nach einem von den Kindern aufgeführten Festspiel sang man: "Gott mir dir, du Land der Bayern..." "Noch nach Jahren konnte ich dieses Lied nie ohne Tränen hören"; soweit Hugo Lang.

Im gleichen Jahr 1901 erschien Thomas Manns berühmtestes Werk, "Die Buddenbrooks", die Oper "Feuersnot"von Richard Strauss wurde uraufgeführt und es gab die erste Vorstellung der "Elf Scharfrichter", die das Unechte, die Lüge und den Kitsch hinrichteten. Egon Erwin Kisch, der rasende Reporter, brachte seine Gedichte mit dem Titel "Vom Blütenzweig der Jugend" im Jahre 1905 heraus und im gleichen war die Geburtsstunde der Expressionismus-Gruppe "Brücke", mit Kirchner, der in München studierte. Im Manifest heißt es: ... Rufen wir die Jugend ...

Und doch konnte man schon sagen: "Die Revolutionäre sind unter uns!" Lenin reiste wohl 1901 von München-Schwabing wieder ab, doch bald kamen andere. Der Anarchist Erich Mühsam, der Utopist Ernst Toller und der Revolutionär Kurt Eisner wirkten in München für die Revolution und die Räterepublik - im gleichen Zuge schrieb Oswald Spengler in München 1918 sein Hauptwerk "Der Untergang des Abendlandes", das das moderne Geschichtsbild nachhaltig geprägt hat. Zu dieser Zeit war aber auch die Jugendbewegung zu Ende gegangen und mit ihr die Zeit des "Jugendstils".

Für die Architektur war es jeweils ein Neubeginn. Zahlreiche Mitarbeiter aus München, von Skandinavien und aus Frankreich, haben die Zeitschrift "Jugend" gestaltet, vorwärts gedrängt und wesenhaft geprägt, als weltbeste Wochenzeitschrift ihrer Art. Sie erstrebte im zeitnahen Verlangen ein freies, in Harmonie mit der Natur lebendes ästhetisches Menschentum. Sie bekannte ihren Glauben an Kunst und Literatur als Heilmittel.

Der in Dresden und München ausgebildete Architekt Bruno Paul arbeitete zunächst als Zeichner für die Zeitschrift "Simplicissimus" und als Illustrator bei der Zeitschrift "Jugend", beide in München. Seit 1891 arbeitete in München der Architekt Peter Behrens, der vorher Maler war, in allen Bereichen der Werkkünste. Im Jahre 1892 war er Mitbegründer der Münchner "Sezession", eine von Franz von Stuck geführte Künstlergenossenschaft, die vor allem "Impressionismus" und "Jugendstil" repräsentierte. Behrens war bahnbrechend für die neue Gesinnung in Architektur und Kunstgewerbe, auch der Industrieformgestaltung. 1899 wurde er Mitglied der Darmstädter Künstlerkolonie, trat dort 1901 erstmals als Architekt in Erscheinung. Er behandelte Architektur und Innenausstattung als Einheit. 1907 ging Behrens endgültig nach Berlin, dort beschäftigte er die späteren großen Architekten wie Walter Gropius, Mies van der Rohe und Le Corbusier.

Vom Werkbund zum Bauhaus

Ludwig Mies van der Rohe arbeitete von 1905 bis 1907 bei Bruno Paul in München. Paul hatte 1897 die "Vereinigten Werkstätten für Kunst und Handwerk" in München mitbegründet. 1907 wurde er zum Mitbegründer des "Deutschen Werkbundes" in München. Nun gingen sie auseinander, Paul wurde Direktor in Berlin und Mies van der Rohe ging zu Behrens nach Berlin, dann aber ging er eigene Wege. Mies van der Rohe baute gründlich handwerklich neoklassizisstisch und wurde später neben Le Corbusier Meister des 20. Jahrhunderts. Er wurde 1926 Vizepräsident des Deutschen Werkbundes und Direktor des Bauhauses.

Walter Gropius wurde Direktor der "Kunstgewerbeschule" in Weimar. Er faßte die Schulen in Weimar zusammen und gründete 1919 das staatliche "Bauhaus", dort fand pädagogisch der Schritt von handwerklicher zu industriell orientierter Umweltgestaltung statt. Gropius emigrierte 1933.

Vordem hatte 1902 der belgische Maler und Architekt Henry van de Velde die Kunstgewerbeschule in Weimar gegründet und bis 1914 geleitet. Er war gleichfalls 1907 Mitbegründer des Deutschen Werkbundes in München, eine Vereinigung von Architekten, Entwerfer, Handwerker und Industrielle mit der Zielsetzung, die Qualität handwerklicher und industrieller Produkte zu fördern. Van de Velde hatte bereits in seinem Atelier in Brüssel werks- und materialgerechte gestaltete Formen geschaffen, für Möbel, Geräte und Innenräume. Er wirkte damit bestimmend auf die Bewegung des "Jugendstils". Bereits 1907 veröffentlichte er eine "Schrift vom neuen Stil".

Henry Clemens Van de Velde schloß sich schon früh den Erneuerungstendenzen vor allem im Kunsthandwerk an, sowie dem Bestreben in der Architektur, den Eklektizismus des 19. Jahrhunderts zu überwinden. Nach Gründung des Werkbundes riefen die Beteiligten 1808 zur Gestaltung einer "Münchner Ausstellung" auf der Theresienhöhe auf, die den Formwillen der neuen Zeit verkörpern sollte. Als van de Velde an der von ihm begründeten Schule in Weimar tätig war, wurde er auch über die Grenzen hinaus bekannt. Als in Riga die Kirchengemeinde St. Petri einen Wettbewerb für ein Pastorat ausschrieb, bewarb sich van de Velde um dieses Bauprojekt und er erhielt den Zuschlag. Nun hatte die bedeutende Stadt im Baltikum, Riga, die seltene Möglichkeit, den Jugendstil aus erster Hand geliefert zu bekommen.

Van de Velde sprach nie vom Jugendstil, auch die anderen Architekten bauten nach den neuen Regeln der Baukunst, verwandten auch nicht den Begriff Jugendstil. Der geistige Aufbruch am Anfang des letzten Jahrzehnts im 19. Jahrhundert und dann die zwei Jahrzehnte danach, hatten dieses Baugefühl von München aus so stark geprägt, daß der Begriff allgemein übernommen wurde. Man spricht allgemein nur noch von dem Jugendstil. Wie stark die Baltenstaaten von den Geschehnissen der sich verändernden Baustile beeinflußt war, erkennt man daran, daß sie die Bezeichnung "Jugendstil" unverändert übernommen haben. Der Stil wurde wesentlich von baltischen Architekten aus Riga und von Architekten aus dem Reich in Riga eingeführt. Besonders haben sich der Deutsche Heinrich Scheel, der Balte Friedrich Scheffel und der Berliner Albert Giesecke hervorgetan, sowie die Architekten Schmaeling, Alksnis, Laube, Peksens, Bockslaff, Cirksviks und van de Velde.

Van der Velde in Riga

Besonders beeindruckt war der Architekt van de Velde vom Leben in Riga. Er wurde bei den alten Gilden eingeladen, bei Clubs und in private Kreise. Er, der eigentlich nur eine Bauaufgabe lösen sollte, tauchte regelrecht in das reiche kulturelle Leben in Riga ein.

Bemerkenswert sind die Gemeinsamkeiten zwischen Riga und München. Beim ersten Augenschein vermutet man nichts gemeinsames, die Entfernung beträgt fast zweitausend Kilometer. Beide Städte sind etwa achthundert Jahre alt. Der heilige Missionsbischof Bonifatius setzte in Bayern die Bischöfe ein, der Bischof Albert tat das gleiche im Baltikum, nur fünfhundert Jahre später. Ein gemeinsames Datum war das Jahr 1255, wo Riga Residenzstadt des regierenden Erzbischofs wurde und München Residenzstadt des regierenden Herzogs.

Nur einige Jahre nachdem der schwedische König in Riga einrückte, zog er auch in München ein, so klein war damals bereits die Welt. Als der schwedische Großmachttraum zu Ende ging, mußte auch Bayern fast auf das Jahr genau, seine Großmachtgelüste begraben. Die Baltenstaaten mußten sich mit ihrer Hauptstadt Riga auf Dauer den übermächtigen Russen beugen und Bayern mußte sich mit seiner Hauptstadt München auf Dauer gegen alle deutschen Länder sowie Österreich und England geschlagen geben. Zum Kurfürstentum wurde Bayern durch die Gnade Österreichs, zum Königreich wurde Bayern durch die Gnade Frankreichs und zum Provinzdasein führte der Weg über Preußen-Berlin.

Als München-Bayern 1866 den deutschen Krieg gegen Berlin-Preußen verloren hatte, mußte es unter preußischen Oberbefehl 1870 in den Krieg gegen Frankreich ziehen. Der Sieg über Frankreich und die Ausrufung des preußisch-deutschen Kaiserreiches am 18. Januar 1871, dem 170. Jahrestag der Krönung eines preußischen Königs in Königsberg rief eine ungeheure Euphorie von Spekulationen hervor. Allein in Preußen wurden in den Jahren 1870/71 etwa 780 Aktiengesellschaften gegründet. Banken, Geschäftshäuser, Fabriksgebäude und Villen schossen aus dem Boden, protzig fühlte man sich dem Historizismus verpflichtet. Bezogen auf die Reichsgründung nannte man die folgenden Jahre, die Gründerjahre. Die Architektur dieser Gründerzeit waren die historischen Baustile. Der Einfluß ging vom deutschen Reichsgebiet aus in alle Länder, auch ins Baltikum und nach Riga.

Der ungeheure Aufbruch hatte in München die gleichen Folgen wie in Riga. Schon unter König Ludwig I. wurden die mittelalterlichen Befestigungsanlagen niedergerissen die die Städte einengten und die Stadt München breitete sich nach allen Seiten aus. Die Stadtteilbezeichnungen Isarvorstadt, Maxvorstadt und Ludwigsvorstadt erinnern noch heute an die Ansiedelungen vor der Stadtmauer und die alten Stadttore stehen noch zur Erinnerung des großen Ausbruchs. Auch in Riga zur Zeit des Zaren Alexander II. wurden die Stadtmauern geschleift. Die Bevölkerung vermehrte sich ab der Gründerzeit so stark, daß sich die Einwohnerzahl Rigas von 282 000 Bürgern regelrecht verdoppelte, wie auch in München. Die Städte waren fast gleich groß.

Ein Baufieber setzte in historisierenden Baustilen ein. Einer der ersten Architekten war Janis Friedrichs Baumanis, der erste akademisch ausgebildete lettische Architekt, der dem Historizismus zugetan war. Ein Architekt des Übergangs zum Jugendstil war Michael Eisenstein, Vater des berühmten Filmregisseurs. Er war als Ingenieur Leiter für Verkehrsbauten in der Gouvernementsverwaltung und baute ganze Straßenzüge wie die Albertstraße und die Elisabethstraße. Seine Häuser waren noch in Art des damals üblichen Eklektizismus, von Motiven und Formen verschiedener Baustile überladen. Dann setzte sich anfangs des 20. Jahrhunderts der rationale Jugendstil bei den Architekten in Riga durch, der sich aber bald in eine Art Romantik verlor. Unter dem Einfluß der Architektur des Berliner Kaufhauses Wertheim in Riga, gab es dann betont vertikale Teilungen in den Fassaden.

Angesichts der Zerstörung der deutschen Städte im letzten Weltkrieg und der wenigen noch erhaltenen Jugenstilhäuser auch in München, wo die geistige Bewegung einst ausging, ist die Bausubstanz von etwa 800 Jugendstilhäusern in Riga von unschätzbarem Wert. Es ist eine europäische Reinkultur, eine Tatsache, die Fragen nach der Zugehörigkeit des ganzen Baltikums zu Europa überflüssig werden läßt. Sogar eine eigene Richtung des lettischen Jugendstils gab es, eine Art nationalem Romantizismus bei den lettischen Architekten, die einen regionalen, mit ländlichen und volkstümlichen Motiven angereicherten Jugendstil schufen.

Am Anfang dieser Bewegung, die sich zu “antihistorisch, individualistisch und kunsthandwerklich” in der Architektur bekannte, standen Behrens, Gropius, Mies van der Rohe, Paul, Olbrich und van de Velde. Alle gingen schließlich von München weg nach Darmstadt, Weimar, Wien oder Berlin. Nur einer blieb in München, der von Anfang an dabei war, Richard Riemerschmid, Architekt, Maler und Designer. Er fertigte die bemerkenswerten Entwürfe für das Münchner Schauspielhaus, die Kammerspiele im Jahre 1900. Wir laden alle zur Besichtigung dieses Jugendstilbaues in reinster Art in München ein. Das Kammerspieltheater in München gehört zu den besten deutschen Sprechtheatern, dort läßt sich das Praktische mit dem Schönen verbinden.

VERZEIHEN - ABER DOCH NICHT VERGESSEN

Mit dem Abzug der Minorität von drei Prozent deutscher Balten mit europäischer Bildung haben wir in fünfzig Jahren die europäische Tradition und einen Teil unserer Geschichte verloren. Wenn auch die Herren immer andere waren, Dänen, Schweden, Polen, Russen, so war doch die deutsche Amtssprache immer gleich geblieben, in Kirche, Schule und Gericht, bei Polizei, Post und den Ämtern, bei den Ärzten und so fort. Dies konnte man aus berufenem Munde von Wissenschaftlern hören.

Die Probleme einer Rückgabe von ehemaligem Eigentum, scheinen kein Thema zu sein, wo es mit anderen Staaten Schwierigkeiten gibt. Die Balten versuchen sich der Vergangenheit zu bemächtigen. Es mehren sich Anfragen um Kontakt zu den alten Besitzern der Herrenhäuser, um mit ihrer Hilfe die kostbare Bausubstanz zu retten. Es gibt auch schon Fälle wo dies geschieht, mit den Familien der Ungern-Sternberg, von Behr, von Keyserlingk, von Buxhoeveden und anderen mehr...

Früher waren sie die Herren im Baltikum, heute sind sie wieder an den Schalthebeln der Macht - dem Fähigen gehört die Welt. Ein von Wrangel war als Politiker an den Hebeln der politischen Macht, ein von Stackelberg, von Hoerschelmann, von Cube und viele andere mehr betätigen die Machthebel der Medien und nicht wenige Schriftsteller kämpfen mit der Feder. Sven von Ungern-Sternberg ist heute erster Bürgermeister von Freiburg im Breisgau. Die Familie nannte einst 50 Güter ihr eigen. Ulrich von Behr ist heute Landwirt in Niedersachsen. Sie alle leben heute in der Bundesrepublik Deutschland.

Im Jahre 1905 brach eine russische Revolution aus, die vom Militär niedergeschlagen wurde. Eine Solidaritätsdemonstration gab es in Riga, das Proletariat wurde aktiv. Eine nationale Bauernbewegung mit sozialen Zügen ging durchs ganze Land, wobei etwa 100 Herrenhäuser abgebrannt und 80 weitere beschädigt wurden, dabei wurden 82 Deutsche umgebracht. Obwohl der Aufstand nicht unbedingt antideutsche oder antirussische Züge trug, sondern gegen die Adligen gerichtet war, entstanden Feindgruppen. Es setzte eine Fluchtbewegung der Adligen in die großen Städte ein, aber auch nach Deutschland und Europa. Unersetzliche Werte, Archive, Bibliotheken und Kunstsammlungen waren untergegangen.

Die Geschehnisse von 1905 hatten scharfe Disskussionen in Deutschland zur Folge, man sprach von einer "lettischen Revolution." Im l. Weltkrieg kämpften lettische Reservisten in der russischen Armee. Als die deutsche Armee 1915 in Kurland einrückte, flüchteten die lettischen Bauern zu ihren Landsleuten in der russischen Armee. So war eine lettische Armee entstanden, es fehlte nur noch ein Staat für diese Armee. Der konnte im Jahre 1918 entstehen, doch die Westmächte hegten immer noch die Hoffnung auf Wiederherstellung eines "einigen unteilbaren russischen Reiches". Es geschah damals, was sich heute in Bosnien wiederholt hat, Deutschland nahm vorab diplomatische Beziehungen zu Lettland auf, die Westmächte folgten erst nach über einem Jahr.

Trotzdem wurden die Rittergüter 1919 enteignet. Es gab in Estland 462 Güter der Adligen, in Kurland 648 und in Livland 804. Die Enteignung nahm der deutsch-baltischen Oberschicht jeden Rückhalt, nur wenige Gutsherren konnten sich noch behaupten. Einer von ihnen, der nicht aufgeben wollte, war Fürst Anatol Lieven. Er versuchte auf seinem Restgut mit den neun abgebrannten Gebäuden und einem Ziegelofen weiterzuarbeiten. Als kleiner Landwirt bewirtschaftete er sein Kleinmesothen noch bis 1939, dann war Ende. Vom Mesothen der Familie Lieven gibt es noch die Kirche, die als Lagerraum hergenommen wurde und als Garagenraum für den Lastwagen. Auf dem Friedhof gibt es von den 35 Grabmälern der Familie Lieven nur noch zwei, die an ihrem Platz stehen. So schaut es heute auf zahllosen Friedhöfen auf dem Baltikum aus.

Werner Bergengruen - Gisela Wencelides

Werner Bergengruen, 1892 in Riga geboren, hat in der schrecklichen Zeit gelitten, er schrieb: "Das Dritte Reich verbot uns die Bezeichnung "Balten"und "baltisch",wir durften nur noch "Baltendeutsche" heißen - ein törichter Pleonasmus (Überfluß), denn unter Balten hatte man bisher ausschließlich die deutschen Bewohner unserer drei Provinzen verstanden."

Nachdem das Dritte Reich überwunden war schrieb er 1945: "Dies irae."

"Wo ist das Volk, das dies schuldlos an seiner Seele ertrüge?
Jahre und Jahre war unsere tägliche Nahrung die Lüge."

Im Jahre 1947 dann Worte des Aufbruchs: "Am Anfang war das Wort."

"Es gibt Situationen, da mit bloßen Wiederherstellungsversuchen nichts getan ist. Untergänge lassen sich nicht ungeschehen machen, Untergänge wollen anerkannt sein. Sie verlangen keinen Wiederaufbau, sondern sie verlangen ein vollständiges Neuschaffen."

Charakteristisch für seine Lyrik war 1950: "Die heile Welt."

"Aller Wind ist heimgegangen,
alles Wasser ruht geglättet,
Berg an Berg liegt sanft gekettet
und der Himmel ist verhangen.

Dann sagt er in nachdenklich-sentimentaler Rückbesinnung:

"Nie noch sang ich ein Lied, das die Heimkehr priese.
Nie auch hab' ich der Heimkehr Stunde erfahren.
Käme sie unverseh'ns, mir wäre die Lippe,
zitternd geschlossen. Nie noch sang ich...

Werner Bergengruen war die Heimkehr nicht mehr vergönnt, er starb 1964.

Gisela Wencelides wurde 1939 umgesiedelt. Sie war noch ein Kind und sie berichtet: Wir kamen in die Schule, es war in Reval, dann hieß es, wir werden alle nach Deutschland umgesiedelt. Es kam ein Schiff, wir gingen aufs Schiff und fuhren ab. Vater blieb noch und übergab alles den Russen. Erst später verstanden wir die Vorgänge, wir gingen weg, als wenn wir in Urlaub gefahren wären. Tatsächlich hatten wir eigene deutsche Schulen, ein eigenes Theater und eine eigene Kulturverwaltung und dies über Jahrhunderte. Dies haben wir alles verlassen. Mit der Enteignung aber hatte sich für unsere Eltern alles geändert, in der eigenen Heimat befanden sie sich plötzlich inmitten eines fremden Volkes. Frau Wencelides ist nun im Westen und alles ist wirklich-unwirkliche Erinnerung. In der Ecke ihres Wohnzimmers hat sie einen Herrgottswinkel eingerichtet. Eine Ikone, Maria mit dem Jesukind und ein russisches Kreuz mit einem schrägen Querbalken - auf der einen Seite zeigt er zum Himmel, auf der anderen Seite zur Hölle - zur Erinnerung an ihre alte Heimat, sie nahm mit was sie mitnehmen konnte.

Erich Noltein - Siegfried von Vegesack

Dr. Erich von Noltein berichtet von Riga, die Deutschen wollten sich abgrenzen. Sie hatten keine politische Partei, sie waren nur ständisch ausgerichtet, es gab drei Gruppen:

1. *Den Gutsbesitzenden Adel, dem gehörte der livländische Ritterstand an.*
2. *Der Literatenstand, die Studierten waren über Generationen überwiegend Deutsche.*
3. *Bei den Kaufleuten hatten die Deutschen das Übergewicht.*

Nach dem 1. Weltkrieg konnte man keinen Übergang finden, nach dem Abzug der reichsdeutschen Truppen, konstituierte sich am 18. November 1918 der nationale Staat Lettland, mit der Hauptstadt Riga, der Großgrundbesitz wurde enteignet. Viele Deutsche gingen weg und es herrschte anfangs Euphorie, daß die Deutschen weggingen. Dann aber entstand Beklommenheit. Im privaten Leben hat man mit den Letten zusammengelebt, die Familien waren teilweise auch vermischt. Nach einiger Zeit gab es wieder deutsche Schulen. Die Deutschen konnten mit Zähigkeit ihre kulturelle Eigenständigkeit und Identität erhalten. Doch dann kam im Jahre 1939 die Baltische Tragödie.

Siegfried von Vegesack, der Name entstammt einem Bremer Stadtteil, geboren im Jahre 1888, wartete die Tragödie nicht ab. Er ging bereits nach dem 1. Weltkrieg, dafür schrieb er über die "Baltische Tragödie" über den Blumberghof in Livland, wo er geboren wurde, über die verlorene Kindheit, die Herren ohne Heer und den Totentanz in Livland. Im Jahre 1949 schrieb er über die "Versunkene Welt", 1965 konnten wir ihn in seiner neuen Heimat sehen, in der Burg Weißenstein im Bayerischen Wald, wo er seine Ziegen hütete. Die alte und neue Heimat gaben ihm die Themen für Dichtung und Lyrik.

Die alte Heimat war Orelen, das Gut der Familie Kampenhausen, von seiner Mutters Seite, das einzige noch erhaltene Herrenhaus in Holz. Nach dem 1. Weltkrieg verloren sie ihren Besitz und etwa 20 Jahre später verloren sie auch noch ihre Heimat. Sein Großvater sagte ihm: "Erinnerungen sind der einzige Schatz den man weder kaufen, noch stehlen, noch jemals verlieren kann." Als er Gymnasiast war, mußte er russische Uniform tragen, wir Menschen an der Grenze mußten Brücke sein, es gab noch eine Brücke nach Westen und über diese Brücke gingen wir. Man spricht von Mut zur Utopie, mehr Mut gehörte aber der Wirklichkeit ins Auge zu schauen, wir haben die Aufgabe gehabt Brücken auch zum Osten zu bauen, wir wollten Brücke sein. Aber es hat nicht sollen sein.

"... sie lebten von der Luft der Weite", wie es der Dichter Siegfried von Vegesack ausdrückte, "in der Heimat ohne Grenzen ..."

Jeder Balte hat seine alte Heimat anders gesehen. Einmal sind es die drei Provinzen, womit natürlich die russischen Provinzen gemeint waren. Auf der anderen Seite sahen sie keine Grenzen zwischen den drei Baltenstaaten, so daß Siegfried von Vegesack von der Heimat ohne Grenzen sprechen konnte. Ein anderer Gesichtspunkt ist aber noch zu beachten. Als sich aus den Provinzen die selbständigen Staaten Litauen, Lettland und Estland entwickelten, gab es im Deutschen Reich nur noch Provinzen. In einem politisch-kulturellen Prozeß von Vernichtung der unzähligen Volkskulturen auf deutschem Boden, entstanden die Provinzen auf dem Wege des Zentralstaates. Nur Bayern konnte seine alten Traditionen bis zum heutigen Tage retten. Natürlich sind die kräftigen Volkskulturen der Schwaben, der Sachsen, der Franken, der Friesen und andere nicht ausgelöscht worden, doch die Neigung sich dem zentralen Staatswesen fast willenlos auszuliefern, läßt die deutsche Kulturlandschaft eintönig einheitlich erscheinen.

Bei den Baltenstaaten gab es aber neben der kulturellen Verschiedenartigkeit, auch den politischen Willen seine Andersartigkeit herauszustellen. Ein Kenner der baltischen Länder beschrieb es einmal so: "Die drei Baltenstaaten fühlen sich wie Brüder, die sich aber nicht kennen und auch nicht miteinander verwandt sind."

Camilla von Stackelberg

Eine baltische Schriftstellerin, die die Unterschiede in Livland sah, welche in den beiden Nationalstaaten Estland und Lettland mündeten, war Camilla Freifrau von Stackelberg, geborene von Voigt. In ihren Erinnerungen aus dem Baltikum, mit dem Titel "Verwehte Blätter" zeigt sie bereits deutlich Unterschiede bei den estnischen und den lettischen Menschen auf. Geboren wurde die Freifrau 1895 in Wenden, der "Perle Livlands". Ihr Vater war dort der "Notarius publicus". Die ersten Erinnerungen hatte sie auf dem Gut Peddeln des Großvaters. Peddeln lag an der Sprachgrenze zwischen dem estnischen und lettischen Teil Livlands. Auf dem Gut sprachen die Leute beide Sprachen und so lernte sie auch beide Sprachen.

Diese Dreisprachigkeit kam der Freifrau auch später zu statten, denn sie lebte über alle Grenzen hinweg. In Dorpat lernte sie ihren ersten Mann kennen, wo sie im ersten Weltkrieg als Helferin beim baltischen Roten Kreuz tätig war. Ihr Ehemann Richard von Staden kämpfte im sogenannten Baltenregiment an der Seite der estnischen Truppen für die Freiheit der ersten Republik. Die Freifrau flüchtete 1919 nach Mecklenburg, da sie schwanger war. Sie kehrte aber 1921 wieder zurück und lebte in Reval.

Ihr eigentliches zu Hause aber war Riga, wo ihr Vater lebte. Die Welt war nicht mehr die gleiche, als sie zurückgekehrt war, denn inzwischen war 1920 der gesamte ritterschaftliche Landbesitz bis auf unbedeutende Restparzellen entschädigungslos enteignet worden.

Diese Enteignung traf die Familie der Freifrau nur teilweise, ihre Vorfahren gehörten weniger der Oberschicht des Landadels an. Unter ihren Vorfahren väterlicherseits gab es den Hermann Friedrich von Voigt, Finanzrat und Rentmeister beim Herzog Peter von Kurland, ein Bild von ihm hing im Mitauer Schloß. Dann gab es den Baron Georg von Foelkersahm, dessen Sohn Hamilkar Foelkersahm als erster für die Befreiung der Bauern eintrat. Mütterlicherseits stammten die Girgensohns aus Schweden, deren Stammvater Georg Reinhold Girgensohn in Königsberg Theologie studiert hatte. Ihr Großvater, drei Generationen später, war Pastor in Burtneck, im Kreis Wolmar. Verheiratet war er mit Wilhelmine von Parrot, der Enkelin des Georg Friedrich von Parrot, dem Professor der Physik und ersten Rektor der Universität in Dorpat, der aus Württemberg stammte und im Auftrag Zar Alexanders die Universität neu begründete.

Freifrau von Stackelberg verließ dann sang- und klanglos ihre Heimat vom Hafen in Reval aus, um in eine unbekannte Zukunft nach dem damaligen Deutschen Reich zu gehen. Zu Weihnachten hatte sie noch nach alter Sitte den Verstorbenen ein Licht über die Heilige Nacht angezündet - dann brannte auf den Gräbern kein Licht mehr. Im Jahre 1978 ist die Frau aus Estland gestorben, von der viele sagten, sie sei die schönste Frau in Estland gewesen.

Frau von Stackelberg erzählt in ihrem Buch vom Baltikum, einer halb fremden und halb vertrauten Welt, in der neben dem Deutsch das Russisch gesprochen wurde, in Westeuropa eine etwas fremde Welt. Man lebte mit dem Gefühl, an der Grenze zwischen Europa und Asien zu leben. Mit etwas Verzögerung kamen Mode, Tänze und die Musik aus dem Westen. Alles war unverwechselbar europäisch an der Lebensweise, die Bade- und Kurorte mit ihren Gästehäusern und den Musikpavillons, der Müßiggang bei der Sommerfrische, das feierliche Ritual der Weihnachts- und Neujahrsfeste; die großen Bälle und die kleinen Feiern, die Clubs und das gesellschaftliche Leben der deutschen Balten, bis es im Jahre 1939 unterging.

Die estnische und lettische Bevölkerung war natürlich fast ganz ausgeschlossen, außer sie waren Deutsche geworden, also in die Oberklasse aufgestiegen. Das krasseste Beispiel im Baltikum erzählt man sich von dem Russen, den der Zar fragt, mit was er ausgezeichnet werden wolle und dieser erklärt: der Zar möge ihn zum Deutschen ernennen. Das protestantische Baltikum hat eine negative Entwicklung genommen, was die Menschen betraf, das ohne jedes Beispiel geblieben ist. Dabei kamen doch die ersten Deutschen als die Ordensbrüder ins Land und die Voraussetzungen waren nicht schlechter als anderswo.

Bei der Dicken Margarete gibt es in Tallinn heute noch die "Drei Schwestern", drei nebeneinanderstehende Giebelhäuser aus dem 15. Jahrhundert, im Gegensatz zu den "Drei Brüdern" in Riga. Aus dem Jahre 1422 stammt die älteste Glocke Estlands mit der Aufschrift: "Ich schlage Mägden und Knechten, Herrinnen und Herren immer die richtige Zeit, und niemand kann mir deswegen einen Vorwurf machen." Na eben, warum hielt man sich nicht daran? Auf der Domglocke steht: "Kommt in die Kirche auf meinen Clang, zum Beten und zum Lobgesang."

Im Jahre 1483 hat der berühmte Bernt Notke den doppelflügeligen Schreinaltar geschaffen. In seinem Totentanz sind alle Menschen vor dem Tod gleich, ob König, Papst, Adliger, Kardinal oder Kaufmann ... Noch 1513 stiftete der Kaufmann Hans Pauls die Marienkapelle und ließ an der Außenmauer des Chores den Spruch anbringen: "Was ich vergab, ist mir geblieben, was ich behielt, hat mich begeben. Hierum soll sich niemand zu hoch erheben, wie Rauch vergeht des Menschen Leben." Als der Gutsherr Johann Üxküll einen in die Stadt Tallinn geflüchteten Leibeigenen einfängt und zu Tode quält, wird er 1533 hingerichtet. Gab es also doch eine Gerechtigkeit für alle?

Warum konnten die Klöster nicht ihre segensreiche Tätigkeit entfalten, wie es in unserem Lande geschah. Die Benediktiner, die Jesuiten, die Zisterzienser, die Dominikaner, die Franziskaner, die Birgittinnen und viele andere Ordensgemeinschaften, die in Bayern und München auch heute gar nicht wegzudenken sind. Warum funktionierte im Baltikum auch gar nichts, damit die christliche Gleichberechtigung aller Menschen sich durchsetzte. Die Klöster waren im Mittelalter die einzige Sozialeinrichtung und an den Klosterschulen konnten auch arme Menschen lernen und studieren. Die erste Hohe Schule im Baltikum war das Jesuitenkollegium in Dorpat. Doch es kam dann die Reformation und alles wurde anders!

Statt der Aussterbeklöster in den evangelischen deutschen Ländern, wurden im Baltikum auch die Klosterbrüder evangelisch. Sie heirateten, was sie vorher nicht durften, und taten was in der Bibel stand - vermehret euch! Tragisch war nur, daß man die Bibel zu deuten begann. Schon Erasmus von Rotterdam stand im Gegensatz zu Luther in Fragen der "Freiheit eines Christenmenschen". Der finnische Reformator Agricola hatte bei Luther gelernt, doch er hielt sich an Erasmus. An der Jesuitenschule lehrte man einige

Hl. Elisabeth von Thüringen, Patronin des Deutschen Ordens

Zeit noch, was der Stifter des Kollegiums Ignatius von Loyala gepredigt hatte: “Nehmt Gottes Melodie in euch auf und stimmt an den Chor Gottes. Es ist nicht genug, daß ich Gott diene, es müssen alle Herzen Ihn lieben und alle Zungen Ihn loben.”

Auch der junge Luther schrieb für seinen Fürsten 1520 als Traktat Maria Lobgesang: “Auslegung des heiligen Magnifikats Lied der Hochgebenedeiten Mutter Gottes”, so das Widmungsschreiben Luthers an seinen Fürsten. Luther schreibt unmißverständlich: “0h Du selige Jungfrau und Mutter Gottes, wie bist Du so gar nichts und als gering verachtet gewesen und Gott hat Dich doch so gnädig und reich angesehen und große Dinge an Dir gewirkt...Darum wer sie recht ehren will, soll ihre Nichtigkeit ansehen und sich danach der überschwenglichen Gnade Gottes wundern, der ein so geringes Menschenwesen so reich und gnädig ansieht, umfängt und gebenedeit ...” Dann machte sich Luther große Mühe mit der Übersetzung, damit jeder rechtschaffene Christenmensch nachlesen konnte, was im Magnifikat des Evangelisten Matthäus tatsächlich steht:

"Lobpreis der Maria.

Hochpreiset meine Seele den Herrn, und mein Geist frohlockt über Gott, meinen Heiland; er schaute gnädig herab auf die Niedrigkeit seiner Magd, denn siehe, von nun an werden mich seligpreisen alle Geschlechter. Großes tat an mir der Mächtige und heilig ist sein Name. Sein Erbarmen gilt von Geschlecht zu Geschlecht denen, die ihn fürchten. Er übte Macht aus mit seinem Arm; er zerstreute, die hochmütig sind in ihren Herzens Sinnen und erhöhte die Niedrigen. Hungrige erfüllte er mit Gütern, und Reiche schickte er leer von dannen."

Gott erhebt die Niedrigen

Wer es nicht in der deutschen Bibel lesen konnte, fand es in der lateinischen Bibel, der “Vulgata ... er stößt die Gewaltigen vom Stuhl (Thron) und erhebt die Niedrigen - de posuit potentes de sede et exaltavit humiles”.

Der Oberpastor und Chronist Christian Kelch schrieb 1695 in seiner “Livländischen Geschichte - Est- und Livland sind der Himmel der Gutsherren, das Paradies der Pfaffen, die Goldgrube der Fremden und die Hölle der (einheimischen) Bauern.” Unweit der Nikolaikirche in Tallinn, in der der brave Gottesmann seine letzte Ruhe fand, steht das Haus des Scharfrichters, dessen Schwert im Museum zu besichtigen ist. Es trägt die Aufschrift: “Gottes Gnadt vnd Trew ist alle Morgen new. Wenn ich das Schwerdt auf thv heben, so helfe ich dem Synder ins ewige Leben." Hat er doch wohl die falschen Sünder hingerichtet.

Gab es doch genügend Beispiele für ein christliches Leben, bereits im Mittelalter opferte sich die heilige Hedwig von Schlesien, eine bayerische Herzogstochter, für ihre Untertanen auf und auch die heilige Elisabeth von Thüringen, Tochter des ungarischen Königs und Elisabeth, einer bayerischen Herzogstochter, tat ihre Christenpflicht, nahm die Erniedrigung auf sich und ließ sich im Dienste der Barmherzigkeit zu den Armen herab.

Von Elisabeth von Thüringen liest man, ihr Herz barg reiche Schätze an Frömmigkeit, Güte und Liebe. Am Fuße des Berges hatte der junge Graf Ludwig seiner Gemahlin ein kleines Krankenhaus bauen lassen, für die Kranken, welche Elisabeth selbst pflegte. Eine Königstochter als Krankenpflegerin!

Der Graf sagte, was mir gehört, gehört auch ihr. Und ihre Hände gaben reichlich Almosen aus. Bettler gingen ein und aus. Sie wollte in heiliger Armut leben. Ihr Beichtvater sagte: "Alles was als Pachtzins oder durch sonstige Zwangsmaßnahmen aufs Schloß kommt, trägt den Fluch der Ungerechtigkeit." So lebte sie bescheiden und war doch guter Dinge und erklärte jedem den sie traurig sah: "Du erschreckst ja unsern Herrgott." Sie sprach mit den Tieren, wie der heilige Franziskus, die sie als ihre Brüder betrachtete.

In Bayern waren auch Bauernsöhne in den Klöstern ausgebildet worden, sie forderten von Herzog Otto mehr Gerechtigkeit und erhielten sie in der "Ottonischen Handfeste", dem ersten Zugeständnis in Gesetzesform im Abendland. Der Herzog konnte noch nicht einmal schreiben, darum legte er zum Zeichen der Gültigkeit die Hand auf. In Bayern war das Wessobrunner Gebet schon um 800 entstanden, es war Hinweis für ein rechtes christliches Leben:

"Der allmächtige Gott
Als da noch nichts war von Enden und Wenden,
Da war schon der allmächtige Gott,
Der Männer Mildester, und da waren auch viele mit ihm
Der guten Geister
Allmächtiger Gott, der Du Himmel und Erde gewirkt hast
Und den Menschen so viel Gutes gegeben, gib mir in
Deiner Gnade rechten Glauben und guten Willen, Weisheit
Und Klugheit und Kraft, den Teufeln zu widerstehen
Und Böses zu meiden und Deinen Willen zu wirken."

So wirkten die bayerischen Herrscher in Gerechtigkeit. Als in der Reformation die Bauern das von Luther versprochene Recht und die Freiheit einforderten, wurden sie auf Geheiß des Reformators ermordet. Diese Mißverständnisse gab es in Bayern nicht. Es gab hier keine Bauernaufstände und viele erklärten nach den Bauernkriegen, sie wollten doch lieber im katholischen Bayern leben, dabei blieb es bis auf den heutigen Tag. Die Bauern in Bayern liebten ihre Fürsten, oftmals verteidigten sie ihre Kurfürsten und selbst ihren König Ludwig II. gegen die eigene Preußenhörige bayerische Regierung in München.

Mit dem Bauernkrieg hat die Reformation aufgehört eine Angelegenheit des Volkes zu sein und Luther war fortan nicht mehr der von Gott bestellte Retter, auf den mit Vertrauen die ganze Nation hinblickte!

Schaut man auf das Wort Gottes in der Bibel, so sagt Jesus: Wer das Schwert nimmt, soll durch das Schwert umkommen. Luther warnte die Fürsten vor seinem Konkurrenten Thomas Müntzer, der zur Gewalt aufrief, und sich laut Bibel im Recht wußte. Er schaffte vor Luther die lateinische Sprache ab. Thomas Müntzer proklamierte das Widerstandsrecht des Volkes gegen die "unverschämte Tyrannei" der Obrigkeit: Gott durch seinen Knecht Müntzer "stößt die Gewaltigen vom Stuhl und erhebt dieNiedrigen." Nach der Bibel hätte man ihn und seine sechstausend Bauern gar nicht umbringen dürfen!?

Nach der Bibel hatte Rienzi recht gehabt, als er in Rom 1343 sich der Volkspartei zur Verfügung stellte und eine Volksregierung bildete. Auch Kaiser Ludwig der Bayer hatte recht, sich in Rom 1328 in einem bis dahin einmaligen Verfahren vom Volke wählen und krönen zu lassen. Mit Estland hatte er berechtigte Sorgen, auch dort erhob sich das Volk im Jahr 1343 und wurde niedergemacht. Sinnigerweise hat sich Richard Wagner gerade Riga ausgesucht, um die Oper Rienzi zu komponieren.

König David sagt in der Bibel, daß gerade er, weil er kleiner war als seine Brüder und keine ihrer überlegenen und anziehenden Verdienste und Eigenschaften besaß, von Gott zum König über Israel bestimmt wurde. Die Minderen Brüder hatten dann auch recht, auch der Bettelorden der Franziskaner in München, der Kaiser Ludwig beriet, nach dem Armutsideal zu handeln. Doch was nützte es letztendlich, daß sie recht hatten?

Die Bauern im Baltikum mußten das Schicksal ihrer Leidensgenossen in den deutschen Ländern mit ertragen. Bis zum heutigen Tage ist im Bewußtsein der Deutschen eine Mißachtung für den Bauernstand in Tradition erhalten geblieben. Mit der Reformation wurden die Herren erhöht, der deutsche Herrenmensch bis in unsere Tage geprägt. Wenn die Deutsche Konfession Geständnis und Bekenntnis zu Gott verlangt und die Religion eine Glaubensaussage zur Gottesfurcht bedeutete, galt dies nicht für die Deutschen.

Heute ist alles anders geworden. Nicht nur, daß die Esten und Letten heute in Freiheit ihr Leben selbst gestalten und als gelehrige Schüler der Deutschen, gerne gute Christen werden wollen. Pastor Albertz, Mitglied der Bekennenden Lutherischen Kirche, weist darauf hin, daß der Engel in der Weihnacht zuerst den Hirten verkündete, sie sollen sich nicht fürchten. Luther hat das griechische Wort "Soter" mit Retter übersetzt, Heinrich Albertz möchte es besser noch mit "Heiland"übersetzt wissen und das Lutherwort "Vertrauen"möchte er nach dem Hebräischen mit "Hoffen" übersetzt haben. Er will, daß Jesus Wunden heilt und die Menschen wieder in die Zukunft hoffen.

Dieser protestantische Glaubensmann, der auf eine bessere Welt hoffte und dafür auch Verfolgung und Gefängnis auf sich nahm, sagte:

"Geblieben im Gedächnis ist Maria, die Mutter des Sohnes Gottes. Zu den Altären der römischen Kirche erhoben. Diese Männerkirche hat wenigstens diese eine Frau und lebt noch heute von ihrem Glanze. Die Protestanten, phantasielos wie sie sind, singen ihr keine Lieder."

In diesem Punkte hat der tapfere Christenmensch Albertz, der die irdische Welt bereits verlassen hat, nicht Recht. In Bayern singen der Gottesmutter Maria auch die Lutherischen wieder die altbekannten Lieder, wie das "Ave Maria." Oder das Lied von Novalis aus dem protestantischen Norden Bayerns:

"Ich sehe dich in tausend Bildern,
Maria, lieblich ausgedrückt,
doch keins von allen kann dich schildern,
wie meine Seele dich erblickt.

Ich weiß nur, daß der Welt Getümmel
seitdem mir wie ein Traum verweht
und ein unnennbar süßer Himmel
mir ewig im Gemüte steht."

Auch im Baltikum werden wieder Lieder gesungen, für Gott den Herrn, und auch Maria hat wieder Einzug gehalten allerorts. So können beide Seiten, Esten, Letten und die deutschen Balten, getrost verzeihen, aber doch nicht vergessen – damit sich die tragische Geschichte nicht wiederholen kann!

DIE SPRACHE IST DAS HAUS DES SEINS

Diese Aussage findet sich in der Schrift des Philosophen Martin Heidegger "Über den Humanismus". Die humanistischen Auslegungen der Menschlichkeit im "Hinblick auf eine schon feststehende Auslegung der Natur, der Geschichte, der Welt, des Weltgrundes" - metaphysische Auslegungen des Seienden im Ganzen also, die nicht "nach dem Bezug des Seins zum Menschenwesen fragen." Im Unterschied zu den Lebewesen steht der Mensch in der Wahrheit des Seins, denn er hat die Gabe der Sprache, und Sprache ist "das vom Sein ereignete und aus ihm durchfügte Haus des Seins ... Der Mensch ist der Hirte des Seins." Soweit der Philosoph unserer Tage - Herder sagte es ähnlich, als er Prediger in Riga war.

Als Gustav Adolf, König von Schweden, Estland und Livland, auf dem Kriegszug in Bayern war und die Urkunde für die Gründung der ersten Universität im Baltikum, in Dorpat, unterzeichnete, war sein Wunsch, daß man sich nicht mit Metaphysik beschäftigen möge. Man sollte sich nicht mit Wissenschaften beschäftigen die im Jenseits liegen, sondern das Diesseits sei vorrangig zu lehren. Das Christentum hat hier eine ebenso einfache, wie auch eindeutige Antwort auf die Frage parat, was der Mensch sei: "Der Mensch ist ein Kind Gottes!"

Schlagen wir also ein christliches Buch auf und sogleich erfahren wir in der Apokalypse von dem Buch mit den sieben Siegeln. Schlagen wir das Buch der Bücher auf, so lesen wir: "Und ich sah in der rechten Hand des, der auf dem Stuhl saß ein Buch .:. versiegelt mit sieben Siegeln. Und niemand im Himmel noch auf Erden noch unter der Erde konnte das Buch auftun und hineinsehen."

Was in dem Buche nun tatsächlich steht, das weiß nur Jesus und er starb am Kreuze. Immer zu Pfingsten - wenn der Heilige Geist auf uns kommt, können wir Aufschluß erhalten, was uns die sieben Siegel verborgen hielten, da heißt es in der Apostelgeschichte:

"Und als der Tag der Pfingsten erfüllt wurde, waren sie alle an einem Orte beisammen. Und plötzlich geschah aus dem Himmel ein Brausen, wie von einem daherfahrenden, gewaltigen Winde, und erfüllte das ganze Haus, wo sie saßen. Und es erschienen ihnen zerteilte Zungen wie von Feuer, und sie setzten sich auf jeden einzelnen von ihnen. Und sie wurden alle vom Heiligen Geiste erfüllt und fingen an, in anderen Sprachen zu reden, wie der Geist ihnen gab auszusprechen ... Als sich aber das Gerücht hiervon verbreitete, kam die Menge zusammen und wurde bestürzt, weil jeder einzelne sie in seiner eigenen Mundart reden hörte. Sie entsetzten sich aber alle und wunderten sich und sagten: Siehe, sind nicht alle diese, die da reden, Galiläer? Und wie hören wir sie, ein jeder in unserer eigenen Mundart, in der wir geboren sind ... wie hören wir sie die großen Taten Gottes in unseren Sprachen reden?"

Dies mag dem großen Kirchenmann, der aus Königsberg kam, in den Sinn gekommen sein, als er das Elend bei den Menschen im Baltikum sah, die sich nicht in ihrer Mundart nach Gottes Gebot ausdrücken durften. Unser Schöpfer will nicht, daß wir sprachlose Geschöpfe sind. Ist der Wille vorhanden, daß ein Volk sich in einer eigenen Sprache mitteilen will, so hat es das Recht dies zu tun, die Bibel verbürgt dieses Recht auf eine eigene Identität durch Sprache. Wir wissen, daß Herder es nicht leicht hatte bei den anderen Verständnis zu finden, für seine Ansicht, daß jedes Volk in der eigenen Volkskultur wachsen sollte, seine eigenen Lieder pflegen sollte und sich in seiner ureigensten Sprache mitteilen soll. Aus Jena kam der Funke Herders für den Aufbruch der slawischen Völker, Herder sagte: "... der Mensch ist auf Sprache hin angelegt. Sprache in ihrer gesellschaftlich bestimmten, zugleich naturge-

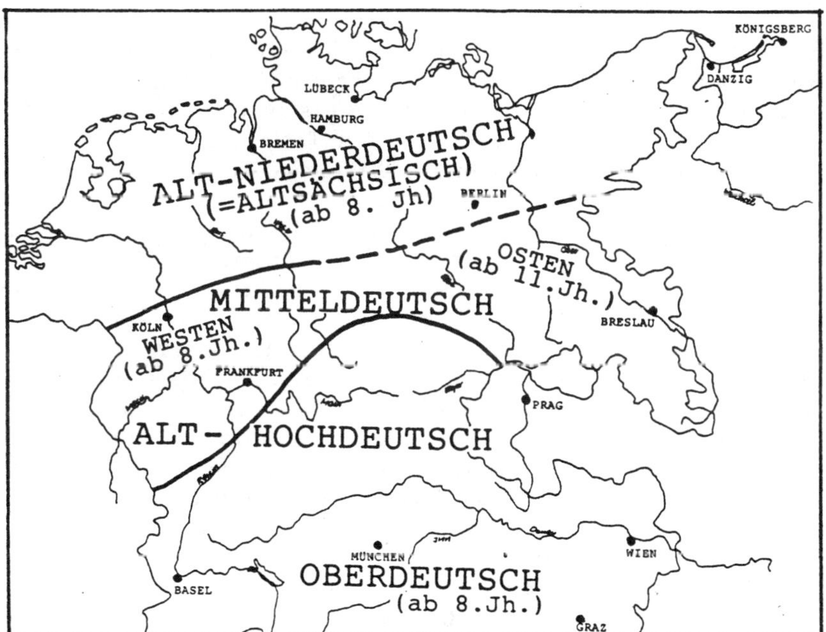

Geschichte der deutschen Sprache im Mittelalter

setzlichen Entfaltung und Ausdifferenzierung in verschiedenen Einzel- bzw. Nationalsprachen".

Der Schweizer Schriftsteller Rudolf Binding, der auch seine endgültige Heimat in Starnberg bei München gefunden hatte, sagt uns über die Sprache nachfolgendes:

"Die Sprache eines Volkes ist der untrüglichste Spiegel für das innere Anlitz dieses Volkes. Mehr noch als ein Spiegel: sie ist das unbewußte, untrügliche Seelenbildnis, ein Selbstportrait von fürchterlichster Ehrlichkeit. Die Sprache eines Volkes - schön oder häßlich, schlampig oder genau, verschwommen oder treffsicher, leidenschaftslos oder leidenschaftlich, nachplappernd oder selbstbewußt, eigen oder fremdfreundlich, gemein oder vornehm - sagt über seinen Charakter mehr aus als seine ganze Geschichte, seine äußeren Erfolge, seine Prosperität und das Urteil der Welt."

Diese Aussage ist eindeutig und die Pastoren im Baltikum haben die Botschaft Gottes in der Bibel schon recht verstanden. Bereits im Jahre 1535 übersetzte Johann Koell den Katechismus in die estnische Volkssprache, es war damit das älteste Buch in estnischer Sprache. Nicht lange danach wurde auch der katholische Katechismus 1585 in die lettische Volkssprache übersetzt und ein Jahr später folgte der lutherische Katechismus in lettischer Sprache. Es war auch ein Pastor der in Altpreußen die Übersetzungen des Katechismus und der Bibel in die preußische Sprache besorgte, die Sprache des alten baltischen Stammes um Königsberg.

Die erste estnische Bibelübersetzung erschien erst im Jahre 1739. Die lettische Übersetzung des Neuen Testaments dagegen, die durch den deutschen Pfarrer Ernst Glück besorgt wurde, gab es schon 1685 und dem folgte 1689 bis 1691 das Alte Testament.

Die Veröffentlichungen dieser Bibelübersetzungen wurde vom schwedischen König Karl XI. finanziert. Niemand würde auch nur entfernt daran denken, daß die dadurch geförderte Volkssprache und der dadurch geebnete Weg in die nationale Selbständigkeit, irgendetwas mit Bayern zu tun hätte. Doch König Karl XI. war als Sohn König Karl X. von Schweden, ein Abkömmling der bayerischen Herrscherdynastie der Wittelsbacher. Schwedens, Estlands und damals noch Livlands König Karl X. stammte aus der bayerischen Pfalz. Seine Eltern waren Johann Kasimir von der Pfalz-Zweibrücken und Katharina Wasa aus der schwedischen Königsdynastie.

Der Zweig der Dynastie der Wittelsbacher in der Pfalz stellte viele Kurfürsten, Pfalzgrafen und bayerische Herzöge, folgsame Verbündete König Gustav Adolfs von Schweden, dessen Tochter Christine, den pfälzischen Verwandten auf den Thron nach Schweden holte. In Bayern werden diese Herrscher an der Ostsee und die

Familie zu Hause in der Pfalz "Schweden" genannt. Der Urahne war Rudolf von der Pfalz, Bruder Kaiser Ludwig des Bayern in München, dessen Sohn Ludwig von Brandenburg durch seine Gemahlin, der dänischen Königstochter Margarethe, schon einmal mit Estland in Verbindung stand.

Sonderbare Situationen gab es in der Geschichte, denn während die Protestanten, schwedische und baltische, im Dreißigjährigen Krieg unter Gustav Adolf gegen die katholischen Bayern kämpften, saß nun die ehemalige schwedische Königin Christine in Rom und sang gemeinsam mit dem Papst das heroische Lied der Bayern, der treuesten Glaubensbrüder der alten römischen Kirche. Während im schwedischen Reich andere Mitglieder der bayerischen Dynastie für die Mehrung des lutherischen Glaubens warben. Daß aber die Bibelübersetzung vom schwedischen König finanziert wurde, was ein Teil der Identität der Völker im Baltikum schuf, beweist einen Zusammenhang der Freiheit der Baltenstaaten mit dem heutigen Freistaat der Bayern.

Das älteste geschriebene Wort in der lettischen Schriftsprache dürfte das Wort "amats" sein. Es ist zugleich auch das älteste deutsche Wort für Amt, das die Letten aus dem Deutschen übernommen haben. Etwa 200 Jahre vor Christus gelangte dieser altgermanische Ausdruck für Beamte nach Rom. Der römische Dichter Ennius gebrauchte das aus Gallien herübergebrachte Wort "ambactus", gotisch "andbahts", gleich Dienstmann, Gefolgsmann oder Beamter. Aus dem Wort "andbahti" ist dann unser früher "Ambet" ausgesprochenes Wort, zusammengeschrumpft zum "Amt" geworden. Der Beamte, die Bezeichnung für eine typisch deutsche Erscheinung entstand so.

Nachdem die Goten einst an der Ostsee lebten, dort wo es heute die meisten Polen gibt, später von ihrer neuen Heimat in der italienischen Lombardei aus, mit den Balten Handel trieben, könnte auch dieses oder jenes Wort direkt vermittelt worden sein.

Es ist jedenfalls höchst erstaunlich wie alt wir alle sind und unsere Sprachen. Cornelius Tacitus bestätigt uns dies nochmals ausdrücklich im Jahre 100 nach Christus. Roms letzter großer Geschichtsschreiber gibt auch Kunde davon, daß die Völker an der Ostsee "in alten Liedern erzählen", sie singen "einem erdgeborenen Gott." Dies ist heute noch die ausgeprägteste Tugend der Baltenvölker.

DIE NEUZEIT UND IHRE FOLGEN FÜR DEN OSTEN EUROPAS

Das Traurigste in unserer Welt ist, daß die Welt in den Statuten der Vereinten Nationen vertreten ist, diese aber aus Heuchelei und Furcht stets die Partei der Starken gegen die Schwachen ergreift. Früher geschah dies aus wirtschaftlichen Gründen, der Befürchtung nämlich vor ständig steigender Ölpreise oder aus politischen Gründen, aus Angst vor dem Kommunismus, zukünftig wahrscheinlich aus Angst vor dem Faschismus - der ängstliche Blick geht jedenfalls nach Osten.

Das Vertrauen in Gott, das den Menschen früher ein Bedürfnis war, weil sie sich vor dem Tod fürchteten, ist heute zum Zerrbild geworden, seit sich die Menschen einander bekämpfen und töten. Sie tun es im Namen desselben Gottes, eines Gottes, der eben nur jeweils eine Sprache spricht und verschiedene Namen hat.

Da gibt es den protestantischen, katholischen, orthodoxen, jüdischen oder moslemischen Gott. Die Juden wollen Allah nicht verehren, weil Moses seinen Gott bereits tausende Jahre früher gefunden hatte. Der Gott, den Moses fand, ist zugleich der Gott der Serben und Kroaten. Die Kriege hatten durchwegs einen religiösen Hintergrund, im Vordergrund stand die Macht, dazu kam in der Neuzeit der Nationalismus hinzu.

Kopernikus - Kolumbus - Regiomontanus

Am Anfang der Neuzeit stand bekanntlich die Entdeckung Amerikas und die Renaissance. Wir wissen, daß Nikolaus Kopernikus im fernen Frauenburg im preußischen Baltenlande den Beweis antrat, "die Erde ist eine runde Kugel." Vorher erhärtete Kolumbus, durch die Erschließung des westlichen Weges nach Indien, mit dem Nebenprodukt der Entdeckung Amerikas, die bestehende Vermutung, daß die Erde eine Kugel sei.

Kolumbus stützte sich bei seiner Entdeckungsfahrt auf die Tabellen der errechneten Gestirnsstände des Regiomontanus, der aus der fränkischen Stadt Königsberg in Nordbayern stammte. Den Gelehrten muß man nicht mehr kennen, man kennt heute Amerika und die Stadt Königsberg erfährt man aus der Reisebeschreibung Luthers, der auf dem Wege nach Rom im Königsberger

Augustinerkloster wohnte, nur einige Meter vom Geburtshaus Regiomontanus entfernt gelegen.

Aus der bedeutendsten Reichsstadt Nürnberg, gleichfalls aus Nordbayern, kam Martin Behaim, der den ersten Globus fertigte, den sogenannten "Erdapfel". Zwei Jahre später, im Jahre 1494, wurde in München der Liebfrauendom geweiht. Genau zwanzig Jahre früher starb Nikolaus von Kues, der den wissenschaftlich sehr interessierten bayerischen Herzog Albrecht III. in der großen Wissenschaft lehrte. Diese vorreformatorische Zeit war für Bayern und über Bayern hinaus für Europa von größter Bedeutung.

Herzog Albrecht wurde der Gütige und der Fromme genannt. Dabei hatte er von seiner Mutter Elisabeth, eine Visconti aus Mailand, ein feuriges Temperament geerbt. Bei der Tante Sophie am Hofe in Prag wurde er erzogen. Er sprach daher auch tschechisch, weil er an der ersten Universität des Reichs in Prag studiert hatte und die Oberen in Böhmen wählten ihn aus dem gleichen Grunde einstimmig zum König von Böhmen. Die böhmischen Edelherren eröffneten dem Herzog an der böhmischen Grenze in Cham den Grund für seine Wahl, "wegen seiner ahnsehnlichen Macht, seines edlen Charakters, sowie näherer Kenntnis der böhmischen Sprache und Sitten." Er lehnte jedoch dankend ab, um den verwandten Habsburgern in Wien nicht in die Quere zu kommen.

Albrecht verbrauchte seine Energien nicht in der Machtpolitik, sondern richtete seine Energien zu den inneren Werten hin, so wurde er ein philosophischer Grübelgeist. Den revolutionären Denker Kardinal Nikolaus von Kues wählte er sich zum Freund und Lehrer, der in seinem theoretischen Weltgebäude das Allergrößte mit dem Allerkleinsten zusammenband und als "coinciden tia oppositorum", als Zusammenfall der Gegensätze, deutete. Nikolaus von Kues führte auch in Bayern eine Klosterreform durch, in deren Verlauf Herzog Albrecht 1453 die Burg der Grafen von Andechs in ein Benediktinerkloster umwandeln ließ, heute Bayerns Heiliger Berg. Dort ließ er sich als einziger bayerischer Herrscher begraben.

Bekannt ist allen Bayern dieser Herzog auch wegen seiner ersten Gemahlin, der Agnes Bernauer. Seine Agnes war ein Mädchen aus dem Volke. Er hatte sie heimlich geheiratet, für den Priester, der den Bund schloß, gab es vor Gott keine Standesunterschiede, aber dynastische Gründe standen dagegen und man ermordete "Die Bernauerin" in Straubing. Münchens großer Komponist Carl Orff schrieb darüber ein nationales bayerisches Volksdrama in gepflegter bayerischer Sprache. Sein Wunsch, gleichfalls in der Andechser Klosterkirche die letzte Ruhe zu finden erfüllten ihm die Benediktiner. Orffs Weltruhm hatte begonnen mit der "Carmina burana, cantiones profanae", aufgrund von mittelalterlichen Gesängen komponiert, die er im Benediktinerkloster Benediktbeuren entdeckte. Seine Agnes Bernauer läßt er sagen:

"Hab ich Lieb, so hab ich Not,
- Himmelsmuatter, mir is heunt so schwaar

Meid ich Lieb, so bin ich tot .
- Nimm die groß Herznot von mir - "

Im Koster Benediktbeuren fand Orff alte verstaubte Noten, im Kloster Benediktbeuren konstruierte aber auch der aus Straubing stammende Wissenschaftler Joseph von Fraunhofer das damals in der Welt größte Fernrohr, mit dem man in der Universitäts-Sternwarte in Dorpat die Himmelskörper betrachtete. Vierhundert Jahre früher wußte man noch nichts, bis Nikolaus von Kues, genannt Cusanus, alles vorausahnte und niederschrieb.

Ockham - Cusanus

Nach Aristoteles bestanden die Himmelskörper aus einer prinzipiell andersartigen Materie, als die irdischen Dinge. An dieser hierarchischen Auffassung des Kosmos hatte schon der Philosoph und Franziskaner-Theologe Wilhelm von Ockham gezweifelt. Cusanus nahm diese Zweifel auf und lehrte die Gleichartigkeit von "unterer"und "oberer Welt". Vor allem lehrte er die Erdbewegung. Er entwickelte nicht die Ansicht von der Bewegung der Erde um die Sonne. Aus prinzipiellen philosophischen Gründen konnte er nichts als real gelten lassen, was absolut in Ruhe ist. Das ptolemäische Weltbild beruhte auf eine ruhenden Erde und einer sich bewegenden Sonne.

Im Streit um Galileo Galilei hatte Bellarmin als eine Forderung der Theologie und Philosophie erklärt, daß die Erde ruhend gedacht werden müsse. Cusanus meinte das Gegenteil, so daß von seiner Theorie eine nachweisbare Verbindung zu Kopernikus führte. Cusanus war bei den Brüdern vom gemeinsamen Leben in Deventer erzogen und in die Geisteshaltung der Devotio moderna eingeführt, studierte dann in der bayerisch-pfälzischen Universität Heidelberg Philosophie, in Padua kannonisches Recht und Mathematik und in Köln Theologie. Genau 80 Jahre nach Cusanus studierte Kopernikus an der Universität Padua.

"Nichts ist vornehmer als der Mensch ...", sagte Cusanus. Da war kein weiter Weg bis zu der Aussage: "Der Mensch ist das Maß aller Dinge." Das ist nicht mehr mittelalterlich, sondern Übergang vom Mittelalter zur Renaissance.

Am Tegernsee, dem oberbayerischen Gebirgssee südlich von München, liegt das uralte, 746 gegründete Benediktinerkloster, dort hatte Cusanus ständig eine Zelle zu Verfügung, wo er in Ruhe studieren konnte. In seinem Schaffen stützte er sich auf die Mystik von Meister Eckart genauso, wie auf den Nominalismus des Wilhelm von Ockham, der in der Obhut Kaiser Ludwig des Bayern in München seine Thesen von der wahren Welt aufstellte. Über Gabriel Biel, Gregor von Rimini und Francisco Suárez wirkte Ockhams Gedankengut auf Gottfried Wilhelm Leibnitz, für den Raum und Zeit nur subjektive Ordnungsrelationen sind, und über ihn auf den Königsberger Philosophen Immanual Kant, der dann alle Kategorien als transzendentale Subjektivität interpretierte.

Ockhams Franziskanerbruder in München, Marsilius von Padua, schrieb das Buch "Defenser Pacis - Verteidiger des Friedens", das er Kaiser Ludwig in München widmete. Mit dem Jahre 1495 begann die Zeit der Defension, der Landesverteidigung in Deutschland, geschichtlich bekannt unter dem Begriff des "Ewigen Friedens". Von Immanuel Kant kommt später das Buch "Über den ewigen Frieden"heraus. Cusanus dagegen schrieb das Buch "Vom Frieden im Glauben - De pace fidei". Ein ungeheuerliches Ereignis veranlaßte ihn zu der Erklärung: "Mit dem römischen Stuhl lebt und stirbt die Lateinische Literatur". Was war passiert? Er fürchtete die Landung der Türken in Italien, denn im Jahre 1453 war Konstantinopel in die Hände der Ungläubigen gefallen.

Cusanus war noch in einer Mission nach Konstantinopel gegangen, die Ostkirche war in großer Gefahr. Er kam mit Vertretern der orthodoxen Kirche des Ostens zurück, die auf dem Konzil von Ferrara-Florenz von 1438 bis 1443 über eine Wiedervereinigung der Christenheit verhandelten. Wie auf dem früheren Konzil von Lyon, konnte man sich wieder nicht einigen. Insbesondere wollte Rom, daß sich die orthodoxen Glaubensbrüder im Sinne Cusanus dem Frieden im Glauben verpflichten, denn Rom war nun einmal der Sitz des ersten Bischofs der Christen - mit dem sogenannten Stuhl Petri. Die Vertreter aus Konstantinopel aber wiesen auf den Umstand hin, das Kaiser Konstantin ihre Stadt als das "Neue Rom" gründete, bei ihnen die weltliche Gewalt zusätzlich dem Patriarchen in die Hand gegeben wurde, somit die rechte, also "orthodoxe" Kirche das Primat gebühren würde. Dabei blieb es und Konstantinopel ging unter. Die Wissenschaftler flüchteten mit dem Wissen der alten Griechen nach Italien.

Cusanus hatte so durch seine Mission Bekanntschaft mit den Schriften des Protagoras von Abdera gemacht, der um 485 bis etwa 415 vor unserer Zeitrechnung lebte. Protagoras begann mit dem Satz: "Der Mensch ist Maßstab aller Dinge für die Seienden, daß sie sind, für die nicht Seienden , daß sie nicht sind." Mit solchen Aussagen haben sich die Philosophen bis zum heutigen Tage herumgeschlagen, besonders Heidegger beschäftigte sich intensiv mit dem "Sein", dem zentralen Begriff der Ontologie und der Metaphysik"

Cusanus wollte reformieren und revidieren. Unter dem Eindruck der sozialen, der politischen und der konfessionellen Entwicklung im 16. Jahrhundert mit Bauernkriegen, dem Untergang von Stadtfreiheiten, dem Aufstieg des Landesfürstentums und der Nationalstaaten, weiß man heute, wie recht Cusanus hatte. Statt zur Revision der Scholastik kam es zu ihrer Restauration, wie in der protestantischen Orthodoxie. Auf der anderen Seite grübelte Montaigne über seine Physik und Metaphysik nach, Servet wurde aus Vienne verjagt und in Genf von Calvin verbrannt. Giordano Bruno wanderte durch ganz Europa und endete auf dem Scheiterhaufen. Cusanus Kritik an der Schulphilosophie führte später zu Kant in Königsberg hin. Seine Vermutungen führen zu Kopernikus nach Frauenburg in Altpreußen, die praktische Bestätigung seiner Vermutungen erbrachte Kolumbus mit der Entdeckung Amerikas.

Cusanus führt Kritik an der Metaphysik, er wollte Metaphysik nicht als Wissenschaft gelten lassen, sondern als Wissen von den Gründen des Nichtwissens, als "docta ignorantia." Die geht bereits wieder auf die alten Griechen, auf Plato zurück - ich weiß, daß ich nichts weiß. Auch König Gustav Adolf kommt in seiner Gründungsurkunde für die Dorpater Universität darauf zurück, was Cusanus sagte und meinte.

Cusanus war Diplomat und Kirchenfürst und mit dem Physiker Paolo dal Pozzo Toscanelli seit seiner gemeinsamen Studienzeit in Padua befreundet, der die Statik der Domkuppel in Florenz berechnete und mit der Sonnenuhr am Dom die Krümmung der Ekliptik exakt bestimmen konnte. Er schrieb auch 1474 einen Brief an einen Kanonikus Martins, mit einer Weltkarte. Dieser Martins tritt in der Cusanischen Schrift als Mitredner auf. Kolumbus hat nachweislich selbst diesen Brief abgeschrieben, worin Toscanelli die Westfahrt empfohlen hatte. Kolumbus konnte so die andere Hälfte der Welt für den europäischen Kulturkreis entdecken und damit den Anstoß geben für die heutige Weltkultur.

1493 kehrte Kolumbus aus dem neuentdeckten Amerika zurück, 1494 konnten die Münchner das letzte Bauwerk des Mittelalters weihen und die Neuzeit konnte beginnen. Cusanus hatte sie zuerst vermutet und erdacht! War dies nun das Ereignis, welches das Baltikum so neuzeitlich berührte? Die Wikinger hatten Nordamerika schon viel früher entdeckt, im Verein mit der Entdeckung des Baltikums. Welche Entwicklungen läuteten die Neuzeit im Baltikum ein?

Noch im Jahre 1452 hatten sich in Riga der Erzbischof und der Ordensmeister gut mittelalterlich geeinigt. Man hatte beschlossen die Macht über Riga gemeinschaftlich zu teilen. Unter Erzbischof Johann VI. Ambundi wurde der erste Landtag Livlands einberufen, der aus Erzbischof, anderen Bischöfen, Domkapiteln und Äbten, dem Ordensmeister und höheren Amtspersonen des Ordens, den Vasallen und zuletzt den Städten, bestand. Cusanus brachte 1453 das Buch heraus "De visione Dei - Über die Schauung Gottes". In diesem Jahr fiel Konstantinopel in türkische Hände.

Der Metropolit von Moskau

Durch die Wahl des Metropoliten durch eine russische Bischofssynode im Jahre 1448, ohne vorheriges Einverständnis des Patriarchen und der Trennung von der Kiewer Metropolie im Jahre 1458, gab es einen "Metropolit von Moskau und ganz Rußland". Die Moskauer Kirche ging eigene Wege, die 1589 zur Errichtung eines eigenen russischen Patriachates führte. Durch die Einwirkung von Renaissance und Humanismus, von deutschem Stadtrecht und westlichen Bildungstraditionen, war die ethnisch-kulturelle Teilung der Ostslawen in Ukrainer, Weißrussen und Großrussen vorbereitet worden. Interessant ist der Zeitpunkt der Überwindung der dynastischen Krise im Jahre 1453, dem Jahr des Falls von Konstantinopel. Der wohl bedeutendste Herrscher auf dem Moskauer Thron war Ivan III. mit Beginn seiner Herrschaft 1462, wird aus dem Fürstentum Moskau, das Großfürstentum und darauf wird der Machtanspruch begründet.

Johann Peter Eckermann, Chronist der Gespräche mit Goethe, schrieb einmal: "Die christliche Religion ist ein mächtiges Wesen für sich .. ist ... über aller Philosophie erhaben und bedarf von ihr keine Stütze." Zuerst war in Rußland die Religion und mit ihr begründet man die ins Uferlose wachsende Macht der russischen Herrscher, es geht um die "Heilige russische Erde". Nutzlos waren dagegen die Moralpredigten der Philosophen, wie es Eckermann richtig ausdrückte. Kant sprach das Mißverhältnis in Rußland an zwecks Beherzigung: "Verbindet man Religion nicht mit Moralität, so wird Religion nur zur Gunstbewerbung." Und Jean Jaques Rousseau: "Die Mißachtung der Religion führt zur Mißachtung der menschlichen Pflichten."

Die Aufrufe kamen zu spät, ohne jede Rücksicht wurde das russische Reich ausgedehnt. Symbolhaft wurde die Heirat zwischen Ivan III. mit der Nichte und nächsten lebenden Verwandten des letzten Kaisers von Byzanz Konstantin XI. im Jahre 1472 vollzogen. Das byzantinische Krönungszeremoniell wurde, wenn auch nur teilweise, übernommen. Auch der byzantinische Doppeladler wurde zum Staatssymbol erhoben.

Wenn dies auch nicht überschätzt werden sollte, so waren die Geschehnisse im Heiligen Römisch-Deutschen Reich nicht ohne Einfluß auf die Entwicklung in Rußland. Am 21. September 1415 wurde der spätere Kaiser Friedrich III. geboren. Seine Eltern waren der steirische Herzog Ernst der Eiserne und die Cimburga von Masowien. Die österreichische Hauptlinie der Familie Habsburg und auch die tirolerische Linie waren ausgestorben. Es blieb nur noch die Steiermark als Erblande des Habsburgerreiches mit einer litauischen Stammutter, aus dem masowisch-polnischen Raum. Dies blieb nicht ohne Folgen, denn in der Politik des Reichs unter Kaiser Friedrich sank die Bereitschaft den Deutschen Orden in Preußen zu unterstützen, was zu den vernichtenden Niederlagen und zu dem Thorner Frieden führte.

Als Schlußpunkt dieser Entwicklung zugunsten des baltisch-litauischen Großreiches gab es den Preßburger Frieden 1491 mit König Wladislaw II. von Böhmen, aus dem litauisch-polnischen Haus der Jagellonen und später den Pressburger Ausgleich 1515 mit dem polnischen König, aus dem litauischen Jagellonengeschlecht.

Litauen verbündet mit dem livländischen Landmeister, konnte 1502 den Sieg am See Smolina gegen das russische Reich erringen, was zu einer langen Friedenszeit führte, diese galt natürlich nur für den Orden, der mit Rußland Frieden schloß. Auch danach konnte der russische Zar in mehreren Schlachten Litauen nicht entscheidend besiegen.

Das heilige Rußland

Die Anknüpfung des russischen Großfürsten von Moskau an das heilige byzantinische Reich durch die Heirat 1472 hatte eine Entsprechung im Römisch-Deutschen Reich, das seit den Stauferkaisern das "Heilige" genannt wurde. Nun war die Zeit danach, daß auch Frankreich ein wenig Glanz erhielt. Im Jahre 1469 erhielt der französische König von Papst Paul II. den Titel "Rex christianissimus", "Allerchristlichster König".

Auch der Doppeladler, den Rußland vom byzantinischen Reich übernahm, hatte seine Entsprechung im Reich. Kaiser Sigismund nahm schon 1433 den Doppeladler als Wappenbild an, Kaiser Friedrich fügte den beiden Adlerköpfen dann seine beiden Kronen bei. Dieser Doppeladler blieb als Symbol bis zur Auflösung des Heiligen Römisch-Deutschen Reiches im Jahre 1806 und ein Adler wurde verändert zum österreichischen Symbol. Der zweite Adler des Reichswappens wurde in Preußen gepflegt und ist heute das Wappentier der Bundesrepublik Deutschland, aber beide Adler schauen nach links.

Rußlands Doppeladler schaute bis 1918 nach beiden Seiten. Einmal sah er 1480 nach zweihundertvierzig Jahren die tatarische Herrschaft zu Ende gehen, der neue Feind sollte fortan der Türke sein. Andererseits spähte der Doppeladler nach Eroberungen aus. Die Einverleibungen begannen im Jahre 1463 mit Jaroslawl, zehn Jahre nach dem Untergang von Konstantinopel, dann kamen Rostow 1474, Nowgorod 1478 und Twer 1485 hinzu. Damit war der gesamte Osten und Norden an Moskau gebunden und Ivan III. schuf 1497 ein gemeinsames Gesetzbuch.

Bei Übernahme der byzantinischen Symbole entwickelte Ivan IV., der Schreckliche, eine den orthodoxen Traditionen verpflichtete imperiale Reichsidee. Smolensk wurde 1514 angegliedert und Pleskau 1510. Ausgerechnet von dort kam die Theorie von Moskau als dem Dritten Rom. Im Kloster von Pleskau, vor den Toren Dorpats, formulierte der Mönch Filofej das, was der Metropolit Makarij 1547 inszenierte, die Zarenkrönung. So wurde der fünfundzwanzig Jahre dauernde Livländische Krieg bereits elf Jahre später zu einem geheiligten Vorhaben, wenn er auch vorerst in einer Katastrophe endete.

Geschickt konnte später Zar Peter der Große bis zum Jahre 1721 den großen Traum Rußlands einlösen, weil sich die neuen Herren im ehemaligen Ordensland nicht über die wahre Konfession einigen konnten. Polen und Schweden stritten sich und die Freude blieb daher auf Seiten des Dritten, und der war Rußland. Die Leidtragenden sind heute Estland mit zwei und Lettland mit drei Konfessionen.

Es waren religiöse Gründe 1448 für die Unabhängigkeit Rußlands von Konstantinopel, dem 1458 die Kirchenspaltung folgte mit der Folge der Trennung der Großrussen, Kleinrussen und Weißrussen. Letztlich war die Annahme des Patriarchentitels 1589 nur eine Frage der Zeit, auch Peter der Große legte Wert auf die Erneuerung der byzantinischen Kaiserwürde.

Ivan der Schreckliche hinterließ ein ruiniertes Land. Es rächte sich gegen alle kämpfen zu wollen: gegen den Deutschen Orden, dann gegen Schweden, Dänemark, Litauen und Polen. Es folgte die Zeit der Wirren in Rußland. Diese Zeit gab den vielen Siegern die Möglichkeit, zuerst einmal die Ordensherrschaft restlos auszulöschen. Was in absoluter Einigkeit vonstatten ging, die aber bei der Religion gleich wieder ein Ende nahm. Vom Norden her wurden alle Kirchengüter des alten Glaubens vernichtet und durch die nach Norden anrückenden Polen und Litauer wieder aufgerichtet, was von den Schweden wieder rückgängig gemacht wurde. Im Baltikum gab es nach dem verheerenden Niedergang, durch die Zerstörungen im Krieg, einen Aufschwung im fruchtbaren Wettbewerb der Konfessionen. Doch im Streit und Krieg gegeneinander beschränkten sich die Schweden mehr darauf die Konfession der Polen zu tilgen, als das Land zu fördern und zu festigen.

Als Patriarch der russischen Kirche und faktischer Leiter der russischen Politik stellte Filaret die Autokratie in Rußland wieder her. Im Jahre 1654 kam es zum Vertrag von Perejaslaw mit den Kosaken und zum "ewigen Frieden" von Moskau. Er besiegelte wiederum den Beitritt Moskaus zur antitürkischen Allianz der "Heiligen Liga" zwischen dem Heiligen Römischen Reich, Polen und Venedig, dies schuf die Voraussetzung für eine aktive russische Europapolitik im 18. Jahrhundert.

Damit begann Peter der Große, der im Nordischen Krieg alle Streitigkeiten auf dem Gebiet des Baltikums bereinigte und Rußland den Weg nach Europa ebnete. Zuerst wurde die neue Hauptstadt Petersburg zum Reichszentrum und zum Fenster nach dem Westen. Der Zar nahm den Kaisertitel (Imperator) nach westlichem Vorbild an. Das "Geistliche Reglement" ersetzte 1722 den Patriarchen durch den Heiligen Synod, eine Kolligialbehörde unter Leitung des Oberprokurors.

Unter Kaiserin Anna nahm Rußland am polnischen Thronfolgekrieg teil, unter Elisabeth am Siebenjährigen Krieg, in dessen Verlauf die Russen 1757 in Altpreußen und Königsberg, im Jahre 1760 in Berlin einrückten. Damit war die europäische Hegemonialstellung der östlichen Kaisermacht unter Katharina II. begründet. Im Frieden von Teschen wurde ihr 1779 ein Mitspracherecht für deutsche Angelegenheiten eingeräumt.

War Katharina bereits eine Prinzessin aus einem deutschen Fürstenhaus, gebürtig in Stettin, so heirateten ihre Nachfolger auf dem russischen Kaiserthron Prinzessinen aus den süddeutschen Fürstenhäusern in Württemberg und Baden, aus Hessen, Preußen und aus dem dänischen Königshaus. Zar Paul I. übernahm aus romantischer Vorliebe für das christliche Rittertum das Protektorat über den Malteserorden, dessen Großmeister er 1798 wurde. Als aber Napoleon Bonaparte im gleichen Jahr Malta besetzte, schloß sich Paul der zweiten Koalition Englands und Österreichs gegen Napoleon an. Als England Malta besetzte und nicht mehr herausgab, verließ Zar Paul 1793 die Koalition wieder und verbündete sich mit Napoleon.

Zar Paul, Katharinas Sohn, kam erst mit zweiundvierzig Jahren in die Regierung Rußlands. Er hatte ein krankhaft-despotisches Auftreten und war von willkürlich-kleinlicher Strenge. Seine Politik war planlos. Auch mit Bayern kam er in Konflikt, wo sich weltweit zehn Prozent der Ordensleute des Malteserordens befanden, er drohte mit Krieg. Die Gefahr für Bayern dauerte nicht lange, denn in St. Petersburg fand man den Pakt des Zaren mit Napoleon unerträglich, noch dazu verehrte der russische Herrscher den Korsen, sein französisches Gegenüber.

Am 24 März 1801 drang eine Offiziersverschwörung unter Leitung des Grafen von Pahlen ins Schlafgemach des Zaren ein und man erdrosselte ihn. Der Tyrann, der grausame Menschenverächter war tot, es lebte der neue Zar Alexander. Er war von dem Komplott durch Graf Nikita Panin unterrichtet worden, der Vizekanzler Zar Pauls war und bereits der Zarin Katharina diente. Schon früher hatte sich das Grafengeschlecht um Rußland verdient gemacht. Einer davon hatte 1762 das Konzept des sogenannten "Nordischen Akkords" begründet, dem Rußland, Preußen, England, Sachsen, Dänemark und Schweden angehörte, um das Gleichgewicht gegen die katholischen Mächte Frankreich, Österreich und Spanien zu sichern.

Bayern befand sich damals in einer prekären Situation. Der katholische bayerische Kurfürst Max III. Joseph hatte eine österreichische Mutter aus dem katholischen Lager und eine sächsische Gemahlin aus dem von Rußland geführten Lager. Er mischte sich lieber in die große Politik nicht ein. Er war sehr beliebt im Volke, gründete 1759 die berühmte Akademie der Wissenschaften in München, nur daß er für den großen, aus Bayern abstämmigen Musiker Wolfgang Amadeus Mozart keine Vakatur frei hatte, betrübt die Münchner heute noch. Mozart ging dann eben zum Verwandten des Münchners nach Mannheim, dort gab es das in Europa berühmteste Orchester. Doch der Mannheimer Kurfürst trat das Erbe in München an, zwei Opern komponierte Mozart für München, dann ging er nach Wien.

Mit Zar Alexander kam das Ende der Pressebeschränkungen, Reisen nach dem Westen wurden möglich und die westlichen

Druckerzeugnisse konnten eingeführt werden. Der Zar der schwärmerischen Ideale, der sich nicht für soziale Reformen durchringen konnte und einen Rechts- und Ordnungsstaat schuf, was an seinen Beratern lag. Graf von Pahlen hatte seine Schuldigkeit getan, der baltische Graf konnte gehen. Trotzdem waren die sogenannten russischen Baltenprovinzen die ersten, die von der neuen Zeit profitierten. Die erste Universität im russischen Großreich war die baltische Universität Dorpat, die im Jahre 1802 wiedererrichtet wurde, wenn auch deutschsprachig. Die deutsche Schriftsprache war noch sehr jung und erst entwickelt worden, so daß man sich in den etwa 35 deutschen Ländern verständigen konnte. Die niederdeutschen Sprachengebiete, auch die Städte an der Ostsee und im Baltikum, waren durch eine gemeinsame Übersprache verbunden mit den Oberdeutschen. München und Dorpat konnten sich verständigen und die bayerisch-pfälzische Universitätsstadt Heidelberg konnte Dorpat grüßen. Julius Eckardt, der über die Geschichte Dorpats schrieb, bezeichnete die Stadt als das "nordische Heidelberg".

Zar Alexanders Gegenspieler in Europa, der französische Konsul Napoleon Bonaparte strebte gleichsam Veränderungen an. Er schloß am 15. Juli 1801 ein Konkordat mit dem Heiligen Stuhl in Rom. Die Französische Revolution war auch auf geistigem Gebiet liquidiert, Napoleon war Realpolitiker: "Soll ich vielleicht eine neue Religion erfinden? Nein, ich sehe die Dinge anders. Ich brauche die alte katholische Religion. Sie allein wurzelt in den Herzen; sie ist unausrottbar, und nur durch sie kann ich mir die Herzen gewinnen und alle Hindernisse überwinden."

Der Atheismus der wilden Revolutionstage, wo selbst die christliche Zeitrechnung abgeschafft war, hatte ein Ende gefunden. Frankreich konnte einen doppelten Frieden feiern, den geistlichen und den weltlichen. Nach einem Jahrzehnt zieht zum ersten Male wieder die hohe Geistlichkeit im Pontifikalornat unter Glokkengeläut in Notre-Dame, dem Dom zu Unserer Lieben Frau, ein. Unter dem ehrfürchtigen Schweigen der Menge betreten Napoleon Bonaparte und Josephine de Beauharnais das mächtige Kirchenschiff.

Der weltliche Friede von Lunéville wurde zwischen Frankreich und Österreich geschlossen. Rußland war wegen der Gegnerschaft gegen Napoleon nicht eingeschlossen. In den Kriegswirren hatte man in Wien an eine Wiedervereinigung Österreichs und Bayerns gedacht. Die Linie der Wittelsbacher in München war ausgestorben und die Pfälzer Linie in Heidelberg, Düsseldorf und nun in der neuen Hauptstadt Mannheim waren die direkten Erben, die Habsburger in Wien waren nur die Verwandten. Die Pfälzer lehnten sich an Frankreich an, teils dienten sie in der französischen Armee in hohen Rängen, so erhielten sie Hilfe von Napoleon - das ganze bayerische Reich, vom Rhein bis zur Isar sollte wieder vereinigt werden. So kam es, daß Rußland auf der österreichischen Seite gegen Frankreich und Bayern stand. Als die Russen auf die bayerische Grenze am Inn anrückten, wurden sie von Napoleon geschlagen, vertrieben und bis zur Memel verfolgt. Dort inmitten des Stromes war Alexander bereit Frieden zu schließen. Das gerade wollte Zar Paul schon früher, doch nun lebte er nicht mehr.

Die heilige Religion

Als sich das Blatt wieder gewendet hatte und Rußland, Österreich und Preußen als Sieger über Napoleon in Paris beisammensaßen, hatte Alexander schon längst von Napoleon gelernt, mit der Heiligen Religion war das Volk zu gewinnen. Zar Alexander wollte im Zeichen seiner Religiosität Europa neu ordnen. Unter dem Einfluß romantisch-konservativer Ideen gelangte Alexander zu einem universal-christlichen, mystischen Sendungsbewußtsein. Er wollte den christlichen Prinzipien auch im Leben der Völker Geltung verschaffen. In Paris trafen sich die Sieger und in Wien tanzte der Kongreß. Dem Zaren war es Ernst, um einen Heiligen Pakt der Sieger und er konnte die anderen Monarchen für den Plan gewinnen.

Zwischen Paris und Wien lag München, dort wirkte der katholische Philosoph und Theologe, der Münchner Benedikt Franz Xaver Baader im Dienste des bayerischen Königs. Er hatte in Wien studiert und er lehrte die Selbstentwicklung Gottes im Menschen als Selbstbefreiung aus einem dunklen Urgrund. Dabei war er von den theosophischen Lehren des Schlesiers Jakob Böhme beeinflußt. Baader wollte die morgen- und abendländischen Kirchen vereinen, er wünschte eine einzige weltumfassende christliche Religionsgemeinschaft. Er war nicht der erste, der diesen Gedanken einer Allchristengemeinschaft hegte, er hatte dreihundert Jahre vorher in Nikolaus von Kues, genannt Cusanus, einen Vorgänger. Cusanus war ein Freund des bayerischen Herzogs Albrecht in München, der eine an das Konzil von Basel gerichtete Schrift zur konziliaren Theorie schrieb: "Von der Einheit der Kirchen - De concordantia catholica." Er sagte: Gott ist die Einheit, das Absolute.

Auf dieser Grundlage einer offenbarungsgebundenen Glaubensphilosophie sah der katholische Philosoph Baader, die Zeit für gekommen, über alle Konfessionen hinweg eine Einheit im Glauben zu schaffen. Baader war mit seinen Ansichten gerade der richtige Mann für Zar Alexander und es war kein Wunder, daß er mit der baltischen Freifrau von Krüdener zusammentraf, der in Riga geborenen mystisch-pietistischen Prophetin und Predigerin, die 1806 der Herrnhuter Brüdergemeinde beigetreten war. Die Herrnhuter gingen auf die Böhmischen Brüder zurück, kamen aus der sächsischen Lausitz und waren auch in Riga stark vertreten, alles Gegenden, in denen mehrere Konfessionen aufeinandertrafen. Bruderliebe wurde an Stelle von Religions-und Glaubensstreitigkeiten gepflegt, so übte Frau Krüdener auf die schwäbisch-süddeutsche Erweckungsbewegung ihren Einfluß aus und dort in Heilbronn traf sie auch 1815 den russischen Kaiser Alexander.

Dem aufmerksamen Beobachter fällt auf, daß bereits 1817 in Kurland und 1819 in Livland die Leibeigenschaft abgeschafft wurde, lange bevor dies im russischen Mutterland durchgeführt wurde, was die Wirkung verdeutlicht, die Frau von Krüdener und der Philosoph Baader bei dem russischen Kaiser verzeichnen konnten. Frau von Krüdener war im Jahr der Bauernbefreiung in ihre baltische Heimat zurückgekehrt, die Prophetin und der Bayer hatten sich "um das Baltikum verdient gemacht".

Wir sind unwahrhaftig gegen die Geschichte, wenn wir die Leibeigenschaft auf die baltischen Länder lokalisieren. Ganz besonders östlich der Elbe verfielen die Bauern durch Verschuldung in Erbuntertänigkeit. Der Gerichtsherr war nicht der Fürst oder Fürstbischof, sondern sein Gläubiger und Grundherr.

Die Freiheit der Bauern war alles was Baader wollte, er wollte die freie Verbindung der Menschen auf der Grundlage der Bibel, die ganze rechtliche Gleichstellung, so ließ er sich vernehmen:

"Es ist absurd, das Problem der bürgerlichen Gesellschaft ohne den Geist der Religion lösen zu wollen." Religion und Liebe, Liebe und Freiheit sind hier eins. Der Weg der Französischen Revolution dient zum Beweis dafür, daß die Freiheit ohne die Liebe und den Glauben notwendig wieder in Despotie enden muß.

Baader hat seine Gedanken in einer Schrift dem Zaren, dem Kaiser von Österreich und dem König von Preußen gleichlautend vorgelegt. Baader schrieb seinem Freund: "Meine kleine Schrift (Über die Verbindung der Religion mit der Politik) hat der Herr gesegnet, und der von ihm berührte russische Kaiser hat mir infolge dieser Schrift den ehrenvollen Auftrag gegeben, für den russischen Klerus ein Lehrbuch der Natur und Gottweisheit zu schreiben ... Endlich habe ich vom Herrn russischen Minister des Kultus, Fürst Gallizin, Präsident des Heiligen Synods und Vorsteher der

Bibelgesellschaft, den Auftrag erhalten, jungen katholischen Priestern, die sich als Pfarrer usw. nach Rußland begeben wollen..." den Weg dorthin zu ebnen. Der Enthusiasmus Baaders zwischen den Konfessionen zu vermitteln ging so weit, daß er sich einmal sogar zu der Meinung verstieg von München aus "wieder gutzumachen, was von Wittenberg verdorben ward."

Er machte sich auf den Weg nach Rußland, dabei nahm er aus München den Philosophen Schelling mit und begeisterte auch ihn tätig zu werden. Zwei Jahre lang hielt er sich in Rußland auf, wo er mit politischen und literarischen Aktivitäten beschäftigt war.

Doch Baader wurde bald in eine harte Schule des Schicksals genommen. Von daher abeitete in ihm die "Sägemühle des Kummers", denn seine pietistischen Freunde in St. Petersburg wurden von den Orthodoxen bekämpft und einer der Hauptakteure war Comte Paulucci, der Gouverneur von Riga. Er war als "Pietistenfresser" bekannt, ein ausgemachter Feind Lindls und Goßners. Im Winter 1822 auf 1823 stand Baader an der Grenze nach Rußland, die Orthodoxen verwehrten ihm den Grenzübertritt bei Memel. Der Kultusminister Gallizin wurde gestürzt und Baader wurde von der preußischen Polizei als "verdächtiges Subjekt" bespitzelt. Er faßte seine Erfahrungen an der Grenze Rußlands zusammen:

"Wenn es übrigens der Zustand eines Propheten ist, von außen in der Hölle, innerlich im Himmel zu sein, so bin ich wahrlich ein Stück eines solchen Propheten ... "

Zar Alexander war 1825 gestorben, im darauf folgendem Jahr kehrte Baader nach München zurück. Der neue Zar Nikolaus I. war ein Autokrat, der seine Regierung auf die orthodoxe Kirche stützte, mit einer offiziösen staatsbezogenen Volkstumsideologie untermauert. Später wurde nochmals versucht die Heilige Allianz des Zaren Alexander wieder zu beleben, daran hatte aber Österreich kein Interesse mehr.

Erst im Jahre 1861 kam die Bauernbefreiung in Rußland durch Zar Alexander II., er prägte das einsichtige Wort - lieber von oben aufheben, als abzuwarten bis es von unten gewaltsam erzwungen wird. Alexander III. stellte dann auch die Kirche, durch seinen ehemaligen Lehrer, den Oberprokuror des Heiligen Synod Prodonoszew, in den Dienst der Politik. Es folgte ein brutaler Nationalismus gegen alle Fremdvölker, besonders gegen die Ostseeprovinzen, gegen das Baltikum. Als Nikolaus II. mit Beratern regierte, deren bekanntester Rasputin war, blieb sein Tun wirkungslos. Die Gefangenschaft 1917 hat er ebenso in mystischer Ergebenheit ertragen, wie die Last seiner Krone.

Die mystische Ergebenheit der Russen

Nach dem Ende des Zarentums gab es Alternativen wie den Rationalismus und die säkularen Religionen wie den Sozialismus und Kommunismus. Aber das war ein Irrtum, denn Religion als menschliches Phänomen wird niemals verschwinden. Die Religion muß die Fragen des Lebens beantworten wie: Wer bin ich? Was wird mit mir sein? Das Versprechen des Rationalismus, er könne Antworten auf die Fragen geben und alles verständlich machen, ist gescheitert. Religion ist und bleibt ein zentrales Thema unseres modernen Lebens.

Ludwig Börne, der Schriftsteller, der zum Protestantismus übertrat, hat sich wahrscheinlich oftmals im Grabe umgedreht, er sagte: "Religion ist die Liebe und Versöhnung; schon im Worte liegt es: sie verbindet wieder, was je getrennt war." Er kritisierte scharf seinen gleichfalls aus Frankfurt am Main stammenden Landsmann Johann Wolfgang von Goethe, der zumindest zu der Erkenntnis kam: "Die Menschen sind nur solange produktiv, als sie noch religiös sind." Er hätte diese Erkenntnis im heutigen Rußland gewinnen können, denn die einzige sinnvolle Bewegung scheint es dort nur noch unter den gläubigen Menschen zu geben. Kaum wurde eine ehemalige Kirche, die zur Turnhalle umfunktioniert war, zurückgegeben, ist Bewegung bei den Menschen zu erkennen.

Vorher herrschte noch Befehlsgewalt von oben im "Roma aeterna", im "ewigen (russischen) Rom". Tibull meinte damit das erste Rom und es war nicht der Zar, sondern Kaiser Augustus der sagte: "Roma locuta causa finita", "Rom hat gesprochen, die Sache ist erledigt." Doch die Menschen trauern der heroischen Zeit nach, so mußte die Regierung Rußlands wieder als Nationalsymbol das Staatswappen mit dem Doppeladler mit drei Kronen einführen. Der goldene Adler auf rotem Grund ist wieder das Symbol der Sammlung. Als der russische Ministerpräsident im Dezember 1993 das Weiße Haus in Moskau bezog, geschah dies mit entsprechender kirchlicher Weihe. Es fehlt lediglich der starke Mann von ehedem. Doch das heilige Band der Religion eint die Russen in mystischer Tradition.

IN DULCI JUBILO - IN SÜSSEM JUBEL

Dieses Weihnachtslied, welches halb in Latein und halb in Deutsch gesungen wird, drückt den Jubel aus, der plötzlich über München gekommen war - beim Taizé-Treffen der europäischen Jugend zwischen Weihnachten und Neujahr 1993.

In dulci jubilo - nun singet und seid froh: Unsers Herzens Wonne liegt in praese pio (in der Krippe) - und leuchtet wie die Sonne matris in gremio (auf dem Schoß der Mutter) - Alpha es et O,—(du bist das Alpha und das Omega).

Dieses Lied ist fast so alt, wie das christliche Baltikum. Es stammt aus einer Lebensbeschreibung des Mystikers Heinrich Seuse, einer Handschrift aus dem 14. Jahrhundert. Seuse empfand ein gnadenhaft geschenktes Fühlen voll "minniglicher" Verzückung im Erlebnis gegebener Glaubensinhalte. Der Minnesang war eine Liebeslyrik die zu der Zeit gesungen wurde. Nach der Sprache folgte sogleich der Gesang. Cornelius Tacitus berichtet bereits 100 nach Christus, daß an der Ostsee die Menschen ihren Gott besingen.

Seuse war ein Schüler von Meister Eckhart, der eine große konfessionssprengende Schau entwickelte und deren Grunderlebnis das Erkennen war. Meister Eckart war der bedeutendste und geistvollste deutsche Mystiker. Er war bereits am Anfang des 14. Jahrhunderts Schöpfer einer deutschsprachigen (religionsphilosophischen und metaphysischen) Lehre, die von größter Bedeutung für seine Zeit war und einer der Säulen der "Deutschen Konfession" bildete. Meister Eckhart war der Schöpfer eines neuen Typus christlicher Volksfrömmigkeit. In seinem christlichen Verständnis kommt er zu einer unmittelbaren Begegnung zwischen Gott und der gläubigen Seele. Dies war ein wesentliches Glied in der Glaubensansicht Martin Luthers, der zweihundert Jahre später die bei Eckart zurücktretende Kirche und Schrift hinzufügt. Damit standen die Grundfesten der Reformation, der Deutschen Konfession.

Was beiden großen Glaubensmännern eigen war, sie trugen die Begründung ihrer Lehre auf der Grundlage der Volkssprache aus, in ihrem Falle der deutschen Sprache. Durch die Übersetzung der Bibel in unzählige Sprachen, entstanden die Schriftsprachen vieler Völker und auch viele Konfessionen. Seit dem zweiten Vatikanischen Konzil sind auch in der alten römischen katholischen Konfession Volkskirchen entstanden, es entstanden die Volksaltare, der Priester wendet sein Gesicht dem Volke zu und er zelebriert in der Sprache des Volkes. So ist ein Verständnis nur noch über ein bestimmtes Sprachgebiet möglich. So will die Taizé-Brüderschaft wieder das Verständnis über alle Sprach- und Konfessionsgrenzen hinweg wecken, denn gemeinsam ist allen der gleiche Gott - der nur viele Namen hat.

Gegründet wurde die “Communauté de Taizé” als evangelische ökumenische Gemeinschaft im Jahre 1949 von Roger Schutz im burgundischen Taizé. Frere Roger Schutz oder Bruder Roger stammt aus der übernationalen, überkonfessionellen schweizer Eidgenossenschaft und ist evangelischer französischer Theologe. In Taizé gelten Regeln, die in der evangelischen Konfession längst nicht mehr bekannt sind, nämlich Ehelosigkeit, Gütergemeinschaft und Anerkennung der Autorität. Die christliche Welt trachtet seit der Reformation danach, diese Elemente der alten römischen Kirche zu eleminieren, was heute von der jungen Generation freudig wieder aufgenommen wird. Die Amtskirchen betreuen einen bestimmten gläubigen Menschen, die Jugend wendet sich zahlreich von der starren Kirche ab und lebt in einer neuen, jungen Kirche.

Europas Jugend gibt ein Zeichen

Die Brüder von Taizé leben mit Franziskanern und orthodoxen Mönchen zusammen in einer Gebetsbrüderschaft. Massenhaft strömen Menschen an diesen Ort. Das Medienzeitalter hämmert auf die Menschen ein, ihnen die Langeweile zu nehmen und die Leere auszufüllen, die uns diese Zeit beschert.

Die jungen Leute entfliehen der Einsamkeit und begeben sich in eine Gemeinsamkeit, einem Urtrieb der Menschen zu allen Zeiten. Seit einigen Jahren führt die ökomenische Mönchsgemeinde aus dem französischen Dorfe Taizé europäische Jugendtreffen durch, vorher in Budapest, in Prag und in Breslau. Im Jahre 1993 ging die Einladung von München aus. Das Motto des Treffens war “Inneres Leben und Solidarität”. Solidarität bewiesen auch die Organisatoren mit viertausend Helfern bei der Durchführung des Treffens. Mit 80 000 Jugendlichen aus siebzehn Nationen war es das größte Jugendtreffen in der Geschichte der bayerischen Landeshauptstadt. In dreihundert Kirchengemeinden in und um München wurde die Betreuung jeweils einer Gruppe Jugendlicher unterschiedlicher Nationalität übernommen. Gerade die Internationalität kam bei den gemeinsamen Gebeten in den Messehallen und auch in den Gemeinden zum Ausdruck.

Wer glaubte, daß zweitausend Kilometer eine zu weite Strecke sei, der war überrascht über die Beteiligung des Baltikums, Polens,

Rußlands, aus den Ländern der ehemaligen Sowjetunion und Rumäniens. Viele waren zwei Tage und zwei Nächte mit dem Bus unterwegs und es gab Busse die im hohen Schnee steckengeblieben waren. Im Sommer kann aber ein solches Treffen in München nicht abgehalten werden, dann tummeln sich bereits Millionen Touristen in Bayerns Metropole.

Die größte Gruppe bildeten die Polen mit 28 000 Pilgern, gefolgt von den Balten mit insgesamt 8 000 Pilgern, aus Slowenien kamen 2 300, aus Kroatien 1 700 und aus Serbien 150, sowie viele Jugendliche aus Bosnien-Herzogewina. Zum Empfang sammelten sich die einzelnen Nationen in den Messehallen noch schön nebeneinander geordnet, Esten neben Letten, dann Litauer, Polen und so fort. Bis alle 1 200 Busse und Züge in München angerollt waren, dann vermischten sich die Gruppen und machten sich auf den Weg zur U-Bahn, um sich in alle Gastgemeinden zu zerstreuen. Jeden Tag traf man sich wieder zum gemeinsamen Gebet in den Messehallen und auf der großen Theresienwiese davor, wo kurz vorher das in aller Welt bekannte Oktoberfest stattfand, um Essen zu fassen. Die deutsche Bundesarmee sorgte in höchst friedenssicherndem Einsatz für das leibliche Wohl der 80 000 Pilger.

Sie reisten mit Rucksack und Tasche an, jedoch alle kamen mit viel Gottvertrauen. Grußbotschaften sandten Papst Johannes-Paul II., der orthodoxe Patriarch und der Erzbischof der Anglikanischen Kirche. Auch zum Abendgebet erschienen als Ehrengäste Erzbischof Friedrich Kardinal Wetter und der orthodoxe Bischof Vater Valentin aus dem Moskauer Patriarchat, den Abend zuvor kam der evangelische Landesbischof von Bayern Johannes Hanselmann zu einem Besuch, er ist der Bischof der 2.7 Millionen Bayern lutherischer Konfession. Außerdem bekleidet Bischof Hanselmann das Amt des Präsidenten des Lutherischen Weltbundes.

Der Prior der ökumenischen Bewegung von "Taizé", Roger Schutz, hebt hervor, daß die Idee für das europaweite missionari sche Wirken seiner Gemeinschaft von Christoph von Wachter, einem Münchner, stammt. In der Predigt fand Bruder Roger einfache Worte wie, "Osteuropa darf nicht vergessen werden", "gegen den Krieg in Bosnien müsse das Evangelium gesetzt werden" und "alle müßten mehr Verantwortung tragen und Mitmenschlichkeit pflegen." In einer Halle versammeln sich die Deutschen mit Slowenen und Rumänen, da heißt es auf Plakaten "Stille"und "Tisina". Nach dem Gebet mit den Taizé-Brüdern in den weißen Kutten vor dem Altar knieend und tausender singender junger Leute, meinte ein Österreicher: "Ich hatte nach dieser Stunde ein ganz zufriedenes Gefühl."

Laudate Dominum

In allen Sprachen wurde gesungen, das Laudate Dominum - Lobt den Herren alle Völker, Veni Lumen - Komm, Schöpfer Geist. Komm, Licht der Herzen, Misericordias - Das Erbarmen des Herrn will ich ewig preisen, Wait for the Lord - Nah ist der Herr, es kommt sein Tag. Nah ist der Herr, habt Mut bleibt wach, - Singt dem Herrn ein neues Lied. Lob singt ihm alle Zeit, Bleibet hier - Herr, wohin - El Senyor -Notre ame - Jesus le Crist - Toi, tu nous aimes - Veni Creator Spiritus - Dieu ne peut que donner son amour, alles in neun Sprachen und am Schluss das Magnificat - Meine Seele preist die Größe des Herrn.

"Ich finde, unser Zusammenkommen setzt ein Zeichen. Wenn ich sehe, wie sich Menschen aus vielen Ländern treffen und ihrem Glauben leben, gibt es mir Kraft", sagt Stephanie. Christina glaubt, daß Taizé die "religiöse Wirklichkeit" ist. "Es treffen sich viele junge Menschen. Unser Glaube hat eine Zukunft. Wenn wir uns treffen und dann wieder auseinandergehen, es bleibt etwas zurück", da ist sie sich sicher.

In der Haupthalle treffen sich die Polen und neben ihnen die Esten. Kaum sind Unterschiede zu erkennen, in Rasse oder Konfession oder sonstige Uterscheidungsmerkmale, die uns diese unruhige friedlose Zeit mittels der Medien zu vermitteln versucht, das junge Europa traf sich zwischen Weihnachten und dem Neuen Jahr, eine einzige christliche Gemeinschaft und in allen Kirchen war ein reges Leben.

Zwei Tage und zwei Nächte unterwegs war Mychailo und seine Freunde aus Rumänien. Aus der westukrainischen Stadt Tenopil kamen zwei Busse, eine siebzigköpfige Gruppe mit zwei Priestern und Nonnen von einer griechisch-katholischen Kirche der Ukraine. "Wir sind das erste Mal in Deutschland und hoffen Menschen aus anderen Ländern kennenzulernen." Jordi, Eleonor, Maite und Daniel kommen aus Barcelona und mußten nur zwanzig Stunden fahren. "Wir arbeiten in der Pfarrgemeinde Jesus, Maria i Josep in Sant Andreu und hoffen Kraft zu schöpfen und neue Hoffnung zu nähren."

Besonders die vielen Jugendlichen, die aus Rußland, Polen und den Baltenstaaten nach Bayern und München kamen, mußten jedenfalls erst durch die jungen deutschen Bundesländer, wie Brandenburg, Sachsen und Thüringen, fahren. Auch der russische Musiker Tschaikowsky, der sehr viel reiste, wußte wo Deutschland ist. Er machte sich auch zu Weihnachten auf den Weg, er berichtete: "Ich kam nach Leipzig und sah einen Christbaum, nun wußte ich, ich war in Deutschland." Inzwischen zünden viele Völker anläßlich der Geburt des Herrn Kerzen an, so waren diese Wegweiser auf dem Wege nach München.

Besonders die Kirchengemeinden im Osten Münchens, auf der Höhe entlang der Isar, waren sehr aktiv. In Haidhausen in der Kirchenstrasse befand sich eine Anlaufstelle für die Unterbringung von Gästen, auch im Kolpinghaus in der Au wurde vermittelt, das ausgerechnet die Anschrift "Am Herrgottseck" hat. In der Pfarrgemeinde St. Michael war Taizé international. Spanier, Italiener, Rumänen, Polen und Litauer waren zu Gast. Um 8.30 Uhr Gebet in der Klosterkirche der Barmherzigen Schwestern, die 19jährige Ingrid trug mit Flötenspiel zum Gelingen des Gottesdienstes bei. In Gesprächskreisen kommen alle zusammen, reden über die Briefe von Bruder Roger: Die Jugend Europas soll sich nicht von Traurigkeit überwältigen lassen.

E. Tihemets 1961: Ema Lapsega lito

In der Haidhauser Pfarrgemeinde, die mit 740 Gästen die meisten Teilnehmer aufgenommen hatte, feierten Polen, Esten, Litauer, Franzosen, Russen und Tschechen gemeinsam ein neues Jahr bei Leberkäs und Spaghetti im überfüllten Pfarrheim. Bei Friedensgebeten und "Festen der Nationen" hatten die Jugendlichen in der Silvesternacht für Frieden im neuen Jahr demonstriert. Bei strömendem Regen und Kälte waren tausende junge Münchner zusammen mit ihren Taisé-Gästen zur Friedensengel-Statue über der Isar gezogen. Der Taizé-Gründer hatte zum Aufbau einer "gesamteuropäischen Familie" aufgerufen.

Fünf Tage lang wurde gebetet, gesungen und gejubelt – In dulci jubilo, wie beim schwäbischen Mystiker Seuse, sein Schwabenland verbindet Burgund mit Bayern und München mit Taizé. Am Neujahrstag kam der große Aufbruch für die jungen München-Pilger. Alle strömten wieder in ihre Heimatländer zurück, um die Botschaft in alle Welt zu tragen.

Auch hier in München, in Bayern und im katholischen Deutschland gingen sogleich wieder Jugendliche und Kinder als Botschafter von Haus zu Haus. Als Sternsinger zogen sie umher, im Gewand der Heiligen Drei Könige, sangen sie und verkündeten das Fest Epiphanias, die Erscheinung des Herrn. So leuchtet uns der Stern von Bethlehem voran und für alle geht das Leben weiter ...

Für manche Menschen geht der Weg in Richtung der Alpen. Bayern ist eines der wenigen Länder, wo man Sommer und Winter gleichermaßen Urlaub macht. In den Bergen gibt es immer Schnee, es kommt nur auf die Höhenlage an. Den Gästen in München blieben die Berge verborgen. Sie waren auch nicht gekommen, um Gottes Schöpfung in der Bergwelt zu bewundern, von der München vor seinen Toren so reich beschenkt wurde.

Viele Menschen verstehen das Weihnachtsfest, als das Fest der Liebe. Die Wissenschaftler haben nicht recht, die beweisen wollen, daß die Menschen immer herzloser werden. Im Gegenteil die Menschen lieben sich wieder! Wie sagte doch Philippus Theophrastus Paracelsus:

"Wer nichts weiß, liebt nichts.
Wer nichts tun kann, versteht nichts.
Wer nichts versteht, ist nichts wert.
Aber wer versteht, der liebt, bemerkt und sieht auch ...
Je mehr Erkenntnis einem Ding innewohnt,
desto größer ist die Liebe ...
Wer meint, alle Früchte würden gleichzeitig mit den
Erdbeeren reif,
versteht nichts von den Trauben."

Die Wissenschaftler sind geschockt, die Weihnachtszeit beschert einen Babyboom im September. “Unser natürliches von den Umweltfaktoren abhängiges System wurde ausgetrickst” sagte einer der Spezialisten, “wir stehen staunend vor dem Phänomen und haben noch keine richtige Antwort.” Die Antwort gab die Natur, denn früher liebte man sich im Frühling und heute hat man die warme Stube, also den Frühling zu Hause. So lesen die Menschen wieder vermehrt die Bibel, wo geschrieben steht “liebt und mehret euch”.

Zu Weihnachten stand die Heilige Familie im Mittelpunkt des christlichen Lebens. Natürlich kam jeden die Herbergssuche von Maria und Joseph in den Sinn. Dies ist jedes Jahr wieder aktuell, wo die große Politik Millionen Menschen heimatlos macht. Einerseits versucht die Europäische Einigung neue Heimat zu schaffen, andererseits geht in den unteren Gliederungen wieder Heimat verloren. Wie es zur Zeit von Claudio Monteverdi war, zeigte uns das Musikale Monteverdi. Diese Live-Konzerte der Union Europäischer Rundfunkanstalten wurden von verschiedenen Orten ausgetragen, auch aus der Kirche “Chiesa Santa Maria gloriosa di Frari” in Venedig, von dort wurde die Marien-Vesper Monteverdis übertragen. Die ausführenden Musiker befanden sich direkt unter dem von Tizian gemalten Hochaltarbild der Himmelfahrt Maria, das zu Monteverdis Zeiten vor 350 Jahren, bei der Aufführung des liturgischen Abendgebetes, sich auch bereits dort befand.

Monteverdi als Schöpfer der Oper stammte aus der Lombardei, wirkte in Mantua und erhielt dann die Kapellmeisterstelle an San Marco in Venedig. Die geringe Entfernung nach Venedig machte ihn zum Ausländer, auch nach dreijährigem Wirken war er immer noch ein Ausländer. Zusammen mit den anderen Auswärtigen wurde er daher auch in einer Seitenkapelle, in einem Massengrab, beigesetzt. Heute ist Monteverdi noch ein Fremder in der Heimat. Als um Mitternacht sein Todestag zum 29. November begann, läuteten von San Marco die Glocken in alle Länder hinaus bis nach Rußland, nach St. Petersburg. Monteverdi und seine Opern haben heute überall eine Heimat gefunden. Vor 120 Jahren wurde im Marientheater bei St. Petersburg die bedeutendste russische Oper Boris Godunow uraufgeführt.

Die jungen Menschen hatten in München beim Taizé-Treffen viele Fragen. Schauten sie beim Essen auf, so sahen sie die Theresienwiese überragend, die große Statue der Bavaria stehen. Es ist die nationale Mutter Bayerns, die vor der bayerischen Ruhmeshalle steht und vom Bildhauer Ludwig Schwanthaler gefertigt wurde. Schwanthaler war ein Schüler von Thorvaldsen in Rom. Er gehörte zu der bayerisch-internationalen Gruppe, die für König Ludwig in

München tätig war. Zu dieser Gruppe gehörte auch Baron von Stackelberg aus Tallinn, der als Maler Griechenland entdeckte. Schwanthaler arbeitete 1837 an der Bavaria, im gleichen Jahr starb von Stackelberg in seiner Heimat in Tallinn. Einige Jahre später arbeitete Schwanthaler dann für den russischen Hof in St. Petersburg.

In München gibt es auch stramme Helden in Erz gegossen, wie andererorts, doch ausgerechnet im katholischen Bayern oder gerade deswegen, spielt das Frauensymbol eine große Rolle. Da steht auf der Maximiliansbrücke kein Roland, kein germanischer oder griechischer Gott, sondern ganz schlicht und bescheiden die griechische Göttin Pallas Athene. Der größte Platz, die Theresienwiese, ist nach einer Frau benannt und der Zentralplatz in München ist nach der "besonderen Frau" benannt, wie Martin Luther sich ausdrückte, nach der Gottesmutter Maria. Wenn die Bavaria die Mutter der bayerischen Nation ist, so ist die auf der Säule auf dem Marienplatz stehende Madonna die Patronin der bayerischen Menschen. Sie ist kein Symbol der Nation, sondern steht für unsere sittliche moralische Ethik-Lehre, für das richtige menschliche Verhalten und den Glauben. Das Magnifikat sagt uns - Hören, Glauben, Loben und Handeln - wie Maria.

Magnifikat

In der Heiligen Schrift, besonders im Magnifikat, verkörpert Maria die Frau und Mutter. Die Mutter wird symbolhaft von ihr verkörpert, so wie sie die Kinder in ihren Müttern wiedererkennen und zum Muttertag jedes Jahr ehren, wie Robert Tobies mit diesem Gedicht:

"Von allen Müttern auf der Welt,
ist keine die mir so gefällt,
wie meine Mutter, wenn sie lacht,
und wenn sie mir die Tür aufmacht.

Wenn sie aus dem Fenster winkt,
mit mir rodelt, mit mir singt.
Wenn sie an meinem Bettrand sitzt,
solang es donnert oder blitzt.

Und wenn sie sich mit mir versöhnt,
bei einer Krankheit mich verwöhnt ...

Ja, was sie überhaupt auch tut,
ich mag sie immer, bin ihr gut.

Und hin und wieder wunderts mich,
daß wir uns trafen, sie und ich."

Diese Begegnung ist das Wunder dieser Welt. Roberts Mutter ist Eva-Maria und als die vielen Pilger in München in der Silvesternacht das neue Jahr 1994 erlebten, wurde als erstes Kind in München um 0.58 Uhr eine kleine Eva-Maria geboren. Die Eva, als die Mutter der Menscheit und Maria, die Mutter der Christenheit, dies ist was Weihnacht eigentlich bedeutet. Der Schriftsteller Rainer Kunze erzählt von einem Mädchen, das im Frühjahr, als die Rosen blühten, in der Sonne ihr Gesicht badete. Plötzlich sagte sie zu ihrem Freund: "Wenn doch schon Weihnachten wäre!" Sie hatte geschlossene Augen, wer weiß was sie sah. Was hast du vor zu Weihnachten, wurde sie gefragt und sie sagte: "Nichts, aber dann wäre doch Weihnachten." Weihnachten ist also Hoffnung, auch in der Zeit und gerade in der Zeit, wenn die Rosen blühen.

Auch Käthe Kollwitz war Mutter. Die berühmte Bildhauerin und Graphikerin war am 8.7.1867 in Königsberg geboren, in dieser großartigen europäischen Stadt, mit seinen großen Söhnen, Philosophen, Dichtern und Künstlern, bedeutsame Menschen die schon gestorben sind - nun ist die Stadt auch gestorben. Königsberg hat seine Seele verloren. Heute leben fremde Menschen dort, sie wissen nichts, ahnen nichts von der Weltkultur dieser Stadt, die untergegangen ist.

Die anständige Welt, die gesittete Menschheit müßte Trauer tragen! Doch, wo ist noch Anstand, wo noch Gesittung auf dieser Welt?

Diese Trauer drückt Käthe Kollwitz in ihrer Plastik der "Pieta" aus. Diese Frau und Mutter, die in ihren Aufzeichnungen bekannte, daß sie trotz dieser schrecklichen Zeit, die Welt mit liebenvollen Blicken sehen und auch in dieser Zeit wirken wollte. Sie schuf mit warmem menschlichen Mitgefühl die Plastik "Trauernde Mutter mit ihrem toten Sohn", ihr eigener Sohn war in Flandern gefallen. Diese Plastik wurde nun in Berlin in der neuen Wache als Mahnmal zum Frieden aufgestellt.

Käthe Kollwitz verbindet ihre Geburtsstadt Königsberg mit München, wo sie sich ausbilden ließ, nun wird durch ihre "Pieta" der Friede nach Berlin getragen, in ein Haus, das ein Siegesdenkmal war. Nach dem Sieg über Napoleon 1816 erbaut, stand es für Krieg und Sieg, nun mahnt diese Stätte zum Frieden. Sozialisten aus Bonn protestierten gegen die Symbolik von Mutter und Sohn.

Wir in München wissen, was in Norddeutschland nicht gefällt, die allzu christliche Symbolik. Die aber finden wir nach dem Zusammenbruch des Kommunismus dringend notwendig, in München ist man wachsam.

Dies hat auch der aus Riga stammende Schriftsteller Werner Bergengruen erfahren. Er konvertierte zum katholischen Glauben, nach dem letzten Krieg kam er nach München. Hier gab er seinen Roman "Das Feuerzeichen" heraus. In der Neuauflage seines Romans "Am Himmel wie auf Erden" in München schreibt er:

"Diese Grenzsituationen zeigen die Fehlbarkeit der Menschen auf. Das Bekenntnis des Menschen zur zufallslosen Ordnung, zu jedem von Gott verhängten Schicksal und zum Wohlgefallen an alle Werke Gottes 'am Himmel und auf Erden'.

Das evangelische Motto des Romans 'Fürchtet euch nicht' zeigt den Weg, den der Mensch aus der Gottferne seiner Furcht in die Gottergebenheit zu gehen hat, die ihn der Gnade Gottes entgegenführt."

Die Lage in Berlin und in der Welt ist ernst ...
Doch sie ist nicht hoffnungslos .

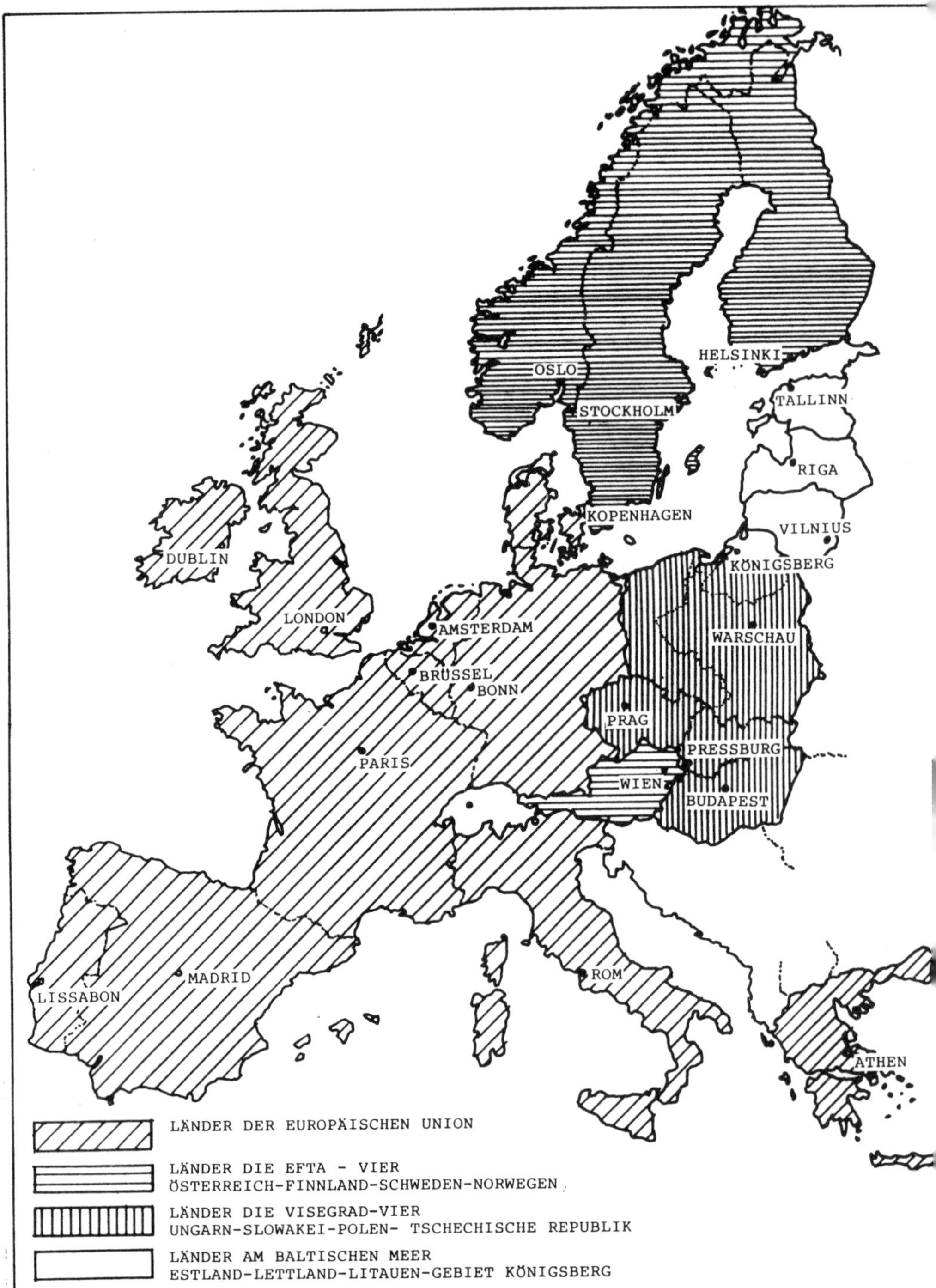
OSLO
STOCKHOLM
HELSINKI
TALLINN
RIGA
VILNIUS
KOPENHAGEN
KÖNIGSBERG
DUBLIN
LONDON
AMSTERDAM
WARSCHAU
BRÜSSEL
BONN
PRAG
PRESSBURG
PARIS
WIEN
BUDAPEST
MADRID
ROM
LISSABON
ATHEN
LÄNDER DER EUROPÄISCHEN UNION
LÄNDER DIE EFTA - VIER
ÖSTERREICH-FINNLAND-SCHWEDEN-NORWEGEN
LÄNDER DIE VISEGRAD-VIER
UNGARN-SLOWAKEI-POLEN- TSCHECHISCHE REPUBLIK
LÄNDER AM BALTISCHEN MEER
ESTLAND-LETTLAND-LITAUEN-GEBIET KÖNIGSBERG